Ettinger/Schmitz
Umstrukturierungen im Bereich mittelständischer Unternehmen

Zusätzliche digitale Inhalte für Sie!

Dieses Buch bietet Ihnen mehr als nur eine gedruckte Version! Nutzen Sie die folgenden Möglichkeiten, die Ihnen für dieses Produkt in der NWB Datenbank zur Verfügung stehen.

@ Online-Version

Sie haben das gedruckte Exemplar Ihres Buches nicht zur Hand oder möchten etwas schnell recherchieren? Dann nutzen Sie die Online-Version Ihres Buches. Diese steht Ihnen nach Eingabe des folgenden Freischaltcodes direkt zur Verfügung.

Schalten Sie sich Ihre digitalen Mehrwerte direkt frei:

Scannen Sie den QR-Code **oder** rufen Sie die Seite www.nwb.de auf.
Geben Sie den Freischaltcode ein und folgen Sie dem Anmeldedialog. Fertig!

Ihr Freischaltcode

BVBS-DDVZ-HCPU-JNIU-YIBB-RT

www.nwb.de

Umstrukturierungen im Bereich mittelständischer Unternehmen

- gesellschaftsrechtlicher Überblick
- steuerliche Gestaltungsmöglichkeiten
- Beratungshinweise, Checklisten, Musterformulare

Von
Dr. Jochen Ettinger
Rechtsanwalt, Steuerberater, Fachanwalt für Steuerrecht und
Markus Schmitz
Steuerberater, Diplom-Wirtschaftsjurist
unter Mitarbeit von
Jonas Toussaint
Rechtsanwalt, Steuerberater, Fachanwalt für Steuerrecht

7., aktualisierte Auflage

nwb

Bearbeitervermerk:

Ettinger: I., II., III., IV. (Rz. 311-380, 541-560, 571-585), VI.

Schmitz: IV. (Rz. 381-540, 561-570, 586-600), V., VIII.

Toussaint: VII., IX.

ISBN 978-3-482-**59937**-8

7., aktualisierte Auflage 2026

NWB Verlag GmbH & Co. KG
Eschstr. 22
44629 Herne
service@nwb.de

Satz: PMGi Agentur für intelligente Medien GmbH, Hamm
Druck: Elanders Waiblingen GmbH, Waiblingen

Um eine gute Lesbarkeit zu gewährleisten, verwenden wir in Fachtexten in der Regel geschlechtsspezifische Personenbezeichnungen. Selbstverständlich sind damit alle Menschen gleichermaßen gemeint.

VORWORT

Umstrukturierungen sind nicht nur ein Phänomen der Großkonzerne. Auch der Mittelstand bringt – mal mehr mal weniger große – Unternehmensstrukturen hervor, die ebenfalls stetig an sich ändernde Bedürfnisse angepasst werden müssen. Das Buch möchte sich auf diesen Bereich konzentrieren, so dass spezifische Themen wie etwa die Beteiligung Minderjähriger oder der Umgang mit Sonderbetriebsvermögen stärker akzentuiert werden, während andere, typischerweise den Mittelstand weniger betreffende Aspekte wie die aktienrechtlich anspruchsvolle Vorbereitung der Fusion börsennotierter Unternehmen, nicht dargestellt werden.

Inhaltlich soll dieses Buch kein Kommentar sein und kann in der praktischen Arbeit den gezielten Detailzugriff auf die vorhandene Kommentarliteratur auch nicht ersetzen. Es soll dem Benutzer vielmehr einen schnellen Zugriff auf die Materie verschaffen und das Verständnis für die Zusammenhänge und die Systematik der betroffenen Regelungsbereiche – insbesondere natürlich des Umwandlungsgesetzes und des Umwandlungssteuergesetzes – erleichtern. Das Buch verfolgt dabei den Ansatz, gesellschaftsrechtliche und steuerliche Fragestellungen gleichgewichtig zu behandeln. Beispiele und Beratungshinweise sollen die Darstellung auflockern und den praktischen Nutzen erhöhen. Diesem Ziel soll auch die umfangreiche Mustersammlung, die Teil des Werkes ist, dienen.

Das Werk ist von Praktikern und vor allem für Praktiker geschrieben, die in ihrer Arbeit als Rechtsanwälte, Notare, Steuerberater und Wirtschaftsprüfer mit Umstrukturierungen befasst sind; es soll aber auch Studierenden mit entsprechenden Studienschwerpunkten einen systematischen Zugriff auf die Materie bieten.

Dem NWB Verlag, insbesondere der Lektorin, Frau Dipl.-Kffr. Verona Knura, danken wir für die vorbildliche verlagsseitige Betreuung auch bei dieser weiteren Auflage. Ein herzlicher Dank gilt ferner Herrn Jan Kuttner, studentischer Mitarbeiter bei Deloitte München, für seine Unterstützung und gewissenhafte Durchsicht des Manuskriptes.

Die vorliegende 7. Auflage berücksichtigt einschlägige Rechtsprechung und Finanzverwaltungsäußerungen sowie punktuell relevante Gesetzesänderungen seit der Vorauflage. Berücksichtigt sind insbesondere gesellschaftsrechtliche Änderungen durch das MoPeG sowie der neue Umwandlungsteuererlass 2025.

München, im November 2025 Dr. Jochen Ettinger/Markus Schmitz/Jonas Toussaint

ÜBER DIE AUTOREN

Herr Dr. Jochen Ettinger ist Rechtsanwalt, Steuerberater und Fachanwalt für Steuerrecht in München. Er ist Partner bei der Dissmann Orth Rechtsanwaltsgesellschaft Steuerberatungsgesellschaft GmbH, München (www.dolaw.de). Herr Dr. Ettinger berät vorwiegend mittelständische Unternehmen und Unternehmer, Investoren und vermögende Privatpersonen in den Bereichen Gesellschaftsrecht, deutsches und internationales (Struktur-)Steuerrecht, Umstrukturierungen, Unternehmenskauf, Vermögensplanung und Vermögensnachfolge. Herr Dr. Ettinger ist Autor verschiedener Fachbeiträge auf den Gebieten des Gesellschafts- und Steuerrechts und referiert regelmäßig zu diesen Themenbereichen.

Herr Markus Schmitz ist Steuerberater, Diplom-Wirtschaftsjurist (Univ.) und Partner bei der Deloitte GmbH Wirtschaftsprüfungsgesellschaft, München (www.deloitte.com/de) in der Service Line Business Tax – Deloitte Private. Er betreut national und international tätige mittelständische Familienunternehmen und deren Gesellschafter sowie vermögende Privatpersonen und Family Office. Der Beratungsschwerpunkt von Herrn Schmitz liegt in den Bereichen Unternehmensbesteuerung, Umstrukturierungen, Unternehmens- und Vermögensnachfolge, Wegzugsbesteuerung sowie der steuerlichen Unternehmensbewertung. Herr Schmitz ist zudem Autor verschiedener steuerrechtlicher Fachaufsätze und Hochschulreferent.

Jonas Toussaint, Rechtsanwalt, Steuerberater und Fachanwalt für Steuerrecht bei Dissmann Orth Rechtsanwaltsgesellschaft Steuerberatungsgesellschaft GmbH, München. Autor von Fachbeiträgen und Referent.

INHALTSÜBERSICHT

INHALTSVERZEICHNIS

IX. Musterverträge und Formulare

LITERATURVERZEICHNIS

A

Adrian/Weiler, Unterjähriger Beteiligungserwerb, Konzernklausel und Stille-Reserven-Klausel, BB 2014 S. 1303

Altmeppen, Zum Anwendungsbereich der Holzmüller-Doktrin, ZIP 2004 S. 999 ff.

Altmeppen, Gesetz betreffend die Gesellschaften mit beschränkter Haftung (GmbHG), 11. Aufl., München 2023

Arens, Gelöste und ungelöste Fragen zur Realteilung, BRAK-Mitteilungen 6/2013 S. 250 ff.

B

Baßler/Frese, Die Reform des Vormundschafts- und Betreuungsrechts und ihre Wirkungen in der Unternehmerfamilie NZG 2023 S. 1302 ff.

Beck'sches Handbuch Unternehmenskauf im Mittelstand, 4. Aufl., München 2025

Beck'sches Notar-Handbuch, 8. Aufl., München 2024

Beck Online Kommentar BGB, 74. Ed., München 2025

Brandis/Heuermann, Ertragsteuerrecht, 176. Aufl., München 2025

Brühl/Weiss, „Check the box" from good old Germany – Die Option zur Besteuerung als Körperschaft nach dem Entwurf des KöMoG, DStR 2021 S. 889 ff.

Bürger, Die Beteiligung Minderjähriger an Gesellschaften mit beschränkter Haftung, RNotZ 2006 S. 156 ff.

Bungert/Reidt, Die (grenzüberschreitende) Verschmelzung nach dem RefE zur Umsetzung der Umwandlungsrichtline, DB 2022 S. 1369 ff.

Bungert/Reidt, Grenzüberschreitende Umwandlungsmaßnahmen: Praxiserfahrungen mit dem neuen Recht, DB 2024 S. 2814 ff

C

Claß/Weggenmann, Ein neues Teilbetriebsverständnis im Umwandlungssteuerrecht – entscheidet zukünftig der EuGH?!, BB 2012 S. 552 ff.

D

Dötsch/Pung/Möhlenbrock, Die Körperschaftsteuer, Loseblattsammlung, 119. Aktualisierung, Stuttgart 2025

E

Ebenroth/Boujong, HGB Kommentar, 5. Aufl., München 2024

Eisgruber (Hrsg.), Umwandlungssteuergesetz Kommentar, 3. Aufl., Herne 2023

Engelmeyer, Ausgliederung durch partielle Gesamtrechtsnachfolge und Einzelrechtsnachfolge – ein Vergleich, AG 1999 S. 263 ff.

Engl/Fox/Traßl, Formularbuch Umwandlungen, 6. Aufl., München 2023

Ettinger/Königer, Steuerliche Rückwirkung bei grenzüberschreitenden Umstrukturierungsvorgängen, GmbHR 2009 S. 590 ff.

Ettinger/Mörz, Ausgewählte Problemfelder und praktische Gestaltungsmöglichkeiten im Zusammenhang mit der Neuregelung der §§ 20, 21, 24 UmwStG durch das Steueränderungsgesetz 2015 („Lex Porsche"), GmbHR 2016 S. 154

Ettinger/Schmitz, Die erweiterte Anwachsung: Änderungen nach dem SEStEG?, GmbHR 2008 S. 1089 ff.

Ettinger/Schmitz, Einbringungen ins Sonderbetriebsvermögen – Anwendbarkeit des § 24 UmwStG nach dem SEStEG, DStR 2009 S. 1248 ff.

F

Formularbuch Recht und Steuern, 11. Aufl., München 2025

Förster, Grenzüberschreitende Umstrukturierungen, DStR 2020 S. 865 ff.

Förster/von Cölln, Die Neuregelung des § 8d KStG beim schädlichen Beteiligungserwerb, DStR 2017 S. 8 ff.

Förster/Wendland, Einbringung von Unternehmensteilen in Kapitalgesellschaften, BB 2007 S. 631 ff.

Franz, Enge oder weite Auslegung der „Konzernklausel" in § 8c Abs. 1 Satz 5 KStG?, BB 2010 S. 991 ff.

Freundorfer/Festner, Praxisempfehlungen für die grenzüberschreitende Verschmelzung, GmbHR 2010 S. 195 ff.

Frotscher/Drüen, Kommentar zum Körperschaft-, Gewerbe- und Umwandlungssteuergesetz, Loseblattsammlung, 179. Aktualisierung, Freiburg 2025

G

Glanegger/Güroff, Gewerbesteuergesetz, 11. Aufl., München 2023

Gläser/Zöller, Der neue Realteilungserlas des BMF – (un-)echte Erhöhung der Rechtssicherheit?, DB 2019 S. 692

Gosch, Körperschaftsteuergesetz, 4. Aufl., München 2020

Gosch, Abgabenordnung/Finanzgerichtsordnung, 191. Aktualisierung, München 2025

Gummert, Münchener Anwaltshandbuch Personengesellschaftsrecht, 4. Aufl., München 2023

H

Hans, Zweifelsfragen des UmwStG 2006 – Führt eine handelsrechtliche Mehrabführung zur Besteuerung des „Einbringungsgewinns I"?, BB 2008 S. 26 ff.

Haritz/Menner/Bilitewski, Umwandlungssteuergesetz, 6. Aufl., München 2024

Henssler/Strohn, Gesellschaftsrecht, 6. Aufl., München 2024

Herkens, Die Änderungen bei der Option zur Körperschaftsteuer (§ 1a KStG) durch das Wachstumschancengesetz, GmbH-StB 2024 S. 186 ff.

Herlinghaus, Sacheinbringungen nach dem SEStEG: Verschaffung des wirtschaftlichen Eigentums fällt unter §§ 1 Abs. 3, 20 Abs. 1 UmwStG, FR 2007 S. 286 ff.

Herrmann/Heuer/Raupach, Einkommensteuer- und Körperschaftsteuergesetz, Loseblattsammlung, 179. Aktualisierung, Köln 2025

Hesselmann/Tillmann/Müller-Thuns, Handbuch GmbH & Co. KG, 23. Aufl., Köln 2024

Hofmann, Grunderwerbsteuergesetz Kommentar, 12. Aufl., Herne 2025

Hohaus/Eickmann, Die Beteiligung Minderjähriger an vermögensverwaltenden Familien-Kommanditgesellschaften – Anforderungen für die steuerliche Anerkennung, BB 2004 S. 1707 ff.

Holle/Krüger/Weiss, Die geplante Erweiterung der persönlichen Anwendbarkeit des UmwStG durch das KöMoG – Globalisierung des UmwStG?, IStR 2021 S. 489 ff.

Hopt, Handelsgesetzbuch, 44. Aufl., München 2025

K

Kallmeyer, Umwandlungsgesetz, 8. Aufl., Köln 2024

Kanzler/Kraft/Bäuml/Marx/Hechtner/Geserich, Einkommensteuergesetz Kommentar online, Herne

Kirchhof/Seer, Einkommensteuergesetz, 24. Aufl., Köln 2025

Klein/Müller/Lieber, Änderung der Unternehmensform, 12. Aufl., Herne 2022

Korn, Einkommensteuergesetz, Loseblattsammlung, 160. Aktualisierung, Köln 2025

Krafka, Registerrecht, 12. Aufl., München 2024

Kutt, Probleme bei der Übertragung des wirtschaftlichen Eigentums bei Einbringungen nach §§ 20 – 24 UmwStG, DB 2006 S. 1132 ff.

L

Lamberz, Vorweggenommene Erbfolge – Beteiligung des Gerichts bei Minderjährigen und Betreuten, ErbR 2024 S. 749 ff.

Lenski/Steinberg, Gewerbesteuergesetz, Loseblattsammlung, Köln, 156. Aktualisierung, Köln 2025

Liekenbrock/Liedgens, Entschärfung der Spaltungssperre durch den Umwandlungssteuererlass 2025 und weitere Aussagen zur Spaltung von Körperschaften, DB 2025 S. 423 ff.

Liekenbrock/Liedgens, Die außenstehende Person in der neuen Spaltungssperre des Wachstumschancengesetzes, DB 2024 S. 1296 f.

Linn/Pignot, Mögliche Verstöße gegen das unionsrechtliche Beihilfeverbot in nationalen Begünstigungstatbeständen, StuB 2016 S. 573

Littmann/Bitz/Pust, Das Einkommensteuerrecht, Loseblattsammlung, 182. Aktualisierung, Stuttgart 2025

Lutter, Umwandlungsgesetz, 7. Aufl., Köln 2023

M

Maulbetsch/Klumpp/Rose, Heidelberger Kommentar Umwandlungsgesetz, 2. Aufl., Heidelberg 2017

Mielke, Gesamtplanbetrachtung bei der Übertragung betrieblicher Einheiten – eine Bestandsaufnahme, DStR 2015 S. 673 ff.

Mössner/Oellerich/Valta, Körperschaftsteuergesetz Kommentar, 6. Aufl., Herne 2024

Münchener Handbuch des Gesellschaftsrechts, Bd. 1–9, 6. Aufl., München (verschiedene Erscheinungsjahre).

Münchener Kommentar zum Bürgerlichen Gesetzbuch, Bd. 1-13, 10. Aufl., München (verschiedene Erscheinungsjahre)

N

Noack/Servatius/Haas, GmbHG, 24. Aufl., München 2025

O

Oetker, HGB Kommentar, 8. Aufl., München 2024

Orth, Umwandlung durch Anwachsung (Teil I), DStR 1999 S. 1011 ff.

P

Pahlke, Grunderwerbsteuergesetz, 8. Aufl., München 2025

Pauli, Unternehmensnachfolge mit Minderjährigen, ZErb 2016 S. 131 ff.

Pohl, Ausgewählte internationale Fragestellungen im Entwurf des Umwandlungssteuererlasses, IWB 2024 S. 191 ff.

Pyska, Das von mehreren Teilbetrieben genutzte Grundstück – Ein Hindernis für die steuerneutrale Umstrukturierung? (Teil I), DStR 2016 S. 2017; (Teil II), DStR 2016 S. 2074

R

Reichert, GmbH & Co. KG, 9. Aufl., München 2024

Rickermann, Das Optionsmodell: Rein in die KSt, raus aus der KSt: Sind PersGes. bald die besseren KapGes.?, DB 2021 S. 1035 ff.

Rödder/Herlinghaus/Graw/Heinemann, Umwandlungssteuergesetz, 4. Aufl., Köln 2025

Rogall/Dreßler, Neue Grenzen und neue Möglichkeiten für Einbringungen in Personengesellschaften gem. § 24 UmwStG, DB 2015 S. 1981

Röhrbein/Eicker, Verlustberücksichtigung über die Grenze – Aktuelle Rechtslage, BB 2005 S. 465 ff.

Römermann/Passarge, Die GmbH & Co. KG ist tot – es lebe die UG & Co. KG!, ZIP 2009 S. 1497 ff.

Rosenkranz, Grenzüberschreitender Formwechsel von Kapitalgesellschaften in der EU, RNotZ 2024 S. 361 ff.

S

Sagasser/Bula, Umwandlungen, 6. Aufl., München 2024

Schaaf/Hannweber, Reichweite der sonstigen Gegenleistung i. S. d. § 20 UmwStG, DStZ 2016 S. 155.

Scherer, Münchener Anwaltshandbuch Erbrecht, 6. Aufl., München 2024

Schiffers, Regierungsentwurf eines Wachstumschancengesetzes – Vorgesehene Änderungen im unternehmerischen Bereich, DStZ 2023 S. 806 ff.

Schmidt, Einkommensteuergesetz, 44. Aufl., München 2025

Schmidt, Der UmRUG-Referentenentwurf: grenzüberschreitende Umwandlungen 2.0 – und vieles mehr, NZG 2022 S. 579 ff.

Schmitt/Hörtnagl, Umwandlungsgesetz, Umwandlungssteuergesetz, 10. Aufl., München 2024

Schnitger/Krüger, Optionsmodell nach § 1a KStG: Ausgewählte Auslegungsfragen bei Umwandlungen unter Beteiligung von optierten Gesellschaften, DB 2022 S. 418 ff.

Schreier/Leicht, Übertragung von Verträgen bei Carve-Outs, NZG 2011 S. 121 ff.

Schumacher/Neumann, Ausgewählte Zweifelsfragen zur Auf- und Abspaltung von Kapitalgesellschaften und Einbringung von Unternehmensteilen in Kapitalgesellschaften, DStR 2008 S. 325 ff.

Semler/Stengel/Leonard, Umwandlungsgesetz, 6. Aufl., München 2025

Simon/Leuering, Umwandlung von GmbH & Co. KGs – Ende des Treuhandmodells, NJW-Spezial 2005 S. 459 ff.

Simon/Weninger, Betriebsübergang und Gesamtrechtsnachfolge: Kein Widerspruch – keine Unterrichtung?, BB 2010 S. 117 ff.

Staake, Ausschluss der Vermögenssorge – Ein Instrument zur Nachfolgegestaltung in Familienunternehmen, NJW 2021 S. 3687 ff.

V

Von Proff, Die Anwachsung als Gestaltungsmodell bei Personengesellschaften, DStR 2016 S. 2227

Viskorf, Grunderwerbsteuergesetz, 21. Aufl., München 2024

W

Wachter/Heckschen (Hrsg), Praxis des Handels- und Gesellschaftsrecht, 6. Aufl., Bonn 2024

Weiss, Grenzüberschreitende Umwandlungen, Verschmelzung zweier Kapitalgesellschaften am Musterfall – Teil 1, PIStB 2020 S. 110 ff.

Weiss, Grenzüberschreitende Umwandlungen, Verschmelzung auf eine Personengesellschaft am Musterfall – Teil 2, PIStB 2020 S. 133 ff.

Weiss, Grenzüberschreitende Umwandlungen, Einbringung mit internationalem Bezug am Musterfall – Teil 3, PIStB 2020 S. 165 ff.

Widmann/Mayer, Umwandlungsrecht, Umwandlungsgesetz, Umwandlungssteuergesetz, Loseblattsammlung, 121. Aktualisierung, Bonn 2025

Wilms/Jochum, Erbschaft- und Schenkungsteuergesetz Bewertungsgesetz Grunderwerbsteuergesetz, Loseblattsammlung, 137. Aktualisierung, Bonn 2025

Wittgens/Fischer, Haftung der Gesellschafter bei Verschmelzung einer insolvenzreifen GmbH, DB 2019 S. 829

Wittkowski/Hielscher, Änderungen des § 8c KStG durch das Wachstumsbeschleunigungsgesetz, DB 2010 S. 13 ff.

Wollweber, Risikomanagement in Umwandlungsfällen – Fallstricke bei der Strukturierung, AG 2011 S. 77 ff.

Z

Zapf, Das finale BMF-Schreiben zum Optionsmodell, NWB 2021 S. 3792 ff.

ABKÜRZUNGSVERZEICHNIS

A

a. A.	anderer Ansicht
ABl.	Amtsblatt
Abs.	Absatz
a. F.	alte(r) Fassung
AG	Aktiengesellschaft
AktG	Aktiengesetz
AMG	Arzneimittelgesetz
AmtshilfeRLUmsG	Gesetz zur Umsetzung der Amtshilferichtlinie sowie zur Änderung steuerlicher Vorschriften v. 26. 6. 2013, BGBl I 2013, 1809
AO	Abgabenordnung
AStG	Außensteuergesetz
Aufl.	Auflage

B

BB	Betriebsberater (Zs.)
BDI	Bundesverband der Deutschen Industrie e. V.
BewG	Bewertungsgesetz
BFH	Bundesfinanzhof
BGB	Bürgerliches Gesetzbuch
BGBl	Bundesgesetzblatt
BGH	Bundesgerichtshof
BilMoG	Bilanzrechtsmodernisierungsgesetz
BMF	Bundesministerium der Finanzen
BR-Drucks.	Bundesratsdrucksache
bspw.	beispielsweise
BStBl	Bundessteuerblatt
BT-Drucks.	Bundestagsdrucksache
Buchst.	Buchstabe
BuW	Zeitschrift für Rechnungswesen, Steuern, Wirtschafts-, Arbeits- und Sozialrecht im Betrieb (Zs.)
bzgl.	bezüglich
bzw.	beziehungsweise

D

DB	Der Betrieb (Zs.)
d. h.	das heißt
DNotZ	Deutsche Notar-Zeitschrift (Zs.)
DStR	Deutsches Steuerrecht (Zs.)
DStZ	Deutsche Steuer-Zeitung (Zs.)

E

EAV	Ergebnisabführungsvertrag / Gewinnabführungsvertrag
EStB	Der Ertragsteuerberater (Zs.)
EStG	Einkommensteuergesetz
EStR	Einkommensteuer-Richtlinien 2008
EuGH	Europäischer Gerichtshof

F

f., ff.	folgende, fortfolgende
FA	Finanzamt
FG	Finanzgericht
FinVerw	Finanzverwaltung
Fn.	Fußnote
FR	Finanzrundschau (Zs.)
FRL	Fusionsrichtlinie

G

GbR	Gesellschaft bürgerlichen Rechts
gem.	gemäß
GewStG	Gewerbesteuergesetz
GewStR	Gewerbesteuer-Richtlinien 2009
GF	Geschäftsführer
GG	Grundgesetz
ggf.	gegebenenfalls
gl. A.	gleicher Ansicht
GmbH	Gesellschaft mit beschränkter Haftung
GmbHG	Gesetz betreffend die Gesellschaften mit beschränkter Haftung
GmbHR	GmbH-Rundschau (Zs.)
GmbH-StB	Der GmbH-Steuer-Berater (Zs.)
grds.	grundsätzlich
GrEStG	Grunderwerbsteuergesetz

H

HGB	Handelsgesetzbuch
h. M.	herrschende Meinung
Hrsg.	Herausgeber

I

i. d. R.	in der Regel
IDW	Institut der Wirtschaftsprüfer in Deutschland
i. H. v.	in Höhe von
INF	Information über Steuer und Wirtschaft (Zs.)
i. S. d.	im Sinne des/der
IStR	Internationales Steuerrecht (Zs.)
i. S. v.	im Sinne von
i. V. m.	in Verbindung mit

J

JStG	Jahressteuergesetz

K

KG	Kommanditgesellschaft
KöMoG	Gesetz zur Modernisierung des Körperschaftsteuerrechts vom 25.6.2021, BGBl 2021 I S. 2050
KÖSDI	Kölner Steuerdialog (Zs.)
KStG	Körperschaftsteuergesetz
KStR	Körperschaftsteuer-Richtlinien

M

MittBayNot	Mitteilungen des Bayerischen Notarvereins, der Notarkasse und der Landesnotarkammer Bayern (Zs.)
MoMiG	Gesetz zur Modernisierung des GmbH-Rechts und zur Bekämpfung von Missbräuchen
MU	Mitunternehmer
m. w. N.	mit weiteren Nachweisen

N

n. F.	neue Fassung
NJW	Neue Juristische Wochenschrift (Zs.)
NWB	Neue Wirtschafts-Briefe (Zs.)

O

o. g.	oben genannt
OHG	Offene Handelsgesellschaft
OLG	Oberlandesgericht

R

R	Richtlinie
Rev.	Revision
rkr.	rechtskräftig
RNotZ	Rheinische Notar-Zeitschrift (Zs.)
Rs.	Rechtssache
Rspr.	Rechtsprechung
Rz.	Randziffer

S

SEStEG	Gesetz über steuerliche Begleitmaßnahmen zur Einführung der Europäischen Gesellschaft und zur Änderung weiterer steuerrechtlicher Vorschriften v. 7.12.2006, BGBl 2007 I S. 4
sog.	so genannte/n/r
StuB	Unternehmensteuern und Bilanzen (Zs.)

T

Tz.	Textziffer

U

u. a.	unter anderem
Ubg	Die Unternehmensbesteuerung (Zs.)
u. E.	unseres Erachtens
UmwG	Umwandlungsgesetz
UmwStE	Umwandlungssteuererlass, BMF-Schreiben v. 11.11.2011, BStBl 2011 I S. 1314
UmwStG	Umwandlungssteuergesetz
UntStRef 2008	Unternehmensteuerreform 2008
UStG	Umsatzsteuergesetz
u. U.	unter Umständen

V

v.	vom
vGA	verdeckte Gewinnausschüttung
vgl.	vergleiche

Z

z. B.	zum Beispiel
ZIP	Zeitschrift für Wirtschaftsrecht (Zs.)
Zs.	Zeitschrift
z. T.	zum Teil

I. Einleitung

Unternehmen sind Teil des sich ständig verändernden Wirtschaftslebens. Strukturen, die bei der Gründung sinnvoll erschienen, müssen regelmäßig auf den Prüfstand gestellt und ggf. angepasst werden. Das Verständnis der wesentlichen gesellschaftsrechtlichen und steuerrechtlichen Rahmenbedingungen und Wirkungsweisen der verschiedenen vom Gesetzgeber zur Verfügung gestellten und in der Rechtspraxis angewandten Umstrukturierungsmöglichkeiten gehört für den Berater mittelständischer Unternehmen bzw. Unternehmensgruppen daher zum Handwerkszeug. 1

Das vorliegende Buch stellt die wichtigen Umstrukturierungsmaßnahmen, die im Bereich mittelständischer Unternehmen und Unternehmensgruppen in Betracht kommen, dar. Die Darstellung lässt Besonderheiten, die bei der Umstrukturierung börsennotierter Unternehmen gelten, außer Betracht. Des Weiteren wird der Schwerpunkt auf innerdeutsche Umstrukturierungen gelegt, während grenzüberschreitende Umstrukturierungen nur in Grundzügen dargestellt werden. Eine Sammlung wesentlicher Mustertexte (Verträge und Formulare) soll dem Praktiker als weitere Arbeitshilfe dienen. 2

(Einstweilen frei) 3–5

II. Gründe für Umstrukturierungen

6 Die Gründe für die Vornahme einer Umstrukturierung eines Unternehmens oder einer Unternehmensgruppe sind vielfältig.[1] Auslöser sind betriebswirtschaftliche Erwägungen, wie z. B. eine Verschlankung von Konzernstrukturen oder, umgekehrt, der Wunsch nach einer Dezentralisierung von Funktionen in gesellschaftsrechtlich selbständigen Einheiten. Sodann sind finanztechnische Gründe relevant (z. B. unter Umständen als höher angesehene Kreditwürdigkeit von Personenunternehmen, dagegen verbesserter Zugang zum Kapitalmarkt bei Kapitalgesellschaften in Form von Aktiengesellschaften). Auch der Wunsch nach einer Beteiligung von Mitarbeitern am Unternehmen oder an Teilen des Unternehmens oder die Vorbereitung einer vorweggenommenen Erbfolge und die Einbeziehung von (minderjährigen) Kindern können Umstrukturierungsprozesse erforderlich machen.

Zum Teil erfolgen Umstrukturierungen rein oder überwiegend steuergetrieben, da die Unternehmen auf das sich im regelmäßigem Rhythmus ändernde Unternehmenssteuerrecht reagieren müssen (z. B. Umstrukturierung in eine Kapitalgesellschaft, wenn Gesellschafter auf Thesaurierung von Gewinnen und Wachstum der Gesellschaft durch Innenfinanzierung setzen, oder Umstrukturierung in eine Holding-Struktur mit Tochter-Kapitalgesellschaften, wenn Veräußerung von Einzelbereichen mittel- bis langfristig absehbar ist). Hier kommen auch Bezüge zum internationalen Steuerrecht zum Tragen, wenn Unternehmen auch im Ausland tätig werden wollen oder Gesellschafter ins Ausland umziehen möchten. Die Frage der idealen Rechtsformwahl bestimmt sich dann nach deutschem und ausländischem Steuerrecht sowie nach der Verknüpfung beider Steuerrechtssysteme durch die DBA-Situation und kann daher im Zeitablauf Umstrukturierungen notwendig machen.

7–10 *(Einstweilen frei)*

---

1 Vgl. Semler/Stengel/Leonard, UmwG, Einleitung A. Rz. 4; Klein/Müller/Lieber, Änderung der Unternehmensform, Rz. 1 ff. sowie Schwedhelm, Die Unternehmensumwandlung, S. 1 ff.

III. Umwandlungen nach dem Umwandlungsgesetz

Das Umwandlungsgesetz kennt **vier Grundformen** von Umwandlungen: 11

- Verschmelzungen (§§ 2 bis 122 UmwG)
- Spaltungen (§§ 123 bis 173 UmwG)
- Vermögensübertragung (§§ 174 bis 189 UmwG)
- Formwechsel (§§ 190 bis 304 UmwG)

Die für mittelständische Unternehmen regelmäßig relevanten Umwandlungsmaßnahmen nach dem Umwandlungsgesetz sind die Verschmelzung, die Spaltung und der Formwechsel. Die Vermögensübertragung regelt Umwandlungen unter Beteiligung der öffentlichen Hand und stellt damit eine Spezialmaterie dar, die im Rahmen dieses Buches nicht näher beleuchtet werden soll. 12

Ergänzend sind im sechsten Buch des UmwG (§§ 305 bis 345 UmwG) noch die grenzüberschreitenden Umwandlungen geregelt (dazu siehe Rz. 771 ff.).

1. Verschmelzungen

a) Wahl der Umstrukturierungsform, Alternativen zur Verschmelzung

Die Verschmelzung führt zu einer **Unternehmenskonzentration**. Nach einer Verschmelzung bestehen weniger Rechtsträger (Gesellschaften) als vorher. Verschmelzungen dienen zum einen – wenn sie als konzerninterne Verschmelzungen durchgeführt werden – einer Verschlankung und Vereinfachung von Konzernstrukturen. Häufigstes Beispiel ist hier die Verschmelzung einer Tochter-Gesellschaft auf die Mutter-Gesellschaft (sog. **Up-Stream-Merger**). Siehe dazu die folgende Abbildung: 13

Situation vor der Verschmelzung:

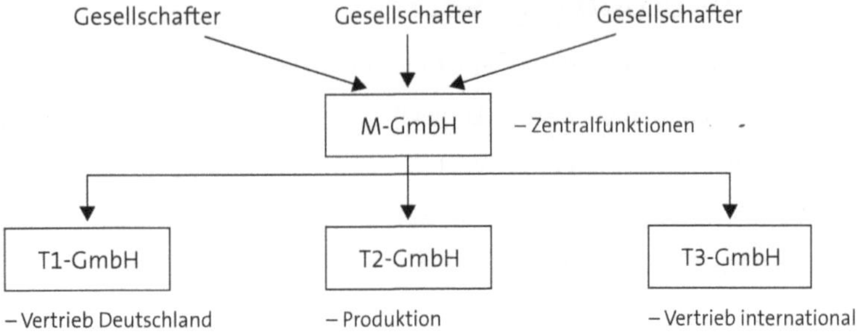

Situation nach Verschmelzung:

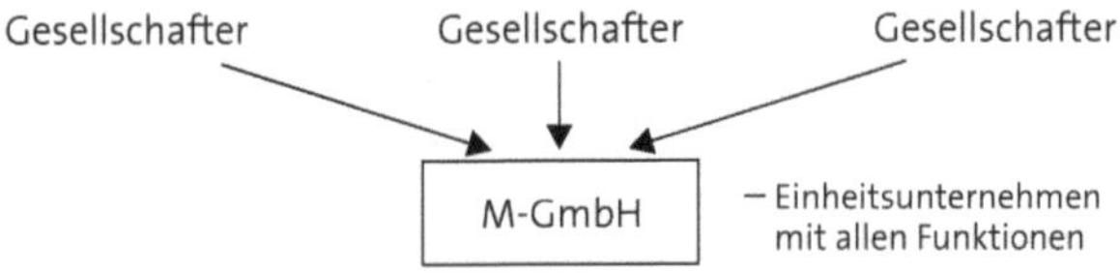

14 Während vor der Up-Stream-Verschmelzung möglicherweise identische Funktionen doppelt oder vielfach vorgehalten werden mussten (Geschäftsführung, Stabsstellen, Rechnungswesen etc.), kann dies nach der Verschmelzung in einer Gesellschaft erfolgen. In vielen Fällen können dadurch Kosten reduziert werden.

15 Eine andere wichtige Fallgruppe der Verschmelzung ist die Zusammenführung von zuvor unabhängigen Unternehmen mit zuvor unterschiedlichen Gesellschafterkreisen (landläufig: „**Fusion**"). Wirtschaftliche Hauptfrage ist hier die Festlegung des Umtauschverhältnisses, zu dem die Anteilsinhaber des übertragenen Rechtsträgers ihre Anteile gegen Ausgabe neuer Anteile am übernehmenden Rechtsträger in Anteile an diesem eintauschen. Siehe dazu die nachfolgende Abbildung:

Situation vor Verschmelzung:

Situation nach Verschmelzung der X-GmbH als übertragender Rechtsträger auf die Y-AG als übernehmenden Rechtsträger:

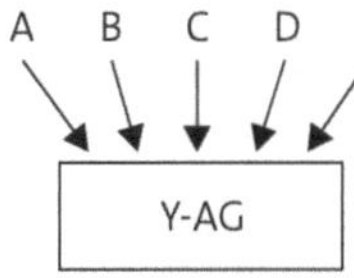

Bei der Wahl der Umstrukturierungsform der Verschmelzung sind jeweils auch die in ihrer Wirkungsweise vergleichbaren **Alternativen** zu prüfen. 16

Dies ist zum einen die **Übertragung aller Einzelwirtschaftsgüter** (Aktiva und Passiva) einer Gesellschaft auf eine andere, übernehmende Gesellschaft im Wege eines **Asset Deals** (Einzelübertragung).[2] Hierbei handelt es sich letztlich um einen Unternehmenskaufvertrag, mit dem die Aktiva und Passiva von der übertragenden Gesellschaft an die übernehmende Gesellschaft verkauft und an diese abgetreten werden. Die übertragende Gesellschaft bleibt bei einer Vollübertragung als Hülle zurück und kann – ggf. nach „Leerausschüttung" – liquidiert oder anderweitig wiederverwertet werden. Zivilrechtlich hat dieses Vorgehen gegenüber einer Verschmelzung den Vorteil, dass der Vorgang grundsätzlich nicht zum Handelsregister angemeldet und dort eingetragen werden muss und, soweit nicht im übertragenen Gesellschaftsvermögen Grundstücke oder GmbH-Anteile vorhanden sind, der Vorgang auch grds. nicht beurkundungspflichtig ist.[3] Hieraus ergibt sich eine Zeit- und Kostenersparnis. Vorteilhaft ist daneben auch, dass aufgrund der Gestaltung durch Unternehmenskaufvertrag eine erhöhte Flexibilität bzgl. der Auswahl der übergebenen Vermögensgegenstände besteht. Problemlos können bspw. beim Asset Deal einzelne Aktiva oder Passiva zurückbehalten werden (während bei einer Verschmelzung das gesamte Gesellschaftsvermögen des übertragenen Rechtsträgers auf den übernehmenden Rechtsträger übergeht). **Zivilrechtlich ist jedoch zu beachten**, dass anders als bei Rechtsvorgängen im Wege der Gesamtrechtsnachfolge hier die **Zustimmung sämtlicher Vertragspartner und Gläubiger notwendig** ist.[4] Eine solche Übertragung ist nämlich eine Übertragung im Wege der Einzelrechtsnachfolge (im Gegensatz zur Verschmelzung, die zu einer Übertragung im Wege der Gesamtrechtsnachfolge führt). 17

2 Vgl. Semler/Stengel/Leonard, UmwG, Einl. A Rz. 61.

3 § 311b Abs. 1 BGB, § 15 Abs. 3 und 4 GmbHG. Ausnahme: Fälle des § 179a AktG, des § 49 Abs. 2 GmbHG oder des § 311b Abs. 3 BGB, siehe dazu etwa Ettinger/Jaques, Beck'sches Handbuch Unternehmenskauf im Mittelstand, Teil D Rz. 68 ff.

4 §§ 414, 415 Abs. 1 BGB, siehe unten Rz. 336 ff.

18 **Gesellschaftsrechtlich** ist hier die Frage zu stellen, wann die Geschäftsführungsorgane der übertragenen Gesellschaft für einen solchen Asset Deal die Zustimmung der Gesellschafterversammlung einholen müssen (**§ 179a AktG** sowie **Holzmüller- und Gelatine-Grundsätze des BGH** sowie **§ 49 Abs. 2 GmbHG**, siehe dazu unten Rz. 360 ff.).

19 **Steuerlich** wird der Asset Deal als realisierende Veräußerung von Einzelwirtschaftsgütern behandelt; ein entstehender Veräußerungsgewinn unterliegt beim übertragenen Unternehmen der laufenden Ertragsteuer (d. h. Körperschaftsteuer und auch Gewerbesteuer, wenn eine Kapitalgesellschaft ihren Geschäftsbetrieb ganz oder teilweise überträgt). Bei der übertragenden Gesellschaft vorhandene Verlustvorträge i. S. v. § 10d EStG (ggf. i. V. m. § 8 Abs. 1 KStG) und § 10a GewStG können mit einem etwaig entstehenden Veräußerungsgewinn verrechnet werden. Für die übernehmende Gesellschaft stellt die Übertragung durch einen Asset Deal steuerlich einen Anschaffungsvorgang dar und es wird zugleich entsprechendes AfA-Volumen geschaffen, das sich bei der übernehmenden Gesellschaft künftig steuermindernd auswirkt.

20 Ebenfalls mit der Verschmelzung vergleichbar ist die **Einbringung** eines Unternehmens oder einer Gesellschaft als **Sacheinlage** gegen Gewährung neuer Anteile an die einbringenden Personen oder Unternehmen.[5] Hier liegt eine Übertragung im Wege der Einzelrechtsnachfolge vor. Vorteil der Übertragung durch Einbringung gegenüber der Verschmelzung ist, dass die Einbringung **zivilrechtlich mit sofortiger Wirkung** bewirkt werden kann, während die Verschmelzung zivilrechtlich erst mit Eintragung im Handelsregister wirksam wird, was nur bedingt beeinflusst werden kann.

BEISPIEL: Die A-GmbH mit dem Alleingesellschafter A, und das Konkurrenzunternehmen B-GmbH mit den Brüdern B als den alleinigen Gesellschaftern wollen ihr Unternehmen zusammenlegen. A und seine Gesellschaft sind bei der geplanten „Fusion" der „Junior-Partner". Dennoch spricht A mit seiner eingeführten Marke einen eigenen Kundenstamm an. Die A-GmbH soll deshalb vorläufig als eigenständiges Unternehmen erhalten bleiben. A soll im neuen Gemeinschaftsunternehmen deshalb auch für eine Übergangszeit in der Geschäftsleitung tätig bleiben.

Lösung:

Den vorgenannten Zielen würde die Verschmelzung der A-GmbH auf die B-GmbH gegen Ausgabe neuer Geschäftsanteile an der B-GmbH an den A nicht gerecht werden. Hier bietet sich stattdessen die Einbringung der A-GmbH in die B-GmbH im Wege der Sacheinlage gegen Ausgabe neuer Geschäftsanteile an der B-GmbH an den

5 Vgl. Semler/Stengel/Leonard, UmwG, Einl. A Rz. 61.

A an. Später, nach einer Übergangszeit, kann dann ggf. immer noch die A-GmbH im Wege des Up-Stream-Merger auf die B-GmbH verschmolzen werden.[6]

Gesellschaftsrechtlich ist bei Einbringungsvorgängen wiederum die Frage zu stellen, ob bei der einbringenden Gesellschaft nach deren Gesellschaftsvertrag bzw. nach § 179a AktG bzw. nach den Holzmüller- und Gelatine-Grundsätzen des BGH oder allgemeinen gesellschaftsrechtlichen Gründen entsprechende Zustimmungen eingeholt werden müssen (vgl. Rz. 360 ff.) **Steuerlich** wird die Einbringung im Wege der Sacheinlage nach den §§ 20, 21, 24 UmwStG behandelt (vgl. Rz. 381 ff.). 21

(Einstweilen frei) 22–30

b) Gesellschaftsrechtliche Aspekte von Verschmelzungen

aa) Begriff der Verschmelzung und Gesetzestechnik

Eine Verschmelzung ist die Übertragung des gesamten Vermögens eines Rechtsträgers (übertragender Rechtsträger) auf einen anderen Rechtsträger (übernehmender Rechtsträger) im Wege der Gesamtrechtsnachfolge unter Auflösung des übertragenden Rechtsträgers ohne dessen Abwicklung, wobei den Anteilsinhabern des übertragenden und danach erlöschenden Rechtsträgers grundsätzlich eine Beteiligung am übernehmenden Rechtsträger im Wege eines Anteilstausches gewährt wird. 31

Folgende **Merkmale** zeichnen eine Verschmelzung danach aus: 32

- Übertragung des Vermögens eines oder mehrerer Rechtsträger als Ganzes,
- Auflösung des übertragenen Rechtsträgers (oder der übertragenden Rechtsträger) ohne Abwicklung,
- Gesamtrechtsnachfolge[7] des übernehmenden Rechtsträgers in die Rechtsstellung des übertragenen Rechtsträgers (oder der übertragenden Rechtsträger) sowie grundsätzlich
- Anteilsgewährung von Anteilen des übernehmenden Rechtsträgers an die Anteilsinhaber des übertragenen Rechtsträgers (oder der übertragenden Rechtsträger).

Im Umwandlungsgesetz ist die Verschmelzung in den §§ 2 ff. UmwG (Zweites Buch) geregelt. Die **Systematik des Umwandlungsgesetzes** ist so, dass **speziel-** 33

6 Es ist aber ggf. die Sieben-Jahres-Sperrfrist nach § 22 Abs. 1 UmwStG einzuhalten, siehe BFH v. 24.1.2018 - I R 48/15, BStBl 2019 II S. 45.

7 Siehe z. B. BeckOGK UmwG, § 20 Rz. 5 ff. zur Reichweite der Gesamtrechtsnachfolge.

len Vorschriften zunächst allgemeine Regelungen vorangestellt werden.[8] Diese allgemeinen Regelungen finden sich in den §§ 2 bis 38 UmwG. Dabei wird zwischen der **Verschmelzung durch Aufnahme** und der **Verschmelzung durch Neugründung** differenziert[9] (§ 2 UmwG). Bei der Verschmelzung durch Aufnahme erfolgt die Übertragung des Vermögens einer oder mehrerer Rechtsträger als Ganzes auf einen schon bestehenden Rechtsträger (§§ 4 bis 35 UmwG). Diese Verschmelzungsform ist quasi der gesetzgeberische Grundfall der Verschmelzung.[10] Die Verschmelzung durch Neugründung ist in den §§ 36 bis 38 UmwG geregelt; dabei gehen die übertragenden – mindestens zwei – Rechtsträger als Rechtspersonen unter, und ihr Vermögen geht als Ganzes auf einen durch den Verschmelzungsakt neu formierten Rechtsträger über.

34 In den §§ 39 bis 122 UmwG regelt der Gesetzgeber **spezielle Verschmelzungsvorschriften** je nachdem, welche Gesellschaftsformen an der Verschmelzung beteiligt sind.[11] Beispielsweise sind bei der Verschmelzung von Aktiengesellschaften zusätzlich zu den allgemeinen Vorschriften die formstrengeren §§ 60 bis 77 UmwG zu beachten (**Baukastenprinzip**).[12] Die jeweiligen Spezialvorschriften sind den allgemeinen Regelungen vorrangig und enthalten zum Teil spezielle, zum Teil ergänzende Regelungen.

bb) Verschmelzungsfähige Rechtsträger

35 Nach § 3 UmwG bestimmt sich, **welche Gesellschaftsformen** überhaupt an einer Verschmelzung als übertragende oder übernehmende (neue) Rechtsträger **beteiligt sein können.**[13]

36 Nach § 3 Abs. 1 UmwG sind dies die folgenden Rechtsträger, die sowohl übertragende, übernehmende wie auch neue Rechtsträger sein können:

- Eingetragene Gesellschaften bürgerlichen Rechts (eGbR), Personenhandelsgesellschaften (OHG, KG) sowie Partnerschaftsgesellschaften;
- Kapitalgesellschaften (AG, GmbH, KGaA);
- eingetragene Genossenschaften;
- eingetragene Vereine;

8 Vgl. Semler/Stengel/Leonard, UmwG, Einl. A Rz. 52.
9 BeckOGK UmwG, § 2 Rz. 17 ff.; Semler/Stengel/Leonard, UmwG, § 2 Rz. 22 ff.
10 Schmitt/Hörtnagl, UmwG UmwStG, § 2 UmwG Rz. 12.
11 Vgl. Schmitt/Hörtnagl, UmwG UmwStG, Vorbemerkungen zu §§ 39 ff. UmwG Rz. 1 f.
12 Semler/Stengel/Leonard, UmwG, Einl. A Rz. 51 f.
13 Vgl. Semler/Stengel/Leonard, UmwG, § 3 Rz. 2 ff.

- genossenschaftliche Prüfungsverbände und Versicherungsvereine auf Gegenseitigkeit.

Nach § 3 Abs. 2 UmwG können wirtschaftliche Vereine i. S. v. § 22 BGB zudem übertragende Rechtsträger sein. Nach § 3 Abs. 2 UmwG können **natürliche Personen**[14] übernehmende Rechtsträger bei der Verschmelzung einer von ihnen gehaltenen Ein-Mann-Kapitalgesellschaft auf sie selbst sein. 37

Nicht verschmelzungsfähig sind danach Stiftungen, nicht eingetragene GbRs, stille Gesellschaften, natürliche Personen als übertragende Rechtsträger.[15] Eine **UG (haftungsbeschränkt)** stellt nach h. M. zwar grundsätzlich wie eine „normale" GmbH einen verschmelzungsfähigen übertragenden Rechtsträger dar. Sie kann daher ohne Weiteres als übertragender Rechtsträger an einer Verschmelzung beteiligt sein.[16] Als übernehmender Rechtsträger ist die UG aufgrund des Sachgründungsverbots des § 5a Abs. 2 Satz 2 GmbHG jedoch nur mit Einschränkungen verschmelzungsfähig.[17] 38

Möglich ist auch die sog. **Mischverschmelzung**, also eine Verschmelzung, an der Rechtsträger verschiedener Rechtsformen beteiligt sind (§ 3 Abs. 4 UmwG). Es besteht in diesem Fall jedoch u. U. eine Verpflichtung zur Barabfindung widersprechender Anteilseigner (§ 29 UmwG). 39

BEISPIEL: Eine AG hält zwei Tochter-Gesellschaften in der Rechtsform der GmbH. Die Konzernstruktur soll verschlankt werden und die beiden GmbHs sollen auf die AG verschmolzen werden. Dieser Fall der Mischverschmelzung ist nach § 3 Abs. 4 UmwG möglich.

In **Sanierungsfällen**, bei denen z. B. eine sanierungsbedürftige Tochter-Gesellschaft auf ihre wirtschaftlich stabile Mutter-Gesellschaft verschmolzen werden soll, stellt sich die Frage, wann eine solche Verschmelzung noch möglich ist. Wenn über die Gesellschaft, die als übertragender Rechtsträger verschmolzen werden soll, nach Fassung eines Liquidationsbeschlusses bereits mit der Verteilung des Vermögens an die Anteilsinhaber begonnen wurde, ist eine Verschmelzung nicht mehr möglich.[18] Die Fortsetzung eines aufgelösten Rechtsträgers scheidet ebenfalls aus, wenn der Rechtsträger bereits vollbeen- 40

14 Näher Semler/Stengel/Leonard, UmwG, § 3 Rz. 32.

15 Vgl. BeckOGK UmwG, § 3 Rz. 8.

16 Vgl. BeckOGK UmwG, § 3 Rz. 14.

17 Patt, GmbH-StB 2011 S. 20, 21 ff.; Römermann/Passarge, ZIP 2009 S. 1497, 1500; BeckOGK UmwG, § 3 Rz. 14.

18 Semler/Stengel/Leonard, UmwG, § 3 Rz. 38.

det ist.[19] Es darf sich bei der Verschmelzung nicht um einen existenzvernichtenden Eingriff handeln.[20]

41 Eine Verschmelzung ist auch nicht möglich, wenn der **übergehende Rechtsträger überschuldet** ist, die jeweilige Verschmelzungsart aber eine Kapitalerhöhung erfordert, die deshalb nicht möglich ist, weil dem übernehmenden Rechtsträger – netto betrachtet – negatives Vermögen zugeführt werden würde und ein Verstoß gegen das Verbot der sog. Unter-Pari-Emission vorliegen würde[21] (z. B. grundsätzlich[22] Fall der Verschmelzung von Schwester-Gesellschaften;[23] anders dagegen im Fall der Verschmelzung einer Tochter-Gesellschaft auf die Mutter-Gesellschaft, wo eine Kapitalerhöhung unterbleibt, vgl. § 54 Abs. 1 Satz 1 Nr. 1 UmwG;[24] hier ist daran zu denken, Verzichte nach §§ 54 Abs. 1 Satz 3, 68 Abs. 1 Satz 3 UmwG einzuholen[25]). Außerdem sind in solchen Konstellationen die bestehenden **Haftungsrisiken** für Gesellschafter und Geschäftsführer zu beachten.[26] Eine Differenzhaftung trifft die Gesellschafter des übertragenden Rechtsträgers in diesen Fällen jedoch weder dann, wenn übertragende Gesellschaft eine AG ist,[27] noch dann wenn übertragende Gesellschaft eine GmbH ist.[28] Es kann sich aber in Missbrauchsfällen eine Haftung nach den Grundsätzen des existenzvernichtenden Eingriffs ergeben, wenn ein eigentlich insolvenzreifer übertragender Rechtsträger auf einen anderen Rechtsträger verschmolzen wird und dadurch die Insolvenz des übernehmenden Rechtsträgers herbeigeführt oder vertieft wird.[29]

42 **Aufgelöste Rechtsträger**, d. h. Rechtsträger, deren Liquidation beschlossen aber noch nicht durchgeführt ist, können dagegen als übertragender Rechtsträger an einer Verschmelzung beteiligt sein, soweit ihre Fortsetzung beschlossen werden könnte (§ 3 Abs. 3 UmwG).[30] Die Fortsetzung des übertra-

19 Semler/Stengel/Leonard, UmwG, § 3 Rz. 37.

20 BGH v. 6.11.2018 - II ZR 199/17, NWB JAAAH-04367 = NZG 2019 S. 187; Heckschen, NZG 2019 S. 561.

21 Vgl. Heckschen, DB 1998 S. 1385 (1386 f.).

22 Außer bei Verzicht aller Anteilseigner der übertragenden Gesellschaft, vgl. z. B. § 54 Abs. 1 Satz 3 UmwG.

23 Vgl. dazu Keller/Klett, DB 2010 S. 1220.

24 Näher Henssler/Strohn, Gesellschaftsrecht, § 54 UmwG Rz. 2.

25 Ausführlich Keller/Klett, DB 2010 S. 1220 ff.

26 Siehe dazu detailliert Schwetlik, GmbHR 2011 S. 130 ff.

27 BGH v. 12.3.2007 - II ZR 302/05, DB 2007 S. 1241.

28 BGH v. 6.11.2018 - II ZR 199/17, DB 2019 S. 120, 121.

29 BGH v. 6.11.2018 - II ZR 199/17, DB 2019 S. 120, 123, siehe dazu Wittgens/Fischer, DB 2019 S. 829 und Wachter, DB 2019 S. 175.

30 Henssler/Strohn, Gesellschaftsrecht, § 3 UmwG Rz. 19 ff.; Keller/Klett, DB 2010 S. 1220 ff.

genden Rechtsträgers muss jedoch nicht beschlossen werden, es reicht insoweit der Verschmelzungsbeschluss bei diesem Rechtsträger.[31]

(Einstweilen frei) 43–50

cc) Ablauf einer Verschmelzung

Zeitlich lassen sich drei wesentliche **Phasen einer Verschmelzung** unterscheiden: 51

- Phase der Vorbereitung;
- Phase der Beschlussfassungen;
- Phase des handelsregisterlichen Vollzugs.
- In Rz. 1101 ff. sind für die gängigsten Verschmelzungen Muster-Fahrpläne und Muster-Formulare dargestellt.

Vorbereitungsphase: Der Zeitplan ist durch § 17 Abs. 2 Satz 4 UmwG bestimmt, wonach im Zeitpunkt der Anmeldung des gesamten Vorgangs einschließlich der gefassten Verschmelzungsbeschlüsse beim Registergericht eine Schlussbilanz des übertragenen Rechtsträgers beizufügen ist, die auf einen **höchstens acht Monate vor der Anmeldung liegenden Stichtag** aufgestellt ist. Entspricht das Wirtschaftsjahr des übertragenden Rechtsträgers dem Kalenderjahr, bedeutet dies, dass eine Verschmelzung z. B. auf den 31.12.2025 spätestens bis zum 31.8.2026 zum Handelsregister eingereicht sein muss. 52

Die Schlussbilanz muss zum Zeitpunkt der Handelsregisteranmeldung grds. bereits **aufgestellt und festgestellt** sein.[32] Sie kann ausnahmsweise noch binnen angemessener Frist (z. B. gesetzt vom Registergericht per Zwischenverfügung) erst danach nachgereicht (und erstellt) werden, wenn dies **zeitnah nach Einreichung der Handelsregisteranmeldung** erfolgt.[33]

Natürlich ist eine Verschmelzung auch „danach" (also z. B. im Dezember 2026) möglich, es muss dann jedoch eine **eigenständige Zwischenbilanz** als Schlussbilanz des übertragenden Rechtsträgers aufgestellt werden (z. B. zum 30.6.2026).[34] Dadurch entsteht zwar kein Rumpfgeschäftsjahr (was einer Sat- 53

31 Unklar ist dagegen, ob ein aufgelöster Rechtsträger auch aufnehmender Rechtsträger sein kann, ohne dass seine Fortsetzung vorher beschlossen werden muss (Henssler/Strohn, Gesellschaftsrecht, § 17 UmwG Rz. 21; ablehnend z. B. OLG Brandenburg v. 27.1.2015 - 7 W 118/14, NZG 2015 S. 884).

32 KG v. 20.2.2025 - 22 W 64/24, NWB JAAAJ-91213 = DB 2025 S. 789 (zur Abspaltung, auf die Verschmelzung übertragbar).

33 BGH v. 18.3.2025 - II ZB 1/24, NWB HAAAJ-91497 = DB 2025 S. 1403.

34 Vgl. Henssler/Strohn, Gesellschaftsrecht, § 17 UmwG Rz. 18.

zungsänderung bedürfte).[35] Dies verursacht allerdings Mehrkosten und wird in der Praxis daher wenn möglich vermieden.

53/1 **Temporäre Regelungen zur COVID-19-Pandemie:** Hier hatte der Gesetzgeber zivilrechtlich mit dem (Rahmen-)Gesetz zur Abmilderung der Folgen der COVID-19-Pandemie im Zivil-, Insolvenz- und Strafverfahrensrecht v. 27.3.2020[36] die Frist des § 17 Abs. 2 Satz 4 UmwG verlängert: Abweichend von § 17 Abs. 2 Satz 4 UmwG genügte es **gesellschaftsrechtlich** für die Zulässigkeit der Eintragung der Umwandlungsmaßnahme ins Handelsregister, dass die Bilanz auf einen höchstens zwölf Monate vor der Anmeldung liegenden Stichtag aufgestellt worden ist. Die Verlängerung der umwandlungsrechtlichen Rückwirkungsmöglichkeit von max. acht auf max. zwölf Monate galt jedoch nur temporär, nämlich für die Jahre 2020 und 2021. Seit dem Jahr 2022 einschließlich gilt wieder die reguläre Frist von acht Monaten.[37]

54 Zunächst ist also die **Schlussbilanz des übertragenden Rechtsträgers zu erstellen** und, soweit reguläre Prüfungspflicht besteht, durch einen Wirtschaftsprüfer zu prüfen.[38]

55 Nach § 17 Abs. 2 Satz 2 UmwG gelten für die Schlussbilanz nämlich die Vorschriften für die Jahresbilanz und deren Prüfung entsprechend.[39]

56 Möglichst frühzeitig muss zur **Festlegung des späteren Umtauschverhältnisses**[40] eine **Unternehmensbewertung**[41] stattfinden. Anders ist das z. B. bei der Verschmelzung einer Tochter-Gesellschaft auf deren Mutter-Gesellschaft, bei der keine Kapitalerhöhung erfolgt und damit auch keine Unternehmensbewertung erforderlich ist.

57 **Verschmelzungsvertrag:** § 5 Abs. 1 UmwG spricht vom „Vertrag" oder „Entwurf", weil nach dem Gesetz der Verschmelzungsvertrag sowohl vor wie auch nach den zu seiner Wirksamkeit notwendigen Beschlussfassungen der Anteilseigner abgeschlossen (= beurkundet) werden kann. Im mittelständischen Bereich erfolgen der Abschluss des Verschmelzungsvertrages und die zustimmenden Beschlussfassungen der Anteilseigner typischerweise in einem Notartermin und oft auch in einer einheitlichen, in mehrere Teile gegliederten Ur-

---

35 Schmitt/Hörtnagl, UmwG UmwStG, § 17 UmwG Rz. 34.

36 BGBl 2020 I S. 569. Siehe hierzu Bron, DStR 2020 S. 1009 und Horst, DStR 2021 S. 403.

37 Nur die Regeln zur Möglichkeit des Abhaltens virtueller Gesellschafterversammlungen wurden nochmals bis zum 31.8.2022 verlängert.

38 Henssler/Strohn, Gesellschaftsrecht, § 17 UmwG Rz. 20.

39 Schmitt/Hörtnagl, UmwG UmwStG, § 17 UmwG Rz. 14 ff.

40 Zum Umtauschverhältnis siehe z. B. BeckOGK UmwG, § 5 Rz. 29 ff.

41 Zur Unternehmensbewertung für diese Zwecke siehe z. B. BeckOGK UmwG, § 5 Rz. 35 ff.

kunde. Der Inhalt des Verschmelzungsvertrags ergibt sich aus § 5 Abs. 1 UmwG.

Wichtig ist insbesondere die Angabe des Zeitpunkts, von dem die Handlungen des übertragenden Rechtsträgers als für Rechnung des übernehmenden Rechtsträgers vorgenommen gelten (handelsrechtlicher **Verschmelzungsstichtag**, siehe § 5 Abs. 1 Nr. 6 UmwG).[42] Wird die reguläre Jahresbilanz zum 31.12. eines Jahres als Schlussbilanz zugrunde gelegt, ist Verschmelzungsstichtag i. S. v. § 5 Abs. 1 Nr. 6 UmwG nach h. M. und gängiger Praxis der 1.1. des Folgejahres.[43] Der handelsrechtliche Verschmelzungsstichtag ist vom steuerrechtlichen **Übertragungsstichtag** zu unterscheiden. Steuerlicher Übertragungsstichtag ist grundsätzlich der Ablauf des Tages, der dem handelsrechtlichen Verschmelzungsstichtag vorausgeht und auf den die Schlussbilanz erstellt wird, also z. B. der 31.12. des Kalenderjahres, wenn die reguläre Jahresbilanz zum 31.12. eines Jahres als Schlussbilanz zugrunde gelegt wird.[44] Dies ist nach Auffassung der Finanzverwaltung zwingend.[45]

BEISPIEL: Die A-GmbH (Wirtschaftsjahr gleich Kalenderjahr) soll auf ihre Muttergesellschaft, die H-AG, verschmolzen werden. Die Beteiligten tragen den Beratern im September 2025 diesen Wunsch vor; das Vorhaben soll schnellstmöglich realisiert werden.

Lösung:

Es ist eine Zwischenbilanz der A-GmbH z. B. auf den 30.6.2025 aufzustellen. Handelsrechtlicher Verschmelzungsstichtag ist dann der 1.7.2025, steuerrechtlicher Übertragungsstichtag der 30.6.2025.

Entsprechende Muster-Verschmelzungsverträge finden sich in Rz. 1101 ff.

Sodann sind im Verschmelzungsvertrag nach § 5 Abs. 1 Nr. 9 UmwG Angaben 58
über die **Folgen der Verschmelzung für die Arbeitnehmer und ihre Vertretungen** sowie über die insoweit vorgesehenen Maßnahmen aufzunehmen. Hier sind die eintretenden individual- und kollektivarbeitsrechtlichen Änderungen im Sinne einer Informationspflicht darzulegen.[46] Rechtsfolge unterlassener Angaben ist für die Arbeitnehmer zum einen, dass der Registerrichter beim gänzlichen Fehlen dieser Angaben sowie bei ihrer offensichtlichen Unrichtigkeit beanstanden, d. h. die Eintragung verweigern kann. Der Verschmelzungsvertrag

42 Schmitt/Hörtnagl, UmwG UmwStG, § 5 UmwG Rz. 73 ff.

43 Henssler/Strohn, Gesellschaftsrecht, § 5 UmwG Rz. 22; Schmitt/Hörtnagl, UmwG UmwStG, § 5 UmwG Rz. 75; Semler/Stengel/Leonard, UmwG, § 5 Rz. 54.

44 Vgl. Haritz/Menner/Bilitewski, UmwStG, § 2 Rz. 47.

45 Tz. 02.02 UmwStE. So auch FG Düsseldorf v. 13.3.2024 - 7 K 2493/21 F, AO, EFG 2024 S. 1075 = NWB GAAAJ-67624.

46 Ausführlich Schmitt/Hörtnagl, UmwG UmwStG, § 5 UmwG Rz. 87 ff.

oder die Verschmelzungsbeschlüsse werden deswegen jedoch nicht nichtig.[47] Schadenersatzansprüche der Arbeitnehmer dürften mangels Kausalität ebenfalls regelmäßig ausscheiden.[48]

59 **Verschmelzungsbericht:** Nach § 8 Abs. 1 Satz 1 UmwG müssen die Vertretungsorgane jedes beteiligten Rechtsträgers grds. einen schriftlichen Verschmelzungsbericht erstatten, in dem die Verschmelzung, der Verschmelzungsvertrag bzw. dessen Entwurf und insbesondere das Umtauschverhältnis sowie ggf. die Höhe einer anzubietenden Barabfindung erläutert und begründet werden müssen. Der Verschmelzungsbericht dient der Information der Anteilsinhaber und ist deren Grundlage für die Beschlussfassung.[49] Ein Verschmelzungsbericht ist nach § 8 Abs. 3 Satz 1 UmwG **nicht erforderlich, wenn** sich **alle Anteile des übertragenden Rechtsträgers in der Hand des übernehmenden Rechtsträgers** befinden, d. h. bei der Verschmelzung einer Tochter-Gesellschaft auf deren 100-%ige Mutter-Gesellschaft. Des Weiteren ist ein Verschmelzungsbericht entbehrlich, wenn **alle Anteilseigner aller beteiligten Rechtsträger** daraufhin in notariell beglaubigter Form darauf **verzichten** (§ 8 Abs. 3 Sätze 1 und 2 UmwG).

BERATUNGSHINWEIS:

Im mittelständischen Bereich wird von dem Verzicht zumeist Gebrauch gemacht, weil die Gesellschafter sich oft formlos und im Vorfeld auf die wesentlichen Eckpunkte der Verschmelzung einigen und die zusätzlichen Kosten und Mühen der Erstellung der Verschmelzungsberichte scheuen. Typischerweise wird der Verzicht dann in der Urkunde, die auch die Verschmelzungsbeschlüsse enthält, miterklärt. Anders ist dies dagegen in Konstellationen, in denen die Mehrheit unter Überstimmen von Minderheitsgesellschaftern eine Umwandlungsmaßnahme durchsetzen will; hier ist dann sehr genau auf die Einhaltung aller Formalitäten zu achten, um keine Anhaltspunkte für spätere Klagen zu schaffen.

60 **Betriebsratsunterrichtung:** Die Arbeitnehmervertretung (Betriebsrat) muss, falls vorhanden, mindestens **einen Monat vor der Beschlussfassung** über den Verschmelzungsvertrag informiert werden (§ 5 Abs. 3 UmwG). Die Information hat unter Übermittlung des abgeschlossenen Verschmelzungsvertrages oder seines Entwurfs zu erfolgen. Zuzuleiten ist der vollständige Verschmelzungsvertrag oder sein Entwurf nebst sämtlichen Anlagen, d. h. nicht nur die Anla-

47 Schmitt/Hörtnagl, UmwG UmwStG, § 5 UmwG Rz. 106.

48 Semler/Stengel/Leonard, UmwG, § 5 Rz. 99; Schmitt/Hörtnagl, UmwG UmwStG, § 5 UmwG Rz. 114.

49 Semler/Stengel/Leonard, UmwG, § 8 Rz. 2; Schmitt/Hörtnagl, UmwG UmwStG, § 8 UmwG Rz. 1.

gen, die für die Arbeitnehmervertretungen ggf. relevant sein können.[50] Die Arbeitnehmervertreter können eine Verschmelzung nicht verhindern; Rechtsfolge einer unterlassenden Information ist auch nicht etwa eine Nichtigkeit oder Anfechtbarkeit des Verschmelzungsvertrags oder der Verschmelzungsbeschlüsse.[51] Das Registergericht prüft jedoch gem. § 17 Abs. 1 UmwG den der Handelsregisteranmeldung beizufügenden Nachweis der rechtzeitigen Zuleitung des Verschmelzungsvertrages an den Betriebsrat. Dies ist regelmäßig eine **Empfangsbestätigung** des Betriebsrats.[52] Ohne diese wird die Verschmelzung nicht in das Handelsregister eingetragen. Besteht kein Betriebsrat, ist dem Registergericht dies in der Handelsregisteranmeldung durch die anmeldenden Geschäftsführer/Vorstände schriftlich[53] zu versichern.

Verschmelzungsprüfung: Soweit das Umwandlungsgesetz dies für spezielle 61
Verschmelzungsformen vorschreibt, sind ein oder mehrere Verschmelzungsprüfer zu bestellen (z. B. bei der Verschmelzung von Aktiengesellschaften nach §§ 9 Abs. 1, 60 UmwG). Die Verschmelzungsprüfung hat durch einen oder mehrere sachverständige Prüfer zu erfolgen, d. h. regelmäßig Wirtschaftsprüfer. Die Verschmelzungsprüfung dient dem Schutz der betroffenen Anteilseigner des übertragenen und des übernehmenden Rechtsträgers.[54] Es besteht keine Notwendigkeit einer Verschmelzungsprüfung, wenn sich alle Anteile des übertragenden Rechtsträgers in der Hand des übernehmenden Rechtsträgers befinden (§ 9 Abs. 2 UmwG). Auf die Verschmelzungsprüfung **kann** nach § 9 Abs. 3 i. V. m. § 8 Abs. 3 Satz 1 UmwG **verzichtet werden**. Für einen solchen Verzicht bedarf es nach § 9 Abs. 3 i. V. m. § 8 Abs. 3 Satz 2 UmwG notariell beurkundeter Erklärungen aller Anteilseigner.

BERATUNGSHINWEIS:

Auch von dieser Verzichtsmöglichkeit wird bei der Verschmelzung mittelständischer Unternehmen mit überschaubarem Gesellschafterkreis regelmäßig Gebrauch gemacht, wenn die Umwandlungsmaßnahme von allen Gesellschaftern einvernehmlich mitgetragen wird.

Ladung der betroffenen Gesellschafter: Die Anteilsinhaber der übertragenden 62
und der übernehmenden Gesellschaft müssen unter Angabe des Tagesordnungspunktes „Verschmelzung“ nach den Vorschriften der jeweiligen Gesell-

50 Schmitt/Hörtnagl, UmwG UmwStG, § 5 UmwG Rz. 117.

51 Semler/Stengel/Leonard, UmwG, § 5 Rz. 97 f.

52 Schmitt/Hörtnagl, UmwG UmwStG, § 17 UmwG Rz. 6.

53 So zutreffend Schmitt/Hörtnagl, UmwG UmwStG, § 5 UmwG Rz. 119 und Semler/Stengel/Leonard, UmwG, § 5 Rz. 148 m. w. N. Nach a. A. ist dies ggf. eidesstattlich zu versichern (AG Duisburg, GmbHR 1996 S. 372).

54 Schmitt/Hörtnagl, UmwG UmwStG, § 9 UmwG Rz. 1.

schaftsverträge, ergänzt um die für die jeweilige Gesellschaftsform geltenden gesetzlichen Regelungen, form- und fristgerecht zur Gesellschafterversammlung über die Beschlussfassung zum Verschmelzungsvertrag geladen werden.

BERATUNGSHINWEIS:

Im Bereich der Verschmelzung mittelständischer Unternehmen wird jedoch häufig in den Verschmelzungsbeschlüssen ein Verzicht auf die Einhaltung von Form- und Fristvorschriften über die Ladung mit aufgenommen und auf eine formelle Ladung verzichtet.[55] Sämtliche Formalien müssen jedoch dann penibel eingehalten werden, wenn eine Verschmelzung gegen den Willen von Minderheitsgesellschaftern durchgesetzt werden soll, und mit einer Beschlussanfechtung zu rechnen ist.

63 **Zustimmungsbeschlüsse:** Nach § 13 Abs. 1 UmwG haben die Gesellschafter aller beteiligten Rechtsträger jeweils Beschlussfassungen über die Zustimmung der Anteilseigner abzuhalten. Die Verschmelzungsbeschlüsse können sowohl vor als auch nach Abschluss des Verschmelzungsvertrags gefasst werden.[56] Die Reihenfolge der Verschmelzungsbeschlüsse bei den beteiligten Rechtsträgern wird durch das Gesetz nicht vorgegeben, sie kann daher beliebig gewählt werden.[57] **Grundsätzlich** erfolgt die Beschlussfassung mit **75-%-Mehrheit** (vgl. z. B. §§ 50 Abs. 1, 65 Abs. 1 UmwG). Das Umwandlungsgesetz lässt jedoch zu, dass der Gesellschaftsvertrag größere Mehrheiten oder weitere Erfordernisse vorsieht (vgl. z. B. §§ 50 Abs. 1 Satz 2, 65 Abs. 1 Satz 2 UmwG). Ausnahmen bestehen z. B. für **Personengesellschaften, wo das Einstimmigkeitsprinzip** gilt, wenn nicht der Gesellschaftsvertrag eine niedrigere Mehrheit vorsieht (z. B. § 39c UmwG für die eGbR oder §§ 42, 39c UmwG für Personenhandelsgesellschaften).

64 Ist aufzunehmender Rechtsträger eine Kapitalgesellschaft, ist **unter Umständen ein Kapitalerhöhungsbeschluss[58] erforderlich** (§§ 54 f., 68 f. UmwG).

BEISPIEL 1: Die A-GmbH ist die alleinige Mutter-Gesellschaft der B-GmbH. Die B-GmbH soll auf die A-GmbH verschmolzen werden.

Lösung:

Es handelt sich um eine Verschmelzung zur Aufnahme in Form eines Up-Stream-Mergers. Eine Kapitalerhöhung ist nicht erforderlich und auch nicht zulässig (§ 54 Abs. 1 Satz 1 Nr. 1 UmwG).

55 Vgl. Semler/Stengel/Leonard, UmwG, § 47 Rz. 5.

56 BeckOGK UmwG, § 13 Rz. 10.

57 BeckOGK UmwG, § 13 Rz. 13.

58 Näher Schmitt/Hörtnagl, UmwG UmwStG, § 55 UmwG Rz. 2.

BEISPIEL 2: Die X-AG hat die Tochter-Gesellschaften Y-GmbH und Z-GmbH. Die Y-GmbH soll im Wege des Side-Stream-Mergers auf die Z-GmbH verschmolzen werden.

Lösung:

Nach § 54 Abs. 1 Satz 1 UmwG wäre hier grundsätzlich eine Kapitalerhöhung erforderlich, für die jedoch in der Praxis häufig ein nur symbolischer Kapitalerhöhungsbetrag gewählt wird (z. B. 500 €). Alternativ kann hier nach § 54 Abs. 1 Satz 3 UmwG ganz auf eine Kapitalerhöhung verzichtet werden.[59]

Die Verzichtserklärungen sind **notariell zu beurkunden** (§ 54 Abs. 1 Satz 3 UmwG). 65

Handelsregisteranmeldungen: Die Verschmelzung sowie ggf. die begleitende Kapitalerhöhung ist dann zum Handelsregister anzumelden. Die Verschmelzung muss dabei ins Handelsregister aller beteiligten Rechtsträger eingetragen werden, damit sie wirksam wird. Zunächst erfolgt die Eintragung in das Register des übertragenden Rechtsträgers, danach in das Register des übernehmenden Rechtsträgers (§ 19 Abs. 1 UmwG). Diese Eintragungsreihenfolge ist zwingend, allerdings haben Verstöße dagegen keine Auswirkungen, sobald die Verschmelzung in das Register des übernehmenden Rechtsträgers eingetragen wird.[60] Eine ggf. erforderliche Kapitalerhöhung ist vorab ins Handelsregister der übernehmenden Kapitalgesellschaft einzutragen (§§ 53, 66 UmwG). **Durch die Registereintragung wird die Verschmelzung zivilrechtlich wirksam**, die Gesamtrechtsnachfolge tritt zivilrechtlich zu diesem Zeitpunkt ein.[61] Zu diesem Zeitpunkt werden die Anteilseigner des erloschenen übertragenen Rechtsträgers Anteilseigner am neuen Rechtsträger (§ 20 UmwG). Diese dingliche Wirksamkeit können die Parteien nicht vertraglich abweichend gestalten.[62] 66

Bei der Vorlage der Handelsregisteranmeldungen zum Registergericht muss nach § 16 Abs. 2 UmwG erklärt werden, dass eine Klage gegen die Wirksamkeit eines der Verschmelzungsbeschlüsse nicht oder nicht fristgerecht erhoben wurde oder rechtskräftig abgewiesen oder zurückgenommen wurde (sog. Ne- 67

59 Und der Verzicht kann sich ggf. auch konkludent aus dem Verschmelzungsvertrag ergeben, vgl. OLG Köln v. 22.1.2020 - 18 Wx22/19, NWB KAAAH-43021 = DB 2020 S. 784.

60 Schmitt/Hörtnagl, UmwG UmwStG, § 19 UmwG, Rz. 10.

61 Vgl. Schmitt/Hörtnagl, UmwG UmwStG, § 20 UmwG, Rz. 2; Henssler/Strohn, Gesellschaftsrecht, § 20 UmwG Rz. 2.

62 Henssler/Strohn, Gesellschaftsrecht, § 20 UmwG Rz. 2; Semler/Stengel/Leonard, UmwG, § 20 Rz. 6.

gativerklärung).[63] Wenn diese Erklärung nicht vorgelegt werden kann, darf der Registerrichter die Verschmelzung nicht eintragen.

BERATUNGSHINWEIS:

In der Praxis werden entsprechende Verzichtserklärungen durch die Anteilsinhaber bei der Beschlussfassung über die Verschmelzungsbeschlüsse mit beurkundet und in der Handelsregisteranmeldung wird auf die entsprechenden Passagen der Verschmelzungsbeschlüsse hingewiesen.

68 Im Falle einer mit Mehrheit gegen die Minderheit beschlossenen Verschmelzung, bei der Anteilsinhaber gegen die Verschmelzung klagen, ist im Umwandlungsgesetz das sog. **Unbedenklichkeitsverfahren** nach § 16 Abs. 3 UmwG vorgesehen, um die Registersperre, die durch die Erhebung einer Klage faktisch bewirkt wird, unter bestimmten Voraussetzungen zu überwinden.[64]

Muster-Handelsregisteranmeldungen finden sich in Rz. 1101 ff.

69–75 *(Einstweilen frei)*

dd) Gläubigerschutz bei der Verschmelzung

76 Unter bestimmten Voraussetzungen (insbesondere: Gläubigergefährdung[65]) können Gläubiger nach § 22 UmwG **Sicherheitsleistung** für ihre gegen den übertragenden Rechtsträger bestehenden Forderungen verlangen.

BERATUNGSHINWEIS:

In der Praxis wird dies regelmäßig ausscheiden bzw. nur in Ausnahmefällen in Betracht kommen; die Praxisrelevanz der Vorschrift ist gering.

77–80 *(Einstweilen frei)*

ee) Verschmelzung von GmbH & Co. KGs – Treuhandmodell

81 Nach der hergebrachten Ansicht kann bei der Verschmelzung einer GmbH & Co. KG z. B. auf eine andere GmbH die nicht am Vermögen der GmbH & Co. KG beteiligte Komplementär-GmbH nicht anlässlich des Umwandlungsvorganges ausscheiden und ist auch in diesem Fall von einer gesetzlichen Pflicht zur Gewährung von Anteilen auszugehen.[66] Anerkannt ist, dass die Gesellschafter der übertragenden Gesellschaft grundsätzlich auch an der aufnehmenden Ge-

63 Semler/Stengel/Leonard, UmwG, § 16 Rz. 13 ff.

64 Vgl. Henssler/Strohn, Gesellschaftsrecht, § 16 UmwG Rz. 17 ff.; Semler/Stengel/Leonard, UmwG, § 16 Rz. 21 ff.

65 Dazu z. B. Semler/Stengel/Leonard, UmwG, § 22 Rz. 20 ff.

66 BeckOGK UmwG, § 5 Rz. 20.

sellschaft beteiligt werden, da § 20 Abs. 1 Nr. 3 UmwG grundsätzlich von einer **Identität der Anteilsinhaber** des übertragenden und übernehmenden Rechtsträgers im Zeitpunkt des Wirksamwerdens der Verschmelzung ausgeht.[67]

Jedoch wird – u. E. richtigerweise – von der herrschenden Literatur zunehmend als Ausnahme vom Grundsatz der Identität der Anteilsinhaber anerkannt, dass ein Ausscheiden der vermögensmäßig nicht beteiligten Komplementär-GmbH anlässlich der Verschmelzung zulässig sein soll, soweit sämtliche Gesellschafter der übertragenden GmbH & Co. KG auf eine Gewährung von Anteilen an die Komplementär-GmbH verzichten und die ausscheidende Komplementär-GmbH ebenfalls zustimmt.[68] Diese Sichtweise lässt sich u. E. auch auf die Rechtsgedanken des BGH-Urteils v. 9.5.2005[69] stützen. In dem Urteil hat der BGH den Eintritt einer Komplementär-GmbH in eine GmbH & Co. KG im Zuge des Formwechsels einer AG in eine GmbH & Co. KG für zulässig erachtet, vgl. dazu Rz. 283 ff. Im Fall des Formwechsels einer GmbH & Co. KG in eine GmbH hat das KG Berlin ebenfalls im Sinne der h. L. entschieden, dass das Treuhandmodell nicht mehr erforderlich sei;[70] diese Entscheidung lässt sich u. E. auch auf die Verschmelzung übertragen. 82

BERATUNGSHINWEIS:

Da jedoch bislang keine explizite Entscheidung des BGH zur Verschmelzung einer GmbH & Co. KG auf eine GmbH ergangen ist, sollte das bisherige Treuhandmodell vorsichtshalber weiter angewendet werden, wenn man nicht im Vorfeld der Beurkundung eine anderweitige Abstimmung mit dem zuständigen Registergericht erreichen kann. Bei dem sog. Treuhandmodell erhält die Komplementär-GmbH Anteile an der übernehmenden GmbH, die sie treuhänderisch für einen der Gesellschafter der GmbH & Co. KG hält. Nach der Verschmelzung – meist eine logische Sekunde später – gewährt sie die treuhänderisch gehaltene Beteiligung an den Gesellschafter zurück.

(Einstweilen frei) 83–84

c) Steuerrechtliche Aspekte von Verschmelzungen

aa) Verschmelzung von Körperschaften auf Personengesellschaften oder natürliche Personen

Die Verschmelzung von Körperschaften auf Personengesellschaften oder natürliche Personen ist in den **§§ 3 ff. UmwStG** geregelt. Durch die Verschmel- 85

67 Vgl. Semler/Stengel/Leonard, UmwG, § 5 Rz. 11.

68 Vgl. Semler/Stengel, Umwandlungsgesetz, § 5 Rz. 16; Sudhoff, GmbH & Co. KG, § 51 Rz. 34; Reichert, GmbH & Co. KG, § 52 Rz. 38; Kallmeyer, GmbHR 1996 S. 80, 81.

69 BGH v. 9.5.2005 - II ZR 29/03, NWB MAAAB-97947 = DStR 2005 S. 1539, 1540 f.

70 KG v. 19.12.2018 - 22 W 85/18, DB 2019 S. 419 mit Anm. Wachter.

zung kommt es zu einem Vermögensübergang von der untergehenden Körperschaft auf die übernehmende Personengesellschaft bzw. natürliche Person. Nach § 3 Abs. 1 Satz 1 UmwStG ist eine **Schlussbilanz** der übertragenden Körperschaft auf den steuerlichen Übertragungsstichtag aufzustellen. Auf deren Abgabe kann nur **verzichtet** werden, wenn ausdrücklich erklärt wird, dass die Steuerbilanz i. S. d. § 4 Abs. 1, § 5 Abs. 1 EStG gleichzeitig die Schlussbilanz sein soll.[71] Diese Erklärung ist unwiderruflich und wird zugleich als Antrag auf Buchwertfortführung interpretiert.[72]

Einreichungsfrist: Die steuerliche Schlussbilanz ist dem zuständigen Finanzamt nach § 3 Abs. 2a UmwStG[73] spätestens bis zum Ablauf der nach § 149 AO maßgebenden Frist zur Abgabe der Körperschaftsteuererklärung für den Besteuerungszeitraum, in den der steuerliche Übertragungsstichtag fällt, elektronisch zu übermitteln; § 5b EStG gilt für die steuerliche Schlussbilanz entsprechend. Ein Verstreichenlassen dieser Frist stellt für sich allein jedoch keinen Verzicht auf den Antrag nach § 3 Abs. 2 UmwStG dar.[74]

86 Zu differenzieren sind die steuerlichen Auswirkungen auf Ebene der übertragenden Körperschaft einerseits und die steuerlichen Auswirkungen auf Ebene der übernehmenden Personengesellschaft und deren Gesellschaftern bzw. der übernehmenden natürlichen Person andererseits.

(1) Auswirkungen auf Ebene der übertragenden Körperschaft

87 **Grundsätzlicher Ansatz aller Wirtschaftsgüter zum gemeinen Wert:** Die übertragende Körperschaft hat eine **steuerliche Schlussbilanz** zu erstellen. Darin sind die übergehenden Wirtschaftsgüter grundsätzlich zum gemeinen Wert anzusetzen (§ 3 Abs. 1 Satz 1 UmwStG). Stille Reserven in Betriebsvermögen werden dadurch grundsätzlich vollumfänglich realisiert. Der Ansatz erfasst sämtliche Wirtschaftsgüter, auch nicht entgeltlich erworbene und selbst geschaffene immaterielle Wirtschaftsgüter, wie einen originären Firmenwert.[75] Für Pensionsrückstellungen gilt jedoch die Ausnahmeregelung des § 3 Abs. 1 Satz 2 UmwStG, wonach immer nur der Wert nach § 6a EStG angesetzt wer-

71 Tz. 03.01 UmwStE.

72 Tz. 03.29 UmwStE.

73 Diese durch das JStG 2024 (Gesetz v. 2.12.2024, BGBl 2024 I Nr. 387) eingeführte Neuregelung ist erstmals auf Umwandlungen anzuwenden, bei denen die Anmeldung zur Eintragung in das für die Wirksamkeit des jeweiligen Vorgangs maßgebende öffentliche Register nach dem 5.12.2024 erfolgt ist (§ 27 Abs. 20 UmwStG).

74 BT-Drucks. 20/12780 S. 154.

75 Tz. 03.04 UmwStE; Haritz/Menner/Bilitewski, UmwStG, § 3 Rz. 87.

den darf (gesetzgeberisches Ziel: Nichtberücksichtigung von stillen Lasten aus Pensionsverpflichtungen).[76] Im Gegensatz zur h. L. geht die Finanzverwaltung davon aus, dass ein tatsächlich höherer gemeiner Wert der Versorgungsverpflichtung auch nicht bei der Bewertung des Firmenwerts zu berücksichtigen sei.[77]

Gemeiner Wert ist grundsätzlich der Preis, der im gewöhnlichen Geschäftsverkehr nach der Beschaffenheit des jeweiligen Wirtschaftsgutes bei einer Veräußerung zu erzielen wäre (§ 9 Abs. 2 BewG). Ungewöhnliche oder persönliche Verhältnisse sind dabei außer Acht zu lassen.[78] Bei dem gemeinen Wert ist nach dem Willen des Gesetzgebers von einem entsprechenden Gewinnaufschlag auszugehen.[79] Bei Wirtschaftsgütern des Anlagevermögens, die typischerweise auf einen konkreten Zweck ausgerichtet sind, führt der gemeine Wert daher tendenziell zu einer niedrigeren Bewertung als der bisherige Teilwertansatz, während bei Wirtschaftsgütern des Umlaufvermögens aufgrund des zu berücksichtigenden Gewinnaufschlags der gemeine Wert i. d. R. höher ausfallen dürfte als der Teilwert.[80] Die Bewertung hat beim verschmelzungsbedingten Übergang von **Sachgesamtheiten** – was den Regelfall darstellen wird – nach Auffassung der Finanzverwaltung indessen nicht bezogen auf jedes einzelne Wirtschaftsgut, sondern bezogen auf die Gesamtheit der übergehenden Wirtschaftsgüter (Aktiva und Passiva) zu erfolgen.[81] Der gemeine Wert ist dabei entweder aus Referenzgeschäften in Bezug auf den übertragenen Rechtsträger abzuleiten, ansonsten nach **Ertragswertgrundsätzen** zu ermitteln (§ 11 Abs. 2 BewG, also z. B. IDW S1 oder vereinfachtes Ertragswertverfahren nach den §§ 199 bis 203 BewG).[82] Der gemeine Wert einer übergehenden Sachgesamtheit wird dann analog § 6 Abs. 1 Nr. 7 EStG im Verhältnis der Teilwerte auf die einzelnen Wirtschaftsgüter verteilt.[83] Enthält das übertragene Betriebsvermögen stille Lasten, kann dies dazu führen, dass sich bei der Bewertung der Sachgesamtheit rechnerisch ein **negative Geschäftswert** ergibt; dieser ist u. E. in Form eines passiven Ausgleichspostens anzusetzen, d. h. in 88

76 Vgl. BeckOK UmwStG, § 3 Rz. 142.

77 Tz. 03.08 UmwStE. Nach h. L. dagegen wirken die in Pensionsrückstellungen enthaltenen immanenten stillen Lasten sich als Bestandteil des Firmenwerts bei dessen Bewertung aus, vgl. z. B. BeckOK UmwStG § 3 Rz. 142; Haritz/Menner/Bilitewski, UmwStG, § 3 Rz. 95; Rödder/Schumacher, DStR 2006 S. 1525, 1527.

78 Vgl. Haritz/Menner/Bilitewski, UmwStG, § 3 Rz. 90.

79 Vgl. Brandis/Heuermann, Ertragsteuerrecht, § 3 UmwStG, Rz. 20.

80 Vgl. Haritz/Menner/Bilitewski, UmwStG, § 3 Rz. 92.

81 Tz. 03.07 UmwStE.

82 Tz. 03.07 UmwStE.

83 Tz. 03.09 UmwStE.

Höhe des negativen Unterschiedsbetrages ein den Übertragungsgewinn mindernder passiver Ausgleichsposten zu bilden ist, der gegen künftige Verlustanteile gewinnerhöhend aufzulösen ist.[84] Bei einer Umwandlung zum gemeinen Wert sind in der Schlussbilanz nicht nur selbst geschaffene Firmenwerte – entgegen § 5 Abs. 2 EStG – anzusetzen, sondern es sind nach Auffassung der Finanzverwaltung auch die anderen Ansatzverbote des § 5 EStG, namentlich für bedingte Verbindlichkeiten oder Drohverlustrückstellungen, außer Kraft gesetzt.[85] Dies ist im Rahmen der Wertverknüpfung vom übernehmenden Rechtsträger zu beachten (siehe unten Rz. 106).

89 **Ansatz zum Buchwert oder Zwischenwert:** Nach § 3 Abs. 2 Satz 1 UmwStG können die übertragenen Wirtschaftsgüter auf Antrag auch einheitlich mit dem Buchwert oder einem Zwischenwert zwischen Buchwert und gemeinem Wert angesetzt werden, soweit

- die Wirtschaftsgüter Betriebsvermögen der übernehmenden Personengesellschaft oder der natürlichen Person werden und sichergestellt ist, dass sie später der Besteuerung mit Einkommen- oder Körperschaftsteuer unterliegen, und
- das Recht der Bundesrepublik Deutschland hinsichtlich der Besteuerung des Gewinns aus der Veräußerung der übertragenen Wirtschaftsgüter bei den Gesellschaftern der übernehmenden Personengesellschaft oder bei der übernehmenden natürlichen Person nicht ausgeschlossen oder beschränkt wird, und
- eine Gegenleistung nicht gewährt wird oder nur in Gesellschaftsrechten besteht.

90 Die übernommenen Wirtschaftsgüter unterliegen dann nicht mehr der Einkommen- oder Körperschaftsteuer, wenn der übernehmende Rechtsträger **subjektiv steuerbefreit** ist (z. B. wegen Gemeinnützigkeit, oder weil übernehmender Rechtsträger ein REIT ist). Eine Besteuerung mit Körperschaftsteuer ist auch dann anzunehmen, wenn bzgl. des übernehmenden Rechtsträgers § 8b Abs. 2 KStG in Anspruch genommen werden kann, oder wenn dort bestehende Verlustvorträge genutzt werden können. Die übernommenen Wirtschaftsgüter unterliegen auch dann nicht der Einkommen- oder Körperschaftsteuer,

84 So Brandis/Heuermann, Ertragsteuerrecht, § 3 UmwStG Rz. 21; der UmwStE schweigt zu dieser Problematik.

85 Tz. 03.06 UmwStE. Anders aber die h. M. in der Literatur, siehe z. B. Stadler/Elser/Bindl, DB Beilage 1/2012 S. 14, 16 oder Haritz/Menner/Bilitewski, UmwStG, § 3 Rz. 87.

wenn auf eine Personengesellschaft verschmolzen wird, die nicht i. S. d. § 15 EStG gewerblich ist, selbst wenn es sich um eine sog. Zebragesellschaft handelt.[86]

Insoweit als eine nicht in Gesellschaftsrechten bestehende Gegenleistung gewährt wird, kommt es zwingend zu einer anteiligen Aufdeckung stiller Reserven und zu einer Gewinnrealisierung (§ 3 Abs. 2 Satz 1 Nr. 3 UmwStG – eine „Unschädlichkeitsschwelle" für sonstige Gegenleistungen, wie es sie nach den §§ 20 Abs. 2 Satz 2 Nr. 4 und 24 Abs. 2 Satz 2 Nr. 2 UmwStG für Einbringungsvorgänge gibt, sehen die Regelungen des § 3 UmwStG nicht vor). Solche nicht in Gesellschaftsrechten bestehende Gegenleistungen sind z. B. bare Zuzahlungen oder die Einräumung eines Gesellschafterdarlehens.[87] Hierbei ist das Zivilrecht maßgeblich. Auch die Einräumung von Darlehenskonten bei der übernehmenden Personengesellschaft sind daher schädliche Gegenleistungen in diesem Sinne, selbst wenn sie steuerlich als Eigenkapital anzusehen wären.[88] Die Gewährung oder Erhöhung von Eigenkapitalkonten bei der übernehmenden Personengesellschaft ist jedoch unschädlich.[89] 91

BEISPIEL: X und Y sind zu je 50 % an der XY-GmbH beteiligt. Diese soll auf die Z-GmbH & Co. KG verschmolzen werden. Der Buchwert des Betriebsvermögens der XY-GmbH vor der Verschmelzung beträgt 100.000 €, der gemeine Wert 200.000 €. Der Buchwert = gemeine Wert des Betriebsvermögens der Z-GmbH & Co. KG beträgt vor der Verschmelzung 500.000 €. X erhält in der KG ein Kapitalkonto i. H. v. 50.000 € sowie ein Gesellschafterdarlehen i. H. v. nochmals 50.000 €, während Y nur ein Kapitalkonto i. H. v. 50.000 € erhält.

Lösung:

Die Einräumung der Darlehensforderung ist eine dem Gesellschafter X gewährte schädliche Gegenleistung. Insoweit ist der Buchwertansatz nicht möglich, sondern es kommt anteilig zu einer Realisierung der stillen Reserven der XY-GmbH in folgender Weise:

gemeiner Wert des übergehenden Betriebsvermögens 200.000 €

schädliche Gegenleistung 50.000 €

Relation der schädlichen Gegenleistung zum gemeinen Wert des übergehenden Betriebsvermögens = 25 %

Aufzudecken sind daher 25 % von 200.000 € = 50.000 €. Insoweit sind sämtliche Wirtschaftsgüter – einschließlich der nicht bilanzierten Wirtschaftsgüter – verhältnismäßig um die aufgedeckten stillen Reserven aufzustocken. Zur Technik der Aufde-

86 Tz. 03.16 UmwStE; Hruschka, Beihefter zu DStR 2/2012 S. 4, 6, 9; a. A. Teile der Literatur, z. B. Haritz/Menner/Bilitewski, UmwStG, § 3 Rz. 108 m. w. N.

87 Vgl. Haritz/Menner/Bilitewski, UmwStG, § 3 Rz. 126 f.; Tz. 03.21 UmwStE.

88 Vgl. Haritz/Menner/Bilitewski, UmwStG, § 3 Rz. 127.

89 Haritz/Menner/Bilitewski, UmwStG, § 3 Rz. 127; Tz. 03.21 UmwStE.

ckung und Verteilung der stillen Reserven sowie zur Verlustnutzung durch Zwischenwertansatz vgl. Tz. 03.23 UmwStE sowie unten Rz. 621 ff.

92 Ist der übernehmende Rechtsträger eine Personengesellschaft, müssen die Voraussetzungen des § 3 Abs. 2 UmwStG **personenbezogen** und gesondert geprüft werden, wie das vorangehende Beispiel zeigt. Es kann daher der Fall sein, dass anteilig die Buchwerte oder Zwischenwerte angesetzt werden können, im Übrigen (bezogen auf eine bestimmte Beteiligungsquote eines Gesellschafters) ist der gemeine Wert anzusetzen.[90]

93 Der **Antrag** auf Fortführung der Buchwerte oder Ansatz zum Zwischenwert ist **vom übertragenden Rechtsträger** (bzw. dessen Rechtsnachfolger) zu stellen.[91] Der Antrag ist spätestens bis zur erstmaligen Einreichung der steuerlichen Schlussbilanz des übertragenden Rechtsträgers bei dem für diesen zuständigen Finanzamt zu stellen (§ 3 Abs. 2 Satz 2 UmwStG). Der Antrag ist **für alle Wirtschaftsgüter einheitlich** zu stellen.[92] Der Antrag ist bedingungsfeindlich und unwiderruflich.[93] Er bedarf theoretisch keiner besonderen Form und ist der Auslegung zugänglich; beim Zwischenwertansatz ist jedoch explizit anzugeben, in welchem Umfang (absolute Höhe oder Prozentsatz) die stillen Reserven aufgelöst werden sollen.[94] Wird eine Erklärung nach Tz. 03.01 UmwStE abgegeben, wonach auf eine zusätzliche Schlussbilanz verzichtet wird, gilt dies grds. zugleich als Buchwertantrag.[95] Der Antrag kann auch durch die Übermittlung einer elektronischen Bilanz i. S. d. § 5b EStG als Bilanzart „Umwandlungsbilanz, zugleich Jahresabschluss" gestellt werden. Als Ausübung des Buchwertantrags kann auch die Übersendung der notariellen **Umwandlungsurkunde** ans Finanzamt (z. B. durch den Notar) angesehen werden, wenn in dieser die steuerliche Buchwertfortführung vorgesehen ist, allerdings nur für den Fall einer in der Urkunde geregelten „Antragsklausel", der BFH grenzt explizit von einer „Bewertungsvereinbarung" ab.[96]

BERATUNGSHINWEIS:

Auch der UmwStE beseitigt nicht alle praktischen Fragen und Unsicherheiten im Zusammenhang mit der Antragstellung. Ungeklärt ist z. B., in welcher Form und wann die Erklärung nach Tz. 03.01 UmwStE abzugeben ist. Es empfiehlt sich u. E. in der Praxis, einen ausdrücklichen schriftlichen Antrag auf Buchwertfortführung (oder Zwischen-

90 Vgl. Haritz/Menner/Bilitewski, UmwStG, § 3 Rz. 136 f.
91 Vgl. Schmitt/Hörtnagl, UmwG UmwStG, § 19 UmwStG, Rz. 65; Tz. 03.28 UmwStE.
92 Vgl. Haritz/Menner/Bilitewski, UmwStG, § 3 Rz. 103; Tz. 03.28 UmwStE.
93 Tz. 03.29 UmwStE.
94 Tz. 03.29 UmwStE.
95 Tz. 03.29 UmwStE.
96 Vgl. BFH v. 10.7.2024 - IV R 8/22, NWB TAAAJ-78906 = DB 2024 S. 2939.

wertansatz) zu stellen. Die Neuregelung in § 3 Abs. 2a UmwStG ändert u. E. nichts an dieser Empfehlung; sie beinhaltet namentlich keine Einschränkung gegenüber einer isolierten Einreichung des Buchwertantrags vorab. Entsprechende Musteranträge finden sich in Rz. 1101 ff.

Keine Maßgeblichkeit:[97] Das unter Geltung des alten Umwandlungssteuergesetzes von der Finanzverwaltung früher angenommene, von der Rechtsprechung hingegen zuletzt zunehmend kritisch gesehene Postulat der Geltung des Prinzips der Maßgeblichkeit wurde durch das SEStEG komplett aufgehoben.[98] Die Wertansätze in der steuerlichen Schlussbilanz der übertragenden Körperschaft müssen sich daher nicht nach den Wertansätzen der Handelsbilanz richten.[99] Soll aus außersteuerlichen Erwägungen, wie z. B. der Verbesserung des Bilanzbildes aufgrund von Bankendruck oder Wunsch eines besseren Ratings, in der Handelsbilanz ein Ansatz zum tatsächlichen beizulegenden Wert erfolgen, kann dennoch steuerlich eine Buchwertfortführung in der dann abweichenden Steuerbilanz erfolgen. Es ist jedoch zu beachten, dass bei einer nur handelsrechtlichen Aufdeckung der stillen Reserven latente Steuern entstehen können (§§ 274, 306 HGB). 94

Es hat auch nicht in den Bilanzen zu den Folgestichtagen eine sog. **phasenverschobene Wertaufholung** nach § 5 Abs. 1 Satz 1 EStG bis zur Höhe der Ansätze der fortgeführten handelsrechtlichen Übernahmebilanz (höchstens zur Höhe der steuerlichen Anschaffungs- oder Herstellungskosten des Rechtsvorgängers) zu erfolgen, wie dies früher von der Finanzverwaltung z. T. vertreten wurde.[100] Die Maßgeblichkeit wurde vom Gesetzgeber bewusst aufgegeben, so dass das Auseinanderlaufen von Handelsbilanz und Steuerbilanz auch für Folgebilanzstichtage bewusst akzeptiert wurde.[101] 95

Übertragung von Verpflichtungen, die steuerlichen Ansatzverboten oder Wertvorbehalten unterliegen: Bei der Ermittlung des Übertragungsgewinns ist nach Auffassung der Finanzverwaltung eine Aufwandsverteilung entsprechend § 4f EStG vorzunehmen, soweit die übertragenen Verpflichtungen in der Steuerbilanz i. S. d. § 4 Abs. 1, § 5 Abs. 1 EStG des übertragenden Rechtsträgers Ansatzverboten, -beschränkungen oder Bewertungsvorbehalten unterlegen haben (z. B. Drohverlustrückstellungen) und die Verpflichtungen in der 95/1

97 Ausführlich Haritz/Menner/Bilitewski, UmwStG, § 3 Rz. 72 ff.

98 Vgl. BT-Drucks. 16/2710 S. 37.

99 Tz. 03.10 UmwStE.

100 Vgl. Haritz/Menner/Bilitewski, UmwStG, § 3 Rz. 74 , m. w. N.

101 Vgl. Haritz/Menner/Bilitewski, UmwStG, § 3 Rz. 77. So nunmehr auch die Finanzverwaltung, siehe Tz. 03.10 UmwStE sowie Hruschka, Beihefter zu DStR 2/2012 S. 4, 5.

steuerlichen Schlussbilanz mit dem gemeinen Wert oder einem Zwischenwert anzusetzen sind.[102] § 4f Abs. 1 Satz 3 EStG soll dabei keine Anwendung finden (d. h. keine Anwendung der Ausnahme von der Verpflichtung der Aufwandsverteilung bei Betriebsveräußerung).[103]

Siehe dazu unten Rz. 106 zur Frage des Ansatzes von übernommenen Verpflichtungen, die beim übertragenden Rechtsträger einem Ansatzverbot oder einer anderen Beschränkung unterlegen haben, in der ersten Folgebilanz des übernehmenden Rechtsträgers.

96 Beim **Zwischenwertansatz** sind alle Wirtschaftsgüter (z. B. auch ein Firmenwert) sofort gleichmäßig und verhältnismäßig (nach dem Verhältnis der stillen Reserven) aufzustocken, es gilt also nicht mehr die Stufentheorie,[104] sondern letztlich eine Art „Gießkannenprinzip".

97 **Gestaltungsüberlegungen bei der Ausübung des Bewertungsansatzes:** Grundsätzlich ist es der Wunsch, die Verschmelzung steuerneutral durchzuführen, was durch den Buchwertansatz gelingt. Ausnahmsweise macht es Sinn, über den Ansatz von Zwischenwerten oder des gemeinen Wertes nachzudenken, nämlich dann, wenn beim übertragenden Rechtsträger **Verlustvorträge oder Zinsvorträge i. S. v. § 4h EStG vorhanden** sind.[105] Diese gehen durch die Verschmelzung nämlich nach dem Gesetzeswortlaut unter (§ 4 Abs. 2 Satz 2 UmwStG), und die Verrechnung der Verlustvorträge oder – im Rahmen der Zinsschranke – der Zinsvorträge mit einem beim übertragenden Rechtsträger ggf. entstehender Übertragungsgewinn ist damit die letzte Möglichkeit, diese zu nutzen und im Gegenzug bei der übernehmenden Personengesellschaft bzw. bei der **übernehmenden** natürlichen Person Abschreibungsvolumen zu schaffen, das in den Folgejahren den Gewinn mindert.[106] Es gilt jedoch auch insoweit die Mindestbesteuerung nach § 10d Abs. 2 Satz 1 EStG i. V. m § 8 Abs. 1 KStG bzw. § 10a Sätze 1 und 2 GewStG Sätze 1 und 2. Sodann ist § 2 Abs. 4 UmwStG zu beachten; die Verschmelzung einer Gewinn- auf eine Verlustgesellschaft stellt aber per se keinen Gestaltungsmissbrauch nach § 42 AO dar.[107] Vgl. ausführlich zur Verlustnutzung bei Umwandlungen Rz. 601 ff.

102 Tz. 03.05 UmwStE.

103 Tz. 03.05 UmwStE.

104 BeckOK UmwStG, § 3 Rz. 179; Stadler/Elser/Bindl, DB Beilage 1/2012 S. 14, 20; Tz. 03.25 f. UmwStE.

105 Vgl. Haritz/Menner/Bilitewski, UmwStG, § 4 Rz. 203.

106 Vgl. Haritz/Menner/Bilitewski, UmwStG, § 4 Rz. 40.

107 Vgl. BFH v. 18.12.2013 - I R 25/12, BFH/NV 2014 S. 904 = NWB BAAAE-62146 (nicht amtlich veröffentlicht) und BFH v. 17.11.2020 - I R 2/18, NWB RAAAH-80465 = DB 2021 S. 1313; Blumenberg/Bernard, DB 2021 S. 1491.

Sonderproblem „Buchwert des Eigenkapitals liegt unter dem gemeinen Wert“ 97/1
(z. B. wegen Corona-Delle oder ähnlichen Ereignissen, insbesondere bei börsennotierten Unternehmen am Börsenkurs ersichtlich): § 3 Abs. 2 Satz 1 UmwStG wird von der Finanzverwaltung so ausgelegt, dass der gemeine Wert bei Verschmelzungen stets die Bewertungsobergrenze bildet (vgl. Tz. 03.12 UmwStE), und dies wohl wirtschaftsgutbezogen. Der Wortlaut des § 3 Abs. 2 Satz 1 UmwStG spricht von dem Ansatz mit dem Buchwert oder einem höheren Wert, höchstens jedoch mit dem gemeinen Wert, d. h. der gemeine Wert ist nach dem Wortlaut u. E. zutreffender Weise nur als eine Einschränkung für den Zwischenwertansatz zu verstehen.[108]

Steuerlicher Übertragungsstichtag: Steuerlicher Übertragungsstichtag ist der Tag, der dem handelsrechtlichen Verschmelzungsstichtag unmittelbar vorausgeht, d. h. der Stichtag, auf den die **Schlussbilanz der übertragenden Körperschaft** erstellt wird.[109] **Ein etwaiger Übertragungsgewinn ist daher noch im „alten“ Jahr zu versteuern.**[110] Wird dies nicht gewünscht, müsste z. B. eine Stichtagsbilanz auf den 1.1. des Folgejahres aufgestellt werden, so dass handelsrechtlicher Umwandlungsstichtag der 2.1. und steuerlicher Übertragungsstichtag der 1.1. wäre. § 2 Abs. 1 Satz 1 UmwStG bestimmt den steuerlichen Übertragungsstichtag zwingend in Abhängigkeit vom Bilanzstichtag der Bilanz, die der Verschmelzung zugrunde liegt und die gem. § 17 Abs. 2 Satz 1 UmwG der Anmeldung zum Register beizufügen ist; eine hiervon abweichende Vereinbarung der Parteien hat keine steuerliche Wirkung.[111] 98

(Einstweilen frei) 99–105

(2) Auswirkungen auf Ebene der übernehmenden Personengesellschaft und deren Gesellschafter bzw. der übernehmenden natürlichen Person

Wertverknüpfung: Der übernehmende Rechtsträger (d. h. die übernehmende Personengesellschaft oder die übernehmende natürliche Person) hat die Werte, die der übertragende Rechtsträger in der steuerlichen Schlussbilanz ansetzt, steuerlich zwingend zu übernehmen (§ 4 Abs. 1 Satz 1 UmwStG). Ändern sich später die Wertansätze in der Übertragungsbilanz, z. B. aufgrund einer Betriebsprüfung, sind die entsprechenden Bilanzansätze nach § 175 Abs. 1 Nr. 2 106

108 Siehe z. B. Hageböke/Stangl, DK 2020 S. 424, 427 ff.; ebenso im Ergebnis IDW, Ubg 2011 S. 549, 555; Neu u. a., GmbHR 2011 S. 729, 732; Haritz/Menner/Bilitewski, UmwStG, § 3 Rz. 134.

109 Tz. 02.02 UmwStE.

110 Brandis/Heuermann, Ertragsteuerrecht, § 3 UmwStG Rz. 43; Tz. 02.04 UmwStE.

111 FG Düsseldorf v. 13.3.2024 - 7 K 2493/21 F, AO, EFG 2024 S. 1075 = NWB GAAAJ-67624.

AO auch bei dem übernehmenden Rechtsträger zu berichtigen.[112] Beim Buchwertansatz ist dies unproblematisch; die Wertverknüpfung bezieht sich hier auf die Buchwerte. Beim Ansatz der gemeinen Werte oder beim Zwischenwertansatz stellt sich jedoch für **übernommene Verpflichtungen**, die beim übertragenden Rechtsträger einem Ansatzverbot oder einer anderen Beschränkung unterlegen haben (z. B. angeschaffte Drohverlustrückstellungen), die Frage, wie die ebenfalls zunächst so übernommenen Bilanzansätze, die in der Schlussbilanz entgegen § 5 EStG ausgewiesen wurden, fortzuführen sind. Nach Auffassung der Finanzverwaltung sind Drohverluste und bedingte Verpflichtungen in der ersten, der Verschmelzung nachfolgenden Jahresbilanz des übernehmenden Rechtsträgers ertragswirksam aufzulösen.[113] Diese Auffassung wird durch § 5 Abs. 7 EStG gedeckt, der wohl auch für umwandlungsrechtliche Vorgänge gilt.[114] § 5 Abs. 7 EStG „konserviert" so gewissermaßen die Passivierungsbeschränkungen zu Lasten des Übernehmers.[115]

107 **Eintritt in die steuerliche Rechtsstellung des übertragenden Rechtsträgers:** Auch im Übrigen tritt der übernehmende Rechtsträger steuerlich in die Rechtsstellung des übertragenden Rechtsträgers ein (§ 4 Abs. 2 Satz 1 UmwStG). Steuerliche Verluste und **Verlustvorträge** gehen – insoweit wie schon bisher – nicht auf den übernehmenden Rechtsträger über (§ 4 Abs. 2 Satz 2 UmwStG). Auch bestehende Zinsvorträge nach § 4h Abs. 1 Satz 2 EStG gehen danach nicht über. Der Übergang erfolgt auch steuerlich durch Gesamtrechtsnachfolge, d. h., es liegt steuerlich insoweit kein Anschaffungsvorgang vor und es besteht steuerlich auch keine Fiktion eines Anschaffungsvorgangs.[116]

108 **Abschreibungsmethoden**, die von dem übertragenden Rechtsträger gewählt wurden, **sind beizubehalten**.[117] Hinsichtlich der **Abschreibungsbasis** gilt Folgendes: Werden Buchwerte angesetzt, bleibt es bei derselben Abschreibungsbasis wie beim übertragenden Rechtsträger. Werden dagegen Zwischenwerte oder der gemeine Wert angesetzt, ändert sich für den übernehmenden Rechts-

112 Vgl. Haritz/Menner/Bilitewski, UmwStG, § 4 Rz. 41.

113 Tz. 04.16 UmwStE.

114 BMF v. 30.11.2017 - IV C 6 – S 2133/14/10001, BStBl 2017 I S. 1619 Tz. 19; BeckOK UmwStG, § 4 UmwStG Rz. 124; Adrian/Fey, StuB 2014 S. 53, 58; kritisch aber im Ergebnis wohl ebenso Haritz/Menner/Bilitewski, UmwStG, § 4 Rz. 98 f.; a. A. Philipp, DB 2016 S. 857. § 5 Abs. 7 EStG gilt dabei wohl auch unabhängig davon, ob im Rahmen der Umwandlungsmaßnahme ein Betrieb oder Teilbetrieb übergeht, da die insoweit in § 4f EStG vorgesehenen Ausnahmeregelungen bei § 5 Abs. 7 EStG nicht anzuwenden sind, vgl. Haritz/Menner/Bilitewski, UmwStG, § 4 Rz. 98.

115 BeckOK UmwStG, § 4 UmwStG Rz. 124.

116 Haritz/Menner/Bilitewski, UmwStG, § 4 Rz. 140, 172.

117 Haritz/Menner/Bilitewski, UmwStG, § 4 Rz. 169.

träger nach § 4 Abs. 3 1. Halbsatz UmwStG die Bemessungsgrundlage für Fälle der AfA nach § 7 Abs. 4 Satz 1 und Abs. 5 EStG (Gebäude) auf die Weise, dass die aufgestockten stillen Reserven die Bemessungsgrundlage erhöhen (die geltenden AfA-Prozentsätze sind fortzuführen).[118] In allen anderen Fällen gilt § 4 Abs. 3 2. Halbsatz UmwStG, also z. B. für bewegliche Wirtschaftsgüter wie Maschinen, Fuhrpark etc. Danach werden die Aufstockungsbeträge zwar ebenfalls auf die bisherigen Buchwerte hinzuaktiviert, jedoch gilt für diese neue Bemessungsgrundlage die Restnutzungsdauer der jeweiligen Wirtschaftsgüter, die nach den Verhältnissen am steuerlichen Übertragungsstichtag neu zu schätzen ist.[119] Für einen Firmenwert gilt § 7 Abs. 1 Satz 3 EStG.[120]

Beteiligungszuschreibungen: War der übernehmende Rechtsträger an der 109
übertragenden Körperschaft vor der Verschmelzung bereits beteiligt gewesen, hat der übernehmende Rechtsträger diese Beteiligung zum steuerlichen Übertragungsstichtag mit dem Buchwert, jedoch erhöht um in der Vergangenheit durchgeführte steuerwirksame Teilwertabschreibungen auf die Beteiligung, zudem erhöht um Abzüge nach § 6b EStG und ähnliche Abzüge, höchstens jedoch mit dem gemeinen Wert anzusetzen (§ 4 Abs. 1 Satz 2 UmwStG). Ein sich aus diesem höheren Wertansatz ergebender Gewinn ist voll steuerpflichtig (§ 4 Abs. 1 Satz 3 UmwStG i. V. m. § 8b Abs. 2 Sätze 4 und 5 KStG bzw. § 3 Nr. 40 Satz 1 Buchst. a Sätze 2 und 3 EStG). Dieser Gewinn ist nicht Teil des Übernahmeergebnisses, sondern **laufender Gewinn**.[121]

Übernahmeergebnis: Das Übernahmeergebnis wird steuerlich in **zwei Schrit-** 110
ten erfasst. Zunächst erfolgt eine **Besteuerung der offenen Rücklagen** des übertragenden Rechtsträgers in Form einer fingierten Ausschüttung (§ 7 UmwStG). Dabei werden jedem Anteilseigner der übertragenden Körperschaft entsprechend seiner Beteiligung das in der Steuerbilanz des übertragenden Rechtsträgers ausgewiesene Eigenkapital (= Nominalkapital, Rücklagen, Gewinnvortrag) abzgl. des steuerlichen Einlagekontos i. S. d. § 27 KStG als Einkünfte aus Kapitalvermögen i. S. d. § 20 Abs. 1 Nr. 1 EStG zugerechnet. Diese gelten als mit Ablauf des steuerlichen Übertragungsstichtags zugeflossen (§ 2 Abs. 2 UmwStG) und sind in dem Veranlagungszeitraum zu versteuern, in dem das Wirtschaftsjahr des übertragenden Rechtsträgers endet, in das der steuerliche Übertragungsstichtag fällt.[122] Werden in der steuerlichen Schluss-

118 Tz. 04.10 UmwStE.

119 Vgl. BeckOK UmwStG, § 4, Rz. 72; Tz. 04.10 UmwStE.

120 Tz. 04.10 UmwStE.

121 Tz. 04.08 UmwStE.

122 Tz. 07.07 UmwStE.

bilanz Wirtschaftsgüter mit einem höheren Wert als dem Buchwert angesetzt, erhöht dieser Gewinn gleichzeitig auch noch die offenen Rücklagen und damit die fingierte Ausschüttung nach § 7 UmwStG.[123]

Es hat ein **Kapitalertragsteuerabzug** nach § 43 Abs. 1 Satz 1 Nr. 1 EStG zu erfolgen, wobei die Kapitalertragsteuer mit dem zivilrechtlichen Wirksamwerden der Umwandlung, also dem Zeitpunkt der Handelsregistereintragung, entsteht.[124]

111 Auf **Ebene der Anteilseigner** (Gesellschafter) ergeben sich daraus folgende Auswirkungen: Sind Kapitalgesellschaften Anteilseigner der übernehmenden Personengesellschaft, werden diese fiktiven Dividendeneinkünfte nach § 8b Abs. 1, 4 und 5 KStG besteuert. Bei natürlichen Personen gilt das Teileinkünfteverfahren nach § 3 Nr. 40 EStG, wenn die Anteile im Betriebsvermögen gehalten wurden oder weil sie nach § 5 Abs. 2 UmwStG als in das Betriebsvermögen eingelegt gelten.[125] Die einbehaltene Kapitalertragsteuer kann jeweils angerechnet werden. Bezüge i. S. d. § 7 UmwStG aus Anteilen i. S. v. § 5 Abs. 2 UmwStG sind bei der Gewerbesteuer nicht zu erfassen.[126]

112 Sodann ist in einem zweiten Schritt ein **Übernahmegewinn oder -verlust (Übernahmeergebnis)** zu ermitteln. Dies erfolgt **gesellschafterbezogen**. Ein Übernahmeergebnis ist auch dann festzustellen, wenn der Anteilseigner der übertragenden Kapitalgesellschaft seine Anteile im steuerlichen Privatvermögen hielt und diese eine Beteiligung i. S. v. § 17 EStG darstellten, sowie auch dann, wenn es sich um Anteile i. S. v. § 20 Abs. 2 Satz 1 Nr. 1 EStG handelte (= Beteiligungen unter 1 % Beteiligungsquote); siehe §§ 4 Abs. 4 Satz 3, 5 Abs. 2 und 3 UmwStG).[127] Das Übernahmeergebnis ergibt sich aus dem Unterschiedsbetrag zwischen dem Wert, mit dem die übergegangenen Wirtschaftsgüter zu übernehmen sind, und dem Wert der Anteile an der übertragenden Körperschaft, abzüglich der Kosten für den Vermögensübergang (d. h. Umwandlungskosten; siehe § 4 Abs. 4 UmwStG).

---

123 Vgl. Brandis/Heuermann, Ertragsteuerrecht, § 7 UmStG Rz. 14c; Haritz/Menner/Bilitewski, UmwStG, § 7 Rz. 35.

124 Vgl. Damas, DStZ 2007 S. 129, 131; Tz. 07.08 UmwStE; Haritz/Menner/Bilitewski, UmwStG, § 7 Rz. 69.

125 Tz. 07.07 UmwStE; Haritz/Menner/Bilitewski, UmwStG, § 7 Rz. 81.

126 Tz. 07.07 i. V. m. Tz. 18.04 UmwStE.

127 Die Einbeziehung auch von Streubesitzbeteiligungen i. S. v. § 20 Abs. 2 Satz 1 Nr. 1 EStG in die Ermittlung des Übernahmeergebnisses wurde durch das JStG 2024 v. 2.12.2024 (BGBl 2024 I Nr. 387) eingeführt (Neuregelung war erstmals auf Umwandlungen anzuwenden, deren steuerlicher Übertragungsstichtag nach dem 5.12.2024 liegt).

Der **Übernahmegewinn** bleibt außer Ansatz, soweit er von der Körperschaft, Personenvereinigung oder Vermögensmasse als Gesellschafterin der Personengesellschaft entfällt, da nach § 4 Abs. 7 Satz 1 UmwStG die **Regelungen des § 8b Abs. 2 KStG** anwendbar sind. Demzufolge kommt es aber auch zu einer Besteuerung von fingierten, nicht abziehbaren Betriebsausgaben i. H. v. 5 % nach § 8b Abs. 3 KStG, so dass im Ergebnis nur 95 % des Übernahmegewinns steuerfrei gestellt werden.[128] Soweit natürliche Personen Gesellschafter der Personengesellschaft sind oder auf natürliche Personen verschmolzen wird, bleibt der Übernahmegewinn nach dem **Teileinkünfteverfahren** zu 40 % steuerfrei[129] (§ 4 Abs. 7 Satz 2 UmwStG i. V. m. § 3 Nr. 40 EStG). 113

Ergibt sich ein **Übernahmeverlust** und entfällt dieser auf eine körperschaftsteuerpflichtige Person als Gesellschafterin der übertragenden Personengesellschaft, so bleibt der Übernahmeverlust nach § 4 Abs. 6 Satz 1 UmwStG steuerlich grundsätzlich außer Ansatz. Entfällt der Übernahmeverlust dagegen auf natürliche Personen, ist er zu 60 %, höchstens i. H. v. 60 % der Bezüge der fingierten Ausschüttung nach § 7 UmwStG zu berücksichtigen (und bleibt im Übrigen ebenfalls außer Ansatz).[130] Zur Verhinderung von Missbräuchen bleibt ein Übernahmeverlust ganz außer Betracht, wenn der übernehmende Rechtsträger die Anteile an der übertragenden Körperschaft innerhalb der letzten fünf Jahre vor dem steuerlichen Übertragungsstichtag entgeltlich erworben hatte oder die Voraussetzungen des § 17 Abs. 2 Satz 6 EStG erfüllt sind. Auch der Erwerb innerhalb des Rückwirkungszeitraums fällt wegen § 5 Abs. 1 UmwStG unter die schädliche Fallgruppe „Erwerb innerhalb der letzten fünf Jahre".[131] 114

BERATUNGSHINWEIS:

Dies hat zur Folge, dass z. B. natürliche Personen als Anteilseigner, die ihre Anteile innerhalb der letzten fünf Jahre vor dem Übertragungsstichtag entgeltlich erworben haben, Bezüge i. S. d. § 7 UmwStG versteuern müssen, ohne dass dabei ein Übernahmeverlust berücksichtigt (= dagegen gerechnet) wird.

Sonderfall Pensionsrückstellung: § 4 Abs. 6 Satz 6 Alt. 2 UmwStG und § 7 UmwStG sind auch nicht teleologisch zu reduzieren, soweit sich bei Ermittlung eines umwandlungsbedingten Übernahmeverlustes auswirkt, dass der steuerliche Buchwert einer Pensionsrückstellung deren Verkehrswert unter- 114/1

128 Vgl. Haritz/Menner/Bilitewski, UmwStG, § 4 Rz. 318.

129 Vgl. Haritz/Menner/Bilitewski, UmwStG, § 4 Rz. 320.

130 Vgl. Haritz/Menner/Bilitewski, UmwStG, § 4 Rz. 295.

131 BFH v. 17.8.2023 - II R 37/20, NWB UAAAJ-51304 = DStR 2023 S. 2506.

schreitet.[132] Wirtschaftlich kann dies Besteuerungsfolgen auslösen, die wohl mit dem Gebot einer leistungsgerechten Besteuerung nicht mehr zu vereinbaren sind. Ob das für eine Verfassungswidrigkeit ausreicht, ist allerdings offen.[133]

BERATUNGSHINWEIS:

Es sind in solchen Fällen Ausweichgestaltungen zu erwägen, wie z. B. Übertragung der Pensionslast (§ 4f EStG und § 5 Abs. 7 EStG), Ablösung der Pensionslast gegen Abfindungszahlung oder Umwandlung in vermögensverwaltende GmbH & Co. KG (erfolgt gem. § 8 Abs. 1 UmwStG zum gemeinen Wert und führt damit zur Hebung der stillen Lasten der Pensionsrückstellung – § 3 Abs. 1 Satz 2 UmwStG ist in diesem Fall nicht anwendbar).

115 **Einlagefiktion:** Nach § 5 UmwStG wird wegen § 4 Abs. 4 Satz 3 UmwStG eine Einlage der Anteile an der übertragenden Körperschaft in das Betriebsvermögen der übernehmenden Personengesellschaft bzw. natürlichen Person fingiert, wobei diese Einlagefiktion für alle Anteile gilt, also sowohl solche, die zuvor in einem anderen steuerlichen Betriebsvermögen gehalten wurden, als auch Anteile i. S. v. § 17 EStG (Anteile von mindestens 1 %, die zuvor im steuerlichen Privatvermögen gehalten wurden)[134] sowie auch Anteile i. S. v. § 20 Abs. 2 Satz 1 Nr. 1 EStG (Anteile unter 1 %, die zuvor im steuerlichen Privatvermögen gehalten wurden).[135]

116 **Übernahmefolgegewinn durch Vereinigung von Forderungen und Verbindlichkeiten:**[136] Nach § 6 UmwStG kann es in diesen Fällen beim übernehmenden Rechtsträger zu einem Übernahmefolgegewinn kommen. Dies ist nicht schon dann der Fall, weil Forderungen zwischen dem übertragenden Rechtsträger und dem übernehmenden Rechtsträger bestehen, wenn diese in den beiden Bilanzen mit einem identischen Betrag aktiviert bzw. passiviert sind. In diesem Fall bleibt die zivilrechtlich zwingend eine logische Sekunde nach Wirksamwerden der Umwandlungsmaßnahme eintretende **Konfusion** (d. h. Erlöschen derartiger Forderungen/Verbindlichkeiten) ohne Folgen für den steuerlichen Gewinn des übernehmenden Rechtsträgers.

---

132 BFH v. 17.8.2023 - III R 37/20, NWB UAAAJ-51304 = EStB 2023 S. 456.

133 Vgl. Schwetlik, EStB 2023 S. 456, 457.

134 Vgl. Haritz/Menner/Bilitewski, UmwStG, § 4 Rz. 356.

135 Die Einbeziehung auch von Streubesitzbeteiligungen i. S. v. § 20 Abs. 2 Satz 1 Nr. 1 EStG in die Ermittlung des Übernahmeergebnisses wurde durch das JStG 2024 v. 2.12.2024 (BGBl 2024 I Nr. 387) eingeführt (Neuregelung war erstmals auf Umwandlungen anzuwenden, deren steuerlicher Übertragungsstichtag nach dem 5.12.2024 liegt).

136 Siehe Tz. 06.01 ff. UmwStE.

In dem Fall jedoch, in dem Forderungen und Verbindlichkeiten z. B. **aufgrund von Teilwertabschreibungen mit unterschiedlichen** Werten bilanziert sind, entsteht ein Übernahmefolgegewinn bzw. ein Übernahmefolgeverlust nach § 6 Abs. 1 UmwStG.[137] Insoweit kann beim übernehmenden Rechtsträger eine den steuerlichen Gewinn mindernde **Rücklage** gebildet werden, die in drei Jahren zu je einem Drittel gewinnerhöhend aufzulösen ist. 117

Verkürztes Schema für die Berechnung des Übernahmeergebnisses:[138] 118

Das Übernahmeergebnis kann nach folgendem Schema ermittelt werden:

übergehende Wirtschaftsgüter zum Übernahmewert

./. Kosten für den Übergang (= Umwandlungskosten)

./. Wert der Anteile an der übertragenden Körperschaft nach Beteiligungszuschreibungen

= Übernahmeergebnis erster Stufe (sog. **Übernahmeergebnis I**).

Aus dem Übernahmeergebnis I wird dann wie folgt das Übernahmeergebnis zweiter Stufe fortentwickelt:

Übernahmeergebnis I

./. Bezüge nach § 7 UmwStG (vor Anwendung § 3 Nr. 40 EStG)[139]

= Übernahmeergebnis zweiter Stufe (sog. **Übernahmeergebnis II**).

BEISPIEL: Die C-GmbH ist 100 %ige Tochtergesellschaft der C-OHG. Gesellschafter der C-OHG sind die Herren D und E mit je 50 %. Die Beteiligung an der GmbH ist im Gesamthandsvermögen der OHG mit Anschaffungskosten von 100.000 € bilanziert. Der Buchwert des Betriebsvermögens in der Bilanz der GmbH beträgt 200.000 €. Der gemeine Wert des Betriebsvermögens der GmbH beträgt 500.000 €. Das Nennkapital der GmbH beträgt 25.000 €, daneben sind Gewinnrücklagen i. H. v. 175.000 € vorhanden. Die C-GmbH soll zur Vereinfachung der Unternehmensstruktur unter Buchwertfortführung auf die Mutter-Gesellschaft verschmolzen werden. Es fallen Notarkosten i. H. v. 3.000 € an. D und E fragen ihren Steuerberater, inwieweit sie bei der von ihnen gewünschten Buchwertfortführung ein Übernahmeergebnis versteuern müssen.

Lösung:

Zunächst wird den Gesellschaftern D und E gem. § 7 UmwStG eine fiktive Dividende zugerechnet. Nach dem Teileinkünfteverfahren versteuert jeder Gesellschafter 52.500 € (§ 7 UmwStG i. V. m. § 3 Nr. 40 EStG). Daneben ist für D und E aufgrund

137 Brandis/Heuermann, Ertragsteuerrecht, § 6 UmStG Rz. 1.

138 Vgl. noch detaillierter Tz. 04.27 UmwStE.

139 Vgl. Tz. 04.27 UmwStE.

der Tatsache, dass die Anteile an der übertragenden Kapitalgesellschaft im Betriebsvermögen gehalten werden, ein Übernahmeergebnis nach § 4 Abs. 4 UmwStG zu ermitteln. Das Übernahmeergebnis ist für die Gesellschafter D und E im Rahmen der einheitlichen und gesonderten Gewinnfeststellung bei der C-OHG wie folgt festzustellen:

	Herr D	Herr E
übergehende Wirtschaftsgüter zum Übernahmewert	100.000 €	100.000 €
abzgl. Kosten für den Übergang	1.500 €	1.500 €
abzgl. Wert der Anteile an der übertragenden Körperschaft	50.000 €	50.000 €
Übernahmeergebnis I	48.500 €	48.500 €
abzgl. Bezüge nach § 7 UmwStG	87.500 €	87.500 €
Übernahmeergebnis II	-39.000 €	-39.000 €

D und E erzielen also einen Übernahmeverlust von jeweils 39.000 €, den sie mit dem fiktiven Dividendenbezug nach § 7 UmwStG nach Maßgabe des § 4 Abs. 6 Satz 4 UmwStG zu 60 % verrechnen können (52.500 (60 % von 87.500) – 23.400 (60 % von 39.000) = 29.100 € zu versteuernder Betrag aufgrund Verschmelzung).

119 **Vernichtung von Anschaffungskosten:** Für Anteilseigner, die am übertragenden Rechtsträger z. B. i. S. d. § 17 EStG beteiligt sind und die ihre Anteile im steuerlichen Privatvermögen halten, kann – wie in Rz. 114 dargestellt – ein etwaiger Übernahmeverlust nur eingeschränkt steuerlich nutzbar gemacht werden. Im Übrigen kommt es zu einem – an den bisherigen Beteiligungsanschaffungskosten auf Anteilseigner-Ebene gemessenen – zu niedrigeren Kapitalkonto für den (neuen) Personengesellschafter und somit in der Folge zu einem höheren Gewinn, wenn die Beteiligung an der Personengesellschaft veräußert oder aufgegeben wird.[140]

120 **Kosten des Vermögensübergangs:** Nach § 4 Abs. 4 Satz 1 UmwStG sind die Kosten des Vermögensübergangs bei der Ermittlung des Übernahmeergebnisses als Abzugsposten zu berücksichtigen. Dies bedeutet aber im Umkehrschluss auch, dass solche Kosten dann auch nur entsprechend den steuerlichen Auswirkungen des Übernahmeergebnisses steuerlich relevant werden (und z. B. in Situationen einer Vernichtung von Anschaffungskosten, siehe vorstehend Rz. 119, ebenfalls steuerlich u. U. keine Auswirkung haben). Die Zuordnung von Kosten zu den „Kosten für den Vermögensübergang" folgt dem Veranlassungsprinzip; abzustellen ist dabei auf das „auslösende Moment" für die

140 Vgl. Brandis/Heuermann, Ertragsteuerrecht, § 4 UmStG Rz. 41; BFH v. 12.7.2012 - IV R 39/09, BStBl 2012 II S. 728. Ein anderes Ergebnis kann auch nicht durch Bildung einer Ergänzungsbilanz im Zeitpunkt der Umwandlung erreicht werden (BFH v. 12.7.2012 - IV R 12/11, BFH/NV 2013 S. 200 = NWB OAAAE-24092).

Entstehung der Aufwendungen und ihre größere Nähe zur Veräußerung oder zum laufenden Gewinn.[141] Siehe ausführlich Rz. 399 f.

(Einstweilen frei) 121–125

(3) Steuerliche Rückwirkung

Handelsrechtlich ist nach §§ 17 Abs. 2 Satz 4 i. V. m. 5 Abs. 1 Nr. 6 UmwG eine Rückwirkung **von bis zu acht Monaten** möglich. Insoweit handelt es sich um eine schuldrechtliche bzw. wirtschaftliche Rückwirkung, denn dinglich wirkt die Umwandlung immer erst mit Eintragung im Handelsregister. 126

Allgemeine Grundsätze: Nach § 2 Abs. 1 UmwStG ist – unter den Einschränkungen des § 2 Abs. 3[142] und 4 UmwStG[143] – **auch eine steuerliche Rückbeziehung der Verschmelzung für bis zu acht Monate** zulässig. Das Einkommen und das Vermögen der übertragenden Körperschaft sowie des übernehmenden Rechtsträgers, im Falle von Personengesellschaften und natürlichen Personen auch bezogen auf diese, sind so zu ermitteln, als ob das Vermögen der Körperschaft bereits mit Ablauf des steuerlichen Übertragungsstichtags auf die übernehmende Personengesellschaft bzw. die übernehmende natürliche Person übergegangen wäre (§ 2 Abs. 1 Satz 1 i. V. m. Abs. 2 UmwStG).[144] Die Rückwirkung gilt auch für die **Gewerbesteuer** (§ 2 Abs. 1 Satz 2 UmwStG).[145] Nach dem Übertragungsstichtag anfallende Geschäftsvorfälle, die sich zivilrechtlich gesehen noch bei dem übertragenden Rechtsträger ereignen, werden steuerlich bereits der übernehmenden Personengesellschaft bzw. der natürlichen Person zugerechnet[146] und sind nach den insoweit geltenden steuerlichen Bestimmungen zu besteuern, lösen also einkommensteuerliche, und keine körperschaftsteuerlichen Folgen mehr aus, wenn z. B. die Verschmelzung auf eine natürliche Person oder auf eine Personengesellschaft, an der nur natürliche Personen beteiligt sind, erfolgt. 127

Weitere Details: Die Rückwirkungsfiktion gilt jedoch nicht gegenüber Rechtsträgern, an denen die übertragende Körperschaft beteiligt ist, oder gegenüber

141 BFH v. 23.11.2022 - I R 25/20, BStBl 2023 II S. 612; Tz. 04.34 UmwStE. Zu weitgehend Krohn, DB 2018 S. 1755 der z. B. sogar interne Kosten erfassen will; demgegenüber zu Recht kritisch Holle/Weiss, DB 2018, M27.

142 Vermeidung weißer Einkünfte bei grenzüberschreitenden Umwandlungen, siehe zu Details: BeckOK UmwStG, § 2 Rz. 1040 ff.

143 Beschränkung der Verlustnutzung im Rückwirkungszeitraum, siehe zu Details: BeckOK UmwStG, § 2 Rz. 1350 ff.

144 Vgl. Brandis/Heuermann, Ertragsteuerrecht, § 2 UmStG Rz. 25 ff.

145 Brandis/Heuermann, Ertragsteuerrecht, § 2 UmStG Rz. 37.

146 Vgl. Haritz/Menner/Bilitewski, UmwStG, § 2 Rz. 46.

sonstigen Dritten.[147] Die Rückwirkungsfiktion erfasst nur das übertragene Vermögen, nicht aber Gegenleistungen (wie z. B. Gesellschaftsanteile), die den Anteilseignern des übertragenden Rechtsträgers gewährt werden.[148] Wird eine Gesellschaft auf eine andere Gesellschaft verschmolzen, kann der von der übernehmenden Gesellschaft bis zum (zurückbezogenen) steuerlichen Übertragungsstichtag erzielte Gewinn nicht mit dem (laufenden) Verlust verrechnet werden, den die übertragende Gesellschaft bis zu diesem Zeitpunkt erlitten hat (d. h., z. B. keine steuerliche Ergebniskonsolidierung bereits im Jahr 2025, sondern erst ab dem Jahr 2026, wenn der 31.12.2025 der steuerliche Übertragungsstichtag ist).[149] § 2 Abs. 4 Satz 3 UmwStG steht auch dem Ausgleich von positiven Einkünften, die der übertragende Rechtsträger im Rückwirkungszeitraum erzielt hat, mit einem Verlustrücktrag des übernehmenden Rechtsträgers aus dem Folgejahr entgegen.[150]

128 Steuerrechtlich war die verlängerte Rückwirkungsmöglichkeit nach dem (Rahmen-)Gesetz zur Abmilderung der Folgen der **COVID-19-Pandemie** im Zivil-, Insolvenz- und Strafverfahrensrecht v. 27.3.2020[151] mittelbar ebenfalls beachtlich. Das Umwandlungssteuerrecht knüpft in § 2 UmwStG mit seiner Rückwirkungsfiktion nämlich an den Tag an, auf den die handelsrechtliche Umwandlungsbilanz des übertragenden Rechtsträgers aufzustellen ist, und bestimmt diesen Tag zum steuerlichen Umwandlungsstichtag. Dies erfasst u. a. auch Verschmelzungen von Körperschaften auf Personengesellschaften oder auf natürliche Personen und Auf-/Abspaltungen von Kapitalgesellschaften auf Personengesellschaften sowie auf andere Kapitalgesellschaften. Steuerrechtlich galt die verlängerte Rückwirkungsmöglichkeit für die Jahre 2020 und 2021. Seit dem Jahr 2022 galt wieder die reguläre Frist von acht Monaten.

129–130 *(Einstweilen frei)*

bb) Verschmelzung von Körperschaften auf Körperschaften

131 Es gelten hierfür die §§ 11 ff. UmwStG. Auch hier ist zu differenzieren zwischen den Folgen auf Ebene der übertragenden Körperschaft einerseits und den Folgen auf Ebene der übernehmenden Körperschaft andererseits. Zusätzlich ist hier noch nach den Auswirkungen auf Ebene der Anteilseigner zu fra-

147 Tz. 02.03 UmwStE.

148 BFH v. 17.1.2018 - I R 27/16, BStBl 2018 II S. 449.

149 BFH v. 14.3.2024 - IV R 6/21, NWB EAAAJ-66216 = DStR 2024 S. 1000 für Verschmelzung zweier Personengesellschaften, aber allgemeiner Rechtsgedanke.

150 BFH v. 13.3.2024 - X R 32/21, NWB JAAAJ-81934 = DStR 2024 S. 2885.

151 BGBl 2020 I S. 569. Siehe hierzu Bron, DStR 2020 S. 1009 und Horst, DStR 2021 S. 403.

gen. Die §§ 11 ff. UmwStG gelten für die **Aufwärtsverschmelzung** (Up-Stream-Merger), die **Seitwärtsverschmelzung** (Side-Stream-Merger), aber auch für die **Abwärtsverschmelzung** (Down-Stream-Merger).[152]

(1) Auswirkungen auf Ebene der übertragenden Körperschaft

Ansatzwahlrecht: Grundsätzlich sind die übergehenden Wirtschaftsgüter in der Schlussbilanz der übertragenden Körperschaften mit dem **gemeinen Wert** anzusetzen.[153] Auf Antrag kann ein Ansatz mit dem **Buchwert** oder **Zwischenwert** erfolgen (§ 11 Abs. 2 Satz 1 UmwStG), soweit: 132

- sichergestellt ist, dass die übergehenden Wirtschaftsgüter später bei der übernehmenden Körperschaft der Besteuerung mit Körperschaftsteuer unterliegen[154] und
- das Recht der Bundesrepublik Deutschland bzgl. der Besteuerung des Gewinns aus der Veräußerung der übertragenen Wirtschaftsgüter bei der übernehmenden Körperschaft nicht ausgeschlossen oder beschränkt wird[155] und
- eine Gegenleistung nicht gewährt wird oder nur in Gesellschaftsrechten besteht.

Die Voraussetzung „Gegenleistung nur in Gesellschafterrechten" beinhaltet, dass **insoweit**, als z. B. **bare Zuzahlungen** gewährt werden, zwingend die stillen Reserven anteilig aufzudecken sind.[156] Eine „Unschädlichkeitsschwelle" für sonstige Gegenleistungen, wie es sie nach den §§ 20 Abs. 2 Satz 2 Nr. 4 und 24 Abs. 2 Satz 2 Nr. 2 UmwStG für Einbringungsvorgänge gibt, sehen die Regelungen des § 11 UmwStG nicht vor. Es erfolgt dann eine anteilige Aufstockung der Wirtschaftsgüter in der Übertragungsbilanz des übertragenden Rechtsträgers. 133

---

152 Siehe Tz. 11.01 UmwStE.

153 Näher Haritz/Menner/Bilitewski, UmwStG, § 11 Rz. 18 ff.

154 Die typische Fallkonstellation der Verschmelzung einer Kapitalgesellschaft auf eine andere Kapitalgesellschaft erfüllt diese Voraussetzung unproblematisch. Besonderheiten ergeben sich jedoch bei der Verschmelzung auf eine Kapitalgesellschaft, die Organgesellschaft einer ertragsteuerlichen Organschaft ist, wenn Organträger eine natürliche Person ist oder eine Mitunternehmerschaft, an der jedenfalls auch natürliche Personen beteiligt sind. Nach Auffassung der Finanzverwaltung können die übergehenden Wirtschaftsgüter in solchen Fällen dennoch einheitlich mit dem Buchwert angesetzt werden. Siehe dazu Tz. 11.08 UmwStE.

155 Siehe insoweit Tz. 11.09a UmwStE zur Abwärtsverschmelzung im grenzüberschreitenden Kontext.

156 Tz. 11.10 i. V. m. Tz. 03.21 UmwStE.

Maßgeblich ist das Verhältnis der Summe der schädlichen Gegenleistungen zum gemeinen Wert des insgesamt übernommenen Betriebsvermögens.[157]

BEISPIEL: Die X-GmbH wird auf die Y-GmbH verschmolzen. Der Buchwert des übergehenden Vermögens liegt bei 100.000 €, der gemeine Wert bei 1 Mio. €. Die Gesellschafter der X-GmbH erhalten Anteile an der Y-GmbH mit einem tatsächlichen Verkehrswert von 950.000 € sowie eine bare Zuzahlung von 50.000 €. Die Wirtschaftsgüter der übertragenden Rechtsträgerin X-GmbH können somit in deren Schlussbilanz nur zu 95 % zu Buchwerten angesetzt werden. Zu 5 % sind sie mit den gemeinen Werten anzusetzen.

134 **Antrag auf Buchwertfortführung:** Für das Stellen des **Buchwertantrages** gelten § 3 Abs. 2 Satz 2 UmwStG entsprechend (§ 11 Abs. 3 UmwStG). Der Antrag ist daher von der übertragenden Körperschaft zu stellen (bzw. von der übernehmenden Körperschaft als deren Gesamtrechtsnachfolgerin, wenn der Antrag nach Eintragung der Verschmelzung in das Handelsregister gestellt wird).[158] Zuständiges Finanzamt ist das für die übertragende Körperschaft zuständige Finanzamt.[159] Der Antrag ist spätestens bis zur erstmaligen Einreichung der steuerlichen Übertragungsbilanz zu stellen, das Bewertungswahlrecht besteht wiederum nur einheitlich für alle übergehenden Wirtschaftsgüter. Auch hier gilt das Maßgeblichkeitsprinzip nicht.[160] Es ist jedoch zu beachten, dass bei einer nur handelsrechtlichen Aufdeckung der stillen Reserven latente Steuern entstehen können (§§ 274, 306 HGB).

Formulierungsvorschläge finden sich in Rz. 1101 ff.

134/1 **Einreichungsfrist:** Die steuerliche Schlussbilanz ist dem zuständigen Finanzamt nach § 11 Abs. 3 i. V. m. § 3 Abs. 2a UmwStG[161] spätestens bis zum Ablauf der nach § 149 AO maßgebenden Frist zur Abgabe der Körperschaftsteuererklärung für den Besteuerungszeitraum, in den der steuerliche Übertragungsstichtag fällt, elektronisch zu übermitteln; § 5b EStG gilt für die steuerliche Schlussbilanz entsprechend. Ein Verstreichenlassen dieser Frist stellt für sich allein jedoch keinen Verzicht auf den Antrag nach § 11 Abs. 3 i. V. m. § 3 Abs. 2 UmwStG dar.[162]

157 Tz. 11.10 i. V. m. Tz. 03.23 UmwStE.

158 Vgl. Schmitt/Hörtnagl, UmwG UmwStG, § 11 UmwStG Rz. 65.

159 Tz. 11.12 UmwStE.

160 Vgl. Haritz/Menner/Bilitewski, UmwStG, § 11 Rz. 34, m. w. N.; Tz. 11.05 UmwStE.

161 Diese durch das JStG 2024 (Gesetz v. 2.12.2024, BGBl 2024 I Nr. 387) eingeführte Neuregelung ist erstmals auf Umwandlungen anzuwenden, bei denen die Anmeldung zur Eintragung in das für die Wirksamkeit des jeweiligen Vorgangs maßgebende öffentliche Register nach dem 5.12.2024 erfolgt ist (§ 27 Abs. 20 UmwStG).

162 BT-Drucks. 20/12780 S. 154.

(2) Auswirkungen auf Ebene der übernehmenden Körperschaft

Wertverknüpfung: Nach § 12 Abs. 1 Satz 1 UmwStG hat die übernehmende Körperschaft die auf sie übergegangenen Wirtschaftsgüter mit den in der Schlussbilanz der übertragenden Körperschaft enthaltenen Werte anzusetzen (Wertverknüpfung). Nach § 12 Abs. 1 Satz 2 UmwStG gilt § 4 Abs. 1 Sätze 2 und 3 UmwStG entsprechend. 135

Besteuerung des Übernahmegewinns/-verlusts: Nach § 12 Abs. 2 Satz 1 UmwStG wird bei der übernehmenden Körperschaft ein Übernahmeergebnis fingiert, das sich aus der Differenz zwischen dem Buchwert sämtlicher Anteile an der übertragenden Körperschaft und dem Wert, mit dem die sämtlichen Wirtschaftsgüter der übertragenden Körperschaft übernommen werden, errechnet. Nach Auffassung der Finanzverwaltung und der Rechtsprechung ist das Übernahmeergebnis immer auf diese Weise, d. h. streng nach dem Wortlaut des § 12 Abs. 2 Satz 1 UmwStG und „bezogen auf 100 %", zu ermitteln, und zwar unabhängig von der Beteiligungsquote, zu der ggf. der übernehmende Rechtsträger am übertragenden Rechtsträger beteiligt war, und unabhängig davon, ob es sich um eine Aufwärts-, Abwärts- oder Seitwärtsverschmelzung handelt.[163] Der Übernahmegewinn bzw. Übernahmeverlust, jeweils abzüglich der Kosten für den Vermögensübergang (also z. B. Notarkosten), bleibt steuerlich außer Ansatz (§ 12 Abs. 2 Satz 1 UmwStG). 136

BERATUNGSHINWEIS:

Dies hat in der Konsequenz die Folge, dass Kosten des Vermögensübergangs wie z. B. Notar- und andere Beratungskosten steuerlich außer Ansatz bleiben (weil der Übernahmegewinn bzw. Übernahmeverlust, in den diese Betriebsausgaben rechnerisch einbezogen werden, steuerlich außer Ansatz bleibt, § 12 Abs. 2 Satz 1 UmwStG). Siehe zu den Kosten des Vermögensübergangs auch Rz. 120.

Auf diesen außer Ansatz bleibenden Betrag ist in dem Umfang, in dem die übernehmende Körperschaft an der übertragenden Körperschaft beteiligt ist, § 8b KStG anwendbar (§ 12 Abs. 2 Satz 2 UmwStG). Bei einer **Up-Stream-Verschmelzung** bleiben daher in Höhe der Beteiligung der übernehmenden an der übertragenden Körperschaft nur 95 % des Übernahmegewinns abzüglich der Umwandlungskosten steuerfrei.[164]

163 Tz. 12.05 UmwStE, bestätigt (für die Spaltung aber übertragbar auf die Verschmelzung) durch BFH v. 9.1.2013 - I R 24/12, NZG 2013 S. 474; a. A. die h. M. in der Literatur, z. B. Perwein, GmbHR 2007 S. 747; Haritz/Menner/Bilitewski, UmwStG, § 12 Rz. 37; Schumacher/Neitz-Hackstein, Ubg 2011 S. 409, 414.

164 Vgl. Haritz/Menner/Bilitewski, UmwStG, § 12 Rz. 37, m. w. N.

BEISPIEL: Die M-AG ist die alleinige Muttergesellschaft der T-GmbH. Die T-GmbH ist bei der M-AG mit den Anschaffungskosten i. H. v. 500.000 € aktiviert. Die T-GmbH soll zur Aufnahme auf die M-AG verschmolzen werden. Das buchmäßige Eigenkapital bei der T-GmbH, bestehend aus Stammkapital, Kapitalrücklagen und einem Gewinnvortrag beträgt insgesamt 1,2 Mio. €. In welcher Höhe ergibt sich hier ein Übernahmegewinn bzw. eine Steuerbelastung hieraus für die M-AG?

Lösung:

Der Übernahmegewinn der M-AG berechnet sich wie folgt:

	Wert der übernommenen Wirtschaftsgüter	1.200.000 €
./.	Buchwert der Anteile an der übertragenen Körperschaft	500.000 €
./.	Kosten für den Vermögensübergang	./.
	Übernahmegewinn	700.000 €

Der Übernahmegewinn i. H. v. 700.000 € bleibt nach § 12 Abs. 2 Satz 1 UmwStG bei der übernehmenden M-AG außer Betracht. Nach § 12 Abs. 2 Satz 2 UmwStG ist jedoch § 8b KStG und somit auch § 8b Abs. 3 KStG anwendbar. Auf 5 % des Übernahmegewinns, also auf 35.000 €, fällt Körperschaftsteuer und Gewerbesteuer an, so dass sich – je nach Gewerbesteuerhebesatz – eine Steuerlast i. H. v. rund 10.500 € ergibt (vereinfacht gerechnet mit 30 % Körperschaftsteuer und Gewerbesteuer).

137 **Verlustvorträge:** Verluste, verbleibende Verlustvorträge oder vom übertragenden Rechtsträger nicht ausgeglichene negative Einkünfte und ein Zinsvortrag nach § 4h EStG, § 8a KStG gehen nicht auf die übernehmende Körperschaft über, sondern gehen unter (§ 12 Abs. 3 i. V. m. § 4 Abs. 2 Satz 2 UmwStG). Hier hilft wiederum nur eine Aufstockung der Buchwerte in der steuerlichen Schlussbilanz, um untergehende Verlustvorträge und Zinsvorträge letztmalig zu nutzen.[165] Auch hier ist jedoch die Mindestbesteuerung zu beachten.[166] Die Verschmelzung einer Gewinngesellschaft auf eine Verlustgesellschaft ist grds. kein Missbrauch von Gestaltungsmöglichkeiten.[167] Zur Thematik der Verlustnutzung vgl. ausführlich Rz. 601 ff.

138 **Konfusion von Forderungen und Verbindlichkeiten:** Für Gewinne aus der Vereinigung von Forderungen und Verbindlichkeiten gilt nach § 12 Abs. 4 UmwStG auch hier § 6 UmwStG.

---

165 Vgl. Schmitt/Hörtnagl, UmwG UmwStG, § 12 UmwStG Rz. 94.

166 Vgl. Haritz/Menner/Bilitewski, UmwStG, § 11 Rz. 29.

167 BFH v. 18.12.2013 - I R 25/12, BFH/NV 2014 S. 904 = NWB BAAAE-62146 (nicht amtlich veröffentlicht) und FG Hessen v. 29.11.2017 - 4 K 127/15, NWB LAAAG-80807 = DB 2018 S. 922 mit Anm. Schell/Philipp. Es ist aber § 2 Abs. 4 Satz 3 UmwStG zu beachten (Verlustverrechnungsbeschränkung im Rückwirkungszeitraum). Siehe dazu BFH v. 13.3.2024 - X R 32/21, NWB JAAAJ-81934 = DStR 2024 S. 2885.

(3) Auswirkungen auf Ebene der Anteilseigner

Nach § 13 Abs. 1 UmwStG gelten die Anteile an der übertragenden Körperschaft grundsätzlich als **zum gemeinen Wert veräußert** und die Anteile an der übernehmenden Körperschaft **zum gemeinen Wert angeschafft**. Für die Ermittlung eines dadurch entstehenden Veräußerungsgewinns gelten die allgemeinen Grundsätze (d. h. § 8b KStG, § 17 EStG). § 13 UmwStG ist auf Anteile im Betriebsvermögen und Anteile i. S. v. § 17 EStG anwendbar.[168] Im Privatvermögen gehaltene Streubesitzanteile (Beteiligungsquote kleiner 1 %) werden dagegen nach § 20 Abs. 4a Sätze 1 und 2 EStG behandelt.[169] 139

§ 13 UmwStG gilt grds. unabhängig davon, ob es für den Anteilseigner tatsächlich zu einem Anteilstausch kommt (die Vorschrift gilt also z. B. im Falle der Seitwärtsverschmelzung auch dann, wenn bei dem übernehmenden Rechtsträger keine neuen Anteile ausgegeben werden).[170] Die Vorschrift gilt jedoch nicht für den Fall der Aufwärtsverschmelzung.[171] § 13 UmwStG gilt ferner unabhängig davon, ob es sich um eine verhältniswahrende oder nicht verhältniswahrende Umwandlung handelt bzw. ob es aufgrund der Verschmelzung zu einer Wertverschiebung zwischen den Anteilen der beteiligten Gesellschafter kommt oder nicht;[172] insoweit ist der Sachverhalt jedoch ggf. schenkungsteuerlich zu würdigen.[173]

Auf Antrag sind die Anteile an der übernehmenden Körperschaft jedoch nach § 13 Abs. 2 Satz 1 UmwStG mit dem **Buchwert** der Anteile an der übertragenden Körperschaft (bzw. den **historischen Anschaffungskosten** der untergegangenen Anteile an der übertragenden Körperschaft bei Anteilen nach § 17 EStG, § 13 Abs. 2 Satz 4 UmwStG) anzusetzen, wenn 140

- das Recht der Bundesrepublik Deutschland hinsichtlich der Besteuerung der Anteile an der übernehmenden Körperschaft nicht ausgeschlossen oder beschränkt wird oder
- die Mitgliedstaaten der Europäischen Union bei einer Verschmelzung Art. 8 der Fusionsrichtlinie anzuwenden haben.

168 Tz. 13.01 UmwStE.

169 Tz. 13.01 UmwStE.

170 Tz. 13.02 Satz 1 UmwStE.

171 Tz. 13.01 Satz 3 2. Halbsatz UmwStE.

172 Tz. 13.03 UmwStE.

173 Tz. 13.03 UmwStE. Sowohl bei einer verhältniswahrenden als auch bei einer nichtverhältniswahrenden Umwandlung ist zu prüfen, ob die Wertverschiebung zwischen den Anteilseignern eine freigebige Zuwendung i. S. d. § 7 Abs. 1 Nr. 1 ErbStG darstellt oder einen der Tatbestände des § 7 Abs. 8 ErbStG erfüllt (vgl. auch R E 7.5 ErbStR).

141 Der Ansatz eines Zwischenwertes ist **nicht möglich.**[174] § 13 Abs. 2 UmwStG ermöglicht somit nur eine vollständig ertragsteuerneutrale Verschmelzung (Buchwertansatz) oder eine vollständige Gewinnrealisierung.[175] Das Wahlrecht kann **von jedem Anteilseigner eigenständig** ausgeübt werden.[176] Das Wahlrecht kann auch **unabhängig vom Wertansatz bei der übertragenden Gesellschaft** ausgeübt werden.[177] Das Wahlrecht kann unabhängig davon ausgeübt werden, ob es tatsächlich zu einem Anteilstausch kommt oder nicht – etwa weil im Falle des Side Stream Merger gesellschaftsrechtlich zulässig auf eine Anteilsgewährung verzichtet wird.[178]

141/1 **Antragsfrist:** Nach § 13 Abs. 2 Satz 2 UmwStG ist der Antrag auf Ansatz des Buchwerts spätestens bis zur erstmaligen Abgabe der Steuererklärung bei dem für die Besteuerung des Anteilseigners zuständigen Finanzamt zu stellen.[179]

142 Schon die erstgenannte Voraussetzung ist bei nationalen Verschmelzungen erfüllt, so dass auch auf Anteilseignerebene grundsätzlich Steuerneutralität und Buchwertfortführung möglich ist. Die **Anteile an der übernehmenden Körperschaft treten dann steuerlich an die Stelle der Anteile an der übertragenden Körperschaft**, d. h., soweit die Anteile vorher im Betriebsvermögen gehalten wurden, werden ihre Buchwerte auf die neu erhaltenen Anteile übertragen (§ 13 Abs. 2 Satz 3 UmwStG). Handelte es sich dagegen um Anteile im Privatvermögen (= Anteile i. S. v. § 17 EStG), werden die historischen Anschaffungskosten der untergegangenen Anteile an der übertragenden Körperschaft auf die neu erhaltenen Anteile an der übernehmenden Körperschaft übertragen (§ 13 Abs. 2 Satz 4 UmwStG).

BEISPIEL: G ist mit 10 % an der X-GmbH beteiligt. Diese wird auf die Y-GmbH verschmolzen. G hatte seine Anteile an der X-GmbH für 500.000 € vor vielen Jahren angeschafft. Er erhält im Rahmen der Verschmelzung nur eine 0,5-%-Beteiligung an der viel größeren übernehmenden Y-GmbH. Die X-GmbH und die Y-GmbH haben ihren Sitz in Köln. G hat seinen Wohnsitz und gewöhnlichen Aufenthalt in München.

174 Tz. 13.10 Satz 1 UmwStE.

175 Vgl. Brandis/Heuermann, Ertragsteuerrecht, § 13 UmwStG Rz. 32; Haritz/Menner/Bilitewski, UmwStG, § 13 Rz. 3.

176 Vgl. Schmitt/Hörtnagl, UmwG UmwStG, § 13 UmwStG Rz. 32.

177 Vgl. Schmitt/Hörtnagl, UmwG UmwStG, § 13 UmwStG Rz. 32.

178 Tz. 13.02 Satz 1 UmwStE.

179 Diese durch das JStG 2024 (Gesetz v. 2.12.2024, BGBl 2024 I Nr. 387) eingeführte Neuregelung ist erstmals auf Umwandlungen anzuwenden, deren steuerlicher Übertragungsstichtag nach dem 5.12.2024 liegt (§ 27 Abs. 21 UmwStG).

Lösung:

Aus Sicht des G gelten seine Anteile an der X-GmbH grundsätzlich als zum gemeinen Wert veräußert, und an ihrer Stelle gelten die empfangenen jungen Anteile an der übernehmenden Y-GmbH als zum selben Wert angeschafft. G kann jedoch den Antrag nach § 13 Abs. 2 Satz 1 UmwStG auf Fortführung der Anschaffungskosten stellen, da das Recht der Bundesrepublik Deutschland hinsichtlich der Besteuerung des Gewinns aus einer späteren Veräußerung der Anteile, die G an der übernehmenden Y-GmbH erhalten hat, weder ausgeschlossen noch beschränkt wird. Dieses steht unproblematisch nach wie vor der Bundesrepublik Deutschland zu. Die ursprünglichen Anschaffungskosten des G i. H. v. 500.000 € werden steuerlich auf die jungen Anteile an der Y-GmbH übertragen (§ 13 Abs. 2 Satz 4 UmwStG). Problematisch ist, dass G vorher Anteile i. S. v. § 17 EStG hielt, die steuerverhaftet waren, während er durch die Verschmelzung auf unter 1 % Beteiligungsquote sinkt. Hier greift § 17 Abs. 6 Nr. 1 EStG ein, wonach die erhaltenen Anteile ebenfalls als Anteile i. S. v. § 17 EStG angesehen werden. Veräußert G seine 0,5-%-Beteiligung an der Y-GmbH später für 700.000 €, hat er einen Gewinn von 700.000 € ./. 500.000 € = 200.000 € nach § 17 EStG zu versteuern (es gilt regulär das Teileinkünfteverfahren nach § 3 Nr. 40 EStG).

Der Umstand, dass die Anteile an der übernehmenden Körperschaft steuerlich an die Stelle der Anteile an der übertragenden Körperschaft treten, führt indessen nicht dazu, dass bei im Betriebsvermögen gehaltenen Anteilen eine latente **Wertaufholungsverpflichtung**, die hinsichtlich der Anteile an der übertragenden Körperschaft nach § 6 Abs. 1 Nr. 2 Satz 3 i. V. m. Nr. 1 Satz 4 EStG bestand, auf die neu erworbenen Anteile an der übernehmenden Körperschaft übergeht.[180] 143

(4) Steuerliche Rückwirkung

Handelsrechtlich ist nach § 17 Abs. 2 Satz 4 i. V. m. § 5 Abs. 1 Nr. 6 UmwG eine Rückwirkung **von bis zu acht Monaten** möglich. Insoweit handelt es sich um eine schuldrechtliche Rückwirkung, denn dinglich wirkt die Umwandlung immer erst mit Eintragung im Handelsregister. 144

Nach § 2 Abs. 1 UmwStG ist – unter den Einschränkungen des § 2 Abs. 3 und 4 UmwStG[181] – **auch eine steuerliche Rückbeziehung der Verschmelzung für bis zu acht Monate** zulässig. Das Einkommen und das Vermögen der übertragenden Körperschaft sowie des übernehmenden Rechtsträgers sind so zu ermitteln, als ob das Vermögen der übertragenden Körperschaft bereits mit Ablauf des steuerlichen Übertragungsstichtags auf die übernehmende Körperschaft übergegangen wäre (§ 2 Abs. 1 Satz 1 UmwStG). Die Rückwirkung gilt auch für die **Gewerbesteuer** (§ 2 Abs. 1 Satz 2 UmwStG). Nach dem Übertragungsstich- 145

180 BFH v. 11.7.2012 - I R 47/11, NWB RAAAE-22620.

181 Siehe dazu oben Rz. 127.

tag anfallende Geschäftsvorfälle, die sich zivilrechtlich gesehen noch bei dem übertragenden Rechtsträger ereignen, werden steuerlich bereits der übernehmenden Körperschaft[182] zugeordnet und sind bei ihr zu besteuern. Die Rückwirkungsfiktion gilt jedoch nicht gegenüber weiteren Rechtsträgern, an denen die übertragende Körperschaft beteiligt ist, oder gegenüber sonstigen Dritten.[183] Die Rückwirkungsfiktion erfasst nur das übertragene Vermögen, nicht aber Gegenleistungen (wie z. B. Gesellschaftsanteile), die den Anteilseignern des übertragenden Rechtsträgers gewährt werden.[184]

cc) Verschmelzungen von Personengesellschaften auf Personengesellschaften

146 Verschmelzungen von Personengesellschaften auf Personengesellschaften werden im Steuerrecht als **Einbringungsvorgänge nach § 24 UmwStG** angesehen.[185] Steuerlich bringen die Mitunternehmer der übertragenen Personengesellschaft ihre Mitunternehmeranteile in die aufnehmende Personengesellschaft unter Gewährung oder Erweiterung einer Mitunternehmerstellung an der übernehmenden Personengesellschaft ein.[186] Es handelt sich um einen Fall des § 1 Abs. 3 Nr. 1 UmwStG.[187] Insofern kann nach unten zu Rz. 501 ff. verwiesen werden.

BEISPIEL: A und B sind die alleinigen Kommanditisten der AB-GmbH & Co. KG. Sie sind auch die alleinigen Gesellschafter der Komplementär-GmbH. Sie möchten ihr Unternehmen mit der X-OHG, deren Gesellschafter die Herren X und Y sind, zu einem gemeinsamen Unternehmen fusionieren.

Lösung:

Die AB GmbH & Co. KG wird handelsrechtlich gem. §§ 2, 39 UmwG zur Aufnahme auf die X-OHG verschmolzen. Steuerlich handelt es sich um einen Fall der Einbringung nach § 24 UmwStG. Siehe dazu unten Rz. 501 ff.

147 Anders zu behandeln ist der **Sonderfall** einer Verschmelzung einer 100-%igen Tochter-Personengesellschaft auf die Mutter-Personengesellschaft **(Up-Stream-Merger)**. Handelsrechtlich ist auch dies eine Verschmelzung nach §§ 2, 39 ff. UmwG im Wege der Gesamtrechtsnachfolge, wobei aufgrund der 100-%igen Beteiligung der übernehmenden Personengesellschaft an der übertragenden Personengesellschaft jedoch kein Anteilstausch erfolgt (§ 20 Abs. 1

182 Vgl. Haritz/Menner/Bilitewski, UmwStG, § 2 Rz. 46.

183 Tz. 02.03 UmwStE.

184 BFH v. 17.1.2018 - I R 27/16, BStBl 2018 II S. 449.

185 Haritz/Menner/Bilitewski, UmwStG, § 24 Rz. 12a, 85; Tz. 01.47 UmwStE.

186 Vgl. Haritz/Menner/Bilitewski, UmwStG, § 2 Rz. 54.

187 Vgl. BeckOK UmwStG, § 1 Rz. 725.

Nr. 3 Satz 1 2. Halbsatz UmwG). Es fehlt also an dem tauschähnlichen Vorgang der Gewährung von Gesellschaftsrechten als Gegenleistung, der den Anwendungsbereich des § 24 UmwStG steuerlich erst eröffnet. § 24 UmwStG ist hier nicht anwendbar.[188] Die Vermögensübertragung ist dennoch steuerneutral möglich, es gilt **§ 6 Abs. 3 Satz 1 EStG** entsprechend[189] bzw. die Grundsätze der Anwachsung auf den 100-%-Gesellschafter sind gedanklich heranzuziehen.[190] Hierbei besteht aber **kein Bewertungswahlrecht**, es hat zwingend Buchwertfortführung zu erfolgen.

(Einstweilen frei) 148–155

2. Spaltungen

a) Wahl der Umstrukturierungsform einer Spaltung, Alternativen

Spaltungen sind **dekonzentrierende Maßnahmen**, bei der Teile eines Unternehmens herausgelöst werden sollen. Spaltungen kommen z. B. in Betracht, um ein bislang als Einheitsunternehmen geführtes Unternehmen in einzelne, auch gesellschaftsrechtlich getrennte Profitcenter zu überführen. Ein anderes Beispiel dafür ist die Gestaltung, Unternehmensbereiche mit besonderen Haftungsrisiken[191] z. B. nach dem Produkthaftungsgesetz in eigene Kapitalgesellschaften zu übertragen, um Haftungsrisiken dort zu isolieren. 156

Alternativen: Vergleichbare Effekte wie die Spaltung erzielt bei Personengesellschaften die **Realteilung** (siehe dazu Rz. 571 ff.). 157

Ebenfalls ähnliche Effekte wie eine Spaltung erzielt die Übertragung im Wege eines **Asset Deals**, mit denen ebenso wie bei der Spaltung ganze Unternehmensteile, aber auch Einzelwirtschaftsgüter wie Grundstücke oder einzelne Forderungen von einem Rechtsträger auf einen anderen Rechtsträger übertragen werden können. Bei diesen Maßnahmen außerhalb des Umwandlungsgesetzes bestehen zivilrechtliche Unterschiede zur Spaltung (es werden einzelne Vermögensgegenstände und Rechtsverhältnisse übertragen, die daher nach dem Bestimmtheitsgrundsatz entsprechend bezeichnet werden müssen; dazu müssen, bezogen auf Vertragsverhältnisse, Zustimmungspflichten des Ver- 158

188 Brandis/Heuermann, Ertragsteuerrecht, § 24 UmwStG Rz. 34.

189 Vgl. Stegemann, INF 2003 S. 266.

190 Brandis/Heuermann, Ertragsteuerrecht, § 24 UmwStG Rz. 34 i. V. m. § 20 UmwStG Rz. 31; Schmitt/Hörtnagl, UmwG UmwStG, § 20 UmwStG Rz. 211.

191 Semler/Stengel/Leonard, UmwG, § 123 Rz. 7.

tragspartners beachtet werden). Die steuerliche Behandlung unterscheidet sich ebenfalls von der der Spaltung; es liegt steuerlich eine Veräußerung von Betriebsvermögen vor, die bei dem übertragenden Rechtsträger regulär der Besteuerung mit Körperschaftsteuer und Gewerbesteuer unterliegt.

159 Sodann ist in solchen Situationen an die Gestaltung einer **Übertragung einzelner Wirtschaftsgüter** zu denken (vgl. Rz. 586 ff.). Steuerlich kann dies unter den Voraussetzungen des § 6 Abs. 5 EStG steuerneutral erfolgen.

160–165 *(Einstweilen frei)*

b) Gesellschaftsrechtliche Aspekte von Spaltungen

aa) Begriff der Spaltung und Gesetzestechnik

166 Die Spaltung ist im Umwandlungsgesetz in den §§ 123 bis 173 geregelt. Zentral ist hier die **Verweisungsvorschrift des § 125 UmwG**, der die Verschmelzungsvorschriften des Umwandlungsgesetzes für grundsätzlich anwendbar erklärt. Dies folgt daraus, dass die Spaltung letztlich der spiegelbildliche (Gegen-)Vorgang zur Verschmelzung ist.[192] Wo die Verschmelzung zur Konzentration von Unternehmensträgern führt, bewirkt die Spaltung eine **Dekonzentration**. Daher haben beide Vorgänge Gemeinsamkeiten.

bb) Varianten der Spaltung

167 Das Gesetz bietet die folgenden Möglichkeiten der Spaltung an:

- Aufspaltung,
- Abspaltung,
- Ausgliederung.

168 Bei der **Aufspaltung** erfolgt die Übertragung des gesamten Vermögens eines Rechtsträgers auf mindestens zwei bestehende oder im Zuge der Aufspaltung neu gegründete Rechtsträger (§ 123 Abs. 1 UmwG). Die Anteilsinhaber des übertragenen Rechtsträgers, der untergeht, erhalten Anteile an den übernehmenden Rechtsträgern.[193] Das Gesamtvermögen des spaltenden Rechtsträgers wird durch Auflösung ohne Abwicklung auf die aufnehmenden Rechtsträger verteilt.

BEISPIEL: Die X-GmbH hat die Geschäftsbereiche A und B, die selbständig geführt werden und kaum Synergien zueinander aufweisen. Die Geschäftsleitung entschließt

---

192 Vgl. Henssler/Strohn, Gesellschaftsrecht, § 125 UmwG Rz. 1.

193 Vgl. Semler/Stengel/Leonard, § 123 UmwG Rz. 12.

sich daher dazu, die beiden Bereiche auch gesellschaftsrechtlich und organisatorisch voneinander zu trennen. Den Gesellschaftern soll daneben auch die Möglichkeit eingeräumt werden, langfristig ggf. einen der beiden Bereiche zu veräußern. Jeder Geschäftsbereich soll zukünftig in einer eigenen Gesellschaft geführt werden.

Lösung:

Es bietet sich eine Aufspaltung zur Neugründung auf zwei Schwester-Gesellschaften an (§ 123 Abs. 1 Nr. 2 UmwG). Siehe dazu auch die nachfolgende Abbildung:

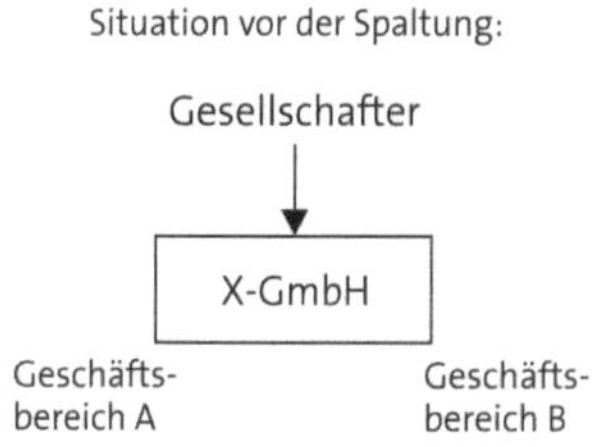

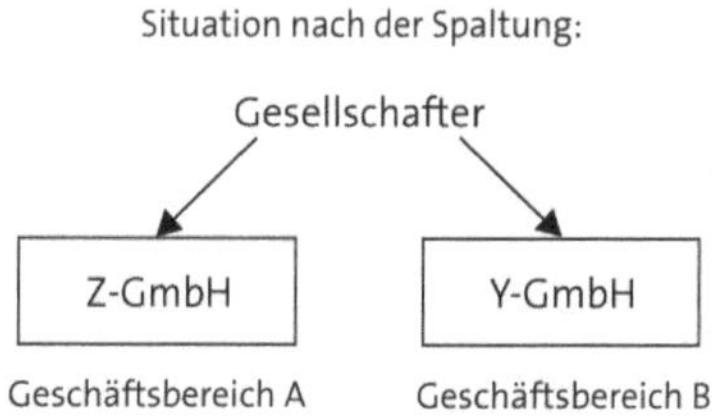

Bei der **Abspaltung** (§ 123 Abs. 2 UmwG) bleibt der spaltende Rechtsträger im Übrigen als Rechtsobjekt bestehen und es wird nur ein Teil seines Vermögens auf eine bestehende Gesellschaft (Abspaltung zur Aufnahme) oder auf eine neu gegründete Gesellschaft (Abspaltung zur Neugründung) abgespalten. Die Anteilsinhaber des übertragenen Rechtsträgers erhalten Anteile am übernehmenden Rechtsträger.[194] 169

BEISPIEL: Herr X ist alleiniger Gesellschafter der Y-GmbH sowie der Z-GmbH. Die Y-GmbH ist Anbieter von Flachglas und stellt des Weiteren spezielle Öfen zur Glashärtung her. Die Z-GmbH dagegen ist Produzent von Industrieöfen jeder Art. X möchte in der Z-GmbH den gesamten Ofenbau konzentrieren und daher den Bereich der Härtung von Glas von der Y-GmbH auf die Z-GmbH übertragen.

194 Vgl. Semler/Stengel/Leonard, § 123 UmwG Rz. 14.

Lösung:

Der entsprechende Teilbereich der Y-GmbH kann im Wege der Abspaltung durch Aufnahme (§ 123 Abs. 2 Nr. 1 UmwG) auf die Z-GmbH abgespalten werden. X erhält neue Geschäftsanteile an der Z-GmbH, bei der dann grundsätzlich eine Kapitalerhöhung durchzuführen ist. Siehe dazu die nachfolgende Abbildung:

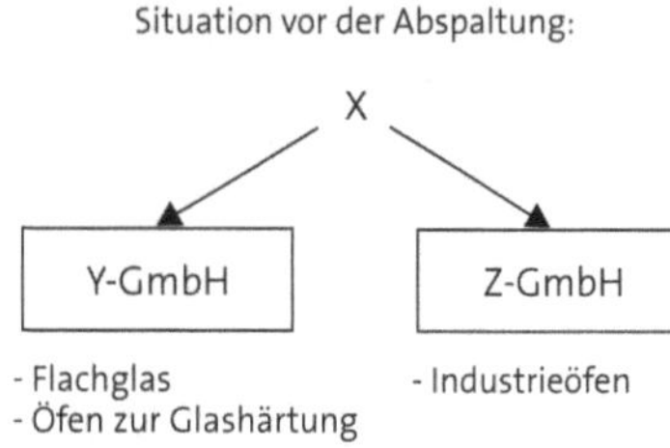

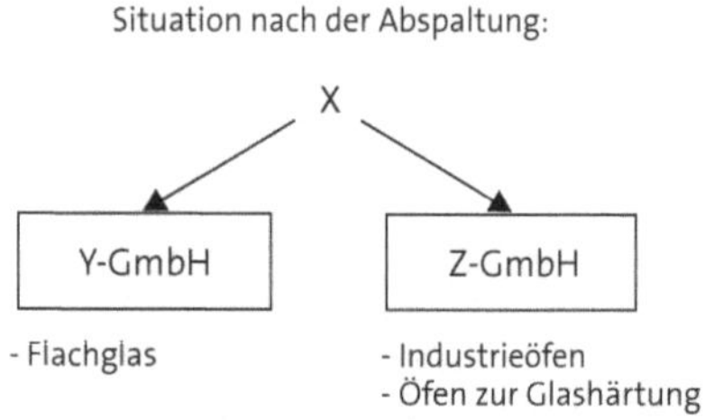

170 Die **Ausgliederung** (§ 123 Abs. 3 UmwG) unterscheidet sich von der Auf- und Abspaltung dadurch, wer vom übernehmenden Rechtsträger Anteile erhält. Während bei der Aufspaltung und der Abspaltung die Anteilsinhaber des übertragenen Rechtsträgers neue Anteile erhalten, **erhält der spaltende (= ausgliedernde) Rechtsträger** bei der Ausgliederung **selbst neue Gesellschaftsanteile.**[195] Auch die Ausgliederung kann zur Aufnahme (bei einer bestehenden aufnehmenden Gesellschaft) oder zur Neugründung erfolgen.[196]

BEISPIEL: Die P-AG ist ein mittelständisches Pharmaunternehmen. Von der Entwicklungsabteilung wird ein neues, vielversprechendes Medikament entwickelt. Dieses soll in einer eigenständigen GmbH mit eigenständigem Management durch die entsprechenden klinischen Phasen geführt und danach vermarktet werden. Das Management der P-AG erwägt auch die Beteiligung von Geldgebern (Venture Capital, Private Equity) speziell an diesem Projekt.

195 Vgl. Semler/Stengel/Leonard, § 123 UmwG Rz. 15.

196 Vgl. Schmitt/Hörtnagl, UmwG UmwStG, § 123 UmwG Rz. 12.

Lösung:

Es bietet sich die Ausgliederung auf eine neu zu gründende Tochter-Gesellschaft (umgangssprachlich: „Spin Off") an. Es liegt eine Ausgliederung durch Neugründung vor (§ 123 Abs. 3 Nr. 2 UmwG). Die P-AG hält nach der Ausgliederung die Anteile an einer neuen Gesellschaft mit dem vorgegebenen Zweck. Siehe dazu die folgende Abbildung:

Situation vor Ausgliederung:

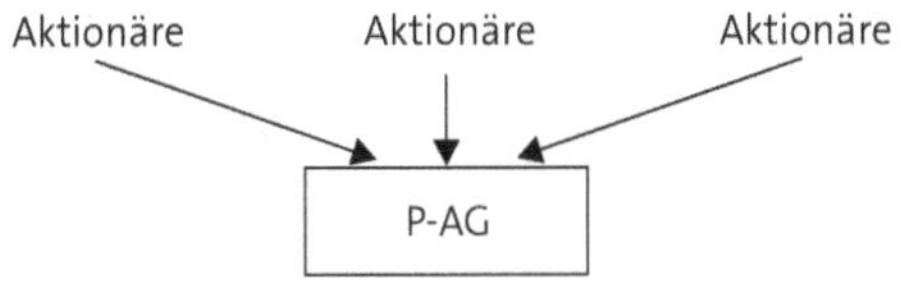

Situation nach Ausgliederung:

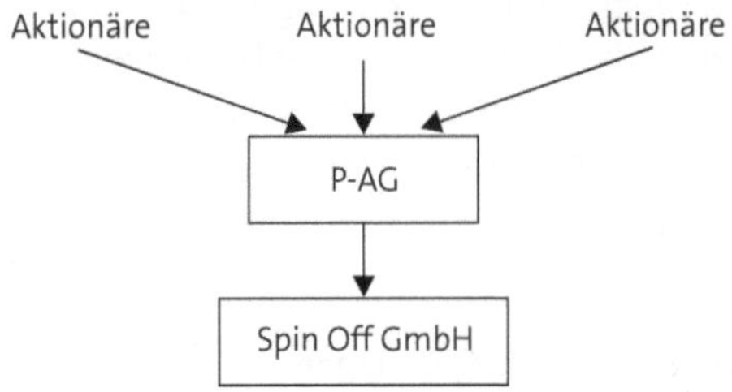

(Einstweilen frei) 171–175

cc) Spaltungsfähige Rechtsträger

Nach § 124 Abs. 1 UmwG sind die in § 3 Abs. 1 UmwG genannten Rechtsfor- 176
men spaltungsfähige Rechtsträger. An einer **Spaltung (Auf- oder Abspaltung)** können daher als übertragende, übernehmende oder neue Rechtsträger teilnehmen:

- eingetragene Gesellschaften bürgerlichen Rechts;
- Personenhandelsgesellschaften;
- Partnerschaftsgesellschaften;
- Kapitalgesellschaften;
- eingetragene Genossenschaften;
- eingetragene Vereine;

- genossenschaftliche Prüfungsverbände und Versicherungsvereine auf Gegenseitigkeit.

177 Sodann können im Spezialfall einer **Ausgliederung** als ausgliedernde **(= übertragende)** Rechtsträger **zusätzlich** teilnehmen:

- wirtschaftliche Vereine;
- Einzelkaufleute;
- Stiftungen;
- Gebietskörperschaften und
- Zweckverbände.

178 Die **UG (haftungsbeschränkt)** kann ohne weiteres als übertragender Rechtsträger von Spaltungsvorgängen in Betracht kommen, sie kann jedoch aufgrund des Sachgründungsverbots in § 5a Abs. 2 Satz 2 GmbHG nicht Zielrechtsträger eines Spaltungsvorgangs zur Neugründung sein.[197] Die Beteiligung der UG als übernehmender Rechtsträger einer Spaltung zur Aufnahme ist dann zulässig, wenn im Zuge dessen das Stammkapital der UG auf mindestens 25.000 € erhöht wird oder wenn ausnahmsweise (z. B. nach § 125 Abs. 1 Satz 1, § 54 Abs. 1 Satz 3 UmwG) keine Kapitalerhöhung stattfindet.[198]

179–180 *(Einstweilen frei)*

dd) Nicht-verhältniswahrende Spaltungen

181 Grundfall der Auf- oder Abspaltung ist, dass die Gesellschafter des spaltenden Rechtsträgers im gleichen Verhältnis am aufnehmenden Rechtsträger beteiligt bleiben.[199] Es findet damit zwar eine Neuorganisation, aber keine Verschiebung von Anteilsquoten an den betroffenen Gesellschaften statt.

182 Nach § 128 Satz 1 UmwG ist jedoch auch die sog. **nicht-verhältniswahrende Spaltung**[200] möglich. Eine solche liegt dann vor, wenn die Anteilsinhaber am übernehmenden und übertragenen Rechtsträger nach Vollzug der Spaltung **in unterschiedlichen Beteiligungsquoten beteiligt** sind. Der Gesetzgeber wollte mit dieser Regelung u. a. eine Trennung von Gesellschaftergruppen und Famili-

---

197 Berninger, GmbHR 2010 S. 63, 69; Semler/Stengel/Leonard, § 124 UmwG Rz. 8a; vgl. BGH v. 11.4.2011 - II ZB 9/10, NWB QAAAD-83063 = GmbHR 2011 S. 701; Lieder/Hoffmann, GmbHR 13/2011, R 193, 194; BeckOGK UmwG, § 124 Rz. 13.

198 Semler/Stengel/Leonard, § 124 UmwG Rz. 8a; Schmitt/Hörtnagl, UmwG UmwStG, § 124 UmwG Rz. 36; BeckOGK UmwG, § 124 Rz. 13.

199 Vgl. Schmitt/Hörtnagl, UmwG UmwStG, § 126 UmwG Rz. 103.

200 Eingehend BeckOGK UmwG, § 128 Rz. 10 ff.

enstämmen ermöglichen.[201] Bei einer nicht-verhältniswahrenden Spaltung müssen jedoch alle Anteilsinhaber der Spaltung zustimmen. Im Gesetz nicht erwähnt, aber ebenfalls zulässig ist die sog. **Spaltung zu Null.**[202] Problematisch ist hier dann nicht, dass am übernehmenden Rechtsträger manche der Gesellschafter des übertragenen Rechtsträgers nicht beteiligt sind. Problematisch ist jedoch, dass wirtschaftlich gesehen diese Gesellschafter einen **Ausgleich** erhalten müssen, sei es in Form von Ausgleichszahlungen durch die begünstigten Gesellschafter des übernehmenden Rechtsträgers oder sei es durch eine Anteilsverschiebung beim übertragenden Rechtsträger. Eine solche Übertragung von Anteilen am übertragenden Rechtsträger kann direkt in den Spaltungsplan aufgenommen werden und damit kraft gesetzlichem Automatismus erfolgen (Wortlaut des § 126 Abs. 1 Nr. 10 UmwG).[203] Daneben käme auch eine außerhalb (aber anlässlich) der Spaltung vorgenommene Abtretung von Anteilen oder eine Einziehung von Anteilen mit Zustimmung des Betroffenen beim übertragenen Rechtsträger in Betracht.

BEISPIEL: Die Brüder D sind jeweils zu 50 % an der D-GmbH beteiligt. Die D-GmbH soll zwischen den Gesellschaftern so aufgeteilt werden, dass der eine Bruder den von der D-GmbH betriebenen Geschäftsbereich Ladenbau erhalten soll, während der andere Bruder den weiteren Geschäftsbereich Gerüstbau übernehmen soll.

Lösung:

Es kommt eine Abspaltung des Geschäftsbereichs Ladenbau auf eine neu zu gründende L-GmbH in Betracht (Abspaltung zur Neugründung). Es kommt hier eine Abspaltung zu Null in Betracht, d. h. der eine Bruder erhält sämtliche Anteile an der aufnehmenden L-GmbH. Die Beteiligung dieses Bruders an der D-GmbH muss dann entweder Kraft Spaltung oder durch anderweitige gesellschaftsrechtliche Maßnahmen beendet werden, um das wirtschaftlich gewollte Ergebnis zu erreichen.

(Einstweilen frei) 183–185

ee) Grundsatz der sog. partiellen Gesamtrechtsnachfolge

Durch die Spaltung erfolgt kraft Gesetzes ein Übergang der im Spaltungsvertrag bzw. Spaltungsplan bezeichneten Teile des Vermögens des übertragenen Rechtsträgers auf den übernehmenden Rechtsträger, ohne dass eine Einzelrechtsübertragung notwendig ist (sog. **partielle Gesamtrechtsnachfolge**).[204] Nach § 126 Abs. 1 Nr. 9 UmwG müssen hierzu im Spaltungsvertrag bzw. Spal- 186

201 Schmitt/Hörtnagl, UmwG UmwStG, § 128 UmwG Rz. 6.

202 Vgl. BeckOGK UmwG, § 128 Rz. 19; Schmitt/Hörtnagl, UmwG UmwStG, § 128 UmwG Rz. 12; Heckschen, GmbHR 2015 S. 897, 899; Heckschen, DB 1998, S. 1385, 1397.

203 Vgl. Schmitt/Hörtnagl, UmwG UmwStG, § 128 UmwG Rz. 18; Weiler, NZG 2013 S. 1326 1329.

204 Schmitt/Hörtnagl, UmwG UmwStG, § 126 UmwG Rz. 60.

tungsplan entsprechende Regelungen getroffen werden. Zivilrechtlich unproblematisch können sogar **Einzelgegenstände** übertragen werden, wie etwa einzelne Grundstücke oder auch einzelne Verbindlichkeiten.[205] Soweit Gegenstände teilbar sind, können z. B. bei Geldforderungen auch nur Teilbeträge abgespalten werden. Im Einzelnen ist hierzu jedoch manches strittig und vom Gesetz nicht klar geregelt.

187 **Einschränkungen** des Grundsatzes der partiellen Gesamtrechtsnachfolge: Die früher vorhandene Regelung des **§ 132 UmwG a. F.** wurde durch das 2. Gesetz zur Änderung des Umwandlungsgesetzes v. 19.4.2007 **aufgehoben**. Beschränkungen bestehen nunmehr nur noch nach **allgemeinen Rechtsgrundsätzen und für höchstpersönliche Rechtsverhältnisse.**[206] So können etwa persönliche Mitgliedschaften[207] oder die Beteiligung eines persönlich haftenden Gesellschafters an einer Personenhandelsgesellschaft[208] nicht ohne entsprechende Regelung im Gesellschaftsvertrag oder Zustimmung durch die Mitgesellschafter im Wege der Spaltung übertragen werden. Gleiches gilt für Dauerschuldverhältnisse und höchstpersönliche Vertragsverhältnisse wie z. B. Treuhandverträge.[209]

Die **gesetzliche Rechtsfolge** eines Verstoßes gegen die vorgenannten Grundsätze hat jedoch nicht etwa eine Nichtigkeit des Spaltungsvertrags oder Spaltungsplans zur Folge, sondern führt je nach Sachlage zum Nichtübergehen der betroffenen Rechtsposition oder bei Verträgen zu einem Recht auf außerordentliche Kündigung, wenn die Fortführung für den Vertragspartner unter den geänderten Umständen unzumutbar ist.[210]

188 Außerdem ist neben der vorstehend beschriebenen gesetzlichen Rechtslage daneben die **vertragliche Rechtslage** zu beachten und zu prüfen: Denn die Parteien eines Vertrages können im Rahmen ihrer Vertragsfreiheit speziell für den Fall des Übergangs des Vertrages per Spaltung ein vertragliches **(Sonder-)Kündigungsrecht** vereinbaren.[211] Ähnlich wirken sog. **Change-of-Control-Klauseln.**[212]

189–190 *(Einstweilen frei)*

205 Schmitt/Hörtnagl, UmwG UmwStG, § 126 UmwG Rz. 64.
206 Vgl. BT-Drucks. 16/2919 S. 19.
207 Semler/Stengel/Leonard, Umwandlungsgesetz, § 131 Rz. 24 f.
208 Vgl. Semler/Stengel/Leonard, Umwandlungsgesetz, § 131 Rz. 26.
209 Semler/Stengel/Leonard, Umwandlungsgesetz, § 131 Rz. 35.
210 Vgl. Semler/Stengel/Leonard, Umwandlungsgesetz, § 131 Rz. 36.
211 BeckOGK UmwG, § 131 Rz. 29.
212 BeckOGK UmwG, § 131 Rz. 29.

ff) Gläubigerschutz bei der Spaltung

Nach § 133 Abs. 1 Satz 1 UmwG haften **alle an der Spaltung beteiligten Rechtsträger** für die vor dem zivilrechtlichen Wirksamwerden der Spaltung (= Eintragung in das Handelsregister) begründeten Verbindlichkeiten des übertragenen Rechtsträgers **gesamtschuldnerisch**. Dabei ist nicht erforderlich, dass derartige Verbindlichkeiten im Zeitpunkt des Wirksamwerdens der Spaltung bereits fällig sind; sie müssen lediglich vom Rechtsgrund her bereits vorhanden sein.[213] Diese **Nachhaftung** ist nach § 133 Abs. 3 und 4 UmwG auf eine Dauer von **fünf Jahren** nach Bekanntmachung der Spaltung entsprechend §§ 19 Abs. 3, 125 Satz 1 UmwG beschränkt. Eine Spezialregelung zur gesamtschuldnerischen Nachhaftung enthält § 134 UmwG bei Aufspaltung in „Anlagegesellschaft" und „Betriebsgesellschaft". 191

Sodann können Gläubiger nach § 125 Satz 1 UmwG i. V. m. § 22 UmwG u. U. **Sicherheitsleistung** verlangen.[214] 192

BERATUNGSHINWEIS:

In der Praxis wird dies regelmäßig ausscheiden bzw. nur in Ausnahmefällen in Betracht kommen können. Die Vorschrift hat nur eine geringe Praxisrelevanz.

Schließlich sind aus Gründen des Schutzes des Rechtsverkehrs sowohl bei der Spaltung zur Neugründung wie auch bei der Spaltung zur Aufnahme die für die jeweilige Gesellschaftsform anwendbaren **Kapitalaufbringungsvorschriften** einzuhalten.[215] Für die Spaltung zur Neugründung regelt dies § 135 Abs. 2 Satz 1 UmwG. Entsprechendes gilt für die Spaltung zur Aufnahme. Bei der Abspaltung (nicht jedoch der Aufspaltung, bei der der übertragene Rechtsträger untergeht) ist zu prüfen, ob das gesellschaftsvertragliche Nennkapital (Stammkapital bei der GmbH, Grundkapital bei der AG) trotz des Vermögensabflusses, den die Abspaltung mit sich bringt, nach der Spaltung noch vorhanden ist. 193

BERATUNGSHINWEIS:

Andernfalls hat eine Kapitalherabsetzung zu erfolgen, für die das Umwandlungsgesetz das vereinfachte Verfahren der Kapitalherabsetzung vorsieht (§§ 139, 145 UmwG).

Eine Differenzhaftung trifft die Gesellschafter des übertragenden Rechtsträgers u. E. auch bei Spaltungsvorgängen weder dann, wenn übertragende Ge- 194

213 Vgl. Semler/Stengel/Leonard, Umwandlungsgesetz, § 133 Rz. 27.

214 Näher Semler/Stengel/Leonard, Umwandlungsgesetz, § 133 Rz. 19 ff.

215 Vgl. Semler/Stengel/Leonard, Umwandlungsgesetz, § 135 Rz. 16.

sellschaft eine AG ist,[216] noch dann wenn übertragende Gesellschaft eine GmbH ist.[217] Es kann sich aber in Missbrauchsfällen eine Haftung nach den Grundsätzen des existenzvernichtenden Eingriffs ergeben, wenn ein eigentlich insolvenzreifer übertragender Rechtsträger auf einen anderen Rechtsträger verschmolzen wird und dadurch die Insolvenz des übernehmenden Rechtsträgers herbeigeführt oder vertieft wird.[218]

195 *(Einstweilen frei)*

gg) Ablauf einer Spaltung im Falle der Aufspaltung und Abspaltung[219]

196 **Allgemeines**: Grundsätzlich richtet sich der Ablauf einer Spaltung nach einem der Verschmelzung vergleichbaren System. Auch bei der Spaltung ist nach §§ 125 Satz 1 i. V. m. § 17 Abs. 2 UmwG eine **höchstens acht Monate alte Schlussbilanz** beim Handelsregister einzureichen.

197 **Spaltungsvertrag bzw. Spaltungsplan:** Die jeweiligen Vertretungsorgane der beteiligten Rechtsträger, also die Geschäftsführer oder die Vorstände, sind für die Erstellung und den Abschluss des Spaltungsvertrages bzw. Spaltungsplanes zuständig[220] (§§ 125 Satz 1, 4 ff. UmwG). Im Spaltungsvertrag muss der Bestimmtheitsgrundsatz gewahrt sein, d. h. nach § 126 Abs. 2 Satz 1 UmwG müssen sämtliche Gegenstände, die von der Spaltung betroffen sind, **genau bezeichnet** werden. Auf **Bilanzen und Inventare** kann Bezug genommen werden, wenn diese als Anlage des Spaltungsvertrags oder Spaltungsplans beigefügt werden und die Zuweisung eindeutig ist (§ 126 Abs. 2 Satz 3 UmwG). Soweit **Gegenstände nicht zugeordnet** werden, gilt § 131 Abs. 3 UmwG, soweit nicht eine Auslegung des Spaltungsvertrages oder Spaltungsplanes etwas anderes ergibt. Nach dieser Vorschrift wird ein solcher Gegenstand grundsätzlich auf alle übernehmenden Rechtsträger in dem Verhältnis übertragen, dass sich aus dem Vertrag oder Plan für die Aufteilung des Überschusses der Aktivseite der Schlussbilanz über deren Passivseite ergibt. Ist dabei die Zuteilung des Gegenstandes auf mehrere Rechtsträger dinglich nicht möglich, so ist sein

216 Vgl. für die Verschmelzung BGH v. 12.3.2007 - II ZR 302/05, DB 2007 S. 1241 (u. E. auf Spaltungsvorgänge übertragbar).

217 Vgl. für die Verschmelzung BGH v. 6.11.2018 - II ZR 199/17, DB 2019 S. 120, 121 (u. E. auf Spaltungsvorgänge übertragbar).

218 BGH v. 6.11.2018 - II ZR 199/17, NWB JAAAH-04367 = DB 2019 S. 120, 123, siehe dazu Wittgens/Fischer, DB 2019 S. 829 und Wachter, DB 2019 S. 175.

219 Ein Muster-Fahrplan sowie Muster der benötigten Dokumente können Rz. 1101 ff. entnommen werden.

220 Vgl. auch Schmitt/Hörtnagl, UmwG UmwStG, § 126 UmwG Rz. 11.

Gegenwert (d. h. im Zweifel der Veräußerungserlös) im genannten Verhältnis zu verteilen.[221]

BERATUNGSHINWEIS:

Die Vorschrift betrifft nach dem Wortlaut nicht Verbindlichkeiten, deren Zuordnung unterblieben ist. Ein Muster-Spaltungsvertrag findet sich in Rz. 1101 ff.

Spaltungsbericht: Nach § 127 UmwG müssen die Vertretungsorgane der beteiligten Rechtsträger einen ausführlichen schriftlichen Bericht über die Spaltung erstellen. Der Spaltungsbericht kann nach §§ 8 Abs. 3, 125 Satz 1 UmwG unterbleiben, wenn alle Anteilsinhaber aller beteiligten Rechtsträger hierauf in notariell beurkundeter Form **verzichten** oder der spaltende Rechtsträger auf seinen **alleinigen Gesellschafter** abspaltet (Up-Stream-Abspaltung an den 100-%-Gesellschafter) oder ausgliedert.[222] 198

Spaltungsprüfung: Es hat ggf. eine Spaltungsprüfung zu erfolgen, § 125 Satz 1 i. V. m. § 9 UmwG. Auf die Prüfung kann nach §§ 9 Abs. 3, 125 Satz 1 i. V. m. § 8 Abs. 3 UmwG **verzichtet** werden. 199

Spaltungsbeschlüsse, Zustimmungserklärungen: Die Anteilsinhaber der beteiligten Rechtsträger haben dem Spaltungsvertrag durch jeweiligen Beschluss zuzustimmen, §§ 125 Satz 1, 13 UmwG. Ist ein **Betriebsrat** vorhanden, muss dafür gesorgt werden, dass die Spaltungsbeschlüsse erst nach Ablauf der Monatsfrist für die Zuleitung des Spaltungsvertrages oder seines Entwurfs an den Betriebsrat gefasst werden (§§ 125 Satz 1, 126 Abs. 3 UmwG). Es gilt wiederum eine grundsätzliche **75-%-Mehrheit** für die Spaltungsbeschlüsse (§§ 125 Satz 1, 50 Abs. 1, 65 Abs. 1 UmwG). 200

Registereintragung: Handelsregistereintragung ist Wirksamkeitsvoraussetzung der Spaltung. Nach § 130 Abs. 1 Satz 1 UmwG darf die Spaltung in das Register des Sitzes des übertragenen Rechtsträgers erst eingetragen werden, wenn sie in das Register des übernehmenden Rechtsträgers eingetragen worden ist. Die Eintragung in das Register des übertragenen Rechtsträgers wird vom dortigen Registergericht von Amts wegen an das Registergericht des übernehmenden Rechtsträgers mitgeteilt. Sie wird dort im Register vermerkt. Die Eintragung führt zum Übergang des entsprechenden Vermögens durch **partielle Gesamtrechtsnachfolge** (§ 131 Abs. 1 Nr. 1 UmwG).[223] Etwaige Beurkundungsmängel werden geheilt (§ 131 Abs. 1 Nr. 4 UmwG). 201

221 Vgl. Semler/Stengel/Leonard, Umwandlungsgesetz, § 131 Rz. 70.

222 Vgl. Schmitt/Hörtnagl, UmwG UmwStG, § 127 UmwG, Rz. 21; § 8 UmwG, Rz. 35.

223 Vgl. Semler/Stengel/Leonard, Umwandlungsgesetz, § 131 Rz. 2 und 7.

hh) Ablauf der Spaltung im Falle der Ausgliederung

202 Die **Ausgliederung ist** ein **Unterfall der Spaltung**, so dass grundsätzlich nach oben verwiesen werden kann. Aber Vorsicht: Es ergeben sich z. T. gewisse Modifikationen zu den allgemeinen Normen des Spaltungsrechts (siehe §§ 152 ff. UmwG).

203–210 *(Einstweilen frei)*

3. Steuerliche Aspekte von Auf- und Abspaltungen

a) Auf- und Abspaltungen zwischen Körperschaften untereinander

aa) Entsprechende Anwendung der §§ 11 bis 13 UmwStG

211 Die Auf- und Abspaltung von Vermögen auf eine andere Körperschaft wird den Regelungen der Verschmelzung von Körperschaften unterstellt (§ 15 Abs. 1 Satz 1 UmwStG i. V. m. §§ 11 bis 13 UmwStG). Aus steuerlicher Sicht werden die Auf- bzw. die Abspaltung letztlich als umgekehrter Vorgang der Verschmelzung behandelt.[224] Die übertragende Körperschaft hat in ihrer steuerlichen **Schlussbilanz für das übergehende Vermögen** daher **grundsätzlich den gemeinen Wert** anzusetzen. Unter den Voraussetzungen des § 11 Abs. 2 UmwStG kann jedoch auf Antrag wiederum der **Buchwert** oder ein **Zwischenwert** angesetzt werden. Es gelten grundsätzlich die Ausführungen unter Rz. 131 ff. entsprechend.

212 Setzt die übertragende Körperschaft den gemeinen Wert oder Zwischenwert an, entsteht bei der übertragenden Körperschaft ein dort regulär körperschaft- und gewerbesteuerpflichtiger Übertragungsgewinn. Die Übernehmerin muss die Wirtschaftsgüter dann zu den höheren Werten übernehmen (**Wertverknüpfung**).

Auch § 2 UmwStG gilt, d. h. die Spaltung kann steuerlich **bis zu acht Monate rückbezogen** werden.

bb) Doppeltes Teilbetriebserfordernis

213 Bei einer Aufspaltung ebenso wie bei einer Abspaltung sind § 11 Abs. 2 UmwStG (Wahlrecht der übertragenden Körperschaft zum Ansatz der Buchwerte oder der Zwischenwerte in der steuerlichen Schlussbilanz) sowie § 13

224 Haritz/Menner/Bilitewski, UmwStG, § 15 Rz. 3.

Abs. 2 UmwStG (Wahlrecht auf Ebene der Gesellschafter zur steuerneutralen Buchwertfortführung bzw. Fortführung der historischen Anschaffungskosten) nur anzuwenden, wenn auf die übernehmende Kapitalgesellschaft oder die übernehmenden Kapitalgesellschaften ein (jeweils ein) **Teilbetrieb übertragen** wird und, im Falle der Abspaltung, bei der übertragenden Körperschaft **ein Teilbetrieb verbleibt** (§ 15 Abs. 1 Satz 2 UmwStG). Die Finanzverwaltung versteht dies im Sinne eines **Ausschließlichkeitserfordernisses.**[225] Soweit Vermögen des übertragenden Rechtsträgers nicht vollständig den Teilbetrieben zugeordnet werden kann, stellt dies nach diesem Verständnis daher ein Spaltungshindernis dar und eine steuerneutrale Spaltung ist nicht möglich.[226] Man kann deshalb auch präziser vom **doppelten Teilbetriebserfordernis** bzw. vom mehrfachen **„Nur-Teilbetriebserfordernis"** sprechen.[227]

In **zeitlicher Hinsicht** verlangt die Finanzverwaltung, dass die Teilbetriebe bereits (aber nur[228]) zum steuerlichen Übertragungsstichtag real vorlagen.[229] Dies wird in der Literatur zurecht kritisch gesehen[230] und ist höchstrichterlich nicht geklärt.

Begrifflichkeiten zum Teilbetriebserfordernis: Unter den Begriff des Teilbetriebs fallen zum einen sog. **„echte Teilbetriebe"**. Hier gilt jedoch ein anderes Begriffsverständnis als das bei § 16 EStG. Im Rahmen des Umwandlungssteuergesetzes gilt nur die sog. funktionale Betrachtungsweise.[231] Unter Zugrundelegung der aktuellen, im UmwStE vertretenen Auffassung der Finanzverwaltung[232] gilt generell, d. h. auch bei reinen Inlandssachverhalten, ein **eu-** 214

225 Tz. 15.01 Satz 2 UmwStE; Liekenbrock/Liedgens, DB 2025 S. 423, 428.

226 Vgl. zur Kritik an dieser Auffassung Haritz/Menner/Bilitewski, UmwStG, § 15 Rz. 66 ff.

227 Schmitt/Hörtnagl, UmwG UmwStG, § 15 UmwStG Rz. 64; BeckOK UmwStG, § 15 Rz. 408 f.

228 D. h. für das Vorliegen der Teilbetriebsvoraussetzungen kommt es nur auf die Verhältnisse zum steuerlichen Übertragungsstichtag an (vgl. Tz. 15.03 i. V. m. Tz. 02.14 UmwStE). Es erfolgt keine „Zwei-Zeitpunkte-Anknüpfung").

229 Tz. 15.03 UmwStE. Es reicht also grds. nicht aus, dass z. B. erst zum Zeitpunkt des Spaltungsbeschlusses oder der Handelsregisteranmeldung die Teilbetriebsvoraussetzungen geschaffen werden. Lediglich für Grundstücke lässt die Finanzverwaltung eine reale Aufteilung auf Teilbetriebe bis spätestens zum Spaltungsbeschluss zu, Tz. 15.08 Satz 2 UmwStE.

230 Siehe z. B. BeckOK UmwStG, § 15 Rz. 375.1: Die Finanzverwaltungsauffassung sei abzulehnen, weil § 2 UmwStG nur den Zeitpunkt regelt, zu dem die *Rechtsfolgen* des Vermögensübergangs für ertragsteuerliche Zwecke eintreten, nicht jedoch, zu welchem Zeitpunkt die *Tatbestandsvoraussetzungen* des § 15 Abs. 1 Satz 2 UmwStG vorliegen müssen. Als alternative Anknüpfungspunkte kommt in Betracht (i) ein Abstellen auf den Tag des Spaltungsbeschlusses oder (ii) ein Abstellen auf den Zeitpunkt, an dem sich der Übergang des wirtschaftlichen Eigentums an den im Rahmen der Spaltung übertragenen Wirtschaftsgütern vollzieht (dies wäre grds. die Eintragung der Spaltung in das Handelsregister).

231 Tz. 15.02 UmwStE.

232 Tz. 15.02 UmwStE.

ropäischer Teilbetriebsbegriff, der in Art. 2 Buchst. j der Fusionsrichtlinie[233] definiert wird und durch die Rechtsprechung des EuGH zu konkretisieren ist.[234] Ob diese Sichtweise der Finanzverwaltung zutreffend ist, ist nicht höchstrichterlich geklärt, derzeit muss sich die Praxis jedenfalls darauf einstellen und diese „einheitliche" Auslegung erscheint jedenfalls vertretbar und u. E. auch pragmatischer als die Gegenauffassung, die eine „gespaltene Auslegung" präferiert. Unverändert offen ist allerdings, wie der BFH sich zu der Frage positionieren wird.[235] Der Meinungsstand im Schrifttum ist uneinheitlich.[236] Mit dem von der Finanzverwaltung vorgenommenen Paradigmenwechsel gehen auch materielle Änderungen einher; konkret hat die Finanzverwaltung den vormaligen nationalen Teilbetriebsbegriff – unter dem Deckmantel des Hinweises auf den europäischen Teilbetriebsbegriff – in wesentlichen Fragen zum Nachteil der Steuerpflichtigen verschärft. So will die Finanzverwaltung die Rechtsfigur eines **Teilbetriebs im Aufbau** nunmehr nicht mehr akzeptieren,[237] was i. V. m. den verschärften zeitlichen Anforderungen an das Vorliegen der Teilbetriebsvoraussetzungen zu erheblichen Erschwernissen für die Praxis und zeitlichen Verzögerungen führt. Immerhin hat die Finanzverwaltung explizit klargestellt, dass sie die Übertragung des (nur) **wirtschaftlichen Eigentums** in Spaltungsfällen (und wohl generell[238]) ausreichen lassen will.[239] Geht man vom Verständnis des UmwStE aus, ist **Teilbetrieb definiert als** die Gesamtheit der in einem Unternehmensteil einer Gesellschaft vorhandenen aktiven und passiven Wirtschaftsgüter, die in organisatorischer Hinsicht einen selbständigen Betrieb, d. h. eine aus eigenen Mitteln funktionsfähige Einheit, darstellen.[240] Nach diesem Verständnis sind daher nicht nur Wirtschaftsgüter, denen eine funktional

---

233 Richtlinie 2009/133 EG, ABl. EG Nr. L 10, 34.

234 Vgl. EuGH v. 15.1.2002 - Rs. C-43/00 (Andersen og Jensen), Slg. 2002, I-379 = NWB UAAAB-72813.

235 Der BFH hat allerdings in einem obiter dictum angedeutet, dass er aufgrund der seiner Ansicht nach gegebenen Deckungsgleichheit des nationalen und des europäischen Teilbetriebsbegriffs möglicherweise weiterhin an seinem nationalen Teilbetriebsbegriffsverständnis festhalten will, vgl. BFH v. 7.4.2010 - I R 96/08, BStBl 2011 II S. 467. Ob diese Aussage jedoch über den zu entscheidenden Fall hinaus Gültigkeit hat, wird bezweifelt (z. B. Brandis/Heuermann, Ertragsteuerrecht, § 15 UmwStG Rz. 114).

236 Siehe z. B. BeckOK UmwStG, § 15 Rz. 240.1; Schmitt/Hörtnagl, UmwStG, § 15 Rz. 56; Brandis/Heuermann, Ertragsteuerrecht, § 15 UmwStG Rz. 116 m. w. N.

237 Tz. 15.03 Satz 2 UmwStE. Kritisch Schaflitzl/Götz, DB Beilage 1/2012 S. 25, 33.

238 Zweifelnd Haritz/Menner/Bilitewski, UmwStG, § 15 Rz. 97: nur hilfsweise ausreichend.

239 Tz. 15.07 Satz 2 UmwStE. Ebenso die wohl h. L., vgl. z. B. BeckOK UmwStG, UmwStG, § 15 Rz. 275.1; Schmitt/Hörtnagl UmwStG, § 15 Rz. 73. Anders die bloße – auch langfristige – Nutzungsüberlassung, die nicht ausreichend ist, siehe BFH v. 7.10.2010 - I R 96/08, BStBl 2011 II S. 467. Gegen das Ausreichen der Übertragung bloßen wirtschaftlichen Eigentums jedoch FG Berlin-Brandenburg v. 1.7.2014 - 6 K 6085/12, EFG 2014 S. 1928, rkr.

240 Tz. 15.02 Satz 1 UmwStE.

herausragende Bedeutung zukommt, sondern zusätzlich *„sämtliche nach wirtschaftlichen Zusammenhängen zuordenbare Wirtschaftsgüter"* einem der Teilbetriebe zuzuordnen,[241] was in der Praxis zu erheblichem Zuordnungsaufwand und potenziellen Spaltungshindernissen und Risiken durch Fehleinschätzung führt.[242]

Ein nach wirtschaftlichen Zusammenhängen zuordenbares Wirtschaftsgut, das von mehreren Teilbetrieben genutzt und nicht aufgeteilt wird, ist dabei einheitlich dem Teilbetrieb zuzuordnen, in dem es überwiegend genutzt wird (sog. „**Dominanzprinzip**").[243]

Erst für danach verbleibende Wirtschaftsgüter (sog. „**neutrales Vermögen**") besteht laut Finanzverwaltung ein Zuordnungswahlrecht zu jedem der bestehenden *echten* Teilbetriebe.[244] Einem *fiktiven* Teilbetrieb (§ 15 Abs. 1 Satz 3 UmwStG) können dagegen laut Auffassung der Finanzverwaltung nur die neutralen Wirtschaftsgüter, einschließlich der Schulden, zugeordnet werden, die in unmittelbarem wirtschaftlichem Zusammenhang mit der Beteiligung oder dem Mitunternehmeranteil stehen.[245]

BERATUNGSHINWEIS:

Aufgrund der hohen Unsicherheiten in diesem Bereich ist es grds. ratsam, vor Durchführung einer solchen Gestaltung eine verbindliche Auskunft einzuholen, auch wenn dies in komplexen Sachverhalten zu unvertretbarem Aufwand führen kann oder sich im Einzelfall gar als unmöglich erweisen wird.[246] Gegebenenfalls ist auf alternative Umstrukturierungsformen auszuweichen (z. B. Einbringung, Ausgliederung). Oder es sind potenzielle Spaltungshindernisse vorab zu veräußern oder im Fall der gemeinsamen Nutzung durch unterschiedliche Teilbetriebe entsprechend der Nutzung zu trennen.[247] Oder es ist der Abschluss einer Steuerversicherung (Tax Insurance) anstelle einer verbindlichen Auskunft zu erwägen.[248]

241 Tz. 15.02 Satz 2 UmwStE.

242 Sistermann, Beihefter zu DStR 2/2012 S. 9, 12; Brandis/Heuermann, Ertragsteuerrecht, § 15 UmwStG Rz. 133 und 135.

243 Tz. 15.08 Satz 4 UmwStE; Liekenbrock/Liedgens, DB 2025 S. 423, 428 f.

244 Tz. 15.09 UmwStE.

245 Tz. 15.11 UmwStE. Kritisch (da das Gesetz nicht zwischen echten und fiktiven Teilbetrieben differenziert) BeckOK UmwStG, § 15 Rz. 343.

246 Vgl. Schaflitzl/Götz, DB Beilage 1/2012 S. 25, 35; BeckOK UmwStG, § 15 Rz. 310.

247 Siehe Rz. 217.

248 Dazu ausführlich Srajd, DStR 2022 S. 568.

215 Daneben sind sog. **fiktive Teilbetriebe** nach § 15 Abs. 1 Satz 3 UmwStG erfasst. Als fiktive Teilbetriebe gelten **100-%-Beteiligungen** an Kapitalgesellschaften,[249] **Mitunternehmeranteile**[250] und – nach Rechtsprechung des BFH und nach Auffassung der Finanzverwaltung – auch **Teile von Mitunternehmeranteilen.**[251] Werden Mitunternehmeranteile oder Teile von Mitunternehmeranteilen abgespalten, muss nach Auffassung der Finanzverwaltung auch das zugehörige Sonderbetriebsvermögen, soweit es sich um funktional wesentliches Sonderbetriebsvermögen handelt, mit abgespalten werden (im Falle von Teilen von Mitunternehmeranteilen entsprechend quotal).[252]

216 Wird das doppelte **Teilbetriebserfordernis nicht erfüllt**, ist auf Ebene der übertragenden Körperschaft der Buchwert- oder Zwischenwertansatz für das **übertragene** Vermögen nicht möglich, und es werden insoweit stille Reserven realisiert. Auf Ebene der Anteilseigner kommt es zu einer steuerpflichtigen Gewinnrealisierung hinsichtlich der Anteile an der übertragenden Körperschaft, es wird *insoweit* eine Anteilsveräußerung zum gemeinen Wert fingiert (§ 13 Abs. 1 UmwStG). Auf der Ebene des Anteilseigners gilt in diesen Fällen bei einer Aufspaltung der gesamte Anteil an der übertragenden Körperschaft als zum gemeinen Wert veräußert.[253] Bei einer Abspaltung gilt die Beteiligung zu dem Teil als zum gemeinen Wert veräußert, der bei Zugrundelegung des gemeinen Werts dem übertragenen Teil des Betriebsvermögens entspricht.[254] Im Fall der Abspaltung gilt daher nur ein Teil der gesellschaftsrechtlichen Beteiligungen der Anteilseigner an der übertragenden Gesellschaft als zum gemeinen Wert veräußert und die erhaltenen neuen Anteile an der übernehmenden Körperschaft gelten als mit diesem Wert angeschafft.[255] Bezüglich der Überträgerin tritt eine Realisation stiller Reserven daher bei der Abspaltung nur bezüglich des übertragenen Vermögens ein, weil das bei der Überträgerin verbleibende Vermögen nicht bewegt wird und diesbezüglich bereits nach allgemeinen steuerlichen Grundsätzen kein Realisationsvorgang vorliegt.[256] Wird gegen die Teilbetriebsvoraussetzungen lediglich dadurch verstoßen, dass funk-

249 Ausnahme nach Tz. 15.06 UmwStE: Die 100-%-Beteiligung ist ihrerseits funktional wesentliche Betriebsgrundlage eines echten Teilbetriebs.

250 Mitunternehmeranteile sind stets als selbständige, eigenständige fiktive Teilbetriebe anzusehen. Sie können nicht wesentliche Betriebsgrundlage eines echten Teilbetriebs sein (Schaflitzl/Götz, DB Beilage 1/2012 S. 25, 33, anders noch Tz. 15.05 des UmwStE-Entwurfs v. 2.5.2011).

251 Vgl. BFH v. 27.5.1981 - I R 123/77, BStBl 1982 II S. 211; Tz. 15.04 Satz 1 UmwStE.

252 Tz. 15.04 Satz 2 UmwStE.

253 Tz. 15.12 Satz 2 UmwStE.

254 Tz. 15.12 Satz 3 UmwStE.

255 Tz. 15.12 Satz 3 UmwStE; Haritz/Menner/Bilitewski, UmwStG, § 15 Rz. 54.

256 BeckOK UmwStG, § 15 Rz. 442.

tional oder betragsmäßig unwesentliche Wirtschaftsgüter falsch zugeordnet werden, sollten diese – dann unverhältnismäßigen – Rechtsfolgen dagegen bei geringeren „Fehlzuordnungen" nicht eintreten.[257]

BERATUNGSHINWEIS:

Als Gestaltungsalternative zur Spaltung kommt daher häufig die Ausgliederung in Betracht, weil es bei dieser egal ist, ob das zurückbleibende Vermögen Teilbetriebsqualität hat oder nicht. Die Ausgliederung wird nämlich als Einbringungsvorgang nach den §§ 20 oder 24 UmwStG angesehen, und es kommt dort nur auf die Betriebs- oder Teilbetriebseigenschaft des auszugliedernden Vermögens an.

Spaltungshindernde Wirtschaftsgüter („**Spaltungshindernisse**") können, um 217
die Steuerneutralität der Spaltung nicht zu gefährden, vor der Auf- oder Abspaltung ggf. **veräußert** oder auf eine andere Gesellschaft übertragen werden.[258] Es stellt sich die Frage, ob bei derartigen Gestaltungen § 42 AO bzw. die Gesamtplanrechtsprechung zu beachten sind.[259] Im Lichte der jüngeren BFH-Rechtsprechung sollte dies u. E. dann nicht der Fall sein, wenn es sich um eine Veräußerung handelt, die auf Dauer angelegt ist und die zu Drittvergleichskonditionen, also unter Aufdeckung der stillen Reserven in den betroffenen Wirtschaftsgütern, erfolgt.[260] Und eine Neuordnung der tatsächlichen Verhältnisse im Vorfeld einer Spaltung sollte regelmäßig nicht als Gestaltungsmissbrauch qualifizieren können.[261]

Problematisch als Spaltungshindernisse sind gemischt genutzte funktional wesentliche Betriebsgrundlagen, die eigentlich mit dem abzuspaltenden Teilbetrieb mit übertragen werden müssten, die aber zugleich auch wesentliche Betriebsgrundlage von anderen Teilbereichen des Unternehmens, also auch eines zurückbleibenden Teilbetriebs sind.[262] Hierzu können z. B. Gebäude, Immaterialgüterrechte oder Produktionsanlagen gehören.[263] Bei Grundstücken und Gebäuden ist primär eine **zivilrechtliche Teilung**, die mit dinglicher Wirkung

257 In diese Richtung auch Dötsch/Pung/Möhlenbrock, Die Körperschaftsteuer, § 15 UmwStG Rz. 155 und Brandis/Heuermann, Ertragsteuerrecht, § 15 UmwStG Rz. 135. Leider enthält der UmwStE (auch in seiner Neufassung v. 2.1.2025) hierzu keinerlei differenzierende Regelungen, vgl. bereits Schaflitzl/Götz, DB Beilage 1/2012 S. 25, 35.

258 Brandis/Heuermann, Ertragsteuerrecht, § 15 UmwStG Rz. 134.

259 So noch Dötsch/Patt/Pung/Möhlenbrock, Umwandlungssteuerrecht, in der 6. Aufl., Stand 2007, § 15 UmwStG Rz. 81. Leider enthält der UmwStE (auch in seiner Neufassung v. 2.1.2025) hierzu keinerlei Regelungen.

260 So BFH v. 9.11.2011 - X R 60/09, BStBl 2012 II S. 638, allerdings für einen Einbringungsfall nach § 24 UmwStG, sowie Pyska, DStR 2016 S. 2017, 2019, 2021.

261 BeckOK UmwStG, § 15 Rz. 276.1.

262 Tz. 15.08 Satz 1 UmwStE.

263 Siehe ausführlich BeckOK UmwStG, § 15 Rz. 274.1.

bis zum Zeitpunkt der Spaltungsbeschlüsse durchgeführt sein muss, zu bedenken,[264] durch die Teileigentum für die verschiedenen Teilbetriebe begründet wird (§ 1 Abs. 3 WEG). Ist dies im Einzelfall nicht möglich oder unzumutbar, lässt die Finanzverwaltung auch die Schaffung von Bruchteilseigentum zu,[265] was in der Praxis mit Abschluss entsprechender schuldrechtlicher Nutzungsvereinbarungen einhergeht.

BERATUNGSHINWEIS:

Im Einzelfall kann als Gestaltung auch die Übertragung nur des wirtschaftlichen (Teil-)Eigentums helfen.[266] Sodann kann u. U. durch langfristig geplante Vorschaltmaßnahmen eine entsprechende Spaltungsfähigkeit geschaffen werden. Hierzu zählt z. B. die Übertragung von spaltungshindernden Einzelwirtschaftsgütern auf Tochtergesellschaften, um dadurch einen Mitunternehmeranteil und einen (zurückbleibenden oder übergehenden) fiktiven Teilbetrieb zu schaffen. Zu beachten ist insoweit jedoch § 15 Abs. 2 Satz 1 UmwStG.

Oder es kann angedacht werden, nach Übertragung einer wesentlichen Betriebsgrundlage auf einen Dritten oder eine andere Gruppengesellschaft jeweils (mehrere) Nutzungsverträge zwischen der die Betriebsgrundlage aufnehmenden Entität und der späteren Überträgerin abzuschließen, die auf die Nutzung durch die jeweiligen Teilbetriebe der Überträgerin zugeschnitten sind.[267] Diese (sozusagen duplizierten) Nutzungsverhältnisse können dann zum einen auf den aufnehmenden Rechtsträger übertragen und zum anderen beim übertragenden Rechtsträger zurückbehalten werden.

218 Auf **Anteilseigner-Ebene** besteht bei Vorliegen der Voraussetzungen des doppelten Teilbetriebserfordernisses ein **eigenständiges Wahlrecht**, d. h. unabhängig von der Ausübung des Wahlrechts und der Bewertung der Wirtschaftsgüter auf Ebene der übertragenden Körperschaft können die Anteilseigner unter den Voraussetzungen des § 13 Abs. 2 UmwStG die Buchwerte bzw. die historischen Anschaffungskosten ihrer Altanteile auf die neuen Anteile (= z. B. bei der Abspaltung Anteile an der übertragenden Körperschaft sowie neu hinzukommende Anteile an der übernehmenden Körperschaft) übertragen. Nicht gesetzlich geregelt ist die Aufteilung der bisherigen Buchwerte bzw. Anschaffungskosten bei einem Anteilseigner. Gibt es einen Spaltungsplan bzw. Spaltungsvertrag, ist dieser maßgeblich; in den anderen Fällen (z. B. Abspaltung eines Teilbetriebs von der Tochter-GmbH auf die Mutter-GmbH, bei der es keine Kapitalerhöhungen und damit auch kein Umtauschverhältnis gibt) sind die gemeinen Werte der übergehenden Vermögensteile im Verhältnis zu dem ge-

264 Tz. 15.08 Satz 2 UmwStE. Dazu ausführlich Pyska, DStR 2016 S. 2074, 2077 f.

265 Tz. 15.08 Satz 3 UmwStE.

266 Gegen das Ausreichen der Übertragung bloßen wirtschaftlichen Eigentums jedoch FG Berlin-Brandenburg v. 1.7.2014 - 6 K 6085/12, EFG 2014 S. 1928, rkr.

267 BeckOK UmwStG, § 15 Rz. 276.1.

meinen Wert des vor der Spaltung beim übertragenden Rechtsträger vorhandenen Vermögens maßgeblich.[268]

Antragsfrist: Nach § 15 Abs. 1 Satz 1 i. V. m. § 13 Abs. 2 Satz 2 UmwStG ist der Antrag auf Ansatz des Buchwerts spätestens bis zur erstmaligen Abgabe der Steuererklärung bei dem für die Besteuerung des Anteilseigners zuständigen Finanzamt zu stellen.[269] 219

(Einstweilen frei) 220

cc) Missbrauchstatbestände nach § 15 Abs. 2 UmwStG

Nach § 15 Abs. 2 UmwStG ist § 11 Abs. 2 UmwStG[270] nicht anwendbar, wenn 221

- Mitunternehmeranteile und 100 %-Beteiligungen an Kapitalgesellschaften (also fiktive Teilbetriebe) innerhalb eines Zeitraums von drei Jahren vor dem steuerlichen Übertragungsstichtag durch Übertragung von Wirtschaftsgütern, die kein Teilbetrieb waren, **erworben oder aufgestockt** wurden (§ 15 Abs. 2 Satz 1 UmwStG),[271] oder
- durch die Spaltung die **Veräußerung an außenstehende Personen** vollzogen oder vorbereitet wird (§ 15 Abs. 2 Satz 2 UmwStG).[272]
- bei einer **Trennung von Gesellschafterstämmen** die Beteiligungen an der übertragenden Körperschaft nicht mindestens fünf Jahre vor dem steuerlichen Übertragungsstichtag bestanden haben (§ 15 Abs. 2 Satz 8 UmwStG).[273]

Schädlich für die Steuerneutralität der Spaltung ist nach § 15 Abs. 2 Sätz 2 ff. UmwStG (vorstehend 2. Punkt), wenn durch die Spaltung die **Veräußerung an außenstehende Personen vollzogen oder vorbereitet** wird. 222

In den Fällen der Vorbereitung einer Veräußerung kommt § 15 Abs. 2 Satz 2 UmwStG nur zur Anwendung, wenn **innerhalb von fünf Jahren** nach dem

268 Vgl. Tz. 15.43 Satz 2 f. UmwStE; Brandis/Heuermann, Ertragsteuerrecht, § 15 UmwStG Rz.1 84.

269 Diese durch das JStG 2024 (Gesetz v. 2.12.2024, BGBl 2024 I Nr. 387) eingeführte Neuregelung ist erstmals auf Umwandlungen anzuwenden, deren steuerlicher Übertragungsstichtag nach dem 5.12.2024 liegt (§ 27 Abs. 21 UmwStG).

270 § 15 Abs. 2 Sätze 2 bis 7 UmwStG wurde durch das Wachstumschancengesetz v. 27.3.2024 (BGBl I 2024 Nr. 108) als „rechtsprechungsbrechende" Reaktion des Gesetzgebers auf die BFH-Rechtsprechung (BFH v. 11.8.2021 - I R 39/18, BStBl 2024 II S. 536) neugefasst. Die Neuregelung war erstmalig auf Spaltungen, bei denen die Anmeldung zur Eintragung ins Handelsregister nach dem 14.7.2023 erfolgte, anwendbar (§ 27 Abs. 19 UmwStG).

271 Siehe dazu Brandis/Heuermann, Ertragsteuerrecht, § 15 UmwStG Rz. 89 ff.

272 Siehe dazu Brandis/Heuermann, Ertragsteuerrecht, § 15 UmwStG Rz. 95 ff.

273 Dese Voraussetzung tritt zu den übrigen Voraussetzungen hinzu („außerdem").

steuerlichen Übertragungsstichtag die tatsächliche Veräußerung *mindestens eines Anteils* an einer an der Spaltung beteiligten Körperschaft an außenstehende Personen erfolgt.[274] Die Veräußerung des Anteils gilt dann verfahrensrechtlich als rückwirkendes Ereignis i. S. v. § 175 Abs. 1 Satz 1 Nr. 2 AO. Werden innerhalb von fünf Jahren nach dem steuerlichen Übertragungsstichtag Anteile an einer an der Spaltung beteiligten Körperschaft, die **mehr als 20 %** des Wertes der Anteile an der übertragenden Körperschaft am steuerlichen Übertragungsstichtag ausmachen, an außenstehende Personen veräußert, ist *unwiderlegbar* zu vermuten, dass durch die Spaltung eine Veräußerung i. S. d. § 15 Abs. 2 Satz 2 UmwStG vorbereitet wurde.

222/1 **Veräußerung ist** hier die entgeltliche Übertragung des rechtlichen bzw. wirtschaftlichen Eigentums.[275] Hierzu gehören insbesondere auch Umwandlungen und Einbringungen.[276] Unentgeltliche Anteilsübertragungen im Rahmen einer Erbfolge oder Erbauseinandersetzung sind unschädlich.[277] Das Eingehen von Put- und Call-Optionen für sich alleine, solange nicht durch die Gestaltung im Einzelfall das wirtschaftliche Eigentum bereits übergeht, ist ebenfalls noch keine Übertragung. Als Veräußerung eines Anteils an einer an der Spaltung beteiligten Körperschaft gilt auch die mittelbare Veräußerung dieses Anteils durch ein verbundenes Unternehmen (§ 15 Abs. 2 Satz 7 UmwStG).

222/2 Das Merkmal „**Vorbereitung einer Veräußerung**" ist erfüllt, wenn im Zeitpunkt der Spaltung bereits eine konkrete Veräußerungsabsicht besteht oder zumindest eine Veräußerung nicht nur hypothetisch in Betracht gezogen wird.[278] Vorbereitungshandlungen (z. B. Abschluss eines Letter of Intent oder eines Memorandums of Understanding) indizieren das Vorliegen einer Veräußerungsabsicht, sind jedoch keine Bedingung für die Erfüllung des Merkmals „Vorbereitung einer Veräußerung".[279]

222/3 Steuerschädlich ist des Weiteren nur die Übertragung an **außenstehende Personen**.[280] Der Begriff ist in § 15 Abs. 2 Satz 3 UmwStG definiert als Personen, die nicht ununterbrochen fünf Jahre vor der Spaltung an der übertragenden Körperschaft beteiligt waren. Entscheidend für die Berechnung der Vorbehaltensfrist ist

274 BeckOK UmwStG, § 15 Rz. 773.

275 BeckOK UmwStG, § 15 Rz. 765.

276 Liekenbrock/Liedgens, DB 2025 S. 423.

277 Vgl. Schmitt/Hörtnagl, UmwG UmwStG, § 15 UmwStG Rz. 153 f.; Tz. 15.23 Satz 1 UmwStE. Anders ist dies jedoch bei Erbauseinandersetzungen mit Ausgleichszahlungen, Tz. 15.23 Satz 2 UmwStE.

278 Vgl. Tz. 15.25a Satz 1 UmwStE.

279 Vgl. Tz. 15.25a Satz 4 UmwStE.

280 Siehe dazu detailliert Liekenbrock/Liedgens, DB 2024 S. 1296.

das zivilrechtliche Wirksamwerden der Spaltung.[281] Die Veräußerung/Umstrukturierung innerhalb verbundener Unternehmen i. S. d. § 271 Abs. 2 HGB ist grds. unschädlich (§ 15 Abs. 2 Satz 7 erster Halbsatz UmwStG, sog. „**Konzernklausel**").

Steuerlich buchwertneutral ist auch die **nicht-verhältniswahrende Spaltung** möglich. Diese verstößt, auch wenn die Beteiligungsverhältnisse an der übertragenden Körperschaft wie an der übernehmenden Körperschaft neu geordnet werden (im Extremfall sogar zur sog. **Spaltung zu Null**),[282] grundsätzlich nicht gegen § 15 Abs. 2 UmwStG (ggf. ist jedoch die weitere Voraussetzung des § 15 Abs. 2 Satz 8 UmwStG zu wahren).[283] Auch das Wahlrecht auf Anteilseignerebene nach § 13 Abs. 2 UmwStG findet bei nicht verhältniswahrenden Spaltungen unverändert Anwendung.[284] 223

Spaltungen mit Wertverschiebungen: Werden bei einer Auf- oder Abspaltung den Anteilseignern des übertragenden Rechtsträgers oder diesen nahe stehenden Personen Anteile an dem übernehmenden Rechtsträger nicht mit dem ihrer Beteiligung an dem übertragenden Rechtsträger entsprechenden Wert zugeteilt, handelt es sich dabei grundsätzlich um eine Vorteilszuwendung zwischen den Anteilseignern.[285] In dem einem Anteilseigner gewährten Mehrwert der Anteile ist keine Gegenleistung i. S. d. § 11 Abs. 2 Satz 1 Nr. 3 UmwStG zu sehen.[286] Auch führt eine solche Quoten- und/oder Wertverschiebung nicht zur Anwendung des § 15 Abs. 2 Sätze 2 bis 7 UmwStG, es sei denn, die Beteiligungsquoten verschieben sich zugunsten außenstehender Personen.[287] 224

Auch das Wahlrecht auf Anteilseignerebene nach § 13 Abs. 2 UmwStG findet bei Spaltungen mit Wertverschiebungen unverändert Anwendung.[288]

Daneben ist bei Spaltungen mit Wertverschiebungen jedoch aus **schenkungsteuerlicher Sicht** zu prüfen, ob die Wertverschiebung zwischen den Anteilseignern eine freigebige Zuwendung i. S. d. § 7 Abs. 1 Nr. 1 ErbStG darstellt oder einen der Tatbestände des § 7 Abs. 8 ErbStG erfüllt.[289]

(Einstweilen frei) 225

281 Vgl. Tz. 15.26a UmwStE.

282 Tz. 01.15 UmwStE erkennt die „Spaltung zu Null" explizit an.

283 Schmitt/Hörtnagl, UmwG UmwStG, § 15 UmwStG Rz. 201; Brandis/Heuermann, Ertragsteuerrecht, § 15 UmwStG Rz. 100.

284 Vgl. Tz. 13.03 Satz 1 i. V. m. Tz. 15.44 UmwStE.

285 Vgl. Tz. 15.44 Satz 1 UmwStE.

286 Vgl. Tz. 15.44 Satz 2 UmwStE.

287 Vgl. Tz. 15.44 Satz 3 UmwStE.

288 Vgl. Tz. 13.03 Satz 1 i. V. m. Tz. 15.44 UmwStE.

289 Vgl. Tz. 15.44 Satz 4 i. V. m. Tz. 13.03 UmwStE.

dd) Verlustvorträge

226 Bei einer **Aufspaltung gehen Verlustvorträge und Zinsvorträge** der übertragenden Körperschaft **komplett unter.**[290]

227 Bei einer **Abspaltung mindert** sich der **verbleibende Verlustvortrag bzw. ein Zinsvortrag** der übertragenden Körperschaft in dem Verhältnis, in dem bei Zugrundelegung des gemeinen Werts das Vermögen auf eine andere Körperschaft übergeht.[291] Ein Verlustvortrag und ein Zinsvortrag der übertragenden Körperschaft bleibt also nur insoweit erhalten, wie Vermögen, bewertet zu gemeinen Werten, bei der übertragenden Körperschaft verbleibt (§ 15 Abs. 3 UmwStG). Das zivilrechtliche Umtauschverhältnis der Anteile nach §§ 126 Abs. 1 Nr. 3, 136 UmwG ist dabei irrelevant. Durch diesen Aufteilungsschlüssel nach gemeinen Werten wird aber nicht berücksichtigt, in welchem der bestehenden Teilbetriebe der Verlust entstanden ist. Selbst wenn dieser nachweislich im zurückbleibenden Teilbetrieb entstanden ist, geht der Verlustvortrag daher im Verhältnis der gemeinen Werte unter.

BERATUNGSHINWEIS 1:

Gestalterisch macht es vor dem Hintergrund dieser Vorschrift Sinn, Verbindlichkeiten, die grundsätzlich nicht wesentliche Betriebsgrundlagen eines der Teilbetriebe sind, schwerpunktmäßig dem übergehenden Teilbetrieb zuzuordnen, und dessen gemeinen Wert zu senken, um bei Vorhandensein von Verlustvorträgen einen Untergang nur in geringerem Umfang zu bewirken.

BERATUNGSHINWEIS 2:

Des Weiteren macht es gestalterisch Sinn, ggf. durch Ansatz des übertragenen Vermögens zum gemeinen Wert oder zu einem Zwischenwert, Verlustvorträge und Zinsvorträge – im Rahmen der Mindestbesteuerung nach § 10d EStG – noch letztmalig auszunutzen.

Vgl. zur Verlustnutzung ausführlich Rz. 601 ff.

228–235 *(Einstweilen frei)*

290 Vgl. Haritz/Menner/Bilitewski, UmwStG, § 16 Rz. 53 i. V. m. § 16 UmwStG Rz. 238; Brandis/Heuermann, Ertragsteuerrecht, § 15 UmwStG Rz. 273.

291 Brandis/Heuermann, Ertragsteuerrecht, § 15 UmwStG Rz. 274.

ee) Gesamtübersicht zu § 15 UmwStG[292]

236

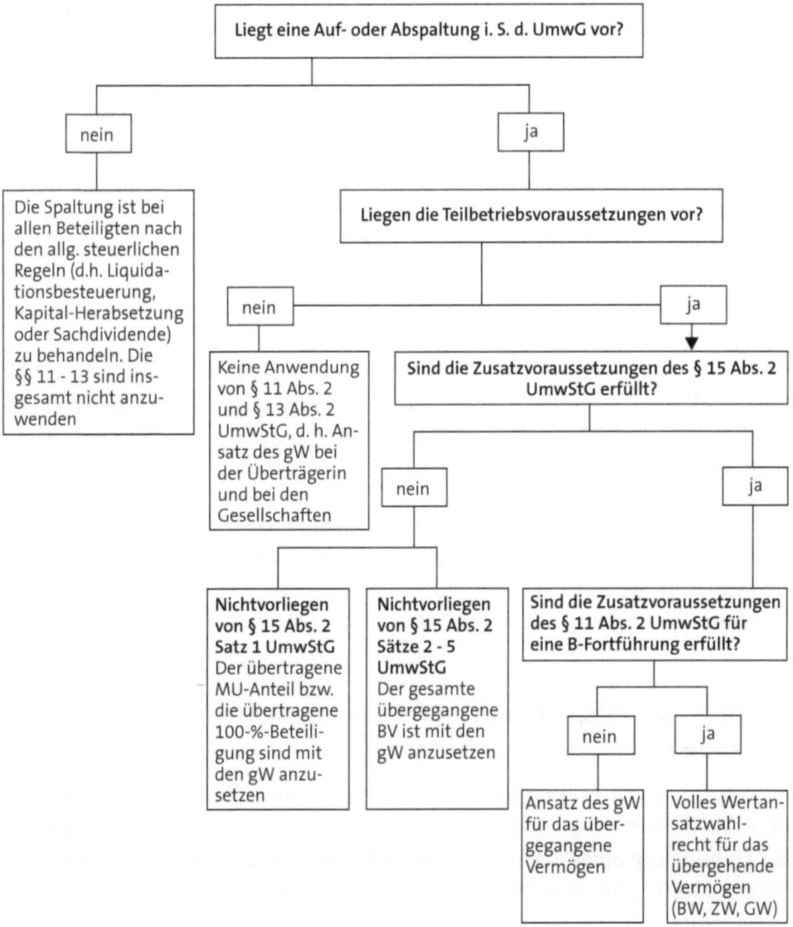

(Einstweilen frei) 237–240

292 Nach Dötsch/ Pung/Möhlenbrock, Die Körperschaftsteuer, § 15 UmwStG Rz. 211.

b) Auf- und Abspaltung von Kapitalgesellschaften auf Personengesellschaften

241 Soweit Vermögen einer Körperschaft durch Auf- oder Abspaltung auf eine Personengesellschaft übergeht, **gelten die §§ 3 bis 8, 10 und 15 UmwStG entsprechend** (§ 16 Satz 1 UmwStG). Es kann daher nach oben verwiesen werden. Die Verweisung zum einen ist so zu verstehen, dass aufgrund der Tatsache, dass ein Vermögensübergang von Kapitalgesellschaften auf Personengesellschaften erfolgt, systemkonform die §§ 3 ff. UmwStG gelten. Der Verweis auf § 15 UmwStG zum anderen ist so zu verstehen, dass **auch hier die Teilbetriebsvoraussetzungen zu erfüllen** sind, d. h. mit der Abspaltung nicht nur das übergehende Betriebsvermögen ein Teilbetrieb sein muss, sondern auch das zurückbleibende Betriebsvermögen. Bei Nichterfüllung der Teilbetriebsvoraussetzungen ist § 3 Abs. 2 UmwStG entsprechend § 15 Abs. 1 Satz 2 UmwStG nicht anwendbar, so dass das übergehende Betriebsvermögen zwingend mit dem gemeinen Wert anzusetzen ist.[293] Das (bei einer Abspaltung) zurückbleibende Betriebsvermögen bleibt davon unberührt, d. h., es kann weiterhin zum Buchwert angesetzt bleiben.[294]

242 Aufgrund der Verweisung sind **auch die Missbrauchsregeln des § 15 Abs. 2 UmwStG entsprechend anwendbar**. Auch hier kann die Spaltung nach § 2 UmwStG rückbezogen werden. Auch hier mindern sich Verlustvorträge entsprechend (§ 16 Satz 1 i. V. m. § 15 Abs. 3 UmwStG).

c) Auf- und Abspaltung von Personengesellschaften auf andere Personengesellschaften

243 Die Spaltung von Personengesellschaften auf andere Personengesellschaften (z. B. ein Teilbetrieb einer OHG wird auf eine KG abgespalten) wird **steuerlich als Einbringung eines Betriebs, Teilbetriebs oder Mitunternehmeranteils** gesehen und nach § 24 UmwStG behandelt.[295] Dies ergibt sich aus dem sachlichen Anwendungsbereich für die Einbringungsvorschriften in § 1 Abs. 3 Nr. 1 UmwStG.

293 Vgl. Schmitt/Hörtnagl, UmwG UmwStG, § 16 UmwStG Rz. 16; § 15 UmwStG Rz. 131.
294 Haritz/Menner/Bilitewski, UmwStG, § 16 UmwStG Rz. 18.
295 Vgl. Haritz/Menner/Bilitewski, UmwStG, § 24 UmwStG Rz. 12a.

d) Steuerliche Aspekte von Ausgliederungen

Die Ausgliederung wird steuerlich, obwohl sie gesellschaftsrechtlich ein Unterfall der Spaltung ist, nicht wie die Auf- oder Abspaltung, sondern **wie die Einbringung** von Vermögen **behandelt**.[296] Die Ausgliederung von Unternehmensteilen auf eine Kapitalgesellschaft als übernehmenden Rechtsträger ist von § 20 UmwStG erfasst (§ 1 Abs. 3 Nr. 2 UmwStG i. V. m. § 20 Abs. 1 Satz 1 UmwStG). Siehe dazu unten Rz. 383 ff. 244

Die Ausgliederung von Unternehmensteilen auf eine Personengesellschaft ist ein Anwendungsfall des § 24 UmwStG (§ 1 Abs. 3 Nr. 2 UmwStG i. V. m. § 24 Abs. 1 UmwStG). Siehe dazu unten Rz. 501 ff. 245

(Einstweilen frei) 246–250

4. Formwechsel

a) Wahl der Umstrukturierungsform, Alternativen

Ein Formwechsel führt zur **Änderung des Rechtskleides** eines Unternehmensträgers.[297] Diese Umstrukturierungsform und die Überlegung eines Formwechsels hängen eng mit der Frage nach der Rechtsformwahl zusammen und ist daher in zeitlicher Regelmäßigkeit aktuell. Dies insbesondere deshalb, weil die in Deutschland vorhandene Ungleichbehandlung der Rechtsformen sich bisher durch alle Unternehmenssteuerreformen durchgezogen hat. Daran hat auch die Einführung der Thesaurierungsbegünstigung für Personenunternehmen in § 34a EStG oder die Möglichkeit zur Option nach § 1a Abs. 1 KStG nichts geändert. Ein weiterer typischer Anwendungsfall des Formwechsels ist der Formwechsel aus einer GmbH in eine Aktiengesellschaft, wenn ein Börsengang oder sonst wie eine höhere Kapitalmarktorientierung vorbereitet werden soll. Siehe dazu nachfolgende Abbildung: 251

Situation vor dem Formwechsel:

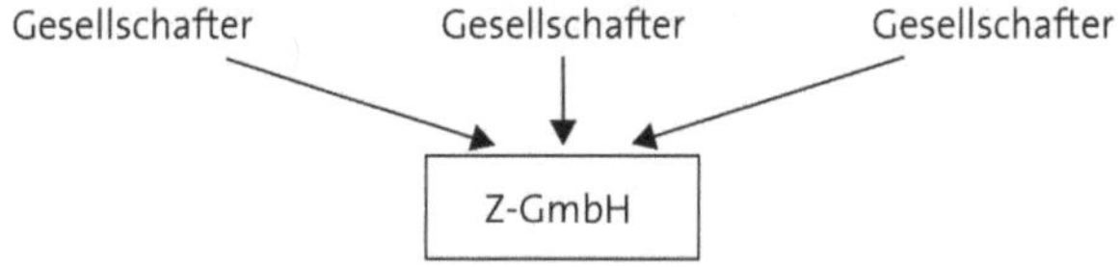

296 Vgl. Schmitt/Hörtnagl, UmwG UmwStG, § 1 UmwStG Rz. 90.
297 Vgl. Schmitt/Hörtnagl, UmwG UmwStG, § 190 UmwG Rz. 1.

Situation nach dem Formwechsel:

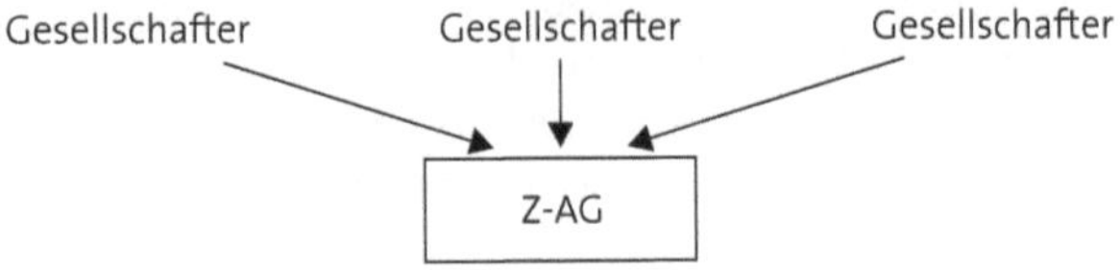

252 Bei der Wahl eines Formwechsels nach dem Umwandlungsgesetz, der in diesem Kapitel beschrieben wird, sind aber auch **Alternativen**, die zu ähnlichen Ergebnissen führen, in Betracht zu ziehen.

253 Dies ist zum einen der **Rechtsformwechsel zwischen Personengesellschaften** außerhalb des Umwandlungsgesetzes, also z. B. der Übergang einer GbR in eine OHG oder von einer GbR in eine eGbR.[298] Derartige Vorgänge werden nach § 190 Abs. 2 UmwG nicht vom umwandlungsrechtlichen Formwechsel erfasst, verstoßen aber nicht gegen den Numerus Clausus des UmwG, sondern sind zulässig.[299]

254 Im Ergebnis mit einem Formwechsel vergleichbar ist auch der Übergang aus einer Personengesellschaft in die Kapitalgesellschaft durch die **Anwachsung**.[300] Siehe dazu unten Rz. 541 ff.

255 Zu ähnlichen Effekten wie der Formwechsel kann ebenfalls die **Verschmelzung** führen.

BEISPIEL: A und B sind die alleinigen Gesellschafter der AB-OHG. Sie wollen das Unternehmen in die Rechtsform einer GmbH überführen.

Lösung:

Hier kommt ein Formwechsel nach dem Umwandlungsgesetz in Frage, sodann kommt eine Einbringung sämtlicher OHG-Anteile in eine zuvor gegründete Vorrats-GmbH (erweiterte Anwachsung) in Betracht. Schließlich kann dasselbe Ergebnis aber auch durch Verschmelzung der OHG auf eine vorher gegründete Vorrats-GmbH erreicht werden. Hier muss daher je nach Einzelfall entschieden werden, welche Variante geeigneter, kostengünstiger und schneller ist, um das gewünschte Ziel zu erreichen.

298 Siehe dazu z. B. die Übersicht in BeckOGK UmwG, § 190 Rz. 51 ff. Die Rechtslage wurde insoweit durch das MoPeG (Gesetz v. 10.8.2021, BGBl 2021 I S. 3436) verändert.

299 BeckOGK UmwG, § 190 Rz. 46 ff.

300 Siehe dazu z. B. BeckOGK UmwG, § 190 Rz. 60 f.

Im steuerlichen Ergebnis mit einem Formwechsel vergleichbar ist die **Antragsstellung nach § 1a Abs. 1 Satz 1 KStG i. V. m. § 217 Abs. 1 UmwG (Option zur Körperschaftsteuer bzw. KöMoG-Antrag).** 256

Nach § 1a Abs. 1 KStG[301] stellt die **Personenhandelsgesellschaft** selbst den Antrag, d. h. insgesamt für die gesamte Gesellschaft (und nicht etwa jeder Gesellschafter für seinen Gewinnanteil). Antragsberechtigt sind die oHG, die KG einschließlich einer GmbH & Co. KG sowie die PartG und die eGbR.[302] Vom Optionsrecht ausgeschlossen werden damit bspw. Einzelunternehmen[303] und die nicht eingetragene Außen-GbR oder die Innen-GbR. Nicht antragsberechtigt sind auch atypische stille Beteiligungen oder atypische Unterbeteiligungen.[304] 257

Im **Außenverhältnis** wird sie vertreten durch die zur Vertretung der Gesellschaft ermächtigten Personen als gesetzliche Vertreter, d. h. z. B. die persönlich haftenden Gesellschafter einer oHG bzw. die Geschäftsführer der Komplementärin bei einer GmbH & Co. KG.[305] Im **Innenverhältnis** ist zu prüfen, was der Gesellschaftsvertrag für die interne Willensbildung vorsieht. Im Zweifel ist Einstimmigkeit erforderlich, wenn der Gesellschaftsvertrag keine Mehrheitsentscheidung mit mindestens einer 3/4-Mehrheit vorsieht (§ 217 Abs. 1 UmwG gilt nach § 1a Abs. 1 Satz 1 KStG entsprechend). Gestalterisch empfiehlt es sich zu überlegen, dies in die bisherigen Gesellschaftsverträge ggf. mit aufzunehmen. Ob eine Beschlussfassung im Umlaufverfahren zulässig ist, ist ungeklärt; aus Vorsichtsgründen ist u. E. eine Gesellschafterversammlung einzuberufen.[306] Eine notarielle Beurkundung des Beschlusses ist aber nach h. M. nicht erforderlich.[307] 258

BERATUNGSHINWEIS:

Es ist darauf hinzuweisen, dass die zivilrechtliche Haftung der Gesellschafter unberührt bleibt, d. h. stellt eine oHG den Antrag, verbleibt es bei der unbeschränkten Außenhaftung aller Gesellschafter, und diese erstreckt sich dann auch auf die von der optierenden Gesellschaft geschuldete laufende KSt und GewSt.

301 In der Fassung des KöMoG (Körperschaftsteuermodernisierungsgesetz v. 25.6.2021, BGBl 2021 I S. 2050).

302 Die Aufnahme der eGbR erfolgte durch das Wachstumschancengesetz v. 27.3.2024 (BGBl 2024 I Nr. 108) mit Wirkung ab dem 28.3.2024.

303 BeckOK KStG, § 1a Rz. 165.

304 BeckOK KStG, § 1a Rz. 166; Brühl/Weiss, DStR 2021 S. 889, 891.

305 BeckOK KStG, § 1a Rz. 197.

306 Gegen die Zulässigkeit von Umlaufbeschlüssen z. B. Brühl/Weiss, DStR 2021 S. 889, 891. Für die Zulässigkeit von Umlaufbeschlüssen z. B. Brandis/Heuermann, Ertragsteuerrecht, § 1a KStG Rz. 19; Zapf, NWB 2021 S. 3792, 3795.

307 BMF-Schreiben v. 10.11.2021 - IV C 2 - S 2707/21/10001 :004, BStBl 2021 I S. 2212 = NWB IAAAH-90311, Tz. 12; Rickermann, DB 2021 S. 1035, a. A. Brühl/Weiss, DStR 2021 S. 889, 892.

259 **Inkrafttreten des KöMoG:** Das KöMoG ist mit Wirkung ab dem VZ 2022 in Kraft getreten. Ein erstmaliger Optionsantrag konnte bereits in 2021 (bis zum 30.11.2021) für den VZ 2022 gestellt werden. Die praktische Bedeutung der Option zur Körperschaftsteuer ist bislang eher gering.[308]

260 *(Einstweilen frei)*

b) Gesellschaftsrechtliche Aspekte eines Formwechsels

aa) Begriff des Formwechsels und Gesetzestechnik

261 Der Formwechsel nach dem Umwandlungsgesetz ist im 5. Buch (§§ 190 bis 304 UmwStG) geregelt. In den §§ 190 bis 213 UmwG ist ein **allgemeiner Teil** vorangestellt. In diesem sind rechtsformübergreifende Anforderungen an den Formwechsel geregelt. In den §§ 214 bis 304 UmwG sind **spezielle Vorschriften** geregelt, die nochmals unterteilt sind: Der Formwechsel von eingetragenen Gesellschaften bürgerlichen Rechts und Personenhandelsgesellschaften in Kapitalgesellschaften ist in den §§ 214 bis 225 UmwG geregelt, der Formwechsel aus der Kapitalgesellschaft in eine Personengesellschaft ist in den §§ 228 bis 237 UmwG geregelt, der Formwechsel von Kapitalgesellschaften in Kapitalgesellschaften anderer Rechtsform wird in den §§ 238 bis 250 UmwG behandelt.

262 Verglichen mit der Verschmelzung und der Spaltung besteht der Unterschied, dass der Formwechsel ein gesellschaftsinterner Organisationsakt ist, an dem nur die Anteilseigner des formwechselnden Rechtsträgers beteiligt sind, so dass es etwa auch keinen Vertrag gibt, wie bei anderen Umwandlungsarten.[309]

263 Ein Grundprinzip jeglicher Form des Formwechsels ist, dass bis auf wenige Ausnahmen der **Grundsatz der Personenidentität** vor und nach dem Formwechsel herrscht.[310]

264 Daneben geht der Gesetzgeber beim Formwechsel auch von einer **rechtlichen und wirtschaftlichen Identität des Rechtsträgers** vor und nach der Umwandlung aus.[311] Er ändert quasi nur sein „rechtliches Gewand“.

Das durch die Identität des Rechtsträgers bewirkte **Maß an Kontinuität** übertrifft noch dasjenige, das die (vollständige oder partielle) Gesamtrechtsnach-

308 Vgl. Handelsblatt v. 13.4.2022: Bis zum 30.11.2021 wurden nach Kenntnis der Bundesregierung bundesweit nur rund 150 Anträge zur Besteuerung nach dem Optionsmodell gestellt.

309 Vgl. Schmitt/Hörtnagl, UmwG UmwStG, § 191 UmwG Rz. 1.

310 Vgl. Henssler/Strohn, Gesellschaftsrecht, § 190 UmwG Rz. 2.

311 Vgl. BT-Drucks. 12/6699 S. 36; BeckOGK UmwG, § 190 Rz. 39.

folge etwa im Rahmen der Verschmelzung oder der Spaltung zu erreichen vermag.[312] Dies drückt sich neben dem grds. Gebot der Kontinuität der Mitgliedschaft auch darin aus, dass der Vermögensbestand durch den Formwechsel unangetastet bleibt; d. h. weder wird der formwechselnde Rechtsträger aufgelöst und ein anderer gegründet noch bedarf es einer Vermögensübertragung.[313] Und es erlöschen durch einen Formwechsel selbst personenbezogene öffentlich-rechtliche Genehmigungen nicht.[314]

bb) Formwechselfähige Rechtsträger

Nach § 191 UmwG bestimmt sich, welcher Rechtsträger (= formwechselnder Rechtsträger) in welche anderen Rechtsträger (= Zielrechtsträger) formgewechselt werden kann. 265

Nach § 191 Abs. 1 UmwG ist der Formwechsel möglich für die folgenden Rechtsträger als **formwechselnde Rechtsträger**: 266

- eingetragene Gesellschaften bürgerlichen Rechts;
- Personenhandelsgesellschaften;
- Partnerschaftsgesellschaften;
- Kapitalgesellschaften;
- eingetragene Genossenschaften;
- rechtsfähige Vereine;
- Versicherungsvereine auf Gegenseitigkeit;
- Körperschaften und Anstalten des öffentlichen Rechts.

Welche Gesellschaftsform Rechtsträger nach dem Formwechsel (Zielrechtsträger) sein kann, bestimmt sich nach § 191 Abs. 2 UmwG. **Zielrechtsträger** können danach nur sein: 267

- eingetragene Gesellschaften bürgerlichen Rechts;
- Personenhandelsgesellschaften;
- Partnerschaftsgesellschaften;
- Kapitalgesellschaften;
- eingetragene Genossenschaften.

312 BeckOGK UmwG, § 190 Rz. 40.
313 BeckOGK UmwG, § 190 Rz. 39 f.
314 BeckOGK UmwG, § 190 Rz. 39 f.

268 Diese **Aufzählung ist abschließend (Numerus Clausus).**[315] Nicht möglich ist z. B. der Formwechsel eines Einzelkaufmanns in eine Kapitalgesellschaft. Hier muss auf die Überführung des Unternehmens in eine Ein-Mann-Kapitalgesellschaft in Form der Ausgliederung zurückgegriffen werden (§§ 152 ff. UmwG), oder es muss an die Einbringung des Einzelunternehmens in eine Vorrats-GmbH gedacht werden. Die **Erstarkung einer UG** zur GmbH nach § 5a GmbHG durch Erhöhung des Stammkapitals auf (mindestens) 25.000 € stellt keinen technischen Formwechsel nach den §§ 190 ff. UmwG dar.[316] Zielrechtsträger eines Formwechsels nach den §§ 190 ff. UmwG kann eine UG dagegen nicht sein.[317]

269 Auch beim Formwechsel sind die **Kapitalaufbringungsvorschriften**, die für die Zielrechtsform maßgeblich sind, einzuhalten.[318] Das gesetzlich vorgeschriebene Mindestnennkapital ist dabei durch das vorhandene Reinvermögen (d. h. den wahren Verkehrswert)[319] in Form des Unternehmenswerts des Ausgangsrechtsträgers darzustellen und zu erbringen, der grds. nach seinem Ertragswert (und nicht nach dem handelsbilanziellen Buchwert des Eigenkapitals) zu ermitteln ist.[320]

270 *(Einstweilen frei)*

cc) Ablauf eines Formwechsels[321]

271 Auch beim Formwechsel lassen sich drei wesentliche Phasen unterscheiden:

- Phase der Vorbereitung
- Beschlussfassung und
- handelsregisterlicher Vollzug.

272 **Vorbereitungsphase:** Gesellschaftsrechtlich muss beim Formwechsel – anders als bei der Verschmelzung oder bei der Spaltung – keine Acht-Monats-Frist beachtet werden, weil beim Formwechsel **gesellschaftsrechtlich keine Schlussbi-**

315 Schmitt/Hörtnagl, UmwG UmwStG, § 191 UmwG Rz. 2, 4; BeckOGK UmwG, § 191 Rz. 14.

316 Semler/Stengel/Leonard, UmwG, § 191 Rz. 4; Römermann/Passarge, ZIP 2009 S. 1497, 1500.

317 BeckOGK UmwG, § 191 Rz. 15; Semler/Stengel/Leonard, UmwG, § 191 Rz. 14; Patt, GmbH-StB 2011 S. 20, 22; Römermann/Passarge, ZIP 2009 S. 1497, 1501, mit Hinweis darauf, dass per Anwachsungsmodell durchaus außerhalb des Umwandlungsgesetzes ein Rechtsformwechsel von einer Personengesellschaft in die UG durchgeführt werden kann.

318 BeckOGK UmwG, § 197 Rz. 8.

319 Semler/Stengel/Leonard, UmwG, § 197 Rz. 22.

320 OLG Frankfurt a. M. v. 19.3.2015 - 20 W 160/13, DB 2015 S. 2320; BeckOGK UmwG, § 197 Rz. 8.

321 Ein Muster-Fahrplan sowie Muster der wichtigsten Dokumente können Rz. 1101 ff. entnommen werden.

lanz erstellt und dem Handelsregister vorgelegt werden muss. Aus steuerlichen Gründen kann es jedoch erforderlich oder sinnvoll sein, die Acht-Monats-Frist einzuhalten.[322] Wird auf den nach § 192 Abs. 1 UmwG grundsätzlich erforderlichen Umwandlungsbericht nicht verzichtet,[323] ist dieser rechtzeitig vorzubereiten. Existiert ein Betriebsrat, so ist nach § 194 Abs. 2 UmwG diesem der Entwurf des Umwandlungsbeschlusses einen Monat vor der Gesellschafterversammlung zu übersenden.

Umwandlungsbeschluss: Der Umwandlungsbeschluss nach § 193 Abs. 1 273
UmwG ist wie auch bei den anderen Umstrukturierungsmaßnahmen mit einer **Mindestmehrheit von 75 %** zu fassen (§§ 233 Abs. 2, 240 Abs. 1, 262 Abs. 1, 275 Abs. 2 UmwG).[324] In einer Reihe von Fällen muss jeder Gesellschafter zustimmen, nämlich grundsätzlich bei Personengesellschaften (§ 217 Abs. 1 UmwG) sowie dann, wenn individuelle Rechtspositionen durch den Formwechsel tangiert werden (z. B. Zustimmungspflicht der Gesellschafter, die durch den Formwechsel in die Position eines persönlich haftenden Gesellschafters geraten sollen, siehe §§ 221 Satz 2, 233 Abs. 1, 233 Abs. 2 Satz 3, 240 Abs. 2 Satz 2 UmwG).

Umwandlungsbericht: Grundsätzlich hat die Geschäftsführung des formwech- 274
selnden Rechtsträgers nach § 192 Abs. 1 UmwG einen ausführlichen schriftlichen Bericht zu erstatten, in dem der Formwechsel erläutert wird. Wiederum besteht jedoch die Möglichkeit, auf den Umwandlungsbericht zu **verzichten**[325] und der Bericht ist dann, wenn nur **ein einzelner Gesellschafter** vorhanden ist, kraft Gesetzes **entbehrlich** (§ 192 Abs. 2 UmwG).

Betriebsratsunterrichtung: Soweit ein Betriebsrat vorhanden ist, muss dieser 275
einen Monat vor der Beschlussfassung über den Formwechsel informiert werden (§ 194 Abs. 2 UmwG).

Ladung der betroffenen Gesellschafter: Die Anteilsinhaber des formwechseln- 276
den Rechtsträgers müssen nach den Vorschriften der jeweiligen Satzung bzw. des jeweiligen Gesetzes geladen werden. Es hat zwingend eine Versammlung stattzufinden, d. h. Beschlussfassung im Umlaufverfahren ist ausgeschlossen (§ 193 Abs. 1 UmwG). Wiederum ist jedoch ein **Verzicht** auf die Einhaltung von Form- und Fristvorschriften über die Ladung in der notariellen Urkunde über

322 Z. B., um die Erstellung einer Zwischenbilanz für steuerliche Zwecke zu vermeiden.

323 Zum Verzicht Semler/Stengel/Leonard, UmwG, § 192 Rz. 24 ff.

324 Vgl. Semler/Stengel/Leonard, UmwG, § 193 Rz. 11.

325 Eingehend Semler/Stengel/Leonard, UmwG, § 192 Rz. 24.

den Formwechsel möglich, wenn sich alle Gesellschafter über die Durchführung des Formwechsels einig sind.[326]

277 **Einhaltung der Gründungsvorschriften:** Beim Formwechsel sind grundsätzlich die Gründungsvorschriften des Zielrechtsträgers einzuhalten.[327] Das handelsrechtliche Netto-Eigenkapital des formwechselnden Rechtsträgers muss – bewertet zum Zeitwert – das **Mindestnennkapital** des Zielrechtsträgers abdecken können (§ 245 Abs. 1 bis 3 i. V. m. § 220 Abs. 1 UmwG).[328] Andernfalls müsste vorher das Kapital herabgesetzt oder durch zusätzliche Einlagen der Gesellschafter im Zusammenhang mit dem Formwechsel erhöht werden.[329]

278 **Handelsregisteranmeldung:** Nach § 198 Abs. 1 UmwG ist der Formwechsel beim Handelsregister anzumelden, in das der Formwechselrechtsträger bisher eingetragen war. Mit der Eintragung des Formwechsels ist dieser vollzogen und wird vom Gericht von Amts wegen bekannt gemacht (§ 201 UmwG).

279–280 *(Einstweilen frei)*

dd) Gläubigerschutz beim Formwechsel, Angebot zur Barabfindung

281 Obwohl der Formwechsel die Identität des Rechtsträgers unverändert lässt, könnte es dennoch zu einer Gefährdung von Gläubigeransprüchen kommen. Deshalb verweist § 204 UmwG auf § 22 UmwG, wonach die Gläubiger **Sicherheit** verlangen können, wenn sie die Gefährdung ihrer Ansprüche durch den Formwechsel glaubhaft machen können.

BERATUNGSHINWEIS:

In der Praxis wird dies regelmäßig ausscheiden bzw. nur in Ausnahmefällen in Betracht kommen können.

282 Relevanter ist die Verpflichtung nach § 207 UmwG, den Anteilsinhabern, die gegen den Umwandlungsbeschluss Widerspruch zur Niederschrift erklären, den Erwerb ihrer Anteile gegen angemessene **Barabfindung** anzubieten. Es gelten die §§ 207 ff. UmwG.

326 Vgl. Semler/Stengel/Leonard, UmwG, § 193 Rz. 7.

327 Vgl. Schmitt/Hörtnagl, UmwG UmwStG, § 197 UmwG Rz. 12.

328 OLG Frankfurt v. 19.3.2015 - 20 W 160/13 rkr., DB 2015 S. 2320; BeckOGK UmwG, § 197 Rz. 8.

329 Vgl. für den Formwechsel aus der Personengesellschaft in die GmbH Semler/Stengel/Leonard, UmwG, § 220 Rz. 17.

ee) Formwechsel einer Kapitalgesellschaft in eine GmbH & Co. KG – Ende des Treuhandmodells

Das Zivilrecht geht beim Formwechsel grundsätzlich vom Grundprinzip der wirtschaftlichen, personellen und rechtlichen Identität des Rechtsträgers vor und nach der Umwandlung aus.[330] Insoweit bestand in der Vergangenheit die Streitfrage, ob eine Komplementär-GmbH im Zuge des Formwechsels einer Kapitalgesellschaft in eine GmbH & Co. KG aufgenommen werden kann. 283

Diese Thematik wurde mittlerweile durch die Rechtsprechung entschieden. Nach Ansicht des BGH ist es für den Formwechsel einer Kapitalgesellschaft in eine GmbH & Co. KG ausreichend, wenn die Gesellschafterversammlung einen der bisherigen Gesellschafter oder sogar einen im Zuge des Formwechsels neu hinzutretenden Gesellschafter mit dessen Zustimmung zum Komplementär der formgewechselten zukünftigen KG wählt und die Gesellschafter im Übrigen Kommanditisten werden.[331] Der vormals in der Kautelarpraxis gewählte „Umweg" über das Treuhandmodell ist somit für den Formwechsel einer Kapitalgesellschaft in eine GmbH & Co. KG nicht mehr erforderlich; die BGH-Rechtsprechung hat für die Praxis eine erhebliche Erleichterung bewirkt.[332] 284

BERATUNGSHINWEIS:

Es empfiehlt sich vorsorglich, vorab Rücksprache mit dem zuständigen Registergericht zu halten, obwohl das Urteil des BGH u. E. eindeutig ist und der gängigen Praxis entspricht.

Zum Treuhandmodell im umgekehrten Fall, nämlich dem Formwechsel einer GmbH & Co. KG in eine GmbH, bei der die Komplementär-GmbH im Zuge des Formwechsels ausscheiden soll, siehe Rz. 81 ff.

(Einstweilen frei) 285–290

c) Steuerliche Aspekte eines Formwechsels

aa) Formwechsel von Kapitalgesellschaften in Personengesellschaften

Der Formwechsel von **Kapitalgesellschaften in Personengesellschaften** ist in § 9 UmwStG geregelt. Danach sind die **§§ 3 bis 8 und 10 UmwStG entsprechend anzuwenden**. Es kann daher nach oben auf Rz. 85 ff. verwiesen werden. Die Kapitalgesellschaft hat für steuerliche Zwecke auf den Zeitpunkt, in dem der Formwechsel steuerlich wirksam wird, eine Übertragungsbilanz, die Per- 291

330 Vgl. Henssler/Strohn, Gesellschaftsrecht, § 202 UmwG Rz. 6; BeckOGK UmwG, § 190 Rz. 39 f.

331 Vgl. BGH v. 9.5.2005 - II ZR 29/03, NWB MAAAB-97947 = DStR 2005 S. 1539, 1540 f.

332 Henssler/Strohn, Gesellschaftsrecht, § 194 UmwG Rz. 5.

sonengesellschaft eine Eröffnungsbilanz aufzustellen, obwohl handelsrechtlich beim Formwechsel keine Schlussbilanz vorgesehen ist.[333]

BERATUNGSHINWEIS:

Der Formwechsel aus einer Kapitalgesellschaft in die Rechtsform der Personengesellschaft kann auf Gesellschafterebene aufgrund der asymmetrisch eingeschränkten steuerlichen Auswirkung eines Übernahmeverlustes zur Vernichtung steuerlicher Anschaffungskosten bei den Gesellschaftern führen.[334] Dies ist auch nicht verfassungswidrig.[335]

292 Eine **bis zu achtmonatige Rückwirkung** ist möglich (§ 9 Satz 3 UmwStG). Steuerlich wird der Formwechsel einer Kapital- in eine Personengesellschaft daher letztlich wie die Verschmelzung einer Kapitalgesellschaft auf eine Personengesellschaft behandelt, weil es steuerlich nur darauf ankommt, dass Vermögen von der Sphäre einer Körperschaft auf Personengesellschaften übergeht, und sich damit das steuerliche Regime von der Besteuerung einer Körperschaft als eigenes Steuersubjekt in die transparente Besteuerung der Personengesellschaft ändert.[336] Es kann daher insoweit nach oben auf Rz. 127 verwiesen werden.

bb) Formwechsel von Personengesellschaften in Kapitalgesellschaften

293 Der Formwechsel von **Personengesellschaften in Kapitalgesellschaften** ist aus steuerlicher Sicht in **§ 25 UmwStG** geregelt. Es **gelten die §§ 20 bis 23 UmwStG entsprechend**. Deren Voraussetzungen müssen tatbestandlich im Einzelnen vorliegen, denn es handelt sich insoweit nicht um eine Rechtsfolgen-, sondern um eine **Tatbestandsverweisung (Rechtsgrundverweisung)**.[337] Steuerlich wird der Vorgang nämlich als Einbringung von Vermögen (Mitunternehmeranteilen) in eine Kapitalgesellschaft angesehen.[338] Nach § 25 Satz 2 UmwStG gelten § 9 Sätze 2 und 3 UmwStG entsprechend. Dies bedeutet, dass wiederum für steuerliche Zwecke eine Übertragungsbilanz der formwechselnden Personengesellschaft sowie eine Eröffnungsbilanz der neuen, durch den Formwechsel entstehenden Kapitalgesellschaft aufzustellen sind.[339] Wiederum kann eine **bis zu achtmonatige steuerliche Rückwirkung** erfolgen.

333 Vgl. Haritz/Menner/Bilitewski, UmwStG, § 9 Rz. 37.
334 Vgl. z. B. BFH v. 22.10.2015 - IV R 37/13, BStBl 2016 II S. 919.
335 BFH v. 22.10.2015 - IV R 37/13, BStBl 2016 II S. 919.
336 Vgl. Schmitt/Hörtnagl, UmwG UmwStG, § 9 UmwStG Rz. 3, 8.
337 Schmitt/Hörtnagl, UmwG UmwStG, § 9 UmwStG Rz. 4; Patt, EStB 2009 S. 354, 355.
338 Vgl Schmitt/Hörtnagl, UmwG UmwStG, § 9 UmwStG Rz. 3 ff.
339 Vgl. Haritz/Menner/Bilitewski, UmwStG, § 25 Rz. 44.

Da die §§ 20 ff. UmwStG gelten, kann insoweit auf Rz. 383 ff. verwiesen werden.[340]

cc) Antragsstellung nach § 1a Abs. 1 Satz 1 KStG i. V. m. § 217 Abs. 1 UmwG

Für die Option zur Körperschaftsteuer für Personengesellschaften ist ein Antrag erforderlich (siehe dazu Rz. 256). Wird diese Möglichkeit gewählt, findet ein Wechsel des Besteuerungsregimes statt. Für alle **Ertragsteuern** (ESt, KSt, GewSt) und auch verfahrensrechtlich[341] erfolgt eine Gleichstellung mit einer Kapitalgesellschaft. 293/1

Die Behandlung als Kapitalgesellschaft erfolgt grds. nicht für die **GrESt**,[342] jedoch mit Besonderheiten bei den §§ 5, 6 GrEStG.[343] Bei dem Weg in eine Kapitalgesellschaft über einen „echten" Formwechsel löst eine Miteinbringung von Grundbesitz aus dem Sonderbetriebsvermögen in der Regel Grunderwerbsteuer aus. Dies wird durch einen neuangefügten § 5 Abs. 3 Satz 3 GrEStG für den fiktiven Formwechsel nachvollzogen (d. h. Gleichstellung mit „echtem" Formwechsel in eine Kapitalgesellschaft durch Anordnen des Reißens der Sperrfrist durch Stellen eines Antrags nach § 1a KStG nach einer vorangegangenen Einbringung von Grundbesitz von Gesellschaftern in die Personengesellschaft gemäß § 5 Abs. 1 und 2 GrEStG).

Der **Optionsantrag** ist **unwiderruflich** (§ 1a Abs. 1 Satz 1 KStG). 293/2

BERATUNGSHINWEIS:

Deswegen sollten die steuerlichen Konsequenzen der Antragstellung, insbesondere diejenigen in Zusammenhang mit dem fiktiven Formwechsel nach § 1a Abs. 2 KStG, vor deren Vornahme abschließend durchdacht sein.[344]

Die Option muss spätestens einen Monat nach amtlich vorgeschriebenem Datensatz durch Datenfernübertragung vor Beginn des Wirtschaftsjahres gestellt werden, ab welchem eine Besteuerung nach dem KStG erfolgen soll. Der Antrag ist beim für die Besteuerung der Personengesellschaft örtlich zuständigen Finanzamt von der Personengesellschaft zu stellen.

Antragsberechtigt sind die oHG, die KG einschließlich einer GmbH & Co. KG, die eGbR[345] sowie die PartG. Vom Optionsrecht ausgeschlossen werden damit

340 Siehe auch instruktiv Patt, EStB 2009 S. 354 ff.

341 BeckOK KStG, § 1a Rz. 423.

342 BeckOK KStG, § 1a Rz. 79.

343 Siehe dazu Rombach/Kahle, DB 2022 S. 1856.

344 BeckOK KStG, § 1a Rz. 79.

345 Die eGbR ist ab dem 28.3.2024 mit erfasst (siehe dazu Herkens, GmbH-StB 2024 S. 186).

Einzelunternehmen und die nichteingetragene GbR. Nicht antragsberechtigt sind ferner atypische stille Beteiligungen oder atypische Unterbeteiligungen.[346]

Neben dem Antrag auf Optionsbesteuerung als Kapitalgesellschaft ist – wenn so gewollt – ein separater **Antrag auf Buchwertfortführung** (oder Zwischenwerte) nach § 20 Abs. 2 Sätze 2 und 3 UmwStG durch die fiktive Kapitalgesellschaft zu stellen.[347] Ein Antrag auf Rückwirkung erübrigt sich dagegen (weil es keine Möglichkeit einer Rückwirkung der Option gibt).[348]

293/3 In sachlicher Hinsicht umfasst die Option umfassend die Besteuerung nach dem Einkommen (vgl. § 1a Abs. 7 Satz 1 KStG). Für eine optierende Gesellschaft werden also insbesondere alle Regelungen nach dem KStG, EStG, UmwStG (d. h. sie kann danach grundsätzlich wie eine „echte" Kapitalgesellschaft an Umwandlungsvorgängen teilnehmen),[349] InvStG, AStG (Vorsicht: **Wegzugsbesteuerung** nach § 6 AStG!)[350] sowie nach dem Zerlegungsgesetz Anwendung finden, soweit diese für Körperschaften gelten.

Sofern die bisherige Gesellschaft ihren Gewinn durch **Einnahme-Überschussrechnung** ermittelt, ist zu beachten, dass die Gewinnermittlung nach § 4 Abs. 3 EStG für die optierende Gesellschaft nicht mehr möglich ist (§ 1a Abs. 3 Satz 6 KStG). Es ist ein Übergang zur Gewinnermittlung durch Bestandsvergleich vorzunehmen. Ein hierbei entstehender Gewinn (sog. Übergangsgewinn) ist laufender Gewinn noch auf Ebene der Mitunternehmerschaft.[351] Die entsprechenden Maßnahmen in der Buchhaltung für die künftige Bilanzierung sind rechtzeitig anzugehen.

Ausnahmen von der Fiktion als Kapitalgesellschaft: Soweit Normen nur für ausdrücklich bezeichnete Kapitalgesellschaften gelten (wie z. B. Spezialvorschriften wie § 9 Abs. 1 Nr. 1 KStG), finden diese für eine optierende Gesellschaft keine Anwendung. Auch Tatbestandsmerkmale, die nur von einer echten Kapitalgesellschaft erfüllt werden können, gelten für eine optierende Gesellschaft nicht. Hierzu gehört z. B. die Regelung in § 28 KStG, welche sich auf das Nennkapital einer Kapitalgesellschaft bezieht, und damit für die Personengesellschaften mangels Nennkapital nicht anwendbar ist.

346 BeckOK KStG, § 1a Rz. 166; Brühl/Weiss, DStR 2021 S. 889, 891.
347 Brandis/Heuermann, Ertragsteuerrecht, § 1a KStG Rz. 48.
348 Brandis/Heuermann, Ertragsteuerrecht, § 1a KStG Rz. 40.
349 Siehe dazu Schnitger/Krüger, DB 2022 S. 418.
350 BeckOK KStG, § 1a Rz. 526.
351 BeckOK KStG, § 1a Rz. 430.

Die Ausübung der Option gilt steuerlich als Formwechsel i. S. d. § 1 Abs. 3 Nr. 3 UmwStG.[352] 293/4

Es ist **§ 25 UmwStG** entsprechend anzuwenden. Deshalb sind für den optionsbedingten Formwechsel einer Personengesellschaft in eine Kapitalgesellschaft, die Regelungen in §§ 20 ff. UmwStG analog anzuwenden.[353] Es kann insoweit auf Rz. 383 ff. verwiesen werden. Es liegt damit grundsätzlich steuerlich gesehen ein Tauschvorgang vor (durch Einbringung der jeweiligen Mitunternehmeranteile); die übernehmende Gesellschaft gewährt für das eingebrachte Betriebsvermögen neue Gesellschaftsanteile als Gegenleistung.

Insbesondere gilt damit auch, dass sämtliche Wirtschaftsgüter, die zu den funktional wesentlichen Betriebsgrundlagen des Betriebs der optierenden Gesellschaft bzw. Mitunternehmeranteils gehören, auf die übernehmende Gesellschaft übergehen müssen.[354] In dem Zusammenhang ist zu beachten, dass eine Option zur Körperschaftsbesteuerung mit keinem zivilrechtlichen Umwandlungsakt einhergeht. Daraus folgt u. a., dass in Bezug auf **funktional wesentliche Betriebsgrundlagen** des Sonderbetriebsvermögens, zivilrechtlich eigenständige Vereinbarungen erforderlich werden. Denn mangels zivilrechtlicher Umwandlung fehlt ein Vertragswerk, in welchem Regelungen zum Übergang einzelner Wirtschaftsgüter in das Vermögen der Kapitalgesellschaft integriert werden könnten. Es liegen dann aber insoweit keine separaten Einlagevorgänge nach § 6 Abs. 5 EStG vor, sondern ein einheitlicher Vorgang nach § 20 UmwStG, der auch diese Übertragungen mitumfasst.[355] Wird Sonderbetriebsvermögen in das Gesamthandsvermögen eingebracht, ist darauf zu achten, den Zeitpunkt der Einbringung **in zeitlichen und wirtschaftlichen Einklang** mit dem Formwechsel (Optionszeitpunkt) zu bringen.

BERATUNGSHINWEIS:

Was ein „zeitlicher und wirtschaftlicher" Zusammenhang ist, ist nicht legal definiert. Es empfiehlt sich eine aufschiebend bedingte Übertragung auf den Stichtag der Option.[356] Eine zeitlich nachgelagerte Übertragung von Einzel-Wirtschaftsgütern des Sonderbetriebsvermögens fällt nicht mehr unter die Begünstigungsvorschrift der §§ 25, 20 UmwStG und kann damit nicht mehr zu Buchwerten vollzogen werden, weil bei der

352 BeckOK KStG, § 1a Rz. 259.

353 Brandis/Heuermann, Ertragsteuerrecht, § 1a KStG Rz. 39 ff.

354 BeckOK KStG, § 1a Rz. 327.

355 BMF-Schreiben v. 10.11.2021 - IV C 2 - S 2707/21/10001 :004, BStBl 2021 I S. 2212 = NWB IAAAH-90311, Tz. 34; BeckOK KStG, § 1a Rz. 333.

356 Haritz/Menner/Bilitewski, UmwStG, Anhang, § 1a KStG Rz. 38; Zapf, NWB 2021 S. 3792, 3798; Ott, DStZ 2021 S. 559, 562.

KöMoG-Option eine steuerliche Rückwirkung nicht möglich ist (§ 1a Abs. 2 Satz 3 KStG).[357]

Fraglich war zunächst, ob es steuerschädlich sei, wenn die Gesellschafter die Anteile an der **Komplementär-GmbH** nicht im Sinne einer Einheits-KG (zivilrechtlich) mit einbringen.[358] Hier erfolgte Abhilfe durch das Wachstumschancengesetz:[359] Es wurde nunmehr geregelt (§ 1a Abs. 2 Satz 2 KStG), dass die Zurückbehaltung der Beteiligung an einer Komplementärin der optierenden Gesellschaft die Anwendung des § 20 Abs. 2 UmwStG nicht ausschließt.

Nach Auffassung der Finanzverwaltung ist wie bei anderen Einbringungen nach § 20 UmwStG die **Gesamtplanrechtsprechung** zu prüfen, wenn funktional wesentliche Betriebsgrundlagen des Sonderbetriebsvermögens vorab herausgelöst werden.[360]

293/5 Als **Zeitpunkt des fiktiven Formwechsels (Stichtag)** gilt das Ende des Wirtschaftsjahres, welches dem Wirtschaftsjahr der Optionsausübung unmittelbar vorangeht (§ 1a Abs. 2 Satz. 3 KStG). Eine rückwirkende Ausübung der Option ist nicht möglich. § 1a Abs. 2 Satz 3 KStG erklärt § 9 Satz 3 UmwStG für nicht anwendbar.[361]

293/6 Gesellschaften, die derzeit **§ 34a EStG** nutzen, können nicht steuerneutral übergehen zum neuen System; wie beim echten Formwechsel erfolgt eine Nachversteuerung thesaurierter Gewinne (§ 34a Abs. 6 Satz 1 Nr. 2 EStG.[362]

293/7 Für vor dem fiktiven Formwechsel bestehende **Verlustvorträge** gelten dieselben Grundsätze wie beim echten Formwechsel.

Buchhalterisch ist zu beachten, dass das im Einbringungszeitpunkt in der Steuerbilanz ausgewiesene **steuerliche Eigenkapital** der optierenden Gesellschaft komplett auf dem steuerlichen Einlagekonto der fiktiven Kapitalgesellschaft erfasst wird (§ 1a Abs. 2 Satz 4 KStG). Denn die optierende Gesellschaft verfügt über kein Nennkapital i. S. d. § 27 Abs. 1 Satz 1 KStG.[363]

Hingegen werden auf einem variablen Gesellschafterkonto oder Gesellschafterdarlehenskonto oder Verrechnungskonto ausgewiesene **Verbindlichkeiten**

357 Haritz/Menner/Bilitewski, UmwStG, Anhang, § 1a KStG Rz. 39.

358 BeckOK KStG, § 1a Rz. 345 f.

359 Wachstumschancengesetz v. 27.3.2024, BGBl 2024 I Nr. 108.

360 BMF-Schreiben v. 10.11.2021 - IV C 2 - S 2707/21/10001 :004, BStBl 2021 I S. 2212 = NWB IAAAH-90311, Tz. 35, unter Verweis auf Tz. 20.07 UmwStE; BeckOK KStG, § 1a Rz. 349.

361 Haritz/Menner/Bilitewski, UmwStG, Anhang, § 1a KStG Rz. 44.

362 Haritz/Menner/Bilitewski, UmwStG, Anhang, § 1a KStG Rz. 81.

363 Brandis/Heuermann, Ertragsteuerrecht, § 1a KStG Rz. 59.

gegenüber den Gesellschaftern, die steuerlich nicht Eigenkapital bei der optierenden Personengesellschaft darstellten, nicht zu Eigenkapital; sie erhöhen nicht das steuerliche Einlagekonto.[364]

Folgen für die Gesellschafter: Auf Ebene der Gesellschafter ist zu beachten, dass die bisherigen Mitunternehmer durch die Option steuerlich zu Gesellschaftern einer Kapitalgesellschaft werden. Dies mit allen steuerlichen Folgen. 293/8

Beispielhaft zu nennen sind nach § 1a Abs. 3 KStG insbesondere, dass eine bisher als Sondervergütung (Gewinn-Vorab) zu wertende Tätigkeitsvergütung mit der Option zu Arbeitslohn i. S. d. § 19 EStG des Gesellschafters wird, für den dann Lohnsteuerabzugsbeträge einzubehalten sind (§§ 38 ff. EStG), oder dass keine Gewinnentnahmen mehr erfolgen, sondern vielmehr offene bzw. verdeckte Gewinnausschüttungen vorliegen, die zu Einkünften i. S. d. § 20 Abs. 1 Nr. 1 EStG führen und grundsätzlich auch der KESt nach §§ 43 ff. EStG unterliegen.

Des Weiteren kann durch die Überlassung von Wirtschaftsgütern (z. B. ein betrieblich genutztes Grundstück) unter deren weiteren allgemeinen Voraussetzungen eine **Betriebsaufspaltung** entstehen. Dies wird in der Praxis insbesondere Fälle betreffen, nach denen die Voraussetzungen der Betriebsaufspaltung erst nach dem fiktiven Formwechsel eintreten (z. B. eine Immobilie wird erst danach überlassen), weil ansonsten zur Herstellung der Buchwertneutralität ja zumeist eine Einbringung als wesentliches Sonderbetriebsvermögen erfolgt wäre.[365]

Veräußerungsgewinne bzgl. einer nachfolgenden Anteilsveräußerung sind wie beim echten Formwechsel zu behandeln (z. B. Teileinkünfteverfahren bei natürlichen Personen als Gesellschaftern, § 8b Abs. 2 KStG bei Körperschaften als Gesellschaftern, reguläre Sieben-Jahres-Sperrfrist nach § 22 Abs. 1 UmwStG.[366]

Ausschüttungen: Nach § 1a Abs. 3 Satz 5 KStG gelten Gewinnanteile erst dann und nur insoweit als ausgeschüttet, wenn und soweit sie auch **tatsächlich entnommen** werden.[367] Die Regelung dient dazu, der optierenden Gesellschaft wie einer „echten" Körperschaft die steuerliche Thesaurierung von Gewinnen zu ermöglichen.[368] Weil das Personengesellschaftsrecht keinen besonderen Ausschüttungsbeschluss vorsieht, ist es gerechtfertigt, auch bei beherrschen-

364 Vgl. BT-Drucks. 19/28656 S. 23.

365 Vgl. Brühl/Weiss, DStR 2021 S. 945, 948.

366 Brandis/Heuermann, Ertragsteuerrecht, § 1a KStG Rz. 78.

367 Brandis/Heuermann, Ertragsteuerrecht, § 1a KStG Rz. 74.

368 Brandis/Heuermann, Ertragsteuerrecht, § 1a KStG Rz. 74.

den Gesellschaftern einer optierenden Gesellschaft einen zur Kapitalertragsteuerpflicht führenden Zufluss beim Gesellschafter erst bei tatsächlicher Entnahme anzunehmen.[369] Das bloße Bestehen eines **Entnahmerechts** reicht seit der Neufassung der Regelung durch das Wachstumschancengesetz[370] nicht mehr aus, um eine fiktive Gewinnausschüttung anzunehmen.[371] Als Entnahme gelten alle Vorgänge, aufgrund derer die Gewinne (z. B. durch Verbuchung auf einem Fremdkapitalkonto, durch effektive Auszahlung oder per Verrechnung mit einer Forderung gegen den Gesellschafter) kein Eigenkapital der optierenden Personengesellschaft mehr darstellen und daher z. B. nicht mehr zur Verrechnung mit Verlusten der der optierenden Personengesellschaft zur Verfügung stehen.[372]

293/9 **Rückoption:** Mit der Option wird auch eine Möglichkeit zur Rückoption geschaffen (§ 1a Abs. 4 KStG). Auch eine Rückoption ist nur vor Beginn eines Wirtschaftsjahres möglich; eine Rückwirkung ist ausgeschlossen. Der Antrag ist bei dem für die Besteuerung als Körperschaft örtlich zuständigen Finanzamt zu stellen. Es ist für eine Rückoption **keine zeitliche Mindestverweildauer** als optierte fiktive Kapitalgesellschaft vorgesehen, so dass theoretisch bereits nach einem Jahr ein Wechsel zurück möglich wäre.[373] Die Rechtsfolgen der Rückoption ist, dass die Gesellschaft ab dem folgenden Wirtschaftsjahr steuerlich wieder als Personengesellschaft besteuert wird; dies gilt entsprechend auch für ihre Gesellschafter. Während der Zeitdauer der Option gelten thesaurierte Gewinne mit der Rückoption als ausgeschüttet und sind von den Gesellschaftern zu versteuern (vgl. § 7 UmwStG).[374] Die Rückoption gilt – wie zuvor die Option – als Formwechsel nach § 1 Abs. 1 Satz 1 Nr. 2 UmwStG, verbunden mit allen Gestaltungs- und Wertansatzmöglichkeiten.[375] Die steuerlichen (KSt/GewSt-)**Verlustvorträge** der fingierten Kapitalgesellschaft gehen beim Rückformwechsel wie beim echten Formwechsel unter;[376] ggf. Zwischenwertansatz zur Verlustnutzung sinnvoll. Bei der Rückoption ist allerdings zu berücksichtigen, dass die Anteile an der optierenden Personengesellschaft **innerhalb der ersten sieben Jahre sperrfristverhaftet** sind und ein Formwechsel von einer Ka-

369 BT-Drucks. 20/8628 S. 192.

370 Wachstumschancengesetz v. 27.3.2024, BGBl 2024 I Nr. 108.

371 Schiffers, DStZ 2023 S. 806, 824; Brandis/Heuermann, Ertragsteuerrecht, § 1a KStG Rz. 74.

372 BT-Drucks. 20/8628 S. 191; Brandis/Heuermann, Ertragsteuerrecht, § 1a KStG Rz. 74.

373 BeckOK KStG, § 1a Rz. 537. Eine entsprechende Forderung des Bundesrates im Gesetzgebungsverfahren wurde nicht umgesetzt.

374 BeckOK KStG„ § 1a Rz. 550; Haritz/Menner/Bilitewski, UmwStG, Anhang, § 1a KStG Rz. 191.

375 BeckOK KStG, § 1a Rz. 534; Haritz/Menner/Bilitewski, UmwStG, Anhang, § 1a KStG Rz. 188.

376 BeckOK KStG, § 1a Rz. 550.

pital- in eine Personengesellschaft über § 9 Satz 1 UmwStG gemäß der Auffassung der Finanzverwaltung zu einer Sperrfristverletzung und damit zu einer rückwirkenden Einbringungsgewinnbesteuerung nach § 22 Abs. 1 UmwStG führt.[377]

dd) Formwechsel von Personengesellschaften in andere Personengesellschaften

Formwechsel von Personenhandelsgesellschaften in andere Personenhandelsgesellschaften: Dieser Fall liegt z. B. dann vor, wenn eine Personenhandelsgesellschaft in eine Personenhandelsgesellschaft anderer Rechtsform formwechselt (z. B. KG in OHG oder umgekehrt). Es liegt insoweit weder ein Einbringungsvorgang nach § 24 UmwStG (kein Vorgang i. S. d. § 1 Abs. 3 UmwStG gegeben!),[378] noch eine Betriebsaufgabe oder Betriebsveräußerung nach § 16 UmwStG (Fortführung desselben Betriebs in anderem Rechtskleid!) vor. Der **Vorgang ist ertragsteuerlich irrelevant.** Der Begriff der Mitunternehmerschaft i. S. v. § 15 Abs. 1 Satz 1 Nr. 2 Satz 1 EStG differenziert nicht nach der konkreten Rechtsform, das Gesellschaftsvermögen bleibt steuerliches Betriebsvermögen.[379] Wird eine KG in eine OHG formgewechselt, bleibt es für die nur verrechenbaren Verluste der ehemaligen Kommanditisten bei § 15a EStG, d. h. diese werden nicht allein nach dem Formwechsel zu unbegrenzt verrechenbaren Verlusten.[380] 294

Formwechsel von Personengesellschaften in andere Personengesellschaften, bei denen steuerlich ein Übergang vom Betriebsvermögen ins Privatvermögen oder umgekehrt vorliegt: Hierunter fällt zum einen der Fall, dass aus einer GbR oder einer vermögensverwaltenden Personenhandelsgesellschaft (z. B. einer GmbH & Co. KG, die nicht nach § 15 Abs. 3 Nr. 2 EStG gewerblich geprägt ist, sog. „entprägte" GmbH & Co. KG) durch Aufnahme einer originär gewerblichen Tätigkeit i. S. v. § 15 Abs. 1 Satz 1 Nr. 1 EStG steuerlich eine Mitunternehmerschaft wird. Steuerlich liegt hier eine Einlage ins Betriebsvermögen in 295

377 BMF-Schreiben v. 10.11.2021- IV C 2 - S 2707/21/10001 :004, BStBl 2021 I S. 2212 = NWB IAAAH-90311, Tz. 98. Vgl. auch BFH v. 18.11.2020 - I R 25/18, NWB BAAAH-80466 = DB 2021 S. 1502: Formwechsel einer übernehmenden Kapitalgesellschaft (im Entscheidungsfall als übernehmende Gesellschaft von nach § 21 UmwStG eingebrachten Anteile, aber wohl ebenso auf Einbringungssachverhalte nach § 20 UmwStG übertragbar) im siebenjährigen Überwachungszeitraum stellt eine „Veräußerung" nach § 22 Abs. 2 Satz 1 UmwStG und damit eine Sperrfristverletzung dar. Dies entspricht auch der Auffassung der Finanzverwaltung zu „regulären" Umwandlungsvorgängen (Tz. 00.02 UmwStE).

378 Haritz/Menner/Bilitewski, UmwStG, § 24 Rz. 12; Tz. 01.47 UmwStE.

379 Vgl. Schmitt/Hörtnagl, UmwG UmwStG, § 24 UmwStG Rz. 57.

380 Brandis/Heuermann, Ertragsteuerrecht, § 15a EStG Rz. 261.

Form einer **Betriebseröffnung** vor, die Rechtsfolgen bestimmen sich nach § 6 Abs. 1 Nr. 6 i. V. m. Nr. 5 EStG.[381]

296 Im umgekehrten Fall, bei dem z. B. durch Nichtmehrerfüllung der gewerblichen Prägung nach § 15 Abs. 3 Nr. 2 EStG aus einer Mitunternehmerschaft mangels originärer gewerblicher Tätigkeit steuerliches Privatvermögen wird, liegt eine **Betriebsaufgabe** vor, die nach § 16 Abs. 3 EStG zu behandeln ist.[382]

ee) Formwechsel von Kapitalgesellschaften in Kapitalgesellschaften anderer Rechtsform

297 Erfasst sind hier Formwechsel aus der GmbH in die AG oder aus der AG in die KGaA. Hier **ändert sich nur das Rechtskleid, steuerlich verbleibt es bei demselben Steuerregime der Besteuerung als Kapitalgesellschaft**. Der Vorgang ist ertragsteuerlich **irrelevant**.

ff) Grunderwerbsteuer beim Formwechsel

298 Seit längerem ist geklärt, dass der Formwechsel als solcher **keine Grunderwerbsteuer** auslöst, und dies unabhängig davon, ob ein homogener oder heterogener Rechtsformwechsel stattfindet (d. h. ob innerhalb von Personen- oder Kapitalgesellschaften formgewechselt wird, oder aber ein Übergang von der Kapitalgesellschaft auf die Personengesellschaft oder umgekehrt erfolgt).[383] Ein Formwechsel kann aber zur Besteuerung des der Umwandlung **vorangegangenen Erwerbs** führen, für den die GrESt zunächst nicht zu erheben war.[384]

Siehe dazu im Detail Rz. 906.

299–310 *(Einstweilen frei)*

381 BFH v. 11.4.2013 - IV R 11/10, BFH/NV 2013 S. 1569 = NWB PAAAE-42441; Brandis/Heuermann, Ertragsteuerrecht, § 6 EStG Rz. 1542.

382 Brandis/Heuermann, Ertragsteuerrecht, § 16 EStG Rz. 452.

383 Vgl. Viskorf, GrEStG, § 1 Rz. 377 ff.

384 Viskorf, GrEStG, § 1 Rz. 379.

IV. Umstrukturierungen außerhalb des Umwandlungsgesetzes

1. Einführung

Auch außerhalb des Umwandlungsgesetzes bestehen Möglichkeiten zur Durchführung von Umstrukturierungsmaßnahmen.[385] Diese Umstrukturierungen erfolgen **nach den allgemeinen zivil- und gesellschaftsrechtlichen Vorschriften** und stehen somit neben den Regelungen des Umwandlungsgesetzes. Dadurch können häufig **vergleichbare Resultate wie bei Umwandlungen nach dem Umwandlungsgesetz** erzielt werden, wobei sich lediglich der gewählte „technische“ Weg unterscheidet. Solche Umstrukturierungsmethoden stellen daher häufig Gestaltungsalternativen zur Erreichung identischer Zielsetzungen dar. 311

Dennoch bestehen **wesentliche Unterschiede** in der rechtlichen Gestaltung und den steuerlichen Folgen vergleichbarer Alternativen. 312

2. Entscheidungsfaktoren bei der Wahl der Umstrukturierungsmethode

Es ist stets eine **Frage des Einzelfalls**, ob eine Umstrukturierung nach den Vorschriften des Umwandlungsgesetzes oder nach allgemeingesetzlichen Vorschriften erfolgen soll. Es können aber dennoch allgemeine Gesichtspunkte herausgearbeitet werden, in denen sich die jeweils vergleichbaren Umstrukturierungsverfahren unterscheiden. Diese sollten bei der Auswahl der in concreto anzuwendenden Gestaltungsvariante stets abgewogen werden.[386] 313

a) Einzelrechtsnachfolge oder Gesamtrechtsnachfolge

Die Umwandlung nach dem Umwandlungsgesetz ermöglicht eine Vermögensübertragung vom übertragenden auf den übernehmenden Rechtsträger im Wege der (vollständigen oder partiellen) **Gesamtrechtsnachfolge**. Dabei tritt die Vermögensübertragung kraft Gesetzes ein, so dass keine besonderen Übertragungsakte nach den ansonsten einschlägigen zivilrechtlichen Vorschriften 314

385 Vgl. zum Ganzen jeweils Ettinger/Reiff in Wachter/Heckschen (Hrsg.), Praxis des Handels- und Gesellschaftsrechts, § 14 Rz. 489 ff.

386 Ettinger/Reiff in Wachter/Heckschen (Hrsg.), Praxis des Handels- und Gesellschaftsrechts, § 14 Rz. 488 und 607.

erforderlich sind.[387] Damit ist beispielsweise bei Grundstücken eine separate Auflassung nicht notwendig; es hat lediglich eine Grundbuchberichtigung nach Vollzug der Umwandlungsmaßnahme im Handelsregister zu erfolgen.[388] Bei beweglichen Sachen ist demnach bei Umwandlungsmaßnahmen im Wege der Gesamtrechtsnachfolge eine ausdrückliche Abtretung entbehrlich, da sich der Rechtsübergang auch hier von selbst vollzieht.

315 Die **Gesamtrechtsnachfolge bietet bestimmte Vorteile** gegenüber der Übertragung von Vermögensgegenständen durch Einzelrechtsnachfolge:

- Von der Gesamtrechtsnachfolge sind nicht nur die Aktiva, sondern auch Passiva (= Verbindlichkeiten) sowie sämtliche Rechte und Pflichten aus bestehenden Verträgen und sonstigen Schuldverhältnissen erfasst, so dass diese ohne weiteren Rechtsakt auf den übernehmenden Rechtsträger übertragen werden.[389] Eine **Einholung von Zustimmungen der Vertragspartner bzw. Gläubiger** (Vermieter, Banken, Lieferanten) zu der Übertragung von Schuldverhältnissen bzw. Verbindlichkeiten ist dabei nicht notwendig.[390]
- Sodann muss bei der Übertragung des gesamten Vermögens eines Rechtsträgers im Wege der Gesamtrechtsnachfolge nicht der **sachenrechtliche Bestimmtheitsgrundsatz** beachtet werden.[391] Es ist eine allgemeine Bezeichnung ausreichend, durch die erkennbar wird, dass das gesamte Vermögen übertragen werden soll. Dies gilt ohne Einschränkungen bei Vorgängen der vollständigen Gesamtrechtsnachfolge wie der Verschmelzung.

BERATUNGSHINWEIS:

Sollen jedoch im Rahmen von Spaltungen nur einzelne Vermögensteile übertragen werden, so muss der Bestimmtheitsgrundsatz in ähnlicher Weise beachtet werden, wie bei der Übertragung im Rahmen der Einzelrechtsnachfolge (§ 126 Abs. 2 UmwG).[392]

316 Ein **Nachteil der umwandlungsrechtlichen Gesamtrechtsnachfolge** ist, dass der Rechtsübergang gem. §§ 20 Abs. 1, 131 Abs. 1 UmwG **erst mit der Handelsregistereintragung** der Umwandlung erfolgt. Der Zeitpunkt der Eintragung ist jedoch nicht im Voraus bestimmbar. Es kann dadurch zu einer Verzögerung

387 Semler/Stengel/Leonard, UmwG § 20 Rz. 8.

388 Semler/Stengel/Leonard, UmwG § 20 Rz. 8.

389 Ettinger/Reiff in Wachter/Heckschen (Hrsg.), Praxis des Handels- und Gesellschaftsrechts, § 14 Rz. 610; BeckOGK UmwG, § 20 Rz. 45.

390 Vgl. Schmitt/Hörtnagl, UmwG UmwStG, § 20 UmwG Rz. 28, 37; § 126 UmwG Rz. 63; BeckOGK UmwG, § 20 Rz. 45.

391 Ettinger/Reiff in Wachter/Heckschen (Hrsg.), Praxis des Handels- und Gesellschaftsrechts, § 14 Rz. 611.

392 Vgl. Schmitt/Hörtnagl, UmwG UmwStG, § 126 UmwG Rz. 62 ff.

der sachenrechtlichen Vermögensübertragung im Vergleich zu einer Rechtsübertragung im Wege der Einzelrechtsnachfolge kommen.[393]

BERATUNGSHINWEIS:

Verzögerungen durch Zwischenverfügungen seitens des Registergerichts können durch gute Vorbereitung der Umwandlungsmaßnahme im Grundsatz vermieden werden. Eine Verzögerung tritt aber auch dann ein, wenn die Handelsregistereintragung durch Gesellschafterklagen gegen die Umwandlungsbeschlüsse blockiert wird, da ein Antrag auf Eintragung im Unbedenklichkeitsverfahren gem. § 16 Abs. 3 UmwG nicht ohne weiteres erfolgreich ist.[394] Im Bereich mittelständischer Umstrukturierungsmaßnahmen kann dies durch vorherige Abstimmung der Umwandlungsmaßnahme mit allen Beteiligten und Aufnahme von Anfechtungsverzichten in die Notarurkunde meist vermieden werden.

Eine Umstrukturierung nach dem Umwandlungsgesetz bietet sich andererseits an, wenn **eine große Zahl unterschiedlicher Vermögensgegenstände**, z. B. Grundstücke oder auch Vertragsbeziehungen, auf einen neuen Rechtsträger übertragen werden sollen und es nicht erforderlich ist, dass der dingliche Übergang ohne Zeitverzug wirksam wird oder wenn es nicht opportun erscheint, Vertragspartner und Gläubiger um die bei der Einzelrechtsnachfolge nötige Zustimmung zu ersuchen.[395] 317

Andererseits kann eine Umstrukturierung nach den allgemeinen Vorschriften vorzugswürdig sein, wenn das Eigentum **nur an wenigen Vermögensgegenständen** zu einem bestimmten Stichtag mit schnellstmöglicher zivilrechtlicher Wirkung übertragen werden soll. Insbesondere in Konstellationen, bei denen keine Grundstücke oder GmbH-Anteile mit übertragen werden sollen, kann sich der Verzicht auf eine Umwandlung nach dem Umwandlungsgesetz anbieten, da dann die grundsätzlich aufwändigen umwandlungsgesetzlichen Formvorschriften nicht beachtet werden müssen.[396] Der Umwandlungsvertrag ist stets notariell zu beurkunden (§§ 6, 125 UmwG), auch wenn dies für die Eigentumsübertragung im Wege der Einzelrechtsnachfolge eigentlich nicht erforderlich wäre. 318

393 Ettinger/Reiff in Wachter/Heckschen (Hrsg.), Praxis des Handels- und Gesellschaftsrechts, § 14 Rz. 611.

394 Vgl. Ettinger/Reiff in Wachter/Heckschen (Hrsg.), Praxis des Handels- und Gesellschaftsrechts, § 14 Rz. 611, 647; Semler/Stengel/Leonard, UmwG, Anh. § 173 Rz. 11.

395 Ettinger/Reiff in Wachter/Heckschen (Hrsg.), Praxis des Handels- und Gesellschaftsrechts, § 14 Rz. 612, 648.

396 Vgl. Ettinger/Reiff in Wachter/Heckschen (Hrsg.), Praxis des Handels- und Gesellschaftsrechts, § 14 Rz. 613, 649.

b) Entscheidungskompetenz und Informationspflichten

319 Zu den umwandlungsrechtlichen Prinzipien gehört, dass die jeweiligen Maßnahmen durch die Gesellschafterversammlungen der beteiligten Gesellschaften mit einer qualifizierten Mehrheit von grundsätzlich 75 % beschlossen werden müssen. (§§ 125 Abs. 1, 233 Abs. 1, 174 Abs. 1 UmwG). Zur Vorbereitung der Gesellschafterbeschlüsse müssen die Vertretungsorgane grundsätzlich einen ausführlichen schriftlichen Bericht über die beabsichtigten Maßnahmen vorlegen (§§ 8, 127, 192 UmwG).[397] Die Berichtserstattungspflicht besteht unabhängig von der Rechtsform der beteiligten Gesellschaften. Bei Aktiengesellschaften besteht die Besonderheit, dass der Umwandlungsvertrag bzw. sein Entwurf in den Geschäftsräumen der Gesellschaft ausgelegt und den Aktionären auf Wunsch zugesandt werden muss (§§ 63, 125 UmwG).

320 Bei Umstrukturierungsvorgängen nach den allgemeinen Vorschriften **bestehen derartige Form- und Zustimmungserfordernisse grundsätzlich nicht**. Bei einer AG ist ein Hauptversammlungsbeschluss z. B. nur bei besonders schwerwiegenden Maßnahmen erforderlich. Zwar müssen die Gesellschafter einer GmbH zu sämtlichen nicht unwesentlichen Umstrukturierungsvorgängen ihre Zustimmung erteilen, dabei ist jedoch i. d. R. ein Gesellschafterbeschluss mit einfacher Mehrheit ausreichend. Zudem sind die Informationspflichten im Vorfeld von Umstrukturierungsmaßnahmen nach den allgemeinen Vorschriften geringer, als die grundsätzlich sehr formalistischen Informationspflichten nach dem Umwandlungsgesetz.[398]

c) Nachhaftung des übertragenden Rechtsträgers, Gläubigerschutz

321 Der Schutz der Gläubiger des übertragenden Rechtsträgers vor potenziellen Nachteilen als Folge der Umwandlungsmaßnahme wird durch eigene Vorschriften des Umwandlungsgesetzes sichergestellt. Bei einer Verschmelzung steht den Gläubigern unter bestimmten Voraussetzungen nach § 22 UmwG ein Anspruch auf Sicherheitsleistung zu. Bei dem Formwechsel einer Personengesellschaft in eine Kapitalgesellschaft bleibt nach § 224 UmwG die Haftung der Gesellschafter gem. § 128 HGB für die vor dem Formwechsel entstandenen Verbindlichkeiten bestehen. Nach § 133 UmwG haften schließlich die an einer

397 Ettinger/Reiff in Wachter/Heckschen (Hrsg.), Praxis des Handels- und Gesellschaftsrechts, § 14 Rz. 614.

398 Ettinger/Reiff in Wachter/Heckschen (Hrsg.), Praxis des Handels- und Gesellschaftsrechts, § 14 Rz. 615, 651; Semler/Stengel/Leonard, UmwG, Anh. § 173 Rz. 11.

Spaltung beteiligten Rechtsträger als Gesamtschuldner für alle Verbindlichkeiten des übertragenden Rechtsträgers, die vor dem Wirksamwerden der Spaltung begründet worden sind.[399]

Für Umstrukturierungen außerhalb des Umwandlungsgesetzes existiert dagegen kein vergleichbarer Gläubigerschutz. Bei einer „Ausgliederung" im Wege der Einbringung haftet der übernehmende Rechtsträger daher nur für die von ihm auch tatsächlich übernommenen Verbindlichkeiten, es sei denn, ein besonderer Haftungstatbestand – insbesondere § 25 HGB (Firmenfortführung) – wird erfüllt.[400] 322

d) Kostenfaktor

Umwandlungen nach dem Umwandlungsgesetz sind zwingend **notariell zu beurkunden. Umstrukturierungen nach allgemeinen Vorschriften** können **dagegen grundsätzlich formfrei** erfolgen. Bei Einbringungsverträgen ist nur dann eine notarielle Beurkundung notwendig, wenn Grundstücke oder GmbH-Geschäftsanteile Gegenstand der Einbringung sind. 323

BERATUNGSHINWEIS:

Oft sind Umstrukturierungen nach den allgemeinen Vorschriften daher mit geringeren Kosten verbunden, als Umwandlungen nach dem Umwandlungsgesetz.[401]

(Einstweilen frei) 324–330

3. Einbringungsvorgänge

a) Allgemeines

Der Begriff der Einbringung kommt aus dem Umwandlungssteuerrecht (§§ 20, 21, 24 UmwStG) und ist daher ein steuerlich geprägter Begriff. Demnach ist die Einbringung nach diesen Vorschriften zunächst als die Verschaffung des Eigentums an einem Betrieb oder Teilbetrieb oder an bestimmten Beteiligungen im Rahmen einer Einlage in eine Kapital- oder Personengesellschaft zu verstehen. Die Einbringung kann dabei **im Wege der Gesamtrechtsnachfolge und im Wege der Einzelrechtsnachfolge** erfolgen. Die Vermögensübertragung muss jedoch zwingend gegen Gewährung neuer Anteile am übernehmenden 331

399 Vgl. Ettinger/Reiff in Wachter/Heckschen (Hrsg.), Praxis des Handels- und Gesellschaftsrechts, § 14 Rz. 620.

400 Engelmeyer, AG 1999 S. 263, 266.

401 Ettinger/Reiff in Wachter/Heckschen (Hrsg.), Praxis des Handels- und Gesellschaftsrechts, § 14 Rz. 621.

Rechtsträger erfolgen, damit die durch die genannten Vorschriften mögliche Steuerneutralität erreicht werden kann.

332 Im Rahmen von Umstrukturierungen außerhalb des Umwandlungsgesetzes ist ein breiter gefasster Begriff der Einbringung zugrunde zu legen. Als **Einbringung** sollen **alle Vermögensübertragungen** (also auch Übertragungen von einzelnen Wirtschaftsgütern, die keinen Betrieb oder Teilbetrieb bilden) **auf eine Kapital- oder Personengesellschaft im Wege der Einzelrechtsnachfolge verstanden werden, die durch eine bereits bestehende oder zukünftige Gesellschafterstellung des einbringenden Rechtssubjekts motiviert sind und für die als Gegenleistung entweder Anteile am aufnehmenden Rechtsträger gewährt werden oder aber keine Gegenleistung erfolgt.**[402]

333 Nachfolgend werden zunächst die Grundsätze dargestellt, die bei der rechtsgeschäftlichen Übertragung von Vermögensgegenständen im Wege der Einzelrechtsnachfolge zu beachten sind. Nach dieser Darstellung der Verfügungsgeschäfte im Rahmen einer Einbringung werden dann die entsprechenden gesellschaftsrechtlichen Verpflichtungsgeschäfte erläutert.

334–335 *(Einstweilen frei)*

b) Rechtsgeschäftliche Übertragung von Vermögensgegenständen im Rahmen einer Einbringung

336 Die Übertragung von Vermögensgegenständen bei einem Einbringungsvorgang auf den aufnehmenden Rechtsträger erfolgt im Rahmen der Einzelrechtsnachfolge.[403] Das **Eigentum** an jedem Vermögensgegenstand **muss daher einzeln und nach den jeweiligen gesetzlichen Regelungen übertragen werden.**

337 Die Übertragung von beweglichen Sachen erfordert beispielsweise deren Übereignung und Übergabe gem. §§ 929 ff. BGB. Die Eigentumsübertragung von Grundstücken bedarf der Auflassung und Eintragung ins Grundbuch (§§ 873, 925 BGB). Forderungen und andere Rechte sind durch Abtretung zu übertragen (§§ 398 ff., 413, 1154 BGB).

338 Verbindlichkeiten können gem. §§ 414, 415 Abs. 1 BGB im Außenverhältnis nur mit Zustimmung des Gläubigers wirksam übertragen werden (**Schuldübernahme**).[404] Verweigert ein Gläubiger die Zustimmung, so haftet gem. § 415

402 Ettinger/Reiff in Wachter/Heckschen (Hrsg.), Praxis des Handels- und Gesellschaftsrechts, § 14 Rz. 490.

403 Semler/Stengel/Leonard, UmwG, Anh. § 173 Rz. 82.

404 Semler/Stengel/Leonard, UmwG, Anh. § 173 Rz. 82.

Abs. 3 BGB im Zweifel zunächst der Übernehmer für die Erfüllung solcher Verbindlichkeiten.[405]

BERATUNGSHINWEIS:

Die Zustimmungen der Gläubiger sollten im Idealfall vor dem Abschluss des Einbringungsvertrags eingeholt werden, was aber häufig nicht vollständig gelingt. Im Einbringungsvertrag wird daher meist vereinbart, was bis zur Erteilung der Gläubigerzustimmung gilt und was für den Fall gelten soll, dass diese nicht erlangt werden kann (nämlich schuldrechtliche Verpflichtung der Parteien, sich im Innenverhältnis so zu behandeln (d. h. schuldrechtlich/wirtschaftlich so stellen), als ob die Zustimmung erteilt sei).[406]

Wird ein Vertrag auf eine Gesellschaft übertragen (**Vertragsübernahme**), muss 339
ebenfalls der Vertragspartner mit einbezogen werden.[407] Dies kann entweder durch einen dreiseitigen Vertrag geschehen oder aber durch einen zweiseitigen Vertrag zwischen der ausscheidenden und der eintretenden Vertragspartei, dem der Dritte zustimmt.[408] Während die Vertragsübernahme der Form des übernommenen Vertrags bedarf, ist die Zustimmung des anderen Vertragspartners gem. § 182 Abs. 2 BGB formlos möglich.[409]

BERATUNGSHINWEIS:

Auch hier gilt, dass die Zustimmungen des jeweiligen Vertragspartners idealerweise vorab eingeholt werden, was aber auch hier aus Zeitgründen nicht immer gelingt. Im Einbringungsvertrag wird deshalb auch insoweit meist vereinbart, was bis zur Erteilung der Zustimmung des Vertragspartners gilt.[410]

Wenn ein **kompletter Betrieb oder Betriebsteil** im Sinne eines Handelsgeschäf- 340
tes eingebracht wird und die übernehmende Gesellschaft das Handelsgeschäft unter der bisherigen Firma fortführt, ist **§ 25 HGB zu beachten.**[411] Gemäß § 25 Abs. 1 Satz 1 HGB erfolgt ein **gesetzlicher Schuldbeitritt** des übernehmenden Rechtsträgers für die Verbindlichkeiten des ehemaligen Firmeninhabers.[412] Vorhandene Forderungen gelten den Schuldnern gegenüber gem. § 25 Abs. 1 Satz 2 HGB auf die übernehmende Gesellschaft übergegangen, sofern keine ausdrücklichen Regelungen zwischen Einbringer und aufnehmender Gesell-

405 Vgl. MüKo BGB, § 415 Rz. 18.

406 Semler/Stengel/Leonard, UmwG, Anh. § 173 Rz. 82; Schreier/Leicht, NZG 2011 S. 121 f.

407 Schreier/Leicht, NZG 2011 S. 121 f.

408 Vgl. BGH v. 20.6.1985 - IX ZR 173/84, NJW 1985 S. 2528.

409 Vgl. MüKo BGB, § 398 Rz. 4.

410 Schreier/Leicht, NZG 2011 S. 121 ff.

411 Vgl. Beuthien, NJW 1993 S. 1737; Koller/Kindler/Drüen, HGB, § 25 Rz. 4a; dabei ist von § 28 HGB abzugrenzen sowie von Fällen der Gesamtrechtsnachfolge nach dem UmwG.

412 Hopt, HGB, § 25 Rz. 10.

schaft getroffen worden sind. Ziel ist der Schutz des Schuldners, wenn er aufgrund fehlender Kenntnis der Interna an den neuen Firmeninhaber leistet, obwohl seine Verbindlichkeit eigentlich beim alten Firmeninhaber verblieben ist.[413]

341 Konkretisierung der zu übertragenden Vermögensgegenstände: Da bei der Einbringung sämtliche Vermögensgegenstände einzeln und nach den jeweiligen gesetzlichen Vorschriften auf die übernehmende Gesellschaft übertragen werden, ist es aufgrund des **sachenrechtlichen Bestimmtheitsgrundsatzes** erforderlich, die zu übertragenden Vermögensgegenstände hinreichend genau zu individualisieren und zu konkretisieren.[414]

342 Die ausschließliche **Bezugnahme auf Bilanzen** kann dagegen problematisch sein, da die Bilanz nur aggregierte Sammelpositionen zeigt und keine exakte Individualisierung der einzeln zu übertragenden Vermögensgegenstände ermöglicht.[415] Zudem sollen meist auch die nicht bilanzierungsfähigen Vermögensgegenstände, wie etwa die sofort abschreibungsfähigen geringwertigen Wirtschaftsgüter des Anlagevermögens oder die selbst geschaffenen immateriellen Wirtschaftsgüter, übertragen werden.[416]

BERATUNGSHINWEIS:

Bilanzen sind daher um Inventarlisten, Anlagevermögensspiegel und zu diesem Zweck gefertigte Aufstellungen der nicht bilanzierten, aber ebenfalls übertragenen Vermögensgegenstände, wie etwa selbst hergestellte EDV-Systeme oder selbst erfundene Patente, Know-how, Domain-Rechte etc., zu ergänzen.[417]

343–345 *(Einstweilen frei)*

c) Gesellschaftsrechtliche Aspekte von Sacheinlagen

346 Aus gesellschaftsrechtlicher Sicht erfolgt die Einbringung durch Sacheinlage gegen Gewährung von Gesellschaftsanteilen an der aufnehmenden Personen- oder Kapitalgesellschaft. Im Rahmen einer Einbringung müssen neue Anteile für den einbringenden Gesellschafter geschaffen werden. Dies kann entweder im Rahmen einer **Sachgründung** der Gesellschaft oder im Rahmen einer **Sach-**

413 MüKo HGB, § 25 Rz. 2 (Details des Normzwecks sind strittig).

414 Ettinger/Reiff in Wachter/Heckschen (Hrsg.), Praxis des Handels- und Gesellschaftsrechts, § 14 Rz. 501; Semler/Stengel/Leonard, UmwG, Anh. § 173 Rz. 17.

415 Semler/Stengel/Leonard, UmwG, Anh. § 173 Rz. 17.

416 Ettinger/Reiff in Wachter/Heckschen (Hrsg.), Praxis des Handels- und Gesellschaftsrechts, § 14 Rz. 506.

417 Vgl. Ettinger/Reiff in Wachter/Heckschen (Hrsg.), Praxis des Handels- und Gesellschaftsrechts, § 14 Rz. 506.

kapitalerhöhung bei einer bereits bestehenden Gesellschaft geschehen. Die Sachgründung bzw. Sachkapitalerhöhung bilden den gesellschaftsrechtlichen Rechtsgrund für die Einbringung. Die jeweiligen gesellschaftsspezifischen Regelungen (GmbHG, AktG etc.) sind dabei zu beachten. Während der Einbringungsvertrag mit dem vertretungsberechtigten Organ der aufnehmenden Gesellschaft (Geschäftsführer, Vorstand) abgeschlossen wird, sind an den gesellschaftsrechtlichen Maßnahmen, die die Grundlage für den Einbringungsvertrag bilden, auch die Gesellschafter der aufnehmenden Gesellschaft beteiligt.[418]

aa) Sacheinlagen bei Personengesellschaften

Beim Abschluss des Gesellschaftsvertrags oder in einer späteren Änderung des Gesellschaftsvertrags verpflichten sich die Gesellschafter zur Leistung eines Beitrags (Einlage). Dabei kann der Inhalt der Beitragsverpflichtung von den Gesellschaftern frei bestimmt werden. Auch Sachen oder Sachgesamtheiten können Gegenstand der Beitragspflicht von Gesellschaftern sein.[419] Die einzuhaltenden Formalitäten sind bei Personengesellschaften weniger streng als bei Kapitalgesellschaften; insbesondere bedarf es keines Sachgründungsberichts.[420] Bei Personengesellschaften findet keine registergerichtliche Prüfung der Werthaltigkeit der Einlage statt; vielmehr gilt das Prinzip, dass ein Kommanditist beispielsweise bis zur vollständigen und vollwertigen Leistung der versprochenen Einlage für Fehlbeträge persönlich **haftet** (§§ 171, 172 HGB).[421] 347

BERATUNGSHINWEIS:

Um einer späteren Haftung bspw. im Insolvenzfall vorzubeugen, ist unbedingt anzuraten, dass im Zeitpunkt der Erbringung der jeweiligen Einlage dies dokumentiert wird und entsprechende Nachweise (Kontoauszüge, Einzahlungsbelege) aufbewahrt werden. Werden Sacheinlagen geleistet, kann es trotz fehlender registerrichterlicher Prüfung aus Sicht des einlegenden Gesellschafters ratsam sein, entsprechende Wertnachweise einzuholen und den Wert bei Leistung zum Zeitpunkt der Einlage zu dokumentieren.[422]

Bei Sacheinlagen muss der **Gegenstand der Einlage im Gesellschaftsvertrag hinreichend bestimmt** sein. Da der Gesellschaftsvertrag selbst jedoch nicht 348

418 Ettinger/Reiff in Wachter/Heckschen (Hrsg.), Praxis des Handels- und Gesellschaftsrechts, § 14 Rz. 504.

419 Vgl. Gummert, MAH Personengesellschaftsrecht, § 5 Rz. 33.

420 Gummert, MAH Personengesellschaftsrecht, § 5 Rz. 40.

421 Gummert, MAH Personengesellschaftsrecht, § 5 Rz. 40.

422 Ettinger/Reiff in Wachter/Heckschen (Hrsg.), Praxis des Handels- und Gesellschaftsrechts, § 14 Rz. 513.

dem sachenrechtlichen Bestimmtheitsgrundsatz genügen muss, sind die Anforderungen an die Konkretisierung der Sacheinlagen dort geringer als im Einbringungsvertrag.[423] Dabei wird es als ausreichend erachtet, wenn durch Auslegung ermittelt werden kann, welche Sachen bzw. Sachgesamtheiten in die Personengesellschaft eingebracht werden sollen. Folglich kann eine schlagwortartige und verkehrsübliche Bezeichnung ausreichen.[424]

bb) Sacheinlagen bei Kapitalgesellschaften

349 Bei Kapitalgesellschaften sind Gründungsvorgänge und die Durchführung von Kapitalerhöhungen **komplexer als bei Personengesellschaften**. Aufgrund der Haftungsbeschränkung bei Kapitalgesellschaften auf das Gesellschaftsvermögen, ist es zwingend notwendig, dass der Gesellschaft die von den Gesellschaftern versprochenen Einlagen tatsächlich zufließen. Zur Sicherung der realen Aufbringung des Stamm- bzw. Grundkapitals sind umfangreiche Nachweise und Werthaltigkeitsprüfungen erforderlich und es findet eine entsprechende **registergerichtliche Kontrolle** statt.[425]

BERATUNGSHINWEIS:

Regelmäßig sind Sacheinlagen von einem Wirtschaftsprüfer oder – in einfacher gelagerten Fällen – von anderen Beratern wie dem Steuerberater des Unternehmens zu bewerten. Das Bewertungsgutachten wird dann dem Registergericht zur Prüfung der Werthaltigkeit der Sacheinlage vorgelegt.

350–355 *(Einstweilen frei)*

d) Einbringung aus Gesellschaften („Ausgliederungen im weiteren Sinn")

356 Bei Einbringungsvorgängen ist nicht nur die Ebene der Gesellschaft zu betrachten, in die eingebracht wird, sondern **auch die Ebene, von der das einzubringende Vermögen stammt**. Ist das einbringende Rechtssubjekt – wie in Gruppenstrukturen – ebenfalls eine Gesellschaft, sind gesellschaftsrechtliche Besonderheiten zu beachten.

357 Aus Sicht der einbringenden Gesellschaft und deren Anteilseignern handelt es sich dabei nämlich um einen **wirtschaftlich einer Ausgliederung nach § 123**

423 Ettinger/Reiff in Wachter/Heckschen (Hrsg.), Praxis des Handels- und Gesellschaftsrechts, § 14 Rz. 509.

424 OLG Düsseldorf, GmbHR 1996 S. 214.

425 Näher dazu Ettinger/Reiff in Wachter/Heckschen (Hrsg.), Praxis des Handels- und Gesellschaftsrechts, § 14 Rz. 514.

Abs. 3 UmwG vergleichbaren Vorgang, obwohl dieser nicht nach den Vorschriften des Umwandlungsgesetzes durchgeführt wird. Dennoch wird auch diese Art der Umwandlung vielfach – und auch im Folgenden – ebenfalls als „Ausgliederung" („im weiteren Sinne" oder „wirtschaftliche Ausgliederung") bezeichnet.[426]

Auf der Ebene der einbringenden Gesellschaft kann es zu besonderen Kom- 358
petenz- und Zuständigkeitsproblemen kommen, wenn im Rahmen von Einbringungsvorgängen Teile des Gesellschaftsvermögens entweder in eine andere bereits bestehende Gesellschaft, an der die einbringende Gesellschaft beteiligt ist, oder in eine neue Gesellschaft, die dann im Wege der Sachgründung entstehen soll, eingebracht werden. Diese Thematik ist insbesondere von Bedeutung, wenn damit eine Abschwächung der Kontroll- und Einflussmöglichkeiten der Gesellschafter der einbringenden Gesellschaft bewirkt wird. Grundsätzlich werden Rechtsgeschäfte, die für die Einbringung erforderlich sind, von dem vertretungsberechtigten Organ der einbringenden Gesellschaft abgeschlossen.[427] Es ist aber dennoch jeweils zu prüfen, ob und in welcher Form die **Gesellschafter der ausgliedernden Gesellschaft an der Einbringung beteiligt werden müssen.**

BEISPIEL: Die X-AG ist in drei verschiedenen Geschäftsbereichen tätig, schreibt jedoch seit Jahren rote Zahlen und muss deshalb restrukturiert werden. Um das Unternehmen flexibler zu machen und alle drei Bereiche durch eigenverantwortliche Geschäftsführer leiten zu können sowie alle drei Sparten auch zur Vorbereitung etwaiger späterer Teilverkäufe in separate Einheiten zu überführen, plant der Vorstand, drei Tochtergesellschaften in der Rechtsform von GmbHs zu gründen und die Geschäftsbereiche in diese zu überführen. Da keine stillen Reserven vorhanden sind und auch unklar ist, ob steuerliche Teilbetriebe vorliegen, soll die Umstrukturierung durch Sachgründungen in Einzelrechtsnachfolge erfolgen.

Hier wird die Problematik deutlich: Nach erfolgter Umstrukturierung ist die X-AG eine reine Holding, während der operative Geschäftsbetrieb „eine Ebene tiefer" betrieben wird. Der Einfluss der Aktionäre der X-AG wird dadurch graduell gemindert.

aa) Ausgliederung aus einer AG

Der Vorstand einer AG leitet die Gesellschaft unter eigener Verantwortung 359
(§ 76 Abs. 1 AktG). Ihm obliegt die Geschäftsführungsbefugnis (§ 77 Abs. 1 AktG). Eine **originäre Zuständigkeit der Hauptversammlung** für Geschäftsfüh-

426 Ettinger/Reiff in Wachter/Heckschen (Hrsg.), Praxis des Handels- und Gesellschaftsrechts, § 14 Rz. 558525; Semler/Stengel/Leonard, UmwG, Anh. § 173 Rz. 1.

427 Ettinger/Reiff in Wachter/Heckschen (Hrsg.), Praxis des Handels- und Gesellschaftsrechts, § 14 Rz. 525.

rungsentscheidungen ist **gesetzlich nicht vorgesehen.**[428] Gemäß § 119 Abs. 2 AktG **kann** der Vorstand allerdings die Hauptversammlung mit Fragen der Geschäftsführung befassen. Nach dem Wortlaut der Vorschrift liegt die Entscheidung über die Herbeiführung eines derartigen Hauptversammlungsbeschlusses grundsätzlich im Ermessen des Vorstands.

360 In der für die Problematik grundlegenden **Holzmüller-Entscheidung**[429] hat der BGH unter dem Stichwort „ungeschriebene Hauptversammlungskompetenzen" jedoch entschieden, dass bei bestimmten Geschäftsführungsmaßnahmen eine Ermessensreduktion der Verwaltung bestehen kann. Dies hat zur Folge, dass eine Verpflichtung des Vorstands zur Herbeiführung eines Hauptversammlungsbeschlusses gem. § 119 Abs. 1 AktG entsteht. In dem vom BGH beurteilten Fall hatte eine AG den wertvollsten Teil ihres Gesellschaftsvermögens (ca. 80 %) auf eine durch eine Sachgründung errichtete Tochtergesellschaft im Wege der Einzelübertragung ausgegliedert.

361 Entsprechend den vom BGH aufgestellten Grundsätzen wurden in der Folgezeit häufig ebenfalls Hauptversammlungsbeschlüsse bei Ausgliederungen im Wege der Einzelrechtsnachfolge von Instanzgerichten verlangt.[430]

362 Jedoch warf die Holzmüller-Entscheidung auch viele Folgefragen auf. So war zunächst unklar, welche Mehrheit für die Fassung des Hauptversammlungsbeschlusses erforderlich ist oder welches Erheblichkeitsausmaß die Ausgliederung haben muss. Im Laufe der Diskussion wurden die ungeschriebenen Hauptversammlungskompetenzen dabei tendenziell ausgeweitet. So wurde teilweise die Meinung vertreten, dass es eine grundsätzliche Entscheidungskompetenz der Hauptversammlung bei Ausgliederungen gäbe, so dass der Vorstand lediglich bei Ausgliederungen entscheidungsbefugt ist, wo nur ein geringer Teil des Gesellschaftsvermögens berührt werde. Es wurden dazu in der Fachliteratur unterschiedliche Schwellenwerte diskutiert (z. B. 20 % bis 25 % des unternehmerischen Vermögens der Obergesellschaft).[431] Ein allgemeiner Konsens konnte allerdings nicht erzielt werden.[432]

428 Ettinger/Reiff in Wachter/Heckschen (Hrsg.), Praxis des Handels- und Gesellschaftsrechts, § 14 Rz. 526.

429 BGH v. 25.2.1982 - II ZR 174/80, NJW 1982 S. 1703.

430 Siehe etwa OLG München, AG 1995 S. 232; LG Frankfurt, Entscheidung v. 10.3.1993 - 3/14 O 25/92, ZIP 1993 S. 830.

431 Vgl. Wollburg/Gehling in Festschrift für Lieberknecht, S. 133, 159.

432 Ettinger/Reiff in Wachter/Heckschen (Hrsg.), Praxis des Handels- und Gesellschaftsrechts, § 14 Rz. 528, m. w. N.

In seinen beiden **Gelatine-Entscheidungen**[433] hat der BGH dann die Reichweite ungeschriebener Hauptversammlungskompetenzen bei Ausgliederungen konkretisiert und zugleich auch deutlich zurückgestutzt. Der BGH betonte nun, dass eine zwingende Mitwirkung der Hauptversammlung bei Geschäftsführungsmaßnahmen des Vorstands nur in Ausnahmefällen und in engen Grenzen in Betracht kommt. Er lehnt die im Schrifttum genannten Schwellenwerte, die zwischen 10 % und 50 % des Gesellschaftsvermögens variieren, als zu niedrig ab. Der BGH betonte, dass ein relevanter Eingriff in die Mitgliedsrechte der Aktionäre nur bei einer Ausgliederung vorliegt, die in ihrer Bedeutung für die Gesellschaft die Ausmaße der Ausgliederung im „Holzmüller-Fall“ erreicht. Zwar nennt der BGH keine konkreten Schwellenwerte, jedoch stellte er fest, dass nur besonders schwerwiegende Fälle der Vermögensverlagerung von der AG auf eine Tochtergesellschaft zustimmungspflichtig sind. In der **jüngeren Rechtsprechung** zu diesem Themenkomplex hat insbesondere das OLG Köln[434] die Gelatine-Rechtsprechung des BGH bestätigt und nochmals ausgeführt, dass eine ungeschriebene Zuständigkeit der Hauptversammlung nur bei Sachverhalten begründet sein kann, die dem „Holzmüller-Fall“ vergleichbar sind. Es muss sich also grds. um die Ausgliederung von etwa **70 bis 80 % des Gesellschaftsvermögens** (Aktivvermögens) handeln.[435] Da jedoch auch die Gelatine-Rechtsprechung nicht an einen fixen Schwellenwert, sondern an die **Auswirkungen in materieller Hinsicht** anknüpft, können in der nötigen **Gesamtabwägung** auch der Anteil an der Bilanzsumme, am Eigenkapital, am Umsatz, an der Anzahl der Mitarbeiter sowie dem Ertrag, jeweils bezogen auf den Konzern, von Bedeutung sein.[436] 363

BERATUNGSHINWEIS:

In der Praxis ist immer zu prüfen, ob nicht schon die Satzung der Gesellschaft entsprechende Regelungen enthält, die dann einen Rückgriff auf die Holzmüller- und Gelatine-Rechtsprechung möglicherweise obsolet machen.

Sofern eine Ausgliederung wesentliche Teile des Gesellschaftsvermögens berührt und daher zustimmungspflichtig ist, verlangt der BGH eine **qualifizierte Mehrheit von 75 %** des vertretenen Grundkapitals.[437] 364

433 BGH v. 26.4.2004 - II ZR 155/02, NZG 2004 S. 571, 575 = NWB ZAAAB-97759; näher dazu Götze, NJW 2004 S. 585; Altmeppen, ZIP 2004 S. 99.

434 OLG Köln v. 15.1.2009 - 18 U 205/07, AG 2009 S. 416.

435 Semler/Stengel/Leonard, UmwG, Anh. § 173 Rz. 35.

436 Semler/Stengel/Leonard, UmwG, Anh. § 173 Rz. 35; Arnold, ZIP 2005 S. 1573, 1576.

437 Semler/Stengel/Leonard, UmwG, Anh. § 173 Rz. 48.

bb) Ausgliederung aus einer GmbH

365 Die gesetzliche Kompetenzverteilung innerhalb einer GmbH unterscheidet sich wesentlich von derjenigen bei einer AG. Während bei der AG die drei Organe Vorstand, Hauptversammlung und Aufsichtsrat in einer ausgeglichenen Machtbalance zueinander stehen und der Vorstand gem. § 76 Abs. 1 AktG die Geschäfte in eigener Verantwortung führt, ist bei der GmbH die **Gesellschafterversammlung das oberste Organ** mit einer **umfassenden Letztentscheidungskompetenz.**[438] Die Gesellschafter sind gem. § 37 Abs. 1 GmbHG befugt, den Geschäftsführern sogar verbindliche Weisungen für Einzelentscheidungen des Tagesgeschäfts zu geben. Es muss jederzeit eine Gesellschafterversammlung einberufen werden, wenn es im Interesse der Gesellschafter erforderlich erscheint (§ 49 Abs. 2 GmbHG).

366 Aus diesen gesetzlichen Bestimmungen ergibt sich, dass **die Gesellschafterversammlung über außergewöhnliche und bedeutende Maßnahmen entscheiden muss**. Hierzu gehören grds. auch Ausgliederungen im weiteren Sinne.[439] Unklar ist allerdings, welchen Umfang eine Ausgliederung haben muss, um als außergewöhnlich und somit zustimmungsbedürftig qualifiziert zu werden. Vor den Gelatine-Entscheidungen des BGH wurde die Ansicht vertreten, dass der Umfang der Entscheidungskompetenzen der Gesellschafter in der AG und in der GmbH weitgehend deckungsgleich ist. Dies führte dazu, dass sämtliche Ausgliederungen bei einer AG oder einer GmbH, die eine gewisse Wesentlichkeitsschwelle überschritten, als zustimmungspflichtig angesehen wurden.[440]

367 Nachdem der BGH diese Wesentlichkeitsschwelle bei der AG stark angehoben und eine Zustimmung der Hauptversammlung nur noch in Ausnahmefällen bejaht hat, können dieses Grundsätze aufgrund der unterschiedlichen Kompetenzordnungen nicht mehr auf die GmbH übertragen werden. Es ist für die GmbH gleichwohl davon auszugehen, dass die **Gesellschafterversammlung** als oberstes Organ der GmbH **bei sämtlichen Ausgliederungen, die nicht nur unwesentlich sind, entscheidungsbefugt** ist und von den Geschäftsführern angerufen werden muss.[441] Denn die Aufgreifkriterien für eine Vorlagepflicht in der

438 Ettinger/Reiff in Wachter/Heckschen (Hrsg.), Praxis des Handels- und Gesellschaftsrechts, § 14 Rz. 531, 564.

439 Vgl. Vgl. Semler/Stengel/Leonard, UmwG, Anh. § 173 Rz. 44; Wicke, GmbHG, § 37 Rz. 3; vgl. BGH v. 8.1.2019 - II ZR 364/18, NZG 2019 S. 505 = NWB VAAAH-11050.

440 Vgl. Lutter/Leinekugel, ZIP 1998 S. 225, 231.

441 Ettinger/Reiff in Wachter/Heckschen (Hrsg.), Praxis des Handels- und Gesellschaftsrechts, § 14 Rz. 531.

GmbH sind aufgrund der Weisungsabhängigkeit ihrer Geschäftsführer niedriger anzusetzen.[442]

BERATUNGSHINWEIS:

In der Praxis ist immer zu prüfen, ob nicht schon die Satzung der Gesellschaft entsprechende Regelungen enthält, die dann einen Rückgriff auf die Holzmüller- und Gelatine-Rechtsprechung möglicherweise obsolet machen.

Bei der Beurteilung, ob eine Ausgliederung als wesentlich anzusehen ist, dürften sowohl qualitative als auch quantitative Kriterien für die Entscheidung maßgeblich sein. So dürfte eine Ausgliederung eines Betriebsteils im Rahmen eines Joint Ventures mit Beteiligung eines Dritten auch bei geringem Volumen als wesentlich zu bewerten sein, während eine Ausgliederung auf eine 100-%ige Tochtergesellschaft in der Rechtsform einer GmbH bei gleichem Volumen eventuell noch als unwesentlich eingestuft werden könnte.[443] 368

BERATUNGSHINWEIS:

Die Frage der Wesentlichkeit einer Ausgliederung bei einer GmbH kann daher letztendlich nur im Rahmen einer wertenden Gesamtbetrachtung des jeweiligen Einzelfalls, unter Einbeziehung der Regelungen der Satzung, entschieden werden.

Der BGH hat in seinen Gelatine-Entscheidungen bei der AG einen mit einer qualifizierten Mehrheit gefassten Beschluss verlangt. Da der BGH die Hauptversammlungskompetenz in offener Rechtsfortbildung aus der Zuständigkeitsverteilung innerhalb der AG ableitet, ist dieses Mehrheitserfordernis u. E. nicht ohne Weiteres auf die GmbH übertragen werden. Die erforderliche Mehrheit bestimmt sich daher zunächst nach § 47 Abs. 1 GmbHG. Entsprechend können die Gesellschafterbeschlüsse über Ausgliederungen und andere ungewöhnliche Maßnahmen u. E. grds. **grundsätzlich mit einfacher Mehrheit** der abgegebenen Stimmen gefasst werden.[444] Dies ist jedoch strittig; zum Teil wird bei solchen Maßnahmen auch bei der GmbH eine qualifizierte Mehrheit gefordert.[445] Der Gesellschafterbeschluss kann grds. privatschriftlich gefasst werden (da § 179a AktG nicht analog für die GmbH gilt).[446] 369

442 Ettinger/Reiff in Wachter (Hrsg.), Praxis des Handels- und Gesellschaftsrechts, § 14 Rz. 564; Semler/Stengel/Leonard, UmwG, Anh. § 173 Rz. 44.

443 Ettinger/Reiff in Wachter/Heckschen (Hrsg.), Praxis des Handels- und Gesellschaftsrechts, § 14 Rz. 531, 564; Habersack/Casper/Löbbe, GmbHG, § 37 Rz. 23.

444 MüKo GmbHG, § 37 Rz. 19; Ettinger/Reiff in Wachter/Heckschen (Hrsg.), Praxis des Handels- und Gesellschaftsrechts, § 14 Rz. 532.

445 BeckOGK GmbHG, § 37 Rz. 43; Rowedder/Pentz, GmbHG, Anh. § 52 Rz. 47.

446 BGH v. 8.1.2019 - II ZR 364/18, NZG 2019 S. 505 = NWB VAAAH-11050; Wachter, DB 2019 S. 1078, 1079; Siehe dazu Keller/Schümmer, DB 2022 S. 1625.

cc) Ausgliederung aus einer Personengesellschaft

370 Bei einer OHG ist die **Zustimmung sämtlicher Gesellschafter zu außergewöhnlichen Rechtsgeschäften erforderlich** (§ 116 Abs. 2 HGB). Ausgliederungen gelten als Grundlagengeschäfte und somit grundsätzlich als außergewöhnlich i. S. v. § 116 Abs. 2 HGB.[447] Da das Ausmaß des Risikos, das ein bestimmtes Geschäft für die Gesellschaft birgt, ein wesentliches Kriterium für die Qualifikation als außergewöhnliches Geschäft ist, dürften jedoch Ausgliederungen, die nur einen ganz geringen Teil des Gesellschaftsvermögens umfassen, nicht als zustimmungspflichtiges Rechtsgeschäft anzusehen sein.[448] Der Gesellschafterbeschluss kann grds. privatschriftlich gefasst werden (da § 179a AktG nicht analog für die GmbH & Co. KG gilt).[449]

371 Nach § 164 Satz 1 HGB gilt § 116 Abs. 2 HGB **auch für die KG**. Somit ist bei außergewöhnlichen Geschäften einer KG ebenfalls grundsätzlich ein einstimmiger und privatschriftlicher Gesellschafterbeschluss erforderlich.[450]

BERATUNGSHINWEIS:

Auch hier ist der Gesellschaftsvertrag zu prüfen, der entsprechende Regelungen über Beschlussgegenstände, die mit einer bestimmten Mehrheit gefasst werden können, vorsehen kann.[451]

372–380 *(Einstweilen frei)*

e) Steuerliche Behandlung von Einbringungen

aa) Allgemeines

381 Die steuerlichen Folgen von Einbringungen sind in den §§ 20 ff. UmwStG geregelt. Durch das **SEStEG** wurde hier eine vollkommen neue Rechtslage geschaffen. Nach der Übergangsvorschrift des § 27 UmwStG ist das SEStEG auf Einbringungsvorgänge anzuwenden, bei denen die Anmeldung in das für die Wirksamkeit des Vorgangs maßgebende öffentliche Register **nach dem 12.12.2006** erfolgt. Für Einbringungsvorgänge, deren Wirksamkeit zivilrechtlich keine Eintragung in das Handelsregister voraussetzt, finden die Neu-

447 Vgl. Hopt, HGB, § 116 Rz. 3; MüKo HGB, § 116 Rz. 6 f.

448 Ettinger/Reiff in Wachter/Heckschen (Hrsg.), Praxis des Handels- und Gesellschaftsrechts, § 14 Rz. 533, 566.

449 BGH v. 15.2.2022 - II ZR 235/20, DStR 2022 S. 895 = NWB PAAAI-59174; Seulen/Weise, DB 2022 S. 1380; Keller/Schümmer, DB 2022 S. 1625.

450 Vgl. Hopt, HGB, § 164 Rz. 4.

451 MüKo HGB, § 116 Rz. 5, 62.

regelungen dann Anwendung, wenn das wirtschaftliche Eigentum an den eingebrachten Wirtschaftsgütern nach dem 12.12.2006 übergegangen ist.

Die §§ 20 ff. UmwStG beinhalten folgende **drei Grundfälle**: 382

- Einbringungen nach § 20 UmwStG (Einbringung von Betrieben, Teilbetrieben oder Mitunternehmeranteilen in Kapitalgesellschaften als aufnehmende Rechtsträger);
- Anteilstausch an Anteilen von Kapitalgesellschaften (§ 21 UmwStG);
- Einbringung von Betrieben, Teilbetrieben und Mitunternehmeranteilen in Personengesellschaften nach § 24 UmwStG.

bb) Einbringungen nach § 20 UmwStG

(1) Anwendungsfälle des § 20 UmwStG

§ 20 UmwStG erfasst die **folgenden Fälle**:[452] 383

- Sacheinlage in eine Kapitalgesellschaft im Rahmen einer Sachgründung bzw. Kapitalerhöhung gegen Sacheinlage bei einer bereits bestehenden Kapitalgesellschaft;
- Ausgliederung von Vermögen aus einer Personenhandelsgesellschaft, Kapitalgesellschaft oder aus dem Vermögen eines Einzelkaufmanns auf eine Kapitalgesellschaft (§ 123 Abs. 3 UmwG);
- Formwechsel einer Personenhandelsgesellschaft in die Rechtsform einer Kapitalgesellschaft (§ 190 UmwG; § 25 UmwStG);
- Verschmelzung einer Personenhandelsgesellschaft auf eine Kapitalgesellschaft (§ 2 UmwG);
- Auf- oder Abspaltung von Vermögen aus Personenhandelsgesellschaften auf Kapitalgesellschaften (§ 123 Abs. 1 und 2 UmwG).

Dabei ist es für Zwecke des Steuerrechts grundsätzlich **irrelevant, ob der zivilrechtliche Vorgang im Wege der Einzelrechtsnachfolge** (so die Sacheinlage) **oder im Wege der Gesamtrechtsnachfolge** (so der Fall der Verschmelzung) erfolgt.[453] 384

(2) Tatbestandsvoraussetzungen des § 20 UmwStG

Einbringungsgegenstand: Nach § 20 Abs. 1 UmwStG müssen Betriebe, Teilbetriebe oder Mitunternehmeranteile eingebracht werden. Auch der Bruchteil 385

452 Vgl. Tz. 01.44 UmwStE.

453 Vgl. Tz. 01.44 UmwStE.

eines Mitunternehmeranteils (Teil-Mitunternehmeranteil) ist tauglicher Einbringungsgegenstand.[454]

385/1 Der Begriff des Betriebs ist im UmwStG nicht definiert; es gelten deshalb die allgemeinen ertragsteuerlichen Grundsätze.[455] Damit ist der **deutsche Betriebsbegriff** anzuwenden, wonach ein Betrieb eine selbständig lebensfähige Organisationseinheit ist, in der eine Tätigkeit entfaltet werden kann, die der Erzielung von Einkünften i. S. d. §§ 13, 15 oder 18 EStG dient.[456] Bei der Einbringung eines Betriebs i. S. v. § 20 UmwStG müssen sämtliche Wirtschaftsgüter übertragen werden, die eine wesentliche Betriebsgrundlage des einzubringenden Betriebs darstellen; andernfalls ist § 20 UmwStG nicht anwendbar, insbesondere ist eine Buchwertfortführung nicht möglich.[457] Es müssen jedoch nicht sämtliche Wirtschaftsgüter, die zum Betriebsvermögen des zu übertragenden Betriebs gehören, auch auf den übernehmenden Rechtsträger übertragen werden; Wirtschaftsgüter, die keine wesentliche Betriebsgrundlage darstellen, dürfen zurückbehalten werden, ohne dass dies die Anwendbarkeit des § 20 UmwStG auf die übertragenen Wirtschaftsgüter berührt.[458] Können die zurückbehaltenen Wirtschaftsgüter keinem Betriebsvermögen des Einbringenden mehr zugeordnet werden, so erfolgt bei natürlichen Personen eine (gewinnrealisierende) Entnahme in das Privatvermögen.

385/2 Die Definition des Teilbetriebs ergibt sich nicht aus dem UmwStG, sondern lässt sich in Art. 2 Buchst. j der Fusionsrichtlinie finden. Demnach gilt der **europäische Teilbetriebsbegriff**, wonach unter einem Teilbetrieb die Gesamtheit der in einem Unternehmensteil einer Gesellschaft vorhandenen aktiven und passiven WG zu verstehen ist, die in organisatorischer Hinsicht einen selbständigen Betrieb, d. h. eine aus eigenen Mitteln funktionsfähige Einheit, darstellen. Im Gegensatz zum deutschen Betriebsbegriff müssen beim europäischen Teilbetriebsbegriff nicht nur zwingend die wesentlichen Betriebsgrundlagen übertragen werden, sondern **sämtliche dem Teilbetrieb nach wirtschaftlichen Zusammenhängen zuordenbaren Wirtschaftsgüter.**[459] Wirtschaftsgüter, die

454 Vgl. Tz. 20.11 UmwStE; ebenso seine gesetzliche Erwähnung in § 20 Abs. 4 Satz 1 UmwStG sowie BT-Drucks. 16/2710 S. 42.

455 Vgl. Haritz/Menner/Bilitewski, UmwStG, § 20 Rz. 61; Widmann/Mayer, Umwandlungsrecht, § 20 UmwStG Rz. R 2, 3; Dötsch/Pung/Möhlenbrock, Umwandlungsteuerrecht, § 20 Rz. 22; Brandis/Heuermann, UmwStG, § 20 Rz. 39.

456 Vgl. Haritz/Menner/Bilitewski, UmwStG, § 20 Rz. 61; Schmidt, EStG, § 15 Rz. 11 ff.; Widmann/Mayer, Umwandlungsrecht, § 20 UmwStG Rz. R 2, 2 f.

457 Vgl. Haritz/Menner/Bilitewski, UmwStG, § 20 Rz. 62; Rödder/Herlinghaus/Graw/Heinemann, UmwStG, § 20 Rz. 25, 37.

458 Vgl. Haritz/Menner/Bilitewski, UmwStG, § 20 Rz. 67.

459 Vgl. Tz. 20.06, 15.02 und 15.07 UmwStE.

zwar keine wesentliche Betriebsgrundlage darstellen, aber dem Teilbetrieb zugeordnet werden können, dürfen somit – im Gegensatz zur Einbringung eines Betriebs – nicht zurückbehalten werden.

Ein **Mitunternehmeranteil** ist die Beteiligung an einer gewerblich tätigen oder geprägten Personengesellschaft i. S. d. § 15 Abs. 1 Satz 1 Nr. 2 EStG und umfasst neben den anteiligen Wirtschaftsgütern des Gesamthandsvermögens (gesamthänderische Mitberechtigung) auch das – sich im Eigentum des Gesellschafters befindliche – Sonderbetriebsvermögen des Gesellschafters. Um die Bewertungsvergünstigung des § 20 UmwStG in Anspruch nehmen zu können, müssen **alle wesentlichen Betriebsgrundlagen** des mitunternehmerischen Betriebsvermögens übertragen werden.[460] Für die Beurteilung der funktionalen Wesentlichkeit ist die Sicht des einbringenden Mitunternehmers maßgebend.[461] Gehört zum Sonderbetriebsvermögen des einbringenden Gesellschafters eine wesentliche Betriebsgrundlage, so muss diese ebenfalls zwingend mit eingebracht werden; Sonderbetriebsvermögen, das nicht wesentlich ist, kann zurückbehalten werden.[462] 385/3

Bei allen Einbringungsgegenständen ist es stets erforderlich, dass die **funktional wesentlichen Betriebsgrundlagen mit eingebracht werden.**[463] Funktional wesentlich in diesem Sinne sind diejenigen Wirtschaftsgüter, die für den Betriebsablauf ein erhebliches Gewicht haben, insbesondere für ihn prägend oder notwendig sind; anders als bei den §§ 16, 34 EStG kommt es hierbei nicht auf das Vorhandensein stiller Reserven an.[464] Nicht ausreichend ist, dass diese beim Einbringenden zurückbehalten werden und der Kapitalgesellschaft nur aufgrund von z. B. Miet- oder Pachtverträgen zur Nutzung überlassen werden.[465] Ob die **Übertragung des wirtschaftlichen Eigentums** unter Zurückbehaltung des rechtlichen Eigentums ausreichend ist, war nach Änderung des UmwStG durch das SEStEG umstritten.[466] Nach Ansicht der Finanzverwaltung 386

460 Tz. 20.10, 20.06 UmwStE.

461 Haritz/Menner/Bilitewski, UmwStG, § 20 Rz. 148; Dötsch/Pung/Möhlenbrock, Umwandlungsteuerrecht, § 20 Rz. 124 m. w. N.

462 Vgl. BFH v. 25.11.2009 - I R 72/08, BStBl 2010 II S. 471; BFH v. 16.12.2009 - I R 97/08, BStBl 2010 II S. 808; Haritz/Menner/Bilitewski, UmwStG, § 20 Rz. 150.

463 Vgl. Tz. 20.06, 20.10 UmwStE.

464 Ständige Rspr., z. B. BFH v. 7.4.2010 - I R 96/08, NWB QAAAD-46359 = DB 2010 S. 1567, 1568.

465 Vgl. Tz. 20.06 UmwStE; Patt, EStB 2009 S. 354, 357; BFH v. 7.4.2010 - I R 96/08, NWB QAAAD-46359 = DB 2010 S. 1567, 1569; BFH v. 19.12.2012 - IV R 29/09, BStBl 2013 II S. 387.

466 Dagegen: Dötsch/Pung/Möhlenbrock, Umwandlungsteuerrecht, § 20 Rz. 7; dafür: Herlinghaus, FR 2007 S. 286; Förster/Wendland, BB 2007 S. 631, 632. Ausdrücklich offengelassen in BFH v. 7.4.2010 - I R 96/08, NWB QAAAD-46359 = DB 2010 S. 1567, 1569.

„ist auch die Begründung des wirtschaftlichen Eigentums ausreichend."[467] Ob die **Beteiligung an der Komplementär-GmbH** eine wesentliche Betriebsgrundlage des einzubringenden Kommanditanteils bei einer GmbH & Co. KG ist, hängt vom Einzelfall ab.[468] Nach Auffassung des BFH[469] ist eine Beteiligung eines Kommanditisten an der Komplementär-GmbH nicht dem Sonderbetriebsvermögen zuzuordnen, wenn die Komplementär-GmbH einen eigenen Geschäftsbetrieb von nicht ganz untergeordneter Bedeutung unterhält. Dies gilt auch dann, wenn die Komplementär-GmbH mit der GmbH & Co. KG wirtschaftlich verflochten ist und die Geschäftsbeziehungen aus Sicht der GmbH & Co. KG nicht von geringer Bedeutung sind (entgegen der Auffassung der Finanzverwaltung).

386/1 Wird **wesentliches Betriebsvermögen** nicht miteingebracht, sondern **im engen zeitlichen Zusammenhang** mit dem Einbringungsvorgang steuerbegünstigt (d. h. seinerseits zu Buchwerten) **in ein anderes Betriebsvermögen überführt** (z. B. nach § 6 Abs. 5 EStG), sollen nach Ansicht der Finanzverwaltung die Begünstigungen des § 20 Abs. 2 Satz 2 UmwStG u. U. versagt werden (Prüfung der **Gesamtplangrundsätze**).[470] Werden jedoch im Vorfeld etwaige stille Reserven in wesentlichem Betriebsvermögen aufgedeckt, weil dessen Übertragung zu Verkehrswerten an Dritte erfolgt, steht nach Ansicht des BFH weder § 42 AO noch die Rechtsfigur des Gesamtplans entgegen; die Begünstigungen des § 20

467 Vgl. Tz. 15.07, 20.06 UmwStE.

468 Dazu BFH v. 25.11.2009 - I R 72/08, BStBl 2010 II S. 471, BFH v. 16.12.2009 - I R 97/08, BStBl 2010 II S. 808. und FG Münster v. 14.8.2013 - 2 K 4721/10 G, F, EFG 2014 S. 81 = NWB PAAAE-48643. Entscheidend ist zum einen, ob die Komplementärin einen eigenen operativen Geschäftsbetrieb hat oder nicht, und zum anderen, ob sie dem einbringenden Kommanditisten ein „Mehr" an gesellschaftsrechtlichem Einfluss vermittelt oder nicht. Siehe dazu ausführlich Schulze zur Wiesche, DB 2010 S. 638 ff. Ist neben dem Kommanditisten jedoch nur noch die Komplementär-GmbH Gesellschafterin der KG, handelt es sich also um eine Zweipersonengesellschaft, ist eine funktional wesentliche Betriebsgrundlage für die Mitunternehmerstellung des Kommanditisten gegeben, weil die GmbH aus dessen Sicht benötigt wird, um überhaupt eine Personengesellschaft und damit eine Kommanditistenstellung mit der entsprechenden Haftungsbegrenzung zu begründen und zu erhalten. Dies gilt unabhängig davon, in welchem Umfang der Kommanditist an der GmbH beteiligt ist, siehe OFD NRW v. 21.6.2016, DB 2016 S. 1907. Erlischt die GmbH & Co. KG infolge der Umwandlung, so stellen die Geschäftsanteile an der Komplementär-GmbH nach Ansicht des BFH keine wesentliche Betriebsgrundlage mehr dar: BFH v. 16.12.2009 - I R 97/08, BStBl 2010 II S. 808; bestätigt durch OFD NRW v. 21.6.2016, DB 2016 S. 1907; vgl. insoweit zur erweiterten Anwachsung Rz. 562. Siehe insgesamt zur Behandlung einer Komplementär-GmbH: OFD NRW v. 21.6.2016, DB 2016 S. 1907; OFD Frankfurt v. 21.7.2022 - S 2134 A - 14 - St 517, NWB EAAAE-57227.

469 BFH v. 12.12.2021 - IV R 15/19, BFH/NV 2022 S. 492 = NWB SAAAI-05466.

470 Vgl. Tz. 20.07 UmwStE; Gesamtplanrechtsprechung: BFH v. 9.12.2014 - IV R 36/13, BStBl 2015 II S. 529; BFH v. 17.12.2014 - IV R 57/11, BStBl 2015 II S. 536; BFH v. 11.12.2001 - VIII R 23/01, BStBl 2004 II S. 474; v. 25.2.2010 - IV R 49/08, BStBl 2010 II S. 726.

UmwStG sind anwendbar.[471] Die **jüngere BFH-Rechtsprechung zum Gesamtplan ist insgesamt deutlich großzügiger** als die Ansicht der Finanzverwaltung im Umwandlungssteuererlass (aber keine „Aufgabe" des Gesamtplaninstituts): So liegt nach Ansicht des BFH kein schädlicher Gesamtplan vor, wenn wesentliche Betriebsgrundlagen im zeitlichen Zusammenhang, aber „auf Dauer" ausgelagert werden (sogar nach § 6 Abs. 5 EStG)[472] oder „eigenständige betriebliche Einheiten", also Betriebe, Teilbetriebe oder Mitunternehmeranteile, auch zu Buchwerten, im zeitlichen Zusammenhang ausgelagert werden.[473] Auch hält der BFH die Anwendung der Gesamtplanrechtsprechung bei unentgeltlicher Übertragung eines Mitunternehmeranteils im Rahmen von § 6 Abs. 3 EStG nach Ausgliederung bzw. Veräußerung von Sonderbetriebsvermögen für nicht geboten.[474] Ein Mitunternehmer könne seinen Mitunternehmeranteil an einer Personengesellschaft auch dann steuerneutral zu Buchwerten übertragen, wenn er zuvor Sonderbetriebsvermögen steuerneutral übertragen bzw. unter Aufdeckung stiller Reserven veräußert habe. In diesem Fall sei unerheblich, ob Veräußerung und Anteilsübertragung auf einem einheitlichen Plan beruhten oder nicht. In einer späteren Entscheidung[475] bestätigte der BFH nochmals seine Rechtsauffassung und stellte sich ausdrücklich gegen den Nichtanwendungserlass der Finanzverwaltung zu seinem vorherigen Urteil. Mit Urteil v. 10.9.2020[476] hat der BFH seine Rechtsprechung erneut bestätigt und zeitgleich hinsichtlich der zeitlichen Komponente präzisiert. So ist es für die Anwendung der Buchwertfortführung gem. § 6 Abs. 3 Satz 1 EStG unschädlich, wenn eine „juristische Sekunde" vor der Übertragung des (verbliebenen) ganzen Mitunternehmeranteils eine funktional wesentliche Betriebsgrundlage durch Veräußerung an Dritte oder Überführung in das Privatvermögen ausgeschieden ist. Erfolgt die Aufdeckung stiller Reserven in funktional wesentlichem Sonderbetriebsvermögen allerdings zeitgleich mit oder eine „juristische Sekunde" nach der Übertragung des Mitunternehmeranteils, liegt eine Betriebsaufgabe vor. Zugleich präzisiert der BFH mit dieser Entscheidung seine bisherige Rechtsprechung zu § 6 Abs. 3 EStG[477] und schließt sich hinsichtlich der Frage der Anwen-

471 BFH v. 9.11.2011 - X R 60/09, BStBl 2012 II S. 638.

472 BFH v. 25.11.2009 - I R 72/08, BStBl 2010 II S. 471.

473 BFH v. 25.2.2010 - IV R 49/08, BStBl 2010 II S. 726.

474 BFH v. 2.8.2012 - IV R 41/11, BFH/NV 2012 S. 2053 = NWB TAAAE-19933; bestätigend BFH v. 10.9.2020 - IV R 14/18, BStBl II 2021 S. 367; zur Übertragung von Sonderbetriebsvermögen vgl. Rz. 387.

475 BFH v. 12.5.2016 - IV R 12/15, BFH/NV 2016 S. 1376 = NWB NAAAF-77196.

476 BFH v. 10.9.2020 - IV R 14/18, BStBl 2021 II S. 367.

477 Vgl. BFH v. 2.8.2012 - IV R 41/11 BFH/NV 2012 S. 2053 = NWB TAAAE-19933, und v. 9.12.2014 - IV R 36/13, BStBl 2015 II S. 529.

dung von § 6 Abs. 3 Satz 1 EStG bei zeitgleicher Aufdeckung stiller Reserven in funktional wesentlichem Sonderbetriebsvermögen der Auffassung der Finanzverwaltung an.[478] Das BMF hat sich mit Schreiben v. 5.5.2021[479] der Entscheidung des BFH v. 10.9.2020[480] angeschlossen und seine noch im Vorgängerschreiben enthaltene zeitraumbezogene bzw. tageweise Prüfung, welche Übertragungen am selben Tag als „zeitgleich" behandelt, aufgegeben. Nach dem aktuellen Schreiben ist bei der Prüfung, ob die Übertragung des Anteils am Gesamthandsvermögen und die Veräußerung an Dritte oder die Überführung ins Privatvermögen zeitgleich vorgenommen werden, auf das im Zeitpunkt der Übertragung vorhandene Betriebsvermögen abzustellen. Hierfür ist eine zeitpunktbezogene Prüfung vorzunehmen, bei der der Zeitpunkt des Übergangs des wirtschaftlichen Eigentums (§ 39 Abs. 2 Nr. 1 Satz 1 AO) maßgeblich ist. Allerdings hat der BFH für die Frage der Tarifbegünstigung bei Veräußerung eines Mitunternehmeranteils nach § 16 EStG die Gesamtplanrechtsprechung angewendet, wenn zuvor aufgrund einheitlicher Planung und im zeitlichen Zusammenhang mit der Veräußerung des Mitunternehmeranteils ein Teil des ursprünglichen Mitunternehmeranteils gem. § 6 Abs. 3 EStG unentgeltlich übertragen wurde.[481] Zu beachten ist jedoch das BFH-Urteil v. 29.11.2017[482] in dem der erste Senat die steuerneutrale Einbringung nach § 20 UmwStG eines Besitzeinzelunternehmens (Betriebsaufspaltung) verneinte, weil das an die Betriebsgesellschaft vermietete Betriebsgrundstück als wesentliche Geschäftsgrundlage nicht mit den Anteilen an der Betriebsgesellschaft auf die aufnehmende Gesellschaft übertragen sondern vom Einbringenden zurückbehalten wurde. Hinsichtlich der weiteren Erfordernisse zur Übertragung von wesentlichen Betriebsgrundlagen und Wirtschaftsgütern eines Teilbetriebs vgl. Rz. 213 ff. und zur Übertragung von Einzelwirtschaftsgütern nach § 6 Abs. 5 EStG vgl. Rz. 587 ff.

BERATUNGSHINWEIS:

Ist beabsichtigt, vor dem Umwandlungsvorgang nach § 20 UmwStG wesentliches Betriebsvermögen aus dem zu übertragenden Betriebsvermögen zu separieren, sollte im Vorfeld genauestens die Vergleichbarkeit der beabsichtigten Übertragungsvorgänge mit den einschlägigen BFH-Urteilen zur Gesamtplanrechtsprechung überprüft werden, um die Steuerneutralität der Übertragung nach § 20 Abs. 2 Satz 2 UmwStG nicht zu

478 Vgl. BMF v. 20.11.2019, BStBl 2019 I S. 1291, Rz. 9.

479 BMF v. 5.5.2021, BStBl 2021 I S. 696.

480 BFH v. 10.9.2020 - IV R 14/18, BStBl 2021 II S. 367.

481 BFH v. 9.12.2014 - IV R 36/13, BStBl 2015 II S. 529; BFH v. 17.12.2014 - IV R 57/11, BStBl 2015 II S. 536.

482 BFH v. 29.11.2017 - I R 7/16, BFH/NV 2018 S. 810 = NWB AAAAG-83527.

gefährden, da die Finanzverwaltung die Gesamtplangrundsätze erfahrungsgemäß weiterhin umfangreicher anwenden möchte.

Wenn Betriebe, Teilbetriebe oder Mitunternehmeranteile eingebracht werden, müssen auch die **wesentlichen Betriebsgrundlagen**, die **im Sonderbetriebsvermögen** gehalten werden, mit eingebracht werden, damit § 20 UmwStG anwendbar ist.[483] Diese müssen jedoch **zivilrechtlich gesondert übertragen** werden; auch bei umwandlungsgesetzlichen Vorgängen sind diese nicht vom Automatismus der Gesamtrechtsnachfolge erfasst. Zur Sicherstellung der Einhaltung der Begünstigungen nach § 20 Abs. 2 Satz 2 UmwStG müssen solche Wirtschaftsgüter **in zeitlichem und sachlichem Zusammenhang (mit-)übertragen** werden. Eine eigenständige Übertragung aus dem Sonderbetriebsvermögen in das Gesamthandsvermögen nach § 6 Abs. 5 Satz 3 EStG vor der Umwandlung (und unabhängig von dieser) sollte wegen der Nachversteuerungsvorschrift des § 6 Abs. 5 Satz 6 EStG vermieden werden.[484] 387

Sonderfall Beendigung einer Betriebsaufspaltung: Auch die Beendigung einer Betriebsaufspaltung durch Einbringung der Anteile an der Besitzgesellschaft (steuerlich Mitunternehmerschaft) in die Betriebskapitalgesellschaft stellt einen Fall des § 20 UmwStG dar, auch wenn die Anteile an der aufnehmenden Kapitalgesellschaft, die steuerlich gesehen zum Betriebsvermögen des Betriebsunternehmens gehören (Sonderbetriebsvermögen II),[485] gesellschaftsrechtlich nicht in die aufnehmende Kapitalgesellschaft (nicht „in sich selbst") eingebracht werden können.[486] In diesem Fall sind jedoch nicht nur die neu ausgegebenen Anteile an der Betriebskapitalgesellschaft, sondern auch die schon vorher vorhandenen (Alt-)Anteile sperrfristbehaftete Anteile i. S. d. § 22 Abs. 1 Satz 1 UmwStG.[487] Eine Beendigung der Betriebsaufspaltung durch Einbringung kann daher auch nach Änderung des Umwandlungssteuergesetzes durch das SEStEG u. E. steuerneutral erfolgen. 388

Aufgrund der Änderungen durch das SEStEG wurde diskutiert, ob das Modell der **erweiterten Anwachsung** zu Umwandlungen einer Personenhandelsgesell- 389

483 Vgl. Tz. 20.06 UmwStE.

484 Vgl. Schmitt in Schmitt/Hörtnagl, UmwG UmwStG, § 20 UmwStG Rz. 153; Für den auf eine Übertragung nach § 6 Abs. 5 Satz 3 EStG folgenden Formwechsel einer Personengesellschaft in eine Kapitalgesellschaft bestätigt durch BFH v. 15.7.2021 - IV R 36/18, BFH/NV 2021 S. 1588 = NWB OAAAH-93543; zur Übertragung von Einzelwirtschaftsgütern nach § 6 Abs. 5 EStG vgl. Rz. 587 ff.

485 Vgl. BFH v. 16.4.1991 - VIII R 63/87, BStBl 1991 II S. 832; H 4.2 Abs. 2 „Anteile an Kapitalgesellschaften – Einzelfälle" 1. Spiegelstrich EStH.

486 Vgl. Dötsch/Pung/Möhlenbrock, Umwandlungssteuerrecht, § 20 UmwStG Rz. 72.

487 Vgl. Tz. 20.09 UmwStE.

schaft in eine Kapitalgesellschaft noch von § 20 UmwStG erfasst ist (siehe dazu unten Rz. 562).

390 **Gegenleistung der Einbringung:** Die Anwendung von § 20 UmwStG erfordert die Gewährung neuer Anteile an der aufnehmenden Gesellschaft als Gegenleistung, d. h., die Einlage hat im Wege der **offenen Einlage** gegen Ausgabe von Gesellschaftsanteilen zu erfolgen. Eine **verdeckte oder verschleierte Sacheinlage erfüllt diese Voraussetzungen nicht.**[488] Ebenfalls nicht erfasst ist das Ausscheiden der Kommanditisten aus einer Kapitalgesellschaft & Co. KG unter Anwachsung ihrer Anteile gem. § 738 BGB, ohne dass die Kommanditisten einen Ausgleich in Form von Gesellschaftsrechten an der Kapitalgesellschaft erhalten. Auch Verschmelzungen, die nach **§ 54 Abs. 1 und § 68 Abs. 1 und 2 UmwG** ohne Kapitalerhöhung und Ausgabe von neuen Anteilen bei der aufnehmenden Kapitalgesellschaft erfolgen, sind nicht begünstigt.[489] Zulässig ist es jedoch, wenn neben den Anteilen durch die aufnehmende Gesellschaft auch **andere Gegenleistungen** wie eine Buchung in die Kapitalrücklagen gewährt werden.[490]

(3) Ansatzwahlrecht

391 Nach § 20 Abs. 2 Satz 1 UmwStG hat der übernehmende Rechtsträger das eingebrachte Betriebsvermögen **grundsätzlich mit dem gemeinen Wert** anzusetzen. Pensionsrückstellungen sind nach dem Wert gem. § 6a EStG zu bewerten. Dabei sind auch selbst geschaffene immaterielle Wirtschaftsgüter sowie ein originärer Firmenwert mit dem gemeinen Wert anzusetzen.[491]

392 Nach § 20 Abs. 2 Satz 2 bis 4 UmwStG kann das übernommene Betriebsvermögen auf Antrag, der durch den übernehmenden Rechtsträger zu erfolgen hat, jedoch einheitlich mit dem **Buchwert oder einem Zwischenwert** angesetzt werden, wenn und soweit folgende Voraussetzungen kumulativ vorliegen:

- Es muss sichergestellt sein, dass das eingebrachte Betriebsvermögen bei der übernehmenden Körperschaft der Besteuerung mit Körperschaftsteuer unterliegt. Dabei ist mit Körperschaftsteuer sowohl die inländische als auch die ausländische gemeint.[492]

---

488 Vgl. Tz. E 20.10 UmwStE.
489 Vgl. Tz. E 20.10 UmwStE.
490 Vgl. Tz. E 20.11 UmwStE.
491 Vgl. Gesetzesbegründung BT-Drucks. 16/2710 S. 43; Tz. 20.20, 03.04 UmwStE.
492 Vgl. Tz. 20.19, 03.17 UmwStE.

- Die Passivposten des eingebrachten Betriebsvermögens dürfen die Aktivposten nicht übersteigen.
- Das Recht der Bundesrepublik Deutschland hinsichtlich der Besteuerung des Gewinns aus der Veräußerung des eingebrachten Betriebsvermögens bei der übernehmenden Kapitalgesellschaft darf nicht ausgeschlossen oder beschränkt werden.

Werden im Wege einer Sacheinlage mehrere Mitunternehmeranteile mit positiven und negativen Kapitalkonten in eine Kapitalgesellschaft eingebracht, sind die Voraussetzungen für die Übertragung zu Buchwerten sowohl für jeden Gesellschafter als auch für jeden einzelnen Sacheinlagegegenstand gesondert zu prüfen. Eine Saldierung von negativen und positiven Kapitalkonten verschiedener Mitunternehmeranteile verschiedener Übertragenden als auch desselben Übertragenden ist nicht möglich.[493]

Der **Antrag** auf Buchwertfortführung oder auf Ansatz von Zwischenwerten ist 393
nach § 20 Abs. 2 UmwStG spätestens zur erstmaligen Abgabe der steuerlichen Schlussbilanz bei dem für die übernehmende Gesellschaft zuständigen Finanzamt zu stellen. Mit „Schlussbilanz“ ist dabei die Bilanz des übernehmenden Rechtsträgers zum Schluss des Wirtschaftsjahres gemeint, in das der steuerliche Übertragungsstichtag fällt.[494] Es kommt hierbei allein auf die Steuerbilanz an. Eine **Maßgeblichkeit der Handelsbilanz für die Steuerbilanz besteht insoweit nicht.**[495] Aus Gründen der Darstellung eines hohen Eigenkapitals z. B. für Rating-Zwecke kann daher in der Handelsbilanz ein höherer Wert angesetzt werden.

BEISPIEL: Der Buchwert des Eigenkapitals eines nach § 20 UmwStG in eine GmbH eingebrachten Betriebs beträgt 25.000 €, der gemeine Wert dagegen 200.000 €. Das Stammkapital der GmbH soll 25.000 € betragen.

Lösung:

Handelsbilanziell kann der das Stammkapital übersteigende Betrag von 175.000 € in der Kapitalrücklage der GmbH ausgewiesen werden, während in der Steuerbilanz Buchwertfortführung möglich ist.

Der Antrag bedarf keiner besonderen Form, ist bedingungsfeindlich und unwi- 394
derruflich. Aus dem Antrag muss sich ergeben, ob das übergehende Vermögen mit dem Buchwert, Zwischenwert oder gemeinen Wert angesetzt wird.[496]

---

493 Vgl. BFH v. 13.9.2018 - I R 19/16, BStBl 2019 II S. 385; Sächsisches FG v. 28.7.2010 - 2 K 322/10, EFG 2011 S. 2027 = NWB IAAAD-60839.

494 Vgl. Tz. 20.21 UmwStE.

495 Vgl. Tz. 20.20 UmwStE.

496 Vgl. Tz. 20.21, 03.29 UmwStE.

Nach h. M. ist die Einreichung einer entsprechenden Steuerbilanz durch die übernehmende Gesellschaft als schlüssige Antragstellung auszulegen.[497] Das Bayerische Landesamt für Steuern[498] vertrat in einer ersten Verfügung vom 7.7.2014 hingegen die Auffassung, dass unter dem Begriff der steuerlichen Schlussbilanz eine eigenständige, von der Gewinnermittlung nach §§ 4 Abs. 1, 5 Abs. 1 EStG (Steuerbilanz) zu unterscheidende Bilanz zu verstehen ist. Wird nur eine Steuerbilanz i. S. d. §§ 4 Abs. 1, 5 Abs. 1 EStG auf den Bilanzstichtag abgegeben, ohne dass dies mit einer weiteren Erklärung verbunden wird, kann darin keine Abgabe der steuerlichen Schlussbilanz i. S. d. §§ 20, 24 UmwStG gesehen werden. In diesen Fällen sei die Antragsfrist der §§ 20 Abs. 2 Satz 2, 24 Abs. 2 Satz 3 UmwStG noch nicht verstrichen. Werde keine steuerliche Schlussbilanz eingereicht, habe das zuständige Finanzamt die Gesellschaft aufzufordern, eine steuerliche Schlussbilanz und/oder eine ausdrückliche Erklärung zur Ausübung des Bewertungswahlrechts abzugeben. Diese Vorgehensweise sei erforderlich, um zu verhindern, dass die übernehmende Gesellschaft/Personengesellschaft durch Wertaufstockung ein erhöhtes Abschreibungsvolumen generiere, aber beim Einbringenden die Besteuerung der stillen Reserven ausbleibe. Allerdings revidierte das Bayerische Landesamt für Steuern diese Auffassung mit der Verfügung vom 11.11.2014 kurze Zeit später wieder:[499] „Unter dem Begriff der steuerlichen Schlussbilanz ist keine eigenständige, von der Gewinnermittlung nach §§ 4 Abs. 1, 5 Abs. 1 EStG zu unterscheidende Bilanz des übernehmenden Rechtsträgers zu verstehen. Vielmehr ist die (reguläre) Steuerbilanz gemeint, in der das übernommene Betriebsvermögen erstmals anzusetzen ist. Wird die Steuerbilanz i. S. d. §§ 4 Abs. 1, 5 Abs. 1 EStG auf den Bilanzstichtag abgegeben, ohne weitere Erklärungen zur Ausübung des Wahlrechts, ist die Antragsfrist der §§ 20 Abs. 2 Satz 3, 24 Abs. 2 Satz 3 UmwStG verstrichen und der darin angesetzte Wert maßgebend. Wird lediglich eine Handelsbilanz ggf. mit notwendigen Korrekturen i. S. d. § 60 Abs. 2 EStDV eingereicht und wird diese der Steuerfestsetzung zugrunde gelegt, gilt das Bewertungswahlrecht als ausgeübt [...]." Die neuere Auffassung des Bayerischen Landesamts für Steuern entspricht damit der überwiegenden Auffassung der Finanzverwaltung und wurde schlussendlich durch das BFH-Urteil v. 15.6.2016 bestätigt: **„Bei der „steuerlichen Schlussbilanz" i. S. v. § 20 Abs. 2 Satz 3 UmwStG handelt es sich um die nächste auf den Einbringungszeitpunkt folgende steuerliche Jahresschlussbilanz der übernehmenden**

497 Schmitt/Hörtnagl, UmwG UmwStG, § 20 UmwStG Rz. 310, 316; Haritz/Menner/Bilitewski, UmwStG, § 20 Rz. 368.

498 BayLfSt v. 7.7.2014 - S 1978d.2.1-17/1 St32, DB 2014 S. 1898.

499 BayLfSt v. 11.11.2014 - S 1978d.2.1-17/10 St32, DB 2014 S. 2681, 2682.

Gesellschaft i. S. v. § 4 Abs. 1, § 5 des Einkommensteuergesetzes (EStG), in der das Wirtschaftsgut erstmals anzusetzen ist und nicht […] um eine von der Steuerbilanz zu unterscheidende eigenständige „Schlussbilanz“[500] Auch bei einem handelsrechtlichen Jahresabschluss nebst „Überleitungsrechnung“ und „Korrektur nach § 60 Abs. 2 EStDV“ handelt es sich um eine Steuerbilanz und mithin um die steuerliche Schlussbilanz i. S. v. § 20 Abs. 2 Satz 3 UmwStG.[501]

BEISPIEL: Ein Betrieb wird rückwirkend in eine Kapitalgesellschaft eingebracht. Handelsrechtlicher Umwandlungsstichtag ist der 1.1.2025 (Ausgliederung). Die Kapitalgesellschaft gibt eine Eröffnungsbilanz auf den 1.1.25 und eine reguläre Jahresbilanz auf den 31.12.2025 ab. Die Aufstellung (und Einreichung) einer eigenständigen „Übernahmebilanz“ der Kapitalgesellschaft auf den 31.12.2024 als den steuerlichen Übertragungsstichtag, zu dem das übergehende Vermögen eigentlich bereits steuerlich übernommen wird, unterbleibt (wie häufig in der Praxis anzutreffen).

Lösung:

Steuerlicher Übertragungsstichtag ist der 31.12.2024. Der einzige Geschäftsvorfall der übernehmenden Gesellschaft ist die Übernahme des Betriebsvermögens aufgrund der Einbringung. Maßgebende Bilanz für die Ausübung des Bewertungswahlrechts ist die „Schlussbilanz“ (Übernahmebilanz) der Kapitalgesellschaft auf den 31.12.2024.[502] Die Frist zur Ausübung des Bewertungswahlrechts war damit noch nicht abgelaufen, weil die Kapitalgesellschaft es unterlassen hat, eine solche Bilanz einzureichen.

BERATUNGSHINWEIS:

Es empfiehlt sich dennoch stets unmittelbar nach der Durchführung der Umwandlung eine ausdrückliche Beantragung der Buchwertfortführung mit gesondertem „Antrag auf Buchwertfortführung“. Der Antrag ist einheitlich für das gesamte übernommene Betriebsvermögen zu stellen, d. h. eine Selektierung nach einzelnen Wirtschaftsgütern ist unzulässig.[503] Zusätzlich sollte in der Steuererklärung der übernehmenden Gesellschaft ein entsprechender ausdrücklicher Hinweis aufgenommen werden, beispielsweise: „Die eingereichte Steuerbilanz i. S. d. §§ 4 Abs. 1, 5 Abs. 1 EStG/Handelsbilanz mit notwendigen Korrekturen i. S. d. § 60 Abs. 2 EStDV entspricht der steuerlichen Schlussbilanz i. S. d. § 20 UmwStG; die darin ausgewiesenen Wirtschaftsgüter sind nach § 20 Abs. 2 Satz 2 UmwStG mit ihren Buchwerten angesetzt worden (Buchwertfortführung).“

---

500 BFH v. 15.6.2016 - I R 69/15, BStBl 2017 II S. 75; FG München v. 22.10.2013 - 6 K 3548/12, EFG 2014 S. 235, Rev. erledigt durch BFH v. 30.9.2015 - I R 77/13, BFH/NV 2016 S. 959 = NWB EAAAF-72290.

501 BFH v. 15.6.2016 - I R 69/15, BStBl 2017 II S. 75; FG München v. 22.10.2013 - 6 K 3548/12, EFG 2014 S. 235, Rev. erledigt durch BFH v. 30.9.2015 - I R 77/13, BFH/NV 2016 S. 959 = NWB EAAAF-72290.

502 BayLfSt v. 11.11.2014 - S 1978d.2.1-17/10 St32, DB 2014 S. 2681, 2682.

503 Vgl. Tz. 20.18 UmwStE.

BERATUNGSHINWEIS:

Der BFH hat zudem bestätigt, dass der Antrag auf Buchwertfortführung auch in der notariellen Urkunde über die Umwandlung, von der der Notar dem zuständigen Finanzamt eine beglaubigte Abschrift übersendet, gestellt werden kann.[504] Dabei müssen die Vertragsparteien explizit den Buchwertantrag stellen und sich nicht bloß zivilrechtlich verpflichten (später) entsprechende Anträge zu stellen. Der BFH erachtete dabei folgende Formulierung in einem gesonderten Abschnitt mit der Überschrift „Steuerliche Regelungen" als ausreichend: „Von dem Antragsrecht der Übertragung zu Buchwerten wird hiermit ausdrücklich Gebrauch gemacht."

BERATUNGSHINWEIS:

Die nachträgliche Änderung eines einmal nach § 20 Abs. 5 Satz 1 UmwStG – ggf. auch konkludent – gestellten Antrags auf Rückbeziehung einer Einbringung ist nach Rechtsprechung des BFH unzulässig.[505] Der BFH widerspricht jedoch der Auffassung der Finanzverwaltung im Umwandlungssteuererlass, dass der Antrag spätestens im Zeitpunkt der Einreichung der Steuerbilanz zu stellen ist. Vielmehr existiert keine gesetzliche Befristung für den Antrag.

395 **Behandlung der Gewährung sonstiger Gegenleistungen:** Werden dem Einbringenden sonstige Gegenleistungen wie insbesondere Gesellschafterdarlehen gewährt, kommt es nur noch dann zu keiner Aufdeckung stiller Reserven, wenn der gemeine Wert der sonstigen Gegenleistungen

- entweder kleiner ist als 25 % des Buchwerts des eingebrachten Betriebsvermögens oder
- kleiner ist als 500.000 €, in diesem Fall höchstens jedoch dem Buchwert des eingebrachten Betriebsvermögens entspricht.

Dies gilt für Umwandlungen, bei denen der Umwandlungsbeschluss bzw. der Einbringungsvertrag, **nach dem 31.12.2014** getroffen bzw. geschlossen wird. Werden die o. g. Grenzen bei der Gewährung von sonstigen Gegenleistungen überschritten, ist eine gänzlich ertragsteuerneutrale Buchwertfortführung nicht möglich. Die Möglichkeit zur Fortführung der Buchwerte oder zum Ansatz von Zwischenwerten besteht danach – bei Erfüllung der übrigen Voraussetzungen – nur, soweit die Grenzen des § 20 Abs. 2 Satz 2 Nr. 4 UmwStG nicht überschritten sind. Soweit diese Grenze überschritten ist, bleibt es beim Ansatz des gemeinen Wertes (§ 20 Abs. 2 Satz 1 UmwStG).[506]

504 Vgl. BFH v. 10.7.2024 - IV R 8/22, BFH/NV 2025 S. 132 = NWB TAAAJ-78906; zu vergleichbarem Sachverhalt noch anhängig unter BFH: IV R 3/23.

505 Unwiderruflichkeit bestätigt durch BFH v. 19.12.2018 - I R 1/17, NWB DAAAH-16581.

506 Vgl. BT-Drucks. 18/4902; zur Berechnung des Umfangs der nach § 20 Abs. 2 Satz 2 UmwStG erfolgsneutral zu Buchwert erfolgenden Umwandlung bei Überschreitung der Grenzen des § 20 Abs. 2 Satz 2 Nr. 4 UmwStG auch: Strahl, KÖSDI 5/2015 S. 19334 f.

BEISPIEL 1: E bringt sein Einzelunternehmen (Buchwert des Eigenkapitals 100.000 €, gemeiner Wert 500.000 €) zum 1.1.2025 in die von ihm zu 100 % gehaltene E-GmbH ein. Das Stammkapital der E-GmbH wird im Zuge dessen von 25.000 € auf 50.000 € erhöht. E erhält neben den neuen Geschäftsanteilen i. H. v. nominal 25.000 € ein Gesellschafterdarlehen i. H. v. 75.000 €.

Lösung:

Die E-GmbH kann vollumfänglich die Buchwerte des Einzelunternehmens fortführen. E hat keinen steuerpflichtigen Einbringungsgewinn, denn er erhält eine Gegenleistung, die zwar 25 % des Buchwerts des eingebrachten Betriebsvermögens übersteigt (100.000 € x 25 %), jedoch nicht höher als 500.000 € bzw. der Buchwert des eingebrachten Betriebsvermögens ist. Die Anschaffungskosten seiner neuen Geschäftsanteile an der GmbH mindern sich jedoch nach § 20 Abs. 3 Satz 3 UmwStG um den gemeinen Wert der Gegenleistung und betragen daher 25.000 € (100.000 € abzgl. 75.000 €).

BEISPIEL 2: E bringt sein Einzelunternehmen (Buchwert des Eigenkapitals 10.000.000 €, gemeiner Wert 50.000.000 €) zum 1.1.2025 in die von ihm zu 100 % gehaltene E-GmbH ein. Das Stammkapital der E-GmbH wird im Zuge dessen von 25.000 € auf 50.000 € erhöht. E erhält neben den neuen Geschäftsanteilen i. H. v. nominal 25.000 € ein Gesellschafterdarlehen i. H. v. 2.000.000 €.

Lösung:

Die E-GmbH kann vollumfänglich die Buchwerte des Einzelunternehmens fortführen. E hat keinen steuerpflichtigen Einbringungsgewinn, denn er erhält eine Gegenleistung, die 25 % des Buchwerts des eingebrachten Betriebsvermögens nicht übersteigt (10.000.000 € x 25 %). Da die 25 %-Grenze eingehalten wurde, kommt es auf das betragsmäßige Überschreiten der Grenze von 500.000 € nicht an. Die Anschaffungskosten seiner neuen Geschäftsanteile an der GmbH mindern sich jedoch nach § 20 Abs. 3 Satz 3 UmwStG um den gemeinen Wert der Gegenleistung und betragen daher 8.000.000 € (10.000.000 € abzgl. 2.000.000 €).

Diese Änderung des Umwandlungssteuergesetzes erfolgte durch das Steuer- 396
änderungsgesetz 2015 und war die Reaktion des Gesetzgebers auf den Erwerb der zweiten Hälfte der Porsche SE durch die Volkswagen AG. Im Rahmen der Einbringung wurde nur eine Stammaktie der Volkswagen AG gewährt (2,56 €) und im Übrigen ein Darlehen i. H. v. 4,5 Mrd. €. Diese Änderung des Umwandlungssteuergesetzes wird deshalb auch „**Lex-Porsche**" genannt.

Nach der **bis zum 31.12.2014** geltenden Rechtslage kam es erst dann und nur 397
insoweit zu einer Aufdeckung stiller Reserven, als der gemeine Wert der sonstigen Gegenleistungen den Buchwert des eingebrachten Betriebsvermögens übersteigt. In diesem Fall hatte der übernehmende Rechtsträger das eingebrachte Betriebsvermögen mindestens mit dem gemeinen Wert der sonstigen Gegenleistung anzusetzen (§ 20 Abs. 2 Satz 4 UmwStG a. F.). § 20 Abs. 2 Satz 4 UmwStG wurde mit Wirkung zum 1.1.2015 geändert. Demnach ist für Umwandlungen **ab dem 1.1.2015** der gemeine Wert der sonstigen Gegenleistun-

gen anzusetzen, soweit dieser höher ist als der sich nach § 20 Abs. 2 Satz 2 UmwStG ergebende Wert.

BEISPIEL: E brachte sein Einzelunternehmen (Buchwert des Eigenkapitals 10.000.000 €, gemeiner Wert 50.000.000 €) zum 1.1.2013 in die von ihm zu 100 % gehaltene E-GmbH ein. Das Stammkapital der E-GmbH wird im Zuge dessen von 25.000 € auf 50.000 € erhöht. E erhielt neben den neuen Geschäftsanteilen i. H. v. nominal 25.000 € ein Gesellschafterdarlehen i. H. v. 7.500.000 €.

Lösung:

Die E-GmbH kann vollumfänglich die Buchwerte des Einzelunternehmens fortführen. E hat keinen steuerpflichtigen Einbringungsgewinn, denn er erhält keine Gegenleistung, die den Buchwert des eingebrachten Betriebsvermögens übersteigt. Die Anschaffungskosten seiner neuen Stammeinlage an der GmbH mindern sich jedoch nach § 20 Abs. 3 Satz 3 UmwStG um den gemeinen Wert der Gegenleistung und betragen daher 2.500.000 € (10.000.000 € abzgl. 7.500.000 €). Würde die Umwandlung nach dem 31.12.2014 stattfinden, so wäre eine vollständige Buchwertfortführung nicht möglich, da die Gegenleistung mehr als 25 % des eingebrachten Betriebsvermögens und mehr als 500.000 € beträgt.

398 Im Bereich mittelständischer Unternehmen bestehen häufig **hohe Darlehensforderungen der Mitunternehmer gegenüber ihrer Mitunternehmerschaft**. Aus ertragsteuerlicher Sicht stellen diese Darlehensforderungen Sonderbetriebsvermögen I des Mitunternehmers dar und sind damit Bestandteil des Mitunternehmeranteils. Häufig sollen diese Forderungen bei einem Formwechsel der Mitunternehmerschaft in eine Kapitalgesellschaft oder einer Verschmelzung der Mitunternehmerschaft auf eine Kapitalgesellschaft als Darlehensforderung bestehen bleiben und nicht auf die Kapitalgesellschaft übertragen werden. Soweit es sich bei dem Darlehen nicht um eine wesentliche Betriebsgrundlage handelt (z. B. weil die Gesellschaft sonst insolvent wäre), ist der Zurückbehalt der Forderung insoweit für die Buchwerteinbringung des § 20 UmwStG unschädlich. Allerdings wird in der Literatur diskutiert, ob die **„zurückbehaltene" Forderung eine sonstige Gegenleistung** i. S. d. „Lex-Porsche" ist. Die Finanzverwaltung hat im neuen Umwandlungsteuererlass klargestellt, dass die Zurückbehaltung bestehender Forderungen des einbringenden Mitunternehmers gegen die Mitunternehmerschaft keine Gewährung sonstiger Gegenleistungen darstellt.[507] Sie hat damit eine langwährende Diskussion in der Literatur zu Gunsten des Steuerpflichtigen entschieden.

BERATUNGSHINWEIS:

Je nach Einzelfall sind jedoch ggf. schenkungsteuerliche Folgewirkungen zu beachten, falls schenkungsteuerliche Behaltensfristen i. S. v. §§ 13a, 13b ErbStG laufen. Denn die

507 Vgl. Tz. 20.19a UmwStE.

Finanzverwaltung sieht die Gewährung sonstiger, nicht in Gesellschaftsrechten bestehender Gegenleistungen als schenkungsteuerlich schädlich an.[508]

Einbringungskosten und Übernahmekosten: Die steuerliche Behandlung von Kosten, die im Zusammenhang mit einer Einbringung anfallen, ist **nicht ausdrücklich gesetzlich geregelt**, so dass allgemeine Grundsätze anzuwenden sind. Dabei ist eine Zuordnung in mehreren Schritten vorzunehmen: 399

In einem ersten Schritt sind die Einbringungskosten im engeren Sinne (Einbringungskosten) zu definieren. Dabei handelt es sich um solche Kosten, die einem **unmittelbaren Veranlassungszusammenhang mit der Einbringung** stehen. Nach Maßgabe der BFH-Rechtsprechung zu den Veräußerungskosten handelt es sich um solche Kosten, deren auslösendes Moment die Einbringung ist. Damit sind Kosten, die nach einer definitiven Entscheidung für die Durchführung einer Einbringung anfallen und in einem Veranlassungszusammenhang mit diesem Einbringungsvorgang stehen, den Einbringungskosten zuzuordnen. Hierzu gehören beispielsweise Kosten der Rechts- und Steuerberatung über die steuerlichen Rahmenbedingungen der Einbringung für den Einbringenden, wenn feststeht, dass eine Einbringung vollzogen werden soll. **Beratungskosten über verschiedene Umstrukturierungsmöglichkeiten** dienen hingegen regelmäßig noch der Entscheidungsfindung. Auch **Folge- und Integrationskosten** nach Abschluss der Einbringung (z. B. notwendige Anpassungen eines ERP-Systems) gehören nicht zu den Einbringungskosten.

In einem zweiten Schritt ist zu prüfen, ob die Einbringungskosten nach dem objektiven Veranlassungsprinzip dem Einbringenden oder der übernehmenden Kapitalgesellschaft (Übernahmekosten) zuzurechnen sind.

- Typische Kosten, die der **übernehmenden Kapitalgesellschaft** zugerechnet werden können, sind z. B. Rechts- und Steuerberatungskosten über die steuerlichen Auswirkungen der Sacheinlage bei der Übernehmerin, Kosten für die Eintragungen in das Handelsregister sowie – bei Übertragung von Grundbesitz – die anfallende Grunderwerbsteuer sowie etwa erforderliche Berichtigungen des Grundbuchs. Bei der Einbringung im Wege der Sachgründung oder Sachkapitalerhöhung gehören grundsätzlich auch die Kosten der Gesellschaftsgründung bzw. der Kapitalerhöhung zu den Kosten, die der übernehmenden Kapitalgesellschaft zugerechnet werden.

508 Gleichlautende Erlasse der obersten Finanzbehörden der Länder v. 11.5.2012, DStR 2012 S. 1033.

- Dagegen sind dem **Einbringenden** die Kosten der Rechts- und Steuerberatung bezüglich der Rahmenbedingungen der Einbringung sowie die Kosten für die Planung und Vorbereitung der Einbringung zuzurechnen.
- Soweit die Einbringungskosten **nicht direkt zuordenbar** sind, erfolgt eine Aufteilung im Wege der Schätzung. Da ein Zuordnungswahlrecht nicht besteht, sind vertragliche Vereinbarungen der Beteiligten bezüglich der Kostentragung zwar grundsätzlich nicht zulässig. Eine vertragliche Aufteilung kommt aber in Betracht, soweit Kosten betroffen sind, die keiner Partei ausschließlich zuzuordnen sind (z. B. Kosten des Einbringungsvertrags, Kosten eines gemeinsam in Auftrag gegebenen Bewertungsgutachtens).

400 Die steuerliche Beurteilung der Kosten im Zusammenhang mit einer Einbringung ist schlussendlich davon abhängig, welcher der oben erläuterten Kategorien diese Kosten zuzuordnen sind:

- Bei den Kosten im Vorfeld der konkreten Einbringungsentscheidung sowie den Folge- und Integrationskosten handelt es sich um **laufende Betriebsausgaben**, die grundsätzlich in vollem Umfang steuerlich abziehbar sind. Gleiches gilt für nicht objektbezogene Kosten der übernehmenden Kapitalgesellschaft, also Kosten, die nicht unmittelbar der Übernahme bestimmter Wirtschaftsgüter zuzuordnen sind.[509]
- **Einbringungskosten** auf der Ebene des Einbringenden sind nicht bei der laufenden Gewinnermittlung, sondern bei der **Ermittlung des Einbringungsgewinns** zu berücksichtigen.
- **Übernahmekosten** auf der Ebene der übernehmenden Kapitalgesellschaft sind, soweit es sich um **objektbezogene Kosten** handelt, als **nachträgliche Anschaffungskosten** dem betreffenden Wirtschaftsgut zuzuschreiben (z. B. von der übernehmenden Kapitalgesellschaft zu tragende Grunderwerbsteuer aufgrund des direkten Übergangs eines Grundstücks auf die übernehmende Kapitalgesellschaft).

BERATUNGSHINWEIS:

Ergibt sich aufgrund der Einbringungskosten bei einer Einbringung zu Buchwerten ein Verlust und ist der Einbringende eine Kapitalgesellschaft, so ist dieser Verlust nach § 8b Abs. 3 KStG steuerlich nicht abziehbar, soweit der Verlust auf mit eingebrachte Anteile an Kapitalgesellschaften entfällt. Die Einbringungskosten wirken sich dann im Ergebnis steuerlich nicht aus. Gleiches gilt auch für entsprechende Fälle des Anteilstausches nach § 21 UmwStG.[510]

509 Vgl. Dötsch/Pung/Möhlenbrock, KStG/UmwStG/EStG, § 20 UmwStG Rz. 234, m. w. N.
510 Vgl. Rz. 466 ff.

(4) Sonstiges

Einbringungsgeborene Anteile nach altem Recht: Nach § 20 Abs. 3 Satz 4 UmwStG gelten die erhaltenen Anteile als einbringungsgeborene Anteile nach altem Recht, soweit das eingebrachte Betriebsvermögen solche „alt-einbringungsgeborenen Anteile“ enthalten hat. Die neuen Anteile treten in die laufende Sieben-Jahres-Sperrfrist der alten einbringungsgeborenen Anteile ein, sofern die Sacheinlage oder der Anteilstausch vor dem 1.1.2025 erfolgt ist.[511] Werden einbringungsgeborene Anteile im Vorfeld der Umwandlung durch Entnahme in das Privatvermögen eines Mitunternehmers überführt, so erfolgt diese Entnahme nach Ansicht des BFH nicht gewinnrealisierend zum Teilwert (§ 6 Abs. 1 Nr. 4 Satz 1 EStG), sondern erfolgsneutral zu Buchwerten;[512] der Gesellschafter hat den Buchwert der Anteile als Anschaffungskosten fortzuführen. Zum Thema Gesamtplanrechtsprechung bei vorheriger Separierung von wesentlichen Betriebsgrundlagen vgl. Rz. 386/1. 401

Nach dem 31.12.2024 liegen keine einbringungsgeborenen Anteile mehr vor (§ 27 Abs. 3 UmwStG). Es handelt sich dann um Anteile i. S. d. § 17 Abs. 6 i. V. m. Abs. 1 EStG.[513] 401/1

Wird ein Betrieb oder ein Mitunternehmeranteil in eine Kapitalgesellschaft eingebracht, kommt es dann, wenn von der **Thesaurierungsbegünstigung nach § 34a EStG** bei Personengesellschaften Gebrauch gemacht wurde, zu einer Nachversteuerung des gesamten nachversteuerungspflichtigen Betrags zu diesem Zeitpunkt (§ 34a Abs. 6 Satz 1 Nr. 2 EStG). Nach dem Gesetzeswortlaut findet eine Nachversteuerung wohl dann nicht statt, wenn nur ein **Teilbetrieb** eingebracht wird,[514] weil beim einbringenden Einzelunternehmer oder bei der übertragenden Personenhandelsgesellschaft der „Hauptbetrieb“ erhalten bleibt und weiterhin § 34a EStG unterliegt. 402

Ein **Zinsvortrag** i. S. v. § 4h Abs. 1 Satz 2 EStG und ein **EBITDA-Vortrag** nach § 4h Abs. 1 Satz 3 EStG des eingebrachten Betriebs gehen nach § 20 Abs. 9 UmwStG nicht auf den übernehmenden Rechtsträger über. 403

Wird eine Personengesellschaft (Mitunternehmerschaft) auf eine Kapitalgesellschaft verschmolzen (§ 20 UmwStG) oder in diese formgewechselt (§ 25 UmwStG), so sollten im Vorfeld der Umwandlung **nicht beteiligungsquotengerechte variable Kapitalkonten** der Gesellschafter durch Entnahmen oder Ein- 404

511 Vgl. Tz. 27.04 UmwStE.

512 Vgl. BFH v. 12.10.2011 - I R 33/10, BStBl 2012 II S. 445.

513 Vgl. Tz. 27.07 UmwStE.

514 Vgl. Haritz/Menner/Bilitewski, UmwStG, § 20 Rz. 408, 472.

lagen beteiligungsquotengerecht angepasst werden. Andernfalls kommt es durch die Umwandlung zu Wertverschiebungen von dem Gesellschafter mit dem höheren variablen Kapitalkonto zu den Gesellschaftern mit dem niedrigeren Kapitalkonto, wenn i. R. d. Umwandlung hinsichtlich der Beteiligungsquoten – wie in der Praxis üblich – nur auf die Nominalbeteiligung (regelmäßig Kapitalkonto I) abgestellt wird. Die Wertverschiebungen würden – soweit keine anderweitige Kompensation unter den Gesellschaftern erfolgt – **sonst zu schenkungsteuerpflichtigen Vorgängen zwischen den Gesellschaftern** führen.[515] Alternativ könnte – in den Grenzen des § 20 Abs. 2 Satz 2 Nr. 4 UmwStG – so gestaltet werden, dass den betroffenen Gesellschaftern entsprechende Gesellschafterdarlehen eingeräumt werden.

405 Das **Risiko von schenkungsteuerpflichtigen Wertverschiebungen** zwischen den Gesellschaftern besteht auch bei Vorhandensein von **Ergänzungsbilanzen.**[516] Wird eine Personengesellschaft (Mitunternehmerschaft) auf eine Kapitalgesellschaft verschmolzen (§ 20 UmwStG) oder in diese formgewechselt (§ 25 UmwStG), so setzen sich die in der Steuerbilanz der aufnehmenden Kapitalgesellschaft anzusetzenden Werte für die Wirtschaftsgüter des Gesamthandsvermögens der Personengesellschaft aus den Werten der steuerlichen Gesamthandsbilanz zzgl. bzw. abzgl. der Werte der steuerlichen Ergänzungsbilanzen aller Gesellschafter zusammen.[517] Wird die Umwandlung – wie in der Praxis üblich – nur entsprechend der Nominalbeteiligung (regelmäßig Kapitalkonto I) durchgeführt, so wird der Gesellschafter mit einer negativen Ergänzungsbilanz bereichert (Erwerber i. S. d. ErbStG) bzw. mit einer positiven Ergänzungsbilanz entreichert (Schenker i. S. d. ErbStG). Die Umwandlung sollte in diesen Fällen hinsichtlich der zu gewährenden Beteiligungsquote an der aufnehmenden Kapitalgesellschaft entweder unter Berücksichtigung der Werte der Ergänzungsbilanzen oder bei unveränderter Beteiligungsquote durch entsprechende vorangestellte Ausgleichsleistungen zwischen den Gesellschaftern erfolgen.[518] Alternativ könnte so gestaltet werden, dass den betroffenen Gesellschaftern entsprechende wertgleiche Zusatzleistungen wie Vorzugsgewinnberechtigungen oder Genussrechte eingeräumt werden.

405/1 **Entnahmen und Einlagen im Rückwirkungszeitraum**: Soweit vom Einbringenden im Rückwirkungszeitraum Entnahmen aus dem eingebrachten Betrieb

515 Vgl. Widmann/Mayer, Umwandlungsrecht, § 20 UmwStG Rz. 1299.

516 Vgl. Widmann/Mayer, Umwandlungsrecht, § 20 UmwStG Rz. 979, 982 ff.

517 Vgl. Widmann/Mayer, Umwandlungsrecht, § 20 UmwStG Rz. 752 ff.

518 Zu den Ausgleichsmöglichkeiten vgl. Widmann/Mayer, Umwandlungsrecht, § 20 UmwStG Rz. 1291 ff.

oder Mitunternehmeranteil vorgenommen wurden, verringern sich die Anschaffungskosten der neu gewährten Anteile an der aufnehmenden Kapitalgesellschaft um dem Buchwert der Entnahmen (§ 20 Abs. 5 Satz 3 UmwStG). Die Minderung der Anschaffungskosten des Einbringenden durch Entnahmen im Rückwirkungszeitraum kann auch zu einem negativen Wert führen.[519] Korrespondierend erhöhen sich die Anschaffungskosten der neu gewährten Anteile an der aufnehmenden Kapitalgesellschaft um den Buchwert der Einlagen (§ 20 Abs. 5 Satz 3 UmwStG). Wird ein Einzelunternehmen mitsamt der Beteiligung an einer GmbH nach § 20 Abs. 5 Satz 1 i. V. m. Abs. 6 UmwStG rückwirkend in eine weitere Kapitalgesellschaft eingebracht, so ist eine **im Rückwirkungszeitraum vorgenommene Gewinnausschüttung aus der miteingebrachten Kapitalgesellschaftsbeteiligung** nicht mehr dem Einbringenden, sondern der übernehmenden Gesellschaft zuzurechnen. Die Überweisung des ausgeschütteten Betrags auf das private Bankkonto des Einbringenden führt nicht zu einer kapitalertragsteuerpflichtigen „Weiterausschüttung" der übernehmenden Gesellschaft an den Einbringenden, sondern stellt eine Entnahme gem. § 20 Abs. 5 Satz 2 UmwStG dar.[520]

(5) Sieben-Jahres-Sperrfrist

Allgemeines: Anstelle des vor dem SEStEG bestehenden Systems der einbrin- 406
gungsgeborenen Anteile und dem „Alles-oder-Nichts-Prinzips" ist die neue, **gleitende** Sieben-Jahres-Sperrfrist getreten. Das neue System soll wie das alte System letztlich befürchteten Missbrauchsgestaltungen vorbeugen,[521] die dadurch entstehen könnten, dass Einzelunternehmen oder Mitunternehmeranteile oder Teilbetriebe, die mangels Erfüllung der spezifischen Voraussetzungen nicht nach § 16 Abs. 4 und § 34 Abs. 3 EStG begünstigt veräußert werden könnten, zunächst in eine Kapitalgesellschaft eingebracht werden und nach einer kurzen „Schamfrist" nach dem Teileinkünfteverfahren begünstigt veräußert werden können. Ungeklärt ist aber, inwieweit diese schematische Gesetzestechnik mit der Fusionsrichtlinie vereinbar ist.[522]

Im Rahmen des § 20 UmwStG wird bei der Nachversteuerung **an die Veräuße- 407
rung der Anteile angeknüpft**, **die der Einbringende** als Gegenleistung für die

519 Vgl. BFH v. 7.3.2018 - I R 12/16, BFH/NV 2018 S. 1063 = NWB ZAAAG-88860.

520 Vgl. BFH v. 12.4.2022 – VIII R 35/19, BFH/NV 2022 S. 1024 = NWB LAAAJ-17352.

521 Vgl. Schmitt/Hörtnagl, UmwG UmwStG, § 22 UmwStG Rz. 9, m. w. N.

522 Vgl. Rödder/Schumacher, DStR 2006 S. 1525, 1538, die sich für eine EG-Rechtswidrigkeit aussprechen.

Einbringung **erhalten hat**. Die Veräußerung dieser Anteile hat dabei folgende steuerliche Wirkungen:

- Die Einbringung wird rückwirkend als zum gemeinen Wert vollzogen angesehen. **Rückwirkend wird für das Jahr der Einbringung der sog. Einbringungsgewinn I besteuert**. Dieser mindert sich jedoch für jedes seit dem Einbringungszeitpunkt abgelaufene **Zeitjahr um 1/7** (§ 22 Abs. 1 Satz 1 und 2 UmwStG). Folgerichtig erhöhen sich rückwirkend auch die Anschaffungskosten der erhaltenen Anteile und es kann zu einer entsprechenden Wertaufstockung bzgl. des eingebrachten Vermögens bei dem übernehmenden Rechtsträger kommen (§§ 22 Abs. 1 Satz 4, 23 Abs. 2 Satz 1 UmwStG).
- Der sich danach ergebende Gewinn aus der Veräußerung der erhaltenen Anteile durch den Einbringenden unterliegt den **allgemeinen Regelungen** (Teileinkünfteverfahren bei natürlichen Personen bzw. § 8b Abs. 2 und 3 KStG bei juristischen Personen).
- Nach Auffassung des BFH[523] unterliegt der Einbringungsgewinn I nicht der Gewerbesteuer, soweit er auf eine natürliche Person als Einbringenden entfällt, da auch die Veräußerung eines Betriebs oder Mitunternehmeranteils durch eine natürliche Person nicht der Gewerbesteuer unterliegt (§ 16 EStG, § 7 Satz 2 GewStG). Die Finanzverwaltung hat sich der Auffassung des BFH angeschlossen.[524]

408 **Berechnung des Einbringungsgewinns I:** Der Einbringungsgewinn I ermittelt sich gem. § 22 Abs. 1 Satz 3 UmwStG wie folgt:

	Gemeiner Wert des eingebrachten Vermögens im Einbringungszeitpunkt
./.	Einbringungskosten
./.	Wert des eingebrachten Vermögens, der bei Einbringung angesetzt wurde (BW oder ZW)
=	Zwischensumme Einbringungsgewinn vor Kürzung
./.	1/7 des Einbringungsgewinn je abgelaufenem Zeitjahr
=	Einbringungsgewinn I

409 Wenn in dem eingebrachten Betrieb, Teilbetrieb oder Mitunternehmeranteil **auch Anteile an Kapitalgesellschaften enthalten** sind, sind diese aus dem

523 BFH v. 11.7.2019 - I R 26/18, BStBl 2022 II S. 93.

524 Vgl. Tz. 22.07 UmwStE.

Einbringungsgewinn I herauszurechnen, § 22 Abs. 1 UmwStG ist insoweit nicht anwendbar. Auf solche mit eingebrachten Anteile finden stattdessen die Vorschriften über den Einbringungsgewinn II nach § 22 Abs. 2 UmwStG Anwendung (§ 22 Abs. 1 Satz 5 UmwStG).[525]

Verfahrensrecht: Verfahrensrechtlich stellt die Veräußerung der erhaltenen Anteile ein **rückwirkendes Ereignis i. S. v. § 175 Abs. 1 Satz 1 Nr. 2 AO** dar (§ 22 Abs. 1 Satz 2 UmwStG). Eine etwaige Steuerforderung des Fiskus aus der Besteuerung des Einbringungsgewinns I verzinst sich nach § 233a Abs. 2a AO daher erst 15 Monate nach Ablauf des Kalenderjahres, in dem die erhaltenen Anteile veräußert werden. Als Einbringungszeitpunkt ist in § 20 Abs. 6 UmwStG der steuerliche Übertragungsstichtag definiert. Das Finanzamt steht also vor der Notwendigkeit, im Falle einer Veräußerung rückwirkend den gemeinen Wert des eingebrachten Betriebsvermögens im Einbringungszeitpunkt zu ermitteln. 410

BERATUNGSHINWEIS:

Aus Beratersicht ist daher u. U. anzuraten, eine entsprechende Bewertung im Einbringungszeitpunkt durchzuführen und zu dokumentieren.

Bei der Besteuerung des Einbringungsgewinns I ist der Freibetrag nach § 16 Abs. 4 EStG oder die Tarifermäßigung nach § 34 Abs. 1 oder Abs. 3 EStG nicht anwendbar.[526] Der Einbringungsgewinn I erhöht jedoch die Anschaffungskosten für die erhaltenen Anteile, und dies unabhängig davon, ob die Steuer auf den Einbringungsgewinn I tatsächlich gezahlt wurde oder nicht (§ 22 Abs. 1 Satz 4 UmwStG). 411

BEISPIEL: A bringt sein Einzelunternehmen, das einen Buchwert von 100.000 € und einen gemeinen Wert von 1 Mio. €. hat, zum 1.1.2025 unter Buchwertfortführung in die von ihm durch Sachgründung neu errichtete A-GmbH ein. Am 2.1.2028 veräußert er sämtliche Anteile an der A-GmbH für 2 Mio. €.

Lösung:

Durch die Anteilsveräußerung entsteht ein nachträglich zu besteuernder Einbringungsgewinn I, der sich wie folgt berechnet:

	Gemeiner Wert des eingebrachten Vermögens im Einbringungszeitpunkt	1.000.000,00 €
./.	bei Einbringung angesetzter (Buch-)Wert	100.000,00 €
=	Einbringungsgewinn vor Kürzung	900.000,00 €
./.	3/7 von 900.000 €	385.714,29 €
=	Einbringungsgewinn I	514.285,71 €

525 Vgl. Tz. E 20.02 UmwStE.

526 § 22 Abs. 1 Satz 1 1. Halbsatz UmwStG; Tz. 22.07 UmwStE.

Dieser Einbringungsgewinn I ist unter Änderung des Einkommensteuerbescheids des A für den VZ 2025 zu versteuern. Daneben erhöhen sich die Anschaffungskosten des A auf seine Geschäftsanteile an der A-GmbH nach § 22 Abs. 1 Satz 4 UmwStG von bislang 100.000 €, (§ 20 Abs. 3 Satz 1 UmwStG) um 514.285,71 € auf 614.285,71 €. Der Gewinn, den A nach dem Teileinkünfteverfahren (in 2025) zu versteuern hat, vermindert sich um den Einbringungsgewinn I und beträgt daher 1.385.714,29 € (2.000.000 € ./. 614.285,71 €). Soweit A die von ihm geschuldete Steuer auf den Einbringungsgewinn I entrichtet hat, kann die A-GmbH den Einbringungsgewinn I aktivieren (§ 23 Abs. 2 Satz 1 UmwStG). Der Einbringungsgewinn I ist auf die einzelnen Wirtschaftsgüter nach dem Verhältnis der stillen Reserven im Einbringungszeitpunkt zum Gesamtbetrag der stillen Reserven (also zu einer einheitlichen Quote) durchzuführen.

412–415 *(Einstweilen frei)*

(6) Ersatzrealisationstatbestände

416 Einer Veräußerung werden bestimmte **Ersatzrealisationstatbestände** nach § 22 Abs. 1 Satz 6 UmwStG zur Verhinderung von Missbräuchen und Umgehungen **gleichgestellt**. Die Besteuerung des Einbringungsgewinns I erfolgt danach insbesondere auch in den folgenden Fällen:

- Unentgeltliche unmittelbare oder mittelbare Übertragung der erhaltenen Anteile auf eine Kapitalgesellschaft;[527]
- Einbringung in eine andere Kapitalgesellschaft und die anschließende mittelbare oder unmittelbare Weiterveräußerung oder Weitereinbringung zu einem Wertansatz oberhalb des Buchwerts (Ketteneinbringung);
- Ausschüttung oder Rückzahlung von Beträgen aus dem steuerlichen Einlagekonto i. S. v. § 27 KStG durch die übernehmende Kapitalgesellschaft an den Einbringenden.

417 Umstritten ist, ob einer steuerneutralen Einbringung nachfolgende **Folge-Umstrukturierungen,** wie z. B. Verschmelzungen, Spaltungen und Einbringungen, schädlich sind, weil sie eine Veräußerung darstellen oder unter einen der Ersatztatbestände fallen. Sofern die Folge-Umstrukturierung wiederum steuerneutral unter Buchwertfortführung erfolgen, sollte u. E. kein schädlicher Vorgang vorliegen. Allerdings vertritt die Finanzverwaltung hierzu eine (teilweise) andere Auffassung (vgl. zu dieser Thematik ausführlich Rz. 438 ff.).

527 Die unentgeltliche Übertragung auf eine Stiftung, beispielsweise auf eine Familienstiftung für Zwecke der Unternehmensnachfolge, stellt damit keinen schädlichen Vorgang i. S. d. § 22 Abs. 1 Satz 6 Nr. 1 UmwStG dar, da eine rechtsfähige Stiftung keine Kapitalgesellschaft ist.

Schädlich i. S. d. Ersatztatbestände ist beispielsweise die unentgeltliche Übertragung der Anteile auf eine Kapitalgesellschaft oder eine nicht zu Buchwerten erfolgende Einbringung der erhaltenen Anteile gem. § 20 Abs. 1 UmwStG oder § 21 Abs. 1 UmwStG. Die unentgeltliche Übertragung auf eine Stiftung, bspw. eine Familienstiftung für Zwecke der Unternehmensnachfolge, stellt keinen schädlichen Vorgang i. S. d. § 22 Abs. 1 Satz 6 Nr. 1 UmwStG dar, da eine rechtsfähige Stiftung keine Kapitalgesellschaft ist. 418

Für die **Praxis problematischer**, weil schwieriger kontrollierbar, ist die **Minderung des steuerlichen Einlagekontos i. S. d. § 27 KStG**, also der Ersatztatbestand des § 22 Abs. 1 Satz 6 Nr. 3 Alt. 3 UmwStG.[528] Zunächst soll der Begriff des steuerlichen Einlagekontos erläutert werden. Anschließend wird neben der Grundproblematik dieses Ergänzungstatbestandes auch auf die Folgen bei **verdeckten Gewinnausschüttungen** und **handelsrechtlichen Mehrabführungen** bei Organschaften eingegangen.

Begriff des steuerlichen Einlagekontos nach § 27 KStG

Das steuerliche Einlagekonto i. S. d. § 27 KStG ist Teil des Eigenkapitals der Kapitalgesellschaft. So werden **alle nicht in das Nennkapital der Gesellschaft geleisteten Einlagen der Gesellschafter** im steuerlichen Einlagekonto erfasst. Dadurch erfolgt ein eindeutiger Ausweis des Eigenkapitals der Kapitalgesellschaft, „entweder als Nennkapital oder in dem steuerlichen Einlagekonto".[529] Wird für Ausschüttungen das steuerliche Einlagekonto verringert, so unterliegen die aus dem steuerlichen Einlagekonto stammenden Beträge (Einlagen der Gesellschafter) nicht der Besteuerung auf der Ebene des Anteilseigners.[530] 419

Das steuerliche Einlagekonto ist zum Ende jeden Wirtschaftsjahres aufzustellen und fortzuschreiben. Der Bestand des steuerlichen Einlagekontos ist gem. § 27 Abs. 2 KStG am Ende des Wirtschaftsjahres gesondert festzustellen, wobei diese Feststellung als gesonderte Feststellung i. S. d. § 179 AO auch einen Verwaltungsakt darstellt und Bindungswirkung für die Folgejahre hat.[531] 420

Grundsätzliche Problematik

Schädlich und damit die Nachversteuerung auslösend i. S. d. § 22 Abs. 1 Satz 6 Nr. 3 Alt. 3 UmwStG ist eine **Rückzahlung oder Ausschüttung aus dem steuerlichen Einlagekonto**, also eine Einlagenrückgewähr i. S. d. § 27 Abs. 1 Satz 3 421

528 Vgl. Rödder/Herlinghaus/Graw/Heinemann, UmwStG, § 22 Rz. 367.

529 Frotscher/Drüen, KStG, § 27 Rz. 21.

530 Vgl. Hans, BB 2008 S. 26, 28; Brandis/Heuermann, KStG, § 27 Rz. 10.

531 Vgl. Frotscher/Drüen, KStG, § 27 Rz. 114.

KStG. Eine Verminderung des steuerlichen Einlagekontos, also eine Einlagenrückgewähr i. S. d. § 27 Abs. 1 Satz 3 KStG und § 22 Abs. 1 Satz 6 Nr. 3 Alt. 3 UmwStG, kann beispielsweise bei Kapitalerhöhungen aus Gesellschaftsmitteln, Auskehrungen unter Verwendung von Beträgen des steuerlichen Einlagekontos, Mehrabführungen der Organgesellschaft oder verdeckten Gewinnausschüttungen erfolgen.[532]

422 Zu einer Einlagenrückgewähr kommt es grundsätzlich, wenn die **tatsächliche Ausschüttung bzw. Auskehrung an den Gesellschafter höher ist, als der ausschüttbare Gewinn**. Gemäß § 27 Abs. 1 Satz 5 KStG ist der ausschüttbare Gewinn das Eigenkapital der Kapitalgesellschaft vermindert um das Nennkapital und abzüglich des steuerlichen Einlagekontos.[533] Bevor es zu einer Minderung des steuerlichen Einlagekontos kommt, vermindern sich zunächst die Gewinnrücklagen der Gesellschafter.[534]

423 Es ergibt sich folgendes **Berechnungsschema** zur Bestimmung des ausschüttbaren Gewinns und der etwaigen Höhe einer Einlagenrückgewähr:

	Eigenkapital laut Steuerbilanz
./.	gezeichnetes Kapital (Nennkapital)
./.	steuerliches Einlagekonto
=	**ausschüttbarer Gewinn**
./.	tatsächliche Ausschüttung bzw. Auskehrung
=	wenn ≥ 0: Gewinnausschüttung
	wenn < 0: Einlagenrückgewähr

424 Eine Einlagenrückgewähr kann auch vorliegen, wenn das **steuerliche Einlagekonto nicht durch die Umwandlung begründet oder erhöht worden ist.**[535]

Umfang und Zeitpunkt der Entstehung der Nachversteuerungspflicht

425 Ist es nun zu einer schädlichen Einlagenrückgewähr gekommen, so stellt sich die Frage, ob es stets zu einer vollständigen Nachversteuerung kommt. Dies ist vor allem dann bedeutsam, wenn die Einlagenrückgewähr im Verhältnis

532 Vgl. Frotscher/Drüen, KStG, § 27 Rz. 38. Zur Problematik der handelsrechtlichen Mehrabführung vgl. Rz. 429 ff.

533 Vgl. Frotscher/Drüen, KStG, § 27 Rz. 63 f.

534 Vgl. Brandis/Heuermann, KStG, § 27 Rz. 37 f.

535 Vgl. Tz. 22.24 UmwStE; a. A. Dötsch/Pung/Möhlenbrock, Umwandlungssteuerrecht, § 22 Rz. 48; Rödder/Herlinghaus/Graw/Heinemann UmwStG, § 22 Rz. 114.

zur vollständigen Nachversteuerung verschwindend gering ist. Man könnte in diesem Fall auch von einer Unverhältnismäßigkeit der Besteuerung sprechen.

426 Die **Finanzverwaltung** ist der Ansicht, dass eine Nachversteuerung erst entsteht, soweit die Auskehrung aus dem steuerlichen Einlagekonto **(Einlagenrückgewähr) nach Anwendung der Siebtelregelung den Buchwert bzw. die Anschaffungskosten der erhaltenen Anteile im Einbringungszeitpunkt übersteigt.**[536] Denn aufgrund der Möglichkeit der Zuordnung von Verbindlichkeiten im Rahmen der Einbringung oder der Gewährung einer anderen Gegenleistung – in den Grenzen des § 20 Abs. 2 Satz 2 Nr. 4 UmwStG – kann der Einbringende oft ohnehin substantielle Beträge von der übernehmenden Gesellschaft erhalten und die Bildung eines Einlagekontos im Rahmen der Einbringung vermeiden. Soweit die aufnehmende Kapitalgesellschaft bereits vor der Einbringung bestand, ist die Einlagenrückgewähr auf die Altanteile und die neu gewährten Anteile aufzuteilen.

427 Die Nachversteuerung wird ausgelöst, sobald es zu einer Minderung des steuerlichen Einlagekontos kommt; der Wortlaut der Vorschrift sowie die Finanzverwaltung stellen dabei nicht auf einen bestimmten Betrachtungszeitraum ab.[537] Dies würde bedeuten, dass es auch dann zu einer Nachversteuerung käme, wenn zwischenzeitlich eine Minderung des Einlagekontos erfolgt, diese Minderung im gesamten Wirtschaftsjahr aber durch Zuführungen in der Summe wieder ausgeglichen würde.

BERATUNGSHINWEIS:

Da eine vollständige Klarstellung durch die Finanzverwaltung bzgl. der angesprochenen Probleme noch nicht erfolgt ist, sollte die Gesellschaft über ausreichend ausschüttbares Vermögen verfügen, um eine Einlagenrückgewähr schon im Vorfeld zu vermeiden. Bei der Gestaltung sollte darauf geachtet werden, dass ein steuerliches Einlagekonto bei der Umwandlung erst gar nicht entsteht. Statt der Dotierung der Kapitalrücklage kann beispielsweise ein Darlehen gewährt werden. Es muss jedoch beachtet werden, dass das Darlehen nicht höher sein darf als 25 % des Buchwerts oder 500.000 €, höchstens der Buchwert des eingebrachten Vermögens.[538]

Verdeckte Gewinnausschüttung

428 Verdeckte Gewinnausschüttungen können ebenfalls eine Nachversteuerung auslösen, wenn durch sie eine Minderung des steuerlichen Einlagekontos erfolgt.[539] Besonders problematisch ist dabei, dass sich eine verdeckte Gewinn-

536 Vgl. Tz. 22.24 UmwStE.

537 Vgl. Tz. 22.24 UmwStE.

538 Vgl. Rz. 395 ff.

539 Vgl. Dötsch/Pung/Möhlenbrock, Umwandlungssteuerrecht, § 22 Rz. 48.

ausschüttung meist ohne Ankündigung (da unbeabsichtigt) ereignet und auch nicht rückgängig gemacht werden kann. Sie wird häufig erst im Rahmen der Betriebsprüfung erkannt und löst unwiderruflich eine Nachversteuerung aus, wenn sie eine Minderung des steuerlichen Einlagekontos bewirkt. Gerade bei neu gegründeten Gesellschaften, in die beispielsweise ein **Einzelunternehmen** durch § 20 UmwStG eingebracht wurde, besteht ein erhöhtes Nachversteuerungsrisiko durch eine vGA. Da die Gesellschaft meist noch nicht über genügend ausschüttbares Kapital verfügt, führt die vGA zu einer Minderung des steuerlichen Einlagekontos. Auch der **Formwechsel einer Mitunternehmerschaft in eine Kapitalgesellschaft** kann **in der Folgezeit** zu einer **vGA** führen, wenn bestehende Verträge zwischen den Gesellschaftern und der Personengesellschaft nicht vor dem Formwechsel auf ihre Fremdüblichkeit hin überprüft und ggf. angepasst werden; bei der Mitunternehmerschaft führten Leistungsbeziehungen aufgrund dieser Verträge zu Sonderbetriebseinnahmen des Gesellschafters, die keiner Fremdüblichkeitsprüfung unterzogen werden mussten. Dies zeigt, dass sowohl gewollte als auch ungewollte Ausschüttungen eine Nachversteuerung für den Anteilseigner auslösen können.

Organschaft und handelsrechtliche Mehrabführung

429 Bislang nicht geklärt ist eine mögliche Nachversteuerungsfalle bei Organschaften. So wird diskutiert, ob eine handelsrechtliche Mehrabführung, die gem. § 27 Abs. 6 Satz 1 KStG das steuerliche Einlagekonto der Organgesellschaft mindert, unter den Nachversteuerungstatbestand des § 22 Abs. 1 Satz 6 Nr. 3 Alt. 3 UmwStG fällt.[540]

430 „Eine handelsrechtliche Mehrabführung liegt vor, wenn die Organgesellschaft einen höheren Gewinn ausweist und daher aufgrund des Ergebnisabführungsvertrages einen höheren Betrag an den Organträger abführen muss, als dem Organträger an Einkommen der Organgesellschaft nach Maßgabe der §§ 14 ff. KStG zugerechnet wird."[541] Handelsrechtliche Mehrabführungen entstehen also aufgrund divergierender Bilanzierung in Handels- und Steuerrecht. Sie können sich durch spezielle steuerliche Gewinnermittlungsvorschriften ergeben oder bei einem niedrigeren steuerrechtlich erfassten Vermögen.[542]

431 Seit der durch das SEStEG erfolgten Abkehr vom Maßgeblichkeitsprinzip der Handelsbilanz für die Steuerbilanz, ist ein Ansatz zu Zeitwerten in der Han-

540 Vgl. Schmitt in Schmitt/Hörtnagl, UmwG UmwStG, § 20 UmwStG Rz. 94; Widmann/Mayer, Umwandlungsrecht, § 22 UmwStG Rz. 66 f.

541 Hans, BB 2008 S. 26, 28.

542 Vgl. Hans, BB 2008 S. 26, 28.

delsbilanz (Gewinnrealisierung) und ein Buchwertansatz (ertragsteuerneutral) in der Steuerbilanz möglich. Der sich durch den Zeitwertansatz ergebende handelsrechtliche Gewinn bei Einbringungen durch eine Organgesellschaft ist an den Organträger abzuführen. Dies ermöglicht es einem Konzern die stillen Reserven freizusetzen und an die Konzernspitze zur Umverteilung weiterzuleiten, ohne dabei eine Steuerbelastung auszulösen.[543] Es ergibt sich eine handelsrechtliche Abführung von Gewinnen der Organgesellschaft an den Organträger, obwohl steuerlich kein entsprechender Gewinn entstanden ist. Dieser Mehrbetrag stellt eine handelsrechtliche Mehrabführung dar, die gem. § 27 Abs. 6 KStG das steuerliche Einlagenkonto der Organgesellschaft mindert. Fraglich ist nun, ob diese Minderung eine Nachversteuerung gem. § 22 Abs. 1 Satz 6 Nr. 3 Alt. 3 UmwStG nach sich zieht.

Gemäß § 22 Abs. 1 Satz 6 Nr. 3 Alt. 3 UmwStG muss ein Betrag aus dem steu- 432
erlichen Einlagekonto „ausgeschüttet" oder „zurückgezahlt" werden. Die Minderung des steuerlichen Einlagekontos müsste somit eine „Ausschüttung" oder „Rückzahlung" sein.

„Ausschüttung": Als Ausschüttung i. S. d. Ersatztatbestandes sind alle Ver- 433
mögensübergänge von der Gesellschaft an den Gesellschafter anzusehen, die beim Gesellschafter Einkünfte i. S. d. § 20 Abs. 1 Nr. 1 EStG sind.[544] Dies sind beispielsweise alle offenen und verdeckten Gewinnausschüttungen. Also Leistungen der Kapitalgesellschaft an ihren Gesellschafter aufgrund des Gesellschaftsverhältnisses. Die Zurechnung des Einkommens der Organgesellschaft an den Organträger gem. § 14 Abs. 1 Satz 1 KStG ist nicht als gesellschaftsrechtlich verursachte Leistung zu werten. Dies ergibt sich auch aus dem Umkehrschluss, dass § 27 Abs. 6 KStG explizit die Mehrabführung als Minderungsgrund aufzählt. Wäre eine Mehrabführung als Leistung zu klassifizieren, so hätte es nicht der Vorschrift des § 27 Abs. 6 KStG bedurft. Auch der **BFH** sah die Gewinnabführung weder als Ausschüttung noch als Leistung an, sondern als **steuerliche Gewinnverwendung** eigener Art.[545]

Bei **vororganschaftlichen handelsrechtlichen Mehrabführungen** könnte die 434
Praxis der Finanzverwaltung entgegenstehen. Diese sieht – entgegen der o. g. BFH-Entscheidung – eine in vororganschaftlicher Zeit verursachte handelsrechtliche Mehrabführung als Ausschüttung an. Dies bestätigt auch § 14 Abs. 3 Satz 1 KStG, nach dem vororganschaftliche Mehrabführungen seit

543 Vgl. Hans, BB 2008 S. 26, 28.

544 Vgl. Dötsch/Pung/Möhlenbrock, Umwandlungssteuerrecht, § 22 Rz. 48.

545 Vgl. BFH v. 18.12.2002 - I R 51/01, BStBl 2005 II S. 49.

VZ 2004 per Fiktion als Gewinnausschüttungen gelten. Man könnte diese Mehrabführungen folglich als fiktive Ausschüttung i. S. d. § 22 Abs. 1 Satz 6 Nr. 3 Alt. 3 UmwStG ansehen.[546] Jedoch kommt es nach § 27 Abs. 6 KStG nur zu einer Minderung des steuerlichen Einlagekontos, wenn die Mehrabführung „ihre Ursache in organschaftlicher Zeit" hat. Es würde auch zu einem Regelungswiderspruch kommen, wenn vororganschaftliche Mehrabführungen steuerpflichtige Gewinnausschüttungen darstellen aber gleichzeitig das steuerliche Einlagekonto mindern würden, dessen Auskehrungen an den Gesellschafter grds. steuerfrei sind (s. o.). Die vororganschaftliche Mehrabführung gilt somit als Ausschüttung, aber sie mindert nicht das steuerliche Einlagekonto, so dass sie **keine Nachversteuerung** auslösen kann.[547]

435 Die Ausschüttungsfiktion des § 14 Abs. 3 Satz 1 KStG bestätigt aber im Umkehrschluss, dass die – zu Organschaftszeiten erfolgte – **handelsrechtliche Mehrabführung keine Leistung der Organgesellschaft** an den Organträger und somit u. E. auch **keine „Ausschüttung"** i. S. d. § 22 Abs. 1 Satz 6 Nr. 3 Alt. 3 UmwStG ist. Eine entsprechende Auslegung des § 14 Abs. 3 Satz 1 KStG für Fälle der zu Zeiten der Organschaft erfolgten Mehrabführungen verbietet sich u. a. aufgrund des Wortlauts der Vorschrift, da ausdrücklich von vororganschaftlichen handelsrechtlichen Mehrabführungen gesprochen wird.

436 **„Rückzahlung":** Eine Zahlung ist gem. § 270 Abs. 1 BGB die Übermittlung von Geld. Damit eine Rückzahlung i. S. d. § 22 Abs. 1 Satz 6 Nr. 3 Alt. 3 UmwStG vorliegt, bedarf es einer vorherigen Zahlung des Organträgers in die Organgesellschaft, bzw. in das steuerliche Einlagekonto der Organgesellschaft. Die handelsrechtliche Mehrabführung ist jedoch nicht als „Einlage" anzusehen, die durch die Zahlung im Rahmen des EAV wieder an den Organträger ausgekehrt wird.[548] Der BFH hat zudem klargestellt, dass die **handelsrechtliche Mehrabführung** keine Rückzahlung von Einlagen ist, sondern eine **Abführung des laufenden Jahresüberschusses der Organgesellschaft** darstellt.[549] Die Finanzverwaltung hat zu diesem Urteil einen Nichtanwendungserlass herausgegeben, in dem sie leider nicht auf die Problematik der Einlagerückzahlung eingeht.[550] Die gesetzliche Normierung der Ausgleichpostensystematik des R 63 KStR durch das JStG 2008, dürfte auch für die Zukunft jeglichen Tenden-

546 Vgl. Hans, BB 2008 S. 26, 28.

547 A. A. Heß/Schnitger, PwC, § 27 Rz. 31, 259. Danach sollen vororganschaftliche Mehrabführungen zur Nachversteuerung führen, „soweit diese aus dem Einlagekonto i. S. d. § 27 KStG gespeist werden". Ebenso Frotscher/Drüen, KStG, § 27 Rz. 248.

548 Vgl. Hans, BB 2008 S. 26, 29.

549 Vgl. BFH v. 7.2.2007 - I R 5/05, BStBl 2007 II S. 796.

550 Vgl. BMF v. 5.10.2007, BStBl 2007 I S. 743.

zen den Boden entziehen, die organschaftlich verursachte Mehrabführungen als Einlagerückzahlungen anzusehen.[551] Die im Rahmen des EAV an den Organträger fließenden Beträge sind von der Organgesellschaft erwirtschaftete Erträge und fließen dem Organträger somit erstmalig zu. Die Minderung durch die Mehrabführung ist als „abstrakte Rechenmaßnahme zur Abbildung von Verwerfungen zwischen Handelsbilanz und Steuerbilanz [anzusehen], die den materiellen Bestand des Einlagekontos nicht berührt".[552] Es sind somit u. E. keine „Rückzahlungen" i. S. d. § 22 Abs. 1 Satz 6 Nr. 3 Alt. 3 UmwStG, die eine Nachversteuerung auslösen könnten.[553]

Zwischenfazit: Die genaue Betrachtung der Eigenschaften einer handelsrechtlichen Mehrabführung hat u. E. ergeben, dass weder eine „Ausschüttung" noch eine „Rückzahlung" vorliegen dürfte.[554] Obwohl es gem. § 27 Abs. 6 KStG zu einer Minderung des steuerlichen Einlagekontos durch die Mehrabführung kommt, ist die zusätzliche Voraussetzung einer Ausschüttung oder Rückzahlung nicht gegeben. Durch die gesetzliche Fiktion in § 14 Abs. 4 KStG in der **ab VZ 2022** geltenden Fassung ist jedoch **bei handelsrechtlichen Mehrabführungen von einer schädlichen Einlagenrückgewähr i. S. d. § 22 Abs. 1 Satz 6 Nr. 3 Alt. 3 UmwStG auszugehen.**[555] 437

BERATUNGSHINWEIS:

Es muss erneut darauf hingewiesen werden, dass die Finanzverwaltung unverändert die Auffassung vertritt, dass es in den Fällen von Mehrabführungen i. S. d. § 14 Abs. 3 oder 4 KStG, also vororganschaftlichen und organschaftlichen Mehrabführungen, zu einer rückwirkenden Einbringungsgewinnbesteuerung kommt, soweit dadurch das steuerliche Einlagekonto i. S. v. § 27 KStG als verwendet gilt, jedoch nur insoweit, als der tatsächlich aus dem steuerlichen Einlagekonto i. S. d. § 27 KStG ausgekehrte Betrag den Buchwert der sperrfristbehafteten Anteile übersteigt.[556] Es gilt somit die gleiche für den Steuerpflichtigen vorteilhafte Einschränkung wie bei regulären Ausschüttungen aus dem steuerlichen Einlagekonto (vgl. Rz. 426).

(7) Folge-Umstrukturierungen

Nach Ansicht der Finanzverwaltung und des BFH stellen **Umwandlungen und Einbringungen, z. B. Verschmelzung, Auf- und Abspaltung, Formwechsel,** auf 438

551 Vgl. Schumacher/Neumann, DStR 2008 S. 325, 333.

552 Hans, BB 2008 S. 26, 30.

553 Vgl. Hans, BB 2008 S. 26, 30; Schumacher/Neumann, DStR 2008 S. 325, 333; Rödder/Herlinghaus/Graw/Heinemann, UmwStG, § 22 Rz. 365; a. A. Finanzverwaltung in Tz. 22.24 UmwStE.

554 A. A. Finanzverwaltung in Tz. 22.24 UmwStE.

555 Vgl. auch Schmitt/Hörtnagl, UmwG UmwStG, § 20 UmwStG Rz. 94. Ebenso Körner, DStR 2010 S. 897, 904.

556 Vgl. Tz. 22.24 UmwStE.

der Ebene des übertragenden Rechtsträgers sowie des übernehmenden Rechtsträgers **Veräußerungs- bzw. Anschaffungsvorgänge** dar.[557] Umwandlungen und Einbringungen stellen somit nach Verwaltungsauffassung Veräußerungen i. S. d. § 22 Abs. 1 Satz 1 UmwStG dar, die grundsätzlich die rückwirkende Einbringungsgewinnbesteuerung auslösen.[558]

439 Abweichend von den zivilrechtlichen Wertungen des Umwandlungsgesetzes, das für formwechselnde Umwandlungen eine Rechtsträgeridentität annimmt, gelten für ertragsteuerliche Zwecke auch **Umwandlungen von Kapitalgesellschaften in Personengesellschaften und umgekehrt** als **Veräußerungs- und Anschaffungsvorgang**.[559] Das UmwStG nimmt hier eine Einbringung des Betriebs der formwechselnden Gesellschaft in die durch die Umwandlung „fiktiv" neu entstehende Gesellschaft an.

440 **Ausnahme 1: Umwandlung nach §§ 20, 21 UmwStG zu Buchwerten**

Eine schädliche Veräußerung liegt jedoch nicht vor, wenn der Einbringende oder dessen unentgeltlicher Rechtsnachfolger (Erbe/Beschenkter) nachweist, dass die sperrfristbehafteten Anteile im Wege

- der **Sacheinlage (§ 20 Abs. 1 UmwStG)** oder
- des **Anteilstauschs (§ 21 Abs. 1 UmwStG)** bzw.
- aufgrund mit diesen Vorgängen **vergleichbaren ausländischen Vorgängen**
- **zum Buchwert** übertragen wurden (§ 22 Abs. 1 Satz 6 Nr. 2 UmwStG).[560] Eine Übertragung zum Buchwert erfordert, dass beim Einbringenden keine stillen Reserven aufgedeckt werden.[561]

441 **Ausnahme 2: Billigkeitsantrag**

Aus Billigkeitsgründen will die Finanzverwaltung jedoch im Einzelfall auch bei Umwandlungen zu Buchwerten auf **übereinstimmenden Antrag aller Personen**, bei denen ansonsten infolge des Umwandlungsvorgangs ein Einbringungsgewinn rückwirkend zu versteuern wäre, von einer Einbringungsgewinnbesteuerung absehen. Voraussetzung für die Bewilligung eines solchen **Billigkeitsantrags** ist,[562] dass

557 Vgl. Tz. 00.02 f. UmwStE; BFH v. 15.10.1997 - I R 22/96, BStBl 1998 II S. 168; v. 16.5.2002 - III R 45/98, BStBl 2003 II S. 10; v. 17.9.2003 - I R 97/02, BStBl 2004 II S. 686.

558 Vgl. Tz. 22.22, 00.02, 22.07 UmwStE.

559 Vgl. Tz. 00.02 UmwStE; BFH v. 19.10.2005 - I R 38/04, BStBl 2006 II S. 568.

560 Vgl. Tz. 22.22 UmwStE.

561 Vgl. Tz. 22.22 UmwStE.

562 Vgl. Tz. 22.23 UmwStE.

- keine steuerliche Statusverbesserung eintritt (d. h., die Besteuerung eines Einbringungsgewinns I bzw. II nicht verhindert wird),
- sich keine stillen Reserven von den sperrfristbehafteten Anteilen auf Anteile eines Dritten verlagern,
- deutsche Besteuerungsrechte nicht ausgeschlossen oder eingeschränkt werden und
- die Antragsteller sich damit einverstanden erklären, dass auf alle unmittelbaren oder mittelbaren Anteile an einer an der Umwandlung beteiligten Gesellschaft § 22 Abs. 1 und 2 UmwStG entsprechend anzuwenden ist, wobei Anteile am Einbringenden regelmäßig nicht einzubeziehen sind.[563]

Bei der Prüfung des Billigkeitsantrags soll nach Ansicht der Finanzverwaltung 442
zu berücksichtigen sein, dass § 22 UmwStG keine Generalklausel enthält, wonach unter bestimmten allgemeinen Voraussetzungen bei nachfolgenden Umwandlungen von der Einbringungsgewinnbesteuerung abgesehen werden kann; dies sei die gesetzgeberische Grundentscheidung. § 22 Abs. 1 und 2 UmwStG ließen lediglich punktuelle Ausnahmen zu. Von der Einbringungsgewinnbesteuerung könne deswegen nur dann aus Billigkeitsgründen abgesehen werden, wenn der **konkrete Einzelfall in jeder Hinsicht mit den in den Ersatzrealisationstatbeständen enthaltenen Ausnahmetatbeständen vergleichbar ist.**[564]

Die Finanzverwaltung versagt bei sämtlichen Einbringungen der sperrfrist- 443
behafteten Anteile in Mitunternehmerschaften nach den Regelungen des **§ 24 UmwStG** die Gewährung einer Billigkeitsmaßnahme.[565]

BEISPIEL: A bringt den Teilbetrieb X seines Einzelunternehmens in die neu gegründete A-GmbH als Sacheinlage gegen Gewährung von Geschäftsanteilen ein. A ist Alleingesellschafter der A-GmbH, die den Teilbetrieb des A fortführt. A hält die Geschäftsanteile der A-GmbH im Betriebsvermögen seines Einzelunternehmens. Nach zwei Jahren bringt A seine Geschäftsanteile an der A-GmbH (sperrfristbehaftete Anteile) in die AB-GmbH & Co. KG unter Gewährung einer Kommanditbeteiligung ein.

Lösung:

Die Einbringung des Teilbetriebs X des Einzelunternehmens von A in die A-GmbH kann zunächst auf Antrag zu Buchwerten nach § 20 Abs. 2 UmwStG erfolgen. Die anschließende Einbringung der Geschäftsanteile an der A-GmbH in die AB-GmbH & Co. KG ist ein Fall des § 24 UmwStG, da die 100-%-Beteiligung an einer Kapitalgesell-

563 Vgl. zu einer vergleichbaren Problematik BMF-Schreiben v. 16.12.2003, BStBl 2003 I S. 786, Rz. 22.

564 Vgl. Tz. 22.23 UmwStE.

565 Vgl. Tz. 22.23 UmwStE.

schaft als Teilbetrieb gilt.[566] Diese Folgeumwandlung ist zwar grundsätzlich auf Antrag nach § 24 UmwStG zu Buchwerten möglich. Jedoch kommt es nach Ansicht der Finanzverwaltung hinsichtlich der Einbringung des Teilbetriebs X zu einer rückwirkenden Einbringungsbesteuerung (Einbringungsgewinn I). Die stillen Reserven des Teilbetriebs X zum Zeitpunkt der Einbringung in die A-GmbH sind anteilig rückwirkend zu versteuern. Die Anschaffungskosten der Geschäftsanteile an der A-GmbH sind um den Einbringungsgewinn I zu erhöhen. Die AB-GmbH & Co. KG kann diese um den Einbringungsgewinn erhöhten Anschaffungskosten auf Antrag nach § 24 UmwStG fortführen. Das heißt, stille Reserven, die in der Zeit zwischen der Einbringung des Teilbetriebs X in die A-GmbH und der Einbringung der Geschäftsanteile in die AB-GmbH & Co. KG geschaffen wurden, müssen nicht zwingend realisiert werden.

444 Einem Billigkeitsantrag steht nach nunmehr geänderter Auffassung der Finanzverwaltung nicht mehr entgegen, dass die Umwandlung ohne Gewährung von Anteilen an Kapitalgesellschaften erfolgt (z. B. in den Fällen des § 54 Abs. 1 Satz 3 UmwG). Die übrigen Billigkeitsvoraussetzungen sind genau zu prüfen.[567]

BERATUNGSHINWEIS:

Es ist somit bei der Verschmelzung der ehemals aufnehmenden Kapitalgesellschaft, an der die sperrfristbehafteten Anteile bestehen, auf eine beteiligungsidentische Schwesterkapitalgesellschaft (Side-Stream-Merger) stets eine Kapitalerhöhung bei der aufnehmenden Gesellschaft durchzuführen, da andernfalls einem Billigkeitsantrag nicht entsprochen wird. Dies ist verwunderlich, da eine Anteilsgewährung (Kapitalerhöhung) bei Verschmelzungen von beteiligungsidentischen Schwesterkapitalgesellschaften weder zivilrechtlich notwendig ist (§ 54 Abs. 1 Satz 3 UmwG) noch aus steuerlicher Sicht für eine Buchwertfortführung nach §§ 13 ff. UmwStG[568] erforderlich ist. Der UmwStE ist insoweit u. E. nicht konsistent.

445 Ebenfalls nicht von der Billigkeitsregelung erfasst ist nach Ansicht der Finanzverwaltung die **Rückumwandlung**.[569]

BERATUNGSHINWEIS:

Demnach ist die Up-Stream-Verschmelzung einer Tochterkapitalgesellschaft auf den Einbringenden, der die Gesellschaft beispielsweise im Wege der Ausgliederung zur Neugründung errichtet hat und das Vermögen unter Buchwertfortführung auf die neu gegründete Tochtergesellschaft nach § 20 UmwStG übertragen hat, nicht zulässig und würde zu einer (ggf. anteiligen) Nachversteuerung dieser Ausgliederung führen. Die Rückgängigmachung von zu Buchwerten erfolgten Ausgliederungen auf Tochterkapitalgesellschaften ist demnach erst nach Ablauf der siebenjährigen Sperrfrist ertragsteuer-

566 Vgl. Tz. 24.02 UmwStE.

567 Vgl. Tz. 22.23 UmwStE.

568 Vgl. Tz. 13.02 UmwStE.

569 Vgl. Tz. 22.23 Beispiel 3 UmwStE.

neutral möglich. Der BFH in seinem Urteil v. 24.1.2018[570] bestätigt, dass in Fällen des Anteilstausches nach § 21 UmwStG[571] die Verschmelzung der eingebrachten Tochtergesellschaft auf die Muttergesellschaft (Aufwärtsverschmelzung) eine Veräußerung i. S. d. § 22 Abs. 2 Satz 1 UmwStG darstellt, da die Aufwärtsverschmelzung aus Sicht der Muttergesellschaft einen tauschähnlichen Vorgang darstellt, der einer Veräußerung der eingebrachten sperrfristbehafteten Anteile gleichzustellen ist. Es ist somit davon auszugehen, dass der BFH auch im Fall der Up-Stream-Verschmelzung einer Tochterkapitalgesellschaft auf den Einbringenden, der die Gesellschaft beispielsweise im Wege der Ausgliederung zur Neugründung errichtet hat, von einem Verstoß gegen die Sperrfrist des § 22 Abs. 1 Satz 1 UmwStG ausgehen wird.

Einem Billigkeitsantrag wird nicht zugestimmt, wenn in einer Gesamtschau die Umwandlung der Veräußerung des eingebrachten Vermögens dient. Hiervon ist auszugehen, wenn der Einbringende nach der Umwandlung an dem ursprünglich eingebrachten Betriebsvermögen nicht mehr unmittelbar oder mittelbar beteiligt ist (z. B. bei der Trennung von Gesellschafterstämmen, auch wenn diese nach § 15 UmwStG steuerneutral erfolgen kann).[572] 446

Der UmwStE enthält keine Aussagen zu den **Formerfordernissen** eines Billigkeitsantrags. Die Antragstellung sollte schon aus Beweisgründen stets schriftlich erfolgen. Des Weiteren sollte die Antragstellung u. E. sowohl vor der geplanten Umstrukturierung als auch nach deren Durchführung bis spätestens zur Bestandskraft der entsprechenden Bescheide erfolgen können. 447

BERATUNGSHINWEIS:

Die Stellung eines kostenpflichtigen Antrags auf Erteilung einer verbindlichen Auskunft i. S. d. § 89 AO kann somit im Vorfeld durch geschickte Stellung eines Billigkeitsantrags i. S. d. Tz. 22.23 UmwStE ggf. vermieden werden.

(Einstweilen frei) 448–450

(8) Nachweispflichten

Es bestehen **im siebenjährigen Überwachungszeitraum Nachweispflichten** (§ 22 Abs. 3 UmwStG). In den auf den steuerlichen Übertragungsstichtag folgenden sieben Jahren hat der Einbringende jährlich spätestens bis zum 31.5. den Nachweis darüber zu erbringen, wem mit Ablauf des Tages, der dem steuerlichen Übertragungsstichtag entspricht, die erhaltenen Anteile zuzurechnen sind. Werden diese steuerneutral weiter eingebracht, bezieht sich die Nachweispflicht auf die auf den ursprünglich erhaltenen Anteilen beruhenden Anteile. Für den 451

570 BFH v. 24.1.2018 - I R 48/15, BStBl 2019 II S. 45.

571 Vgl. Rz. 466 ff.

572 Vgl. Tz. 22.23 UmwStE.

Fall, dass im Betriebsvermögen Kapitalgesellschaftsanteile miteingebracht wurden, bezieht sich die Nachweispflicht auf die auf den ursprünglich erhaltenen Anteilen beruhenden Anteile.[573] Den Nachweis hat der Einbringende gegenüber dem für ihn zuständigen Finanzamt zu erbringen,[574] dies ist bei natürlichen Personen das Wohnsitzfinanzamt des Einbringenden bzw. bei unentgeltlicher Rechtsnachfolge das Wohnsitzfinanzamt des Rechtsnachfolgers.[575]

452 Wird der **Nachweis nicht erbracht, gelten die Anteile als** zu Beginn des jeweiligen jährlichen Überwachungszeitraums innerhalb der Sperrfrist **veräußert**, in dem der Nachweis nicht erbracht wurde.[576] Die Finanzverwaltung hat hierzu mit dem BMF-Schreiben v. 4.9.2007 einige Zweifelsfragen geregelt.

BEISPIEL: X bringt am 15.1.2026 (Tag der Beurkundung) rückwirkend zum 31.12.2025 aus seinem Einzelunternehmen einen Teilbetrieb in die von ihm zu 100 % gehaltene Y-GmbH ein. Der Buchwert des Teilbetriebs beträgt 500.000 €. Der gemeine Wert des Teilbetriebs beträgt zum 31.12.2025 2 Mio. €. Die Einbringung erfolgt gegen Gewährung neuer Geschäftsanteile an der GmbH. X reicht zum 31.5.2024 eine aktuelle Gesellschafterliste der Y-GmbH ein. In den Folgejahren erbringt er keine Nachweise.

Lösung:

Die Einbringung kann steuerneutral nach § 20 UmwStG erfolgen. Steuerlicher Übertragungsstichtag (= „Einbringungszeitpunkt" i. S. d. § 22 Abs. 3 UmwStG) nach § 20 Abs. 6 UmwStG ist der 31.12.2025. Der siebenjährige Überwachungszeitraum läuft vom 1.1.2026 bis zum 31.12.2032. Erstmalig zum 31.5.2027 hat X nachzuweisen, wem der neue Geschäftsanteil an der Y-GmbH mit Ablauf des 31.12.2026 zuzurechnen war. Der Nachweis kann dabei durch Gesellschafterliste oder eine Bescheinigung der übernehmenden Gesellschaft erfolgen.[577] Der Nachweis ist durch den Einbringenden zu erbringen. Zuständig ist das für ihn sachliche und örtlich zuständige Finanzamt.[578] X hat durch Einreichung der Gesellschafterliste zum 31.5.2027 den Nachweis für den Überwachungszeitraum vom 1.1.2026 bis 31.12.2026 erbracht. Da X jedoch in den Folgejahren keinen Nachweis erbracht hat, gelten die Anteile als am 1.1.2027 veräußert. Der Einbringungsgewinn I ist somit i. H. v. 6/7 zu versteuern.

453 Bei der Nachweisfrist handelt es sich um eine Ausschlussfrist, die nicht verlängert werden kann.[579] Denkbar wäre allenfalls in Ausnahmefällen ein Antrag auf Wiedereinsetzung (§ 110 AO) oder Antrag auf Billigkeitsmaßnahmen.[580]

573 Vgl. Tz. 22.28 UmwStE.

574 Vgl. Tz. 22.29 UmwStE.

575 Vgl. Finanzministerium des Landes Schleswig-Holstein v. 2.3.2016 - VI 3013-S 1978c-032.

576 Vgl. Tz. 22.28 UmwStE.

577 Vgl. Tz. 22.30 UmwStE.

578 Vgl. Tz. 22.29 UmwStE.

579 Vgl. Tz. 22.33 UmwStE; missverständlich hier die Gesetzesbegründung in BT-Drucks. 16/2710 S. 49.

580 Vgl. Dötsch/Pung/Möhlenbrock, Umwandlungssteuerrecht, § 22 UmwStG Rz. 91a.

Ein verspäteter Nachweis ist jedoch dann zu berücksichtigen, wenn auch eine Änderung des betroffenen (Einkommensteuer-)Bescheides noch möglich ist. Läuft über diesen Bescheid daher ein Rechtsbehelfsverfahren, kann der Nachweis noch bis Abschluss des Klageverfahrens erbracht werden.[581] 454

Der erste Nachweis ist erst nach Ablauf eines vollen Zeitjahres seit dem Umwandlungsstichtag zu erbringen und dann zum nächsten 31.5. 455

BEISPIEL: X bringt am 30.8.2026 (Tag der Beurkundung) rückwirkend zum 30.6.2026 sein Einzelunternehmen in die von ihm zu 100 % gehaltene X-GmbH ein.

Lösung:

Den ersten Nachweis hat X bis zum 31.5.2028 zu erbringen. Zum 31.5.2027 ist noch kein volles Zeitjahr seit dem Einbringungsstichtag 30.6.2026 verstrichen, so dass zu diesem Zeitpunkt keine Nachweispflicht nach § 22 Abs. 3 UmwStG besteht.

BERATUNGSHINWEIS:

Gehören zum Betriebsvermögen des eingebrachten Betriebs, Teilbetriebs oder Mitunternehmeranteils Anteile an einer oder mehreren Kapitalgesellschaften, so hat der Einbringende zusätzlich den Nachweis zu erbringen, dass diese mit eingebrachten Anteile an Kapitalgesellschaften nicht veräußert wurden bzw. nicht gegen einen der Ersatztatbestände verstoßen wurde (§ 22 Abs. 2 Satz 1 Alt. 1, Abs. 3 Satz 1 Nr. 2 UmwStG).[582] Beide Nachweise können in einer Meldung an das Finanzamt des Einbringenden erfolgen.

(Einstweilen frei) 456–460

(9) Behandlung der vom Einbringenden nach Einbringung gehaltenen Anteile

Zusätzlich zu dem rückwirkend zu versteuernden Einbringungsgewinn I hat der Einbringende, wenn er die erhaltenen Anteile veräußert, die in den Anteilen enthaltenen stillen Reserven bei Realisierung zu versteuern. Der Gewinn ist dabei **grundsätzlich nach den allgemeinen Regelungen zu behandeln**, da es sich um normale Anteile handelt. Eine spezielle umwandlungsteuerrechtliche Grundlage gibt es hierfür nicht, es ist § 17 EStG anwendbar. In den Fällen, in denen der **Einbringende nach der Einbringung weniger als 1 %** der Anteile an der übernehmenden Kapitalgesellschaft hält, und sich seine Anteile im Privatvermögen befinden, **gilt § 17 Abs. 6 EStG**. Danach gelten Anteile, die der Ein- 461

581 Vgl. Tz. 22.33 UmwStE.

582 Zur Nachweispflicht nach § 22 Abs. 2 UmwStG vgl. Rz. 489 ff.

bringende aufgrund einer nach § 20 UmwStG erfolgten Einbringung unter dem gemeinen Wert erhalten hat, ebenfalls als steuerverstrickte Anteile i. S. v. § 17 Abs. 1 Satz 1 EStG, und dies ohne zeitliche Befristung und unabhängig von der Höhe der Beteiligungsquote. Da der Einbringungsgewinn I jedoch die Anschaffungskosten für die erhaltenen Anteile erhöht (§ 22 Abs. 1 Satz 4 UmwStG), wird gewährleistet, dass stille Reserven nicht doppelt im rückwirkend besteuerten Einbringungsgewinn und in Veräußerungsgewinn bezogen auf die erhaltenen Anteile besteuert werden.

462–465 *(Einstweilen frei)*

cc) Erbringungen nach § 21 UmwStG

(1) Anwendungsfälle des § 21 UmwStG

466 § 21 UmwStG erfasst in sachlicher Hinsicht den **Austausch von Anteilen** (§ 1 Abs. 3 Nr. 5 UmwStG). Erfasst sind sämtliche Vorgänge des Anteilstausches, egal ob diese nach inländischem oder ausländischem Recht erfolgen, und egal ob diese aufgrund von Kapitalerhöhungsvorgängen, Anwachsungsvorgängen, Umwandlungen oder sonstigen Rechtsvorgängen resultieren.[583] Gegenstand des Anteilstauschvorgangs sind daher nur Anteile an Kapitalgesellschaften (Betriebsvermögen und Mitunternehmeranteile fallen unter den Anwendungsbereich des § 20 UmwStG). § 21 UmwStG ist zudem nur auf Anteile

- im Betriebsvermögen,
- im Privatvermögen i. S. d. § 17 EStG und
- einbringungsgeborene Anteile i. S. d. § 21 Abs. 1 UmwStG 1995 (bis 31.12.2024)[584]

anzuwenden.[585] Für alle übrigen Anteile gilt § 20 Abs. 4a Satz 1 und 2 EStG,[586] der bestimmt, dass die übernommenen Anteile steuerlich an die Stelle der bisherigen Anteile treten, wenn das Recht der Bundesrepublik Deutschland hinsichtlich der Besteuerung des Gewinns aus der Veräußerung der erhaltenen Anteile (neu gewährten Anteile) nicht ausgeschlossen oder beschränkt wird.

583 Vgl. Dötsch/Pung/Möhlenbrock, Umwandlungssteuerrecht, § 21 UmwStG Rz. 2 f.

584 Ab 1.1.2025 gelten einbringungsgeborene Anteile als Anteile i. S. d. § 17 Abs. 6 i. V. m. Abs. 1 EStG; § 27 Abs. 3 UmwStG; Tz. 27.01, 27.03 UmwStE.

585 Vgl. Tz. 21.01 UmwStE.

586 Vgl. Tz. 21.02 UmwStE.

Einbringende können natürliche Personen ebenso wie juristische Personen, Personenvereinigungen, Vermögensmassen und Personengesellschaften sein.[587] Im Inlandssachverhalt ergeben sich hieraus regelmäßig keine Probleme. 467

Bzgl. des **Verhältnisses des § 21 UmwStG zu § 20 UmwStG** gilt Folgendes: Werden Anteile an Kapitalgesellschaften im Zusammenhang mit einer Betriebs-, Teilbetriebs- oder Mitunternehmeranteilseinbringung eingebracht, ist § 20 UmwStG anzuwenden, wenn die miteingebrachten Kapitalgesellschaftsbeteiligungen nur unselbständiger Bestandteil der Sacheinlage sind.[588] Hier ist der Einzelfall zu betrachten, denn wenn z. B. im Zusammenhang mit der Einbringung nur eines Teilbetriebs auch eine Beteiligung an einer Kapitalgesellschaft mit eingebracht wird, die sachlich jedoch dem Restbetrieb zuzuordnen ist oder die neutrales Vermögen darstellt, ist insoweit § 21 UmwStG selbständig neben § 20 UmwStG anzuwenden.[589] 468

(2) Tatbestand des Anteilstauschs

Einfacher bzw. qualifizierter Anteilstausch: Der einfache Anteilstausch nach § 21 Abs. 1 Satz 1 UmwStG ist der Anteilstausch, bei dem die übernehmende Gesellschaft nach dem Anteilstausch an der erworbenen Gesellschaft nicht die Mehrheit der Stimmrechte besitzt. Qualifizierter Anteilstausch nach § 21 Abs. 1 Satz 2 UmwStG ist dagegen der Anteilstausch, nach dem die übernehmende Gesellschaft an der erworbenen Gesellschaft die **Mehrheit der Stimmrechte** hält. Dazu zählt zum einen der Fall, dass die übernehmende Gesellschaft durch den Anteilstauschvorgang mehr als 50 % der Stimmrechte erwirbt. Dazu zählt des Weiteren der Fall, dass durch Hinzuerwerb z. B. von 10 % der Stimmrechte aufgrund der Tatsache, dass die übernehmende Gesellschaft vorher bereits 45 % der Stimmrechte hatte, nach dem Anteilstausch eine Mehrheit an der erworbenen Gesellschaft besteht. Hierzu zählt schließlich auch der Fall, dass die übernehmende Gesellschaft schon vor dem Anteilstausch die Mehrheit der Stimmrechte an der erworbenen Gesellschaft (z. B. Anteilsquote von 80 %) hatte, und danach weitere Anteile hinzu erwirbt.[590] Schließlich ist es zulässig, dass mehrere Personen Anteile einbringen, die nicht einzeln, sondern nur insgesamt dazu führen, dass die übernehmende Gesellschaft danach mehr als 50 % der Anteile hält, sofern die Einbringungen auf 469

587 Vgl. Tz. 21.03, 01.53 UmwStE.
588 Vgl. Tz. 21.01 UmwStE.
589 Vgl. Dötsch/Pung/Möhlenbrock, Umwandlungssteuerrecht, § 21 UmwStG Rz. 11.
590 Vgl. Tz. 21.09 UmwStE.

einem einheitlichen Vorgang beruhen.[591] Notwendig ist jedoch, dass die aufnehmende Gesellschaft **unmittelbar** die Stimmenmehrheit hält, eine Vermittlung durch zwischengeschaltete weitere Gesellschaften reicht nicht aus.[592]

BEISPIEL: A und B sind mit je 50 % Gründungsgesellschafter der AB-GmbH. Ein Private Equity Fonds will sich an der AB-GmbH beteiligen und die Anteilsmehrheit (und zwar insgesamt 85 %) übernehmen („Buy-Out"). B, der zugleich GF der GmbH ist, soll sich aber mit 15 % „rückbeteiligen". Der Fonds erwirbt, üblichen Gepflogenheiten folgend, mittels einer dazu gegründeten Objektgesellschaft („NewCo"), die als Käufer auftritt.

Lösung:

Die NewCo erwirbt in Schritt 1 in einem Anteilskauf- und Abtretungsvertrag die komplette Beteiligung des A und einen Teil der Beteiligung des B, so dass dieser noch 15 % an der AB-GmbH hält. In Schritt 2 bringt B seine 15 % an der AB-GmbH in die NewCo ein und erhält dafür Geschäftsanteile an der NewCo. Es liegt ein qualifizierter Anteilstausch nach § 21 UmwStG vor, B kann sich steuerneutral „rückbeteiligen".

470 **Gegenleistung:** Gegenleistung muss jedenfalls auch die Ausgabe neuer Anteile, d. h. bei einer Kapitalerhöhung geschaffener Anteile sein.[593] Daneben können jedoch Zusatzleistungen (Geld, Einräumung von Gesellschafterdarlehen, Ausgabe eigener Anteile) geleistet werden (was je nach Höhe der Gegenleistung die Steuerneutralität der Einbringung beeinträchtigen kann, siehe dazu unten Rz. 479).

471 **Zeitpunkt des Anteilstauschs:** § 20 Abs. 6 UmwStG, wonach bei einer Betriebseinbringung die Einbringung steuerlich rückbezogen werden kann, gilt beim Anteilstausch nicht. Nach h. M. kann auch kein Rückgriff auf die allgemeine Rückbeziehungsvorschrift des § 2 UmwStG erfolgen, was sich in systematischer Gesetzesauslegung zu den §§ 20, 24 und 25 UmwStG ergibt, die jeweils eigene Rückbeziehungsregelungen enthalten.[594] **Maßgeblich ist hier daher steuerlich der Zeitpunkt, zu dem das wirtschaftliche Eigentum übergeht.**[595] Dies wird regelmäßig der Abschluss des entsprechenden Anteilsabtretungsvertrages sein.

472–475 *(Einstweilen frei)*

591 Vgl. Tz. 21.09 UmwStE.
592 Vgl. Tz. 21.09 UmwStE.
593 Vgl. Tz. 21.01 UmwStE.
594 Vgl. Tz. 21.17 UmwStE.
595 Vgl. Tz. 21.17 UmwStE.

(3) Ansatzwahlrecht bei dem übernehmenden Rechtsträger

Einfacher Anteilstausch: Beim einfachen Anteilstausch hat die übernehmende Gesellschaft die eingebrachten Anteile zwingend zum **gemeinen Wert** anzusetzen. Die Bewertung erfolgt nach § 11 Abs. 2 Sätze 2 ff. BewG nicht mehr nach dem Stuttgarter Verfahren, sondern grundsätzlich nach dem Ertragswertverfahren,[596] mit dem Substanzwert als Mindestwert. 476

Qualifizierter Anteilstausch: Die übernehmende Gesellschaft kann hier auf Antrag den **Buchwert bzw. die historischen steuerlichen Anschaffungskosten** der eingebrachten Anteile **oder** einen **Zwischenwert** ansetzen (§ 21 Abs. 1 Satz 2 UmwStG). Das Ansatzwahlrecht kann in der Steuerbilanz abweichend von der Handelsbilanz ausgeübt werden, der Maßgeblichkeitsgrundsatz ist nicht zu beachten.[597] 477

BERATUNGSHINWEIS:

Einbringender und Antragsberechtigter fallen auseinander. Gegebenenfalls ist als Berater eines Einbringenden auf entsprechende Regelungen im Einbringungsvertrag zu drängen (insbesondere Verpflichtung des übernehmenden Rechtsträgers zur Ausübung des Ansatzwahlrechts in Form des Buchwertansatzes).

Antragstellung: Beim Anteilstausch ist der Antrag spätestens bis zur erstmaligen Abgabe der steuerlichen Schlussbilanz bei dem für die Besteuerung der übernehmenden Gesellschaft zuständigen Finanzamt zu stellen, d. h., der Antrag ist durch die übernehmende Gesellschaft zu stellen (§ 21 Abs. 1 Satz 2 2. Halbsatz i. V. m. § 20 Abs. 2 Satz 3 UmwStG).[598] Dies hat auch das FG München bestätigt:[599] Bei einem sog. qualifizierten Anteilstausch (§ 21 UmwStG) ist die Frist für die Wahl des Buchwertansatzes für die eingebrachten Anteile mit der Abgabe der Steuererklärung der übernehmenden Gesellschaft nebst einer Schlussbilanz und Übergangsrechnungen abgelaufen. Mit dem Begriff „Schlussbilanz" ist hier die allgemeine Jahresabschlussbilanz gemeint. Nichts anderes ergibt sich daraus, dass das UmwStG an anderen Stellen, z. B. bei Verschmelzungen, eine gesonderte Schlussbilanz erfordert (vgl. zum Thema „Schlussbilanz" bei § 20 UmwStG Rz. 394). 478

596 Z. B. IDW S 1; für ertragsteuerliche Zwecke kann nun auch auf die Vorschriften des BewG zur Bewertung von Betriebsvermögen für erbschaft- und schenkungsteuerliche Zwecke (§ 11 Abs. 2, §§ 199 ff. BewG) zurückgegriffen werden, BMF v. 22.9.2011, BStBl 2011 I S. 859.

597 Vgl. Tz. 21.11 UmwStE.

598 Vgl. Tz. 21.12, 20.21 UmwStE.

599 FG München v. 22.10.2013 - 6 K 3548/12, EFG 2014 S. 235 = NWB SAAAE-52335; BFH v. 30.9.2015 - I R 77/13, BFH/NV 2016 S. 959 = NWB EAAAF-72290.

BERATUNGSHINWEIS:

Nach Ansicht des FG Köln kann nach der elektronischen Übermittlung der Steuererklärung der übernehmenden Gesellschaft für das Jahr der Umwandlung kein Antrag auf Buchwertfortführung mehr gestellt werden.[600] Zudem ist das FG Köln der Ansicht, dass § 21 Abs. 2 Satz 4 UmwStG eine Frist mit ausschließender Wirkung regelt, sodass eine gleichzeitig mit der Steuererklärung versendete, aber postalisch eingereichte Berechnung des Veräußerungsgewinns für die Frage, ob ein Antrag auf Buchwertfortführung vorliegt, nicht herangezogen werden kann, da diese Berechnung zwingend nach der elektronisch übersendeten Steuererklärung beim FA eingegangen ist. Das Verfahren ist beim BFH anhängig. In der Praxis ist daher vor der elektronischen Übermittlung ein gesonderter Buchwertantrag zu stellen, soweit sich aus der Steuererklärung nicht eindeutig ein Buchwertansatz ergibt.

479 **Behandlung von Zusatzleistungen:** Werden dem Einbringenden bei einem Anteilstausch **bis zum 31.12.2014** Zusatzleistungen wie bare Zuzahlungen etc. gewährt, sind die eingebrachten Anteile von der übernehmenden Gesellschaft mindestens mit dem gemeinen Wert dieser sonstigen Gegenleistung zu aktivieren (§ 21 Abs. 1 Satz 3 UmwStG). Beim Einbringenden kommt es daher zu einem **Einbringungsgewinn, wenn und soweit der gemeine Wert der Zusatzleistungen höher ist als der Buchwert** oder die steuerlichen Anschaffungskosten der von ihm eingebrachten Beteiligung.

BEISPIEL: A und B halten je 50 % an der X-GmbH. Sie haben sich im Rahmen der geplanten Fusion der X-GmbH mit der größeren Y-AG per Beteiligungsvertrag verpflichtet, ihre Anteile an der X-GmbH gegen Gewährung neuer Aktien in die Y-AG einzubringen. A hatte die X-GmbH vor vielen Jahren zusammen mit B im Wege der Bargründung errichtet, A und B haben jeweils historische Anschaffungskosten auf ihre im Privatvermögen gehaltene GmbH-Beteiligung von 12.500 €. A und B erhalten bei der Y-AG je 5.000 nennbetragslose Stückaktien, die einen Anteil am Grundkapital von je 1 € entsprechen. Zusätzlich erhält A ein Gesellschafterdarlehen i. H. v. 100.000 € bei der Y-AG.

Lösung:

Der Einbringungsvorgang ist für B steuerneutral nach § 21 UmwStG darstellbar. A hingegen erzielt einen Einbringungsgewinn i. H. v. 100.000 € ./. Anschaffungskosten 12.500 € = 87.500 €. Dieser Einbringungsgewinn ist bei A regulär nach dem Teileinkünfteverfahren zu versteuern.

Beim Einbringenden kommt es bei einem Anteilstausch nach dem 31.12.2014 nur noch dann nicht zu einem Einbringungsgewinn, wenn der gemeine Wert der **Zusatzleistungen entweder eine Wertgrenze von 25 % des Buchwerts der eingebrachten Anteile oder alternativ eine Wertgrenze von 500.000 €** (höchstens jedoch der Buchwert oder die steuerlichen Anschaffungskosten der von

600 Vgl. FG Köln, Urteil v. 13.6.2023 - 15 K 1817/21, NWB ZAAAJ-56285; anhängig BFH: X R 32/23.

ihm eingebrachten Beteiligung) nicht übersteigt. Werden diese Grenzen überschritten, ist stets eine Unternehmensbewertung erforderlich, um den Umfang der dann anteilig noch zu gewährenden Buchwertfortführung zu bestimmen (vgl. ausführlich zu dieser Änderung **„Lex-Porsche"** auch Rz. 395).

(4) Anschaffungskosten beim Einbringenden

Grundkonzeption: Die Frage, wie der Einbringende die erhaltenen Anteile an der übernehmenden Gesellschaft anzusetzen hat, ist in § 21 Abs. 2 Sätze 1 bis 3 UmwStG geregelt. Im Ergebnis geltend folgende Grundsätze:[601] 480

- Beim **einfachen Anteilstausch** bestimmt der zwingende Ansatz der Anteile bei der übernehmenden Gesellschaft zum gemeinen Wert auch die Anschaffungskosten des Einbringenden (**ebenfalls gemeiner Wert**), siehe § 21 Abs. 1 Satz 1 i. V. m. Abs. 2 Satz 1 UmwStG;
- beim **qualifizierten Anteilstausch** im Inland gilt ebenfalls eine automatische **Wertverknüpfung** zwischen dem Ansatz beim übernehmenden Rechtsträger und den daraus folgenden Anschaffungskosten für die erworbene Beteiligung durch den Einbringenden, wobei hier jedoch durch eine entsprechende Ausübung des Buchwertansatzwahlrechts beim übernehmenden Rechtsträger Steuerneutralität und Fortführung der historischen Anschaffungskosten/Buchwerte auch für den Einbringenden hergestellt werden kann, siehe § 21 Abs. 1 Satz 2 i. V. m. Abs. 2 Satz 1 UmwStG;
- anders ist die Situation beim grenzüberschreitenden Anteilstausch, wo die Regeln des § 21 Abs. 2 Sätze 2, 3 und 4 UmwStG gelten (siehe dazu unten Rz. 821).

Rechnerische Ermittlung der Anschaffungskosten der erworbenen Anteile: Rechnerisch lässt sich die Ermittlung der Anschaffungskosten der durch den Anteilstausch erworbenen Anteile aus Sicht des Einbringenden wie folgt darstellen: 481

	Wert, mit dem die übernehmende Gesellschaft die eingebrachte Beteiligung ansetzt
+	gemeiner Wert der vom Einbringenden ggf. neben der Sacheinlage zu erbringenden Leistungen (z. B. Agio bei der Kapitalerhöhung bei der übernehmenden Gesellschaft)

601 Vgl. Tz. 21.13 UmwStE.

./.	gemeiner Wert der Wirtschaftsgüter (z. B. bare Zusatzleistungen, Gesellschafterdarlehen), die der Einbringende neben den neuen Anteilen erhält
+	Einbringungskosten, soweit der Einbringende diese trägt (z. B. Notarkosten)
=	Anschaffungskosten der erworbenen Anteile

482–485 *(Einstweilen frei)*

(5) Sieben-Jahres-Sperrfrist

486 **Allgemeines:** Auch hier gilt nicht mehr das „Alles- oder Nichts-Prinzip", sondern eine gleitende Sieben-Jahres-Sperrfrist wie bei § 20 UmwStG. Anders als bei § 20 UmwStG, wo an die Veräußerung der erhaltenen Anteile angeknüpft wird, wird im Rahmen des § 21 UmwStG auf die Veräußerung der **eingebrachten Anteile durch die übernehmende Gesellschaft** abgestellt. Des Weiteren ist zu beachten, dass die Sieben-Jahres-Sperrfrist nur gilt, wenn die eingebrachten Anteile durch nicht nach § 8b Abs. 2 KStG begünstigte Personen eingebracht werden (d. h. Einbringung durch natürliche Personen ist sperrfristbehaftet, Einbringung durch Kapitalgesellschaften dagegen grundsätzlich nicht).[602]

BERATUNGSHINWEIS:

Der BFH in seinem Urteil v. 24.1.2018[603] bestätigt, dass in Fällen des Anteilstausches nach § 21 UmwStG die spätere Verschmelzung der zuvor eingebrachten Tochtergesellschaft auf die Muttergesellschaft (Aufwärtsverschmelzung) eine Veräußerung i. S. d. § 22 Abs. 2 Satz 1 UmwStG darstellt, da die Aufwärtsverschmelzung aus Sicht der Muttergesellschaft einen tauschähnlichen Vorgang darstellt, der einer Veräußerung der eingebrachten sperrfristbehafteten Anteile gleichzustellen ist. Der BFH bestätigt damit die Ansicht der Finanzverwaltung aus dem Umwandlungssteuererlass.[604]

487 Die Veräußerung der eingebrachten Anteile durch den übernehmenden Rechtsträger hat dabei folgende steuerliche Wirkungen:

- Der Einbringende muss **mit Rückwirkung zum Einbringungsstichtag** einen sog. **Einbringungsgewinn II** versteuern (§ 22 Abs. 2 Satz 1 und 2 i. V. m. Abs. 1 Satz 2 UmwStG). Wiederum mindert sich der zu versteuernde Einbringungsgewinn, hier Einbringungsgewinn II, jedoch pro seit dem Einbrin-

602 Vgl. Tz. 22.02 UmwStE.

603 BFH v. 24.1.2018 - I R 48/15, BStBl 2019 II S. 45.

604 Vgl. Tz. 22.23 Beispiel 3 UmwStE.

gungszeitpunkt abgelaufenem vollem Zeitjahr um 1/7.[605] Die Steuerbescheide des Einbringenden im Einbringungsjahr sind nach § 175 Abs. 1 Satz 1 Nr. 2 AO (rückwirkendes Ereignis) zu korrigieren.[606]

- Der Einbringungsgewinn II gem. § 22 Abs. 2 UmwStG ist nach Auffassung des BFH[607] grundsätzlich kein laufender Gewinn und unterliegt daher nicht der Gewerbesteuer. Das gilt jedenfalls dann, wenn die Einbringung von GmbH-Anteilen zum gemeinen Wert nicht gewerbesteuerpflichtig gewesen wäre (entgegen Auffassung der Finanzverwaltung im Umwandlungssteuererlass[608]).
- Der Einbringungsgewinn II **führt zu nachträglichen Anschaffungskosten auf** die an den Einbringenden beim Anteilstausch gewährten **jungen Anteile** (§ 22 Abs. 2 Satz 4 UmwStG).[609]
- Als weitere Auswirkung ergibt sich eine nachträgliche, nicht aber rückwirkende **Erhöhung der Anschaffungskosten bei der Übernehmerin** nach § 23 Abs. 2 Satz 3 UmwStG, soweit die Steuer auf den Einbringungsgewinn II vom Einbringenden entrichtet worden ist.[610] Es kommt also in diesem Fall zu einer nachträglichen Minderung des (regelmäßig nach § 8b Abs. 2 KStG steuerbefreiten) Veräußerungsgewinns bei der Übernehmerin[611] (was jedoch im Ergebnis zumindest die Steuerbelastung aufgrund der nicht abzugsfähigen Betriebsausgaben i. H. v. 5 % nach § 8b Abs. 3 KStG mindert). Für die Erhöhung der Anschaffungskosten der Übernehmerin ist von dieser ein Antrag zu stellen; es erfolgt keine automatische Erhöhung der Anschaffungskosten.[612]

Berechnung des Einbringungsgewinns II: Für die Berechnung des Einbringungsgewinns II ergibt sich nach § 22 Abs. 2 Satz 3 UmwStG folgendes Schema:[613] 488

	Gemeiner Wert der eingebrachten Anteile im Zeitpunkt der Einbringung
./.	Kosten für den Vermögensübergang, soweit vom Einbringenden getragen

605 Vgl. Tz. 22.14 UmwStE.
606 Vgl. Tz. 22.03 UmwStE.
607 BFH v. 11.7.2019 - I R 13/18, BStBl 2022 II S. 91.
608 Vgl. Tz. 22.13 UmwStE.
609 Vgl. Tz. 22.16 UmwStE.
610 Vgl. Tz. 23.11 UmwStE.
611 Vgl. Haritz/Menner/Bilitewski, UmwStG, § 22 Rz. 260.
612 Vgl. Tz. 23.07 UmwStE.
613 Vgl. Tz. 22.14 UmwStE.

./.	Wert, mit dem der Einbringende die erhaltenen Anteile (= jungen) an der übernehmenden Gesellschaft bewertet hat
	Zwischensumme = Einbringungsgewinn vor Kürzung
	Verringerung um 1/7 für jedes seit dem Einbringungszeitpunkt bis zum Zeitpunkt der Veräußerung der eingebrachten Anteile durch den übernehmenden Rechtsträger abgelaufenes Zeitjahr
=	zu versteuernder Einbringungsgewinn II

BERATUNGSHINWEIS:

Zu einer rückwirkenden Besteuerung des Einbringungsgewinns II und zu der nachträglichen Erhöhung der Anschaffungskosten in dieser Höhe auf die Anteile, die der Einbringende erhalten hat, erfolgt nur, wenn und soweit der Einbringende die erhaltenen Anteile im Zeitpunkt der Veräußerung der eingebrachten Anteile überhaupt noch hält (§ 22 Abs. 2 Satz 5 UmwStG).

(6) Nachweispflichten

489 Auch beim Anteilstausch bestehen im **siebenjährigen Überwachungszeitraum Nachweispflichten** nach § 22 Abs. 3 UmwStG. Der Einbringende hat hier die Zurechnung der eingebrachten Anteile nachzuweisen (§ 22 Abs. 3 Satz 1 Nr. 2 UmwStG). Der Nachweis darüber, wem die eingebrachten Anteile zum jeweiligen Stichtag zuzurechnen sind, hat durch geeignete Unterlagen zu erfolgen (z. B. Bescheinigung der übernehmenden Gesellschaft, Gesellschafterliste).[614]

490 § 22 Abs. 3 UmwStG enthält keine Aussage darüber, bei welchem Finanzamt der Nachweis eingereicht werden muss. Nach h. M. ist **das für den Einbringenden örtlich zuständige Finanzamt** auch hierfür **zuständig**.[615]

491 Der Nachweis ist an dem den Einbringungszeitpunkt folgenden sieben Jahren jährlich spätestens bis zum 31.5. eines Jahres zu erbringen. Da der Nachweis die steuerliche Zurechnung der Anteile zum Ablauf des Tages erfasst, der dem maßgebenden Einbringungszeitpunkt entspricht, zählt der Einbringungsstichtag selbst nicht als Nachweisstichtag. Der Nachweis erfolgt daher erstmalig zum 31.5. des Jahres, der dem Kalendertag des ersten Jahres nach dem steuerlichen Einbringungsstichtag nachfolgt.[616]

614 Vgl. Tz. 22.30 UmwStE.
615 Vgl. Tz. 22.29 UmwStE.
616 Vgl. Tz. 22.28, 22.31.

BERATUNGSHINWEIS:

Für die Einbringenden kann es ggf. schwierig sein nachzuweisen, dass die eingebrachten Anteile noch der aufnehmenden Gesellschaft zuzurechnen sind. Gerade in Fällen eines Joint Ventures oder bei Anteilstauschvorgängen mit fremden Dritten empfiehlt es sich, in den Anteilstauschvertrag eine Verpflichtung der aufnehmenden Gesellschaft aufzunehmen.[617]

BEISPIEL: X bringt mit Einbringungsvertrag vom 1.9.2026 sämtliche Anteile an der X-GmbH gegen Gewährung neuer Anteile in die Y-GmbH ein. Die Einbringung erfolgt mit sofortiger dinglicher Wirkung.

Lösung:

Einbringungszeitpunkt ist der 1.9.2026. X hat erstmalig zum 31.5.2028 Nachweis über die steuerliche Zurechnung der eingebrachten Anteile an der X-GmbH (d. h. Nachweis durch Vorlage der Gesellschafterliste der X-GmbH oder Bestätigung durch die Y-GmbH, wonach diese die Anteile nicht veräußert oder sonst wie über diese verfügt hat) zu leisten.

(Einstweilen frei) 492–500

dd) Einbringungen nach § 24 UmwStG

(1) Allgemeines

Sachlicher und persönlicher Anwendungsbereich der Vorschrift: § 24 UmwStG betrifft die Einbringung von Betrieben, Teilbetrieben oder Mitunternehmeranteile in Personengesellschaften und ergänzt damit § 20 UmwStG. Bezüglich der Fragen des **Einbringungsgegenstandes** und der „Vollständigkeit" der Einbringung (Stichwort: Miteinbringung aller wesentlichen Betriebsgrundlagen) kann auf die hier gleichermaßen geltenden Grundsätze zu § 20 UmwStG, d. h. Rz. 386 verwiesen werden. Beschränkungen des persönlichen Anwendungsbereichs sind bei der Vorschrift nicht zu beachten (siehe § 1 Abs. 4 Satz 2 UmwStG). **Einbringende** können daher alle unbeschränkt oder beschränkt steuerpflichtige natürliche Personen oder Körperschaften sein, egal ob diese in Deutschland oder im EU-/EWR-Bereich oder in Drittstaaten ansässig sind.[618] Der sachliche Anwendungsbereich wird durch die Vorschrift selbst sowie durch § 1 Abs. 3 UmwStG festgelegt. 501

Problemfälle des sachlichen Anwendungsbereichs der Neufassung durch das SEStEG: Die Neuregelung des § 1 UmwStG nach dem SEStEG ist als **abschließende Aufzählung** zu verstehen, was in mancherlei Hinsicht hilfreich, in man- 502

617 Vgl. Haritz/Menner/Bilitewski, UmwStG, § 22 Rz. 217, 283.

618 Vgl. Tz. 24.03, 20.03, 01.53 UmwStE.

cherlei Hinsicht aber auch problematisch werden kann. Aufgrund der abschließenden Aufzählung in § 1 Abs. 3 UmwStG war unklar, ob **Einbringung durch Übertragung des wirtschaftlichen Eigentums**, wie dies das frühere Verständnis von Finanzverwaltung und Literatur war, immer noch ausreicht, denn die Einräumung nur des wirtschaftlichen Eigentums fällt dem Wortlaut nach nicht unter die in § 1 Abs. 3 UmwStG aufgezählten Vorgänge, auch nicht unter den Vorgang einer Einzelrechtsnachfolge nach § 1 Abs. 3 Nr. 4 UmwStG.[619] Die Finanzverwaltung vertritt jedoch nun die Auffassung, dass die Übertragung des wirtschaftlichen Eigentums der Einzelrechtsnachfolge i. S. d. § 1 Abs. 3 Nr. 4 UmwStG gleichgestellt ist.[620] Dies eröffnet weitere Gestaltungsmöglichkeiten für Umstrukturierungen.

503 Im Rahmen des § 24 UmwStG ist es ausreichend, wenn das eingebrachte Betriebsvermögen teilweise **Sonderbetriebsvermögen** des Einbringenden bei der übernehmenden Mitunternehmerschaft wird.[621] Der BFH[622] hat zudem bestätigt, dass es bei Einbringung eines ganzen Mitunternehmeranteils in eine Personengesellschaft nach § 24 Abs. 1 UmwStG ausreicht, wenn wesentliche Betriebsgrundlagen aus einem Sonderbetriebsvermögen des Einbringenden in dessen Sonderbetriebsvermögen bei der aufnehmenden Personengesellschaft überführt werden. Eine Übertragung in das Gesamthandsvermögen ist nicht erforderlich.

504 Schließlich wird auch bei § 24 UmwStG diskutiert, inwieweit **Einbringungen durch oder im Zusammenhang mit Anwachsungsvorgängen** von der Vorschrift immer noch erfasst sind. Vgl. zu dieser Diskussion unten Rz. 562.

(2) Tatbestand und Anwendungsfälle des § 24 UmwStG

505 **Gegenstand der Einbringung:** Taugliches Objekt der Einbringung sind folgende in § 24 Abs. 1 UmwStG abschließend aufgezählte Gegenstände:

- Betrieb
- Teilbetrieb
- Mitunternehmeranteil
- Bruchteil eines Mitunternehmeranteils (vgl. § 24 Abs. 3 Satz 2 UmwStG).

---

619 Siehe z. B. Herlinghaus, FR 2007 S. 286: Übertragung des wirtschaftlichen Eigentums nach wie vor erfasst, sowie im Gegensatz dazu Dötsch/Pung/Möhlenbrock, Umwandlungssteuerrecht, § 24 UmwStG Rz. 13: Nicht mehr erfasst.

620 Vgl. Tz. 01.43 UmwStE.

621 Vgl. Tz. 24.05 UmwStE; Ettinger/Schmitz, DStR 2009 S. 1248; dies war bis zur Klarstellung durch die Finanzverwaltung im UmwStE umstritten.

622 BFH v. 17.4.2019 - IV R 12/16, BStBl 2019 II S. 745.

Erfasst sind dabei tätige Gewerbebetriebe sowie Gewerbebetriebe im Aufbau, Gewerbebetriebe, die einer gewerblichen Tätigkeit nachgehen, ebenso wie Gewerbebetriebe im freiberuflichen Bereich oder im Bereich der Land- und Forstwirtschaft.[623] Der Betriebsbegriff entspricht inhaltsgleich dem des § 20 UmwStG (siehe zu Details Rz. 386 f.). 506

Strittig war im Rahmen des § 24 UmwStG, ob die **100-%-Beteiligung an einer Kapitalgesellschaft** tauglicher Einbringungsgegenstand sein kann. Für 100-%-Beteiligungen an Kapitalgesellschaften, die im Betriebsvermögen des Einbringenden gehalten wurden, wird dies von der wohl herrschenden Literatur auch bzgl. der Neufassung bejaht, die Gesetzesbegründung zum SEStEG schließt sich dem ausdrücklich an.[624] Der BFH hat jedoch am 17.7.2008 entschieden, dass die gesetzliche Fiktion des § 16 Abs. 1 Satz 1 Nr. 1 Satz 2 EStG nicht auf dem Bereich des § 24 UmwStG übertragen werden kann, da eine Vorschrift wie bei der Spaltung (§ 15 Abs. 1 Satz 3 UmwStG) im Bereich des § 24 UmwStG nicht aufgenommen worden sei. Der Hinweis des BFH in den Entscheidungsgründen – auch wenn der BFH insoweit zum alten Recht entschieden hat – auf die Regierungsbegründung zum SEStEG und deren Nachrangigkeit gegenüber dem Gesetzeswortlaut zeigt, dass die Auffassung des BFH wahrscheinlich auch für das neugefasste Recht zu beachten sein wird. Nach **Ansicht der Finanzverwaltung** gilt für Zwecke des § 24 UmwStG auch eine **zu einem Betriebsvermögen gehörende** 100 %ige Beteiligung an einer Kapitalgesellschaft **als Teilbetrieb**[625] und damit tauglicher Einbringungsgegenstand. Die Finanzverwaltung stellt sich somit in für den Steuerpflichtigen und steuerlichen Berater positiver Weise gegen die Ansicht des BFH. 507

BERATUNGSHINWEIS:

Alternativ könnte eine Übertragung zu Buchwerten auch nach § 6 Abs. 5 Sätze 3 ff. EStG möglich sein.

Wesentliche Anwendungsfälle der Vorschrift: Die Vorschrift erfasst die Einbringung von Betrieben, Teilbetrieben und Mitunternehmeranteilen in eine steuerliche Mitunternehmerschaft jeglicher Art (auch Innengesellschaften, Unterbeteiligungsgesellschaft oder stille Gesellschaften), **insbesondere die folgenden** in der Praxis relevanten **Fälle:**[626] 508

623 Vgl, Schmitt/Hörtnagl, UmwG UmwStG, § 24 UmwStG Rz. 58; § 20 UmwStG Rz. 15 f.; Haritz/Menner/Bilitewski, UmwStG, § 24 Rz. 26 f.

624 BT-Drucks. 16/2710 zu § 24 UmwStG Abs. 1.

625 Vgl. Tz. 24.02 UmwStE.

626 Vgl. auch Tz. 01.47 UmwStE.

- Einbringung eines Einzelunternehmens in eine bestehende oder (dadurch) neu gegründete Personengesellschaft;
- Ausgliederung des Betriebs oder eines Teilbetriebs gem. § 123 Abs. 3 UmwG aus dem Unternehmen eines Einzelkaufmanns auf eine Personengesellschaft;
- Ausgliederung des Betriebs oder eines Teilbetriebs durch eine Kapitalgesellschaft auf eine Tochter-Personengesellschaft in der Rechtsform einer GmbH & Co. KG;
- Zusammenschluss mehrerer Einzelunternehmen durch Sachgründung zu einer Personengesellschaft;
- Beitritt eines Gesellschafters gegen Geldeinlage in eine bestehende Personengesellschaft oder ein bestehendes Einzelunternehmen (Aufnahme eines Gesellschafters in ein Einzelunternehmen);
- Verschmelzung einer Personenhandelsgesellschaft (z. B. KG oder OHG) auf eine andere Personenhandelsgesellschaft gem. §§ 2, 39 ff. UmwG (steuerlich liegt hier eine Einbringung i. S. v. § 24 UmwStG vor!);
- Errichtung einer Holding-Personengesellschaft (z. B. GmbH & Co. KG) durch die Kommanditisten mehrerer Schwester-Personengesellschaften (die Anteile der Kommanditisten an den Komplementär-GmbHs der verschiedenen Schwester-Gesellschaften, die diesen typischerweise ebenfalls gehören, gehören zum funktional wesentlichen Betriebsvermögen, das mit eingebracht werden muss!).

509 **Nicht von § 24 UmwStG erfasste Fälle:** § 24 UmwStG erfasst dagegen nicht die folgenden Fälle:

- formwechselnde Umwandlung einer Personenhandelsgesellschaft;[627]
- Eintritt einer GmbH in eine bestehende Personengesellschaft ohne vermögensmäßige Beteiligung (klassische GmbH & Co. KG);[628]
- Einbringung einzelner Wirtschaftsgüter (hier sind die Regelungen des § 6 Abs. 5 EStG, soweit Wirtschaftsgüter aus dem Betriebsvermögen in ein anderes Betriebsvermögen überführt werden sollen, einschlägig, sowie die anderweitigen Vorschriften über die Einlage nach § 6 Abs. 1 Nr. 5 EStG für Einzelwirtschaftsgüter, die aus dem Privatvermögen stammen);

627 Vgl. Tz. 01.47 UmwStE.

628 Vgl. Tz. 01.47 UmwStE.

- unentgeltliche Aufnahme einer natürlichen Person in ein Einzelunternehmen (§ 24 UmwStG ist für beide Mitunternehmer nicht anwendbar);[629]
- generell: Wirtschaftsgüter des Privatvermögens (da § 24 UmwStG betriebliche Einheiten und damit Wirtschaftsgüter des Betriebsvermögens voraussetzt).[630]

Bilanzierung oder Einnahmenüberschussrechnung: Die Finanzverwaltung hat ihre bisherige Rechtsauffassung aufgeben, dass bei Einbringung eines Betriebs, für den der Gewinn im Wege der Einnahmenüberschussrechnung nach § 4 Abs. 3 EStG ermittelt wird, nach § 24 Abs. 2 Satz 2 UmwStG zu Buchwerten in eine Personengesellschaft, die ihren Gewinn ebenfalls nach § 4 Abs. 3 EStG ermittelt, ein Wechsel zur Gewinnermittlung durch Betriebsvermögensvergleich nach § 4 Abs. 1 EStG erforderlich ist.[631] Der BFH hatte mit Urteil v. 11.4.2013[632] entschieden, dass bei Realteilung einer freiberuflichen Mitunternehmerschaft, die ihren Gewinn durch Einnahmenüberschussrechnung ermittelt, keine Verpflichtung zur Erstellung einer Realteilungsbilanz nebst Übergangsgewinnermittlung besteht, wenn die Buchwerte fortgeführt werden und die Mitunternehmer unter Aufrechterhaltung der Gewinnermittlung durch Einnahmenüberschussrechnung ihre berufliche Tätigkeit in Einzelpraxen weiterbetreiben. Die **Realteilung** einer Personengesellschaft ist der **umgekehrte Fall einer Einbringung in eine Personengesellschaft nach § 24 UmwStG**. Somit ist auch bei Einbringung eines Betriebs, für den die Gewinnermittlung durch Einnahmenüberschussrechnung vorgenommen wird, in eine Personengesellschaft ein **Übergang zur Gewinnermittlung durch Betriebsvermögensvergleich nicht mehr zwingend erforderlich**, sofern die Einbringung nach zu Buchwerten erfolgt und die aufnehmende Personengesellschaft ihren Gewinn ebenfalls durch Einnahmenüberschussrechnung ermittelt. Dies gilt entsprechend bei der Einbringung eines Teilbetriebs oder Mitunternehmeranteils. Die Finanzverwaltung hat sich nun in Tz. 24.03 UmwStE dieser Ansicht angeschlossen. 510

(Einstweilen frei) 511–515

(3) Gegenleistung

Eine Einbringung nach § 24 UmwStG liegt **nur** vor, **wenn der Einbringende Mitunternehmer** der Gesellschaft **wird**, d. h. er muss Stimmrechte und Gewinn- 516

629 Vgl. Tz. 01.47 UmwStE; § 6 Abs. 3 Satz 1 2. Halbsatz EStG.

630 Vgl. Haritz/Menner/Bilitewski, UmwStG, § 24 Rz. 12, m. w. N.

631 Vgl. Tz. 24.03 UmwStE; R 4.5 (6) EStR 2012, H 4.5 (6) Einbringungsgewinn EStH 2016.

632 BFH v. 11.4.2013 - III R 32/12, BStBl 2014 II S. 242.

bezugsrechte erlangen. War er vorher schon Mitunternehmer der Mitunternehmerschaft, muss sein Mitunternehmeranteil durch die Einbringung weiter aufgestockt werden.[633] Bilanziell wird die Gewährung einer Mitunternehmerstellung **durch Buchung auf dem Kapitalkonto des Einbringenden als Gesellschafter**, das nach der Ausgestaltung des Gesellschaftsvertrags die Beteiligung am Gewinn, Verlust, Vermögen und den Stimmrechten der Gesellschaft repräsentiert, dargestellt. Dies ist regelmäßig das sog. „Kapitalkonto I".[634] Die teilweise Verbuchung auf weiteren Gesellschafterkonten wie einem gesamthänderisch gebundenen Rücklagenkonto („Kapitalkonto III") oder einem variablen, nicht entnahmefähigen Eigenkapitalkonto („Kapitalkonto II") schaden nicht.[635] Die Buchung auf einem bloßen Darlehenskonto reicht nicht aus.[636] Nach Ansicht der Finanzverwaltung stellt die ausschließliche Verbuchung auf dem gesamthänderisch gebundenen Rücklagenkonto ebenfalls keine Gegenleistung dar und führt damit zu einer (verdeckten) Einlage aus dem Privatvermögen oder einer unentgeltlichen Übertragung nach § 6 Abs. 5 EStG aus dem Betriebsvermögen des Gesellschafters in die Mitunternehmerschaft.[637] Nach Ansicht des BFH stellt die **ausschließliche Gutschrift auf einem Kapitalkonto II keine Gewährung von Gesellschaftsrechten** dar.[638] Die Finanzverwaltung hat sich dieser Rechtsprechung des BFH angeschlossen[639] und sich damit gegen ihre bisherige Auffassung aus dem Umwandlungssteuererlass gestellt.[640] Auf gemeinsamen Antrag des Übertragenden oder des Einbringenden und der übernehmenden Personengesellschaft kann in noch offenen Fällen die bisherige Verwaltungsauffassung,[641] wonach auch eine Buchung auf dem Kapitalkonto II zu einer Gewährung von Gesellschaftsrechten führt, für Übertragungen und Einbringungen bis zum 31.12.2016 weiterhin angewendet werden.

517 **Kein Fall des § 24 UmwStG ist** dagegen eine **Veräußerung** allein gegen Einräumung einer (wenn auch gestundeten oder als Darlehensforderung bezeichne-

633 Vgl. Tz. 24.07 UmwStE.

634 Vgl. Tz. 24.07 UmwStE.

635 Vgl. Tz. 24.07 UmwStE.

636 Vgl. Tz. 24.07 UmwStE; zur Abgrenzung zwischen Kapitalkonto und Darlehenskonto vgl. BMF v. 30.5.1997, BStBl 1997 I S. 627.

637 Vgl. BMF v. 11.7.2011 - IV C 6 - S 2178/09/10001, BStBl 2011 I S. 713.

638 BFH v. 29.7.2015 - IV R 15/14, BStBl 2016 II S. 593.

639 Vgl. BMF v. 26.7.2016, BStBl 2016 I S. 684.

640 Vgl. Tz. 24.07 UmwStE 2011.

641 BMF v. 11.7.2011, BStBl 2011 I S. 713; Tz. 24.07 UmwStE 2011.

ten) Kaufpreisforderung gegen die übernehmende Personengesellschaft. In diesem Fall liegt (vollständig) eine Betriebsveräußerung nach § 16 EStG vor.

Wurden bei Umwandlungen **bis zum 31.12.2014** neben Einräumung von Gesellschafterrechten **Zuzahlungen in das Vermögen des Einbringenden** geleistet (Geldzahlungen, ebenso aber auch Einräumung nicht zum Eigenkapital gehörender Gesellschafterdarlehen),[642] lag nach Ansicht der Finanzverwaltung insoweit (teilweise) eine Gewinnrealisierung vor; in diesen Fällen könne auch keine Ergänzungsbilanz die tatsächliche Realisation verhindern.[643] Der BFH hat jedoch entgegen der Ansicht der Finanzverwaltung entschieden, dass, wenn der Steuerpflichtige im Rahmen der Einbringung seines Betriebs in eine Mitunternehmerschaft neben dem Mitunternehmeranteil auch eine Darlehensforderung gegen die Gesellschaft erhält, dies die Anwendung des § 24 UmwStG nicht ausschließt; die Gutschrift auf dem Darlehenskonto ist jedoch als Entgelt anzusehen, das sich grundsätzlich gewinnrealisierend auswirken kann. Bei einer Einbringung eines Betriebs gegen ein sog. Mischentgelt – bestehend aus Gesellschaftsrechten und einer Darlehensforderung gegen die Personengesellschaft – bei Wahl der Buchwertfortführung wird jedoch dann kein Gewinn realisiert, wenn die Summe aus dem Nominalbetrag der Gutschrift auf dem Kapitalkonto des Einbringenden bei der Personengesellschaft und dem gemeinen Wert der eingeräumten Darlehensforderung den steuerlichen Buchwert des eingebrachten Einzelunternehmens nicht übersteigt.[644] 518

Für Einbringungen **nach dem 31.12.2014** hat der Gesetzgeber durch das Steueränderungsgesetz 2015 rückwirkend die Möglichkeit der Gewährung von Gegenleistungen für Fälle des § 24 UmwStG neu geregelt und sich der ab 1.1.2015 geltenden Rechtslage bei Umwandlungen nach §§ 20, 21 UmwStG angepasst. So ist die Gewährung einer sonstigen Gegenleistung entweder bis zur Höhe von 25 % des Buchwerts oder bis zur Höhe von 500.000 €, höchstens jedoch bis zum Buchwert ertragsteuerneutral zulässig (ausführlich zu diesen Änderungen aufgrund des sog. „**Lex-Porsche**“ vgl. Rz. 395).[645]

Zuzahlungen in das Vermögen des Einbringenden, die zu einem Veräußerungsgewinn führen, **sind auch Umgehungsgestaltungen**, die nach dem wirtschaftlichen Gehalt zu einer Zahlung ins Privatvermögen des Einbringenden führen, und nicht dauerhaft im Gesellschaftsvermögen verbleiben sollen. 519

642 Vgl. Dötsch/Pung/Möhlenbrock, Umwandlungssteuerrecht, § 24 UmwStG Rz. 60.

643 Vgl. Tz. 24.09 UmwStE.

644 Vgl. BFH v. 18.9.2013 - X R 42/10, BStBl 2016 II S. 639.

645 Siehe im Detail speziell zu § 24 UmwStG Rogall/Dreßler, DB 2015 S. 1981.

BEISPIEL: Eine Zahlung erfolgt zunächst auf das Konto der Gesellschaft, wird aber kurzfristig, also im zeitlichen und sachlichen Zusammenhang mit der Einbringung, vom Einbringenden entnommen, oder der Einbringende enthält einen Vorabgewinn, den er entnimmt, und der nicht durch Gesellschafterleistungen gerechtfertigt ist, sondern wirtschaftlich einem ratenweise zu zahlenden Veräußerungspreis entspricht.[646]

(4) Einbringungsgewinn

520 Der Wert, mit dem das eingebrachte Betriebsvermögen in der Gesamthandsbilanz der übernehmenden Personengesellschaft einschließlich den Ergänzungsbilanzen der Gesellschafter angesetzt wird, wird gem. § 24 Abs. 3 Satz 1 UmwStG als Veräußerungspreis für den Einbringenden fingiert. Wird Buchwertfortführung gewählt, ergibt sich für den Einbringenden keinen Einbringungsgewinn.[647] Bei Ansatz von Zwischenwerten oder dem gemeinen Wert ergibt sich durch einen **Einbringungsgewinn**, der sich **nach folgendem Schema** ermittelt:

	Veräußerungspreis (Wert i. S. v. § 24 Abs. 3 Satz 1 UmwStG)
./.	Einbringungskosten, soweit vom Einbringenden getragen
./.	Buchwert des eingebrachten Betriebsvermögens
=	Einbringungsgewinn i. S. v. § 16 EStG

521 Erfolgt ein Ansatz zum gemeinen Wert, kann der Einbringungsgewinn nach der **Tarifvergünstigung des § 34 EStG** begünstigt sein (§ 24 Abs. 3 Satz 2 UmwStG).[648] § 34 EStG gilt dagegen nicht, wenn

- ein Teil-Mitunternehmeranteil eingebracht wird (§ 24 Abs. 3 Satz 2 UmwStG), oder wenn
- für einen Teil des Einbringungsgewinns eine Rücklage nach § 6b oder § 6c EStG gebildet worden ist, oder
- soweit der Einbringungsgewinn bereits begünstigt nach dem Teileinkünfteverfahren versteuert wurde (§ 24 Abs. 3 Satz 2 UmwStG) oder soweit der Einbringungsgewinn als laufender Gewinn gilt (§ 24 Abs. 3 Satz 3 UmwStG).[649] Der **Freibetrag nach § 16 Abs. 4 EStG** wird immer dann ge-

646 Vgl. Dötsch/Pung/Möhlenbrock, Umwandlungsteuerrecht, § 24 UmwStG Rz. 63; Schmitt/Hörtnagl, UmwG UmwStG, § 24 UmwStG Rz. 141, m. w. N.

647 Vgl. Haritz/Menner/Bilitewski, UmwStG, § 24 Rz. 120.

648 Vgl. Tz. 24.15 UmwStE.

649 Vgl. Tz. 24.15 UmwStE.

währt, wenn die Einbringung zum gemeinen Wert erfolgt (§ 24 Abs. 3 Satz 2 UmwStG).

(Einstweilen frei) 522–525

(5) Ansatzwahlrecht der übernehmenden Personengesellschaft

Unabhängig von der Behandlung in der Handelsbilanz und ohne Geltung des Maßgeblichkeitsgrundsatzes hat die **übernehmende Gesellschaft** das Recht, das eingebrachte Betriebsvermögen in ihrer Bilanz einschließlich den Ergänzungsbilanzen der Gesellschafter mit dem **Buchwert oder** einem **Zwischenwert**, höchstens jedoch mit dem gemeinen Wert anzusetzen, soweit das Recht der Bundesrepublik Deutschland hinsichtlich der Besteuerung des eingebrachten Betriebsvermögens nicht ausgeschlossen oder beschränkt wird (§ 24 Abs. 2 Satz 2 UmwStG). Der **Antrag** ist durch die übernehmende Gesellschaft bei dem für diese zuständigen Finanzamt zu stellen, und zwar **spätestens mit Abgabe der Gewinnfeststellungserklärung durch die aufnehmende Personengesellschaft** für das Wirtschaftsjahr, in das der Einbringungszeitpunkt fällt (§ 24 Abs. 2 Satz 3 i. V. m. § 20 Abs. 2 Satz 3 UmwStG).[650] Zu den förmlichen Anforderungen für eine Antragstellung vgl. ausführlich Rz. 394. 526

BERATUNGSHINWEIS:

Einbringender und Antragsberechtigter fallen auseinander. Gegebenenfalls ist als Berater eines Einbringenden auf entsprechende Regelungen im Einbringungsvertrag zu drängen (insbesondere Verpflichtung des übernehmenden Rechtsträgers zur Ausübung des Ansatzwahlrechts in Form des Buchwertansatzes).

Der Bewertungsansatz erfolgt in der Praxis meistens so, dass in der Gesamthandsbilanz der aufnehmenden Personengesellschaft die eingebrachten Wirtschaftsgüter zu gemeinen Werten dargestellt werden, während in steuerlichen **negativen Ergänzungsbilanzen** die Aufdeckung der stillen Reserven durch Abstockung (auf entsprechende Zwischenwerte oder auf die Buchwerte) wieder rückgängig gemacht wird. 527

BERATUNGSHINWEIS:

Dies hat zum einen bilanzpolitische Gründe (Darstellung gegenüber Banken, Rating etc.), dies dient zum anderen aber auch der Darstellung zutreffender Kapitalkonten in den Fällen, in denen sich ein Dritter gegen Geldeinlage i. H. des gemeinen Werts des Betriebsvermögens an einem Einzelunternehmen oder einer bestehenden Personengesellschaft beteiligt.

650 Vgl. Tz. 24.03 UmwStE.

(6) Zeitpunkt der Einbringung

528 **Allgemeines:** Die Einbringung wirkt steuerlich zum **Einbringungsstichtag.** Ab dem Einbringungsstichtag wird das eingebrachte Betriebsvermögen ertragsteuerlich nicht mehr dem Einbringenden, sondern der übernehmenden Personengesellschaft zugerechnet. Die Bestimmung des Einbringungsstichtags mit der Frage, inwieweit eine Rückwirkung möglich ist oder nicht, ist daher von zentraler Bedeutung.[651]

529 **Einbringungen im Wege der Umwandlung:** Eine bis zu achtmonatige steuerliche Rückwirkung nach § 24 Abs. 4 2. Halbsatz i. V. m. § 20 Abs. 5 und 6 UmwStG ist in den Fällen möglich, in denen die Einbringung im Wege der Gesamtrechtsnachfolge erfolgt, also insbesondere bei Verschmelzungen von Personenhandelsgesellschaften nach dem Umwandlungsgesetz.[652]

530 **Rechtsfolgen der steuerlichen Rückwirkung:** Für Zwecke der Ertragsteuern wird ein tatsächlicher Vermögenstransfer auf die übernehmende Gesellschaft zum rückbezogenen Übertragungsstichtag fingiert (§ 2 Abs. 1 und 2 UmwStG). Bei grenzüberschreitenden Sachverhalten ist insoweit die Vorschrift zur Vermeidung weißer Einkünfte nach § 2 Abs. 3 UmwStG zu beachten (§ 24 Abs. 4 2. Halbsatz i. V. m. § 20 Abs. 6 Satz 4 UmwStG).[653] Bedeutung hat die Rückwirkung insbesondere auf Vertragsverhältnisse wie Anstellungsverträge, Miet- oder Überlassungsverträge zwischen Mitunternehmerschaft und Gesellschafter.

BEISPIEL: Die A-AG hat einen Teilbetrieb im Juni 2026 mit steuerlicher Wirkung zum 31.12.2025 auf eine Tochter-GmbH & Co. KG ausgegliedert (§ 123 Abs. 3 UmwG). Aktionär A verfügt über umfangreichen Grundbesitz, in dessen Räumlichkeiten sich auch das Produktionsgebäude sowie das Bürogebäude des ausgegliederten Betriebs befanden.

Lösung:

Die Ausgliederung ist steuerlich eine Einbringung nach § 24 UmwStG, die nach § 24 Abs. 4 2. Halbsatz UmwStG aufgrund der (partiellen) Gesamtrechtsnachfolge steuerlich rückbezogen werden kann. Die Überlassungsverträge zwischen dem Aktionär A und der A-AG gehen auf die aufnehmende Personengesellschaft über. Ab dem steuerlichen Übertragungsstichtag geleistete Zahlungen sind steuerlich durch die Personengesellschaft geleistet. Die Miet- bzw. Pachtzahlungen stellen, soweit sie angemessen und drittüblich sind, Betriebsausgaben der Personengesellschaft dar. Zu einer Hinzurechnung als Sonderbetriebseinnahmen des A bei der KG kommt es nicht, weil der Aktionär A selbst nicht Mitunternehmer wird.

---

651 Vgl. Haritz/Menner/Bilitewski, UmwStG, § 24 Rz. 94.

652 Vgl. Tz. 24.06 UmwStE.

653 Näher Haritz/Menner/Bilitewski, UmwStG, § 20 Rz. 601 ff.

Einbringung durch Einzelrechtsnachfolge: Insoweit gelten die allgemeinen Grundsätze, d. h. der Abschluss des Einbringungsvertrags bestimmt den Einbringungsstichtag auch mit steuerlicher Wirkung,[654] da insoweit keine explizite Rückwirkungsvorschrift im Umwandlungssteuergesetz vorliegt (Gegenschluss aus § 24 Abs. 4 2. Halbsatz UmwStG).[655] Aus Vereinfachungsgründen soll aber eine Rückwirkung für einen kurzen Zeitraum möglich sein (höchstens drei Monate).[656] 531

(Einstweilen frei) 532–535

(7) Sonderregelung für einen Einbringungsgewinn II nach § 24 Abs. 5 UmwStG

Nach § 24 Abs. 5 UmwStG gilt die Sieben-Jahres-Sperrfrist, soweit im Rahmen 536
einer Einbringung eines Betriebs, Teilbetriebs oder Mitunternehmeranteils Anteile an Kapitalgesellschaften unter dem gemeinen Wert eingebracht werden, und diese innerhalb von sieben Jahren nach dem Einbringungszeitpunkt durch die übernehmende Personengesellschaft veräußert werden, der Einbringende selbst keine nach § 8b Abs. 2 KStG begünstigte Person ist, der Gewinn aus der Veräußerung der eingebrachten Anteile jedoch im Veräußerungszeitpunkt nach § 8b Abs. 2 KStG begünstigt ist.[657] Diese Vorschrift ist schwer verständlich formuliert. Sie soll letztlich **Missbrauchsgefahren verhindern**, die daraus entstehen könnten, dass natürliche Personen Beteiligungen an Kapitalgesellschaften in Personenhandelsgesellschaften zum Buchwert einbringen, und nach Einbringung eine Veräußerung durch die Personengesellschaft erfolgt, von der auch Gesellschafter der Personengesellschaft profitieren, die nach § 8b Abs. 2 KStG begünstigt sind (weil sie selber Kapitalgesellschaften sind, „Zebragesellschaft"). Es gilt insoweit derselbe Sieben-Jahres-Zeitraum wie bei den §§ 20, 21 UmwStG.

(Einstweilen frei) 537–540

---

654 Vgl. Haritz/Menner/Bilitewski, UmwStG, § 24 Rz. 93, m. w. N.

655 Tz. 24.06 UmwStE.

656 Vgl. Schmidt, EStG, § 16 Rz. 429.

657 Vgl. Tz. 24.24 UmwStE.

4. Anwachsungsvorgänge

a) Allgemeines

541 Die Anwachsung hat zur Folge, dass das gesamte Vermögen einer **Personengesellschaft** als Ganzes auf einen – letzten – verbleibenden Gesellschafter übergeht. Bei Umstrukturierungen können Anwachsungsvorgänge vielfältig eingesetzt werden. Sie können sowohl den Formwechsel einer Personengesellschaft in eine Kapitalgesellschaft ermöglichen, als auch dieselben Rechtsfolgen wie die Verschmelzung einer Personengesellschaft auf eine bestehende Kapitalgesellschaft bewirken.[658] Bei Kapitalgesellschaften ist die Durchführung einer Anwachsung dagegen nicht möglich.

b) Die Anwachsung

542 Die **gesetzliche Grundlage für die Anwachsung bildet** seit dem MoPeG **§ 712 Abs. 1 BGB.**[659] **§ 712a Abs. 1 BGB** ergänzt diese Norm um den bei Umstrukturierungen relevanten Fall des Ausscheidens aller Gesellschafter bis auf einen im Wege des Anwachsungsmodells.[660] Danach geht im Falle des Ausscheidens des vorletzten Gesellschafters einer GbR das Gesellschaftsvermögen auf den letztverbleibenden Gesellschafter über.[661] § 712 BGB gilt die rechtsfähige GbR, die Norm gilt gem. § 740 Abs. 2 BGB aber auch für die nicht rechtsfähige GbR entsprechend.

543 Im Gegenzug erhält der ausscheidende Gesellschafter grundsätzlich eine Abfindung aus dem Gesellschaftsvermögen (§ 712a i. V. m. § 728 Abs. 1 BGB).

BERATUNGSHINWEIS:

Bei Einigkeit der beteiligten Parteien kann auch auf die Zahlung einer Abfindung verzichtet werden, was insbesondere dann praxisrelevant wird, wenn Anwachsungsvorgänge im Rahmen von Umstrukturierungsvorgängen eingesetzt werden.

544 Der Wortlaut des § 712 Abs. 1 BGB umfasst das Ausscheiden eines Gesellschafters aus einer Gesellschaft mit mehr als zwei Gesellschaftern und hat den Fall vor Augen, dass auch nach dem Ausscheiden noch eine – mindestens zweigliedrige – Gesellschaft besteht. Die **Anwachsungsprinzipien gelten** nach § 712a Abs. 1 BGB jedoch **auch für den verbleibenden letzten Gesellschafter**

658 Vgl. Ettinger/Reiff in Wachter/Heckschen (Hrsg.), Praxis des Handels- und Gesellschaftsrechts, § 14 Rz. 538, 571.

659 Siehe dazu BeckOK BGB, § 712 Rz. 3 ff.

660 § 712a BGB trat gem. Art. 137 Satz 1 MoPeG am 1.1.2024 in Kraft.

661 BeckOK BGB, § 712a Rz. 2.

einer Zwei-Personen-Gesellschaft. Hier übernimmt der verbleibende Gesellschafter automatisch, und ohne dass es einer Übernahmeerklärung bedarf, das gesamte Gesellschaftsvermögen.[662] Das Gesellschaftsverhältnis endet beim Ausscheiden eines Gesellschafters aus der Zwei-Personen-Gesellschaft ohne Liquidation, denn die Existenz einer Einmann-Personengesellschaft ist nach geltendem Recht nicht möglich.[663]

Der **Übergang aller Vermögensgegenstände** auf den letzten Gesellschafter erfolgt **unmittelbar kraft Gesetzes.** Eine formelle Übertragung des Eigentums an den einzelnen Vermögensgegenständen ist weder erforderlich noch möglich.[664] Mit dem Ausscheiden des vorletzten Gesellschafters wird der verbleibende Gesellschafter automatisch Eigentümer an allen Gegenständen des Gesellschaftsvermögens. War die Gesellschaft Eigentümerin von Grundstücken, wird der letzte verbleibende Gesellschafter, auf den die Anwachsung erfolgt, unabhängig von seiner Eintragung in das Grundbuch auch Eigentümer des Grundbesitzes. Es ist daher nur eine Grundbuchberichtigung erforderlich. Eine Auflassung ist nicht erforderlich, es ist in diesen Fällen jedoch eine notarielle Beglaubigung der Anwachsungsvereinbarung angezeigt.[665] War die Gesellschaft im Gesellschaftsregister eingetragen (eGbR), ist die Auflösung als Folge der Anwachsung zur Eintragung in das Gesellschaftsregister anzumelden (§ 733 Abs. 1 Satz 1 BGB). 545

Sämtliche Aktiva und Passiva sowie bestehende Vertragsverhältnisse gehen auf den letzten Gesellschafter automatisch über, ohne dass es einer Zustimmung der Gläubiger bzw. der anderen Vertragspartner bedarf. 546

BERATUNGSHINWEIS:

Die Zustimmung von Gläubigern und Vertragspartnern ist daher nicht erforderlich, deren Notifizierung aber ratsam.

Bei der Anwachsung geht das Gesellschaftsvermögen im Wege der Gesamtrechtsnachfolge auf den letzten Gesellschafter über (§ 712a Abs. 1 Satz 2 BGB).[666] 547

---

662 Servatius, BGB, § 712a Rz. 2.

663 Servatius, BGB, § 712a Rz. 1.

664 Ettinger/Reiff in Wachter/Heckschen (Hrsg.), Praxis des Handels- und Gesellschaftsrechts, § 14 Rz. 540, 575.

665 Vgl. OLG Düsseldorf v. 14.9.1998 - 3 Wx 209–98, NJW-RR 1999 S. 619.

666 Vgl. Servatius, BGB, § 712a Rz. 1; Henssler/Strohn, Gesellschaftsrecht, § 712a BGB Rz. 5.

548 Die Anwachsung ist gesetzlich nur für die GbR ausdrücklich geregelt. Die Anwachsungsprinzipien finden jedoch entsprechende Anwendung auch auf die OHG und die KG (s. § 105 Abs. 3 HGB bzw. §§ 161 Abs. 2, 105 Abs. 3 HGB).[667]

Die Auflösung der Gesellschaft ist auch hier zum Handelsregister anzumelden (s. § 141 Abs. 1 Satz 1 HGB bzw. §§ 161 Abs. 2, 141 Abs. 1 Satz 1 HGB).

c) Gestaltungsmodelle

549 Zu einer Anwachsung des Gesellschaftsvermögens kommt es automatisch mit der Vereinigung sämtlicher Anteile einer Personengesellschaft in der Hand eines Gesellschafters. Dies kann gestalterisch dadurch erreicht werden, dass alle Gesellschafter bis auf einen letzten, verbleibenden Gesellschafter aus der Gesellschaft austreten.[668] Es handelt sich hierbei um das **„einfache" bzw. „klassische" Anwachsungsmodell.**

550 Alternativ ist die Übertragung sämtlicher Gesellschaftsanteile auf einen Gesellschafter oder einen außenstehenden Dritten möglich. Diese Gestaltungsvariante wird **„erweiterte Anwachsung"** genannt.

aa) Klassisches Anwachsungsmodell (einfache Anwachsung)

551 Bei einer Umstrukturierung nach dem klassischen Anwachsungsmodell treten bis auf einen alle anderen Gesellschafter zu einem einheitlichen Zeitpunkt aus der Personengesellschaft aus. Diese Art der Anwachsung kann z. B. dazu verwendet werden, das Vermögen einer GmbH & Co. KG auf deren Komplementär-GmbH zu überführen.[669]

552 Zur Umsetzung des klassischen Anwachsungsmodells ist zunächst ein **Gesellschafterbeschluss** (bzw. eine Vereinbarung) der Gesellschafter über das Ausscheiden aller Gesellschafter bis auf einen Gesellschafter unter Hinweis auf die Rechtsfolge der Übernahme des Gesellschaftsvermögens durch den verbleibenden Gesellschafter[670] erforderlich. In dem Beschluss (bzw. der Vereinbarung) ist der Zeitpunkt des Austritts der Gesellschafter und somit des Übergangs des Gesellschaftsvermögens auf den verbleibenden Gesellschafter festzulegen („**Anwachsungsstichtag**").[671]

---

667 Henssler/Strohn, Gesellschaftsrecht, § 712 BGB Rz. 2.

668 Ettinger/Reiff in Wachter/Heckschen (Hrsg.), Praxis des Handels- und Gesellschaftsrechts, § 14 Rz. 542, 578.

669 Vgl. v. Proff, DStR 2016 S. 2230.

670 Vgl. v. Proff, DStR 2016 S. 2227.

671 Ettinger/Reiff in Wachter/Heckschen (Hrsg.), Praxis des Handels- und Gesellschaftsrechts, § 14 Rz. 545, 581.

In dem Beschluss bzw. der Vereinbarung sind weiterhin Regelungen über die Art und die Höhe von **Abfindungszahlungen** der Gesellschaft an die ausscheidenden Gesellschafter zu treffen. Dabei ist ein Verzicht der ausscheidenden Gesellschafter auf eine Abfindung möglich. Dies kann aus Vereinfachungsgründen z. B. bei der Anwachsung einer GmbH & Co. KG auf deren Komplementär-GmbH sinnvoll sein, wenn die ausscheidenden Kommanditisten im gleichen Verhältnis an der Komplementär-GmbH und an der aufgelösten KG beteiligt sind. Da sich in diesem Fall der Wert der Beteiligung an der Komplementär-GmbH um den Wert der Kommanditbeteiligung erhöht, bleibt die Vermögenssituation der Kommanditisten nach dem Ausscheiden aus der KG unverändert.[672] 553

Der Gesellschafterbeschluss (bzw. die Vereinbarung) über die Durchführung des Anwachsungsmodells muss **grundsätzlich einstimmig** (bzw. zwischen allen Gesellschaftern) gefasst werden, da die Gesellschafterstellung grds. nur mit Zustimmung des jeweils betroffenen Gesellschafters beendet werden kann (vgl. § 727 BGB, § 134 HGB, §§ 161 Abs. 2, 134 HGB) bzw. Beschlussfassungen im Zweifel der Einstimmigkeit bedürfen (§ 714 BGB; § 109 Abs. 3 HGB; §§ 161 Abs. 2, 109 Abs. 3 HGB). 554

BERATUNGSHINWEIS:

Allerdings können im Gesellschaftsvertrag Regelungen getroffen werden, die abweichende Stimmmehrheiten auch für solche Fälle vorsehen.[673]

Erfolgt die Anwachsung unter völligem Ausschluss des Abfindungsanspruchs der ausscheidenden Gesellschafter, können hierfür keine Mehrheitsbeschlüsse im Gesellschaftsvertrag vereinbart werden. Dies würde im Ergebnis einem Ausschluss des Anspruchs auf ein Abfindungsguthaben gleichkommen, was wegen Sittenwidrigkeit rechtlich unzulässig ist.[674] Im Ergebnis bedeutet dies ein Einstimmigkeitserfordernis für die abfindungslose Anwachsung. 555

Die liquidationslose Beendigung durch Ausscheiden aller Gesellschafter bis auf einen ist von sämtlichen Gesellschaftern (d. h. den ausgeschiedenen und den verbleibenden) **zum Gesellschaftsregister bzw. Handelsregister anzumelden** (§ 733 Abs. 1 Satz 1 für die eGbR, § 141 Abs. 1 Satz 1 HGB für die OHG bzw. §§ 141 Abs. 1 Satz 1, 161 Abs. 2 HGB für die KG).[675] 556

672 Ettinger/Reiff in Wachter/Heckschen (Hrsg.), Praxis des Handels- und Gesellschaftsrechts, § 14 Rz. 546, 582.

673 Gummert, MAH Personengesellschaftsrecht, § 22 Rz. 38.

674 Vgl. MüKo BGB, § 131 Rz. 180.

675 Ettinger/Reiff in Wachter/Heckschen (Hrsg.), Praxis des Handels- und Gesellschaftsrechts, § 14 Rz. 549, 585.

bb) Erweiterte Anwachsung

557 Bei der erweiterten Anwachsung wird die Anteilsvereinigung sämtlicher Anteile bei einem Gesellschafter dadurch erreicht, dass alle übrigen Gesellschafter nicht austreten, sondern ihre jeweiligen Gesellschaftsanteile durch Abtretung an den einen Gesellschafter übertragen. Hierfür kommt entweder eine entgeltliche Übertragung gegen einen Veräußerungspreis in Betracht oder aber – dies ist bei Umstrukturierungsmaßnahmen der Hauptfall – es erfolgt eine Übertragung im Rahmen einer **Einbringung gegen Ausgabe von neuen Anteilen** an der Zielgesellschaft. Sofern die Beteiligungsverhältnisse an der übertragenen und aufnehmenden Gesellschaft identisch sind, kann aus rein gesellschaftsrechtlicher Sicht auf eine Gegenleistung auch ganz verzichtet werden.[676]

558–560 *(Einstweilen frei)*

d) Steuerliche Behandlung

561 Mangels einer expliziten gesetzlichen Regelung ist die steuerliche Beurteilung einer Anwachsung nach allgemeinen steuerlichen Kriterien vorzunehmen.[677] Die steuerlichen Folgen einer einfachen Anwachsung unterscheiden sich grundlegend von denen einer erweiterten Anwachsung:

aa) Erweiterte Anwachsung

562 Im Rahmen der **erweiterten Anwachsung** wurde aufgrund der Änderungen des Umwandlungssteuergesetzes durch das SEStEG im Schrifttum zum Teil vertreten, dass diese mangels Nennung im grundsätzlich abschließenden Katalog des § 1 Abs. 3 UmwStG anders als bisher nicht mehr im Anwendungsbereich der §§ 20 bzw. 24 UmwStG erfasst sei.[678] Dem ist nicht zuzustimmen. Bei der erweiterten Anwachsung bringen zunächst sämtliche Mitunternehmer ihre Anteile in eine übernehmende Gesellschaft gegen Gewährung neuer Anteile ein. Bei diesem Schritt 1 liegt zunächst ein Fall der Einzelrechtsnachfolge vor.[679] Die Anwachsung selbst vollzieht sich erst eine logische Sekunde danach als Schritt 2, und quasi als Reflex des vorausgegangenen Einbringungsvorgangs und lediglich als dessen Folge (nämlich gesellschaftsrechtliche Kollabie-

676 Siehe jedoch zur steuerlichen Notwendigkeit einer Gegenleistung in Form von neuen Anteilen Rz. 390 und 516.

677 Gummert, MAH Personengesellschaftsrecht, § 22 Rz. 113.

678 Vgl. Haritz/Menner/Bilitewski, UmwStG, § 20 Rz. 246, m. w. N.

679 Vgl. Schmitt/Hörtnagl, UmwG UmwStG, § 20 UmwStG Rz. 195, m. w. N.

rung der Mitunternehmerschaft und Anwachsung auf die Gesellschaft, in die eingebracht wurde). Deshalb ist auch die erweiterte Anwachsung nach wie vor vom sachlichen Anwendungsbereich des Umwandlungssteuergesetzes erfasst.[680] Die Finanzverwaltung vertritt im UmwStE folgende Auffassung: „Folge einer Einbringung eines Mitunternehmeranteils, u. a. im Wege der Einzelrechtsnachfolge kann auch eine Anwachsung (§ 712 BGB) sein."[681] **Es gelten daher die §§ 20 bis 24 UmwStG** und die erweiterte Anwachsung **kann grds. steuerneutral vollzogen werden**.

Soll die erweiterte Anwachsung zum Formwechsel einer GmbH & Co. KG in eine GmbH genutzt werden, so werden die Kommanditanteile in die Komplementär-GmbH gegen Gewährung von neuen Geschäftsanteilen eingebracht. Steuerlich gehört zu dem Mitunternehmeranteil neben dem Kommanditanteil auch das jeweilige Sonderbetriebsvermögen des Gesellschafters.[682] Die Geschäftsanteile der Kommanditisten an der Komplementär-GmbH stellen regelmäßig Sonderbetriebsvermögen dar,[683] das grds. mit in die Komplementär-GmbH eingebracht werden müsste, soweit es sich um eine wesentliche Betriebsgrundlage handelt. Nach Auffassung des BFH verliert jedoch auch ein vor der Einbringung als wesentliche Betriebsgrundlage anzusehender Geschäftsanteil an der Komplementär-GmbH mit der Einbringung der Kommanditanteile die Eigenschaft als wesentliche Betriebsgrundlage. Denn die bisherige Komplementärstellung der GmbH wird aufgrund des Erlöschens der KG infolge der Einbringung gegenstandslos, so dass nicht „davon die Rede sein kann, dass der vormalige Kommanditist mit der Beteiligung an der Komplementär-GmbH etwas für den übertragenen Mitunternehmeranteil Wesentliches zurückbehalten hat."[684] Die **Geschäftsanteile** der Kommanditisten an der **Komplementär-GmbH** stellen somit **u. E. bei der erweiterten Anwachsung stets keine wesentliche Betriebsgrundlage** dar und müssen folglich auch *nicht* eingebracht werden. 563

BERATUNGSHINWEIS:

Die Finanzverwaltung vertritt jedoch in einem vergleichbaren Fall eine aus Beratungssicht erschwerende Auffassung. Gehört zum Betriebsvermögen eines zu übertragenden Betriebs oder Teilbetriebs ein Anteil an der übernehmenden Gesellschaft, so ist dieser grds. mit einzubringen, und bei der übernehmenden Gesellschaft entstehen eigene An-

680 Ettinger/Schmitz, GmbHR 2008 S. 1089; v. Proff, DStR 2016 S. 2234.

681 Tz. 01.44 UmwStE.

682 R 4.2 Abs. 2 Satz 1 EStR.

683 H 4.2 Abs. 2 „Anteile an Kapitalgesellschaften" 2. Spiegelstrich EStH.

684 BFH v. 16.12.2009 - I R 97/08, BStBl 2010 II S. 808.

teile.[685] Nur auf ausdrücklichen Antrag des Einbringenden kann von der Einbringung der Anteile abgesehen werden. Der Einbringende muss sich gleichzeitig verpflichten, dass die zurückbehaltenen Anteile an der übernehmenden Gesellschaft (= die sich im Betriebsvermögen des zu übertragen Betriebs befindlichen Anteile) künftig in vollem Umfang als sperrfristbehaftete erhaltene Anteile zu behandeln sind.[686] Diese Auffassung der Finanzverwaltung gilt auch für Mitunternehmeranteile.[687] Insoweit ist bei der Beratung aus Vorsichtsgründen davon auszugehen, dass die Finanzverwaltung die Zurückbehaltung (nicht Einbringung) der Geschäftsanteile an der Komplementär-GmbH möglicherweise nur bei entsprechender Antragstellung akzeptieren wird. Vorsichtshalber sollte somit stets ein solcher Antrag gestellt werden.[688] Soweit ohnehin eine Veräußerung der Geschäftsanteile in den folgenden sieben Jahren nicht beabsichtigt wird, entsteht auch kein direkter Nachteil, da die im Rahmen der Einbringung tatsächlich neu gewährten Geschäftsanteile ohnehin der siebenjährigen Sperrfrist des § 22 UmwStG unterliegen.

564 In bestimmten Sonderkonstellationen kann die erweiterte Anwachsung, die steuerlich grundsätzlich mit dem zivilrechtlichen Wirksamwerden der Einbringungsverträge wirksam wird (da Einzelrechtsnachfolge), **mit steuerlicher Rückwirkung** erfolgen, nämlich wenn sie mit einer Umwandlung nach dem Umwandlungsgesetz zusammenfällt und daher als Folgewirkung der gesetzlich zugelassenen Rückwirkung der Umwandlung ebenfalls rückwirkend erfolgt.[689]

BEISPIEL: Die M-KG ist alleinige Kommanditistin und auch alleinige Gesellschafterin der Komplementärin der T-GmbH & Co. KG. Die Komplementär-GmbH wird aufgrund Verschmelzungsvertrages vom Mai 2026, der im Juni 2026 zum Handelsregister angemeldet und im September 2026 im Handelsregister eingetragen wird, rückwirkend zum 31.12.2025 (= steuerlicher Übertragungsstichtag) auf die M-KG verschmolzen. Die Verschmelzung hat gem. § 2 Abs. 1 Satz 1 UmwStG steuerliche Rückwirkung, als ob sie bereits mit Ablauf des 31.12.2025 erfolgt wäre. Denkt man dies zu Ende, geht aufgrund des Anwachsungsgedankens zum 31.12.2025 auch das Vermögen der T-KG steuerlich auf die M-KG über, weil eine KG mit nur einem Kommanditisten, ohne Komplementär, nicht existieren kann und die KG damit denklogisch als solche kollabiert und ihr Vermögen daher auf die M-KG anwachsen muss. In diesem Fall wirkt die Anwachsung daher ausnahmsweise steuerlich zurück.

564/1 Die abfindungslose erweiterte Anwachsung des Vermögens einer GmbH & Co. KG auf deren Komplementär-GmbH führt im Verhältnis zwischen den Kommanditisten und der Komplementär-GmbH zu keiner Schenkungsteuer, da es sich um einen Vorgang handelt, der societatis causa und nicht freigiebig

685 Tz. 20.09 UmwStE.

686 Tz. 20.09 UmwStE.

687 Vgl. Tz. 20.10 UmwStE.

688 Davon geht auch Gummert, MAH Personengesellschaftsrecht, § 22 Rz. 129 aus.

689 Vgl. Dötsch/Pung/Möhlenbrock, Umwandlungssteuerrecht, § 24 UmwStG Rz. 77.

erfolgt.[690] Sind die Kommanditisten mit derselben Quote an der Komplementär-GmbH beteiligt, wie sie es an der Kommanditgesellschaft waren, ergibt sich auch insoweit keine Schenkung. Anders ist dies wegen § 7 Abs. 8 ErbStG dann zu beurteilen, wenn die Beteiligungsquoten sich unterscheiden. In diesem Fall können vor Durchführung der Anwachsung die Beteiligungsquoten bei der Komplementär-GmbH angepasst werden. Alternativ müsste die Ausgabe der neuen Geschäftsanteile bei der Kapitalerhöhung entsprechend gestaltet werden oder es könnten die überquotalen Einlagebeträge zur Vermeidung einer steuerbaren Schenkung auch im Rahmen einer Liquidationspräferenz oder als gebundene individuelle Gesellschafterrücklage behandelt werden.[691]

bb) Einfache Anwachsung

Bei einer **einfachen Anwachsung** sind die Tatbestandsvoraussetzungen der 565
§§ 20 bis 24 UmwStG nicht erfüllt, da hier keine einbringende Übertragung von Anteilen erfolgt und auch keine neuen Anteile gewährt werden.[692] Daher ist die einfache Anwachsung **grundsätzlich als erfolgswirksamer Vorgang** anzusehen. Für die ausscheidenden Gesellschafter ergibt sich ein gem. §§ 16, 34 EStG zu versteuernder Gewinn, wenn und soweit die Bar- oder Sachwertabfindung höher als der Buchwert ihrer jeweiligen Beteiligung ist.[693] Der Gesellschafter, dem das Vermögen der Personengesellschaft anwächst, muss entsprechend die Buchwerte der ihm zugewachsenen Vermögensgegenstände auf die Teilwerte aufstocken.[694] Dies gilt unabhängig davon, ob der aufnehmende Gesellschafter eine natürliche Person, eine weitere Mitunternehmerschaft oder eine Kapitalgesellschaft ist.[695]

Sofern die Gesellschafter **ohne Abfindung** aus der Gesellschaft ausgeschieden 566
sind und die **Anwachsung auf eine natürlich Person oder eine Personengesellschaft** erfolgt, kann **§ 6 Abs. 3 EStG anwendbar** sein.[696] Dies hat zur Folge, dass

690 V. Proff, DStR 2016 S. 2233.

691 Vgl. BFH, Beschluss v. 6.6.2025 - II B 43/24 (AdV-Verfahren), NWB QAAAJ-94556: Ernstliche Zweifel an der Werterhöhung von Anteilen i. S. d. § 7 Abs. 8 ErbStG, wenn Zahlungen eines Gesellschafters in eine individuelle Kapitalrücklage eingestellt werden.

692 Vgl. Schmitt/Hörtnagl, UmwG UmwStG, § 20 UmwStG Rz. 194.

693 Ettinger/Reiff in Wachter/Heckschen (Hrsg.), Praxis des Handels- und Gesellschaftsrechts, § 14 Rz. 556.

694 Vgl. Orth, DStR 1999 S. 1011, 1015; v. Proff, DStR 2016 S. 2232.

695 Ettinger/Reiff in Wachter (Hrsg.), Praxis des Handels- und Gesellschaftsrechts, § 14 Rz. 556.

696 Gummert, MAH Personengesellschaftsrecht, § 22 Rz. 122

die Anwachsung steuerlich unbeachtlich ist und die Wirtschaftsgüter mit ihren bisherigen Wertansätzen fortgeführt werden müssen.[697]

567 Dagegen ist § 6 Abs. 3 EStG bei der abfindungslosen Anwachsung des Gesellschaftsvermögens auf **Kapitalgesellschaften** nicht anwendbar.[698] Das abfindungslose Ausscheiden aus der Personengesellschaft zugunsten einer Kapitalgesellschaft wird i. d. R. auf gesellschaftsrechtlichen Gründen beruhen, weil die ausscheidenden Personengesellschafter auch Gesellschafter der Kapitalgesellschaft sind. In diesen Fällen liegt eine **verdeckte Einlage** vor, auf die § 6 Abs. 3 EStG nicht anwendbar ist.[699] Die verdeckte Einlage führt bei den ausscheidenden Gesellschaftern zu einer **Gewinnrealisierung** aufgrund der Aufgabe ihres Mitunternehmeranteils. Die Gewinnermittlung erfolgt nach der Maßgabe der Wertdifferenz zwischen dem Buchwert und dem gemeinen Wert der Kommanditanteile.[700] Auch ein Firmenwert wird steuerlich realisiert.[701] Gleichzeitig führt die verdeckte Einlage gem. § 6 Abs. 6 Satz 2 EStG zu nachträglichen höheren Anschaffungskosten der Beteiligung an der Kapitalgesellschaft (i. d. R. der Komplementär-GmbH).

568 Die abfindungslose einfache Anwachsung des Vermögens einer GmbH & Co. KG auf deren Komplementär-GmbH führt im Verhältnis zwischen den Kommanditisten und der Komplementär-GmbH zu keiner **Schenkungsteuer**, da es sich um einen Vorgang handelt, der *societatis causa* und nicht freigiebig erfolgt.[702] Sind die Kommanditisten mit derselben Quote an der Komplementär-GmbH beteiligt, wie sie es an der Kommanditgesellschaft waren, ergibt sich auch insoweit keine Schenkung.

569 Anders ist dies wegen § 7 Abs. 8 ErbStG dann zu beurteilen, wenn die Beteiligungsquoten sich unterscheiden. In diesem Fall können vor Durchführung der Anwachsung die Beteiligungsquoten bei der Komplementär-GmbH angepasst werden. Alternativ könnten die überquotalen Einlagebeträge zur Vermeidung einer steuerbaren Schenkung auch im Rahmen einer Liquidationsprä-

697 Ettinger/Reiff in Wachte/Heckschen (Hrsg.), Praxis des Handels- und Gesellschaftsrechts, § 14 Rz. 556.

698 Vgl. etwa Gummert, MAH Personengesellschaftsrecht, § 22 Rz. 128; Schmidt, EStG, § 16 Rz. 505.

699 Vgl. Gummert, MAH Personengesellschaftsrecht, § 22 Rz. 128.

700 Vgl. Ettinger/Reiff in Wachter/Heckschen (Hrsg.), Praxis des Handels- und Gesellschaftsrechts, § 14 Rz. 557.

701 Gummert, MAH Personengesellschaftsrecht, § 22 Rz. 128.

702 V. Proff, DStR 2016 S. 2233.

ferenz oder als gebundene individuelle Gesellschafterrücklage behandelt werden.[703]

(Einstweilen frei) 570

5. Realteilung

a) Gesellschaftsrechtliche Aspekte

Durch eine Realteilung kann das Gesellschaftsvermögen einer Personengesell- 571
schaft vollständig auf deren Gesellschafter aufgeteilt (d. h. auf diese übertragen) werden. Die Realteilung führt im Regelfall aber nicht zwingend zu einer **Beendigung der Personengesellschaft**. Nicht möglich ist eine Realteilung bei Kapitalgesellschaften.

Wie der Begriff „Einbringung" entstammt auch der Begriff „Realteilung" dem 572
Steuerrecht. In § 16 Abs. 3 Satz 2 EStG finden sich Regelungen für die einkommensteuerliche Behandlung der Realteilung. Die Realteilung ist eine besondere Art der Auseinandersetzung einer Personengesellschaft, bei der das Gesellschaftsvermögen nicht liquidiert wird, sondern in einer Art „Naturalteilung" auf die Gesellschafter aufgeteilt wird.[704] Bei der Realteilung kommt es auf Gesellschaftsebene typischerweise aber nicht zwingend zu einer **Einstellung der Tätigkeit** der Personengesellschaft; dies unterscheidet die Realteilung typischerweise vom Ausscheiden eines oder mehrerer Gesellschafter gegen (Sach-)Abfindung. Gesellschaftsrechtlich ist die Einstellung der Tätigkeit der ursprünglichen Personengesellschaft aber nicht zwingend erforderlich. Gesellschaftsrechtlich ist es auch zulässig, im Zusammenhang mit der Realteilung Zahlungen zwischen den Realteilern und/oder der real geteilten Personengesellschaft vorzusehen (wie z. B. zum Spitzenausgleich).

Gemäß § 735 Abs. 2 Satz 1 BGB (für die GbR; i. V. m. § 105 Abs. 3 HGB bzw. 573
§ 161 Abs. 2 HGB für die OHG bzw. KG) bedarf die Realteilung als „andere Art der Auseinandersetzung" bei der Personengesellschaft einer besonderen **Vereinbarung zwischen den Gesellschaftern**. Diese Vereinbarung kann bereits im Gesellschaftsvertrag angelegt sein. Zulässig ist auch ein späterer **Gesellschafterbeschluss** über die Beendigung der Gesellschaft und Verteilung des Gesellschaftsvermögens im Wege der Realteilung. Dieser Gesellschafterbeschluss

703 Vgl. BFH, Beschluss v. 6.6.2025 - II B 43/24 (AdV-Verfahren), NWB QAAAJ-94556: Ernstliche Zweifel an der Werterhöhung von Anteilen i. S. d. § 7 Abs. 8 ErbStG, wenn Zahlungen eines Gesellschafters in eine individuelle Kapitalrücklage eingestellt werden.

704 Vgl. Brandis/Heuermann, Ertragsteuerrecht, § 16 EStG Rz. 390.

kann noch während des Liquidationsverfahrens getroffen werden, so dass die Liquidation eingestellt wird und das verbleibende Gesellschaftsvermögen auf die Gesellschafter aufgeteilt wird.[705]

574 Sofern der Gesellschaftsvertrag nicht explizit die Möglichkeit der Realteilung des Gesellschaftsvermögens und dafür geltende Mehrheitserfordernisse vorsieht, muss sie von allen Gesellschaftern **grundsätzlich einstimmig** beschlossen bzw. vereinbart werden. Gleiches gilt für im Zusammenhang mit der Realteilung getroffene Nebenvereinbarungen (z. B. Zahlungsverpflichtungen).

BERATUNGSHINWEIS:

Das Einstimmigkeitserfordernis wird im Ergebnis den praktischen Regelfall darstellen, da erfahrungsgemäß kaum ein Gesellschaftsvertrag Regelungen zur Möglichkeit einer Realteilung vorsieht.

575 Die Realteilung **wird durchgeführt**, indem die einzelnen Vermögensgegenstände der Gesellschaft **im Wege der Einzelübertragung** entsprechend den jeweiligen schuldrechtlichen bzw. sachenrechtlichen Vorschriften von der Gesellschaft auf die betreffenden Gesellschafter übertragen werden. Bei Sachgesamtheiten, z. B. Unternehmensteilen, muss dabei der sachenrechtliche Bestimmtheitsgrundsatz beachtet werden.[706] Nachdem sämtliche Vermögensgegenstände der Gesellschaft verteilt sind, endet die dann vermögenslose Gesellschaft, was entsprechend **zum Handelsregister anzumelden** ist. Die Übertragung von Verbindlichkeiten und Vertragsverhältnissen bedarf der Zustimmung der jeweiligen Gläubiger bzw. Vertragspartner (vgl. § 415 BGB).[707]

b) Steuerliche Behandlung

576 Durch eine Realteilung kann eine Mitunternehmerschaft **unter bestimmten Voraussetzungen steuerneutral** aufgelöst (bzw. aufgeteilt) werden, obwohl steuerlich auf Ebene der Mitunternehmerschaft regelmäßig (aber nicht immer) ein Fall der Betriebsaufgabe vorliegt. **Realteilungsfähig sind** alle Mitunternehmerschaften, also Handelsgesellschaften wie OHGs und KGs, aber auch Innengesellschaften wie atypisch stille Gesellschaften sowie auch Erbengemeinschaften.[708] Die Voraussetzungen für eine steuerneutrale Realteilung

705 Vgl. BeckOK BGB, § 735 Rz. 18.
706 BeckOK BGB, § 735 Rz. 17.
707 Schulze/Grziwotz/Lauda, BGB, § 735 Rz. 14.
708 Brandis/Heuermann, Ertragsteuerrecht, § 16 EStG Rz. 400.

finden sich in § 16 Abs. 3 Satz 2 bis 5 EStG.[709] Danach darf (und muss, anders als im UmwStG besteht hier **kein Wahlrecht**) der jeweilige aufnehmende Gesellschafter im Rahmen einer Realteilung für die einzelnen Wirtschaftsgüter zwingend die Buchwerte der übertragenden Personengesellschaft fortführen, wenn Teilbetriebe, Mitunternehmeranteile oder einzelne Wirtschaftsgüter in sein Betriebsvermögen übertragen werden und die Besteuerung der stillen Reserven bei ihm sichergestellt ist. **Abzugrenzen** ist die Realteilung auch in steuerlicher Hinsicht **vom Ausscheiden eines Mitunternehmers gegen Sachwertabfindung**; hierbei wird die Mitunternehmerschaft fortgesetzt, während der Ausscheidende grundsätzlich einen Veräußerungs- oder Aufgabegewinn nach § 16 Abs. 3 Satz 1 i. V. m. § 16 Abs. 2 EStG erzielt, soweit er nicht nach § 6 Abs. 5 Satz 3 EStG die erhaltenen Wirtschaftsgüter buchwertneutral in ein anderes Betriebsvermögen überführt.[710]

BEISPIEL: An der X-KG sind die natürlichen Personen A und B als Kommanditisten beteiligt. Komplementärin ist die X Verwaltungs-GmbH. B scheidet per 31.3.2026 aus der Gesellschaft aus. Er erhält eine Abfindung in Form der Übertragung eines Grundstücks, das mit einem von der X-KG genutzten Bürogebäudes bebaut ist, und dessen Wert dem Wert seines Abfindungsguthabens entspricht. Er hält das Grundstück fortan in seinem Privatvermögen und vermietet das Bürogebäude nach seinem Ausscheiden an die X-KG zur Marktmiete.

Lösung:

Es handelt sich um ein Ausscheiden gegen Sachabfindung. B versteuert einen Gewinn nach § 16 EStG (ggf. begünstigt nach den §§ 16 Abs. 4, 34 Abs. 1 bzw. 3 EStG). Das Grundstück wird zum steuerlichen Privatvermögen. Fortan erzielt B durch die Vermietung Einkünfte aus § 21 EStG. Eine Realteilung liegt nicht vor.

In bestimmten Fällen wird steuerlich auch das Ausscheiden eines Mitunter- 576/1
nehmers unter Übernahme von Betriebsvermögen bei **Fortbestehen der Mitunternehmerschaft** als Realteilung (und nicht als Fall des § 6 Abs. 5 EStG) behandelt. Dies hat der BFH zum einen für den Fall der Übernahme eines **Teilbetriebs** durch einen der Realteiler entschieden.[711] Der BFH hat des Weiteren aber auch entschieden, dass dies auch für den Fall der Übernahme **einzelner Wirtschaftsgüter** gilt,[712] und hat als obiter dictum zugleich geäußert, dass dies

709 Vgl. zur Auslegung der Vorschriften durch die Finanzverwaltung: BMF v. 19.12.2018 - IV C 6 - S 2242/07/10002, BStBl 2019 I S. 6 (Realteilungserlass). Siehe dazu z. B. Gläser/Zöller, DB 2019 S. 692.

710 Realteilungserlass Tz. 5 Satz 2.

711 BFH v. 17.9.2015 - III R 49/13, BStBl 2017 II S. 37. Dem hat sich auch die Finanzverwaltung angeschlossen, vgl. Realteilungserlass Tz. 1 Satz 2 und Tz. 2 Satz 2.

712 BFH v. 30.3.2017 - IV R 11/15, BStBl 2019 II S. 29. Dem hat sich auch die Finanzverwaltung angeschlossen, vgl. Realteilungserlass Tz. 2 Satz 2.

auch für den Fall der Übernahme eines **Mitunternehmeranteils** der Fall sein soll.[713] Die Vorschriften zur Realteilung verdrängen in diesen Fällen als Spezialregelung die Vorschriften des § 6 Abs. 5 EStG.[714] Der Begriff der Realteilung umfasst daher nach dem aktuellen Verständnis des BFH und der Finanzverwaltung unverändert die Fälle der **„echten" Realteilung** (= die Mitunternehmerschaft wird aufgelöst und das Betriebsvermögen verteilt), aber nunmehr auch die Fälle der **„unechten" Realteilung** (= die Mitunternehmerschaft bleibt bestehen und mindestens ein Mitunternehmer scheidet unter Mitnahme von Betriebsvermögen aus).[715]

577 Wesentlich ist also, dass die Wirtschaftsgüter der realgeteilten Personengesellschaft **in ein anderes Betriebsvermögen** übertragen werden. Dabei ist es unerheblich, ob funktional selbständig organisierte Teilbetriebe oder nur einzelne, unzusammenhängende Wirtschaftsgüter in das Betriebsvermögen übertragen werden. Die Frage, ob **uneingeschränkt begünstigte Einheiten** (Teilbetriebe und Mitunternehmeranteile) oder nur **eingeschränkt begünstigte Einzelwirtschaftsgüter** vorliegen, spielt erst bei der Frage der Anwendbarkeit der Behaltefrist (nachfolgend Rz. 578) eine Rolle. Auch Teile von Mitunternehmeranteilen und 100-%-Beteiligungen an Kapitalgesellschaften fallen unter das uneingeschränkt begünstigte Vermögen.[716] Einzelwirtschaftsgüter sind dagegen alle sonstigen, aktiven wie passiven, bilanzierten wie nicht bilanzierten Wirtschaftsgüter, einschließlich liquider Mittel.[717] Erforderlich ist sodann, dass die Wirtschaftsgüter der realgeteilten Personengesellschaft in ein Betriebsvermögen **der jeweiligen Realteiler** übertragen werden (z. B. in das Betriebsvermögen eines bestehenden oder im Zuge der Realteilung eröffneten Einzelunternehmens der Realteiler[718] oder in das Sonderbetriebsvermögen eines Realteilers bei einer anderen Mitunternehmerschaft[719]). Nicht möglich ist im Rahmen der Realteilung dagegen nach – wohl überholter – Auffassung der Finanzverwaltung die Übertragung von Wirtschaftsgütern der realgeteilten Personengesellschaft in das Gesamthandsvermögen einer anderen Mitunternehmerschaft, selbst wenn an dieser einer der Realteiler zu 100 % beteiligt ist.[720]

713 BFH v. 30.3. 2017 - IV 11/15, BStBl 2019 II S. 29. Ebenso die Finanzverwaltung, vgl. Realteilungserlass Tz. 2 Satz 2.

714 BFH v. 30.3.2017 - IV 11/15, BStBl 2019 II S. 29; Realteilungserlass Tz. 8 Satz 1.

715 BFH v. 16.3.2017 - IV R 31/14, BStBl 2019 II S. 24; Realteilungserlass Tz. 1.

716 Vgl. Brandis/Heuermann, Ertragsteuerrecht, § 16 Rz. 401; Realteilungserlass Tz. 5 Satz 5.

717 Vgl. Schmidt, EStG, § 16 Rz. 536.

718 Realteilungserlass Tz. 12 Sätze 2 f.

719 Realteilungserlass Tz. 12 Satz 5.

720 Realteilungserlass Tz. 12 Sätze 6 f.

Denn dies sollte nach § 6 Abs. 5 Satz 3 Nr. 4 EStG seit dem JStG 2024[721] möglich sein.[722] Des Weiteren hat der BFH die Gestaltung, in solchen Fällen vor der Realteilung die Mitunternehmer in der Form auszuwechseln, dass die Anteile an der realzuteilenden Mitunternehmerschaft zuvor in zwei neue „Auffang"-GmbH & Co. KGs eingebracht werden (vgl. § 24 UmwStG), für zulässig erachtet (sog. „**Doppelstockmodell**")[723] und der vormaligen Auffassung der Finanzverwaltung, es läge darin ein schädlicher Gesamtplan, eine Absage erteilt.[724]

Wenn im Rahmen einer Realteilung auf mindestens einen Gesellschafter jedenfalls auch **einzelne Wirtschaftsgüter** übertragen werden, gelten für alle Gesellschafter allerdings bestimmte Sonderregelungen: In diesem Fall sieht § 16 Abs. 3 Satz 3 EStG eine **dreijährige Behaltefrist** (**Sperrfrist**) für bestimmte Wirtschaftsgüter vor, bevor die Realteilung endgültig steuerneutral ist. Werden vor Ablauf der Behaltefrist von einem ehemaligen Gesellschafter bestimmte Wirtschaftsgüter (Grund und Boden, Gebäude, andere wesentliche Betriebsgrundlagen) veräußert oder entnommen, so wird die Realteilung in Bezug auf das veräußerte Wirtschaftsgut nachträglich steuerschädlich. Der Begriff der Veräußerung wird dabei von der Finanzverwaltung sehr weit verstanden und umfasst auch die Weitereinbringung im Rahmen von §§ 20, 24, 25 UmwStG oder die Weitereinbringung gegen Gesellschaftsrechte nach § 6 Abs. 5 EStG.[725] Dabei ist es unerheblich, ob der konkret handelnde Gesellschafter bei der Realteilung einzelne Wirtschaftsgüter oder einen (Teil-)Betrieb erhalten hat. Die Behaltefrist endet drei Jahre nach Abgabe der Steuererklärung der Mitunternehmerschaft für den Veranlagungszeitraum der Realteilung. Sie endet i. d. R. daher erst vier bis fünf Jahre nach dem Vollzug der Realteilung.[726] 578

Das veräußerte bzw. entnommene Wirtschaftsgut muss in diesem Fall mit seinem **gemeinen Wert** und nicht mit seinem Buchwert bei der übertragenen Personengesellschaft angesetzt werden. Dies führt zur Aufdeckung von stillen Reserven und somit zu einer **rückwirkenden Gewinnrealisierung** bei der Personengesellschaft. Dieser Gewinn ist nach Finanzverwaltung im Fall der „echten" Realteilung bei Wirtschaftsgütern, die zum Gesamthandsvermögen der 579

721 JStG 2024 (BGBl 2024 I Nr 387).

722 Schmidt, EStG, § 16 Rz. 539.

723 Brandis/Heuermann, Ertragsteuerrecht, § 16 Rz. 402.

724 BFH v. 16.12.2015 - IV R 8/12, BStBl 2017 II S. 766. Dem hat sich die Finanzverwaltung grds. angeschlossen, vgl. Realteilungserlass Tz. 7.

725 Realteilungserlass Tz. 26. Von der Literatur zum Teil bestritten, siehe z. B. Schmidt, EStG, § 16 Rz. 550.

726 Vgl. Engl, DStR 2002 S. 119, 122.

Mitunternehmerschaft gehörten, allen Realteilern nach dem allgemeinen Gewinnverteilungsschlüssel zuzurechnen, es sei denn, dass der Gewinn nach dem Gesellschaftsvertrag oder den von den Mitunternehmern schriftlich getroffenen Vereinbarungen über die Realteilung, allein dem entnehmenden oder veräußernden Realteiler zuzurechnen ist.[727] Laut BFH ist der Gewinn dagegen unmittelbar dem entsprechenden Realteiler zuzurechnen.[728] Die Veräußerung innerhalb der Behaltefrist kann daher zu einer Änderung der Gewinnfeststellungsbescheide der Gesellschafter und somit zu einer höheren Steuerbelastung bei den konkret handelnden ehemaligen Gesellschaftern führen.

BERATUNGSHINWEIS:

Trotz dieser – punktuellen aber möglicherweise verallgemeinerbaren – BFH-Rechtsprechung ist es sinnvoll, in der Realteilungsabrede umfassende (und ggf. dann nur klarstellende) Regelungen zu Sperrfristverstöße aufzunehmen, z. B. durch Unterlassungs- oder Ausgleichsverpflichtungen oder Zuordnungsvereinbarungen. Nach Auffassung der Finanzverwaltung ist eine Regelung in der Realteilungsvereinbarung, wonach der Gewinn aus der Sperrfristverletzung allein dem entnehmenden oder veräußernden Realteiler zuzurechnen ist, steuerlich anzuerkennen.[729]

Die **Behaltefrist** ist nach dem eindeutigen Wortlaut von § 16 Abs. 2 EStG nur bei Realteilungen relevant, bei denen auf mindestens einen Gesellschafter einzelne Wirtschaftsgüter übertragen werden. Die dreijährige Behaltefrist gilt demnach nicht für Realteilungen, bei denen sämtliche Gesellschafter Teilbetriebe oder Mitunternehmeranteile erhalten.[730] In diesen Fällen kann aber die **Sieben-Jahres-Sperrfrist des § 16 Abs. 5 EStG (Körperschaftsteuerklausel II)**[731] eingreifen. Denn werden bei einer Realteilung, bei der Teilbetriebe auf einzelne Mitunternehmer übertragen werden, Anteile an einer Körperschaft, Personenvereinigung oder Vermögensmasse unmittelbar oder mittelbar von einem nicht von § 8b Abs. 2 KStG begünstigten Steuerpflichtigen (insbesondere natürliche Person) auf einen von § 8b Abs. 2 KStG begünstigten Mitunternehmer(z. B. eine Kapitalgesellschaft) übertragen, ist abweichend von § 16 Abs. 3 Satz 2 EStG rückwirkend auf den Zeitpunkt der Realteilung der gemeine Wert anzusetzen, wenn der übernehmende Mitunternehmer die Anteile innerhalb eines Zeitraums von sieben Jahren nach der Realteilung unmittelbar oder mittelbar veräußert oder

727 Realteilungserlass Tz. 29 Satz 1.

728 BFH v. 23.11.2021 - VIII R 14/19, DB 2022 S. 1490 = NWB OAAAI-58214; kritisch dazu Schmidt, EStG, § 16 Rz. 551.

729 Realteilungserlass Tz. 29 Satz 1.

730 Vgl. Schmidt, EStG, § 16 Rz. 550; Brandis/Heuermann, Ertragsteuerrecht, § 16 EStG Rz. 410.

731 Schmidt, EStG, § 16 Rz. 553.

durch einen Vorgang nach § 22 Abs. 1 Satz 6 Nrn. 1 bis 5 UmwStG weiter überträgt.[732]

BEISPIEL: An der X-KG sind die natürliche Person A und die Kapitalgesellschaft B-AG zu je 50 % als Kommanditisten beteiligt. Komplementärin ist die X-Verwaltungs-GmbH. Die B-AG scheidet per 30.6.2024 aus der Gesellschaft aus, die X-KG wird fortgeführt. Die B-AG erhält dabei eine Abfindung in Form der Übertragung eines Teilbetriebs der X-KG, den die B-AG unternehmerisch fortführt. In dem übertragenen Teilbetrieb befindet sich auch eine Beteiligung an der Z-GmbH. Die B-AG veräußert diese Beteiligung an der Z-GmbH zum Ablauf des 31.12.2026 an einen Dritten.

Lösung:

Es handelt sich um einen Fall der (unechten) Realteilung, die buchtwertneutral durchgeführt werden kann. Die Veräußerung der Beteiligung an der Z-GmbH im Jahr 2026 führt aber zu einem Verstoß gegen die Sieben-Jahres-Sperrfrist des § 16 Abs. 5 EStG. Nach Sinn und Zweck der Regelung ist wohl nur der Teil der stillen Reserven anzusetzen, der der Beteiligungsquote natürlicher Personen als Mitunternehmer der realgeteilten Gesellschaft (hier: 50 %) entsprach.[733]

Gemäß § 16 Abs. 3 Sätze 4 und 5 EStG ist eine **Buchwertfortführung nicht möglich, soweit** einzelne Wirtschaftsgüter auf eine Körperschaft, Personenvereinigung oder Vermögensmasse (Hauptfall: **Übertragung auf Kapitalgesellschaften wie AG oder GmbH**) übergehen (**Körperschaftsteuerklausel I**).[734] In diesem Fall ist vielmehr der gemeine Wert anzusetzen. Mit dieser Regelung soll vermieden werden, dass stille Reserven auf Körperschaften überspringen und damit aus Anteilseignersicht aus der vollen Steuerpflicht des Betriebsvermögens in den Bereich des Teileinkünfteverfahrens gelangen.[735] Die steuerneutrale Übertragung von Teilbetrieben oder Mitunternehmeranteilen auf Körperschaften ist dagegen möglich.[736] 580

Grundsätzliche Rechtsfolgen der Realteilung: Die Rechtsfolge der Buchwertfortführung ist bei Erfüllung ihrer Voraussetzungen *zwingend* (kein Wahlrecht wie bei Maßnahmen nach dem UmwStG). Bilanziell wird der Buchwert der Summe der auf die einzelnen Realteiler übertragenen Vermögensteile nur zufällig – praktisch aber regelmäßig nicht – den Buchwerten der den Realteilern zuvor in der Mitunternehmerschaft zugewiesenen Eigenkapitalanteilen entsprechen. Dies macht bilanzielle Anpassungsmaßnahmen erforderlich. In den jeweiligen Eröffnungsbilanzen der Realteiler sind die Eigenkapitalanteile ent- 581

732 Realteilungserlass Tz. 27.
733 Schmidt, EStG, § 16 Rz. 557.
734 Schmidt, EStG, § 16 Rz. 553.
735 Vgl. Winkemann, BB 2004 S. 130, 131.
736 Vgl. Schmidt, EStG, § 16 Rz. 553.

sprechend der Buchwerte der Summe der übernommenen aktiven wie passiven Wirtschaftsgüter anzusetzen, so dass es im Vergleich zum vormaligen Eigenkapitalanteil in der realgeteilten Mitunternehmerschaft zu einer Kapital-Auf- oder Abstockung kommt (**Kapitalanpassungsmethode**).[737] Weitere Rechtsfolge der Realteilung ist demgemäß eine erlaubte **personelle Verschiebung stiller Reserven**.

582 **Realteilung mit Spitzen- bzw. Wertausgleich:** Wird von einem Realteiler eine Ausgleichsleistung aus seinem Vermögen geleistet (egal on in bar oder als Sachleistung), z. B. weil die Verkehrswerte der übernommenen WG höher oder niedriger sind als die Verkehrswerte seines vormaligen Mitunternehmeranteils, steht dies der Buchwertfortführung nicht entgegen, jedoch hat der Wertausgleich das Entstehen eines Gewinns zur Folge.[738] Umstritten ist, in welcher Höhe in diesem Fall ein Gewinn entsteht. Nach Ansicht der Finanzverwaltung[739] und der h. M. im Schrifttum[740] wird vom betreffenden Realteiler im Verhältnis der Ausgleichszahlung zum gemeinen Wert der übernommenen WG entgeltlich angeschafft bzw. veräußert und nur insoweit Gewinn realisiert (sog. „**Trennungstheorie**").

BEISPIEL:[741] A und B sind zu je 50 % Mitunternehmer einer Mitunternehmerschaft, die realgeteilt werden soll. Das Verhältnis Buchwerte/Verkehrswerte der Kapitalkonten beträgt jeweils 100/400. Das Vermögen der Mitunternehmerschaft besteht aus zwei Teilbetrieben, nämlich dem Teilbetrieb I (Verhältnis Buchwert/Verkehrswert: 120/600) und dem Teilbetrieb II (Verhältnis Buchwert/Verkehrswert: 80/200). A übernimmt Teilbetrieb I und leistet an B einen Barausgleich von 200; B erhält den Teilbetrieb II.

Lösung:[742]

Gegenstand der Veräußerung ist 1/3 des Anteils von B am Teilbetrieb I (200 [Spitzenausgleich]/600 [Verkehrswert]); auf diesen „Mehrempfang" des A entfällt ein Buchwertanteil von 1/3 × 120 = 40. Demgemäß ergibt sich ein steuerpflichtiger Gewinn bei B i. H. v. 200 – 40 = 160; B führt im Übrigen die Buchwerte des Teilbetriebs II (80) fort. A stockt nach Abzug des entgeltlich erworbenen Teils (40) den verbleibenden Buchwertansatz von Teilbetrieb I (80 = 120 – 40) um seine Anschaffungskosten (200) auf; der Gesamtansatz bei ihm beträgt somit 280.

---

737 Realteilungserlass Tz. 22.

738 Realteilungserlass Tz. 16, 36; Schmidt, EStG, § 16 Rz. 542. Der Gewinn ist nach § 7 Satz 1 GewStG grds. nicht gewerbesteuerpflichtig, soweit er nicht auf natürliche Personen als unmittelbar beteiligte Mitunternehmer der realgeteilten Personengesellschaft entfällt (§ 7 Satz 2 GewStG).

739 Realteilungserlass Tz. 17.

740 Vgl. Schmidt, EStG, § 16 Rz. 542 m. w. N.

741 Nach Schmidt, EStG, § 16 Rz. 542.

742 Nach der Trennungstheorie.

Bei der Realteilung einer Mitunternehmerschaft (z. B. Freiberufler), die ihren **Gewinn nach § 4 Abs. 3 EStG** ermittelt, kann auf die Erstellung einer Realteilungsbilanz nebst Übergangsgewinnermittlung verzichtet werden, wenn die Realteiler die Buchwerte fortführen und die Tätigkeit der Mitunternehmerschaft unter Fortführung der Einnahmen-Überschussrechnung fortsetzen (z. B. in freiberuflichen Einzelpraxen).[743] 583

Einen Sonderfall stellt die Realteilung unter Ausscheiden einer Kapitalgesellschaft aus der realgeteilten Personengesellschaft gegen **„eigene" Anteile** dar.[744] 584

Vermeidung von Ausgleichszahlungen: Nicht abschließend geklärt ist, ob eine Gewinnrealisierung aufgrund von Ausgleichszahlungen dadurch vermieden werden kann, dass die Realteiler vor der Realteilung durch **Einlagen** (z. B. Barvermögen) den Wert der zu tauschenden Wirtschaftsgüter in Übereinstimmung mit der Beteiligungsquote und damit mit dem Auseinandersetzungsguthaben bringen (sog. Einlagenlösung).[745] Dies wird zum Teil als unzulässige „Scheineinlagen" tituliert und es sollen steuerpflichtige Ausgleichszahlungen dadurch nicht vermieden werden können (§ 42 AO).[746] 585

6. Übertragung einzelner Wirtschaftsgüter

a) Allgemeines, Anwendungsfälle

Im Rahmen von Umstrukturierungsvorgängen ergibt sich häufig auch der Wunsch, **einzelne Vermögensgegenstände (Wirtschaftsgüter)** von einem Rechtsträger auf einen anderen Rechtsträger zu übertragen. Dabei ist jedoch der Übergang zwischen der Übertragung von einzelnen Wirtschaftsgütern und der Übertragung **einzelner Funktionen** fließend (da beide Aspekte häufig in einem Lebenssachverhalt gemeinsam verwirklicht werden). Die Notwendigkeit zur Übertragung von Einzelwirtschaftsgütern kann sich z. B. im Bereich von Betriebsgrundstücken ergeben, die auf eine eigene Immobilien-Verwaltungsgesellschaft ausgelagert werden sollen. Sodann ergibt sich häufig die Notwendigkeit, eine neue Geschäftsidee, die innerhalb eines Unternehmens „geboren" wurde, in eine neu gegründete Gesellschaft zu übertragen, die die Geschäfts- 586

743 BFH v. 11.4.2013 - III R 32/12, BStBl 2014 II S. 242. Zur Realteilung von Freiberuflerpraxen siehe instruktiv Arens, BRAK-Mitteilungen 6/2013 S. 250 ff.

744 Siehe dazu ausführlich Drüen, DB 2020 S. 1807 und 1864.

745 Siehe dazu Groh, Wpg 1991 S. 620; Hörger, DStR 1993 S. 73; Winkemann, BB 2004 S. 130; wohl auch BFH v. 1.12.1992 - VIII R 57/90, BStBl 1994 II S. 607.

746 Schmidt, EStG, § 16 Rz. 543; Brandis/Heuermann, Ertragsteuerrecht, § 16 EStG Rz. 420.

idee realisieren soll. Dies kann zum einen **haftungsrechtliche Gründe** haben, zum anderen aber auch **gesellschaftsrechtliche Gründe** (die Geschäftsidee soll mit Hilfe von neuen Gesellschaftern oder zusätzlichen Gesellschaftern realisiert werden, die sich an der neu gegründeten Gesellschaft beteiligen sollen). Auch kann der Wunsch nach einer **eigenständigen Finanzierung** einer Geschäftsidee durch Kapitalgeber die Gründung einer eigenständigen Gesellschaft notwendig machen.

BEISPIEL 1: Die A-AG, eine privat gehaltene Aktiengesellschaft mit den Aktionären X, Y und Z, hat den Großhandel von Elektrogeräten zum Geschäftsgegenstand. Seit einiger Zeit wird vom Vorstand untersucht, inwieweit eine Internethandelsplattform für Elektrogeräte eine erfolgversprechende Geschäftsidee wäre. Es werden Domains registriert, Softwaretools durch eigene EDV-Mitarbeiter der A-AG programmiert, Marktforschungsstudien in Auftrag gegeben und Businesspläne erstellt. Man kommt zum Ergebnis, dass es sich lohnen würde, diese Geschäftsidee weiter zu verfolgen. Es wurde vom Vorstand für notwendig erachtet, dass die Geschäftsideen einer eigenen Gesellschaft mit einem eigenen Management verfolgt wird, zumal wahrscheinlich Finanzierungsbedarf besteht, der durch VC/Private Equity Beteiligungskapital gedeckt werden soll.

Lösung:

Der Berater der A-AG wird dem Vorstand daher vorschlagen, über die Gründung einer Tochter- oder Schwester-Gesellschaft der A-AG zur Verfolgung der neuen Geschäftsidee nachzudenken.

BEISPIEL 2: Die B-GmbH möchte verschiedene Immobilien, die sie für eigene Geschäftszwecke (Büroräume und Fabrikationsanlagen) nutzt, in eine separate Tochter-Immobilienpersonenhandelsgesellschaft auslagern. Die Immobilien sind zu historischen (niedrigen) Anschaffungskosten finanziert, weisen aber erhebliche stille Reserven auf. Die B-GmbH verfügt über größere körperschaftsteuerliche und gewerbesteuerliche Verlustvorträge.

Lösung:

Es ist darüber nachzudenken, die Immobilien durch Ausgliederung, Einbringung oder Verkauf auf eine als Vorrats-Gesellschaft neu gegründete oder durch Sachgründung neu zu gründende Tochter-GmbH & Co. KG auszulagern.

b) Gesellschaftsrechtliche Behandlung

587 Je nach Einzelfall ist zu überlegen, durch welche zivilrechtlichen bzw. gesellschaftsrechtlichen Maßnahmen oder Vorgänge die gewünschte Übertragung von Einzelwirtschaftsgütern oder Geschäftsideen bewirkt werden kann. In derartigen Fällen ist dann an folgende Gestaltungsmaßnahmen zu denken:

- **Ausgliederung** nach den § 123 Abs. 3 UmwStG, alternativ Abspaltung nach § 123 Abs. 2 UmwG (möglich auch für einzelne Vermögensgegenstände oder Rechte, jedoch nicht immer steuerneutral!);

- **Einbringung** einzelner Wirtschaftsgüter im Wege einer Gesellschaftereinlage, mit oder ohne Gegenleistung bei der aufnehmenden Gesellschaft;
- **Verkauf** von Einzelwirtschaftsgütern materieller oder immaterieller Art oder Geschäftsideen, soweit Letztere schon so konkretisiert sind, dass sie überhaupt bewertbar sind.

Eine Übertragung durch Ausgliederung oder Abspaltung wird in den meisten Fällen nicht in Betracht kommen, weil dies zu aufwendig ist (Handelsregistereintragung, Notarkosten etc.). Es wird in solchen Fällen daher häufiger eine **Übertragung im Wege der Einzelrechtsnachfolge** durch Einbringung oder Verkauf in Betracht kommen. Gesellschaftsrechtlich ist hier auf Ebene des übertragenen Rechtsträgers die **Frage zu stellen, wer für die entsprechenden Rechtsvorgänge zuständig ist** (Vorstands- bzw. Geschäftsführerverantwortlichkeit oder Vorlagepflicht an Aufsichtsrat oder Gesellschafterversammlung? Gegebenenfalls sind die Holzmüller- bzw. Gelatine-Grundsätze zu prüfen, siehe dazu Rz. 359 ff.). 588

Bei der aufnehmenden Gesellschaft (Zielgesellschaft) ist zu prüfen, ob eine offene Sacheinlage im Rahmen einer **Sachgründung oder Sachkapitalerhöhung** vorliegt, bei der die jeweils einschlägigen Vorschriften zu beachten sind (§ 56 GmbHG bzw. § 183 AktG). In diesem Fall ist auch ein Bewertungsgutachten (WP-Gutachten) über die Werthaltigkeit der eingelegten Vermögensgegenstände für Zwecke des Handelsregistergerichts einzuholen. Handelt es sich dagegen um eine „verdeckte Einlage", erfolgt nur eine Verbuchung in die Rücklagen der Zielgesellschaft. Erfolgt ein Verkauf, hat die Zielgesellschaft entsprechende Anschaffungskosten und damit auch handelsrechtlich entsprechendes AfA-Volumen. 589

c) Steuerrechtliche Aspekte

Steuerlich hängt die Behandlung von der zivilrechtlich gewählten Übertragungsart ab. Die Übertragung von Einzelwirtschaftsgütern durch **Verkauf** ist immer ein **Realisationstatbestand** bei der übertragenden Gesellschaft, aber dafür ein Anschaffungsvorgang bei der übernehmenden Gesellschaft, der dort zu entsprechendem AfA-Volumen und damit zu potenziellen Steuerersparnisvolumen führt. Insbesondere dann, wenn bei der Ausgangsgesellschaft Verlustvorträge bestehen, und auch unter Berücksichtigung der Mindestbesteuerung dort kein im Ergebnis steuerpflichtiger Gewinn entsteht, bietet sich der Verkauf an. Ein Verkauf ist grundsätzlich zu drittüblichen Bedingungen abzuwickeln, da sonst Entnahmen/verdeckte Gewinnausschüttungen drohen. Auch immaterielle Wirtschaftsgüter müssen entsprechend bewertet werden. So- 590 dann kommt die Gestaltung als steuerneutrale Übertragung nach den Grundsätzen des **§ 6 Abs. 5 EStG** in Betracht. Steuerlich ist auch an **§ 6b EStG** zu denken, wenn Grundstücke oder Anteile an Kapitalgesellschaften mit stillen Reserven von einem Betriebsvermögen auf ein anderes Betriebsvermögen übertragen werden sollen (z. B. die **Übertragung zwischen zwei Schwester-Personenhandelsgesellschaften**). Nach Ansicht der Finanzverwaltung war eine steuerneutrale Übertragung von Einzelwirtschaftsgütern zwischen Schwester-Personengesellschaften nicht von § 6 Abs. 5 Satz 3 EStG a. F. erfasst.[747] Dieser Ansicht ist das Bundesverfassungsgericht entgegengetreten und hat diese Ungleichbehandlung als verfassungswidrig erklärt.[748] Der Gesetzgeber hat daraufhin § 6 Abs. 5 Satz 3 Nr. 4 EStG eingefügt, der eine unentgeltliche Übertragung zwischen den Gesamthandsvermögen verschiedener Mitunternehmerschaften derselben, identisch beteiligten Mitunternehmer (beteiligungsidentische Schwesterpersonengesellschaften) ermöglicht. § 6 Abs. 5 Satz 3 Nr. 4 EStG ist in allen offenen Fällen anzuwenden (§ 52 Abs. 12 Satz 15 EStG).

BERATUNGSHINWEIS:

Soll eine Übertragung von Grundstücken oder Kapitalgesellschaftsanteilen mit Hilfe des § 6b EStG erfolgen, ist zu beachten, dass es sich hierbei zwingend um einen entgeltlichen Vorgang handeln muss. Insoweit muss die erwerbende Gesellschaft über genügend Liquidität verfügen, um den Kaufpreis zu begleichen. Andernfalls ist der Kaufpreis als Darlehen zu gewähren. Im Falle des Darlehens kommt es jedoch bei der erwerbenden Gesellschaft zur gewerbesteuerlichen Hinzurechnung der Zinsen (25 %) bzw. im Falle des zinslosen Darlehens ist dieses erfolgswirksam abzuzinsen. Insoweit ist eine § 6b EStG-Übertragung vorwiegend für Gesellschaften mit ausreichend liquiden Mitteln zu empfehlen.

591–600 *(Einstweilen frei)*

747 Vgl. BMF v. 8.12.2011, BStBl 2011 I S. 1279, Tz. 18 f.

748 BVerfG v. 28.11.2023 - 2 BvL 8/13, BGBl 2024 I Nr. 45.

V. Verlustnutzung

1. Einleitung

Die Nutzungsmöglichkeit von Verlusten ist ein elementarer Bestandteil des Steuerrechts und unterliegt gleichzeitig einer ständigen Kritik. So wurde schon aus der Historie des UmwStG erkennbar, dass die Behandlung und Übernahmemöglichkeit von Verlusten im Zeitverlauf einem stetigen Wandel unterlagen. Eine **fortschreitende Einschränkung** der steuerlichen Verlustverrechnung ist in den letzten Jahren deutlich geworden und zeigt damit gleichzeitig eine gewisse Tendenz auf. 601

Trotz der Bedeutsamkeit der Verluste für die Besteuerung, gibt es im Gesetz **keine Legaldefinition**, was unter Verlust zu verstehen ist. Verluste könnten „als nicht durch Betriebseinnahmen kompensierte Betriebsausgaben"[749] definiert werden. Die Verpflichtung zur Berücksichtigung von Verlusten ergibt sich bereits durch das Leistungsfähigkeitsprinzip, welches ein Fundamentalprinzip des deutschen Steuerrechts ist. Jedoch ist dieses ebenfalls nicht ausdrücklich normiert, sondern lässt sich vielmehr aus dem Gleichbehandlungsgrundsatz des Art. 3 Abs. 1 GG herleiten.[750] Um eine Gleichheit in der Besteuerung erreichen zu können, darf die Steuer nur auf das disponible Einkommen, bei Unternehmen ist dies der Gewinn, berechnet werden. Somit müssen negative Einkünfte mit anderen positiven Einkünften verrechenbar sein, da sie die Leistungsfähigkeit des Steuerpflichtigen gemindert haben. 602

Das UmwStG **unterscheidet zwischen drei Arten von Verlusten:** 603

- verbleibende Verlustvorträge
- verrechenbare Verluste und
- nicht ausgeglichene negative Einkünfte (laufender Verlust des Übertragungsjahres).

749 Röhrbein/Eicker, BB 2005 S. 465.
750 Vgl. Jakob, Einkommensteuer, Rz. 7.

604 **Verbleibende Verlustvorträge** sind solche i. S. d. § 10d EStG,[751] die vor dem steuerlichen Übertragungsstichtag entstanden sind und grds. mit positiven Einkünften in folgenden Veranlagungszeiträumen hätten ausgeglichen werden können.

605 **Verrechenbare Verluste** sind solche i. S. d. § 15a Abs. 4 EStG, also Verluste bei beschränkter Haftung (Kommanditist).

606 **Nicht ausgeglichene negative Einkünfte** sind schließlich laufende Verluste des Übertragungsjahres, die noch nicht in einen verbleibenden Verlustvortrag eingestellt wurden.[752]

607 Daran anschließend stellt sich die Frage, was mit ungenutzten Verlusten bei Umstrukturierungen geschieht, ob diese bei der Umwandlung berücksichtigt werden können und/oder auf die aufnehmende Gesellschaft übergehen bzw. wie bestehende Verluste im Rahmen der Umstrukturierung genutzt werden können.

608–610 *(Einstweilen frei)*

751 Der BFH stellte die **Verfassungsmäßigkeit der Mindestbesteuerung des § 10d EStG** in Frage, wenn eine Verlustverrechnung in späteren Veranlagungszeiträumen aus rechtlichen Gründen (hier: nach § 8c KStG) endgültig ausgeschlossen ist (BFH, Beschluss v. 26.8.2010 - I B 49/10, BStBl 2011 II S. 826). In Fällen der Mindestbesteuerung aufgrund der Auswirkungen des § 4 Abs. 2 Satz 2, § 12 Abs. 3 UmwStG sind die Finanzämter angewiesen, **Aussetzung der Vollziehung (AdV)** i. S. d. § 361 AO zu gewähren (vgl. BMF v. 19.10.2011, BStBl 2011 I S. 974). AdV wird nur hinsichtlich der festgesetzten Steuer gewährt, die aufgrund der Mindestbesteuerung entsteht. AdV hinsichtlich der untergehenden Verluste ist generell nicht möglich. Der Antrag auf AdV ist zusammen mit dem Einspruch gegen den KSt-Bescheid bzw. Gewerbesteuermessbescheid zu stellen, der eine Steuerzahlung aufgrund der Mindestbesteuerung festsetzt. Damit ist der AdV-Antrag erst nach Erlass eines KSt-Bescheids bzw. Gewerbesteuermessbescheids zulässig. Der Antrag ist an das Finanzamt zu senden, das den KSt-Bescheid bzw. den Gewerbesteuermessbescheid erlässt. Hat der Einspruch keinen Erfolg, wären Aussetzungszinsen i. H. v. jährlich 6 % zu entrichten. Alternativ könnte auch in Erwägung gezogen werden, keinen Antrag auf AdV i. R. d. Einspruchs zu stellen und die Steuer zunächst zu entrichten. Würde in diesem Fall das Bundesverfassungsgericht die Mindestbesteuerung rückwirkend als verfassungswidrig erklären, würde die entrichtete und dann zu erstattende Steuer mit jährlich 1,8 % zugunsten des Steuerpflichtigen verzinst werden (§ 238 Abs. 1a AO).

752 Vgl. Dötsch/Pung/Möhlenbrock, Umwandlungssteuerrecht, § 4 Rz. 23 ff.

2. Umwandlungen nach dem 2. Teil des UmwStG – §§ 3 bis 10, 18 UmwStG

Die Behandlung von Verlusten bei Umwandlungen nach dem 2. Teil des UmwStG (Vermögensübergang bei Verschmelzung auf eine Personengesellschaft oder auf eine natürliche Person und Formwechsel einer Kapitalgesellschaft in eine Personengesellschaft) ist in § 4 Abs. 2 Satz 2 UmwStG geregelt. Dieser versagt gänzlich einen Übergang von verrechenbaren Verlusten, verbleibenden Verlustvorträgen und nicht ausgeglichenen negativen Einkünften der Kapitalgesellschaft. Diese Regelung steht der Rechtsprechung des BFH entgegen, die einen Ausgleich der Verluste im Übertragungsjahr bei den Gesellschaftern der aufnehmenden Personengesellschaft gestattet hat.[753] Die Gesetzesbegründung setzt sich ausdrücklich über dieses BFH-Urteil hinweg.[754] Auch der Übergang eines gewerbesteuerlichen Fehlbetrags ist durch § 18 Abs. 1 Satz 2 UmwStG ebenfalls ausgeschlossen. Jedoch führt der Formwechsel einer an einer Personengesellschaft (Untergesellschaft) beteiligten Kapitalgesellschaft (Obergesellschaft) in eine Personengesellschaft nicht zum anteiligen Wegfall des auf die Kapitalgesellschaft entfallenden Gewerbeverlustes bei der Untergesellschaft. Da ein Rechtsträgerwechsel nicht stattgefunden hat (§ 202 Abs. 1 Nr. 1 UmwG), ist für die Frage der Unternehmeridentität vom Fortbestand der Mitunternehmerin auszugehen.[755] 611

3. Umwandlungen nach dem 3. Teil des UmwStG – §§ 11 bis 13, 19 UmwStG

Durch die Streichung des § 12 Abs. 3 Satz 2 UmwStG a. F. ist die Verlustnutzung bei Verschmelzung von Körperschaften weitgehend eingeschränkt. Dieser erlaubte es einer aufnehmenden Kapitalgesellschaft die Verlustvorträge i. S. d. § 10d Abs. 4 EStG der übertragenden Kapitalgesellschaft fortzuführen. Verrechenbare Verluste, verbleibende Verlustvorträge und nicht ausgeglichene negative Einkünfte der Kapitalgesellschaft gehen nicht auf die aufnehmende Kapitalgesellschaft über.[756] Gleiches gilt gem. § 19 Abs. 2 UmwStG auch für die gewerbesteuerlichen Fehlbeträge i. S. d. § 10a GewStG der übertragenen 612

753 Vgl. BFH v. 31.5.2005 - I R 68/03, BStBl 2006 II S. 380.

754 Vgl. BT-Drucks. 16/2710 S. 38.

755 Schleswig-Holsteinisches FG v. 28.9.2016 - 2 K 41/16, EFG 2016 S. 1977 = NWB VAAAF-86102, Rev. zugelassen aber nicht anhängig.

756 Vgl. Dötsch/Pung/Möhlenbrock, Umwandlungssteuerrecht, § 12 Rz. 49.

Körperschaft. Der Gesetzgeber hat sich nun wieder für die gleiche Behandlung von Verlusten wie zur Rechtslage des UmwStG 1977 entschieden.[757]

a) Verschmelzung von Verlustgesellschaften (Fallbeispiel)

613 Anhand des folgenden Fallbeispiels sollen die Auswirkungen der Verschmelzung zweier Kapitalgesellschaften auf bestehende Verluste genauer erläutert und mögliche Gestaltungsalternativen aufgezeigt werden.

BEISPIEL: Die deutsche Holding-GmbH ist Alleingesellschafterin ihrer beiden inländischen Tochtergesellschaften, der V-GmbH und der G-GmbH. Das Laptop-Geschäft der G-GmbH verläuft seit Jahren blendend. Ihr Gewinn im VZ 2024 beträgt 2 Mio. €. und bis zum 31.5.2025 hat sie einen Gewinn von 1 Mio. €. erwirtschaftet. Die V-GmbH ist im Markt für MP3-Player tätig, erlitt jedoch aufgrund einiger Managementfehler in den letzten Jahren nur Verluste. Es haben sich bei ihr Verlustvorträge i. H. v. 1,5 Mio. €. aufgebaut. Im VZ 2024 weist sie einen Verlust von 200.000 € aus und bis zum 31.5.2025 erleidet sie einen Verlust i. H. v. 50.000 €. Eine Unternehmensberatung hat für Kosteneinsparungen und Nutzung von Synergieeffekten eine Verschmelzung der beiden Tochtergesellschaften empfohlen. Dies soll der Sanierung der V-GmbH dienen, deren Geschäftsbereich die Holding-GmbH nicht aufgeben möchte. Die Verschmelzung erfolgt am 31.5.2025 und soll gem. § 2 UmwStG rückwirkend zum 31.12.2024 gelten. Wirtschaftsjahr ist das Kalenderjahr. Nach Möglichkeit sollen die Verluste der V-GmbH bei der Verschmelzung nicht verloren gehen.

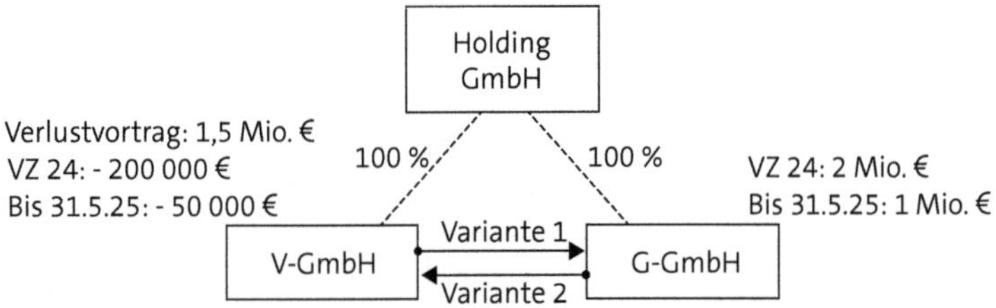

Variante 1: Verschmelzung der Verlust- auf die Gewinngesellschaft

Durch das SEStEG wurde die Regelung des § 12 Abs. 3 Satz 2 UmwStG a. F. gestrichen. Gemäß § 12 Abs. 3 2. Halbsatz, § 4 Abs. 2 Satz 2 UmwStG gehen verrechenbare Verluste, verbleibende Verlustvorträge und nicht ausgeglichene negative Einkünfte der V-GmbH grundsätzlich nicht auf die G-GmbH über. Die Neufassung durch das SEStEG soll verdeutlichen, dass auch laufende Verluste nicht auf den aufnehmenden Rechtsträger übergehen sollen. Somit entgeht der Gesetzgeber der gegenläufigen BFH-Rechtsprechung, die u. U. die Nutzung laufender Verluste über den horizontalen Verlustausgleich der aufnehmenden Kapitalgesellschaft ermöglicht hätte. Seit der Unternehmensteuerreform 2008 ist § 4 Abs. 2 Satz 2 UmwStG um den Zinsvortrag i. S. d. § 4h Abs. 1 Satz 2 EStG erweitert worden. Der mit dem Wachstumsbeschleuni-

757 Vgl. Widmann/Mayer, Umwandlungsrecht, § 12 UmwStG Rz. 514.

gungsgesetz neu eingeführte EBITDA-Vortrag der Zinsschranke geht ebenfalls nicht auf die aufnehmende Gesellschaft über.

Ein Teil der Literatur will eine Verrechnung der laufenden Ergebnisse im VZ der Verschmelzung dennoch bejahen. Sie begründet ihre Auffassung damit, dass die Verschmelzung gem. § 2 UmwStG rückwirkend erfolgt, und nach dem Wortlaut des § 2 UmwStG das Einkommen so zu ermitteln ist, als ob das Vermögen zum steuerlichen Übertragungsstichtag übergegangen wäre. Dem kann aus mehreren Gründen nicht gefolgt werden. Erstens fingiert § 2 UmwStG eine Zusammenfassung des Einkommens der beiden an der Verschmelzung beteiligten Gesellschaften erst nach dem steuerlichen Übertragungsstichtag. Zweitens stützt sich die Argumentation dieses Teils der Literatur auch auf den nicht mehr vorhandenen § 12 Abs. 3 Satz 2 UmwStG a. F., so dass sich diesbezüglich eine Argumentationslücke auftut. Drittens hat der BFH klargestellt, dass sich die sofortige Verrechnung von Verlusten nicht auf § 2 UmwStG stützt.[758]

Die G-GmbH müsste folglich ihren Gewinn im VZ 2024 voll versteuern. Ein Übergang der Verluste der V-GmbH ist also grds. nicht möglich. Eine Gestaltungsvariante ergibt sich durch das Bewertungswahlrecht des UmwStG. Durch Ansatz von Zwischenwerten kann – im Rahmen der Mindestbesteuerung – ein vollständiger Untergang der Verluste verhindert werden. Vgl. dazu ausführlich Rz. 621 ff.

Die Rückwirkungsfiktion des § 2 UmwStG gilt jedoch für die 50.000 € Verlust, so dass diese im VZ 2025 als durch die G-GmbH erzielt gelten.

Variante 2: Verschmelzung der Gewinn- auf die Verlustgesellschaft

Die Regelungen des UmwStG bestimmten bis zu den Änderungen durch das AmtshilfeRLUmsG v. 26.6.2013[759] ausschließlich das Schicksal der Verluste der übertragenden Kapitalgesellschaft. Befanden sich die ungenutzten Verluste bei der aufnehmenden Kapitalgesellschaft, so traf das UmwStG diesbezüglich keine Regelung. Es liegt zudem kein Gestaltungsmissbrauch i. S. d. § 42 AO vor, wenn eine „Gewinngesellschaft" auf eine „Verlustgesellschaft" verschmolzen wird.[760] Es handelt sich hier vielmehr um einen Fall des § 8c KStG (vgl. dazu ausführlich Rz. 726 ff.). Die Regelungen des UmwStG hatten folglich keinen Einfluss auf das Schicksal der Verluste der V-GmbH als aufnehmende Kapitalgesellschaft.

§ 8c KStG stellt ausschließlich auf den Erwerb von Anteilen, Mitgliedschafts- und Stimmrechten oder vergleichbare Sachverhalte ab.[761] Maßstab ist dabei das gezeichnete Kapital, also das Nennkapital der Gesellschaft. Bei Überschreitung bestimmter Grenzen innerhalb von fünf Jahren kommt es zu einer Versagung ungenutzter Verluste, wobei § 8c KStG sowohl auf den Verlustvortrag als auch auf die laufenden Verluste abstellt. Bei Anteilsübertragungen von mehr als 50 % gehen alle Verluste verloren.

Für die Verschmelzung der G-GmbH auf die V-GmbH kommt es folglich auf die Höhe des Erwerbs von Anteilen am Nennkapital der V-GmbH an. Als Erwerber i. S. d. § 8c

758 Vgl. BFH v. 31.5.2005 - I R 68/03, BStBl 2006 II S. 380.

759 BGBl 2013 I S. 1809 = BStBl 2013 I S. 802.

760 Vgl. BFH v. 17.11.2020 - I R 2/18, BStBl 2021 II S. 580.

761 Vgl. BMF v. 28.11.2017, BStBl 2017 I S. 1645, Tz. 5.

KStG gilt auch ein bereits beteiligter Gesellschafter, der seine Beteiligung „verstärkt" und damit erstmalig mehr 50 % der Anteile an der Verlustgesellschaft besitzt. Die Holding-GmbH verstärkt ihre Beteiligung jedoch nicht. Sie ist Alleingesellschafterin und bleibt dies auch. Erforderlich i. S. d. § 8c KStG ist, dass bisher nicht beteiligte Gesellschafter zu mehr 50 % beteiligt werden, oder bereits beteiligte Gesellschafter erstmals zu mehr als 50 % beteiligt werden. Seit dem Inkrafttreten des Wachstumsbeschleunigungsgesetzes zum 30.12.2009 fällt diese Umstrukturierung zudem unter die sog. Konzernklausel des § 8c Abs. 1 Satz 5 KStG,[762] so dass kein schädlicher Beteiligungserwerb vorliegt (vgl. Rz. 751 f.). Das FG Hessen[763] hat zudem bestätigt, dass die Verschmelzung einer Gewinn- auf eine Verlustgesellschaft kein Gestaltungsmissbrauch i. S. d. § 42 AO darstellt.

BERATUNGSHINWEIS:

Gemäß § 54 Abs. 1 Satz 3 UmwG besteht in bestimmten Fällen die Möglichkeit, eine Verschmelzung ohne Gewährung neuer Anteile durchzuführen, so dass es gar nicht zu einem schädlichen Anteilserwerb kommen kann. Dazu bedarf es lediglich der Zustimmung der Gesellschafter der übertragenden Gesellschaft, folglich der Holding-GmbH. In den Fällen des §§ 11 ff. UmwStG ist eine Gewährung von Anteilen nicht zwingend erforderlich.[764] Schlussendlich wäre damit die Verschmelzung nicht schädlich und die Verluste blieben bestehen. Dies gilt jedoch nicht in den Fällen des § 20 UmwStG, da hier die Gewährung neuer Anteile zwingende Voraussetzung für einen Buchwert- oder Zwischenwertansatz ist, so dass zumindest eine minimale Kapitalerhöhung geboten ist.[765] Eine minimale Erhöhung von beispielsweise 500 € dürfte jedoch regelmäßig nicht nachteilig i. S. d. § 8c KStG sein, es sei denn, die 50-%-Grenze würde durch die fünfjährige Betrachtungsweise überschritten werden.[766]

614 Die Verschmelzung zweier Kapitalgesellschaften hat keine Auswirkungen auf den Gewinn, den die übertragende Gesellschaft im Verschmelzungsjahr bis zum steuerlichen Übertragungsstichtag erzielt. Dies gilt auch für eine unterjährige Verschmelzung, beispielsweise zum 30.12. Insbesondere wird der bis zum Übertragungsstichtag erwirtschaftete Gewinn der übertragenden Gesellschaft infolge der Verschmelzung nicht zu einem Gewinn der übernehmenden Gesellschaft. Es kann folglich nicht mit einem von der aufnehmenden Gesellschaft erwirtschafteten Verlust verrechnet werden. Die **Kapitalgesellschaften sind bis zum steuerlichen Umwandlungsstichtag getrennt zu veranlagen**. Die

762 Die Konzernklausel wurde von der EU-Kommission als EU-rechtswidrig eingestuft; vgl. ausführlich dazu Rz. 754.

763 FG Hessen v. 29.11.2017 - 4 K 127/15, NWB LAAAG-80807.

764 Vgl. Tz. 11.05 UmwStE; Schmitt/Hörtnagl/Stratz, UmwG UmwStG, § 11 UmwStG Rz. 120, 122.

765 Vgl. Schmitt/Hörtnagl, UmwG UmwStG, § 20 UmwStG Rz. 205, 212; Rödder/Herlinghaus/van Lishaut, UmwStG, § 20 Rz. 132; Dötsch/Pung/Möhlenbrock, Umwandlungssteuerrecht, § 20 Rz. 1176.

766 Zum Fünf-Jahres-Zeitraum vgl. Rz. 741 ff.

Bescheide sind an die übernehmende Gesellschaft als Rechtsnachfolgerin zu richten.[767]

Für Umwandlungen und Einbringungen, bei denen die Anmeldung zur Eintragung in das Handelsregister **nach dem 6.6.2013** erfolgt, ist eine **Verrechnung von im Rückwirkungszeitraum erzielten Gewinnen der übertragenden Gesellschaft** mit verrechenbaren Verlusten, verbleibenden Verlustvorträgen und nicht ausgeglichenen negativen Einkünften der übernehmenden Gesellschaft **nicht mehr zulässig**.[768] Nach Ansicht des BFH gilt dieses Verlustverrechnungsverbot auch für die Gewerbesteuer.[769] Die Finanzverwaltung ist zudem der Auffassung, dass „nicht ausgeglichene negative Einkünfte“ i. S. d. § 2 Abs. 4 Satz 3 UmwStG auch zurückgetragene negative Einkünfte des Folgejahres des übernehmenden Rechtsträgers sein können. Demnach schließe § 2 Abs. 4 Satz 3 UmwStG eine Verrechnung von negativen Einkünften des Folgejahres des übernehmenden Rechtsträgers im Wege eines Verlustrücktrages mit positiven Einkünften des übertragenden Rechtsträgers im Rückwirkungszeitraum aus.[770] Der von der G-GmbH im Rückwirkungszeitraum 1.1. bis 31.5.2025 erzielte Gewinn i. H. v. 1 Mio. € könnte somit weder mit den 50.000 € Verlust der V-GmbH im Rückwirkungszeitraum 1.1. bis 31.5.2025 noch mit den Verlustvorträgen der V-GmbH (insgesamt 1,7 Mio. €) ausgeglichen werden, und wäre damit von der V-GmbH als Rechtsnachfolgerin der G-GmbH voll zu versteuern (§ 2 Abs. 4 Satz 3 UmwStG).[771] Ein nach dem Rückwirkungszeitraum durch den Betrieb der G-GmbH erzielter Gewinn könnte jedoch mit den verrechenbaren Verlusten, verbleibenden Verlustvorträgen und nicht ausgeglichenen negativen Einkünften der V-GmbH verrechnet werden.[772] Das Verrechnungsverbot für die Gewinne des übertragenden Rechtsträgers im Rückwirkungszeitraum gilt jedoch nicht für verbundene Unternehmen i. S. d. § 271 Abs. 2 HGB, so dass der Gewinn der G-GmbH mit dem Verlust der V-GmbH schlussendlich verrechnet werden kann.[773] 615

(Einstweilen frei) 616–620

767 Vgl. BFH, Urteil v. 13.2.2008 - I R 11/07, BFH/NV 2008 S. 1538 = NWB XAAAC-86761.

768 § 2 Abs. 4 Satz 3 UmwStG.

769 BFH v. 12.4.2023 - I R 48/20, BStBl 2023 II S. 888.

770 FinMin Schleswig-Holstein v. 18.7.2017 - VI 3013-S 1978-165.

771 Vgl. Widmann/Mayer, Umwandlungsrecht, § 2 UmwStG Rz. 131.

772 Vgl. Widmann/Mayer, Umwandlungsrecht, § 2 UmwStG Rz. 131.

773 § 2 Abs. 4 Satz 6 UmwStG; Ministerium der Finanzen des Landes Brandenburg v. 28.5.2014 - 35-S 1978-1109, NWB UAAAE-73546.

b) Nutzung der Verlustvorträge durch Zwischenwertansatz

621 Wie aus dem obigen Fallbeispiel ersichtlich wurde, ist die Übertragung von Verlusten bei Umwandlungen grundsätzlich nicht möglich. Um einen vollständigen Untergang der Verluste zu verhindern, kann der Ansatz von Zwischenwerten in der steuerlichen Übertragungsbilanz eine Gestaltungsvariante sein.

622 Die durch den **Zwischenwertansatz** aufgedeckten stillen Reserven führen zu Gewinnen beim übertragenden Rechtsträger, der diese **mit seinen ungenutzten Verlusten** – im Rahmen der Mindestbesteuerung – **verrechnen** kann. Durch den Ansatz zu Zwischenwerten **erhöht sich gleichzeitig das Abschreibungspotenzial** der jeweiligen Wirtschaftsgüter. Die übernehmende Gesellschaft hat die erhöhten Werte zu übernehmen, so dass die erhöhten Abschreibungen den Gewinn der übernehmenden Körperschaft in den nächsten Jahren mindern können. So gehen die Verluste nicht gänzlich verloren, auch wenn die zeitliche Streckung der Verlustnutzung nicht optimal ist.

aa) Begriff des Zwischenwertes im Steuerrecht

623 Das Antragswahlrecht des UmwStG räumt dem übertragenden Rechtsträger die Möglichkeit ein, die Wirtschaftsgüter in der Steuerbilanz zum Zwischenwert anzusetzen. Der Zwischenwert ist ein weitgehend frei bestimmbarer Wert, der lediglich eine Begrenzung durch den **Buchwert als Mindestwert** und den **gemeinen Wert als Obergrenze** erfährt.

bb) Ermittlung des Zwischenwertes

624 Um eine gezielte Gewinnrealisierung in den Wirtschaftsgütern zur anschließenden Verrechnung mit ungenutzten Verlusten erreichen zu können, bedarf es einer zuverlässigen Methode zur Ermittlung des Zwischenwertes. Diesbezüglich werden drei Theorien vertreten, die eine genaue Bestimmung des Zwischenwertes ermöglichen sollen: Die Stufentheorie, die modifizierte Stufentheorie und die zweistufige Stufentheorie.

625 **Stufentheorie:** Vorab sind die gemeinen Werte der Wirtschaftsgüter zu bestimmen, da sie einerseits die Obergrenze der Bewertung angeben, und gleichzeitig bei nur teilweiser Aufdeckung als Bezugspunkt für die prozentuale Aufstockung herangezogen werden müssen. Die gemeinen Werte sind durch geeignete Methoden der Unternehmensbewertung zu ermitteln.[774]

774 Zu den Methoden der Unternehmensbewertung ausführlich: Schulze, Methoden der Unternehmensbewertung.

Die Stufentheorie sieht eine Aufdeckung der stillen Reserven in drei Stufen vor. Auf der ersten Stufe sind zunächst die stillen Reserven der bereits bilanzierten Wirtschaftsgüter aufzudecken. Erst nach deren vollständiger Aufdeckung ist auf der zweiten Stufe eine Realisierung der stillen Reserven bei nicht bilanzierten, immateriellen Wirtschaftsgütern vorzunehmen. Auf der dritten und letzten Stufe ist ein Geschäftswert zu aktivieren, soweit noch aufdeckbare stille Reserven vorhanden sind. 626

Modifizierte Stufentheorie: Die Finanzverwaltung ordnete für die Ermittlung von Zwischenwerten bei Umwandlungen nach dem UmwStG a. F. die modifizierte Stufentheorie an.[775] Auch Teile der Literatur halten die modifizierte Stufentheorie weiterhin für die anzuwendende Methode zur Ermittlung des Zwischenwertes.[776] Die Bestimmung der Zwischenwerte erfolgt hierbei in zwei Stufen. Wie auch schon bei der Stufentheorie müssen vorab die gemeinen Werte bestimmt werden, um die Obergrenze der Bewertung zu kennen. Auf der ersten Stufe sind die bilanzierten und nicht bilanzierten Wirtschaftsgüter aufzustocken. Dabei darf wiederum ein Prozentsatz gewählt werden, der diesmal einheitlich auf bilanzierte und nicht bilanzierte Wirtschaftsgüter anzuwenden ist. Erst auf der zweiten Stufe ist, nach vollständiger Aufstockung der Wirtschaftsgüter der ersten Stufe, ein Geschäftswert zu aktivieren. 627

Zweistufige Stufentheorie: Seit Inkrafttreten des SEStEG wird in Teilen der Literatur die zweistufige Stufentheorie als anzuwendende Methode zur Ermittlung des Zwischenwertes angesehen.[777] Der zweistufigen Stufentheorie liegt die Annahme zugrunde, dass ein Mehrbetrag in gleicher Weise für stille Reserven der bisher bilanzierten als auch nicht bilanzierten Wirtschaftsgüter, einschließlich eines vorhandenen Geschäftswerts, bezahlt wurde. Dies deckt sich mit den gesetzlichen Regelungen seit Inkrafttreten des SEStEG, wonach zwingend auch selbst erschaffene immaterielle Wirtschaftsgüter bei der Bestimmung der gemeinen Werte zu berücksichtigen sind. Deshalb sollen bilanzierte, nicht bilanzierte Wirtschaftsgüter und der Geschäftswert im gleichen Verhältnis aufgestockt werden. Da sich die Zwischenwerte an den gemeinen Werten orientieren, müssen auch hier diese ganz mit einbezogen werden. Der Geschäftswert ist dabei wie ein immaterielles Wirtschaftsgut ebenfalls quotal auszuweisen. 628

---

775 Vgl. BMF v. 25.3.1998, BStBl 1998 I S. 268, Tz. 22.08 – aufgehoben/teilweise aufgehoben durch BMF v. 4.7.2006, BStBl 2006 I S. 445.

776 Dötsch/Pung/Möhlenbrock, Umwandlungssteuerrecht, § 11 Rz. 14; im Ergebnis ebenso: Haritz/Menner/Bilitewski, UmwStG, § 11 Rz. 37.

777 Vgl. Schmitt/Hörtnagl, UmwG UmwStG, § 11 UmwStG Rz. 53; Rödder/Herlinghaus/van Lishaut, UmwStG, § 11 Rz. 157.

Für den Ansatz eines Zwischenwertes ist seit Inkrafttreten des SEStEG **nun nach Ansicht der Finanzverwaltung die Methode der gleichmäßigen Aufstockung im Sinne eines „Gießkannenprinzips" anzuwenden**, so dass alle Wirtschaftsgüter gleichmäßig aufzustocken sind, inkl. selbst geschaffener immaterieller Wirtschaftsgüter und dem Firmenwert.[778]

629–630 *(Einstweilen frei)*

c) Verlustnutzung unter Berücksichtigung von Steuerplanungsrechnungen

631 Um beurteilen zu können, ob oder in welcher Höhe die Aufdeckung stiller Reserven vorteilhaft ist, muss die sich aus der Mindestbesteuerung ergebende Steuerbelastung mit den Steuereinsparungen aus dem erhöhten Abschreibungspotenzial der Wirtschaftsgüter der nächsten Jahre verglichen werden. Dabei sind die Barwerte der abschreibungsbedingten Einsparungen zu ermitteln und der jetzigen Belastung gegenüberzustellen. Um die abschreibungsbedingten Einsparungen zu erhalten, müssen die Abschreibungsbeträge mit dem Gesamtsteuersatz multipliziert und anschließend auf den Übertragungsstichtag abgezinst werden. Wenn sich die aus der Aufdeckung ergebende Entlastung durch die erhöhten Abschreibungsbeträge stärker auswirkt, als die Steuerbelastung durch die Mindestbesteuerung, so ist eine Aufdeckung vorteilhaft.

BERATUNGSHINWEIS:

Da die Mindestbesteuerung erst bei dem 1 Mio. € übersteigenden Gesamtbetrag der Einkünfte entsteht, ist eine Aufdeckung bis zu 1 Mio. € stets vorteilhaft.

632 Eine Steuerbelastung erfährt der 1 Mio. € übersteigende Gesamtbetrag der Einkünfte, jedoch nur zu 40 % gem. § 10d Abs. 2 Satz 1 EStG (Mindestbesteuerung).[779] Seit dem VZ 2010 unterliegt eine Körperschaft einer durchschnittlichen Gesamtsteuerbelastung von 29,825 % auf deren Gewinn. Der Gesamtsteuersatz setzt sich aus Körperschaftsteuer, Gewerbesteuer und Solidaritätszuschlag zusammen. Die Gesamtsteuerbelastung „s" lässt sich aus folgender Formel herleiten:

$$s = s_k \times (1 + s_{sol}) + s_{ge}.$$

778 Vgl. Tz. 03.25, 11.11 UmwStE.

779 Eine Anpassung der Abzugsfähigkeit des 1 Mio. € übersteigenden Betrags für Zwecke der ESt und KSt von 60 % auf 70 % für Veranlagungszeiträume bis einschließlich 2027 wurde aus Vereinfachungsgründen unterlassen, da eine Anhebung auf 70 % für die GewSt nicht erfolgt ist.

Dabei ist s_{ge} die Gewerbesteuer von 14 % bei einem einheitlichen Hebesatz von 400 %, s_k die Körperschaftsteuer von 15 % und s_{sol} der Solidaritätszuschlag von 5,5 %. Somit ergibt sich für den VZ 2010 folgende Formel für die Steuerbelastung aus der Aufdeckung der stillen Reserven: 633

40 % x (Gesamtbetrag der Einkünfte – 1 Mio.) x 29,825 %.

Durch Umformung und Rundung ergibt sich schließlich folgende Endformel:

Steuerbelastung aus Aufdeckung = 11,9 % x (Gesamtbetrag der Einkünfte – 1 Mio.)

Diese Steuerbelastung ist dem Barwert der Steuerentlastungen durch die erhöhte Abschreibung gegenüberzustellen. Dabei wird der Barwert und damit die Vorteilhaftigkeit der Abschreibungen mit steigender Nutzungsdauer des Wirtschaftsgutes abnehmen. Da der jeweilige Abzinsungsfaktor pro Jahr steigt, wird der AfA-Betrag immer stärker abgezinst, je weiter er in der Zukunft liegt. Folglich ist eine Aufstockung bei Wirtschaftsgütern des Umlaufvermögens am vorteilhaftesten, da sie i. d. R. innerhalb eines Jahres verbraucht werden. Nachteilig wird es sein, wenn die stillen Reserven hauptsächlich auf Grundvermögen entfallen, da dieses gar nicht oder über einen sehr langen Zeitraum abgeschrieben wird. 634

BEISPIEL: Bei der übertragenden Gesellschaft bestehen stille Reserven i. H. v. 6 Mio. €. Diese entfallen völlig auf

(1.) eine selbst erschaffene Arzneimittelzulassung,

(2.) einen Geschäftswert oder

(3.) ein Wohngebäude im Jugendstil.

Die Umwandlung erfolgt im VZ 2025. Aufgrund der sehr hohen Verlustvorträge sollen die stillen Reserven vollständig aufgedeckt werden. Andere Einkünfte hat die Gesellschaft (aus Vereinfachungsgründen) nicht. Der Zinssatz beträgt 8 %. Bei vollständiger Aufdeckung der stillen Reserven ergibt sich eine Steuerbelastung im VZ 2022 von:

11,9 % x (6 Mio. – 1 Mio.) = 595.000 €

(1.) Arzneimittelzulassungen werden über **fünf Jahre abgeschrieben.**[780] Somit ergibt sich ein jährlicher AfA-Betrag von 6 Mio. € x 20 % = 1,2 Mio. €. Der Barwert aller AfA-Raten bezogen auf ihre Steuerwirkung bei einem Gesamtsteuersatz von

780 Vgl. Brandis/Heuermann, § 7 EStG Rz. 365. Die Abnutzungsdauer von Schutzrechten im weiteren Sinne soll sich an der gesetzlichen/vertraglichen Schutzfrist orientieren. Diese ist bei Arzneimittelzulassungen regelmäßig fünf Jahre, kann jedoch verlängert werden (§ 31 AMG). In der Literatur werden deshalb Nutzungsdauern von fünf bis acht Jahren vertreten, vgl. Boorberg/Strüngmann/Wendelin, DStR 1998 S. 1113, 1118. Die angenommene Nutzungsdauer von fünf Jahren dient lediglich der Veranschaulichung des eigentlichen Untersuchungsgegenstands, der Vorteilhaftigkeit eines Zwischenwertansatzes.

29,825 % beläuft sich auf 1.428.990,92 €, so dass sich ein **Vorteil aus der Aufstockung von 833.990,92 €** ergibt.

(2.) Der Geschäftswert wird gem. § 7 Abs. 1 Satz 3 EStG über **15 Jahre abgeschrieben**. Somit ergibt sich ein jährlicher AfA-Betrag von 400.000 €. Der Barwert aller AfA-Raten bezogen auf ihre Steuerwirkung bei einem Gesamtsteuersatz von 29,825 % beläuft sich auf 1.021.145,81 €, so dass sich ein **Vorteil aus der Aufstockung von 426.145,81 €** ergibt. Es wird bereits jetzt ein Zusammenhang zwischen Nutzungsdauer und Vorteilhaftigkeit der Aufstockung deutlich, da die **Verlängerung der Nutzungsdauer um zehn Jahre die Vorteilhaftigkeit der Aufdeckung der stillen Reserven schon fast halbiert** hat.

(3.) Wohngebäude, die vor dem 1.1.1925 fertig gestellt wurden, sind gem. § 7 Abs. 4 Satz 1 Nr. 2 Buchst. b EStG über **40 Jahre abzuschreiben**. Somit ergibt sich ein jährlicher AfA-Betrag von 150.000 €. Der Barwert aller AfA-Raten bezogen auf ihre Steuerwirkung bei einem Gesamtsteuersatz von 29,825 % beläuft sich auf 533.477,39 €, so dass sich ein **Nachteil aus der Aufstockung von 61.522,61 €** ergibt.

BERATUNGSHINWEIS:

Somit wird in diesem einfachen Beispiel deutlich, dass die Vorteilhaftigkeit des Zwischenwertansatzes vom jeweiligen Einzelfall abhängig ist, und es somit stets einer gesonderten Prüfung bedarf. Dabei ist nicht nur die Nutzungsdauer der Wirtschaftsgüter entscheidend. Zinssatz, Steuersatz, Höhe der stillen Reserven, anzuwendende Methode zur Zwischenwertbestimmung und etwaige Sonderabschreibungen können u. a. Einfluss auf die Steuerplanungsrechnung haben und somit die Entscheidung beeinflussen. Dennoch sollte deutlich geworden sein, dass eine Wertaufstockung in den meisten Fällen vorteilhaft ist und damit eine gute Methode, um ungenutzte Verluste nicht durch die Umwandlung untergehen zu lassen.

635–640 *(Einstweilen frei)*

d) Vororganschaftliche Verlustvorträge einer Organgesellschaft beim Up-Stream-Merger auf den Organträger

641 Gerade in Konzern- und Organschaftsstrukturen kommt es häufig zu zeitlich verschobenen Umstrukturierungen auf verschiedensten Konzernebenen. Das folgende Beispiel ist in der Praxis häufig anzutreffen und birgt einige Fallstricke.

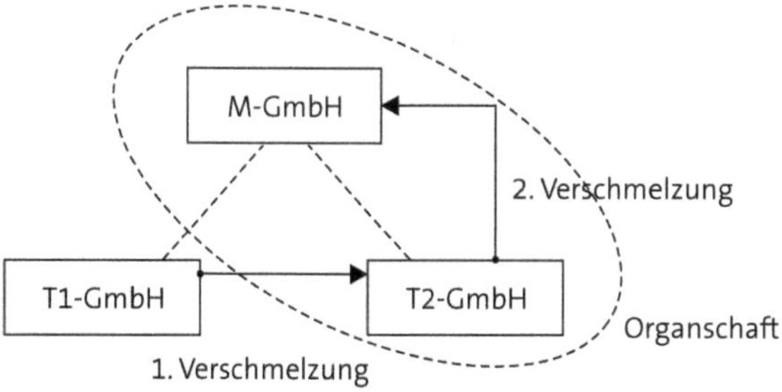

Erfolgte vor dem SEStEG eine Verschmelzung zweier Tochter-Kapitalgesellschaften, so ging nach § 12 Abs. 3 Satz 2 UmwStG a. F. ein bestehender Verlustvortrag auf den übernehmenden Rechtsträger über. Besteht nun eine Organschaft zwischen der aufnehmenden Tochter-Kapitalgesellschaft (T2-GmbH) und der Muttergesellschaft (M-GmbH), ist zunächst der Verbleib des übergegangenen Verlustvortrags zu klären. Grundsätzlich sind alle Gewinne und Verluste der Organgesellschaft (T2-GmbH) an den Organträger (M-GmbH) im Rahmen des Ergebnisabführungsvertrages (EAV) abzuführen und werden gem. § 14 Abs. 1 Satz 1 KStG dem Organträger steuerlich zugerechnet. Dies könnte auch einen Übergang des Verlustvortrags an die Muttergesellschaft bewirken. Die Verlustvorträge gehen jedoch nach Auffassung der Finanzverwaltung weder auf den Organträger über, noch sind sie zurzeit der Organschaft von der T2-GmbH selbst abziehbar. Sie gelten als vororganschaftliche Verlustvorträge, die bei der Organgesellschaft bis zur Beendigung der Organschaft bleiben und gem. § 15 Satz 1 Nr. 1 KStG nicht während der Organschaft abzugsfähig sind, sondern eine Beendigung des Gewinnabführungsvertrages vor der Verschmelzung bedurft hätten.[781] 642

Soll nun die Tochtergesellschaft auf die Muttergesellschaft verschmolzen werden, so geht ein Verlustvortrag seit Inkrafttreten des SEStEG nicht auf den Organträger über. Einzige Möglichkeit zur Nutzung der Verlustvorträge ist der Ansatz von Zwischenwerten. Jedoch müssten dazu die Verlustvorträge mit einem Gewinn aus dem Zwischenwertansatz bei der Organgesellschaft (T2-GmbH) verrechenbar sein. Der Übertragungsgewinn aus der Verschmelzung könnte aber im Rahmen des EAV an den Organträger abzuführen sein. 643

Zunächst ist festzustellen, dass mit der Verschmelzung der Organgesellschaft auf den Organträger der EAV i. S. d. § 291 Abs. 1 AktG durch Konfusion mit 644

781 Vgl. auch Tz. Org.27 UmwStE.

Wirkung zum Verschmelzungsstichtag erlischt.[782] Aus handelsrechtlicher Sicht ist es strittig, ob ein Übertragungsgewinn von der Gewinnabführungsverpflichtung erfasst wird.[783] Bei Verschmelzung oder Spaltung ist ein steuerlicher Übertragungsgewinn Teil des dem Organträger nach § 14 Abs. 1 Satz 1 KStG zuzurechnenden Einkommens.[784] Eine Erfassung des Übertragungsgewinns und eine Verrechnung mit vororganschaftlichen Verlusten bei der Organgesellschaft setzt voraus, dass der Gewinnabführungsvertrag zuvor beendet wurde[785]

645 Die vororganschaftlichen Verlustvorträge der T2-GmbH gehen nicht auf den Organträger über, können aber durch einen Zwischenwertansatz beim Up-Stream-Merger durch die Organgesellschaft (T2-GmbH) genutzt werden. Zur Nutzung von Verlustvorträgen durch Zwischenwertansatz vgl. genauer Rz. 621 ff.

e) Fiskalische Begründung und Kritik aus der Literatur

646 Die Abschaffung der Verlustübernahme durch das SEStEG wird laut Gesetzgeber mit der Europäisierung des UmwStG begründet. So soll der Hauptgrund für die Streichung des § 12 Abs. 3 Satz 2 UmwStG a. F. sein, dass es ohne die explizite Versagung der Verlustübernahme zu einem **Import von ausländischen Verlusten** im Wege der Hereinverschmelzung kommen könnte.[786] Ein wohl genauso bedeutsamer Grund für die Versagung dürften die in den letzten Jahrzehnten **aufgebauten inländischen körperschaftsteuerlichen Verlustvorträge** sein. Diese betrugen bereits im Jahre 2001 rund 380 Mrd. €. Laut Maiterth/Müller soll dies das eigentliche Hauptmotiv des Gesetzgebers gewesen sein, den § 12 Abs. 3 Satz 2 UmwStG a. F. zu streichen.

647 Die Befürchtung des Imports von ausländischen Verlusten ist laut h. M. nicht gerechtfertigt.[787] So werde schon durch Art. 6 Fusionsrichtlinie[788] ein direkter Import ausländischer Verluste verhindert. Art. 6 FRL erlaubt eine Berücksichtigung der Verluste der ausländischen übertragenden Gesellschaft nur im Rahmen von Betriebstätten der übernehmenden Gesellschaft im Übertragungs-

782 Vgl. Tz. Org.21 UmwStE.

783 Vgl. Brandis/Heuermann, § 14 KStG Rz. 297.

784 Vgl. zur Aufspaltung vgl. BFH v. 11.8.2021 - I R 27/18, BStBl 2023 II S. 195.

785 Vgl. Tz. Org.27 UmwStE.

786 Vgl. BMF-Pressemitteilung v. 12.7.2006, Nr. 89/2006.

787 Vgl. Dötsch/Pung/Möhlenbrock, Umwandlungsteuerrecht, § 12 Rz. 51.

788 Richtlinie 90/434/EWG v. 23.7.1990.

staat.[789] Die Streichung des § 12 Abs. 3 Satz 2 UmwStG a. F. war somit nicht zwingend, jedoch umgeht der Gesetzgeber damit etwaige Regelungs- bzw. Auslegungslücken.

Der Import von ausländischen Verlusten durch Sitzverlegung und die Problematik der Verpflichtung zur Berücksichtigung von im Ausland nicht nutzbaren Verlusten einer Tochtergesellschaft durch die inländische Muttergesellschaft[790] wurde durch die Abschaffung der Verlustübernahme nicht behoben.[791] Es werden vielmehr wirtschaftlich sinnvolle inländische Umstrukturierungen behindert, nur aus Angst vor einem etwaigen – ohnehin eingeschränkten – Import ausländischer Verluste. Vor allem bezogen auf die angesammelten körperschaftsteuerlichen Verlustvorträge, die durch die neue Rechtslage weitestgehend untergehen sollen, kann von einer weiteren **verkappten Steuererhöhung** gesprochen werden. 648

Aus der Literatur werden zudem **Zweifel bezüglich der EU-Konformität** der Regelung laut. So sei in den EuGH-Entscheidungen „Marks & Spencer"[792] und „AMID"[793] klargestellt worden, dass eine vollkommene Versagung der Verlustnutzung europarechtswidrig ist. Zudem müssen Verluste primär in dem Staat eine Berücksichtigung erfahren, auf dessen Territorium sie entstanden sind. Ob die Rechtfertigung des Gesetzgebers für die Abschaffung (Vermeidung des Imports von ausländischen Verlusten) einer Prüfung durch den EuGH standhält, bleibt abzuwarten. Als Argument für die EU-Konformität kann die Möglichkeit der Nutzung von Verlustvorträgen durch Zwischenwertansatz (vgl. dazu genauer Rz. 621 ff.) ins Feld geführt werden, so dass ein vollständiger Untergang der Verluste nicht zwangsläufig eintreten muss. 649

(Einstweilen frei) 650–655

4. Umwandlungen nach dem 4. Teil des UmwStG – §§ 15, 16, 19 UmwStG

Aufgrund der Verweisungstechnik des vierten Teils und der daraus resultierenden entsprechenden Anwendung der Vorschriften des zweiten und dritten Teils, gilt bezüglich der Verlustnutzung grundsätzlich das bereits Ausgeführte. 656

789 Vgl. Dötsch/Pung/Möhlenbrock, Umwandlungsteuerrecht, § 12 Rz. 51.

790 Urteil Marks & Spencer, EuGH v. 13.12.2005 - Rs. C 446/03, DStR 2005 S. 2168.

791 Vgl. Dötsch/Pung/Möhlenbrock, Umwandlungsteuerrecht, § 12 Rz. 51; Rödder/Schumacher, DStR 2006 S. 1525, 1533.

792 Urteil Marks & Spencer, EuGH v. 13.12.2005 - Rs. C 446/03, NWB ZAAAB-79456.

793 EuGH, Urteil v. 14.12.2000 - Rs. C-141/99 „AMID", Slg. 2000, I-11619 = NWB MAAAB-72577.

657 Eine **Besonderheit** ergibt sich jedoch im Falle der **Abspaltung auf eine andere Körperschaft**. Gemäß § 15 Abs. 3 UmwStG mindern sich verrechenbare Verluste, verbleibende Verlustvorträge und nicht ausgeglichene negative Einkünfte der übertragenden Körperschaft in dem Verhältnis, in dem bei Zugrundelegung des gemeinen Werts das Vermögen auf eine andere Körperschaft übergeht. Verluste gehen folglich nur insoweit unter, als dass Vermögen auf die aufnehmende Körperschaft übertragen wird. Bezüglich des bei der übertragenden Gesellschaft verbleibenden Vermögens bleiben auch Verluste erhalten. Vor der Unternehmensteuerreform 2008 waren ausschließlich Verlustvorträge von § 15 Abs. 3 UmwStG erfasst. Nicht ausgeglichene negative Einkünfte und verrechenbare Verluste waren vor der Unternehmensteuerreform nicht erfasst.

658 Bei der **Abspaltung von Vermögen einer Kapitalgesellschaft inklusive eines Mitunternehmeranteils** und dessen Übertragung auf eine andere Kapitalgesellschaft gegen Gewährung von neuen Gesellschaftsrechten gehen die gewerbesteuerlichen Verlustvorträge der Mitunternehmerschaft mangels Unternehmeridentität insoweit unter, als diese der Kapitalgesellschaft zugerechnet werden. Auch eine Verlusterhaltung nach § 10a S. 10 GewStG i. V. m. § 8c KStG hat der BFH abgelehnt, weil diese Vorschrift nicht die Übertragung von Anteilen an einer Mitunternehmerschaft, sondern allein den Gesellschafterwechsel auf Ebene einer Körperschaft erfasst, die an einer Mitunternehmerschaft beteiligt ist.[794]

659–660 *(Einstweilen frei)*

5. Umwandlungen nach dem 6. und 8. Teil des UmwStG – §§ 20 bis 23, 25 UmwStG

661 Der 6. und 8. Teil des Umwandlungssteuergesetzes enthält hinsichtlich des Schicksals bestehender Verlustvorträge die **Vorschrift des § 23 Abs. 5 UmwStG**, die eine Nutzung von gewerbesteuerlichen Verlustvorträgen i. S. d. § 10a GewStG der übertragenden Gesellschaft durch die übernehmende Kapitalgesellschaft untersagt. Das Schicksal der Verlustvorträge ergibt sich darüber hinaus aus den **allgemeinen Reglungen des Einkommen-, Körperschaft- und Gewerbesteuergesetzes**.

794 BFH v. 12.11.2020 - IV R 29/18, BStBl 2021 II S. 722.

Es ist zunächst zwischen dem Schicksal der einkommen- bzw. körperschaftsteuerlichen Verlustvorträge des Einbringenden bei folgenden Umwandlungsmaßnahmen zu unterscheiden: 662

- Einbringung eines Betriebs, Teilbetriebs oder Formwechsel einer Personengesellschaft in eine Kapitalgesellschaft,
- Einbringung eines Mitunternehmeranteils in eine Kapitalgesellschaft,
- Ausgliederung aus einer Kapitalgesellschaft auf eine Kapitalgesellschaft,
- Anteilstausch bei Kapitalgesellschaften.

Anschließend werden die Folgen für die körperschaftsteuerlichen Verlustvorträge der übernehmenden Kapitalgesellschaft dargestellt. Schlussendlich wird das Schicksal der gewerbesteuerlichen Verlustvorträge näher beleuchtet. 663

a) Verlustvorträge des Einbringenden (ESt bzw. KSt)

aa) Einbringung eines Betriebs, Teilbetriebs oder Formwechsel einer Personengesellschaft in eine Kapitalgesellschaft

Im Folgenden muss zwischen Verlusten von persönlich haftenden Gesellschaftern und Kommanditisten mit oder ohne verrechenbare Verluste i. S. d. § 15a EStG unterschieden werden. 664

(1) Persönlich haftende Gesellschafter und Kommanditisten ohne verrechenbare Verluste (§ 15a EStG) der übertragenden Gesellschaft

Bei **persönlich haftenden Gesellschaftern** und **Kommanditisten ohne verrechenbare Verluste i. S. d. § 15a EStG** einer Personengesellschaft werden die Verluste der Personengesellschaft ihnen anteilig persönlich zugerechnet und können im Rahmen des § 10d EStG (ggf. i. V. m. § 8 Abs. 1, § 8c KStG) mit früheren oder zukünftigen Gewinnen – auch aus anderen Einkunftsarten – verrechnet werden. Es handelt sich somit um persönliche Verluste des Gesellschafters, die auch bei der Einbringung eines Betriebs oder Teilbetriebs in eine Kapitalgesellschaft nicht auf die übernehmende Kapitalgesellschaft übergehen. Die **Verluste verbleiben bei dem einbringenden Gesellschafter** und können von ihm nach den allgemeinen Vorschriften genutzt werden.[795] 665

795 Vgl. Dötsch/Pung/Möhlenbrock, Umwandlungssteuerrecht, § 23 Rz. 36.

(2) Kommanditisten mit verrechenbaren Verlusten (§ 15a EStG) der übertragenden Gesellschaft

666 Bei einem **Kommanditisten** sind die Vorschriften des **§ 15a EStG** zu beachten. Der einem Kommanditisten zuzurechnende Anteil am Verlust der Kommanditgesellschaft darf weder mit anderen Einkünften aus Gewerbebetrieb noch mit Einkünften aus anderen Einkunftsarten ausgeglichen werden, soweit ein negatives Kapitalkonto des Kommanditisten entsteht oder sich erhöht; er darf insoweit auch nicht nach § 10d abgezogen werden (§ 15a Abs. 1 Satz 1 EStG). Der verrechenbare Verlust ist gesondert festzustellen und mindert erst die Gewinne, die dem Kommanditisten in späteren Wirtschaftsjahren aus seiner Beteiligung an der Kommanditgesellschaft zuzurechnen sind (§ 15a Abs. 2 Satz 1 EStG). Wird der Kommanditanteil von Todes wegen oder voll unentgeltlich unter Lebenden übertragen, so gehen verrechenbare Verluste auf den Erben bzw. Anteilsübernehmer über.[796]

667 Die **Einbringung des Betriebs** einer KG in eine Kapitalgesellschaft (Verschmelzung) gilt umwandlungssteuerrechtlich als entgeltliches Geschäft.[797] Soweit ein verrechenbarer Verlust i. S. d. § 15a EStG nicht mit dem Einbringungsgewinn verrechnet wurde, geht der verbleibende Verlust des Kommanditisten i. S. d. § 15a EStG nicht auf die Kapitalgesellschaft über. Der verbleibende verrechenbare Verlust geht unter. Gleiches gilt für den **Formwechsel** nach § 25 UmwStG einer Personengesellschaft in eine Kapitalgesellschaft, der umwandlungssteuerrechtlich wie die Einbringung eines Betriebs in eine Kapitalgesellschaft behandelt wird.[798]

668 Bei der **Einbringung eines Teilbetriebes** einer KG in eine Kapitalgesellschaft ist zwischen Abspaltungen, Aufspaltungen und Ausgliederungen zu unterscheiden. Bei Auf- und Abspaltungen sind die Gesellschafter der KG die Einbringenden. Ein verrechenbarer Verlust eines Kommanditisten der übertragenden KG geht bei Auf- und Abspaltungen nicht auf die übernehmende Kapitalgesellschaft über, soweit er nicht mit einem Einbringungsgewinn verrechnet wurde. Im Falle der **Aufspaltung** erlischt die KG vollständig, so dass ein verrechenbarer Verlust vollständig untergeht, soweit er nicht mit einem Einbringungsgewinn verrechnet wird. Bei der **Abspaltung** bleibt der übertragene Rechtsträger bestehen, so dass der Kommanditist der übertragenden KG seine verrechenbaren Verluste auch nach der Abspaltung mit zukünftigen Gewinnen der übertra-

796 Vgl. BFH v. 10.3.1998 - VIII R 76/96, BStBl 1999 II S. 269; v. 11.5.1995 - IV R 44/93, BFHE 177 S. 466 = NWB KAAAA-96756; Brandis/Heuermann, EStG, § 15a Rz. 247.

797 Vgl. Tz. 00.02 UmwStE.

798 Vgl. Tz. 00.02 UmwStE; Brandis/Heuermann, EStG, § 15a Rz. 264.

genden KG verrechnen kann.[799] Nach teilweiser Ansicht in der Literatur geht der verrechenbare Verlust insoweit unter, als bei Zugrundelegung des gemeinen Werts das Vermögen auf einen anderen Rechtsträger übergeht.[800] Bei der **Ausgliederung** eines Teilbetriebs einer Personengesellschaft auf eine Kapitalgesellschaft ist die Personengesellschaft Einbringender und nicht deren Gesellschafter. Verrechenbare Verluste i. S. d. § 15a EStG eines Kommanditisten der übertragenden KG dürften u. E. bei der Ausgliederung – entsprechend der Behandlung bei der Abspaltung – erhalten bleiben und mit zukünftigen Gewinnen der übertragenden KG verrechnet werden können, da die Einkunftsquelle, deren Gewinn durch den Verlustvortrag gemindert werden soll, dieselbe Einkunftsquelle ist, die den verrechenbaren Verlust erwirtschaftet hat.[801]

bb) Einbringung eines Mitunternehmeranteils in eine Kapitalgesellschaft

Bringt ein **persönlich haftender Gesellschafter** oder ein **Kommanditist ohne verrechenbare Verluste (§ 15a EStG)** seinen Mitunternehmeranteil in eine Kapitalgesellschaft ein, so bleiben seine persönlichen Verlustvorträge unberührt; sie gehen weder auf die übernehmende Kapitalgesellschaft über, noch gehen sie unter. 669

Bei einem **Kommanditisten mit verrechenbaren Verlusten (§ 15a EStG)** sind wiederum die Vorschriften des **§ 15a EStG** zu beachten. Auch die Einbringung des Kommanditanteils in eine Kapitalgesellschaft nach § 20 Abs. 1 Satz 1, Abs. 2 Satz 1 UmwStG zu Buchwerten gegen Gewährung von Anteilen an der Kapitalgesellschaft gilt als entgeltliche Übertragung. Ein verbleibender verrechenbarer Verlust des Kommanditisten, der seinen Kommanditanteil in eine Kapitalgesellschaft einbringt, geht nicht nach § 15a EStG auf die übernehmende Kapitalgesellschaft über, sondern geht unter, soweit er nicht mit einem Einbringungsgewinn verrechnet wurde.[802] Im Falle einer **doppelstöckigen Personengesellschaft** führt nach Ansicht der Finanzverwaltung der Formwechsel der Oberpersonengesellschaft in eine Kapitalgesellschaft nach § 25 UmwStG dazu, dass ein verrechenbarer Verlust i. S. d. § 15a EStG der formwechselnden Oberpersonengesellschaft bei der Unterpersonengesellschaft nicht auf die formgewechselte (Ober-)Kapitalgesellschaft übergeht.[803] 670

799 Vgl. Herrmann/Heuer/Raupach, EStG, § 15a Rz. 148.

800 Vgl. Brandis/Heuermann, EStG, § 15a Rz. 266.

801 Vgl. Herrmann/Heuer/Raupach, EStG, § 15a Rz. 142.

802 Vgl. Schmidt, EStG, § 15a Rz. 172; so auch Tz. 23.02 UmwStE, wonach ein Verlustabzug sich auf den Einbringenden persönlich bezieht und damit nicht Bestandteil des Einbringungsgegenstandes sein kann.

803 Vgl. FinMin Schleswig-Holstein v. 7.4.2020 - VI 307-S 2241 a-087.

671 Nach der hier vertretenen Ansicht stellt auch die **erweiterte Anwachsung** einen Fall des § 20 UmwStG dar (vgl. Rz. 562), so dass verrechenbare Verluste des Kommanditisten i. S. d. § 15a EStG nicht auf die Komplementär-GmbH übergehen; sie erlöschen, soweit sie nicht mit einem etwaigen Einbringungsgewinn verrechnet werden können.

cc) Ausgliederung aus einer Kapitalgesellschaft auf eine Kapitalgesellschaft

672 Bei der Ausgliederung eines Teilbetriebs einer Kapitalgesellschaft auf eine Kapitalgesellschaft gehen keine körperschaftsteuerlichen Verlustvorträge auf die übernehmende Kapitalgesellschaft über. Bei einer **Ausgliederung** bleibt die Anteilseignerstruktur der übertragenden Kapitalgesellschaft unberührt, so dass es bei dieser auch nicht nach § 8c KStG zu einem Untergang von Verlustvorträgen kommt.

dd) Anteilstausch (§ 21 UmwStG)

673 Bei einem Anteilstausch zwischen zwei Kapitalgesellschaften gehen keine Verlustvorträge auf die übernehmende Kapitalgesellschaft über. Persönliche Verlustvorträge des Einbringenden (Gesellschafter der Gesellschaft, deren Anteile übertragen werden) verbleiben bei diesem und bleiben grundsätzlich unberührt. Beim Anteilstausch gehen jedoch Verlustvorträge der Kapitalgesellschaft, deren Anteile in eine Kapitalgesellschaft eingebracht werden, vollständig nach § 8c KStG unter, soweit mehr als 50 % der Anteile übertragen werden (zu § 8c KStG vgl. Rz. 726 ff.).

674–680 *(Einstweilen frei)*

b) Körperschaftsteuerliche Verlustvorträge der übernehmenden Kapitalgesellschaft

681 Bei der aufnehmenden Kapitalgesellschaft kann es durch die Gewährung von neuen Anteilen als Gegenleistung für das eingebrachte Betriebsvermögen zu einer schädlichen Anteilsübertragung i. S. d. § 8c KStG kommen, soweit mehr als 50 % der Anteile der aufnehmenden Kapitalgesellschaft von den Gesellschaftern der übertragenden Gesellschaft erworben werden. Dies würde zu einem vollständigen Untergang bestehender körperschaftsteuerlicher Verlustvorträge der übernehmenden Kapitalgesellschaft führen (zu § 8c KStG vgl. Rz. 726 ff.).

c) Gewerbesteuer

Besteuerungssubjekt der Gewerbesteuer ist die Gesellschaft. Nach der Entscheidung des Großen Senats des BFH ist jedoch Träger des Rechts auf den Verlustabzug bei einer Personengesellschaft der einzelne Gesellschafter und nicht die Gesellschaft selbst.[804] Bei einem Wechsel im Gesellschafterbestand entfällt der gewerbesteuerliche Verlustvortrag somit nach § 10a Abs. 1 Satz 8 GewStG anteilig in Höhe des Wechsels des Gesellschafterbestandes (Unternehmeridentität). Zu einem Verlust des gewerbesteuerlichen Verlustvortrages kommt es jedoch auch, wenn der bisherige betriebliche Organismus, der den Verlust erlitten hat, in dieser Form nicht mehr besteht (Unternehmensidentität).[805] Der Fortbestand eines gewerbesteuerlichen Verlustvortrages einer **Personengesellschaft** erfordert somit **Unternehmens- und Unternehmeridentität.**[806] 682

BERATUNGSHINWEIS:

Nach Ansicht des FG Baden-Württemberg und des BFH[807] führt ein partieller unterjähriger Mitunternehmerwechsel nicht zu einem abgekürzten Erhebungszeitraum. Positive, vor dem Gesellschafterwechsel entstandene Gewerbeerträge sind zunächst mit Verlusten, die nach dem Ausscheiden des Mitunternehmers im Erhebungszeitraum entstanden sind, zu verrechnen.[808] Bei dieser Verrechnung sei nicht vom anteiligen, positiven Jahresgewerbeertrag, sondern vom tatsächlich bis zum Ausscheiden des Mitunternehmers erzielten (positiven) Gewerbeertrag auszugehen. Folglich sei eine separate Ermittlung des bis zum Zeitpunkt des Mitunternehmerwechsels angefallenen Gewerbeertrags erforderlich. Insoweit sollte im Vorfeld der Beratung frühzeitig auf das etwaige Erfordernis der Aufstellung einer Zwischenbilanz bzw. Zwischengewinnermittlung auf den Ausscheidensstichtag hingewiesen werden.

Bei **Kapitalgesellschaften** ist eine **Unternehmensidentität nicht** erforderlich.[809] 683
Da nach § 2 Abs. 2 Nr. 2 GewStG eine Kapitalgesellschaft stets und in vollem Umfang als Gewerbebetrieb gilt, kann die Kapitalgesellschaft nur einen Betrieb haben, so dass es bei Kapitalgesellschaften auf das Merkmal der Unternehmensidentität nicht ankommen kann.[810]

804 Vgl. BFH v. 3.5.1993 - GrS 3/92, BStBl 1993 II S. 616.

805 Vgl. BFH v. 12.1.1978 - IV R 26/73, BStBl 1978 II S. 348, 350.

806 R 10a.1 Abs. 3 Satz 3 GewStR.

807 FG Baden-Württemberg v. 18.5.2017 - 1 K 3691/15, EFG 2017 S. 1183 = NWB UAAAG-48777; BFH v. 19.12.2019 - IV R 8/17, BStBl 2020 II S. 401.

808 FG Baden-Württemberg v. 18.5.2017 - 1 K 3691/15, EFG 2017 S. 1183 = NWB UAAAG-48777; BFH v. 19.12.2019 - IV R 8/17, BStBl 2020 II S. 401.

809 R 10a.1 Abs. 3 Satz 4 GewStR.

810 Vgl. BFH v. 29.10.1986 - I R 318-319/83, BStBl 1987 II S. 310; Schmitt/Hörtnagl, UmwG UmwStG, § 23 UmwStG Rz. 103.

684 Unabhängig von diesen Grundsätzen kann in den Fällen der §§ 20, 21 und 25 UmwStG der maßgebende Gewerbeertrag der übernehmenden Gesellschaft generell nicht um die Verlustvorträge des Einbringenden i. S. d. § 10a GewStG gekürzt werden (§ 23 Abs. 5 UmwStG). Folglich gehen gewerbesteuerliche Verlustvorträge in den Fällen der §§ 20, 21 und 25 UmwStG stets **nicht auf die aufnehmende Kapitalgesellschaft über**; Gleiches gilt für einen Zinsvortrag und einen EBITDA-Vortrag.[811] Dies entspricht auch den allgemeinen Regeln des § 15a EStG, da es bei Übertragungen von einer Personengesellschaft auf eine Kapitalgesellschaft an der Unternehmensidentität fehlt.[812] Verlustvorträge der **übernehmenden Kapitalgesellschaft** werden von § 23 Abs. 5 UmwStG hingegen nicht erfasst.[813]

685 Erfolgt die Einbringung (Ausgliederung) aus einer **Kapitalgesellschaft**, so verbleiben die Verlustvorträge i. S. d. § 10a GewStG vollständig bei der übertragenden Kapitalgesellschaft, die sie im Rahmen des § 10a Satz 9 GewStG i. V. m. § 8c KStG (schädliche Anteilsübertragungen) mit künftigen Gewinnen ihres Unternehmens verrechnen kann.[814]

686 Erfolgt die Einbringung aus einer **Personengesellschaft**, ist der Fortbestand der Verlustvorträge wiederum von der Unternehmens- und Unternehmeridentität abhängig. Die **Verschmelzung** einer Personengesellschaft auf eine Kapitalgesellschaft (Einbringung des gesamten Betriebs) führt somit zu einem Untergang der Verlustvorträge der übertragenden Personengesellschaft.[815] Die **Einbringung eines Teilbetriebs** führt nach Ansicht des BFH[816] insoweit zu einem Untergang gewerbesteuerlicher Verlustvorträge der übertragenden Personengesellschaft, als dass der Verlust von dem übertragenen Teilbetrieb verursacht wurde. Der von dem übergehenden Teilbetrieb verursachte gewerbesteuerliche Verlustvortrag kann von dem Einbringenden nicht länger genutzt werden, da es insoweit an einer „(Teil-)Unternehmensidentität“ mangelt.[817]

---

811 Vgl. Tz. 23.02 UmwStE.

812 Vgl. BFH v. 3.5.1993 - GrS 3/92, BStBl 1993 II S. 616; Haritz/Menner/Bilitewski, UmwStG, § 23 Rz. 134.

813 Vgl. Dötsch/Pung/Möhlenbrock, Umwandlungssteuerrecht, § 23 Rz. 95.

814 Vgl. R 10a.3 Abs. 4 Satz 6 GewStR; Haritz/Menner/Bilitewski, UmwStG, § 23 Rz. 131; Schmitt/Hörtnagl, UmwG UmwStG, § 23 UmwStG Rz. 103; Rödder/Herlinghaus/van Lishaut, UmwStG, § 23 Anm. Rz. 293.

815 Vgl. Schmitt/Hörtnagl, UmwG UmwStG, § 23 UmwStG Rz. 103.

816 Vgl. BFH v. 7.8.2008 - IV R 86/05, BStBl 2012 II S. 145.

817 Vgl. Rödder/Herlinghaus/van Lishaut, UmwStG, § 23 Rz. 279; Haritz/Menner/Bilitewski, UmwStG, § 23 Rz. 132; a. A. Widmann/Mayer, Umwandlungsrecht, § 23 UmwStG Rz. 581.

Die **Einbringung eines Mitunternehmeranteils** in eine Kapitalgesellschaft führt zu einem Wechsel der Mitunternehmer der Personengesellschaft deren Beteiligung eingebracht wurde, so dass Verluste i. S. d. § 10a GewStG insoweit untergehen, als diese nach dem allgemeinen Gewinnverteilungsschlüssel auf den ausscheidenden Mitunternehmer entfallen.[818] 687

(Einstweilen frei) 688–690

6. Umwandlungen nach dem 7. Teil des UmwStG – § 24 UmwStG

§ 24 UmwStG enthält keine speziellen Vorschriften zum Übergang von Verlustvorträgen. Es ist somit auf die allgemeinen Grundsätze zurückzugreifen (§§ 10d, 15a EStG, § 8c KStG, § 10a GewStG). Dabei ist zwischen den Verlustvorträgen (ESt bzw. KSt) des Einbringenden und der übernehmenden Personengesellschaft sowie den gewerbesteuerlichen Verlustvorträgen zu unterscheiden. 691

a) Verlustvorträge des Einbringenden

aa) Einbringung eines Betriebs oder Teilbetriebs einer Personengesellschaft

Im Folgenden muss zwischen Verlusten von persönlich haftenden Gesellschaftern und Kommanditisten mit oder ohne verrechenbare Verluste i. S. d. § 15a EStG unterschieden werden. 692

(1) Persönlich haftende Gesellschafter und Kommanditisten ohne verrechenbare Verluste i. S. d. § 15a EStG

Bei **persönlich haftenden Gesellschaftern** einer Personengesellschaft und **Kommanditisten ohne verrechenbare Verluste i. S. d. § 15a EStG** werden die Verluste der Personengesellschaft ihnen anteilig persönlich zugerechnet und können im Rahmen des § 10d EStG (ggf. i. V. m. § 8 Abs. 1, § 8c KStG) mit früheren oder zukünftigen Gewinnen, auch aus anderen Einkunftsarten, verrechnet werden. Es handelt sich somit um persönliche Verluste des Gesellschafters, die auch bei der Einbringung eines Betriebs oder Teilbetriebs in eine Personengesellschaft nicht auf die übernehmende Personengesellschaft übergehen. Die 693

818 Vgl. Haritz/Menner/Bilitewski, UmwStG, § 23 Rz. 133.

Verluste verbleiben bei dem einbringenden Gesellschafter und können von ihm nach den allgemeinen Vorschriften genutzt werden.[819]

(2) Kommanditisten mit verrechenbaren Verlusten i. S. d. § 15a EStG

694 Bei einem **Kommanditisten mit negativem Kapitalkonto** sind zudem die Vorschriften des **§ 15a EStG** zu beachten. Bei der **Verschmelzung zweier Personengesellschaften** bleibt sowohl das Recht zur Verlustnutzung bei den Gesellschaftern der aufnehmenden Gesellschaft unberührt, als auch die verrechenbaren Verluste der Kommanditisten der übertragenden Gesellschaft. Die erhaltene Beteiligung ist zwar nicht aus zivilrechtlicher, jedoch aus wirtschaftlicher Sicht identisch.[820]

695 Die **Aufspaltung** einer KG unter Auflösung ohne Abwicklung nach § 123 UmwG oder die **Abspaltung** eines **Teilbetriebs** einer KG auf eine Personengesellschaft ist **nach den Grundsätzen der Realteilung** zu behandeln, wenn die Buchwerte nach § 16 Abs. 3 EStG fortgeführt werden.[821]

bb) Einbringung eines Mitunternehmeranteils

696 Die **Einbringung von Mitunternehmeranteilen** in eine Personengesellschaft führt zur Bildung einer doppelstöckigen Personengesellschaft. Dabei wechselt die Beteiligung des Gesellschafters der übertragenden Gesellschaft von einer direkten Beteiligung in eine mittelbare Beteiligung, welche jedoch wirtschaftlich denselben Gehalt hat. Die Verluste von persönlich haftenden Gesellschaftern und Kommanditisten ohne verrechenbare Verluste i. S. d. § 15a EStG werden durch die Einbringung des Mitunternehmeranteils nicht berührt, da es sich um persönliche Verluste des Gesellschafters handelt.

697 Das Recht des Kommanditisten der übertragenden Gesellschaft zur Verlustverrechnung nach § 15a EStG bei der übernehmenden Gesellschaft (Obergesellschaft) bleibt erhalten, wobei er die verrechenbaren Verluste nur insoweit nutzen kann, als der ihm zugewiesene Gewinnanteil der Obergesellschaft aus Gewinnen der Untergesellschaft (übertragene Gesellschaft) stammt.[822]

---

819 Vgl. Dötsch/Pung/Möhlenbrock, Umwandlungssteuerrecht, § 23 Rz. 36.

820 Vgl. Brandis/Heuermann, EStG, § 15a Rz. 269; Schmidt, EStG, § 15a Rz. 176; Herrmann/Heuer/Raupach, EStG, § 15a Rz. 146.

821 Vgl. Littmann/Bitz/Pust, EStG, § 15a Rz. 64.

822 Vgl. Brandis/Heuermann, EStG, § 15a Rz. 268; Schmidt, EStG, § 15a Rz. 176; Herrmann/Heuer/Raupach, EStG, § 15a Rz. 145.

cc) Ausgliederung aus einer Kapitalgesellschaft

Bei der **Ausgliederung** eines Teilbetriebs einer Kapitalgesellschaft auf eine Personengesellschaft gehen keine Verlustvorträge auf die übernehmende Personengesellschaft über. Die körperschaftsteuerlichen Verlustvorträge verbleiben bei der übertragenden Kapitalgesellschaft und gehen auch **nicht nach § 8c KStG unter**, da die Anteilseignerstruktur der übertragenden Kapitalgesellschaft unverändert bleibt. 698

(Einstweilen frei) 699–705

b) Verlustvorträge der übernehmenden Personengesellschaft

Bestehende **Verlustvorträge nach § 10d EStG** (ggf. i. V. m. § 8 KStG) der Gesellschafter der übernehmenden Personengesellschaft bleiben durch die Einbringung eines Betriebs, Teilbetriebs oder Mitunternehmeranteils nach § 24 UmwStG unberührt, da es sich um persönliche Verluste der Gesellschafter handelt. **Verrechenbare Verluste i. S. d. § 15a EStG** der Kommanditisten einer übernehmenden KG bleiben ebenfalls unberührt, da sowohl hinsichtlich des erlittenen Verlusts als auch des zu verrechnenden (zukünftigen) Gewinns Beteiligungs- und Beteiligtenidentität besteht.[823] 706

c) Gewerbesteuer

Besteuerungssubjekt der Gewerbesteuer ist die Gesellschaft. Für den Fortbestand eines gewerbesteuerlichen Verlustvortrages einer Personengesellschaft ist neben der Unternehmensidentität auch eine Unternehmeridentität erforderlich (vgl. Rz. 682). 707

Bei der **Verschmelzung** einer Personengesellschaft auf eine andere Personengesellschaft kann unter bestimmten Voraussetzungen der Gewerbeertrag der übernehmenden Personengesellschaft um den Gewerbeverlust der übertragenden Personengesellschaft gekürzt werden, den die übertragende Personengesellschaft im selben Erhebungszeitraum bis zur Einbringung erlitten hat. Voraussetzung ist, dass alle Gesellschafter der übertragenden auch an der aufnehmenden Personengesellschaft beteiligt sind und die Identität des Unternehmens der übertragenen Personengesellschaft im Rahmen der aufnehmen- 708

823 Vgl. Hermann/Heuer/Raupach, EStG, § 15a Rz. 145; Brandis/Heuermann, EStG, § 15a Rz. 269; jeweils für den Fall der Verschmelzung zweier Personengesellschaften, so dass dies erst recht für andere Einbringungen i. S. d. § 24 UmwStG gelten muss.

den Personengesellschaft gewahrt bleibt.[824] Bei der Verschmelzung von **personenidentischen Schwester-Personengesellschaften** bleibt der Verlustabzug der übertragenden Gesellschaft vollständig erhalten und kann mit künftigen positiven Gewerbeerträgen der aufnehmenden Gesellschaft verrechnet werden, wenn zugleich der übergehende Betrieb durch die übernehmende Gesellschaft fortgeführt wird.[825]

709 Bei der Einbringung eines **Betriebs oder Teilbetriebs einer Personengesellschaft** in eine Personengesellschaft (Aufspaltung, Abspaltung, Ausgliederung, Einzelrechtsnachfolge) gehen vortragsfähige Verluste i. S. d. § 10a GewStG auf die übernehmende Personengesellschaft über, soweit

- die Gesellschafter der übertragenden Gesellschaft auch Gesellschafter der übernehmenden Gesellschaft sind[826] **und**
- die Identität des eingebrachten (Teil-)Betriebs innerhalb der Gesamttätigkeit des aufnehmenden Betriebs gewahrt bleibt, d. h. die Geschäftstätigkeit im Rahmen des aufnehmenden Betriebs in wirtschaftlicher, organisatorischer und finanzieller Hinsicht fortgesetzt wird.[827]

710 Bei der Ausgliederung eines Teilbetriebs einer Kapitalgesellschaft auf eine Personengesellschaft geht nach teilweiser Ansicht der Literatur der vortragsfähige Gewerbeverlust i. S. d. § 10a GewStG insoweit auf die übernehmende Personengesellschaft über, als der Verlust durch den übertragenen Teilbetrieb verursacht wurde.[828] Nach Auffassung der Finanzverwaltung ist ab dem Erhebungszeitraum 2009 davon auszugehen, dass bei der **Einbringung eines Betriebs einer Kapitalgesellschaft in eine Personengesellschaft** kein Übergang des Gewerbeverlustes auf die Personengesellschaft in Betracht kommt.[829] Gleiches müsste demnach auch für die o. g. Ausgliederung gelten. Der BFH hat die Ansicht der Finanzverwaltung weitestgehend bestätigt: Überträgt eine Kapitalgesellschaft ihr operatives Geschäft im Wege der Ausgliederung auf eine

824 Vgl. BFH v. 14.9.1993 - VIII R 84/90, BStBl 1994 II S. 764; H 10a.1 GewStH „Verlustausgleich bei Verschmelzung von Personengesellschaften".

825 Vgl. BFH v. 14.9.1993 - VIII R 84/90, BStBl 1994 II S. 764; R 10a.3 Abs. 3 Satz 9 Nr. 5 GewStR.

826 Vgl. R 10a.3 Abs. 3 Satz 9 Nr. 5 Satz 1 GewStR; BFH v. 24.4.2014 - IV R 34/10, BStBl 2017 II S. 233.

827 Vgl. BFH v. 14.9.1993 - VIII R 84/90, BStBl 1994 II S. 764; H 10a.2 GewStH „Vereinigung bestehender Betriebe"; ebenso FinMin Nordrhein-Westfalen v. 27.1.2012 - G 1427-26-V B 4.

828 Eine R 68 Abs. 4 Satz 6, Abs. 2 GewStR 1998 entsprechende Regelung fehlt jedoch in R 10a.3 Abs. 4 GewStR 2009; kritisch zur neuen Auffassung der Finanzverwaltung ab VZ 2009: Dötsch/Pung/Möhlenbrock, Umwandlungssteuerrecht, § 24 Rz. 212 ff.; Widmann/Mayer, Umwandlungsrecht, § 24 UmwStG Rz. 2185.

829 Vgl. FinMin Nordrhein-Westfalen v. 27.1.2012 - G 1427-26-V B 4; zustimmend Schmitt/Hörtnagl, UmwG UmwStG, § 24 UmwStG Rz. 262.

Personengesellschaft, kommt ein Übergang des gewerbesteuerlichen Verlustvortrags der Kapitalgesellschaft auf die Personengesellschaft jedenfalls dann nicht in Betracht, wenn sich die Kapitalgesellschaft fortan nicht nur auf die Verwaltung der Mitunternehmerstellung bei der Personengesellschaft beschränkt.[830] Der BFH hat in einem späteren Urteil entschieden, dass wenn eine Kapitalgesellschaft ihren gesamten Betrieb nach § 24 UmwStG in eine GmbH & Co. KG einbringt und sich ihre Tätigkeit fortan auf die Verwaltung der Mitunternehmerstellung an der aufnehmenden Gesellschaft sowie das Halten der Beteiligung an der Komplementär-GmbH beschränkt, § 2 Abs. 2 Satz 1 GewStG der Annahme von Unternehmensidentität i. S. d. § 10a GewStG auf der Ebene der übernehmenden Personengesellschaft nicht entgegensteht.[831]

Durch die **Einbringung eines Mitunternehmeranteils** in eine Personengesell- 711
schaft entsteht eine doppelstöckige Personengesellschaft unter Ausscheiden des bisherigen Gesellschafters aus der Personengesellschaft. Dies führt zu einem anteiligen Untergang des Gewerbeverlustes in Höhe der Beteiligungsquote des ausscheidenden Gesellschafters.[832] Bei einer doppelstöckigen Personengesellschaft sind nicht die Gesellschafter der Obergesellschaft, sondern die Obergesellschaft als solche Gesellschafterin der Untergesellschaft.[833] Dies hat nach Ansicht der Finanzverwaltung zur Folge, dass ein Wechsel im Gesellschafterbestand der Obergesellschaft keinen Einfluss auf Fehlbeträge bei der Untergesellschaft hat, da die Unternehmeridentität bezüglich der Untergesellschaft letztlich unberührt bleibt.[834]

Wird ein **Einzelunternehmen** gem. § 24 UmwStG in eine Personengesellschaft 712
eingebracht, so kann der in dem Einzelunternehmen entstandene Fehlbetrag auch weiterhin insgesamt abgezogen werden, jedoch nur von dem Betrag, der von dem gesamten Gewerbeertrag der Personengesellschaft entsprechend dem Gewinnverteilungsschlüssel auf den früheren Einzelunternehmer entfällt.[835]

(Einstweilen frei) 713–715

830 Vgl. BFH v. 17.1.2019 - III R 35/17, BStBl 2019 II S. 407.

831 BFH v. 1.2.2024 - IV R 26/21, BStBl 2025 II S. 51.

832 Vgl. R 10a.3 Abs. 3 Satz 9 Nr. 1 GewStR.

833 Vgl. BFH v. 24.4.2014 - IV R 34/10, BStBl 2017 II S. 233; R 10a.3 Abs. 3 Satz 9 Nr. 8 Satz 1 GewStR; Gleich lautende Erlasse der obersten Finanzbehörden der Länder v. 11.8.2021, BStBl 2021 I S. 1074.

834 Gleich lautende Erlasse der obersten Finanzbehörden der Länder v. 11.8.2021, BStBl 2021 I S. 1074; R 10a.3 Abs. 3 Satz 9 Nr. 8 Sätze 1 und 2 GewStR.

835 Vgl. BFH v. 24.4.2014 - IV R 34/10, BStBl 2017 II S. 233; R 10a.3 Abs. 2 Satz 1 f. GewStR.

7. Realteilung

716 Die Vorschriften zur Realteilung enthalten keine gesonderten Regelungen zum Über- bzw. Untergang von Verlustvorträgen. Es ist insoweit auf die allgemeinen Regelungen des Einkommen- und Gewerbesteuergesetzes zurückzugreifen.

a) Einkommensteuer

717 Bei der Realteilung ist zwischen persönlich haftenden Gesellschaftern einer Personengesellschaft, Kommanditisten ohne verrechenbare Verluste i. S. d. § 15a EStG und Kommanditisten ohne verrechenbare Verluste zu unterscheiden.

718 Bei **persönlich haftenden Gesellschaftern** und **Kommanditisten ohne verrechenbare Verluste i. S. d. § 15a EStG** werden die Verluste der Gesellschaft ihnen anteilig persönlich zugerechnet und können im Rahmen des § 10d EStG mit früheren oder zukünftigen Gewinnen, auch aus anderen Einkunftsarten, verrechnet werden. Es handelt sich um persönliche Verluste des Gesellschafters, die auch bei der Beendigung der Gesellschaft **im Wege der Realteilung nicht untergehen**.

719 Die Realteilung einer KG unter Buchwertfortführung gem. § 16 Abs. 3 Satz 2 EStG führt **nicht zu einem Untergang der § 15a EStG-Verluste der Kommanditisten.**[836] Auch bei Umwandlung der KG in ein Einzelunternehmen bleiben verrechenbare Verluste des Kommanditisten mit dessen späteren Gewinnen verrechenbar.[837]

b) Gewerbesteuer

720 Besteuerungssubjekt der Gewerbesteuer ist die Personengesellschaft, jedoch ist für den Fortbestand eines gewerbesteuerlichen Verlustvortrages einer Personengesellschaft neben der Unternehmensidentität auch eine Unternehmeridentität erforderlich (vgl. Rz. 682).

721 Bei der Realteilung einer Personengesellschaft wird **grundsätzlich** ein **Untergang der gewerbesteuerlichen Verlustvorträge** angenommen, weil eine Unter-

836 Vgl. Brandis/Heuermann, EStG, § 15a Rz. 263; Schmidt, EStG, § 15a Rz. 177.

837 Vgl. BFH v. 11.5.1995 - IV R 44/93, BFH/NV 1995 S. 68 = NWB KAAAA-96756; v. 10.3.1998 - VIII R 76/96, BStBl 1999 II S. 269; Herrmann/Heuer/Raupach, EStG, § 15a Rz. 147; Schmidt, EStG, § 15a Rz. 177.

nehmensidentität nicht gegeben ist.[838] Liegen jedoch **selbständige Teilbetriebe** bei der Personengesellschaft vor, und werden diese im Wege der Realteilung auf Einzelunternehmen übertragen, ist unter bestimmten Voraussetzungen eine **anteilige Übertragung der Verluste möglich**. Es muss sichergestellt sein, dass die Verluste nur von dem Teilbetrieb genutzt werden, der diese Verluste auch tatsächlich erlitten hat. Die Aufteilung ist somit nicht anhand des Verhältnisses der Kapitalkonten oder des Gewinnverteilungsschlüssels vorzunehmen. Es ist vielmehr der tatsächliche Anteil der Organisationseinheit (des Teilbetriebs), für die Verlustverrechnung geltend gemacht wird, am Betriebsergebnis zu ermitteln. Demnach kann der Gewerbeertrag eines Einzelunternehmens, das im Wege der Realteilung aus dem Gewerbebetrieb einer Personengesellschaft hervorgegangen ist, gem. § 10a GewStG um Verluste der Gesellschaft allenfalls dann (teilweise) gekürzt werden, wenn das Einzelunternehmen im Rahmen der Personengesellschaft als Teilbetrieb geführt wurde, und es aufgrund der Buchführung ohne weiteres möglich ist, diesem Teilbetrieb einen bestimmten Verlust(-anteil) sachlich zuzuordnen. Ist eine entsprechende sachliche Zuordnung nicht möglich, so kommt es zu einem Untergang der gewerbesteuerlichen Verlustvorträge.[839]

8. Formwechsel von Personengesellschaften

Der Formwechsel von Personengesellschaften zwischen den Rechtsformen einer KG, OHG oder GbR erfolgt als Umwandlung außerhalb des Umwandlungsgesetzes durch Änderung des Gesellschaftsvertrages. Aufgrund des **identitätswahrenden** Formwechsels kommt es **nicht zu einem Untergang von Verlustvorträgen**. Dies gilt sowohl hinsichtlich des verrechenbaren Verlustes i. S. d. § 15a EStG eines Kommanditisten beim Formwechsel einer KG in eine OHG oder GbR,[840] als auch für die gewerbesteuerlichen Verlustvorträge nach § 10a GewStG.[841] Die verrechenbaren Verluste der ehemaligen Kommanditisten werden jedoch nicht zu unbegrenzt verrechenbaren Verlusten. 722

(Einstweilen frei) 723–725

838 Vgl. BFH v. 18.11.1970 - I R 93/69, BStBl 1971 II S. 147.

839 Vgl. BFH v. 5.9.1990 - X R 20/89, BStBl 1991 II S. 25; H 10a.2 GewStH „Realteilung", R 10a.3 Abs. 3 Satz 9 Nr. 7 GewStR.

840 Vgl. BFH v. 14.10.2003 - VIII R 38/02, BStBl 2004 II S. 115; H 15a EStH 2008, „Wechsel der Rechtsstellung eines Gesellschafters".

841 R 10a.3 Abs. 3 Satz 9 Nr. 5 Satz 3 GewStR.

9. § 8c KStG – Verlustabzug bei Körperschaften

726 Eine besondere und stets umstrittene Regelung zur Verlustnutzung bei Kapitalgesellschaften enthält § 8c KStG.[842] § 8c Abs. 1 Satz 1 KStG sieht vor, dass wenn innerhalb von fünf Jahren mittelbar oder unmittelbar mehr als 50 % **des gezeichneten Kapitals der Mitgliedschaftsrechte, Beteiligungsrechte oder der Stimmrechte an einer Körperschaft** an einen Erwerber oder diesem nahe stehende Personen übertragen werden oder ein **vergleichbarer Sachverhalt** vorliegt (**schädlicher Beteiligungserwerb**), die bis zum schädlichen Beteiligungserwerb nicht ausgeglichenen oder abgezogenen negativen Einkünfte (nicht genutzte Verluste) vollständig nicht mehr abziehbar sind. Dabei steht eine **Kapitalerhöhung** der Übertragung des gezeichneten Kapitals gleich, soweit sie zu einer Veränderung der Beteiligungsquoten am Kapital der Körperschaft führt (§ 8c Abs. 1 Satz 3 KStG).

727 Werden somit **mehr als 50 %** der Anteile übertragen, gehen nicht genutzte Verluste **vollständig unter**. Zur Verfassungswidrigkeit des § 8c Abs. 1 Satz 1 KStG i. d. F. bis 31.12.2015 vgl. Rz. 755 ff.

728 Mit **„nicht genutzten Verlusten" i. S. d. § 8c KStG** ist zum einen der **Verlustvortrag** gemeint, der auf den Schluss des Veranlagungszeitraums, der der ersten schädlichen Anteilsübertragung vorangeht und festgestellt wurde, sowie der **laufende Verlust im Veranlagungszeitraum** bis zur schädlichen Anteilsübertragung.[843] Bei einem unterjährigen Anteilserwerb gehen auch die bis dahin erzielten Verluste unter, wobei der Verlust des gesamten Wirtschaftsjahrs, in dem das schädliche Ereignis eingetreten ist, zeitanteilig aufzuteilen ist. Nach erster Ansicht der Finanzverwaltung konnte ein bis dahin angefallener Gewinn nicht mit noch nicht genutzten Verlusten verrechnet werden.[844] Der **BFH** hat jedoch entschieden, dass ein bis zum Zeitpunkt des schädlichen Beteiligungserwerbs erzielter Gewinn des laufenden Wirtschaftsjahres mit dem bisher noch nicht genutzten Verlust verrechnet werden kann.[845] Der BFH stellt sich

---

842 Zur **Verfassungswidrigkeit des § 8c Abs. 1 Satz 1 KStG i. d. F. bis 31.12.2015** (Anteilserwerb mehr als 25 %, aber nicht mehr als 50 %) vgl. Rz. 755 ff. Das Sächsische FG (Urteil v. 16.3.2011 - 2 K 1869/10, NWB OAAAD-83861; BFH-anhängig: I R 31/11) sah bei einem schädlichen Anteilserwerb von mehr als 50 % keine verfassungsrechtlichen Bedenken. Der BFH hat das Revisionsverfahren zum Urteil des Sächsischen FG wegen der Vorlage an das BVerfG (Az. 2 BvL 6/11) zu § 8c Abs. 1 Satz 1 KStG 2002 i. d. F. des UntStRefG 2008 ausgesetzt (BFH, Beschluss v. 28.10.2011 - I R 31/11, NWB JAAAE-02328). Aufgrund der zwischenzeitlichen Entscheidung des BVerfG zu § 8c Abs. 1 Satz 1 KStG (Az. 2 BvL 6/11) ist mit einer baldigen Entscheidung des BFH zu § 8c Abs. 1 Satz 2 KStG zu rechnen.

843 Vgl. BMF v. 28.11.2017, BStBl 2017 I S. 1645, Tz. 31; BT-Drucks. 16/4841 S. 76; Brandis/Heuermann, KStG, § 8c Rz. 56; Herrmann/Heuer/Raupach, KStG, § 8c Rz. 32a.

844 Vgl. BMF v. 28.11.2017, BStBl 2017 I S. 1645, Tz. 31 f.

845 BFH v. 30.11.2011 - I R 14/11, BStBl 2012 II S. 360.

somit explizit gegen die Verwaltungsauffassung. Durch die Veröffentlichung des BFH-Urteils im Bundessteuerblatt hat die Finanzverwaltung schlussendlich die BFH-Ansicht akzeptiert.

§ 8c KStG gilt nach Ansicht der Finanzverwaltung ebenso für den Zinsvortrag 729 nach § 4h EStG und ist auch auf gewerbesteuerliche Fehlbeträge i. S. d. § 10a GewStG entsprechend anzuwenden.[846] Er ist jedoch nicht auf einen EBITDA-Vortrag anwendbar.[847] Er ist ebenfalls nicht auf verrechenbare Verluste i. S. d. § 15a EStG anwendbar; der BFH entschied hier gegen die Ansicht der Finanzverwaltung.[848]

Ein schädlicher Beteiligungserwerb kann nur vorliegen, soweit die Übertra- 730 gung „an einen Erwerber oder diesem nahe stehende Personen“ erfolgt. **Erwerber** kann sowohl eine natürliche Person, eine juristische Person als auch eine Personengesellschaft sein.[849] Für die Qualifikation als **„nahe stehende Person“** reicht jede rechtliche oder tatsächliche Beziehung zu einer anderen Person aus, die bereits vor oder unabhängig von dem Anteilserwerb besteht.[850] Ein schädlicher Beteiligungserwerb i. S. d. § 8c KStG kann grundsätzlich nur eintreten, wenn die Anteile auf eine Person übertragen werden, es sei denn, bei einer Übertragung auf mehrere Personen handelt es sich um eine Gruppe von Erwerbern mit gleichgerichteten Interessen (§ 8c Abs. 1 Satz 2 KStG). Von einer **Erwerbergruppe mit gleichgerichteten Interessen** ist regelmäßig auszugehen, wenn eine Abstimmung zwischen den Erwerbern stattgefunden hat, wobei kein Vertrag vorliegen muss. Die Verfolgung eines gemeinsamen Zwecks i. S. d. § 705 BGB reicht zur Begründung gleichgerichteter Interessen aus, ist aber nicht Voraussetzung. Die gleichgerichteten Interessen müssen sich nicht auf den Erhalt des Verlustvortrags der Körperschaft richten. Gleichgerichtete Interessen liegen z. B. vor, wenn mehrere Erwerber einer Körperschaft zur einheitlichen Willensbildung zusammenwirken. Indiz gleichgerichteter Interessen

846 Vgl. BMF v. 28.11.2017, BStBl 2017 I S. 1645, Tz. 2; a. A. FG Köln v. 28.10.2021 - 1 K 2563/17, NWB OAAAI-04076.

847 Vgl. Heuermann in Brandis/Heuermann, EStG KStG, § 4h EStG Rz. 107, § 8a KStG Rz. 12; Prinz in Herrmann/Heuer/Raupach, EStG/KStG, § 8a KStG Rz. 32a.

848 Vgl. BFH v. 24.4.2024 - IV R 27/21, BFH/NV 2024 S. 1017 = NWB TAAAJ-68246.

849 Vgl. Brandis/Heuermann, KStG, § 8c Rz. 51; BMF v. 28.11.2017, BStBl 2017 I S. 1645, Tz. 1.

850 Vgl. BMF v. 28.11.2017, BStBl 2017 I S. 1645, Tz. 25; H 36 KStH; „Nahe stehende Person – Kreis der nahe stehenden Personen“.

ist auch die gemeinsame Beherrschung der Körperschaft.[851] Der BFH[852] hat diesbezüglich klargestellt, dass eine Erwerbergruppe (§ 8c Abs. 1 Satz 2 KStG) im Hinblick auf einen schädlichen Beteiligungserwerb i. S. d. § 8c KStG nur dann vorliegt, wenn mehrere Erwerber bei dem (auch mittelbaren) Erwerb von Anteilen an der Verlustgesellschaft zusammenwirken und sie auf der Grundlage einer im Erwerbszeitpunkt bestehenden Absprache im Anschluss an den Erwerb einen beherrschenden Einfluss in dieser Gesellschaft ausüben können. Die Möglichkeit des Beherrschens genügt nicht. Die Feststellungs- und Beweislast trägt die Finanzbehörde.

731 Neben der Anteilsübertragung können auch „**vergleichbare Sachverhalte**" die Rechtsfolgen des § 8c KStG auslösen:[853]

- der Erwerb von Genussscheinen i. S. d. § 8 Abs. 3 Satz 2 KStG;
- Stimmrechtsvereinbarungen, Stimmrechtsbindungen, Stimmrechtsverzicht;
- die **Umwandlung auf eine Verlustgesellschaft**, wenn durch die Umwandlung ein Beteiligungserwerb durch einen Erwerberkreis stattfindet;
- die **Einbringung eines Betriebs, Teilbetriebs oder Mitunternehmeranteils**, wenn durch die Einbringung ein Beteiligungserwerb am übernehmenden Rechtsträger durch einen Erwerberkreis stattfindet;
- die Fusion von Anstalten des öffentlichen Rechts, wenn hierdurch bei der aufnehmenden Anstalt des öffentlichen Rechts mit nicht genutzten Verlusten ein Träger Beteiligungsrechte an der Anstalt (hinzu) erwirbt;
- der Erwerb eigener Anteile, wenn sich hierdurch die Beteiligungsquoten ändern;
- die Kapitalherabsetzung, mit der eine Änderung der Beteiligungsquoten einhergeht.

732 Ein schädlicher Beteiligungserwerb kann **unmittelbar und mittelbar** erfolgen. Der unmittelbare Erwerb ist auch schädlich, wenn er mittelbar zu keiner Änderung der Beteiligungsquote führt (keine Konzernbetrachtung).[854] Wird die Beteiligung an einer Muttergesellschaft übertragen, so kann dies zum Untergang der Verluste einer Tochterkapitalgesellschaft führen.

851 Vgl. BMF v. 28.11.2017, BStBl 2017 I S. 1645, Tz. 28; H 36 KStH („Beherrschender Gesellschafter – gleichgerichtete Interessen").

852 BFH v. 22.11.2016 - I R 30/15, BStBl 2017 II S. 921.

853 Vgl. BMF v. 28.11.2017, BStBl 2017 I S. 1645, Tz. 7.

854 Vgl. BMF v. 28.11.2017, BStBl 2017 I S. 1645, Tz. 11.

BEISPIEL: A ist an der M-GmbH zu 70 % beteiligt. Die M-GmbH hält 80 % der Anteile an der T-GmbH. Die T-GmbH hat Verlustvorträge. A überträgt seinen Anteil an der M-GmbH auf X.

Lösung:

Durch die Übertragung des Anteils an der M-GmbH von A auf X kommt es mittelbar zu einem Anteilseignerwechsel bei der T-GmbH i. H. v. 56 % (70 % x 80 %). Die Verlustvorträge der T-GmbH gehen vollständig unter.

Auch die Übernahme von mehr als 50 % der Anteile an einer GmbH durch eine Mitunternehmerschaft, an der die bisherigen Gesellschafter der GmbH beteiligt sind, führt nach Ansicht der Finanzverwaltung zur Anwendung des § 8c KStG.[855] 733

Seit Inkrafttreten des Wachstumsbeschleunigungsgesetzes zum 30.12.2009 gehen Verluste jedoch nicht unter, soweit sie bei einem schädlichen Beteiligungserwerb durch Überschreitung der 50-%-Grenze die gesamten stillen Reserven des inländischen Betriebsvermögens der Körperschaft nicht übersteigen. Stille Reserven in diesem Zusammenhang sind der Unterschiedsbetrag zwischen dem gesamten in der steuerlichen Gewinnermittlung ausgewiesenen Eigenkapital und dem auf dieses Eigenkapital jeweils entfallenden gemeinen Wert der Anteile an der Körperschaft, soweit diese im Inland steuerpflichtig sind. **Verluste gehen somit gem. § 8c Abs. 1 Satz 5 f. KStG bei einem schädlichen Beteiligungserwerb i. S. d. § 8c KStG insoweit nicht unter, als ihnen stille Reserven der Körperschaft gegenüberstehen.** 734

Das FG Düsseldorf hat für Fälle der **Verkürzung einer Beteiligungskette** entschieden, dass dies **nicht zu einem Verlustuntergang nach § 8c KStG** führt. Der Verlustabzug ist nicht nach § 8c KStG zu versagen, wenn es nach Verschmelzungen von an der Verlustgesellschaft mittelbar beteiligten Gesellschaften lediglich zu einer Verkürzung innerhalb der Beteiligungskette kommt, während an der Spitze der Beteiligungskette dieselbe Gesellschaft mit derselben Beteiligungsquote mittelbar beteiligt bleibt. Dies gilt auch dann, wenn durch die Verschmelzungen mehr als 50 % der Anteile an der Verlustgesellschaft mittelbar auf einen neuen Gesellschafter übergehen.[856] Bereits das FG Brandenburg hatte mit Urteil v. 18.10.2011 entschieden, dass bei einer bloßen Verkürzung der Beteiligungskette der Verlustabzug nicht nach § 8c KStG zu versagen ist.[857] 735

---

855 Vgl. BMF v. 28.11.2017, BStBl 2017 I S. 1645, Tz. 11; kritisch dazu auch Roser in Gosch, KStG, § 8c Rz. 56 „Zwischenschaltung einer Personengesellschaft".

856 FG Düsseldorf v. 9.2.2015 - 6 K 3339/12 K, F, NWB TAAAE-87416, Revision durch BFH als unzulässig zurückgewiesen (Beschluss v. 31.7.2015 - I R 16/15, NWB BAAAE-96063).

857 FG Berlin-Brandenburg v. 18.10.2011 - 8 K 8311/10, NWB AAAAE-08533, das BFH-Verfahren hierzu mit dem Az. I R 79/11 wird ausgesetzt.

Das zu dem Urteil des FG Brandenburg beim BFH anhängige Revisionsverfahren (I R 79/11) ruht im Hinblick auf das Normenkontrollverfahren 2 BvL 6/11 (s. u.), in dem das FG Hamburg dem BVerfG die Frage der Verfassungsmäßigkeit des § 8c Satz 1 KStG vorgelegt hat. Das FG Düsseldorf hingegen hat im hier vorliegenden Streitfall aufgrund des Widerspruchs beider Parteien davon abgesehen, das Verfahren im Hinblick auf die o. g. beim BVerfG anhängige Vorlage des FG Hamburg auszusetzen. Das vorliegende Urteil des FG Düsseldorf betrifft die Diskussion um die Anwendung des § 8c KStG bei Verkürzungen der Beteiligungskette im Konzern vor Einführung der Konzernklausel mit Wirkung ab 2010.[858] Rechtsstreitigkeiten wie die vorliegende erübrigen sich deshalb für Veranlagungszeiträume vor 2010 nicht, weil die Konzernklausel[859] nicht rückwirkend auf den Zeitpunkt des Inkrafttretens des § 8c KStG erstreckt wurde.

736–740 *(Einstweilen frei)*

a) Mehrere Anteilserwerbe innerhalb von fünf Jahren

741 Zu einem schädlichen Beteiligungserwerb kommt es auch, soweit es innerhalb eines Zeitraumes von fünf Jahren durch mehrere – für sich allein gesehen nicht schädliche – Übertragungen zu einem schädlichen Beteiligungserwerb von mehr als 50 % kommt. Dazu werden die **einzelnen Übertragungen zusammengefasst.**[860]

742 Ein Fünf-Jahres-Zeitraum beginnt mit dem ersten unmittelbaren oder mittelbaren Beteiligungserwerb an der Verlustgesellschaft. Zu diesem Zeitpunkt muss noch kein Verlustvortrag der späteren Verlustgesellschaft vorhanden sein.[861]

743 **BEISPIEL:** A hält 100 % der Anteile an der A-GmbH. Im VZ 01 überträgt er 10 % auf X und 20 % auf Y. Im VZ 02 veräußert A weitere 20 % an X. Im VZ 03 erwirbt X weitere 10 % von A. Im VZ 04 erwirbt X 20 % von Y.

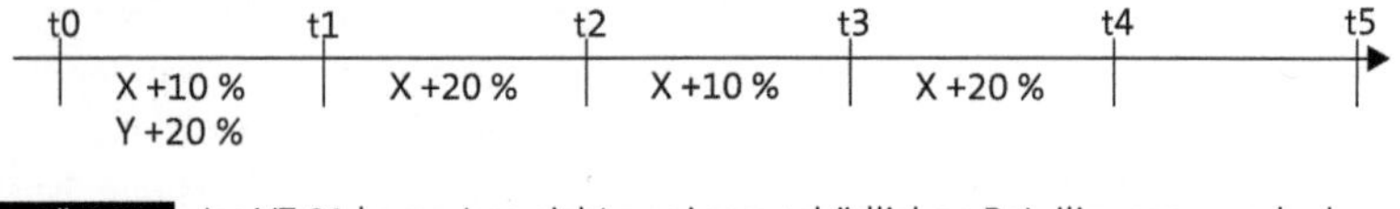

LÖSUNG: Im VZ 01 kommt es nicht zu einem schädlichen Beteiligungserwerb, da weder X noch Y mehr als 50 % erwerben. Es wird hierbei davon ausgegangen, dass X

858 Einführung durch das Wachstumsbeschleunigungsgesetz v. 22.12.2009, BGBl 2009 I S. 3950.

859 Zur Konzernklausel vgl. Rz. 751.

860 Vgl. BMF v. 28.11.2017, BStBl 2017 I S. 1645, Tz. 16.

861 Vgl. BMF v. 28.11.2017, BStBl 2017 I S. 1645, Tz. 17.

und Y keine Erwerbergruppe mit gleichgerichteten Interessen bilden. Es beginnt sowohl für X als auch für Y jeweils ein Fünf-Jahres-Zeitraum für die 50-%-Grenze.

Im VZ 02 hat X insgesamt 30 % der Anteile an der A-GmbH erworben, so dass die 50-%-Grenze noch nicht überschritten wurde. Der Fünf-Jahres-Zeitraum der 50-%-Grenze läuft unverändert weiter.

Im VZ 03 läuft der Fünf-Jahres-Zeitraum der 50-%-Grenze unverändert weiter, da X insgesamt nur 40 % bislang erworben hat. Es kommt zu keinem Untergang nicht genutzter Verluste.

Im VZ 04 hat X durch den Erwerb der 20 % von Y die 50-%-Grenze überschritten. Es kommt zu einem vollständigen Untergang der nicht genutzten Verluste im Zeitpunkt des Erwerbs der 20 % von Y.

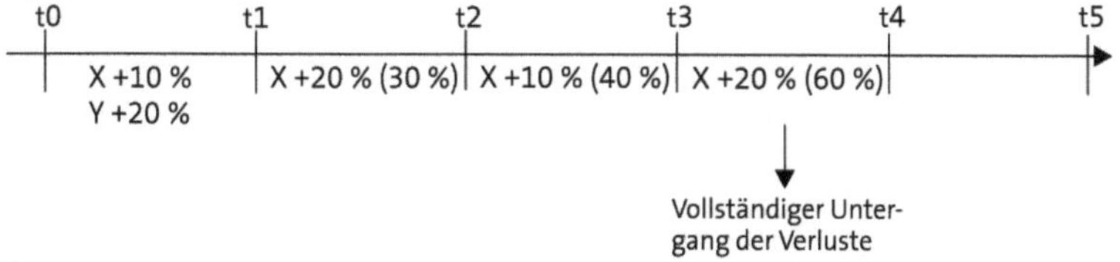

(Einstweilen frei) 744–750

b) Konzernklausel

Um notwendige konzerninterne Umstrukturierungen nicht durch den Wegfall 751
bestehender Verluste zu erschweren, wurde mit dem Wachstumsbeschleunigungsgesetz mit Wirkung ab dem 31.12.2009 eine sog. Konzernklausel in die Vorschrift des § 8c KStG aufgenommen. Nach dieser Fassung der Konzernklausel des § 8c Abs. 1 Satz 5 KStG (jetzt § 8c Abs. 1 Satz 4 KStG) lag ein schädlicher Beteiligungserwerb nicht vor, wenn **an dem übertragenden und an dem übernehmenden Rechtsträger dieselbe Person zu jeweils 100 % mittelbar oder unmittelbar beteiligt** ist. In dieser bis zum 31.12.2015 lautenden Fassung der Konzernklausel waren Übertragungen an und durch die Konzernspitze insbesondere nach der Auffassung der Finanzverwaltung nicht erfasst.[862] Mit der Neuregelung durch das Steueränderungsgesetz 2015 wurde der **Anwendungsbereich der Konzernklausel** auch auf **Übertragungen an bzw. von der Konzernspitze erweitert** und wurden zugleich explizit **juristische und natürliche Personen sowie Personenhandelsgesellschaften** – also eine OHG (§§ 105 ff. HGB) oder eine KG (§§ 161 ff. HGB), nicht jedoch eine GbR[863] – als Konzernspitze zugelassen. An der erforderlichen Beteiligungsquote von mittelbar oder unmit-

862 Vgl. Entwurf eines BMF-Schreibens zu § 8c KStG v. 15.4.2014, Rz. 45 f.; Literaturauffassungen u. a.: Brandis in Brandis/Heuermann, KStG, § 8c Rz. 47a; Frotscher/Drüen, KStG, § 8c Rz. 104.

863 Vgl. BT-Drucks. 18/4902.

telbar 100 % wurde festgehalten. Es ist nicht ausreichend, wenn eine nur mehrheitliche Beteiligung an der Verlustgesellschaft besteht. Bei der Personenhandelsgesellschaft müssen sich die Anteile am Veräußerer oder am Erwerber oder am übertragenden und übernehmenden Rechtsträger jeweils zu 100 % im Gesamthandsvermögen der Personenhandelsgesellschaft befinden. Die neue Konzernklausel ist erstmals auf Beteiligungserwerbe anzuwenden, die nach dem 31.12.2009 erfolgen, so dass ein rückwirkender Anwendungsbereich zu Gunsten des Steuerpflichtigen gilt. Bei dem Veräußerer, Erwerber oder der „Person" i. S. d. neugefassten Konzernklausel muss es sich u. E. weiterhin **nicht zwingend um die Konzernmutter handeln.**[864] Auch eine Tochtergesellschaft, die 100 % der Anteile an dem übertragenden und dem übernehmenden Rechtsträger hält, zählt als Konzernspitze i. S. d. Konzernklausel. Liegt ein solcher „konzerninterner" Anteilserwerb vor, so kommt es auch bei einem Anteilserwerb von mehr als 50 % nicht zu einem Untergang nicht genutzter Verluste. Zudem ist die Konzernklausel auch in Fällen eines schädlichen Beteiligungserwerbs durch eine **Erwerbergruppe** (§ 8c Abs. 1 Satz 2 KStG) einschlägig, wenn die Voraussetzungen der Konzernklausel bezogen auf jeden einzelnen Erwerber erfüllt sind.[865] Allerdings findet die Konzernklausel auf den **gewerbesteuerlichen Verlustvortrag** einer Mitunternehmerschaft bei einer unmittelbaren Übertragung von Kommanditanteilen innerhalb eines Konzerns keine Anwendung. Die Möglichkeit der konzerninternen unmittelbaren Übertragung von Kommanditanteilen bei gleichzeitigem Erhalt von gewerbesteuerlichen Verlustvorträgen ist insofern ausgeschlossen.[866]

BERATUNGSHINWEIS:

Die Anwendbarkeit der Konzernklausel ist im Vorfeld der geplanten Umstrukturierung stets genauestens anhand des jeweiligen Einzelfalles zu prüfen. Je nach Einzelfall sollte vorab zwingend eine verbindliche Auskunft vom zuständigen Finanzamt eingeholt werden, da in mancherlei Hinsicht noch Unklarheiten in der Auslegung des § 8c Abs. 1 Satz 4 KStG bestehen.

c) Sanierungsklausel

752 Nach der sog. Sanierungsklausel in § 8c Abs. 1a KStG sollen schädliche Beteiligungserwerbe unter bestimmten Voraussetzungen **im Sanierungsfall** nicht zu einem (teilweisen) Untergang nicht genutzter Verluste führen. Als Sanie-

864 Vgl. zur Konzernklausel i. d. F. des Wachstumsbeschleunigungsgesetzes: Roser in Gosch, KStG, § 8c Rz. 117.

865 Vgl. FinMin Schleswig-Holstein v. 5.4.2018 - VI 3013-S 2745-073, NWB WAAAG-81687.

866 Vgl. FG Düsseldorf v. 9.7.2018 - 2 K 2170/16 F, NWB KAAAG-95701.

rung gilt eine Maßnahme, die darauf gerichtet ist, die **Zahlungsunfähigkeit oder Überschuldung zu verhindern oder zu beseitigen und zugleich die wesentlichen Betriebsstrukturen zu erhalten**. Die Erhaltung der wesentlichen Betriebsstrukturen setzt voraus, dass

- die Körperschaft eine geschlossene Betriebsvereinbarung mit einer Arbeitsplatzregelung befolgt **oder**
- die Summe der maßgebenden jährlichen Lohnsummen der Körperschaft innerhalb von fünf Jahren nach dem Beteiligungserwerb 400 % der Ausgangslohnsumme (i. S. d. § 13a Abs. 1 Satz 3 und 4, Abs. 4 ErbStG) nicht unterschreitet; **oder**
- der Körperschaft durch Einlagen wesentliches Betriebsvermögen zugeführt wird. Eine wesentliche Betriebsvermögenszuführung liegt vor, wenn der Körperschaft innerhalb von zwölf Monaten nach dem Beteiligungserwerb neues Betriebsvermögen zugeführt wird, das mindestens 25 % des in der Steuerbilanz zum Schluss des vorangehenden Wirtschaftsjahrs enthaltenen Aktivvermögens entspricht. Wird nur ein Anteil an der Körperschaft erworben, ist nur der entsprechende Anteil des Aktivvermögens zuzuführen.

Keine Sanierung liegt vor, wenn die Körperschaft ihren Geschäftsbetrieb im 753
Zeitpunkt des Beteiligungserwerbs im Wesentlichen eingestellt hat oder nach dem Beteiligungserwerb ein Branchenwechsel innerhalb eines Zeitraums von fünf Jahren erfolgt.

Die **Vereinbarkeit der Sanierungsklausel mit dem EU-Recht** wurde von der EU- 754
Kommission mit Schreiben v. 24.2.2010 angezweifelt und ein förmliches Prüfverfahren eingeleitet, das mit Beschluss der EU-Kommission v. 26.1.2011 den Verstoß gegen das europäische Beihilferecht bestätigte. Als Reaktion hat das BMF mit Schreiben v. 30.4.2010[867] angeordnet, dass die Sanierungsklausel des § 8c KStG nicht mehr anzuwenden ist. Mit Urteil v. 28.6.2018 hat der Europäische Gerichtshof (Az. C-203/16 P) nunmehr über das Verfahren entschieden und einen Verstoß gegen das europäische Beihilferecht verneint. Aus diesem

867 BMF v. 30.4.2010, BStBl 2010 I S. 482 und 488; aufgehoben für Steuertatbestände, die nach dem 31.12.2012 verwirklicht werden, da nicht in der Positivliste des BMF v. 24.3.2014, BStBl 2014 I S. 606 enthalten. Die Anwendung bleibt unberührt für vor dem 1.1.2013 verwirklichte Steuertatbestände. Die Aufhebung bedeutet keine Aufgabe der bisherigen Rechtsauffassung der Verwaltung, sondern dient der Bereinigung der Weisungslage. Soweit das BMF-Schreiben schon aus anderen Gründen keine Rechtswirkung mehr entfaltet, hat die Aufhebung deklaratorischen Charakter.

Grund wurde durch das Gesetz v. 11.12.2018[868] § 34 Abs. 6 KStG geändert. Danach findet die Sanierungsklausel des § 8c Abs. 1a KStG **erstmals für den Veranlagungszeitraum 2008 und auf Anteilsübertragungen nach dem 31.12.2007 Anwendung.**

d) Verfassungswidrigkeit des § 8c Abs. 1 Satz 1 KStG i. d. F. bis 31.12.2015

755 Das Bundesverfassungsgericht hat entschieden, dass § 8c Satz 1 KStG a. F. bzw. **§ 8c Abs. 1 Satz 1 KStG in der bis 31.12.2015 geltenden Fassung verfassungswidrig** ist.[869] Nach § 8c Satz 1 KStG a. F. bzw. § 8c Abs. 1 Satz 1 KStG fallen nicht genutzte Verluste einer Kapitalgesellschaft anteilig weg, wenn innerhalb von fünf Jahren mehr als 25 % und bis zu 50 % der Anteile an einen Erwerber übertragen werden. Nach Ansicht des BVerfG hat der Gesetzgeber mit der Vorschrift des § 8c Abs. 1 Satz 1 KStG keine realitätsgerechte Typisierung des Missbrauchsfalls geschaffen. Der Erwerb einer Beteiligung von mehr als 25 % bis 50 % an einer Kapitalgesellschaft allein indiziere keine missbräuchliche Gestaltung bzw. führe auch nicht zu einer Änderung der wirtschaftlichen Identität der Kapitalgesellschaft. Auch die bereits erfolgten Gesetzesergänzungen um die Konzernklausel (§ 8c Abs. 1 Satz 4 KStG),[870] Stille-Reserven-Klausel (§ 8c Abs. 1 Satz 5 bis 8 KStG)[871] und Sanierungsklausel (§ 8c Abs. 1a KStG)[872] haben nichts an der Verfassungswidrigkeit des § 8c Abs. 1 Satz 1 KStG geändert. Offen bleibt, ob durch die Einführung des § 8d KStG[873] mit Wirkung zum 1.1.2016 die aktuelle Fassung des § 8c Abs. 1 Satz 1 KStG den Anforderungen von Art. 3 Abs. 1 GG genügt. Das Urteil des BVerfG betrifft unmittelbare Übertragungen von Anteilsrechten an Kapitalgesellschaften; das BVerfG macht in seinem Urteil keine Aussagen hinsichtlich des Anwendungsbereichs des § 8c Abs. 1 Satz 1 KStG auf mittelbare Beteiligungen.

756 **Auch Verlustvorträge für Zwecke der Gewerbesteuer** sind von dem Urteil des Bundesverfassungsgerichts betroffen, da § 10a Satz 10 GewStG auf die Vorschriften des § 8c KStG verweist. Dies gilt sowohl für gewerbesteuerliche Fehlbeträge von Körperschaften, als auch von Mitunternehmerschaften, soweit an

868 Gesetz zur Vermeidung von Umsatzsteuerausfällen beim Handel mit Waren im Internet und zur Änderung weiterer steuerlicher Vorschriften (UStAVermG) v. 11.12.2018, BGBl 2018 I S. 2338.

869 BVerfG v. 29.3.2017 - 2 BvL 6/11, NWB JAAAG-44861.

870 Zur Konzernklausel vgl. Rz. 751.

871 Zur Stille-Reserven-Klausel vgl. Rz. 734.

872 Zur Sanierungsklausel vgl. Rz. 752 ff.

873 Zur Regelung des neuen § 8d KStG vgl. Rz. 755 ff.

ihnen Körperschaften unmittelbar oder über eine oder mehrere Personengesellschaften beteiligt sind.[874]

Alle noch nicht bestandskräftigen Entscheidungen, die auf der für verfassungswidrig erklärten Regelung beruhen, sind von der Entscheidung des BVerfG betroffen. **Gerichte und Verwaltungsbehörden dürfen die Norm** im Umfang der festgestellten Unvereinbarkeit **nicht mehr anwenden**, laufende Verfahren sind auszusetzen. Der **Gesetzgeber hat bis zum 31.12.2018** den Verlustabzug für Kapitalgesellschaften bei einer Anteilsübertragung von mehr als 25 % bis zu 50 % neu zu regeln. Die **Neuregelung hat rückwirkend zum 1.1.2008 zu gelten**; kommt der Gesetzgeber der Neuregelungsverpflichtung nicht nach, so tritt am 1.1.2019 rückwirkend zum 1.1.2008 die Nichtigkeit von § 8c Abs. 1 Satz 1 KStG (bzw. § 8c Satz 1 KStG a. F.) ein. 757

BERATUNGSHINWEIS:

Körperschaftsteuerbescheide, Gewerbesteuer-Messbescheide oder entsprechende Verlustfeststellungsbescheide, in denen Verluste bzw. Verlustvorträge wegen § 8c Abs. 1 Satz 1 KStG bzw. § 10a Satz 10 GewStG ganz oder teilweise nicht berücksichtigt oder nicht anerkannt worden sind, sollten (weiterhin) offen gehalten werden.

(Einstweilen frei) 758–759

10. § 8d KStG – Fortführungsgebundener Verlustvortrag

Der ab dem 1.1.2016 anzuwendende § 8d KStG sieht Ausnahmen vom teilweisen oder vollständigen Verlustuntergang nach § 8c KStG vor. Durch die Neuregelung im § 8d KStG sollen steuerliche Hemmnisse bei der Unternehmensfinanzierung durch einen Neueintritt oder einen Wechsel von Anteilseignern beseitigt werden,[875] wobei der Gesetzgeber insbesondere Start-Ups im Blick hatte. Ist es zu einem schädlichen Anteilseignerwechsel i. S. d. § 8c KStG gekommen, so kann bei Vorliegen bestimmter Voraussetzungen, der sonst teilweise oder vollständig untergehende Verlust **auf Antrag** der Körperschaft **als sog. „fortführungsgebundener Verlustvortrag" erhalten und fortgeführt** werden. 760

Der Antrag hat **in der Steuererklärung** des Veranlagungszeitraums zu erfolgen, in dem der schädliche Anteilseignerwechsel i. S. d. § 8c KStG eingetreten ist.[876]

874 Vgl. Gleich lautende Erlasse der obersten Finanzbehörden der Länder v. 29.11.2017.

875 Vgl. BT-Drucks. 18/9986.

876 Vgl. BMF v. 18.3.2021, BStBl 2021 I S. 363, Tz. 7, Tz. 9.

Eine Antragsstellung vor und nach Abgabe der Steuererklärung ist damit ebenso unwirksam, wie eine Antragstellung durch ein gesondertes (formloses) Antragsschreiben, das (gleichzeitig) mit Abgabe der Steuererklärung beim Finanzamt eingeht. Es ist somit in der Steuererklärung des betreffenden Jahres darauf zu achten, dass der Antrag form- und fristgerecht innerhalb des Formulars gestellt wird.[877]

760/1 Der Steuerpflichtige hat ein **Wahlrecht** zwischen entweder der Anwendung der Stille-Reserven-Klausel nach § 8c Abs. 1 Satz 5 ff. KStG oder einem Antrag nach § 8d KStG. D. h. reichen die stillen Reserven i. S. d. § 8c Abs. 1 Satz 5 ff. KStG nicht aus, um die vorhandenen Verlustvorträge vollständig zu erhalten, können die verbleibenden und vom Abzugsverbot bedrohten Verluste nicht zusätzlich durch einen Antrag i. S. d. § 8d KStG fortgeführt werden.[878]

761 Voraussetzung dafür ist zunächst, dass die Körperschaft seit ihrer Gründung oder zumindest seit dem Beginn des dritten Veranlagungszeitraums vor dem Jahr des schädlichen Anteilseignerwechsels i. S. d. § 8c KStG **ausschließlich denselben Geschäftsbetrieb unterhält** (§ 8d Abs. 1 Satz 1 KStG). Nach dem Gesetzeswortlaut umfasst ein Geschäftsbetrieb die von einer einheitlichen Gewinnerzielungsabsicht getragenen, nachhaltigen, sich gegenseitig ergänzenden und fördernden Betätigungen der Körperschaft und bestimmt sich nach qualitativen Merkmalen in einer Gesamtbetrachtung (§ 8d Abs. 1 Satz 3 KStG). Qualitative Merkmale sind nach der Legaldefinition insbesondere die angebotenen Dienstleistungen oder Produkte, der Kunden- und Lieferantenkreis, die bedienten Märkte und die Qualifikation der Arbeitnehmer (§ 8d Abs. 1 Satz 3 KStG). Je nach Einzelfall können die qualitativen Merkmale unterschiedlich zu gewichten sein. Maßgebend ist das Gesamtbild der Verhältnisse.[879] Der Begriff des Geschäftsbetriebs i. S. d. § 8d KStG greift die Grundsätze der BFH-Rechtsprechung zum gewerbesteuerlichen Begriff des Gewerbebetriebs und zur Unternehmensidentität als Voraussetzung für den gewerbesteuerlichen Verlustvortrag sowie zur Segmentierung bei der Ermittlung der Gewinnerzielungsabsicht auf. Maßgeblich ist dabei der wesentliche Kern der Betätigung. Regelmäßig, aber nicht ausschließlich, sind die entwickelten oder angebotenen Dienstleistungen und Produkte prägendes Merkmal für die Bestimmung des Geschäftsbetriebs.[880]

877 Vgl. BMF v. 18.3.2021, BStBl 2021 I S. 363, Tz. 9.
878 Vgl. BMF v. 18.3.2021, BStBl 2021 I S. 363, Tz. 6.
879 Vgl. BMF v. 18.3.2021, BStBl 2021 S. 363, Tz. 17.
880 Vgl. BMF v. 18.3.2021, BStBl 2021 S. 363, Tz. 18 f.

Zudem darf die Körperschaft **weder Organträger, noch an einer Mitunternehmerschaft beteiligt** sein. Gerade diese beiden Voraussetzungen dürften **bei größeren mittelständischen Unternehmen häufig dazu führen, dass die Ausnahmeregelung des § 8d KStG keine Anwendung findet**. So werden in mittelständischen Unternehmensgruppen Organschaften oder Mitunternehmerschaften häufig eingesetzt, um eine (zumindest körperschaftsteuerliche) Ergebniskonsolidierung zu erreichen. Dies schränkt den ohnehin schon engen Anwendungsbereich der Regelung weiter ein und dürfte **insbesondere (Zwischen-)Holdinggesellschaften den Zugang zu § 8d KStG versperren**. 762

Schließlich darf in den vorangegangenen drei Veranlagungszeiträumen bzw. seit der Gründung der Körperschaft und bis zum Schluss des Veranlagungszeitraums des schädlichen Anteilseignerwechsels i. S. d. § 8c KStG 763

- der Geschäftsbetrieb nicht eingestellt oder ruhend gestellt worden sein,
- der Geschäftsbetrieb nicht einer andersartigen Zweckbestimmung zugeführt worden sein,
- die Körperschaft keinen zusätzlichen Geschäftsbetrieb aufgenommen haben,
- die Körperschaft sich nicht an einer Mitunternehmerschaft beteiligt haben,
- die Körperschaft nicht die Stellung eines Organträgers i. S. d. § 14 Abs. 1 eingenommen haben oder
- die Körperschaft keine Wirtschaftsgüter übertragen bekommen haben, die sie zu einem geringeren als dem gemeinen Wert angesetzt hat.

Durch die Erweiterung des § 34 Abs. 6a Satz 1 KStG führt die Ein- oder Ruhendstellung des Geschäftsbetriebs vor dem 1.1.2016 generell zum Ausschluss des Antragswahlrechts des § 8d KStG.

Der Verlustvortrag, der **zum Schluss des Veranlagungszeitraums** verbleibt, in den der schädliche Anteilseignerwechsel i. S. d. § 8c KStG fällt, wird zum fortführungsgebundenen Verlustvortrag (§ 8d Abs. 1 Satz 6 KStG). Sämtliche Verluste der Körperschaft zum Ende des Veranlagungszeitraumes des schädlichen Anteilseignerwechsels i. S. d. § 8c KStG unterliegen dann nicht mehr den Regelungen des § 8c KStG, sondern den Voraussetzungen des § 8d KStG.[881] 764

Nicht Bestandteil des fortführungsgebundenen Verlustvortrags werden jedoch sog. Altverluste, also Verluste, die aus der Zeit vor einer Einstellung oder Ruhendstellung des Geschäftsbetriebs stammen.[882] Da die Ruhendstellung des 765

881 Vgl. dazu unten Rz. 766.

882 Vgl. BMF v. 18.3.2021, BStBl 2021 I S. 363, Tz. 46.

Geschäftsbetriebs innerhalb der vorangegangenen drei Veranlagungszeiträume die Anwendbarkeit des § 8d KStG bereits ausschließen würde, kann es sich hierbei somit nur um Verluste handeln, die vor mindestens vier Veranlagungszeiträumen entstanden sind.

766 Der fortführungsgebundene Verlustvortrag i. S. d. § 8d KStG ist in künftigen Veranlagungszeiträumen vor einem (in nachfolgenden Jahren entstandenen) regulären Verlustvortrag i. S. d. § 10d EStG zu verwenden.[883] Die Regelungen der Mindestbesteuerung nach § 10d Abs. 2 EStG sind auf den fortführungsgebundenen Verlustvortrag i. S. d. § 8d KStG anzuwenden.[884]

767 Ein bestehender **fortführungsgebundene Verlustvortrag i. S. d. § 8d KStG geht jedoch später unter** (schädliches Ereignis i. S. d. § 8d Abs. 2 KStG), wenn

- der Geschäftsbetrieb eingestellt oder ruhend gestellt wird,
- der Geschäftsbetrieb einer andersartigen Zweckbestimmung zugeführt wird,
- die Körperschaft einen zusätzlichen Geschäftsbetrieb aufnimmt,
- die Körperschaft sich an einer Mitunternehmerschaft beteiligt,
- die Körperschaft die Stellung eines Organträgers i. S. d. § 14 Abs. 1 einnimmt oder
- auf die Körperschaft Wirtschaftsgüter übertragen werden, die sie zu einem geringeren als dem gemeinen Wert ansetzt.

Der fortführungsgebundene Verlustvortrag ist ein nicht genutzter Verlust i. S. d. § 8c KStG, der durch einen **weiteren schädlichen Beteiligungserwerb i. S. d. § 8c Abs. 1 KStG** grundsätzlich untergeht. Es kann aber ein erneuter Antrag nach § 8d KStG gestellt werden. In diesem Fall werden die gesamten nicht genutzten Verluste einschließlich des bisher festgestellten fortführungsgebundenen Verlustvortrags zum neu festzustellenden fortführungsgebundenen Verlustvortrag.[885] Ist ein schädlicher Beteiligungserwerb i. S. d. § 8c Abs. 1 KStG zugleich ein schädliches Ereignis i. S. d. § 8d Abs. 2 KStG oder findet in einem Veranlagungszeitraum ein schädliches Ereignis i. S. d. § 8d Abs. 2 KStG statt und folgt danach ein schädlicher Beteiligungserwerb, hat in beiden Fällen § 8c KStG Vorrang vor § 8d Abs. 2 KStG.[886]

---

883 Vgl. BMF v. 18.3.2021, BStBl 2021 I S. 363, Tz. 57.
884 Vgl. BMF v. 18.3.2021, BStBl 2021 I S. 363, Tz. 58.
885 Vgl. BMF v. 18.3.2021, BStBl 2021 I S. 363, Tz. 72.
886 Vgl. BMF v. 18.3.2021, BStBl 2021 I S. 363, Tz. 76 f.

Tritt ein schädliches Ereignis i. S. d. § 8d Abs. 2 KStG ein, so bleibt der fortführungsgebundene Verlustvortrag i. S. d. § 8d KStG ausnahmsweise bestehen, wenn ausreichend stille Reserven vorhanden sind (**Stille-Reserven-Klausel**). Das Gesetz verweist hierbei auf die „Stille-Reserven-Klausel" des § 8c KStG,[887] so dass insoweit die Ausführungen unter Rz. 734 gelten. 768

(Einstweilen frei) 769–770

887 § 8d Abs. 2 Satz 1 2. Halbsatz KStG.

VI. Grenzüberschreitende Sachverhalte

1. Grenzüberschreitende Umwandlungen

a) Allgemeines

771 Grenzüberschreitende Umwandlungen sind Verschmelzungen, Spaltungen und Formwechsel, die internationale Bezüge aufweisen, insbesondere weil einer oder mehrere der beteiligten Rechtsträger ihren Sitz in einem ausländischen Staat haben oder nach dem Recht eines ausländischen Staates gegründet worden sind.

BEISPIEL: Die italienische I-S. p. A. mit Sitz in Mailand (= ausländische Produktionsgesellschaft) soll auf die deutsche D-GmbH mit Sitz in München (= Muttergesellschaft) verschmolzen werden.

Lösung:

Diese grenzüberschreitende Umwandlung in Form einer grenzüberschreitenden Verschmelzung ist in den §§ 305 ff. UmwG gesellschaftsrechtlich geregelt. Die zugehörigen steuerlichen Regelungen sind in § 1 Abs. 1 Satz 1 Nr. 1 i. V. m. §§ 11 ff. UmwStG enthalten.

b) Gesellschaftsrechtliche Aspekte

aa) Grenzüberschreitende Verschmelzungen

(1) Allgemeines

772 Die heutige Rechtslage im Bereich der grenzüberschreitenden Umstrukturierungen wurde durch die Richtlinie (EU) 2019/2121 vom 27.11.2019 („**EU-Mobilitätsrichtlinie**")[888] geschaffen; diese war bis zum 31.1.2023 umzusetzen und auf sie geht das heutige Regelungskonzept der §§ 305 ff. UmwG zurück. Dabei wurde auch das Recht der grenzüberschreitenden Verschmelzungen (zuvor in den §§ 122a ff. UmwG a. F. geregelt) novelliert.

773 Der **sachliche Anwendungsbereich** in § 305 Abs. 1 UmwG definiert grenzüberschreitende Verschmelzungen als Verschmelzungen, bei der mindestens eine der beteiligten Gesellschaften dem Recht eines anderen Mitgliedstaats der EU oder des EWR unterliegt.

---

888 RL (EU) 2019/2121 des Europäischen Parlaments und des Rates v. 27.11.2019 zur Änderung der RL (EU) 2017/1132 in Bezug auf grenzüberschreitende Umwandlungen, Verschmelzungen und Spaltungen, ABl. EU v. 12.12.2019, Nr. L 321, S. 1.

BEISPIEL: Die Altgoldhandel A S.à r.l. mit Sitz in Luxemburg soll auf Anraten des Steuerberaters auf eine bestehende weitere Gesellschaft der alleinigen Gesellschafterin, nämlich eine deutsche GmbH mit Sitz in Leipzig, verschmolzen werden.

Lösung:

Hier liegt aufgrund des ausländischen Gründungsregimes der S.à r.l. eine grenzüberschreitende Verschmelzung vor, so dass die §§ 305 ff. UmwG gelten.

Der **persönliche Anwendungsbereich** (Definition der grenzüberschreitend verschmelzungsfähigen Rechtsträger) wird in § 306 UmwG definiert. 774

Nach § 306 Abs. 1 UmwG sind deutsche Kapitalgesellschaften erfasst (= die AG, die GmbH, die KGaA, die SE mit Sitz in Deutschland),[889] sowie entsprechende[890] EU-ausländische Kapitalgesellschaften, aber auch Personenhandelsgesellschaften, soweit die Personenhandelsgesellschaft nicht mehr als 500 Arbeitnehmer hat und es sich um eine Hineinverschmelzung handelt.[891]

Gemeinschaftsbezug: Sodann ist erforderlich, dass – im Falle einer grenzüberschreitenden Verschmelzung unter Beteiligung einer deutschen Kapitalgesellschaft – alle an der grenzüberschreitenden Verschmelzung beteiligten Gesellschaften nach dem **Recht eines Mitgliedstaates der EU oder EWR gegründet** worden sind *und* ihren **satzungsmäßigen Sitz, ihre Hauptverwaltung oder ihre Hauptniederlassung** in einem Mitgliedstaat der EU oder EWR haben; beide Kriterien müssen kumulativ vorliegen.[892] Unzulässig ist also z. B. die Verschmelzung einer deutschen Gesellschaft mit einer Gesellschaft, die in einem Drittstaat gegründet wurde, selbst wenn sie ihren Satzungssitz in die EU verlegt hat.[893] 775

(2) Ablauf einer grenzüberschreitenden Verschmelzung

Aufgrund der erhöhten Komplexität und des besonderen Koordinationsbedarfs erstreckt sich die grenzüberschreitende Verschmelzung regelmäßig über einen deutlich längeren Zeitraum als ein rein nationaler Vorgang[894] und birgt mehr potenzielle praktische Stolperfallen als die rein nationale Umwandlungsmaß- 776

889 Schmitt/Hörtnagl, UmwG UmwStG, § 306 UmwG Rz. 5 ff.

890 Dies sind Kapitalgesellschaften i. S. d. Art. 119 Nr. 1 der Richtlinie (EU) 2017/1132 des Europäischen Parlaments und des Rates vom 14.6.2017 über bestimmte Aspekte des Gesellschaftsrechts (ABl. EU L 169 vom 30.6.2017, S. 46), die zuletzt durch die Verordnung (EU) 2021/23 (ABl. L 22 vom 22.1.2021, S. 1) geändert. Siehe dazu z. B. BeckOGK UmwG, § 306 Rz. 16.

891 Sagasser/Bula, Umwandlungen, § 13 Rz. 19 ff.

892 Sagasser/Bula, Umwandlungen, § 13 Rz. 24.

893 Sagasser/Bula, Umwandlungen, § 13 Rz. 24.

894 Teicke, DB 2012 S. 2675.

nahme.[895] Zeitlich gesehen lassen sich – wie bei der nationalen Verschmelzung – folgende wesentliche **Phasen einer grenzüberschreitenden Verschmelzung** unterscheiden:

- Phase der Vorbereitung;
- Phase der Beschlussfassungen;
- Phase des handelsregisterlichen Vollzugs.

777 **Vorbereitungsphase:** Es ist ein gemeinsamer **Verschmelzungsplan** aufzustellen (§ 307 Abs. 1 UmwG). Ähnlich dem nationalen Verschmelzungsvertrag nach § 5 Abs. 1 UmwG sind nach § 307 Abs. 2 UmwG bestimmte Mindestangaben gesetzlich vorgeschrieben (insbesondere: Umtauschverhältnis, ggf. Höhe von baren Zuzahlungen, Auswirkungen auf die Beschäftigten, Verschmelzungsstichtag).[896] Der Verschmelzungsplan ist notariell zu beurkunden (§ 307 Abs. 4 UmwG). Der Verschmelzungsplan ist für Zwecke der Vorlage zum deutschen Handelsregister in deutscher Sprache abzufassen;[897] das ebenfalls betroffene ausländische Recht fordert jedoch regelmäßig das Abfassen in der ausländischen Amtssprache. In der Praxis erfolgt deshalb meist eine **zweispaltige und zweisprachige Dokumentation.**[898] Der Verschmelzungsplan (oder sein Entwurf) ist spätestens einen Monat vor der Beschlussfassung durch die Anteilseigner **zum Handelsregister einzureichen** und wird durch das Registergericht öffentlich bekannt gemacht (§ 308 Abs. 1 UmwG).

Die Vertretungsorgane jedes beteiligten Rechtsträger haben einen **Verschmelzungsbericht** zu erstellen (§ 309 Abs. 1 UmwG). Nach § 309 Abs. 6 i. V. m. § 8 Abs. 3 UmwG kann auf den Verschmelzungsbericht **verzichtet** werden.[899]

BERATUNGSHINWEIS:

Fraglich ist, ob ein gemeinsamer Verschmelzungsbericht der Vertretungsorgane beider Rechtsträger zulässig ist. Nach deutscher Sicht ist dies der Fall (§§ 309, 305 Abs. 2 i. V. m. § 8 Abs. 1 Satz 2 UmwG).[900] In der Praxis kommt es darauf an, ob auch das anwendbare ausländische Recht einen solchen gemeinsamen Bericht gleichfalls erlaubt (wie dies z. B. für Luxemburg oder die Niederlande der Fall ist).[901] Andernfalls ist die Abfassung zweier, jedoch inhaltlich aufeinander abgestimmter, Berichte in der jeweiligen Amtssprache erforderlich.

895 Bungert/Strothotte, DB 2024 S. 2814 ff.
896 Schmitt/Hörtnagl, UmwG UmwStG, § 307 UmwG Rz. 11 ff.
897 Schmitt/Hörtnagl, UmwG UmwStG, § 307 UmwG Rz. 45.
898 Vgl. Schmitt/Hörtnagl, UmwG UmwStG, § 307 UmwG Rz. 45.
899 Henssler/Strohn, Gesellschaftsrecht, § 309 UmwG Rz. 16.
900 BeckOGK UmwG, § 309 Rz. 10; Schmitt/Hörtnagl, UmwG UmwStG § 309 UmwG Rz. 5.
901 BeckOGK UmwG, § 309 Rz. 10.

Nach § 311 Abs. 1 UmwG hat grds. eine **Verschmelzungsprüfung** zu erfolgen, wobei ein gemeinsamer Prüfer aller beteiligter Rechtsträger zulässig ist.[902] Gemäß § 311 Abs. 2 Satz 1 i. V. m. §§ 9 Abs. 2, § 12 Abs. 3, § 8 Abs. 3 UmwG können die Anteilsinhaber auf die Durchführung einer Verschmelzungsprüfung und die Erstattung eines Prüfungsberichts **verzichten**.[903] 778

Phase der Beschlussfassungen: Die Gesellschafter der beteiligten deutschen Rechtsträger haben der Verschmelzung zuzustimmen (§§ 305 Abs. 2, 312, 13 UmwG).[904] Notarielle Beurkundung ist erforderlich (§§ 305 Abs. 2, 13 Abs. 3 UmwG). Ist die deutsche Gesellschaft die aufnehmende Gesellschaft, hat ggf. eine Kapitalerhöhung zu erfolgen (§§ 305 Abs. 2, 55, 69 UmwG). 779

Phase des handelsregisterlichen Vollzugs: Die Verschmelzung ist beim Handelsregister anzumelden. Es erfolgt eine **zweistufige Rechtmäßigkeitskontrolle**:[905] 780

Ist übertragende Gesellschaft eine deutsche Gesellschaft (**Hinausverschmelzung**), prüft zunächst das für diese zuständige deutsche Registergericht nach § 316 Abs. 1 UmwG, ob auf deutscher Seite die Vorschriften der grenzüberschreitenden Verschmelzung eingehalten wurden. Darüber erstellt das deutsche Gericht dann eine sog. **Verschmelzungsbescheinigung** (= Eintragungsnachricht).[906] Grundsätzlich hat die Überprüfung durch das deutsche Registergericht innerhalb eines Zeitraums von drei Monaten zu erfolgen.[907] Diese ist über BRIS (d. h. über das Europäische System der Registervernetzung) dem ausländischen Registergericht/der ausländischen Behörde zuzuleiten. Die Verschmelzung wird im deutschen Handelsregister eingetragen, jedoch mit dem Wirksamkeitsvorbehalt der Bestätigung durch das ausländische Registergericht/Behörde. Diese Stelle im ausländischen Sitzstaat prüft dann auf zweiter Stufe die Einhaltung der entsprechenden Vorschriften des dortigen, ausländischen Rechts. Es erfolgt dann auch die Handelsregistereintragung im Ausland am Sitz des übernehmenden Rechtsträgers. Die Eintragung des Tags des Wirksamwerdens der Verschmelzung erfolgt nach Benachrichtigung durch das ausländische Register über das Wirksamwerden der Verschmelzung (§ 316 Abs. 5 UmwG). Die Verschmelzung wird erst damit final wirksam.[908]

902 Vgl. BeckOGK UmwG, § 311 Rz. 10; Schmitt/Hörtnagl, UmwG UmwStG § 311 UmwG Rz. 3.
903 Vgl. BeckOGK UmwG, § 311 Rz. 23.
904 Henssler/Strohn, Gesellschaftsrecht, § 312 UmwG Rz. 4.
905 Sagasser/Bula, Umwandlungen, § 13 Rz. 49.
906 § 316 Abs. 1 Satz 4 UmwG.
907 § 316 Abs. 1 Satz 1 UmwG; Sagasser/Bula, Umwandlungen, § 13 Rz. 50.
908 Vgl. Schmitt/Hörtnagl, UmwG UmwStG, § 318 UmwG Rz. 19.

Liegt der Fall einer **Hereinverschmelzung** nach Deutschland vor, gelten die vorgenannten Grundsätze umgekehrt.

781 **Gläubigerschutz:** Es gelten die Sonderregeln des § 314 UmwG. Melden sich innerhalb von drei Monaten ab Bekanntmachung des Verschmelzungsplans Gläubiger, die eine Gefährdung ihrer Ansprüche glaubhaft machen, ist ihnen Sicherheit zu leisten.[909]

bb) Grenzüberschreitende Spaltungen

(1) Allgemeines

782 Als **spaltungsfähige Rechtsträger** bestimmt § 321 UmwG bei einer grenzüberschreitenden Spaltung ausschließlich Kapitalgesellschaften nach Anhang II der Gesellschaftsrecht-Richtlinie.[910] Für Deutschland kommen damit lediglich die AG, die KGaA sowie die GmbH als beteiligungsfähig in Betracht. Personengesellschaften sind dagegen weder bei einer Herausspaltung noch bei einer Hereinspaltung grenzüberschreitend beteiligungsfähig.[911]

Gemeinschaftsbezug: Als weitere Beteiligungsvoraussetzung der grenzüberschreitenden Spaltung ist nach § 321 Nr. 1 UmwG die wirksame Gründung der Gesellschaft sowie nach § 321 Nr. 2 UmwG der Satzungs- und Verwaltungssitz in einem Mitgliedstaat der EU oder des EWR erforderlich.[912]

Grenzüberschreitende Spaltungen stellen in der Praxis eher Einzelfälle dar.[913]

(2) Ablauf

783 **Spaltungsplan:** Der Spaltungsplan regelt sämtliche wesentlichen Bestimmungen, die für die an der Spaltung beteiligten Gesellschaften gelten und bildet die Grundlage der Beschlüsse der Gesellschafter. Der Spaltungsplan ist nach § 322 Abs. 1 UmwG durch das Vertretungsorgan der übertragenden Gesellschaft aufzustellen; dies entspricht der Konzeption der Spaltung zur Neugründung.[914] Bei einer Spaltung zur Aufnahme gelten die §§ 332 Satz 2 i. V. m. § 307 Abs. 1 UmwG, wonach nicht nur das Vertretungsorgan der übertragen-

909 Siehe zu den Rechtsfolgen Schmitt/Hörtnagl, UmwG UmwStG, § 314 UmwG Rz. 11.

910 Richtlinie (EU) 2017/1132 des Europäischen Parlaments und des Rates vom 14.6.2017 über bestimmte Aspekte des Gesellschaftsrechts, ABl. EU v. 30.6.2017, Nr. L 169, S. 46; Sagasser/Bula, Umwandlungen, § 22 Rz. 15.

911 Sagasser/Bula, Umwandlungen, § 22 Rz. 16.

912 Schmitt/Hörtnagl, UmwG UmwStG, § 320 UmwG Rz. 4.

913 Bungert/Strothotte, DB 2024 S. 2814.

914 Sagasser/Bula, Umwandlungen, § 22 Rz. 23.

den Gesellschaft, sondern die Vertretungsorgane aller beteiligten Gesellschaften einen (gemeinsamen) Spaltungsplan aufstellen.

Spaltungsbericht: Für den Spaltungsbericht wird in § 324 UmwG umfassend auf die Vorschriften der grenzüberschreitenden Verschmelzung verwiesen, nämlich § 309 Abs. 1 bis 5 und § 310 Abs. 1 bis 3 UmwG.[915] Auch dieser Bericht ist daher **verzichtbar**.

Spaltungsprüfung: Nach § 325 UmwG muss auch der Spaltungsplan oder sein Entwurf nach den §§ 9 bis 12 UmwG grds. geprüft und den Anteilsinhabern übermittelt werden; es ist ein **Verzicht** möglich.

Phase der Beschlussfassungen: Die Gesellschafter der beteiligten deutschen Rechtsträger haben der Verschmelzung zuzustimmen (§§ 320 Abs. 2, 326 Abs. 1, 13 UmwG). Notarielle Beurkundung der Beschlussfassung ist erforderlich (§§ 320 Abs. 2, 13 Abs. 3 UmwG). Ist die deutsche Gesellschaft die aufnehmende Gesellschaft, hat bei ihr ggf. eine Kapitalerhöhung zu erfolgen (§§ 320 Abs. 2, 55, 69 UmwG). 784

Phase des handelsregisterlichen Vollzugs: Das Anmeldeverfahren entspricht demjenigen für die grenzüberschreitende Verschmelzung.[916] Die §§ 330 f. UmwG regeln die Handelsregistereintragung des Vorgangs. 785

bb) Grenzüberschreitende Formwechsel

(1) Allgemeines

Die Möglichkeit eines identitätswahrenden grenzüberschreitenden Formwechsels ist seit Umsetzung der Mobilitätsrichtlinie[917] zum 31.1.2023 gesetzlich vorgesehen.[918] Der grenzüberschreitende Formwechsel wird durch die Gesetzesreform des UmRUG[919] gemeinsam mit der grenzüberschreitenden Verschmelzung und der grenzüberschreitenden Spaltung in einem neu einzufügenden Sechsten Buch des Umwandlungsgesetzes geregelt. Der grenzüberschreitende Formwechsel ist dabei in dessen Drittem Teil mit den §§ 333 bis 345 UmwG geregelt. 786

---

915 Sagasser/Bula, Umwandlungen, § 22 Rz. 30.

916 Schmitt/Hörtnagl, UmwG UmwStG, § 329 UmwStG Rz. 3.

917 Richtlinie (EU) 2019/2121 des Europäischen Parlaments und des Rates vom 27.11.2019 zur Änderung der Richtlinie (EU) 2017/1132 in Bezug auf grenzüberschreitende Umwandlungen, Verschmelzungen und Spaltungen Richtlinie (EU) 2019/2121, ABl. EU v. 12. 12. 2019, Nr. L 321, S. 1.

918 Rosenkranz, RNotZ 2024 S. 361, 363.

919 Gesetz v. 28.2.2023 zur Umsetzung der Umwandlungsrichtlinie und zur Änderung weiterer Gesetze, BGBl 2023 I Nr. 51.

Auch die isolierte Verlegung (nur) des **Satzungssitzes** (ohne gleichzeitige Verlegung auch des Verwaltungssitzes) ist ebenfalls ein Fall des grenzüberschreitenden Formwechsels (vgl. § 331 Abs. 1 UmwG).[920] Demgegenüber stellt die Verlegung nur des **Verwaltungssitzes** keinen grenzüberschreitenden Formwechsel dar (dazu siehe unten Rz. 831 ff.).

(2) Formwechselfähige Rechtsträger

787 Nur **Kapitalgesellschaften** i. S. d. Richtlinie (EU) 2017/1132 sind nach § 334 UmwG in Umsetzung von Art. 86b Nr. 1 und 2 der Mobilitätsrichtlinie formwechselfähig. Eine Liste der betreffenden Kapitalgesellschaften aller Mitgliedsstaaten findet sich in Anhang II der Gesellschaftsrechtsrichtlinie.[921] In Deutschland sind dies die AG, die KGaA und die GmbH.

Personengesellschaften sind dagegen nicht von der Mobilitätsrichtline und de lege lata auch nicht von § 334 UmwG umfasst. Es wird in der Literatur jedoch vertreten, dass sich Personengesellschaften unabhängig von der Mobilitätsrichtline und ihrer Umsetzung weiterhin – auf das Primärrecht gem. Art. 45, 54 AEUV gestützt – „wild" grenzüberschreitend umwandeln können, denn sie genießen ebenso wie Kapitalgesellschaften Niederlassungsfreiheit.[922]

(3) Ablauf[923]

788 **Formwechselplan:** Der Formwechselplan gem. § 335 UmwG ist das Herzstück des grenzüberschreitenden Formwechsels.[924] Der Formwechselplan muss gemäß § 335 Abs. 3 UmwG notariell **beurkundet** werden.[925] Der Formwechselplan ist **bekannt zu machen** (§ 336 i. V. m. § 308 Abs. 1 UmwG).[926]

Der Formwechselplan muss bestimmte **Mindestangaben** enthalten (§ 335 Abs. 2 UmwG). Dazu zählen die bisherige Rechtsform, Firma und Sitz der formwechselnden Gesellschaft, angestrebte neue Rechtsform, Firma und Sitz der Gesellschaft neuer Rechtsform, ggf. auch der Errichtungsakt der Gesellschaft neuer Rechtsform und die Satzung, den vorgesehenen indikativen Zeitplan für den grenzüberschreitenden Formwechsel, die Beteiligung der bisherigen Anteilsinha-

920 Rosenkranz, RNotZ 2024 S. 361, 364.

921 Richtlinie (EU) 2017/1132 des Europäischen Parlaments und des Rates vom 14.6.2017 über bestimmte Aspekte des Gesellschaftsrechts, ABl. EU v. 30.6.2017, Nr. L 169, S. 46.

922 Sagasser/Bula, Umwandlungen, § 34 Rz. 10.

923 Siehe dazu auch ausführlich Rosenkranz, RNotZ 2024 S. 361, 364 ff.

924 Schmidt, ZEuP 2020 S. 565, 569.

925 Rosenkranz, RNotZ 2024 S. 361, 370.

926 Dazu z. B. Sagasser/Bula, Umwandlungen, § 34 Rz. 24 f.

ber an dem Rechtsträger nach den für die neue Rechtsform geltenden Vorschriften, sowie Zahl, Art und Umfang der Anteile, welche die Anteilsinhaber durch den Formwechsel erlangen sollen, die Rechte, die die Gesellschaft neuer Rechtsform den mit Sonderrechten ausgestatteten Anteilsinhabern und den Inhabern von anderen Wertpapieren als Gesellschaftsanteilen gewährt, oder die für diese Personen vorgeschlagenen Maßnahmen, die Sicherheiten, die den Gläubigern angeboten werden, die etwaigen besonderen Vorteile, die den Mitgliedern der Verwaltungs-, Leitungs-, Aufsichts- oder Kontrollorgane der Gesellschaft gewährt werden, eine Darstellung der Förderungen oder Beihilfen, die die Gesellschaft in den letzten fünf Jahren erhalten hat, die Einzelheiten zum Angebot einer Barabfindung, die voraussichtlichen Auswirkungen des grenzüberschreitenden Formwechsels auf die Beschäftigung der Arbeitnehmer, ggf. Angaben zu dem Verfahren, nach dem die Einzelheiten der Beteiligung der Arbeitnehmer an der Festlegung ihrer Mitbestimmungsrechte in der Gesellschaft neuer Rechtsform geregelt werden, sowie die Auswirkungen des grenzüberschreitenden Formwechsels auf Betriebsrenten und Betriebsrentenanwartschaften.

Formwechselbericht: Der Formwechselbericht gem. § 337 Abs. 1 UmwG kann 789
zusammenhängend erstellt werden und darf die Angaben für Gesellschafter und für Arbeitnehmer kumulativ enthalten.[927] Er kann alternativ in zwei separaten Berichten erstellt werden, die neben einem einheitlichen allgemeinen Teil jeweils entweder einen Abschnitt für Gesellschafter oder einen Abschnitt für Arbeitnehmer enthalten.[928]

Der Bericht für die Anteilsinhaber ist gem. § 337 Abs. 3 Satz 1 i. V. m. § 192 Abs. 2 UmwG **entbehrlich**, wenn an dem formwechselnden Rechtsträger nur ein Anteilsinhaber beteiligt ist oder wenn alle Anteilsinhaber auf ihn verzichten.[929] Der Bericht für die Arbeitnehmer ist gem. § 337 Abs. 3 Satz 2 UmwG **nicht erforderlich**, wenn die Gesellschaft und ihre etwaigen Tochtergesellschaften keine anderen Arbeitnehmer haben als diejenigen, die dem Vertretungsorgan angehören. Sind beide Voraussetzungen erfüllt, bedarf es überhaupt keines Formwechselberichts.[930]

Formwechselprüfung: Grundsätzlich erfolgt eine Formwechselprüfung. In Be- 790
zug auf Unabhängigkeit, Bestellung, Stellung und Verantwortlichkeit der Prüfer kommen dabei Regelungen zur Anwendung, die das UmwG für innerdeut-

927 Sagasser/Bula, Umwandlungen, § 34 Rz. 26.
928 Sagasser/Bula, Umwandlungen, § 34 Rz. 26.
929 Schmitt/Hörtnagl, UmwG UmwStG, § 337 UmwStG Rz. 8.
930 Sagasser/Bula, Umwandlungen, § 34 Rz. 28.

sche Umwandlungsvorgänge bereits kennt, da § 338 Abs. 1 Satz 1 UmwG die entsprechende Anwendung der §§ 9 bis 11, 12 Abs. 1 UmwG anordnet.[931]

Ebenso wie der Formwechselbericht steht auch die **Entbehrlichkeit der Prüfung** des Formwechselplans und des Prüfungsberichts unter bestimmten Voraussetzungen.[932] Die Entbehrlichkeit der Formwechselprüfung und auch des Prüfungsberichts folgt aus § 338 Abs. 2 UmwG, der zur entsprechenden Anwendung auf §§ 9 Abs. 2, 12 Abs. 3 i. V. m. § 8 Abs. 3 Satz 1, Satz 2 und Satz 3 Nr. 2 UmwG verweist. Somit ist eine Formwechselprüfung entbehrlich, wenn alle Anteilsinhaber der grenzüberschreitend formwechselnden Kapitalgesellschaft auf die Formwechselprüfung verzichten oder wenn sich alle Anteile der grenzüberschreitend formwechselnden Kapitalgesellschaft in einer Hand befinden.

790/1 **Formwechselbeschluss:** Die Anteilsinhaber beschließen über den grenzüberschreitenden Formwechsel nach § 339 UmwG. Für die Beschlussfassung gelten insbesondere die §§ 333 Abs. 2 Nr. 2, 240 UmwG. Danach bedarf der Beschluss der Mehrheit von mindestens drei Vierteln der abgegebenen Stimmen (bei der GmbH) bzw. des vertretenen Grundkapitals (bei der AG und der KGaA).[933] Der Beschluss bedarf nach § 333 Abs. 2 Nr. 1, § 193 Abs. 3 Satz 1 UmwG der **notariellen Beurkundung.**[934] Spätestens sechs Wochen vor der Versammlung der Anteilsinhaber ist gem. § 337 Abs. 1 i. V. m. § 310 Abs. 1 UmwG der Formwechselbericht den Anteilsinhabern und dem zuständigen Betriebsrat bzw. den Arbeitnehmern elektronisch zugänglich zu machen (außer natürlich es gibt aufgrund Entbehrlichkeit keinen Formwechselbericht, siehe oben Rz. 789).

790/2 **Barabfindung:** Die Gewährung einer Barabfindung für ausscheidende Gesellschafter steht unter dem Zeichen des **Gesellschafterschutzes.**[935] Der Gesellschafterschutz umfasst auch, dass ein Gesellschafter nie gegen seinen Willen – und sei es auch nur für begrenzte Zeit bis zu seinem Ausscheiden – Gesellschafter einer Gesellschaft nach dem Recht eines anderen Mitgliedstaates werden muss.[936] Gesellschafter, die ihre Anteile unter Annahme des Barabfindungsgebots veräußern, bleiben nicht Gesellschafter der umgewandelten Gesellschaft.

931 Schmitt/Hörtnagl, UmwG UmwStG, § 338 UmwStG Rz. 1 ff.
932 Sagasser/Bula, Umwandlungen, § 34 Rz. 30.
933 Schmitt/Hörtnagl, UmwG UmwStG, § 339 UmwStG Rz. 4.
934 Schmitt/Hörtnagl, UmwG UmwStG, § 339 UmwStG Rz. 4.
935 Sagasser/Bula, Umwandlungen, § 34 Rz. 35.
936 Schmidt, NZG 2022, S. 579, 582.

Registeranmeldung: Das Vertretungsorgan der Gesellschaft hat das Vorliegen der Voraussetzungen für den grenzüberschreitenden Formwechsel zur Eintragung in das Register, in dem der formwechselnde Rechtsträger eingetragen ist, anzumelden (§ 342 Abs. 1 UmwG).[937] Diese Anmeldung entspricht gem. § 342 Abs. 2 i. V. m. §§ 198 Abs. 3, 16 Abs. 2, 3, 199 UmwG grds. der Eintragung eines rein deutschen Formwechsels; die einzureichenden Unterlagen und abzugebenden Versicherungen/Mitteilungen sind beim grenzüberschreitenden Formwechsel jedoch aufgrund umfangreicher (siehe § 342 Abs. 2 bis 4 UmwG). 790/3

Registereintragung: Das zuständige Gericht prüft zunächst nach § 343 Abs. 1, 3 UmwG, ob für die bislang in Deutschland ansässige Kapitalgesellschaft, die den grenzüberschreitenden Herausformwechsel beschlossen hat und zur Eintragung angemeldet hat, die gesetzlichen Voraussetzungen vorliegen. Falls das zuständige Gericht danach zu der Auffassung gelangt, dass die Voraussetzungen für den grenzüberschreitenden Formwechsel erfüllt sind, trägt es den grenzüberschreitenden Formwechsel nach § 343 Abs. 1 Satz 2 UmwG ein, jedoch zunächst mit dem Vermerk, wonach dieser erst unter den Voraussetzungen des Rechts desjenigen Staates wirksam wird, in den die Gesellschaft formwechselnd ihren Sitz verlegt.[938] 790/4

Die **Formwechselbescheinigung** über die Eintragung stellt das zuständige Gericht gem. § 343 Abs. 1 Satz 3 UmwG von Amts wegen aus; übermittelt wird die Formwechselbescheinigung durch das zuständige Gericht über das Europäische System der Registervernetzung (BRIS) gem. § 9b Abs. 1 Nr. 5 und Abs. 2 Nr. 4 HGB.[939]

§ 345 UmwG regelt die Eintragung eines – bis dahin – in der Rechtsform eines anderen Mitgliedstaats organisierten Hineinformwechsels.[940] Ein deutscher Herausformwechsel unterliegt bezüglich seiner Eintragung in das Register des Mitgliedstaates seines neuen Satzungssitzes unter Bezugnahme auf die deutsche Formwechselbescheinigung dessen Recht.[941]

Rechtsfolgen des grenzüberschreitenden Formwechsels: Der vollzogene grenzüberschreitende Formwechsel führt zu einem rechtlichen **Fortbestehen** der formwechselnden Gesellschaft als Gesellschaft des Zuzugsstaates.[942] Der 790/5

937 Rosenkranz, RNotZ 2024 S. 361, 373 ff.
938 Sagasser/Bula, Umwandlungen, § 34 Rz. 58.
939 Sagasser/Bula, Umwandlungen, § 34 Rz. 59.
940 Sagasser/Bula, Umwandlungen, § 34 Rz. 60.
941 Sagasser/Bula, Umwandlungen, § 34 Rz. 60.
942 BeckOGK UmwG, § 345 Rz. 32.

grenzüberschreitende Formwechsel geht zwingend mit einem Statutenwechsel einher, da die betreffende Gesellschaft ihr **Rechtskleid ändert**.[943] Nach dem ebenfalls anwendbaren § 202 Abs. 3 UmwG gilt Bestandsschutz für den grenzüberschreitenden Formwechsel: Mängel des grenzüberschreitenden Formwechsels lassen die Wirkungen der Eintragung des Rechtsträgers neuer Rechtsform in das Register unberührt.[944]

Eine zu bedenkende und im Detail vorab zu prüfende weitere Rechtsfolge des vollzogenen grenzüberschreitenden Formwechsels ist das ggf. eintretende Erlöschen von (insbesondere öffentlich-rechtlichen) Erlaubnissen o. Ä.[945]

c) Steuerrechtliche Aspekte grenzüberschreitender Verschmelzungen

aa) Allgemeines

791 Im Folgenden konzentriert sich die Darstellung auf die wesentlichen Grundfälle, wie sie im Bereich mittelständischer Unternehmensgruppen praxisrelevant werden können. Zu prüfen ist zunächst der **sachliche Anwendungsbereich des Umwandlungssteuergesetzes**, hier der § 1 Abs. 1 Nr. 1 UmwStG. Danach ist das deutsche UmwStG auch auf grenzüberschreitende Umwandlungen anwendbar, wenn der jeweilige ausländische Vorgang mit dem entsprechenden deutschen Vorgang „vergleichbar" ist.

Der **Vergleichbarkeitstest** bezieht sich nach Auffassung der Finanzverwaltung auf die beteiligten Rechtsträger, die Rechtsnatur bzw. die Rechtsfolgen der Umwandlungsmaßnahme (hier: Verschmelzung) sowie schließlich auf sonstige Vergleichskriterien.[946] Maßgebliche Frage ist, ob die Umwandlung auch nach deutschem UmwG abgewickelt werden könnte, wenn es sich um einen innerdeutschen Sachverhalt handeln würde.[947] Im Einzelnen: Die beteiligten ausländischen Rechtsträger müssen nach dem Typenvergleich einem vergleichbaren deutschen, umwandlungsfähigen Rechtsträger entsprechen.[948] Sodann müssen die Strukturmerkmale vergleichbar sein (d. h. insbesondere Übertragung des gesamten Vermögens, Auflösung ohne Abwicklung, grds. An-

943 Sagasser/Bula, Umwandlungen, § 34 Rz. 62.
944 BeckOGK UmwG, § 345 Rz. 35.
945 Sagasser/Bula, Umwandlungen, § 34 Rz. 63.
946 Tz. 01.24 UmwStE.
947 Tz. 01.25 Satz 2 UmwStE.
948 Tz. 01.27 UmwStE.

teilsgewährung).[949] Ein wesentliches „sonstiges Vergleichskriterium" ist die Höhe sonstiger Zuzahlungen. Diese müssen grundsätzlich mit den Vorgaben des UmwG (z. B. § 54 Abs. 4 UmwG[950]) vergleichbar sein. Werden z. B. Zuzahlungen vereinbart, die den Rahmen des § 54 Abs. 4 UmwG nicht nur geringfügig überschreiten, fehlt es an der Vergleichbarkeit.[951] Bei der Vergleichbarkeitsprüfung kommt es generell weniger auf eine positivrechtliche Vergleichbarkeit der einzelnen Vorschriften über die Umwandlung an, sondern darauf, dass die Durchführung und das Resultat der Umwandlung vergleichbar ist.[952] Das Wort „vergleichbar" impliziert, dass nicht völlige Identität gegeben sein muss.[953]

Persönlicher Anwendungsbereich des Umwandlungssteuergesetzes: Die grenzüberschreitende EU-/EWR-Verschmelzung i. S. d. §§ 305 ff. UmwG ist dabei grundsätzlich ein mit einer Verschmelzung i. S. d. § 2 UmwG vergleichbarer ausländischer Vorgang.[954] 792

Für Umwandlungen und Einbringungen, deren steuerlicher Übertragungsstichtag nach dem 31.12.2021[955] liegt, ist der persönliche Anwendungsbereich für Umwandlungen nach dem zweiten bis fünften Teil des UmwStG (d. h. §§ 3 bis 19 UmwStG) jedoch nicht mehr auf EU-/EWR-Fälle beschränkt. Infolgedessen ergibt sich heute ein **globalisierter persönlicher Anwendungsbereich**.[956]

BEISPIEL 1: Die im Drittstaat D1 ansässige A Inc., die eine Betriebsstätte in München unterhält, soll im Jahr 2025 auf die im Drittstaat D2 ansässige B-Ltd. verschmolzen werden. Die Umwandlung ist nach dem ausländischen Gesellschaftsrecht so zulässig und ist mit § 2 UmwG vergleichbar.

Lösung:

Nach § 1 Abs. 1 Satz 1 Nr. 1 UmwStG ist das deutsche Umwandlungssteuergesetz sachlich und persönlich anwendbar.

BEISPIEL 2: Es wird diskutiert, in Deutschland ansässige A-AG im Jahr 2025 auf die im Drittstaat D ansässige B-Ltd. (heraus-)zuverschmelzen.

---

949 Tz. 01.30 UmwStE.

950 D. h. Grenze von 10 % des Gesamtnennbetrags der gewährten Geschäftsanteile der übernehmenden Gesellschaft.

951 Tz. 01.40 UmwStE; BFH v. 14.2.2022 - VIII R 44/18, BStBl 2022 II S. 636.

952 Brandis/Heuermann, Ertragsteuerrecht, § 1 UmwStG Rz. 10.

953 Haritz/Menner/Bilitewski, UmwStG, § 1 Rz. 38.

954 Tz. 01.21 Satz 2 UmwStE.

955 § 27 Abs. 18 UmwStG i. d. F. des KöMoG v. 25.6.2021, BGBl 2021 I S. 2050. Dies betrifft somit insbesondere auch noch solche Vorgänge, deren steuerlicher Übertragungsstichtag der 31.12.2021 war.

956 Brandis/Heuermann, Ertragsteuerrecht, § 1 UmwStG Rz. 19a; Holle/Krüger/Weiss, IStR 2021 S. 489.

Lösung:

Das deutsche UmwStG ist nicht anwendbar. Nach § 1 Abs. 1 Satz 1 Nr. 1 UmwStG ist das deutsche Umwandlungssteuergesetz sachlich nämlich nur anwendbar, wenn die geplante Umwandlungsmaßnahme auch gesellschaftsrechtlich zulässig (und zusätzlich einer inländischen Umwandlung vergleichbar) ist. Das ist hier nicht der Fall, da gegenwärtig diese Art der Verschmelzung gesellschaftsrechtlich nicht zulässig ist.[957]

792/1 Auch der grenzüberschreitende **Downstream-Merger** ist steuerlich möglich. Die Finanzverwaltung vertritt hierzu jedoch die restriktive Auffassung, wonach die Anteile des übertragenden Rechtsträgers am übernehmenden Rechtsträger in der Schlussbilanz des übertragenden Rechtsträgers nur dann mit dem Buchwert (oder einem Zwischenwert) angesetzt werden könnten, wenn die übrigen Voraussetzungen des § 11 Abs. 2 Satz 1 Nr. 2 und 3 UmwStG vorliegen, wobei hierfür nicht auf den übernehmenden Rechtsträger, sondern auf die Gesellschafter des übertragenden Rechtsträgers abzustellen sei.[958] Diese Auffassung hat der BFH bestätigt.[959]

bb) Grundfall: Grenzüberschreitende Hereinverschmelzung

793 **Sachverhalt**:

Die italienische X-S. p. A. mit Sitz in Modena soll auf die deutsche Y-GmbH mit Sitz in München verschmolzen werden. Gesellschafter der X-S. p. A. sind die Herren A und B, die in Modena wohnen, Gesellschafter der deutschen GmbH ist Herr D, wohnhaft in München. Die X-S. p. A. hatte vor der Verschmelzung ihren Betrieb in Italien, aber eine deutsche Betriebsstätte in München. Nach der Verschmelzung soll der italienische Betrieb als italienische Betriebsstätte in Italien fortgeführt werden.

794 **Lösung**:

Das **deutsche Umwandlungssteuergesetz ist sachlich und persönlich anwendbar** (§ 1 Abs. 1 Nr. 1 UmwStG). Die italienische S. p. A. entspricht einer deutschen AG, die Vergleichbarkeit der italienischen Verschmelzungsvorschriften mit den deutschen kann angenommen werden.[960] Anwendbar sind die §§ 11 ff. UmwStG, da eine Körperschaft auf eine andere Körperschaft verschmolzen wird.

957 Holle/Krüger/Weiss, IStR 2021 S. 489, 494.

958 Tz. 11.19 UmwStE.

959 BFH v. 30.5.2018 - I R 31/16, DB 2018 S. 2907. Siehe dazu Blumers, DB 2018 S. 3087.

960 Tz. 01.21 Satz 2 UmwStE.

Zunächst sind die **Auswirkungen bei der übertragenden Gesellschaft**, hier der X-S. p. A. zu untersuchen. Nach § 11 Abs. 2 UmwStG können bzgl. des Betriebsvermögens der deutschen Betriebsstätte die Buchwerte fortgeführt werden, weil insoweit das deutsche Besteuerungsrecht bestehen bleibt. Gleiches gilt für den italienischen Betrieb, dessen Wirtschaftsgüter nie in Deutschland steuerverstrickt waren. Das Ansatzwahlrecht zu Buchwerten ist jedoch einheitlich, d. h. für das in Deutschland wie in Italien belegene Vermögen jeweils in gleicher Weise, auszuüben.[961] Aus deutscher Sicht ist der Vorgang für die X-S. p. A. daher steuerneutral. Die X-S. p. A. hat eine Schlussbilanz für deutsche steuerliche Zwecke zu erstellen[962] (nach italienischem Steuerrecht ist von Beratern vor Ort zu prüfen, inwieweit aus italienischer Sicht ebenfalls Steuerneutralität erreicht werden kann). 795

Sodann sind die **Auswirkungen bei der übernehmenden Gesellschaft**, also der Y-GmbH, zu prüfen. Nach § 12 Abs. 1 Satz 1 UmwStG hat die Y-GmbH in ihrer Steuerbilanz die Wirtschaftsgüter der deutschen Betriebstätte mit den in der Schlussbilanz der X-S. p. A. angesetzten Buchwerten fortzuführen. 796

Fraglich ist, ob dies auch für die Wirtschaftsgüter des italienischen Betriebs gelten soll, zumal diese auch nach einer Verschmelzung aufgrund von Art. 7, 24 Abs. 3 DBA-Deutschland/Italien nicht der deutschen Steuerhoheit unterliegen. Der UmwStE sieht keine explizite Ausnahme vom Grundsatz der einheitlichen Bewertung und Wertverknüpfung vor.[963] Sachgerecht wäre es u. E., insoweit die allgemeinen Einlage- bzw. Verstrickungsregelungen des deutschen Steuerrechts anzuwenden (§ 6 Abs. 1 Nr. 5a, § 4 Abs. 1 Satz 8 EStG), und insoweit einen Ansatz zu gemeinen Werten zuzulassen.[964] Nach der wohl überwiegenden Gegenauffassung[965] muss das Bewertungswahlrecht im Verstrickungsfall einheitlich in Bezug auf das übertragene Gesamtvermögen ausgeübt werden, d. h. hier alle Wirtschaftsgüter einheitlich zum Buchwert übernommen werden.

Der **Übernahmegewinn** nach § 12 Abs. 2 Satz 1 UmwStG bleibt außer Ansatz. § 12 Abs. 2 Satz 2 UmwStG (5 % nichtabzugsfähige Betriebsausgaben durch Anwendung des § 8b KStG) kommt mangels Beteiligung der Y-GmbH an der X-S. p. A. jedoch nicht zum Tragen. Die Umwandlungskosten sind jedoch in die 797

961 Tz. 11.05 UmwStE.

962 Tz. 11.02 i. V. m. Tz. 03.01 Sätze 1 und 2 UmwStE.

963 Vgl. Tz. 03.09a i. V. m. Tz. 11.04 UmwStE.

964 Prinz, DB 2012 S. 820, 826; Schaflitzl/Götz, DB Beilage 1/2012 S. 25, 27.

965 Hruschka/Hellmann, DStR 2010 S. 1961, 1964; Brandis/Heuermann, Ertragsteuerrecht, § 3 UmwStG Rz. 38; Haritz/Menner/Bilitewski, UmwStG, § 3 Rz. 174.

Ermittlung des Übernahmeergebnisses einzubeziehen und bleiben damit hier steuerlich ebenfalls außer Ansatz.[966]

798 **Auswirkungen bei den Gesellschaftern:** Beim deutschen Gesellschafter D führt die Verschmelzung nicht zu Steuerfolgen. Er bleibt an der Y-GmbH beteiligt, wenn auch mit geringerer Quote (nach italienischem Steuerrecht ist von Beratern vor Ort zu prüfen, inwieweit aus italienischer Sicht auch für die italienischen Gesellschafter A und B Steuerneutralität erreicht werden kann).

799–800 *(Einstweilen frei)*

cc) Grundfall: Grenzüberschreitende Hinausverschmelzung

Sachverhalt:

801 Die X-N.V. ist eine niederländische Kapitalgesellschaft. Die D-GmbH ist eine deutsche Kapitalgesellschaft. Die D-GmbH unterhält einen Betrieb im Inland sowie eine Betriebsstätte in Frankreich. Die D-GmbH soll auf die X-N.V. verschmolzen werden. Die D-GmbH hat ausschließlich deutsche Gesellschafter, die in Deutschland Wohnsitz und gewöhnlichen Aufenthalt haben.

Lösung:

802 Es handelt sich hier um eine Hinausverschmelzung. Das deutsche Umwandlungssteuergesetz ist sachlich und persönlich anwendbar (§ 1 Abs. 1 Nr. 1 UmwStG). Die niederländische N.V. entspricht einer deutschen AG. Die Vergleichbarkeit der niederländischen Verschmelzungsvorschriften mit den deutschen kann angenommen werden.[967] Anwendbar sind die §§ 11 ff. UmwStG, da es um die Verschmelzung einer Körperschaft auf eine andere Körperschaft geht.

803 Zu prüfen sind im ersten Schritt die **Auswirkungen bei der übertragenden Gesellschaft**, hier der D-GmbH. Nach § 11 Abs. 1 UmwStG wären sämtliche Wirtschaftsgüter der D-GmbH, d. h. der inländische Betrieb sowie die Betriebsstätte in Frankreich, grundsätzlich mit dem gemeinen Wert anzusetzen. Nach § 11 Abs. 2 UmwStG können jedoch die Buchwerte fortgeführt werden, da sämtliche Wirtschaftsgüter bei der übernehmenden Körperschaft (der X-N.V.) der Besteuerung mit (niederländischer) Körperschaftsteuer unterliegen, unterstellt wird, dass eine Gegenleistung in Gesellschaftsrechten nach niederländischem Verschmelzungsrecht gewährt wird und weil im Beispielsfall das Recht der Bundesrepublik Deutschland hinsichtlich der Besteuerung des Gewinns aus

966 Haritz/Menner/Bilitewski, UmwStG, § 12 Rz. 32.

967 Tz. 01.21 Satz 2 UmwStE.

der Veräußerung der übertragenen Wirtschaftsgüter nicht ausgeschlossen oder beschränkt wird.

Dies ist bzgl. des deutschen Betriebs gegeben, soweit eine deutsche Betriebsstätte zurückbleibt, und soweit dieser die entsprechenden Wirtschaftsgüter **steuerlich einer deutschen Betriebsstätte zugeordnet** bleiben können.[968] Für die Beurteilung der Frage, ob eine Änderung der steuerlichen Zuordnung vorliegt, ist laut Finanzverwaltung für Zwecke des innerstaatlichen Rechts (beschränkte Steuerpflicht) und Nicht-DBA-Fälle auf § 1 Abs. 5 AStG, die Grundsätze der Betriebsstättengewinnaufteilungsverordnung (BsGaV) und die Verwaltungsgrundsätze Betriebsstättengewinnaufteilung (VWG BsGa) abzustellen; i. Ü., also im DBA-Fall, insbesondere und vorrangig vor einer evtl. weitergehenden Anwendung von § 1 Abs. 5 AStG und der BsGaV auf die für das jeweilig maßgebliche DBA geltenden Auslegungsregelungen.[969]

Kommt es aufgrund einer grenzüberschreitenden Verschmelzung im EU-/EWR-Kontext zu einer Entstrickung, ist **§ 4g EStG anwendbar** (§ 4g Abs. 1 Satz 4 EStG).[970]

Der vorgegebene Sachverhalt schweigt hierzu, im Praxisfall ist dieser Aspekt im Detail zu prüfen. Was die französische Betriebstätte angeht, so ist diese nach Art. 4 Abs. 1 i. V. m. Art. 20 Abs. 1a DBA-Deutschland/Frankreich schon vor der Verschmelzung in Deutschland nicht steuerverhaftet gewesen (Freistellungsbetriebsstätte). Eine Beschränkung des deutschen Besteuerungsrechts erfolgt durch die Verschmelzung daher nicht, so dass insoweit keine Aufdeckung stiller Reserven erfolgen muss, und so dass diese Wirtschaftsgüter in der steuerlichen Schlussbilanz der D-GmbH daher nicht auszuweisen sind.

Was die **Auswirkungen bei der übernehmenden Gesellschaft**, also hier der 804
X-N.V. angeht, so ist allenfalls nach niederländischem Steuerrecht die Frage des Wertansatzes bei der niederländischen N.V. zu prüfen, Fragen des deutschen Steuerrechts ergeben sich insoweit nicht.

Besteuerung der Gesellschafter: Die deutschen Gesellschafter der D-GmbH er- 805
halten anstelle der untergehenden Anteile an der D-GmbH neue Anteile an der X-N.V. Nach § 13 Abs. 1 UmwStG gelten die Anteile an der übertragenden D-GmbH grundsätzlich als zu einem gemeinen Wert veräußert und die an ihre Stelle tretenden Anteile an der X-N. V. mit diesem Wert angeschafft. Nach

968 Art. 5 Abs. 1 i. V. m. Art. 7 Abs. 1 DBA-Deutschland/Niederlande; Tz. 11.09 i. V. m. Tz. 03.18 UmwStE; Schmitt/Hörtnagl, UmwG UmwStG, § 11 UmwStG Rz. 114.

969 Tz. 03.20 2 i. V. m. Tz. 11.09 UmwStE.

970 Neufassung durch das JStG 2024 v. 5.12.2024, BGBl 2024 I Nr. 387 v. 5.12.2024.

§ 13 Abs. 2 Satz 1 Nr. 1 UmwStG können die Gesellschafter der D-GmbH hier jedoch auf Antrag Buchwertfortführung erreichen, da das Recht der Bundesrepublik Deutschland hinsichtlich der Besteuerung des Gewinns aus der Veräußerung der Anteile an der X-N.V., die die deutschen Gesellschafter durch die Verschmelzung erhalten, nicht ausgeschlossen ist.[971] Der Antrag ist fristgerecht zu stellen (§ 13 Abs. 2 Satz 2 UmwStG).

806–810 *(Einstweilen frei)*

dd) Rückwirkungsproblematik

811 Bei Auslandssachverhalten ist die spezielle Vorschrift des § 2 Abs. 3 UmwStG zur steuerlichen Rückwirkung zu beachten.[972] Danach erfolgt keine steuerliche Rückwirkung, soweit Einkünfte aufgrund abweichender Regelungen zur Rückbeziehung nach ausländischem Recht der deutschen Besteuerung entzogen werden würden. Die Vorschrift ist so auszulegen, dass sie das Entstehen von sog. weißen Einkünften verhindern will, wenn bei der **Hinausverschmelzung** Einkünfte in keinem der beiden betroffenen Staaten besteuert werden würden.[973] Solche Fälle können vorliegen, wenn der ausländische Ansässigkeitsstaat des übernehmenden Rechtsträgers entweder einen Rückbezug der Umwandlung mit steuerlicher Wirkung gar nicht vorsieht oder einen vom deutschen Umwandlungssteuergesetz (Acht-Monate-Zeitraum) abweichenden, kürzeren Rückbezugszeitraum regelt.[974]

BEISPIEL: Das Vermögen der G-GmbH mit Sitz in Deutschland besteht aus Lizenzen, die verlizenziert werden. Die G-GmbH soll auf eine im EU-Ausland ansässige EU-Kapitalgesellschaft verschmolzen werden. Übertragungsstichtag soll der 31.12.2025 sein. Die Verschmelzung wird im Mai 2026 beschlossen und im August 2026 zum Handelsregister angemeldet. Es wird unterstellt, dass das ausländische Recht des anderen EU-Staats keine steuerliche Rückwirkung kennt. Die Verschmelzung wird am 15.11.2026 im Handelsregister vollzogen.

Lösung:

Aus Sicht des deutschen Steuerrechts sind nach § 2 Abs. 1 UmwStG Einkommen und Vermögen der übertragenden G-GmbH sowie des übernehmenden Rechtsträgers, hier der EU-Auslandskapitalgesellschaft, so zu ermitteln, als ob das Vermögen der übertragenden Körperschaft am steuerlichen Übertragungsstichtag (= Ablauf des Bilanzstichtags der Schlussbilanz) auf den übernehmenden Rechtsträger übergegan-

---

971 Art. 8 Abs. 1 DBA-Deutschland/Niederlande.

972 Siehe dazu ausführlich Ettinger/Schmitz, GmbHR 2009, S. 590 ff.

973 Vgl. Schmitt/Hörtnagl, UmwG UmwStG, § 2 UmwStG Rz. 111.

974 Vgl. Schmitt/Hörtnagl, UmwG UmwStG, § 2 UmwStG Rz. 117; Ettinger/Königer, GmbHR 2009, S. 590, 592.

gen wäre. Steuerlicher Übertragungsstichtag ist hier aus Sicht des deutschen Rechts der 31.12.2025. Das Besteuerungsrecht Deutschlands an den Einkünften aus der Verlizenzierung der immateriellen Wirtschaftsgüter geht durch die Verschmelzung verloren, weil diese Einkünfte ab dem 1.1.2026 der EU-Kapitalgesellschaft zuzuordnen sind und nicht mehr in Deutschland besteuert werden können. Aus Sicht des ausländischen EU-Staats, in dem es keine Rückwirkung gibt, ist die Verschmelzung jedoch erst mit Handelsregistereintragung, also erst ab dem 15.11.2026 wirksam. Für die Zwischenzeit entstehen daher weiße Einkünfte. Insoweit greift § 2 Abs. 3 UmwStG ein und verhindert, dass § 2 Abs. 1 UmwStG – und damit die Rückwirkung aus deutscher Sicht – gilt. Die Einkünfte sind daher nach wie vor in Deutschland für die handelsrechtlich bis zum 15.11.2026 weiterhin als Rechtssubjekt fortbestehende G-GmbH in Deutschland zu erfassen.

Abgrenzung: § 2 Abs. 3 UmwStG regelt jedoch nicht den umgekehrten Fall einer **Hereinverschmelzung** einer ausländischen Körperschaft nach Deutschland.[975] In diesem Fall kann es zu Doppelbesteuerungen kommen, so dass ein Verständigungsverfahren notwendig werden kann.[976] § 2 Abs. 3 UmwStG ist auch nicht einschlägig, wenn die Nichtbesteuerung nicht auf unterschiedlichen Rückwirkungsregelungen beruht, sondern auf **Qualifikationskonflikten**.[977] 812

d) Steuerrechtliche Aspekte grenzüberschreitender Formwechsel

aa) Allgemeines

Wie im nationalen Fall erfasst das UmwStG auch beim grenzüberschreitenden Formwechsel nur überkreuzende internationale Formwechsel, bei denen sich die ertragsteuerliche Vermögenszuordnung ändert (insbesondere Formwechsel aus der Kapitalgesellschaft in die Personengesellschaft).[978] 813

Bei einem **Hereinformwechsel** sind die Vorschriften über den Formwechsel vergleichbarer inländischer Rechtsträger anzuwenden.[979] Für den grenzüberschreitenden Formwechsel einer Kapitalgesellschaft in eine Personengesellschaft sind somit nach § 9 UmwStG die Bestimmungen der §§ 3 bis 10 UmwStG anwendbar bzw. für den Wechsel einer Personengesellschaft in eine

975 BeckOK UmwStG, § 2 Rz. 1041.

976 Vgl. Schmitt/Hörtnagl, UmwG UmwStG, § 2 UmwStG Rz. 121; Ettinger/Königer, GmbHR 2009, S. 590, 591; Dötsch/Pung, DB 2006, S. 2706.

977 BeckOK UmwStG, § 2 Rz. 1082.

978 Sagasser/Bula, Umwandlungen, § 36 Rz. 36.

979 Sagasser/Bula, Umwandlungen, § 36 Rz. 37.

Kapitalgesellschaft gelten über § 25 UmwStG die §§ 20 bis 23 UmwStG entsprechend.[980]

Bei einem **Hinausformwechsel** sind auf den formwechselnden Rechtsträger grundsätzlich die im Wegzugstaat geltenden Bestimmungen über grenzüberschreitende Verschmelzung anzuwenden, vorzugsweise die geltenden Bestimmungen über die Verschmelzung zur Neugründung.[981] Deutschen rechtsformwechselfähigen Gesellschaften ist somit ein Hinausformwechsel eröffnet, wenn nach dem Recht des Zuzugsstaates ein entsprechender innerstaatlicher Formwechsel möglich wäre.[982] Bei einem Formwechsel einer inländischen Kapitalgesellschaft in eine ausländische Personengesellschaft finden grundsätzlich die §§ 3 ff. UmwStG i. V. m. § 9 UmwStG Anwendung und dementsprechend bei einem Wechsel einer Personen- in eine Kapitalgesellschaft die §§ 20 bis 23 UmwStG i. V. m. § 25 UmwStG.[983]

bb) Grundfall: Grenzüberschreitender Hinausformwechsel

Sachverhalt:

814 A und B sind Gesellschafter der G GmbH. Diese hat Sitz und Geschäftsleitung in Deutschland. A ist in Deutschland, B ist seit 20 Jahren in der Schweiz ansässig. Der G-GmbH gehört ein großer Gewerbeimmobilienpark in Frankfurt am Main, der fremdvermietet ist. Die G-GmbH verzieht im Wege des grenzüberschreitenden Formwechsels (grenzüberschreitende Umwandlung) unter Anpassung ihrer Rechtsform an das luxemburgische Recht (S.à r.l.) nach Luxemburg.

Lösung:

Auf der **Gesellschaftsebene** ist der Wegzug wegen der fortbestehenden Identität der Gesellschaft per se ertragsteuerneutral.[984] Etwas anderes gilt jedoch gemäß § 12 Abs. 1 KStG, wenn und soweit das deutsche Besteuerungsrecht an den Wirtschaftsgütern der wegziehenden Gesellschaft ausgeschlossen oder beschränkt wird.[985] Hinsichtlich des Immobilienbesitzes der G GmbH bleibt das deutsche Besteuerungsrecht auch nach dem Wegzug bestehen (§ 49

---

980 Sagasser/Bula, Umwandlungen, § 36 Rz. 37.

981 Sagasser/Bula, Umwandlungen, § 36 Rz. 38.

982 Sagasser/Bula, Umwandlungen, § 36 Rz. 38.

983 Sagasser/Bula, Umwandlungen, § 36 Rz. 38.

984 Förster, DStR 2020 S. 865, 873.

985 Förster, DStR 2020 S. 865, 873.

Abs. 1 Nr. 2 lit. f EStG, Art. 6 Abs. 1 DBA-Deutschland/Luxemburg); eine Entstrickung findet insoweit nicht statt.

Auf der **Gesellschafterebene** löst bei A der Wegzug der Gesellschaft keine Besteuerung gem. § 17 Abs. 5 Satz 1 EStG aus, da das deutsche Besteuerungsrecht an dem S.à r.l.-Anteil unverändert bestehen bleibt. Auch bei B ergeben sich keine deutschen Steuerfolgen, da an dem GmbH-Anteil wegen Art. 13 Abs. 3 DBA-Deutschland/Schweiz von vornherein kein deutsches Besteuerungsrecht bestand.

cc) Grunderwerbsteuer

Ein grenzüberschreitender Formwechsel innerhalb der EU-/EWR-Mitgliedstaaten (Verlegung des Satzungssitzes mit gleichzeitigem identitätswahrenden Rechtsformwechsel der Gesellschaft in eine Rechtsform des Zuzugsstaates) löst keine GrEStG aus.[986] 815

2. Grenzüberschreitende Einbringungsvorgänge

a) Allgemeines

Grenzüberschreitende Einbringungsvorgänge liegen dann vor, wenn einbringende Rechtsträger und übernehmende Rechtsträger bzw. das eingebrachte Vermögen sich in unterschiedlichen Staaten befinden. Berührt sind zum einen Fragen des ausländischen Gesellschaftsrechts, die neben das deutsche Gesellschaftsrecht treten. Sodann sind aus deutscher Sicht die Vorschriften des Umwandlungssteuergesetzes auf ihre Anwendbarkeit und auf die Frage der möglichen Steuerneutralität der Transaktion hin zu prüfen. Wiederum ist auch das Steuerrecht der jeweils betroffenen ausländischen Staaten mitzuprüfen. 816

b) Gesellschaftsrechtliche Aspekte

Primär maßgeblich für solche Vorgänge ist das ausländische Gesellschaftsrecht des Staates, in dem die Einbringung erfolgen soll. 817

BEISPIEL: Unternehmer U aus Bayern möchte sein deutsches Einzelunternehmen, das auch eine österreichische Betriebsstätte hat, insgesamt in eine österreichische Ges. m. b. H. einbringen.

---

986 Pahlke, GrEStG, § 1 Rz. 44; BeckOK GrEStG, § 1 Rz. 112; Rosenkranz, RNotZ 2024 S. 361, 379.

Lösung:

Gesellschaftsrechtlich muss U zunächst – ggf. mit österreichischen Mitgesellschaftern – eine österreichische Ges. m. b. H. nach österreichischem Gesellschaftsrecht errichten. In diese kann dann das deutsche und das österreichische Vermögen im Wege einer Sacheinlage, zu beurteilen nach österreichischem Gesellschaftsrecht, eingebracht werden. Alternativ kann auch eine Sachgründung der österreichischen Ges. m. b. H. nach österreichischem Gesellschaftsrecht erfolgen.

818 Daneben ist deutsches Gesellschaftsrecht in Bezug auf das Herkunftsvermögen bzw. den Herkunftsrechtsträger zu prüfen, insbesondere sind die Grundsätze der Holzmüller[987] – sowie der Gelatine-Entscheidungen[988] des BGH im Auge zu behalten, wenn z. B. aus einer deutschen Gesellschaft Beteiligungen oder Betriebsteile in eine ausländische Gesellschaft eingebracht werden sollen.

c) Steuerrechtliche Aspekte

aa) Allgemeines

819 Der **sachliche Anwendungsbereich** der Vorschriften über die steuerliche Behandlung von Einbringungsvorgängen (§§ 20 ff. und 24 ff. UmwStG) ist grundsätzlich auch bei grenzüberschreitenden Einbringungsvorgängen eröffnet (§ 1 Abs. 3 Nr. 4 und 5 UmwStG).

Der **persönliche Anwendungsbereich** setzt voraus, dass bestimmte Anforderungen, die in § 1 Abs. 4 UmwStG geregelt sind, erfüllt sind. Eine generelle Erweiterung des persönlichen Anwendungsbereichs durch das KöMoG auf alle Drittstaatensachverhalte ist für die §§ 20 ff. UmwStG nicht erfolgt, sondern es ist hier nach wie vor zu differenzieren. So besteht z. B. im Fall der Einbringung von Betrieben, Teilbetrieben oder Mitunternehmeranteilen in in- und ausländische Personengesellschaften keine persönliche Qualifikationsanforderung für die Geltung des **§ 24 UmwStG** (§ 1 Abs. 4 Satz 2 UmwStG). Insoweit wirkt der persönliche Anwendungsbereich des Umwandlungssteuergesetzes global.[989]

820 Geht es dagegen um die Einbringung eines Betriebs, Teilbetriebs oder Mitunternehmeranteils in eine Kapitalgesellschaft nach **§ 20 UmwStG**, muss der übernehmende Rechtsträger eine EU- oder EWR-Gesellschaft sein (§ 1 Abs. 4 Nr. 1 UmwStG). Beim Anteilstausch nach **§ 21 UmwStG** hat nur der überneh-

987 BGH v. 25.2.1982 - II ZR 174/80, NJW 1982 S. 1703.

988 BGH v. 26.4.2004 - II ZR 155/02, NZG 2004 S. 571, 575.

989 Vgl. Benecke/Schnitger, IStR 2007 S. 22, 25; Schmitt/Hörtnagl, UmwG, UmwStG, § 1 UmwStG Rz. 133.

mende Rechtsträger die persönlichen Anforderungen des § 1 Abs. 4 UmwStG zu erfüllen; eingebracht werden können auch Anteile an einer Drittstaaten-Kapitalgesellschaft.[990] Die Übertragung von **Einzelwirtschaftsgütern** in eine ausländische Betriebsstätte kann nicht unter die §§ 20, 24 UmwStG fallen, sondern löst die Entstrickungsbesteuerung nach **§ 4 Abs. 1 Satz 3 f. EStG** (ggf. i. V. m. § 12 Abs. 1 Satz 1 KStG) aus.[991] Während diese Rechtsfolge bei Übertragung von Einzelwirtschaftsgütern in Drittstaaten-Betriebsstätten uneingeschränkt in Form einer sofortigen Versteuerung Anwendung findet, kann die sofortige Gewinnrealisierung für Wirtschaftsgüter des Anlagevermögens, die in eine EU-ausländische Betriebsstätte übertragen werden, grds. durch Bildung eines Ausgleichspostens auf fünf Jahre verteilt werden (§ 4g EStG – ggf. i. V. m. § 12 Abs. 1 Satz 1 2. Halbsatz KStG),[992] was grds. als EU-rechtskonform anzusehen ist.[993]

bb) Grundfall: Errichtung einer Auslands-Holding

Sachverhalt:

D mit Wohnsitz in Deutschland und Ö mit Wohnsitz in Österreich verfügen jeweils über verschiedene Beteiligungen in der Rechtsform von Kapitalgesellschaften, die als Objektgesellschaften Hotels betreiben. Die beiden wollen eine gemeinsame Holding errichten, in die sie ihre bisherigen Aktivitäten einbringen möchten. Über die Holding sollen Immobilien-Aktivitäten in ganz Europa gesteuert und verwirklicht werden. D fragt seinen deutschen Steuerberater, inwieweit dies für ihn steuerneutral möglich ist. 821

Lösung:

D kann darüber nachdenken, seine deutschen Kapitalgesellschaftsbeteiligungen nach § 21 UmwStG in eine von ihm und Ö zu errichtende ausländische Holding-Kapitalgesellschaft einzubringen. Gesellschaftsrechtlich ist diese zunächst zu gründen. Von D und Ö ist davor der passende Holding-Standort festzulegen. „Den“ idealen Holding-Standort gibt es nicht, D und Ö werden daher anhand des konkreten Falls Überlegungen anstellen müssen. Die Steuer allein darf hier nicht maßgeblich sein, sondern kann nur einer von mehreren Aspekten sein. Aus Sicht des D ist steuerlich jedoch danach zu differenzieren, ob ein 822

990 Vgl. Schmitt/Hörtnagl, UmwG UmwStG, § 1 UmwStG Rz. 129.

991 Schmidt, EStG, § 4 Rz. 246.

992 Siehe näher Schmidt, EStG, § 4g Rz. 6 ff.; Brandis/Heuermann, Ertragsteuerrecht, § 4g EStG Rz. 6.

993 EuGH v. 21.5.2015 - Rs. C-657/13 „Verder LabTec“, NWB YAAAE-91181 = IStR 2015 S. 440; Schmidt, EStG, § 4 Rz. 243.

EU-Holding-Standort (z. B. Österreich, Luxemburg, Niederlande, Malta, Zypern, Estland) oder ein Drittstaat-Standort (z. B. Schweiz) gewählt wird: Die Einbringung der deutschen Kapitalgesellschaften in eine EU-Holding kann nach § 21 UmwStG steuerneutral erfolgen, denn eine EU-Kapitalgesellschaft als übernehmender Rechtsträger eröffnet den persönlichen Anwendungsbereich des deutschen Umwandlungssteuergesetzes (§ 1 Abs. 4 Satz 1 Nr. 1 UmwStG). Bei einer Schweizer Kapitalgesellschaft wäre dies dagegen nicht der Fall. Die weiteren Voraussetzungen des § 21 UmwStG sind hier erfüllt:

- Es handelt sich um einen qualifizierten Anteilstausch, da jeweils 100 %-Beteiligungen von D eingebracht werden (§ 21 Abs. 1 Satz 2 UmwStG);
- das Recht der Bundesrepublik Deutschland hinsichtlich der Besteuerung des Gewinns aus der Veräußerung der eingebrachten Anteile ist nach der Einbringung zwar ausgeschlossen, es liegen jedoch die Voraussetzungen für einen Antrag nach § 21 Abs. 2 Satz 3 Nr. 1 UmwStG vor, da D mit den erhaltenen Anteilen in Deutschland steuerpflichtig bleibt.[994]

D überträgt seine Anschaffungskosten an seinen deutschen Beteiligungen auf die erhaltenen neuen Anteile an der Holding-Kapitalgesellschaft. Der siebenjährige Nachversteuerungszeitraum nach § 22 Abs. 2 UmwStG läuft wie bei nationalen Einbringungsvorgängen, d. h., bei einer Veräußerung der eingebrachten Anteile durch die Holding-Kapitalgesellschaft innerhalb von sieben Jahren ist nach dem Einbringungszeitpunkt von D ein Einbringungsgewinn II zu versteuern.

823 Für spätere Ausschüttungen aus den deutschen Beteiligungsgesellschaften an die Auslands-Holding ist jedoch § 50d Abs. 3 EStG zu beachten, d. h., trotz Erfüllung der Voraussetzungen der Mutter-Tochter-Richtlinie wird die Freistellung von deutscher Kapitalertragsteuer bei Nichterfüllen dieser Anti-Treaty- bzw. Anti-Directive-Shopping-Vorschrift versagt.[995] Daneben sind in solchen Fällen § 42 AO (Basisgesellschaftsrechtsprechung)[996] und §§ 7 ff. AStG (Hinzurechnungsbesteuerung)[997] zu prüfen.

994 Grundsatz, vgl. Art. 13 Abs. 4 OECD-MA, anders z. B. DBA-Deutschland/Tschechien, das in Art. 13 Abs. 3 das Besteuerungsrecht Tschechien zuweisen würde.

995 Siehe dazu z. B. Brandis/Heuermann, Ertragsteuerrecht, § 50d EStG Rz. 71 ff.; BeckOK EStG, § 50d Rz. 138 ff.; Schmidt, EStG, § 50d Rz. 19 ff.

996 Siehe dazu z. B. Jacobs, Internationale Unternehmensbesteuerung, Vierter Teil 2. Kap. A.I.2; BFH v. 23.10.1991 - I R 40/89, BStBl 1992 II S. 1026; BFH v. 10.6.1992 - I R 105/89, BStBl 1992 II S. 1029; BFH v. 25.2.2004 - I R 42/02, BStBl 2005 II S. 14; BFH v. 7.9.2005 - I R 118/04, BStBl 2006 II S. 537.

997 Siehe dazu z. B. BeckOK AStG, Vorbemerkungen zu den §§ 7 bis 14 Rz. 1 ff.

(Einstweilen frei) 824–830

3. Sitzverlegung ins Ausland

a) Allgemeines

Im Bereich der Umstrukturierung mittelständischer Unternehmen dürfte die Sitzverlegung ins Ausland als Umstrukturierungsform u. E. eine eher untergeordnete Rolle spielen, obwohl die gesellschaftsrechtlichen und steuerrechtlichen Rahmenbedingungen durch das MoMiG und das SEStEG derartige Vorhaben ermöglichen. 831

Ziel einer solchen Gestaltung kann es sein, einen Wandel der operativen Tätigkeit und Marktausrichtung des Unternehmens auch gesellschaftsrechtlich nachzuvollziehen.

Als **Alternative** zu einer Sitzverlegung ins Ausland kommt die Gründung einer ausländischen Zweigniederlassung oder Tochtergesellschaft in Betracht. Möglicherweise wird bei den Kunden und Geschäftspartnern im Ausland eine Tochtergesellschaft nach dortigem Recht höhere Akzeptanz genießen als der „Import" (aus Sicht des Auslands) einer deutschen Rechtsform (siehe umgekehrt das nicht selten berechtigte Vorurteil der Unseriosität gegenüber der Verwendung z. B. der vor Austritt des Vereinigten Königreichs aus der EU der Nutzung einer UK-Limited mit tatsächlichem Sitz in Deutschland auf dem deutschen Markt). 832

BERATUNGSHINWEIS:

In der Praxis wird deshalb nach wie vor meist auf ausländische Rechtsformen des jeweiligen Marktes gesetzt.

b) Gesellschaftsrechtliche Aspekte

Schon seit längerem kann eine Gesellschaft in der – allerdings eher in der Großindustrie verbreiteten Rechtsform – einer **europäischen Aktiengesellschaft** (SE) ihren tatsächlichen Sitz ins Ausland verlegen (Art. 8 Abs. 1 SEVO). Seit der Reform des Gesellschaftsrechts durch das MoMiG kann auch eine deutsche **GmbH** ihren tatsächlichen Sitz nach Gründung in Deutschland ins Ausland verlegen (Streichung der dies vormals verbietenden Vorschrift des § 4a Abs. 2 GmbHG a. F. durch das MoMiG).[998] Gleiches gilt für eine deutsche **AG** (Streichung der dies vormals verbietenden Vorschrift des § 5 Abs. 2 AktG 833

998 Michalski/Heidinger/Leible/J. Schmidt, GmbH-Gesetz, § 4a Rz. 14.

a. F. durch das MoMiG).[999] Der „Export“ dieser Rechtsformen ins Ausland ist daher gesellschaftsrechtlich möglich. Das deutsche Gesellschaftsrecht gilt für solche Gesellschaften fort, so dass die internen Vorgänge wie Organzuständigkeiten und Formalien von Beschlussfassungen sich nach dem gewohnten deutschen Recht richten. Hinzu kommt aber das Recht des ausländischen Sitzstaates, nämlich jedenfalls das dortige Deliktsrecht, Wirtschaftsstrafrecht und ggf. das lokale Insolvenzrecht.

834 Vor einer solchen Sitzverlegung ist das **ausländische Gesellschaftsrecht des neuen Ansässigkeitsstaates zu prüfen**, inwiefern dieses den Zuzug unter Wahrung der Rechtspersönlichkeit überhaupt zulässt.[1000] Bei Sitzverlegungen innerhalb der EU bzw. des EWR ist dies aufgrund einschlägiger EuGH-Urteile zwingend.[1001] Außerhalb der EU gilt dies jedoch nicht, und das ausländische Recht kann eine Zwangsliquidation der zuziehenden deutschen Gesellschaft vorsehen.

835 Die Sitzverlegung im Sinne einer Verlegung des Verwaltungssitzes ist vom grenzüberschreitenden Formwechsel bzw. der Verlegung des Satzungssitzes (dazu oben Rz. 786 ff.) zu unterscheiden.

c) Steuerrechtliche Aspekte

836 Die Sitzverlegung des Verwaltungssitzes, und zwar egal, ob innerhalb der EU bzw. des EWR oder in einen Drittstaat, lässt aus Sicht des deutschen Steuerrechts nach heutigem Rechtsstand die **Anerkennung der weggezogenen Gesellschaft unberührt**. § 12 Abs. 3 KStG a. F., der bis zum VZ 2021 einschließlich für den Fall der Sitzverlegung in einen Drittstaat die Liquidationsbesteuerung anordnete, wurde im Zuge des KöMoG mit Wirkung ab dem VZ 2022 einschließlich aufgehoben.[1002]

Eine nur in Form der Verlegung ihres Verwaltungssitzes ins Ausland „wegziehende“ GmbH oder AG bleibt in diesen Fällen sogar in Deutschland unbeschränkt körperschaft- und gewerbesteuerpflichtig, da sie ja nur ihren tatsächlichen (Verwaltungs-)Sitz ins Ausland verlegt, jedoch ihren Satzungssitz in Deutschland beibehält (vgl. die Alternativanknüpfung in § 1 Abs. 1 KStG). Eine wegziehende SE dagegen kann auch ihren Satzungssitz in einen anderen EU-

999 Koch, AktG, § 5 Rz. 12.

1000 Michalski/Heidinger/Leible/J. Schmidt, GmbH-Gesetz, § 4a Rz. 15.

1001 EuGH v. 9.3.1999 - Rs. C-212/97 „Centros“, NWB PAAAB-72644; EuGH v. 5.11.2002 - Rs. C-208/00 „Überseering“, NWB BAAAB-72640; EuGH v. 30.9.2003 - Rs. C-167/01 „Inspire Art“, NWB JAAAB-72607; Schlussanträge v. 22.5.2008 - Rs. C-210/06 „Cartesio“.

1002 Art. 1 Nr. 8 Buchst. a und d, Art. 12 Abs. 1 KöMoG v. 25.6.2021, BGBl 2021 S. 2050.

Staat verlegen; sie bleibt in Deutschland dann nur noch beschränkt steuerpflichtig (§ 2 Nr. 1 KStG).

Eine Besteuerung des Wegzugs erfolgt nach der „Wegzugsbesteuerung" des § 12 Abs. 1 Satz 1 KStG nur *insoweit*, als im Zuge der Verlegung des tatsächlichen Verwaltungssitzes ins Ausland auch **Wirtschafsgüter ins Ausland überführt** werden (und auch keiner deutschen Betriebsstätte mehr zugeordnet werden können). Es kann also zu einer steuerlichen Entstrickung in Deutschland kommen, für deren Folgen jedoch abmildernd § 12 Abs. 1 Satz 1 2. Halbsatz KStG i. V. m. § 4g EStG gilt,[1003] wenn und soweit das deutsche Besteuerungsrecht z. B. durch Verlegung des Verwaltungssitzes und Zuordnung entsprechender Wirtschaftsgüter zu dem ausländischen Ort der Geschäftsleitung zugunsten eines EU-/EWR-Staates entstrickt wird. Die Möglichkeit der Verteilung der Versteuerung auf fünf Jahre nach § 4g EStG entspricht nach den EuGH-Entscheidungen in den Sachen **DMC** und **Verder LabTec** grds. den Vorgaben des EU-Rechts zur verhältnismäßigen Wahrung der jeweiligen nationalen Besteuerungsbefugnisse.[1004]

(Einstweilen frei) 837–850

1003 BeckOK KStG, § 8 Rz. 72 f.; Brandis/Heuermann, Ertragsteuerrecht, § 8 KStG Rz. 46.

1004 Brandis/Heuermann, Ertragsteuerrecht, § 4g EStG Rz. 2 ff.; EuGH v. 23.1.2014 - Rs. C-164/12 „DMC", NWB NAAAE-54684 = IStR 2014 S. 106; EuGH v. 21.5.2015 - Rs. C-657/13 „Verder LabTec", NWB YAAAE-91181 = IStR 2015 S. 12.

VII. Beteiligung Minderjähriger

1. Einleitung

851 Umstrukturierungen unter Beteiligung von Minderjährigen können bei mittelständischen Unternehmensstrukturen in den **unterschiedlichsten Situationen** vorkommen. So kann die Aufnahme von Minderjährigen in das Familienunternehmen der Auslöser für die Umstrukturierung sein. Auch ist es denkbar, dass Minderjährige bereits an der Gesellschaft beteiligt sind, beispielsweise bei unvorhergesehener Erbschaft, und dies eine Anpassung der Unternehmensstruktur erfordert. Zudem kommen auch reguläre Umstrukturierungen aus wirtschaftlichen Gründen in Betracht, bei denen Minderjährige bereits als Gesellschafter am umzustrukturierenden Unternehmen beteiligt sind.

Zum 1.1.2023 wurde das Familienrecht reformiert und in diesem Zusammenhang auch die einschlägigen BGB-Normen geändert. Die folgenden Ausführungen beziehen sich ausschließlich auf den Rechtsstand ab 1.1.2023.

852 Die Beteiligung Minderjähriger wirft **regelmäßig folgende Problembereiche** auf:

- Haftungsbeschränkung des Minderjährigen
- Vertretungsberechtigung der Eltern, §§ 1629, 1824 BGB
- Genehmigungsbedürftigkeit durch das Familiengericht, §§ 1643, 1849 ff. BGB.

2. Haftungsbeschränkung des Minderjährigen

853 Minderjährigen Gesellschaftern steht mit Eintritt der Volljährigkeit das Recht zu, ihre **Haftung** für Verbindlichkeiten, die ihr gesetzlicher Vertreter für sie begründet hat, auf den **Stand des Vermögens im Zeitpunkt des Eintritts der Volljährigkeit zu beschränken** (§ 1629a BGB). Die Haftungsbeschränkung erfasst auch Verbindlichkeiten, die zuvor familiengerichtlich genehmigt wurden.[1005] Nicht erfasst sind Ansprüche Dritter, die infolge deliktischen Handelns des Minderjährigen, kraft Gesetzes entstandenen Herausgabepflichten und Unterhaltspflichten oder erst nach Eintritt der Volljährigkeit entstanden sind.[1006] Die Haftungsbeschränkung tritt jedoch **nicht automatisch** ein. Sie ist vielmehr von

1005 Huber, MüKo BGB, § 1629a Rz. 22.

1006 Huber, MüKo BGB, § 1629a Rz. 25.

dem Minderjährigen selbst als **Einrede** geltend zu machen, die allerdings zeitlich unbefristet erhoben werden kann.[1007]

Auch **Verbindlichkeiten**, die dem volljährig Gewordenen **aus seiner Gesellschafterstellung bei einer GbR, OHG oder KG** während seiner Minderjährigkeit erwachsen sind (Altverbindlichkeit), sind grundsätzlich von dieser Möglichkeit der Haftungsbeschränkung erfasst. Nach § 1629a Abs. 4 Satz 1 BGB wird jedoch zunächst vermutet, dass die aus der Beteiligung an der Personengesellschaft entstandenen Verbindlichkeiten Neuverbindlichkeiten, also Verbindlichkeiten nach Eintritt der Volljährigkeit, sind. Diese Vermutung kann der Minderjährige jedoch widerlegen, indem er durch geeignete Dokumente, beispielsweise Rechnungen oder eines bei Eintritt der Volljährigkeit errichteten Inventars, nachweist, dass die Verbindlichkeiten bereits vor Eintritt der Volljährigkeit bestanden.[1008] Die Haftungsbeschränkung tritt zudem stets ein, wenn der volljährig Gewordene seine Beteiligung binnen drei Monaten nach Eintritt der Volljährigkeit kündigt (siehe Rz. 855). 854

Ein Minderjähriger kann seine GbR-Beteiligung bei Eintritt der Volljährigkeit kündigen (§ 725 Abs. 4 BGB). Dieses Kündigungsrecht ist ein außerordentliches Kündigungsrecht des volljährig Gewordenen; der Eintritt der Volljährigkeit wird in diesem Zusammenhang als wichtiger Grund angesehen. Dieses gesetzliche Sonderkündigungsrecht kann gesellschaftsvertraglich nicht eingeschränkt werden.[1009] Ein inhaltsgleiches Sonderkündigungsrecht gilt für die persönlich haftenden Gesellschafter einer OHG oder KG mit Eintritt der Volljährigkeit (§ 132 Abs. 4 HGB). Kommanditisten steht das Kündigungsrecht dagegen i. d. R. nicht zu.[1010] Ausnahmsweise steht dieses Kündigungsrecht auch solchen volljährig gewordenen **Kommanditisten** zu, deren Haftsumme nicht vollständig einbezahlt ist.[1011] Damit soll der volljährig Gewordene sein aus der Gesellschafterstellung ergebendes unbeschränktes persönliches Haftungsrisiko für die Zukunft von sich abwenden können. Die Kündigung kann nur binnen **drei Monaten** von dem Zeitpunkt an erklärt werden, in welchem der volljährig Gewordene von seiner Gesellschafterstellung Kenntnis hatte oder haben musste. 855

Die Nichtausübung des Kündigungsrechts innerhalb der Dreimonatsfrist bewirkt eine zweifache Vermutung zu Lasten des Volljährigen, nämlich dass (a) die auf seiner Mitgliedschaft beruhenden Verbindlichkeiten erst nach Eintritt 856

1007 Huber, MüKo BGB, § 1629a Rz. 31, 32.

1008 Huber, MüKo BGB, § 1629a Rz. 75.

1009 Schöne, BeckOK BGB, § 723 Rz. 23: zur inhaltsgleichen a. F. der Regelung.

1010 Lorz/Ebenroth/Boujong, HGB, § 132 Rz. 31.

1011 Lorz/Ebenroth/Boujong, HGB, § 132 Rz. 31; Kamanabrou/Oetker, HGB, § 132 Rz. 19.

der Volljährigkeit entstanden sind (Neuverbindlichkeiten) und (b) sein gegenwärtiges Vermögen bereits bei Eintritt der Volljährigkeit vorhanden war.[1012]

857 Sowohl bei einer **GmbH** als bei einer **Aktiengesellschaft** ist das **Sonderkündigungsrecht nicht anwendbar**. Der volljährig Gewordene kann seine Gesellschafterstellung nicht außerordentlich kündigen, da ihm keine Haftungsgefahr aufgebürdet wird.

858–860 *(Einstweilen frei)*

3. Vertretungsberechtigung der Eltern

861 Aus §§ 1629 Abs. 2 i. V. m. § 1824 Abs. 1 BGB folgt eigentlich ein **umfassendes Vertretungsverbot** der Eltern bezüglich ihrer Kinder bei Insichgeschäften. D. h. eigentlich können die verheirateten Eltern ihre Kinder nicht bei einer Schenkung durch die Eltern aber auch die Großeltern vertreten (Schenkungsvertrag zwischen Eltern/Großeltern und Kindern, vertreten durch die Eltern). Vom Vertretungsverbot erfasst werden beide verheirateten Elternteile, auch wenn die Schenkung bspw. nur durch die Großeltern erfolgt. In diesem Fall wird durch das Familiengericht für jedes Kind ein eigener Ergänzungspfleger bestellt.

Ein Vertretungsausschluss liegt nach aktueller BGH-Rechtsprechung wohl nicht mehr vor, wenn die Eltern **nicht verheiratet** sind. In diesem Fall kann bspw. die Mutter eigenes Vermögen auf die Kinder schenken, die durch den Vater vertreten werden.[1013] Es sollte aber im Einzelfall abgeklärt werden, ob das jeweils zuständige Familiengericht dieser BGH-Rechtsprechung folgt.

BERATUNGSHINWEIS:

Es gibt die Möglichkeit, bereits bei der Zuwendung einen Zuwendungspfleger gem. §§ 1638, 1811 BGB zu benennen, der einen Ergänzungspfleger überflüssig macht, allerdings auch die Vertretungsmacht der Eltern dauerhaft verdrängt. Je nach Konstellation und Vorhandensein von entsprechenden Personen, könnte dies eine interessante Lösung sein, da es auch möglich ist, dass sich der Zuwendende selbst als Zuwendungspfleger benennt. Eine offene Rechtsfrage ist, ob die Zuwendungspfleger schon berechtigt ist, die Schenkung anzunehmen, oder ob dies noch durch die Eltern erfolgt.[1014] Sollte der Zuwendungspfleger die Schenkung nicht annehmen können, dann benötigt man

1012 Schäfer, MüKo BGB, § 725 Rz. 47.

1013 BGH v. 24.3.2021 - XII ZB 364/19, NWB PAAAH-78627, Rz. 26; OLG Köln v. 16.9.2022 - 2 Wx 171/22, unter Ls. 1; Lamberz, ErbR 2024 S. 749, 750.

1014 Bei Erbschaften hat der BGH seine Rspr. geändert und keine Berechtigung der Eltern mehr angenommen: BGH v. 29.6.2016 - XII ZB 300/15, NWB TAAAF-79553, Rz. 19; gegen Übertragung der Rechtsprechung auf Schenkungen: Staake, NJW 2021 S. 3687, unter V.3; Baßler/Frese, NZG 2023 S. 1302, unter II.3.

für die Annahme einen Ergänzungspfleger und die Vorteil dieser Gestaltung wird erheblich geschmälert.

Bei lediglich **rechtlich vorteilhaften bzw. lediglich rechtlich neutralen Geschäften** ist die Vertretungsmacht der Eltern nicht ausgeschlossen, sondern die Normen werden teleologisch reduziert; bspw. ist die reine Geldschenkung lediglich rechtlich vorteilhaft. Die Schenkung von voll eingezahlten Kommanditanteilen oder in voller Höhe erbrachter GmbH-Anteilen dürfte lediglich rechtlich vorteilhaft sein.[1015] Eine Haftung des Eintretenden nach § 176 Abs. 2 HGB bzgl. Kommanditanteilen scheidet nunmehr aus. Allerdings könnte dies schon nichtmehr gelten, wenn sich das Kind die Schenkung auf den Pflichtteil anrechnen lassen muss.[1016] Die Schenkung von GbR-, OHG-Anteilen ist – aufgrund der persönlichen Haftung (§§ 721, 721a BGB, §§ 126, 127 HGB) – nicht lediglich rechtlich vorteilhaft. 862

Die **Gründung** von Gesellschaften ist nicht rechtlich vorteilhaft, da dort immer auch Einlageleistungen von den Gesellschaftern erbracht werden müssen.[1017] Dies gilt für Personengesellschaften wie Kapitalgesellschaften gleichermaßen. 863

Bei **Beschlüssen** der Gesellschaft können Minderjährige durch ihre Eltern auch dann vertreten werden, wenn diese selbst Gesellschafter sind, § 181 BGB ist auf Maßnahmen der Geschäftsführung nicht analog anwendbar.[1018] Anderes gilt wegen ihres auch rechtsgeschäftlichen Charakters bei sog. Grundlagenbeschlüssen wie z. B. Beschlüssen über Änderungen des Gesellschaftsvertrages einer Personengesellschaft oder einer GmbH.[1019] Damit bedürfen sämtliche Umwandlungen und Umstrukturierungen, die zu einer Änderung des Gesellschaftsvertrages führen, der Bestellung eines Ergänzungspflegers. Auf die Bestellung eines Ergänzungspflegers kann hingegen verzichtet werden, soweit es sich lediglich um Gesellschafterbeschlüsse über Geschäftsführungsmaßnahmen oder sonstige gemeinsame Angelegenheiten der Gesellschaft handelt. 864

Bei **Anmeldungen zum Handelsregister** handelt es sich – wie bei Eintragungsanträgen – um verfahrensrechtliche Erklärungen, nicht um rechtsgeschäftliche Willenserklärungen, so dass die materiell-rechtlichen Fragestellungen wirk- 865

1015 OLG München v. 6.10.2022 - 34 Wx 378/22, MittBayNot 2024 S. 177, für Kommanditanteile; a. A. bei GmbH-Anteilen: Bürger, RNotZ 2006 S. 156, 162, mit Verweis auf Haftungsgefahren gem. §§ 24, 31 Abs. 3 GmbHG.

1016 OLG München v. 3.8.2023 - 16 WF 193/23e, Rz. 43 im zu entscheidenden Fall aus anderen Gründen irrelevant.

1017 Pauli, ZErb 2016 S. 131 ff.

1018 BGH v. 31.5.2011 - II ZR 109/10, NWB CAAAD-88333, Rz. 15.

1019 Bürger, RNotZ 2006 S. 156, 171.

samer Vertretung des Minderjährigen insoweit keine Rolle spielen. Auch § 181 BGB gilt insoweit nicht.[1020]

4. Genehmigungsbedürftige Rechtsgeschäfte

a) Beteiligung an Personengesellschaften (GbR, OHG und KG)

aa) Eintritt Minderjähriger

866 Es ist zu beachten, dass sich die gesetzlichen Anforderungen ab dem 1.1.2023 geändert haben. Losgelöst von der Frage, ob die Eltern die Kinder vertreten können, bedürfen bestimmte Rechtsgeschäfte, der Genehmigung durch das Familiengericht, §§ 1643, 1849 ff. BGB. Die Genehmigungspflicht besteht nicht mehr, sobald die Kinder volljährig werden.

867 Bei der Beteiligung eines Minderjährigen an einer Personengesellschaft bedarf der Gesellschafts- bzw. Aufnahmevertrag der **familiengerichtlichen Genehmigung**, wenn die Gesellschaft ein Erwerbsgeschäft betreibt, § 1852 Nr. 2 BGB. Dies gilt auch für die Beteiligung des Minderjährigen als Kommanditist.[1021] Gleiches gilt somit für Umstrukturierungen, die eine Gesellschafterstellung eines erstmals Minderjährigen begründen, oder bei Umwandlungen zur Neugründung. Hierzu ist also eine Abgrenzung zwischen einem **Erwerbsgeschäft** und einer vermögensverwaltenden Tätigkeit vorzunehmen. Jegliche originär steuerlich gewerbliche Tätigkeit dürfte ein zivilrechtliches Erwerbsgeschäft darstellen. Allerdings können auch steuerliche vermögensverwaltende Tätigkeiten ein Erwerbsgeschäft begründen. Erwerbgeschäft ist jede regelmäßige, auf selbständigen Erwerb gerichtete Tätigkeit, mag diese in Handel, der Betreibung einer Fabrik oder eines Handwerks, der Ausübung eines künstlerischen oder wissenschaftlichen Berufs, der Landwirtschaft usw. bestehen verstanden. Sie muss auf gewisse Dauer angelegt und mit Gewinnerzielungsabsicht betrieben werden.[1022] Nach der Rechtsprechung gehören bei Wohnimmobilien auch die Verwaltung von 16 Mietwohnungen noch zur Vermögensverwaltung;[1023] andererseits soll die Verwaltung, Vermietung und Verwertung gewerblich nutzbarer Immobilien wegen des (angeblich) höheren unternehmerischen Risikos als Erwerbsgeschäft zu qualifizieren sein.[1024] In den letzten Jahren wird

1020 BayObLG v. 28.3.1977 - BReg 3 Z 4/76.

1021 § 1852 Nr. 1 BGB.

1022 OLG München v. 28.12.2017 - 2 WF 1509/17, Rz. 14.

1023 LG Münster v. 18.7.1996 - V T 383/96.

1024 OLG Schleswig v. 27.1.2020 - 15 WF 70/19, Rz. 12, 13.

durch die Gerichte vermehrt eine Genehmigungsbedürftigkeit angenommen und es haben sich keine trennscharfen Linien herausgebildet.

Von der Frage der Genehmigungsbedürftigkeit ist strikt die Frage zu trennen, 868
ob eine **Genehmigung erteilt** wird. Maßstab für die Erteilung der familien- bzw. betreuungsgerichtlichen Genehmigung ist gem. § 1644 Abs. 1 BGB, § 1697a Abs. 1 BGB das Wohl des Kindes bzw. gem. §§ 1800 Abs. 1, 1798 Abs. 1 BGB das Wohl des Mündels unter Berücksichtigung der Grundsätze wirtschaftlicher Vermögensverwaltung und der wachsenden Bedürfnisse des Mündels zu verantwortungsbewusstem Handeln. Dabei sind alle möglichen Vor- und Nachteile, insbesondere Vorteile, Risiken, Erträge und Aufwendungen, abzuwägen. Es genügt, wenn im Ganzen gesehen, das Rechtsgeschäft für den Minderjährigen vorteilhaft ist.[1025]

BERATUNGSHINWEIS:

Aus Beratungssicht sollte in jedem Fall vorsichtshalber eine Genehmigung oder ein Negativattest des Familiengerichts eingeholt werden.[1026] Die Feststellung vermögensverwaltender Tätigkeit (etwa zur Erlangung eines gerichtlichen Negativattestes für das Handelsregister) wird erleichtert, wenn bei der Gründung der Unternehmensgegenstand als rein private Vermögensverwaltung bezeichnet wird, ggf. der Firmenbestandteil Vermögensverwaltung auch in den Handelsregisternamen aufgenommen wird und Haftsummen in nur geringer Höhe vereinbart werden.

Werden Rechtsgeschäfte **ohne** die notwendige **Zustimmung des Familien-** 869
gerichts abgeschlossen, so sind diese **schwebend unwirksam**. Rechtshandlungen, die **ohne** die erforderliche Bestellung eines **Ergänzungspflegers** vorgenommen werden, sind zunächst ebenfalls **schwebend unwirksam.** Das schwebend unwirksame Geschäft kann entweder vom volljährig Gewordenen oder vom Ergänzungspfleger mit Rückwirkung auf den Zeitpunkt des Vertragsschlusses genehmigt werden.[1027] Sowohl die Genehmigung durch den Ergänzungspfleger wie auch die familiengerichtliche Genehmigung wirken zurück, §§ 180, 1856 Abs. 1 BGB.[1028]

BERATUNGSHINWEIS:

Eine fehlende zivilrechtliche Wirksamkeit kann auch zu einer steuerlichen Versagung führen, wenn nicht unverzüglich nach Abschluss des Rechtsgeschäfts die Genehmigung des Familiengerichts beantragt und innerhalb angemessener Frist erteilt wird.[1029]

1025 OLG Karlsruhe v. 9.11.2022 - 5 WF 77/22, Rz. 12.
1026 Hohaus/Eickmann, BB 2004 S. 1707, 1709.
1027 Huber, MüKo BGB, § 1629 Rz. 47.
1028 OLG Frankfurt a. M. v. 2.4.2012 - 20 W 57/11; Kroll-Ludwigs, MüKo BGB, § 1856 Rz. 9.
1029 Vgl. BFH v. 5.3.1981 - IV R 150/76, BStBl 1981 II S. 435; Schlücke in Gosch, AO/FGO, § 41 AO Rz. 34.

bb) Änderung bei bestehender Beteiligung

870 Genehmigungsbedürftig gem. § 1852 Nr. 2 BGB sind Änderungen des Gesellschaftszwecks, sofern dadurch erstmals ein Erwerbsgeschäft betrieben wird.[1030] Ansonsten ist eine **familiengerichtliche Genehmigung** im laufenden Geschäft einer Gesellschaft **grundsätzlich nicht erforderlich**;[1031] dabei ist immer zu unterscheiden, ob die Eltern die Kinder in der Gesellschafterversammlung vertreten können oder eine familiengerichtliche Genehmigung erforderlich ist. Die Aufnahme eines volljährigen Gesellschafters in die Gesellschaft des Minderjährigen bedarf nach h. M. nicht der Genehmigung durch das Familiengericht,[1032] aber aufgrund der damit einhergehenden Änderung des Gesellschaftsvertrages sind die Eltern von der Vertretung ausgeschlossen (siehe Rz. 864).

871 Keine familien- bzw. betreuungsgerichtliche Genehmigung wird mehr ausgelöst durch die Änderung (Erhöhung) der Hafteinlage eines minderjährigen/betreuten Kommanditisten; anders wohl bei Wechsel von der Kommanditisten- in die Komplementärstellung[1033] (nach a. A. keine Genehmigung erforderlich, da anders als gem. § 1822 Nr. 10 BGB a. F. in § 1854 Nr. 4 BGB n. F. die gesetzlich eintretende Nebenfolge der Vollhaftung bzw. erhöhten Haftung nicht mehr Anlass eines gerichtlichen Einschreitens ist). Die Beteiligung an einer Gesellschaft mit Erwerbsgeschäft ist immer genehmigungsbedürftig, so dass bspw. ein Formwechsel keine familienrechtlich relevante Veränderung darstellt, wenn sich die Haftung nicht ändert (Kommanditist zu GmbH-Gesellschafter oder umgekehrt).

BERATUNGSHINWEIS:

Bei Umwandlungen sollte somit vorsorglich die Genehmigung des Familiengerichts bzw. ein Negativtestat eingeholt werden. Zur neuen Rechtslage gibt es noch keine Rechtsprechung, so dass die obigen Ausführungen ggf. überholt sein könnten. In diesem Zusammenhang ist darauf hinzuweisen, dass ein Negativtestat keine Bindungswirkung für das Handelsregister entfaltet. D. h. trotz Negativtestat könnte das Handelsregister eine familiengerichtliche Genehmigung verlangen, wobei im dann zu führenden Verfahren gegen das Handelsregister die Frage zu stellen ist, inwieweit das sachfremdere Handelsregister über eine bessere Rechtserkenntnis verfügen soll als das sachnähere Familiengericht.

872–875 *(Einstweilen frei)*

1030 OLG Dresden, 25.4.2018 - 17 W 160/18, Rz. 14.

1031 BGH v. 26.1.1961 - II ZR 240/59, NJW 1961 S. 724, 725.

1032 Vgl. BGH v. 20.9.1962 - II ZR 209/61, BGHZ 38 S. 27.

1033 Kroll-Ludwigs, MüKo BGB, § 1854 Rz. 19.

b) Beteiligung an Kapitalgesellschaften (GmbH und AG)

aa) Eintritt Minderjähriger

Der Eintritt eines Minderjährigen in eine Kapitalgesellschaft, an der auch die Eltern beteiligt sind, bedarf ggf. der Bestellung eines Ergänzungspflegers (siehe oben). 876

Eine **Genehmigung des Familiengerichts** für die Begründung einer Beteiligung eines Minderjährigen an einer GmbH bedarf es nur, wenn die Kapitalgesellschaft ein **Erwerbsgeschäft** betreibt, § 1852 Nr. 1 Buchst. b BGB. Es gelten genau die gleichen Voraussetzungen wie bei der Personengesellschaften, so dass auf die obigen Ausführungen verwiesen wird. 877

Werden Rechtsgeschäfte **ohne** die notwendige **Zustimmung des Familiengerichts** abgeschlossen, so sind diese **schwebend unwirksam** und können mit zivilrechtlicher Rückwirkung wirksam werden (vgl. Rz. 869). 878

bb) Änderung bei bestehender Beteiligung

Sind die Eltern selbst Gesellschafter, so bedürfen sämtliche Maßnahmen, die zu einer **Änderung des Gesellschaftsvertrages** führen, wie beispielsweise **Umwandlungen und Umstrukturierungen,** der **Bestellung eines Ergänzungspflegers** (siehe oben). Im Übrigen kann auf die Ausführungen zur Personengesellschaft verwiesen werden . 879

Eine **familiengerichtliche Genehmigung** für Maßnahmen, die zu einer Änderung des Gesellschaftsvertrages einer Kapitalgesellschaft führen, ist **nach h. M. grundsätzlich nicht erforderlich.** Somit sind **Umwandlungen**, die eine Kapitalerhöhung zur Gewährung neuer Anteile bedürfen, **nicht genehmigungspflichtig**, allerdings dürfte die Vertretungsmacht der Eltern ausgeschlossen sein. § 1854 Nr. 4 BGB bezieht sich nur auf die Fälle in denen die Übernahme der fremden Verbindlichkeit gerade der Zweck ist und keine Nebenfolge, so dass diese Norm bei Umwandlungen i. d. R. nicht eingreift. Wird die Kapitalgesellschaft in eine Personengesellschaft umgewandelt, so bedarf dies der Genehmigung des Familiengerichts gem. § 1854 Nr. 4 BGB, wenn der Minderjährige eine Gesellschafterstellung mit unbeschränkter persönlicher Haftung erhalten soll.[1034] 880

(Einstweilen frei) 881–900

1034 Kroll-Ludwigs, MüKo BGB, § 1854 Rz. 19.

VIII. Grunderwerbsteuer bei Umwandlungen

1. Einleitung

901 Umstrukturierungen von Unternehmen können neben den bereits dargestellten ertragsteuerlichen Folgen auch zu einer (ggf. zusätzlichen) Steuerbelastung durch die Grunderwerbsteuer führen, soweit sich Grundvermögen im Betriebsvermögen der an der Umstrukturierung beteiligten Gesellschaften befindet. Der Gesetzgeber hat jedoch schon früh erkannt, dass die **Grunderwerbsteuer ein Hindernis für notwendige Umstrukturierungen** darstellen kann, und hat deswegen Befreiungstatbestände für bestimmte Umstrukturierungsvorgänge in das Grunderwerbsteuergesetz aufgenommen. Durch das Wachstumsbeschleunigungsgesetz wurde mit Wirkung zum 1.1.2010 eine weitere Befreiungsvorschrift in das Grunderwerbsteuergesetz aufgenommen (§ 6a GrEStG), die Umstrukturierungen im Konzern erleichtern soll. „Diesen Befreiungen kommt seit dem Steueränderungsgesetz 2015 eine noch größere Bedeutung zu: Aufgrund der Entscheidung des Bundesverfassungsgerichts v. 23.6.2015 musste der Gesetzgeber die Bewertung von Grundstücken für grunderwerbsteuerliche Zwecke im Falle von Umstrukturierungen (§ 1 Abs. 1 Nr. 3, Abs. 2a, Abs. 3 und Abs. 3a GrEStG) anpassen. Statt der regelmäßig unter dem Verkehrswert liegenden und damit verfassungswidrigen Einheitswerte (§§ 145 ff. BewG) sind rückwirkend zum 1.1.2009 für alle noch nicht veranlagten Grunderwerbsteuerfälle die – dem Verkehrswert bzw. gemeinen Wert regelmäßig sehr nahe kommenden – Bewertungsvorschriften für erbschaft- und schenkungsteuerliche Zwecke (§§ 176 ff. BewG) anzuwenden.“[1035] Der Nachweis eines niedrigeren gemeinen Werts eines zum Vermögen einer Gesellschaft gehörenden Grundstücks kann für grunderwerbsteuerliche Zwecke nicht durch Rückgriff auf den Wertansatz des Grundstücks in der Bilanz der Gesellschaft geführt werden. Auch die Ableitung des gemeinen Werts aus dem Kaufpreis für einen Gesellschaftsanteil (z. B. bei einer grunderwerbsteuerpflichtigen Anteilsvereinigung nach § 1 Abs. 3 GrEStG) reicht für den Nachweis eines niedrigeren Grundstückswerts regelmäßig nicht aus.[1036]

1035 BVerfG, Beschluss v. 23.6.2015 - 1 BvL 13/11, 1 BvL 14/11 Vorlage des BFH v. 2.3.2011 - II R 23/10, BStBl 2011 II S. 932, und II R 64/08, NWB AAAAD-81044.

1036 Vgl. BFH v. 25.4.2018 - II R 47/15, BStBl 2019 II S. 144, der BFH konnte in seiner Entscheidung offenlassen, ob eine Ableitung aus dem Kaufpreis der Gesellschaftsanteile möglich ist, wenn das Grundstück den einzigen Bilanzposten der Gesellschaft darstellt.

Mit Beschluss v. 30.5.2017[1037] hat der BFH dem EuGH die Frage vorgelegt, ob die für die Grunderwerbsteuer geltende Steuervergünstigung bei Umstrukturierungen im Konzern nach § 6a GrEStG eine unionsrechtlich verbotene Beihilfe darstellt. Mit Urteil v. 19.12.2018[1038] hat der EuGH entschieden, dass § 6a GrEStG keine unionsrechtlich verbotene Beihilfe darstellt. Die grunderwerbsteuerliche Optimierung von Umstrukturierungen durch § 6a GrEStG ist somit seit der EuGH-Entscheidung wieder möglich (vgl. dazu ausführlich Rz. 1016).

Mit Wirkung zum 1.7.2021 wurden durch das Gesetz zur Änderung des Grunderwerbsteuergesetzes v. 12.5.2021[1039] zahlreiche Änderungen im Grunderwerbsteuerrecht vorgenommen. Das Gesetz sieht insbesondere Verschärfungen für sog. Share Deals vor, jedoch auch die Absenkung der grunderwerbsteuerbaren Beteiligungsgrenze von 95 % auf 90 % in den Ergänzungstatbeständen (§ 1 Abs. 2a, 3 und 3a GrEStG), die Einführung eines Ergänzungstatbestands bei Anteilseignerwechseln bei Kapitalgesellschaften (§ 1 Abs. 2b GrEStG), die Verlängerung von Beobachtungs-/Haltefristen von 5 auf 10 (§ 5 Abs. 3, § 6 Abs. 3 Satz 2, § 6 Abs. 4 Nr. 1 und 2 sowie § 7 Abs. 3 GrEStG) bzw. 15 Jahren (§ 6 Abs. 4 Nr. 3 GrEStG) sowie die Anwendung der Ersatzbemessungsgrundlage auf Grundstücksverkäufe im Rückwirkungszeitraum bei Umwandlungsfällen und Einbringungen (§ 8 Abs. 2 Satz 1 Nr. 4 GrEStG).

Im Folgenden sollen zunächst die für Umstrukturierungen relevanten grunderwerbsteuerbaren Tatbestände und anschließend die Befreiungstatbestände dargestellt werden. Dabei werden auch die unter die jeweiligen Tatbestände fallenden Umstrukturierungen aufgeführt, wobei sich auf die für den Mittelstand wesentlichen Umstrukturierungsvarianten beschränkt werden soll. 902

2. Grunderwerbsteuerbare Tatbestände

a) Allgemeines

Anders als das Ertragsteuerrecht stellt das Grunderwerbsteuerrecht nicht (primär) auf die wirtschaftliche Zurechnung des Grundvermögens ab, sondern auf den (zivilrechtlichen) Eigentümer bzw. den **Wechsel der zivilrechtlichen Eigentümerstellung**. Umstrukturierungen gehen meist mit einem Wechsel der Eigentümerstellung hinsichtlich des sich im Betriebsvermögen befindlichen Grundbesitzes einher. Soweit es also durch die Umwandlung zu einem Eigen- 903

1037 BFH v. 30.5.2017 - II R 62/14, BStBl 2017 II S. 916.

1038 EuGH v. 19.12.2018 - C-374/17, NWB 2019 S. 12, IStR 2019 S. 70 (m. Anm. Linn/Pignot).

1039 BGBl 2021 I S. 986.

tümerwechsel am Grundvermögen kommt, besteht das Risiko der Besteuerung mit der Grunderwerbsteuer.

904 Der **Grundtatbestand** in § 1 Abs. 1 Nr. 1 GrEStG knüpft an einen Kaufvertrag oder ein anderes Rechtsgeschäft an, das den Anspruch auf Übereignung des Grundstücks begründet. Damit stellt **bereits der Abschluss des zivilrechtlichen Verpflichtungsgeschäfts** auf Übertragung eines Grundstücks einen grunderwerbsteuerbaren Vorgang dar. Vom Grundtatbestand erfasst sind u. a. der Abschluss des Kaufvertrags und die Ausübung des Vorkaufsrechts, Wiederkaufsrechts, Ankaufsrechts, Erbschaftskaufs und die freiwillige Versteigerung.[1040]

905 **Vom Grundtatbestand des § 1 Abs. 1 Nr. 1 GrEStG nicht erfasst** sind solche Geschäfte, die auf einen Eigentumsübergang unmittelbar kraft Gesetzes zuführen, so die Verpflichtung zur Erbteilsübertragung, die Erbeinsetzung, die Verschmelzung nach dem UmwG und – im Falle der Anwachsung – die Verpflichtung zum Ausscheiden aus einer zweigliedrigen Personengesellschaft.[1041]

b) § 1 Abs. 1 Nr. 3 GrEStG – Verschmelzung, Spaltung, Anwachsung

906 Bei der **Verschmelzung** (§§ 2 ff. UmwG) und der **Spaltung** (§§ 123 ff. UmwG) geht das Unternehmen, bzw. ein Teil des Unternehmens, von dem übertragenden Rechtsträger auf einen anderen (übernehmenden) Rechtsträger über. Befinden sich in dem übergehenden Vermögen Grundstücke, so ist dieser Vermögensübergang nach § 1 Abs. 1 Nr. 3 GrEStG grunderwerbsteuerbar.[1042] Auch die Fälle der **Anwachsung** stellen einen grunderwerbsteuerbaren Vorgang nach § 1 Abs. 1 Nr. 3 GrEStG dar.[1043] Der **Formwechsel** unterliegt als identitätswahrende Umwandlung grundsätzlich nicht der Grunderwerbsteuer.[1044] Dies gilt auch für den Formwechsel zwischen Personen- und Kapitalgesellschaften.[1045] Jedoch kann der Formwechsel einer Personengesellschaft in eine Kapitalgesellschaft zu einer Nachversteuerung führen, wenn innerhalb von zehn Jahren vor dem Formwechsel die Befreiungsvorschriften des §§ 5 f. GrEStG in Anspruch genommen wurden.

1040 Vgl. Viskorf, GrEStG, § 1 Rz. 243 ff.

1041 Vgl. Viskorf, GrEStG, § 1 Rz. 350.

1042 Vgl. Viskorf, GrEStG, § 1 Rz. 369 f.

1043 Vgl. BFH v. 11.11.1953 - II 167/53 S, BStBl 1953 III S. 372; v. 19.1.1977 - II R 161/74, BStBl 1977 II S. 359.

1044 Vgl. BFH v. 4.12.1996 - II B 116/96, BStBl 1997 II S. 661.

1045 Vgl. Viskorf, GrEStG, § 1 Rz. 379.

Die Grunderwerbsteuer wird in den Fällen des § 1 Abs. 1 Nr. 3 GrEStG erst **mit dem Eigentumsübergang** an den Grundstücken ausgelöst und nicht schon mit der Unterzeichnung des Umwandlungsvertrages oder nach Zustimmung der Haupt- bzw. Gesellschafterversammlungen der beteiligten Gesellschaften.[1046] Die Steuer entsteht mit Eintragung der Umwandlung in das Handelsregister, bei der Verschmelzung mit der Eintragung der Umwandlung in das Handelsregister des übernehmenden Rechtsträgers (§ 20 Abs. 1 Nr. 1 UmwG) und bei der Spaltung mit Eintragung in das Handelsregister des übertragenden Rechtsträgers (§ 131 Abs. 1 Nr. 1 UmwG).[1047] Die ertragsteuerliche Rückwirkung nach dem Umwandlungsteuergesetz[1048] hat folglich keine Auswirkungen auf die Grunderwerbsteuer.[1049] 907

Ein grunderwerbsteuerbarer Vorgang i. S. d. § 1 Abs. 1 Nr. 3 GrEStG kann somit nur vorliegen, wenn (zumindest auch) die **übertragende Gesellschaft eine grundbesitzende Gesellschaft** ist. Verfügt lediglich die übernehmende Gesellschaft über Grundbesitz, so kommt eine Grunderwerbsteuerbelastung allenfalls nach § 1 Abs. 2a, Abs. 2b oder Abs. 3 bzw. Abs. 3a GrEStG in Frage, nicht jedoch nach § 1 Abs. 1 Nr. 3 GrEStG. 908

BERATUNGSHINWEIS:

Nach der bis zum 30.6.2021 geltenden Fassung des GrEStG bestand eine Gestaltungsoption zur Reduzierung der Grunderwerbsteuer im Falle der Verschmelzung einer grundbesitzenden Tochterkapitalgesellschaft auf ihre 100 %ige Muttergesellschaft durch einen Unterwertverkauf der Immobilien im Rückwirkungszeitraum der Verschmelzung. Bei einer Up-Stream-Verschmelzung und einer dadurch ausgelösten Grunderwerbsteuer nach § 1 Abs. 1 Nr. 3 GrEStG ist die grunderwerbsteuerliche Bemessungsgrundlage der nach den Vorschriften der §§ 176 ff. BewG ermittelte gemeine Wert des übergehenden Grundbesitzes (§ 8 Abs. 2 Satz 1 Nr. 2 GrEStG). Jedoch war bei einem Verkauf der betreffenden Grundstücke von der Tochtergesellschaft an die Muttergesellschaft aus grunderwerbsteuerlicher Sicht zwingend die vereinbarte Gegenleistung maßgeblich (§ 8 Abs. 1 GrEStG a. F.), solange es sich nicht um einen rein symbolischen Kaufpreis handelte.[1050] Es war damit aus grunderwerbsteuerlicher Sicht auch ein Kaufpreis unterhalb des gemeinen Wertes/Verkehrswertes zulässig. In der Praxis wurde regelmäßig ein Kaufpreis von mindestens 10 % des Verkehrswertes gewählt. Damit der Verkauf unterhalb des gemeinen Wertes nicht aus ertragsteuerlicher Sicht zu einer vGA der Tochtergesellschaft an die Muttergesellschaft führte, hatte die Veräußerung im Rückwirkungszeitraum der Verschmelzung zu erfolgen. In diesem Fall war aus ertrag-

1046 Vgl. BFH v. 28.7.1970 - II 105/64, BStBl 1970 II S. 816; v. 18.7.1979 - II R 59/73, BStBl 1979 II S. 683.

1047 Vgl. BFH v. 16.2.1994 - II R 125/90, BStBl 1994 II S. 866; v. 29.9.2005 - II R 23/04, BStBl 2006 II S. 137.

1048 § 2 UmwStG bzw. § 20 Abs. 5 Satz 1, Abs. 6 Satz 3 UmwStG.

1049 Vgl. dazu auch Rz. 944.

1050 Vgl. BFH v. 7.12.1994 - II R 9/92, BStBl 1995 II S. 268; Viskorf, GrEStG, § 9, Rz. 209.

steuerlicher Sicht die Veräußerung ein reines Innengeschäft der Muttergesellschaft, da sie im Zeitpunkt des Verkaufs bereits aus steuerlicher Sicht die Grundstücke der Tochtergesellschaft aufgrund der rückwirkenden Verschmelzung in ihrem Betriebsvermögen (zu Buchwerten) hatte. Damit konnte nach alter Rechtslage in diesem Beispiel die Grunderwerbsteuer nur auf 10 % des Verkehrswertes der Grundstücke anfallen und aus ertragsteuerlicher Sicht konnten die Grundstücke auf Antrag erfolgsneutral zu Buchwerten auf die Muttergesellschaft übergehen (§§ 11 bis 13 UmwStG; vorbehaltlich eines etwaigen – zu 95 % steuerfreien – Übernahmegewinns bei der Muttergesellschaft).[1051]

Diese Gestaltungsoption hat die Finanzverwaltung erkannt und der Gesetzgeber hat daraufhin mit Wirkung zum 1.7.2021 den § 8 Abs. 2 Satz 1 Nr. 4 GrEStG eingeführt. Demnach sind ab dem 1.7.2021 bei Unterwertverkäufen im Rückwirkungszeitraum nicht mehr der vereinbarte Kaufpreis maßgebliche Bemessungsgrundlage für die Grunderwerbsteuer, sondern es kommt zur Anwendung der Ersatzbemessungsgrundlage auf Grundstücksverkäufe im Rückwirkungszeitraum bei Umwandlungsfällen und Einbringungen, also der nach den Vorschriften der §§ 176 ff. BewG ermittelte gemeine Wert des übergehenden Grundbesitzes.

909–910 *(Einstweilen frei)*

c) § 1 Abs. 2a GrEStG (Wechsel im Gesellschafterbestand einer Personengesellschaft)

911 Kommt es bei einer Personengesellschaft **innerhalb von zehn Jahren** zu einem Wechsel im Gesellschafterbestand, so dass **mindestens 90 % der Anteile** am Gesellschaftsvermögen **auf neue Gesellschafter** übergehen, gilt dies als ein auf die Übereignung eines Grundstücks auf eine neue Personengesellschaft gerichtetes Rechtsgeschäft (§ 1 Abs. 2a GrEStG). Die Vorschrift fingiert einen Grundstücksübergang und ist **nur auf Personengesellschaften anwendbar**. **Steuerschuldner** in Fällen des § 1 Abs. 2a GrEStG ist die grundbesitzende Gesellschaft.[1052]

BERATUNGSHINWEIS:

Kommt es nach § 1 Abs. 2a GrEStG zu einem steuerpflichtigen Wechsel im Gesellschafterbestand der Personengesellschaft, so handelt es sich bei der entstandenen Grunderwerbsteuer um sofort abziehbare Betriebsausgaben der grundbesitzenden Gesellschaft und nicht um (nachträgliche) Anschaffungskosten für den Grundbesitz.[1053]

1051 Es besteht die Absicht der Politik und Finanzverwaltung diese Gestaltungsoption durch eine Gesetzesänderung des § 8 GrEStG zu unterbinden. Der Referentenentwurf des Jahressteuergesetzes 2019 enthält mit § 8 Abs. 2 Satz 1 Nr. 4 GrEStG-E einen entsprechenden Änderungsvorschlag, so dass diese Gestaltungsoption ggf. zukünftig nicht mehr möglich sein wird.

1052 § 13 Nr. 6 GrEStG.

1053 Vgl. BFH v. 2.9.2014 - IX R 50/13, BStBl 2015 II S. 260; OFD NRW v. 21.4.2015 - S 2174 - St 141 (01/2009)/S 2174 - 1001 - St 141, NWB SAAAE-89340.

aa) Neue Gesellschafter

Erforderlich ist, dass Anteile **auf neue Gesellschafter übergehen**. Ändert sich die Beteiligungsstruktur lediglich unter den Gesellschaftern, so unterliegt dies nicht § 1 Abs. 2a GrEStG. Erforderlich ist, dass neue Gesellschafter mindestens 90 % der Anteile erhalten. Ein Gesellschafter ist „neuer Gesellschafter" i. S. d. § 1 Abs. 2a Satz 1 GrEStG, wenn er 912

- zivilrechtlich erstmals ein Mitgliedschaftsrecht an einer bestehenden grundbesitzenden Personengesellschaft erwirbt oder
- innerhalb von zehn Jahren nach dem erstmaligen Erwerb des Mitgliedschaftsrechts seine Beteiligung durch den Erwerb weiterer Anteile am Gesellschaftsvermögen aufstockt.

Erst nach Ablauf von zehn Jahren verliert ein Gesellschafter die Eigenschaft als „neuer Gesellschafter" für Zwecke der Grunderwerbsteuer, es sei denn, es gehen vorher mindestens 90 % der Anteile am Gesellschaftsvermögen auf neue Gesellschafter über.

BEISPIEL: An der A-OHG sind A zu 50 %, B zu 40 % sowie C und D zu jeweils 5 % seit mehr als zehn Jahren beteiligt.

Variante 1:

A und B übertragen ihre Anteile auf C. Damit gehen 90 % der Anteile an der A-OHG auf C über. Jedoch war C bereits vorher an der A-OHG beteiligt, so dass die Anteile nicht auf einen neuen Gesellschafter übergehen. Die Übertragung unterliegt nicht nach § 1 Abs. 2a GrEStG der Grunderwerbsteuer.

Variante 2:

A und B übertragen ihre Beteiligung auf X. Damit ist X mit 90 % als neuer Gesellschafter an der A-OHG beteiligt, so dass der Vorgang nach § 1 Abs. 2a GrEStG grunderwerbsteuerpflichtig ist.

Variante 3:

A überträgt seine Beteiligung auf X im Jahr 01. Damit ist X mit 50 % als neuer Gesellschafter an der A-OHG beteiligt, jedoch ist der Vorgang nach § 1 Abs. 2a GrEStG nicht grunderwerbsteuerpflichtig, nicht mindestens 90 % der Anteile auf neue Gesellschafter übergegangen sind. Im Jahr 04 überträgt B seine Beteiligung auf X. Damit ist X mit 90 % als neuer Gesellschafter an der A-OHG beteiligt, so dass der Vorgang nach § 1 Abs. 2a GrEStG grunderwerbsteuerpflichtig ist.

BERATUNGSHINWEIS:

Eine Grunderwerbsteuerpflicht kann somit dauerhaft vermieden werden, wenn stets mehr als 10 % der Anteile am Gesellschaftsvermögen der grundstücksbesitzenden Personengesellschaft in der Hand von Altgesellschaftern verbleiben.

Als **Altgesellschafter** gelten 913

- die Gründungsgesellschafter,

- Gesellschafter, die schon vor dem Zehn-Jahres-Zeitraum beteiligt waren (mittelbar und unmittelbar),
- Gesellschafter, die im Zeitpunkt des Erwerbs des Grundstücks durch die Personengesellschaft mittelbar oder unmittelbar beteiligt waren, und
- Gesellschafter, die durch ihren Beitritt in die Gesellschaft den Tatbestand des § 1 Abs. 2a GrEStG schon einmal ausgelöst haben.[1054]

914 Im Gegensatz zu einer Personengesellschaft als Gesellschafter der grundstücksbesitzenden Personengesellschaft können **Kapitalgesellschaften nur selbst Altgesellschafter sein, deren Anteilseigner jedoch nicht** mittelbare Altgesellschafter sein.[1055]

915 Die Gesellschafterstellung als neuer Gesellschafter kann **durch Beitritt oder durch Anteilsübertragung** erfolgen. Im Falle des Anteilserwerbs verliert zugleich der übertragende Altgesellschafter seine Eigenschaft als Altgesellschafter, wenn er nach der Übertragung nicht mehr an der Gesellschaft beteiligt ist. Gleiches gilt für das reguläre Ausscheiden eines Altgesellschafters aus der Gesellschaft. **Tritt er später der Gesellschaft wieder bei**, so gilt er als neuer Gesellschafter.[1056] Erst nach zehn Jahren erhält er wieder die Stellung als Altgesellschafter.[1057]

BERATUNGSHINWEIS:

Eine vermögensmäßige Beteiligung am Gesellschaftsvermögen ist nach Ansicht der Literatur nicht notwendig.[1058] Somit könnte auch eine vermögensmäßig nicht beteiligte Komplementär-GmbH Altgesellschafter sein und der Erwerb einer 90 %igen vermögensmäßigen Beteiligung durch die Komplementär-GmbH keine Grunderwerbsteuer nach § 1 Abs. 2a GrEStG auslösen.[1059] Die Finanzverwaltung fordert hingegen eine sachenrechtliche Mitberechtigung des Gesellschafters, die sich aus der Stellung als Ge-

1054 Vgl. gleichlautender Ländererlass v. 10.5.2022 – Anwendung des § 1 Abs. 2a GrEStG, BStBl 2022 I S. 801, Tz. 5.2.1; Wilms/Jochum, ErbStG BewG GrEStG, § 1 GrEStG Rz. 258.

1055 Vgl. gleichlautender Ländererlass v. 10.5.2022 – Anwendung des § 1 Abs. 2a GrEStG, BStBl 2022 I S. 801, Tz. 5.2.3.2.

1056 Vgl. BFH v. 16.5.2013 - II R 3/11, BStBl 2013 II S. 963; gleichlautender Ländererlass v. 10.5.2022 – Anwendung des § 1 Abs. 2a GrEStG, BStBl 2022 I S. 801, Tz. 5.2.1.1.

1057 Vgl. gleichlautender Ländererlass v. 10.5.2022 – Anwendung des § 1 Abs. 2a GrEStG, BStBl 2022 I S. 801, Tz. 5.2.1.1; FG Baden-Württemberg v. 24.9.2003 - 5 K 248/02, EFG 2004 S. 142; Wilms/Jochum, ErbStG BewG GrEStG, § 1 GrEStG Rz. 258.3, 261.4.

1058 Vgl. Wilms/Jochum, ErbStG BewG GrEStG, § 1 GrEStG Rz. 257; Pahlke, GrEStG, § 1 Rz. 314; jedoch bislang nicht durch BFH bestätigt.

1059 Es ist jedoch zu prüfen, ob eine – ggf. mittelbare – grunderwerbsteuerbare Anteilsvereinigung nach § 1 Abs. 3 GrEStG eintritt (vgl. Rz. 935, 941 ff.).

samthänder ableitet, und eine vermögensmäßige Beteiligung an dem Gesellschaftsgrundstück.[1060]

bb) Anteil am Gesellschaftsvermögen

Der **Anteil am Gesellschaftsvermögen** bestimmt sich nach dem den einzelnen Gesellschaftern zustehenden Wertanteil am Reinvermögen als schuldrechtlicher, gesellschaftsvertraglicher Anspruch des jeweiligen Gesellschafters gegen die Gesamthand. Der Wertanteil wird somit durch Vereinbarung unter den Gesellschaftern im Gesellschaftsvertrag festgelegt. Hilfsweise ist der Wertanteil nach §§ 722, 734 BGB bzw. §§ 122 ff. HGB zu bestimmen.[1061] 916

Haben die Gesellschafter ihre Beteiligungsverhältnisse im Gesellschaftsvertrag derart geregelt, dass „unveränderliche" sog. feste Kapitalanteile (z. B. **Kapitalkonto I** genannt) maßgeblich für die Beteiligungsquote sind, so ist diese Beteiligungsquote auch für die Bestimmung des Anteils am Gesellschaftsvermögen i. S. d. § 1 Abs. 2a GrEStG heranzuziehen. Dies gilt jedoch nur, soweit die Gesellschafter **keine abweichende Vereinbarung** über die Teilhabe der einzelnen Gesellschafter am Wert und an der Wertentwicklung der zum Gesamthandsvermögen gehörenden Grundstücke getroffen haben; eine solche Regelung wäre vorrangig zu berücksichtigen.[1062] Steht einem Gesellschafter aufgrund gesellschaftsvertraglicher Regelung kein Anteil am Grundvermögen der Gesellschaft zu, so ist sein Anteil für die Bestimmung der Anteilsverhältnisse i. S. d. § 1 Abs. 2a GrEStG nicht maßgeblich und die Übertragung seines Anteils irrelevant. Regelungen des Gesellschaftsvertrages über Stimm-, Mitsprache- oder Kontrollrechte sowie Verfügungsbeschränkungen sind ebenso unbeachtlich.[1063] 917

cc) Zehn-Jahres-Zeitraum

Durch den Zehn-Jahres-Zeitraum soll die Umgehung der Vorschrift durch sukzessive Anteilsübertragungen verhindert werden. Für die Beurteilung der Frage, ob aufgrund einer Änderung des Gesellschafterbestands von mindestens 90 % der Anteile eine Grundstücksübertragung anzunehmen ist, sind **alle Anteilsübertragungen innerhalb von Zehn Jahren** zu berücksichtigen. Die **Frist** 918

1060 Vgl. gleichlautender Ländererlass v. 10.5.2022 – Anwendung des § 1 Abs. 2a GrEStG, BStBl 2022 I S. 801, Tz. 4.

1061 Vgl. gleichlautender Ländererlass v. 10.5.2022 – Anwendung des § 1 Abs. 2a GrEStG, BStBl 2022 I S. 801, Tz. 4.

1062 Vgl. Behrens/Schmitt, UVR 2005 S. 378, 386.

1063 Vgl. Behrens/Schmitt, UVR 2005 S. 378, 386.

beginnt mit der ersten Übertragung eines Anteils auf einen neuen Gesellschafter und **endet** nach zehn Jahren oder mit Eintritt der Steuerpflicht nach § 1 Abs. 2a GrEStG. Die Frist beginnt jedoch nur, soweit die Gesellschaft im Zeitpunkt des Anteilserwerbs über Grundvermögen verfügt. Übertragungen von mindestens 90 % der Anteile, die in einem Rechtsakt vollzogen werden, vollziehen sich in einer logischen Sekunde, also immer innerhalb eines Zeitraums von zehn Jahren. Die Zehnjahresfrist ist **für jedes Grundstück** im Vermögen der Personengesellschaft selbständig zu beurteilen.[1064]

919 Allerdings sind bei dem seit 1.7.2021 geltenden § 1 Abs. 2a GrEStG für den Zehn-Jahres-Zeitraum nur solche Anteilsübertragungen vor dem 1.7.2021 zu berücksichtigen, bei denen der Anteilserwerber mit Ablauf des 30.6.2021 nicht als Altgesellschafter anzusehen ist.[1065] Nach § 1 Abs. 2a GrEStG a. F. galt ein Zeitraum von fünf Jahren, nach dessen Ablauf ein neuer Gesellschafter dann als Altgesellschafter anzusehen ist.

BEISPIEL: An der AB-OHG sind A zu 70 % und B zu 30 % als Gründungsgesellschafter beteiligt. A überträgt am 1.5.2023 25 % auf X und am 1.1.2028 seine restlichen 45 % auf X. Am 1.8.2032 überträgt B seine 30 % auf Z. Damit hat sich innerhalb von zehn Jahren der Gesellschafterbestand der AB-OHG um mindestens 90 % geändert. Allerdings wurde X mit Wirkung zum 1.5.2023 neuer Gesellschafter der AB-OHG und aufgrund des bis zum 30.6.2021 geltenden § 1 Abs. 2a GrEStG a. F. ist er nach Ablauf von fünf Jahren seit dieser Übertragung als Altgesellschafter anzusehen. Damit wurde X mit Ablauf des 1.5.2028 Altgesellschafter i. S. d. § 1 Abs. 2a GrEStG a. F., so dass er auch mit Ablauf des 30.6.2032 als Altgesellschafter anzusehen war. Folglich sind die Übertragungen der 70 % von A auf X nicht in den Zehn-Jahres-Zeitraum für die Übertragung der 30 % von B auf Z einzubeziehen. Die Übertragung von B auf Z unterliegt damit nicht nach § 1 Abs. 2a GrEStG der Grunderwerbsteuer.

920–925 *(Einstweilen frei)*

dd) Mittelbarer Wechsel im Gesellschafterbestand

926 Auch der mittelbare Wechsel im Gesellschafterbestand ist schädlich, wenn dadurch mindestens 90 % der Anteile an der grundstücksbesitzenden Personengesellschaft auf neue Gesellschafter übergehen.

927 Bei der mittelbaren Beteiligung der **Gesellschafter von Personengesellschaften** (Zwischenpersonengesellschaft) an einer grundstücksbesitzenden Personengesellschaft ist stets auf die Beteiligungsverhältnisse aus den verschiedenen Ebe-

1064 Vgl. gleichlautender Ländererlass v. 10.05.2022 – Anwendung des § 1 Abs. 2a GrEStG, BStBl 2022 I S. 801, Tz. 6.

1065 Vgl. gleichlautender Ländererlass v. 29.6.2021, BStBl 2021 I S. 1006, Tz 2.1.

nen abzustellen und dementsprechend durchzurechnen (§ 1 Abs. 2a Satz 2 GrEStG).[1066]

BEISPIEL: A hält 90 % der Anteile an der A-KG. Die A-KG ist zu 90 % an der B-KG beteiligt. Damit ist A mittelbar zu 81 % an der B-KG beteiligt. Überträgt A seine Beteiligung an der A-KG, so kommt es zu einem mittelbaren Wechsel im Gesellschafterbestand der B-KG i. H. v. 81 %, so dass keine Grunderwerbsteuer nach § 1 Abs. 2a GrEStG anfällt.

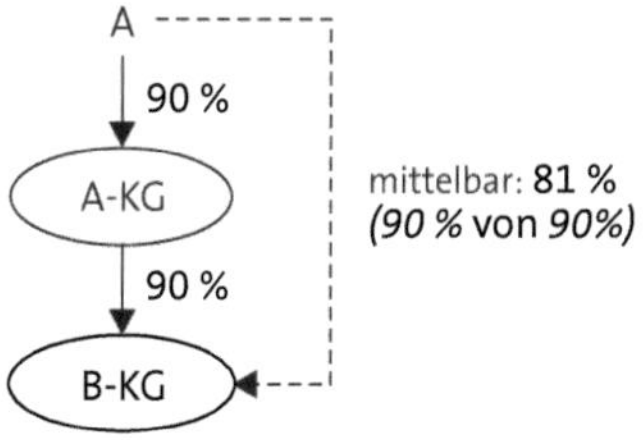

Bei der mittelbaren Beteiligung der **Gesellschafter von Kapitalgesellschaften** an einer grundstücksbesitzenden Personengesellschaft ist nur auf das erforderliche **Quantum von 90 %** der Anteile an der Kapitalgesellschaft abzustellen. Gehen bei einer Kapitalgesellschaft mindestens 90 % der Anteile auf neue Anteilseigener über, so ist die Beteiligung der Kapitalgesellschaft **in voller Höhe** bei der Ermittlung des Vomhundertsatzes i. S. d. § 1 Abs. 2a Satz 1 GrEStG zu berücksichtigen.[1067] Im Gegensatz zu der mittelbaren Beteiligung der Gesellschafter von Personengesellschaften an einer grundstücksbesitzenden Personengesellschaft wird bei einer Kapitalgesellschaft als Gesellschafter der grundbesitzenden Personengesellschaft **nicht durchgerechnet**. Soweit sich also der Gesellschafterbestand der Kapitalgesellschaft nicht mindestens um 90 % verändert, tritt auch keine mittelbare Änderung im Gesellschafterbestand der grundstücksbesitzenden Personengesellschaft ein. Diese Vorgehensweise bei mittelbarer Beteiligung über eine Kapitalgesellschaft an einer grundstücksbesitzenden Personengesellschaft wurde aufgrund entgegenstehender BFH-Rechtsprechung vom Gesetzgeber im Sinne der Finanzverwaltung erstmalig mit Wirkung zum 6.11.2015 durch das Steueränderungsgesetz 2015 in § 1 Abs. 2a Satz 3 f. GrEStG gesetzlich normiert.[1068] 928

1066 Vgl. gleichlautender Ländererlass v. 10.05.2022 – Anwendung des § 1 Abs. 2a GrEStG, BStBl 2022 I S. 801, Tz. 5.3.

1067 Vgl. gleichlautender Ländererlass v. 10.05.2022 – Anwendung des § 1 Abs. 2a GrEStG, BStBl 2022 I S. 801, Tz. 5.3.

1068 § 1 Abs. 2a Satz 3 GrEStG; vgl. BFH v. 24.4.2013 - II R 17/10, BStBl 2013 II S. 833; gleichlautender Ländererlass v. 9.10.2013, BStBl 2013 I S. 1278.

BEISPIEL: A hält 90 % der Anteile an der M-GmbH. Die M-GmbH ist zu 90 % an der T-KG beteiligt. Damit ist A (rechnerisch) mittelbar zu 81 % an der T-KG beteiligt. A überträgt seinen Anteil an der M-GmbH auf X.

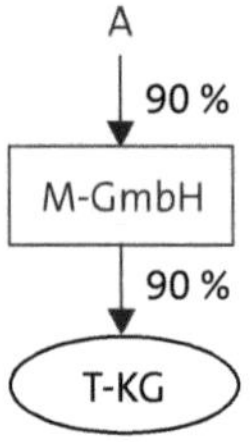

Die Übertragung der Anteile von A auf X führt zu einem Gesellschafterwechsel bei der M-GmbH i. H. v. 90 %. Damit gilt der gesamte Anteil der M-GmbH an der T-KG als von einem neuen Gesellschafter gehalten. Da sich die Beteiligung der M-GmbH an der T-KG i. H. v. 90 % beläuft, tritt ein (mittelbarer) Gesellschafterwechsel bei der T-KG i. H. v. 90 % ein, so dass der Tatbestand des § 1 Abs. 2a GrEStG erfüllt ist. Es kommt somit zu einer Grunderwerbsteuerpflicht, obwohl bei Durchrechnung nur 81 % der Anteile mittelbar übertragen werden.

929 Bei mehrstufigen Kapitalgesellschafts-Beteiligungsketten muss es bei einem Anteilseignerwechsel auf der obersten Ebene auch bei jeder in der Kette darunterliegenden Kapitalgesellschaft zu einem Anteilseignerwechsel von mindestens 90 % kommen, damit die unmittelbar an der grundstücksbesitzenden Personengesellschaft beteiligte Kapitalgesellschaft als neuer Gesellschafter gilt.

BEISPIEL: A hält 90 % der Anteile an der H-AG, die wiederum 89 % der Anteile an der M-GmbH hält. B ist unmittelbar zu 11 % an der M-GmbH beteiligt. Die M-GmbH ist zu 90 % an der grundstücksbesitzenden T-KG beteiligt.

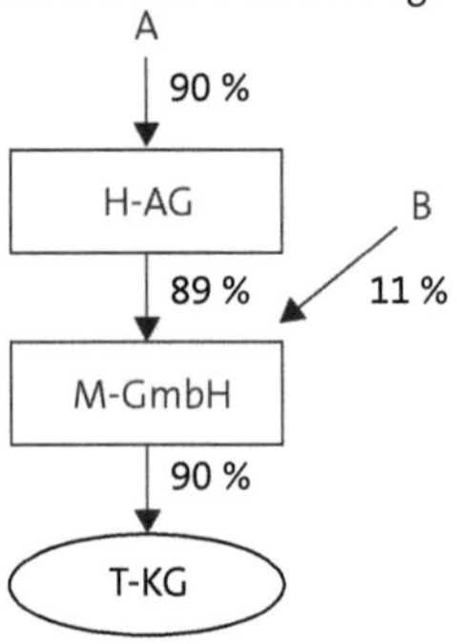

Variante 1:

A überträgt seinen Anteil an der H-AG auf X. Damit kommt es zu einem Gesellschafterwechsel bei der H-AG i. H. v. 90 %. Folglich gilt der gesamte Anteil der H-AG an der M-GmbH als von einem neuen Gesellschafter gehalten. Die H-AG ist jedoch nur zu 89 % an der M-GmbH beteiligt, so dass es bei der M-GmbH nur i. H. v. 89 % zu einem Gesellschafterwechsel kommt und damit das erforderliche Quantum von 90 % nicht erreicht wird. Die M-GmbH gilt nicht als neuer Gesellschafter der T-KG.

Variante 2:

A überträgt seinen Anteil an der H-AG auf X und B seinen Anteil an der M-GmbH auf Y. Damit kommt es zu einem Gesellschafterwechsel bei der H-AG i. H. v. 90 %. Folglich gilt der gesamte Anteil der H-AG an der M-GmbH als von einem neuen Gesellschafter gehalten. Durch die Übertragung von B auf Y kommt es insgesamt zu einem Anteilseignerwechsel bei der M-GmbH i. H. v. 100 % (mittelbar über die H-AG i. H. v. 89 % und unmittelbar durch Y zu 11 %). Damit gilt der gesamte Anteil der M-GmbH an der T-KG als von einem neuen Gesellschafter gehalten. Da sich die Beteiligung der M-GmbH an der T-KG i. H. v. 90 % beläuft, tritt ein (mittelbarer) Gesellschafterwechsel bei der T-KG i. H. v. 90 % ein, so dass der Tatbestand des § 1 Abs. 2a GrEStG erfüllt ist.

Zu einem grunderwerbsteuerbaren mittelbaren Wechsel im Gesellschafterbestand nach § 1 Abs. 2a GrEStG kann es auch durch die **Einschaltung von Treuhändern** kommen. Der Gesellschafterbestand einer grundbesitzenden Personengesellschaft i. S. v. § 1 Abs. 2a Satz 1 GrEStG ändert sich mittelbar, wenn ein an der Personengesellschaft unmittelbar beteiligter Gesellschafter mit einem oder mehreren Treugebern vereinbart, den Gesellschaftsanteil künftig treuhänderisch für diese bisher nicht an der Gesellschaft beteiligten Personen zu halten, und die Treuhandvereinbarungen im maßgeblichen Zehnjahreszeitraum dazu führen, dass den Treugebern mindestens 90 % der Anteile am Gesellschaftsvermögen der Personengesellschaft als neuen Gesellschaftern zuzurechnen sind.[1069] Nach Auffassung der Finanzverwaltung[1070] ist darüber hinaus in Treuhandkonstellationen „Neugesellschafter“ 930

- der neue Treugeber eines Gesellschafters nach Treugeberwechsel,
- der Treugeber, auf den die treuhänderisch gehaltenen Anteile vom Treuhänder übertragen oder rückübertragen werden (zur anteiligen Steuerbefreiung in Höhe der rückübertragenen Anteile auf den Treugeber vgl. § 3 Nr. 8 GrEStG analog) oder
- der neue Treuhänder beim Wechsel des Treuhändergesellschafters.

1069 Vgl. BFH v. 25.11.2015 - II R 18/14, BStBl 2018 II S. 783; gleichlautender Ländererlass v. 10.5.2022 – Anwendung des § 1 Abs. 2a GrEStG, BStBl 2022 I S. 801, Tz. 5.2.4.

1070 Vgl. gleichlautender Ländererlass v. 10.5.2022 – Anwendung des § 1 Abs. 2a GrEStG, BStBl 2022 I S. 801, Tz. 5.2.4.

ee) Umwandlungen des Gesellschafters

931 Beim **Formwechsel eines Gesellschafters** einer grundbesitzenden Personengesellschaft bleibt seine Identität als Altgesellschafter gewahrt. Die formwechselnde Umwandlung führt nicht zu einem Gesellschafterwechsel. Dies gilt auch dann, wenn wie z. B. bei der Umwandlung einer AG in eine OHG Träger des Unternehmensvermögens nunmehr deren Gesellschafter zur gesamten Hand sind.[1071] Hinsichtlich der **Gesellschafter der formgewechselten Gesellschaft** sind in folgenden Fällen Besonderheiten zu beachten.[1072]

- Formwechsel Kapitalgesellschaft in Personengesellschaft: Die an der umgewandelten Gesellschaft beteiligten Gesellschafter werden durch die formwechselnde Umwandlung Neugesellschafter in Bezug auf die grundbesitzende Personengesellschaft, da sie erstmals eine gesamthänderische Mitberechtigung an deren Vermögen erlangen. Die im Zeitpunkt der formwechselnden Umwandlung vorhandenen Beteiligungen der Gesellschafter an der formgewechselten Gesellschaft werden nicht in die Berechnung des Quantums des § 1 Abs. 2a GrEStG einbezogen, da es aufgrund der umwandlungsrechtlich geregelten Besonderheiten für diese Beteiligungen an dem Tatbestandsmerkmal „Übergang von Anteilen" fehlt.
- Formwechsel Personengesellschaft in Kapitalgesellschaft: Die an der umgewandelten Gesellschaft beteiligten Gesellschafter verlieren durch die formwechselnde Umwandlung ihre Eigenschaft als Alt- oder Neugesellschafter in Bezug auf die grundbesitzende Personengesellschaft. Sie werden Altgesellschafter in Bezug auf die Kapitalgesellschaft.

932 Ein schädlicher Gesellschafterwechsel kann durch die **Verschmelzung eines unmittelbaren Gesellschafters** der grundbesitzenden Personengesellschaft eintreten.

BEISPIEL: An der AB-OHG sind die A-GmbH zu 90 % und B zu 10 % beteiligt. Wird die A-GmbH auf die X-GmbH verschmolzen, so ist die X-GmbH (erstmals) zu 90 % an der AB-OHG beteiligt. Die Verschmelzung führt zu einer Grunderwerbsteuerpflicht nach § 1 Abs. 2a GrEStG, da 90 % der Anteile auf einen neuen Gesellschafter übergehen.

933 Bei der **Verkürzung der Beteiligungskette** von Kapitalgesellschaften oberhalb der eigentlichen Gesellschaften bleibt jedoch die Altgesellschaftereigenschaft

1071 Vgl. gleichlautender Ländererlass v. 10.5.2022 – Anwendung des § 1 Abs. 2a GrEStG, BStBl 2022 I S. 801, Tz. 5.2.5.2.

1072 Vgl. gleichlautender Ländererlass v. 10.5.2022 – Anwendung des § 1 Abs. 2a GrEStG, BStBl 2022 I S. 801, Tz. 5.2.5.2.

erhalten, solange sich keine Änderungen im unmittelbaren Gesellschafterbestand ergeben.[1073]

Auch **Einbringungsvorgänge in eine Personengesellschaft nach § 24 UmwStG** können Grunderwerbsteuer auslösen, wenn durch die Gewährung von Anteilen an der übernehmenden Personengesellschaft (als Gegenleistung für die Einbringung), mindestens 90 % der Anteile nach der Einbringung von neuen Gesellschaftern gehalten werden. 934

ff) Verhältnis zu § 1 Abs. 3 GrEStG

Ändert sich der Gesellschafterbestand einer Personengesellschaft, kann eine Besteuerung nach § 1 Abs. 2a oder § 1 Abs. 3 GrEStG in Betracht kommen. **§ 1 Abs. 2a GrEStG geht der Anwendung des § 1 Abs. 3 GrEStG vor.** Die Anwendung des § 1 Abs. 3 GrEStG wird durch § 1 Abs. 2a GrEStG auch dann ausgeschlossen, wenn nach dessen Satz 6 oder einer Befreiungsvorschrift die Steuer nicht erhoben wird.[1074] 935

BERATUNGSHINWEIS:

Soweit gegen einen Vorgang nach § 1 Abs. 2a oder § 1 Abs. 3 GrEStG ein Einspruch eingelegt werden soll, ist der Einspruch gegen den Grundlagenbescheid einzulegen und an das Finanzamt zu richten, das diesen Grundlagenbescheid erlassen hat (§ 17 Abs. 3 GrEStG). In dem Grundlagenbescheid wird sowohl über die Steuerbarkeit, die Steuerpflichtigkeit (Befreiungstatbestände) als auch über die Bemessungsgrundlage entschieden. Ein Einspruch gegen die Steuerbarkeit oder Steuerpflichtigkeit eines Vorganges ist folglich gegen den Grundlagenbescheid einzulegen.

d) § 1 Abs. 2b GrEStG (Wechsel im Gesellschafterbestand einer Kapitalgesellschaft)

Mit **Wirkung zum** 1.7.2021 wurde der § 1 Abs. 2b GrEStG eingeführt, wonach auch der Wechsel im Gesellschafterbestand einer grundbesitzenden Kapitalgesellschaft der Grunderwerbsteuer unterliegt, wenn mindestens 90 % der Anteile an dieser Kapitalgesellschaft innerhalb von zehn Jahren auf neue Gesellschafter übergehen. Dabei sind unmittelbare und mittelbare Gesellschafterwechsel zu berücksichtigen. Die Vorschrift fingiert die Übereignung eines zum Vermögen einer Kapitalgesellschaft gehörenden Grundstücks auf eine fiktiv 936

1073 Vgl. gleichlautender Ländererlass v. 10.5.2022 – Anwendung des § 1 Abs. 2a GrEStG, BStBl 2022 I S. 801, Tz. 5.2.3.1.

1074 Vgl. gleichlautender Ländererlass v. 10.5.2022 – Anwendung des § 1 Abs. 2a GrEStG, BStBl 2022 I S. 801, Tz. 8.1.

„neue" Kapitalgesellschaft.[1075] § 1 Abs. 2b GrEStG ist nahezu vollständig in Anlehnung an § 1 Abs. 2a GrEStG gefasst, so dass bis auf die nachfolgenden Besonderheiten auf die Ausführungen unter Rz. 911 ff. verwiesen werden kann.

937 **Kapitalgesellschaften i. S. d. § 1 Abs. 2b GrEStG** sind insbesondere die Gesellschaft mit beschränkter Haftung (GmbH), die Unternehmergesellschaft (UG), die Aktiengesellschaft (AG), die Kommanditgesellschaft auf Aktien (KGaA) und die Europäische Gesellschaft (SE). Ausländische Kapitalgesellschaften, deren rechtliche Struktur den inländischen Kapitalgesellschaften entspricht, werden von der Vorschrift erfasst.[1076]

938 **Anteile der Gesellschaft** sind bei Kapitalgesellschaften die Beteiligungen am Gesellschaftskapital, z. B. bei einer GmbH die Geschäftsanteile (§ 5 und §§ 14 ff. GmbHG) und bei einer AG die Aktien (§§ 8 ff. AktG). Der übergehende Anteil entspricht bei einer GmbH dem Anteil, den die übertragenden Geschäftsanteile am Stammkapital darstellen. Bei einer AG entspricht er dem Anteil, den die übertragenden Aktien am Grundkapital darstellen. Die Vermögenseinlagen der persönlich haftenden Gesellschafter einer Kommanditgesellschaft auf Aktien sind Teil des Grundkapitals, wenn sie darauf geleistet wurden (§ 281 Abs. 2 AktG). § 1 Abs. 2b GrEStG stellt typisierend nur auf das Quantum von 90 % der Anteile am Kapital der grundbesitzenden Kapitalgesellschaft ab. Auf die mit den einzelnen Anteilen verbundene Rechtsmacht kommt es nicht an. Beispielsweise sind Vorzugsaktien (§ 12 AktG) nicht anders als die mit Stimmrecht ausgestatteten Aktien zu behandeln.

939 Für die Anwendung des § 1 Abs. 2b GrEStG sind nur solche Anteilsübergänge zu berücksichtigen, die **nach dem 30.6.2021 erfolgen**. Alle mit Ablauf des 30.6.2021 Beteiligten gelten als Altgesellschafter. Eine **unmittelbare Änderung des Gesellschafterbestandes** einer grundbesitzenden Kapitalgesellschaft liegt vor, wenn ein Anteil an ihrem Kapital zivilrechtlich wirksam auf einen neuen oder anderen Anteilseigner übergeht. Der bloße Übergang des wirtschaftlichen Eigentums ist nicht ausreichend. Da es zivilrechtlich keine mittelbare Änderung eines Gesellschafterbestandes gibt und bei der **mittelbaren Änderung des Gesellschafterbestandes** zivilrechtlich kein Anteil an der grundbesitzenden Gesellschaft auf einen Neugesellschafter übergeht, scheidet eine Anknüpfung an das Zivilrecht aus. Aus grunderwerbsteuerrechtlicher Sicht ist maßgeblich, wer hinter dem an der grundbesitzenden Kapitalgesellschaft unmittelbar beteiligten Gesellschafter steht. Es gelten hierfür die Ausführungen zum mittel-

1075 Vgl. gleichlautender Ländererlass v. 10.5.2022, BStBl 2022 I S. 821, Tz. 1.
1076 Vgl. gleichlautender Ländererlass v. 10.5.2022, BStBl 2022 I S. 821, Tz. 2.

baren Gesellschafterwechsel bei § 1 Abs. 2a GrEStG unter Rz. 926 ff. entsprechend.

Besonderheiten ergeben sich beim **Auseinanderfallen des Tages der Vertragsunterzeichnung (sog. Signing") und der zivilrechtlichen Wirksamkeit des Vorgangs (sog. „Closing")**, wenn dadurch mindestens 90 % der grundbesitzenden Kapitalgesellschaft auf einen Erwerber übertragen werden. Im Zeitpunkt des Signing erfolgt verfahrensrechtlich eine Festsetzung nach § 1 Abs. 3 Nr. 1 oder 3 GrEStG. Im Zeitpunkt des Closing erfolgt eine Festsetzung nach § 1 Abs. 2b GrEStG und die Festsetzung nach § 1 Abs. 3 Nr. 1 oder 3 GrEStG (im Zeitpunkt des Signing) ist bei Grundstücksidentität auf Antrag aufzuheben oder zu ändern (§ 16 Abs. 4a GrEStG). Eine Festsetzung nach § 1 Abs. 3 GrEStG ist nach Ansicht der Finanzverwaltung grundsätzlich nur in den Fällen geboten, in denen bis zu einem Jahr nach Kenntnisnahme der Finanzverwaltung von dem steuerbegründenden Sachverhalt eine Besteuerung nach § 1 Abs. 2b GrEStG nicht zu erwarten ist. Zudem muss der Grundstücksbestand im Zeitpunkt des Closing und Signing identisch sein.[1077] 940

BERATUNGSHINWEIS:

In der Praxis ist daher sowohl nach dem Signing als auch nach dem Closing fristgerecht (2 Wochen) eine GrESt-Anzeige (vgl. Rz. 1036 ff.) an das zuständige Finanzamt zu senden. Die fristgerechte Anzeige ist Voraussetzung für die Aufhebung des GrESt-Bescheides aufgrund des Signing und zudem insbesondere für die Fälle relevant, wo es trotz des Signing schlussendlich nicht zum Closing kommt und für das steuerpflichtige Signing die Befreiung des § 16 GrEStG in Anspruch genommen werden soll (vgl. auch Rz. 1041).

Steuerschuldner ist in den Fällen des § 1 Abs. 2b GrEStG die grundbesitzende Kapitalgesellschaft (§ 13 Nr. 7 GrEStG). Der Steuerbescheid ist an sie als Inhaltsadressat zu richten (§ 157 Abs. 1 Satz 2 AO).

e) § 1 Abs. 3 GrEStG (Anteilsvereinigung und Anteilsübertragung)

Der unmittelbare oder mittelbare Erwerb von mindestens 90 % der Anteile einer grundstücksbesitzenden Gesellschaft durch eine Hand oder der Hinzuerwerb von Anteilen, so dass es zu einer Vereinigung von 90 % der Anteile der Gesellschaft in einer Hand kommt, unterliegt nach § 1 Abs. 3 GrEStG der Grunderwerbsteuer. § 1 Abs. 3 GrEStG ist sowohl auf **Kapitalgesellschaften** als 941

1077 Vgl. gleichlautender Ländererlass v. 10.5.2022, BStBl 2022 I S. 821, Tz. 8.2.

auch auf **Personengesellschaften** anwendbar.[1078] Steuerschuldner in Fällen des § 1 Abs. 3 GrEStG ist der Erwerber.[1079]

BERATUNGSHINWEIS 1:

Eine Grunderwerbsteuerpflicht kann somit vermieden werden, wenn stets mehr als 10 % der Anteile der grundstücksbesitzenden Gesellschaft in der Hand von Fremden verbleiben.

BERATUNGSHINWEIS 2:

Kommt es zu einer Anteilsvereinigung i. S. d. § 1 Abs. 3 GrEStG, so handelt es sich bei der entstandenen Grunderwerbsteuer um sofort abziehbare Betriebsausgaben des Erwerbers und nicht um Anschaffungskosten für die erhaltenen Anteile an der grundbesitzenden Gesellschaft.[1080]

BERATUNGSHINWEIS 3:

Grunderwerbsteuer, die durch eine Aufwärtsverschmelzung aufgrund einer mittelbaren Anteilsvereinigung i. S. d. § 1 Abs. 3 Nr. 1 GrEStG entstanden ist, gehört zu den Kosten für den Vermögensübergang nach § 12 Abs. 2 Satz 1 UmwStG. Nur objektbezogene Aufwendungen – wie z. B. die Grunderwerbsteuer beim Übergang eines Grundstücks – zählen nicht zu den Kosten für den Vermögensübergang.[1081]

aa) Grundstücke der Gesellschaft

942 Besteuert wird der **gesamte Grundbesitz der Gesellschaft**, der im Zeitpunkt der Anteilsvereinigung oder des Anteilserwerbs von mind. 90 % der Anteile der Gesellschaft „gehört". Dabei stellt jedoch jedes Grundstück für sich einen Fall des § 1 Abs. 3 GrEStG dar. Folglich liegen so viele GrESt-Fälle vor, wie der Gesellschaft Grundstücke gehören.[1082]

943 Es ist nicht erforderlich, dass sich das Grundstück im Eigentum der Gesellschaft befindet.[1083] **Maßgebend ist die grunderwerbsteuerrechtliche Zuordnung**, also ob ein Tatbestand verwirklicht wurde, der einen Erwerbsvorgang des § 1 Abs. 1, Abs. 2 oder Abs. 3 GrEStG darstellt.[1084]

BEISPIEL: Hat die Gesellschaft im Zeitpunkt der Anteilsvereinigung lediglich ein Kaufangebot erhalten, dieses aber noch nicht angenommen, so unterliegt dieses Grundstück nicht der Grunderwerbsteuer.

1078 Vgl. BFH v. 13.9.1995 - II R 80/92, BStBl 1995 II S. 903.

1079 § 13 Nr. 5 GrEStG.

1080 Vgl. BFH v. 20.4.2011 - I R 2/10, BStBl 2011 II S. 761; OFD NRW v. 21.4.2015 - S 2174 - St 141 (01/2009)/S 2174 - 1001 - St 141, NWB SAAAE-89340.

1081 Vgl. BFH v. 23.11.2022 - I R 25/10, BStBl 2023 II S. 612.

1082 Vgl. BFH v. 29.5.1974 - II 53/64, BStBl 1974 II S. 697.

1083 Vgl. RFH v. 21.4.1931, RStBl 1931 S. 547; BFH v. 16.1.1980 - I R 31/76, BStBl 1980 II S. 160.

1084 Vgl. Viskorf, GrEStG, § 1 Rz. 1075, 1077.

Variante:

Hat die Gesellschaft bereits den Kaufvertrag abgeschlossen, wurde jedoch die Auflassung noch nicht erklärt und der Grundstückseigentümerwechsel bislang noch nicht im Grundbuch eingetragen, so unterliegt das Grundstück dennoch der Grunderwerbsteuer nach § 1 Abs. 3 GrEStG, da der abgeschlossene Grundstückskaufvertrag ein zivilrechtliches Verpflichtungsgeschäft mit Anspruch auf Übertragung des Grundstücks i. S. d. § 1 Abs. 1 Nr. 1 GrEStG darstellt.

Ein Grundstück gehört nicht mehr zum Vermögen einer Gesellschaft, wenn es vor Tatbestandsverwirklichung des § 1 Abs. 3 GrEStG veräußert oder einem Dritten die Verwertungsbefugnis verschafft worden ist.[1085] Die ertragsteuerliche Rückwirkung nach dem Umwandlung-steuergesetz[1086] hat keine Auswirkungen auf die Grunderwerbsteuer.[1087] 944

BEISPIEL: An der A-KG sind A zu 100 % und die im alleinigen Anteilsbesitz von A stehende Kompl-GmbH zu 0 % beteiligt. Die A-KG veräußert ihr einziges Grundstück im Februar 01 (Unterzeichnung Kaufvertrag und Antrag auf Auflassung). Die Auflassung im Grundbuch erfolgt Anfang April 01. Zum 31.3.01 bringt A seine sämtlichen Kommanditanteile gegen Anteilsgewährung in die Kompl-GmbH ein, wodurch es zu einer Anwachsung der A-KG auf die Kompl-GmbH kommt. Die Einbringung erfolgt mit steuerlicher Rückwirkung auf den 1.1.01.

Die Einbringung löst keine Grunderwerbsteuer nach § 1 Abs. 2a GrEStG und auch keine nach § 1 Abs. 3 GrEStG aus. Aufgrund der im Februar erfolgten Veräußerung des Grundstücks hat die A-KG zum Zeitpunkt der zivilrechtlichen Übertragung der Anteile (31.3.01) kein Grundstück mehr in ihrem „Vermögen im grunderwerbsteuerlichen Sinne", da mit der Unterzeichnung des Kaufvertrags im Februar ein Vorgang nach § 1 Abs. 1 Nr. 1 ausgelöst wurde und das Grundstück seitdem nicht mehr dem grunderwerbsteuerlichen Vermögen der KG zuzurechnen ist. Die ertragsteuerliche Rückwirkung nach § 20 Abs. 5 Satz 1, Abs. 6 Satz 3 UmwStG hat keine Auswirkungen auf die Grunderwerbsteuer, so dass die Anteilsübertragung grunderwerbsteuerlich nicht auf den 1.1.01 zurückbezogen wird.

Allerdings führt die Anwachsung der A-KG auf die GmbH zu einer Grunderwerbsteuer nach § 1 Abs. 1 Nr. 3 GrEStG, da zum Zeitpunkt der zivilrechtlichen Wirksamkeit der Anwachsung (Tag der Wirksamkeit der Kommanditanteilsübertragung auf die Kompl.-GmbH zum 31.3.01) das Grundstück noch im zivilrechtlichen Eigentum der A-KG steht, also das Eigentum noch nicht im Grundbuch auf den Käufer umgeschrieben wurde. § 1 Abs. 1 Nr. 3 GrEStG stellt auf das zivilrechtliche Eigentum ab und nicht wie §§ 1 Abs. 2a und Abs. 3 GrEStG auf die grunderwerbsteuerliche Zurechnung des Grundstücks („grunderwerbsteuerliches Vermögen"). Die Anwachsung hätte somit erst dann erfolgen dürfen, nachdem auch der Eigentümerwechsel im Grundbuch vollzogen wurde; notfalls ist die Anteilseinbringung unter aufschieben-

1085 Vgl. BFH v. 29.9.2004 - II R 14/02, BStBl 2005 II S. 148.

1086 § 2 UmwStG bzw. § 20 Abs. 5 Satz 1, Abs. 6 Satz 3 UmwStG.

1087 Vgl. Tz. 01.01 UmwStE.

der Bedingung der Eintragung des Eigentümerwechsels des Grundstücks im Grundbuch vorzunehmen.

945–946 *(Einstweilen frei)*

bb) Anteile der Gesellschaft

947 Der **„Anteil"** an einer **Kapitalgesellschaft** wird für Aktiengesellschaften in § 16 Abs. 2 Satz 1 AktG definiert: „Welcher Teil der Anteile einem Unternehmen gehört, bestimmt sich bei Kapitalgesellschaften nach dem Verhältnis des Gesamtnennbetrags der ihm gehörenden Anteile zum Nennkapital, bei Gesellschaften mit Stückaktien nach der Zahl der unteilbaren (§ 8 Abs. 5 AktG – „Abspaltungsverbot") Aktien." Es wird somit auf den Anteil am Grundkapital abgestellt. Bei GmbHs ist auf den Anteil am Stammkapital abzustellen.[1088] Wechselseitige Beteiligungen sind wie „eigene gehaltene Anteile" zu behandeln, und somit bei der Berechnung des für § 1 Abs. 3 GrEStG maßgeblichen Quantums i. H. v. 90 % auszuscheiden und nicht zu berücksichtigen.[1089]

948 Im Rahmen des § 1 Abs. 3 GrEStG ist bei **Personengesellschaften** unter „Anteil an der Gesellschaft" die **gesamthänderische/sachenrechtliche Mitberechtigung** und nicht die vermögensmäßige Beteiligung am Gesellschaftskapital zu verstehen.[1090] Es erfolgt somit eine **„Pro-Kopf-Betrachtung"**, so dass jeder Gesellschafter eine gleichwertige Beteiligung hält. Damit ist für Zwecke des § 1 Abs. 3 GrEStG die Beteiligung einer nicht am Vermögen einer Kommanditgesellschaft beteiligten Komplementär-GmbH gleichwertig zu der Beteiligung eines 100 % Kommanditisten; beide halten jeweils 50 % „der Anteile der (Kommandit-)Gesellschaft". Eine Besonderheit gilt jedoch nach Ansicht des BFH bei einer sog. Einheitsgesellschaft: Verkauft ein Kommanditist einer grundbesitzenden GmbH & Co. KG seine Beteiligung an den einzigen anderen Kommanditisten, und ist die KG eine sog. Einheitsgesellschaft, ist – vorbehaltlich einer Besteuerung nach § 1 Abs. 2a GrEStG – auch der Tatbestand einer Anteilsvereinigung nach § 1 Abs. 3 Nr. 1 GrEStG erfüllt.[1091]

1088 Vgl. Viskorf, GrEStG, § 1 Rz. 1093.

1089 Vgl. BFH v. 18.9.2013 - II R 21/12, BStBl 2014 I S. 326; OFD NRW v. 7.2.2014 - S 4501 - 2013/4002 - St 255, NWB GAAAE-55547.

1090 Vgl. BFH v. 26.7.1995 - II R 68/92, BStBl 1995 II S. 736; gleichlautender Ländererlass v. 5.3.2024 - Anwendung des § 1 Abs. 3 GrEStG, BStBl 2024 I S. 383, Tz. 3.2.

1091 Vgl. BFH v. 12.3.2014 - II R 51/12, BStBl 2016 II S. 356.

Der **Formwechsel** einer Personengesellschaft führt nicht zu einer Anteilsvereinigung oder Anteilsübertragung, da es an einem Rechtsträgerwechsel i. S. d. § 1 Abs. 3 GrEStG fehlt.[1092] 949

cc) Anteilsvereinigung

Eine Anteilsvereinigung i. S. d. § 1 Abs. 3 Nr. 1 und 2 GrEStG liegt nur vor, wenn die Vereinigung der Anteile **aufgrund eines Rechtsvorganges** eintritt. Eine wirtschaftliche Anteilsvereinigung – etwa unter Anwendung des § 39 Abs. 2 AO oder § 1 Abs. 2 GrEStG – scheidet aus.[1093] 950

Die Vereinigung der Anteile kann in der Hand einer natürlichen Person, juristischen Person oder einer Gesamthandsgemeinschaft erfolgen, wobei sowohl **inländische** als auch **ausländische Gesellschafter** erfasst sind.[1094] 951

Die Anteilsvereinigung kann **unmittelbar, mittelbar oder als Kombination** aus mittelbarer und unmittelbarer Anteilsvereinigung erfolgen.[1095] 952

BEISPIEL 1: A ist zu 80 %, B und C zu jeweils 10 % an der grundstücksbesitzenden ABC-GmbH als Gründungsgesellschafter beteiligt. A erwirbt die Anteile von B. Damit vereinigen sich 90 % der Anteile der ABC-GmbH in der Hand des A, so dass der Tatbestand des § 1 Abs. 3 GrEStG erfüllt ist.

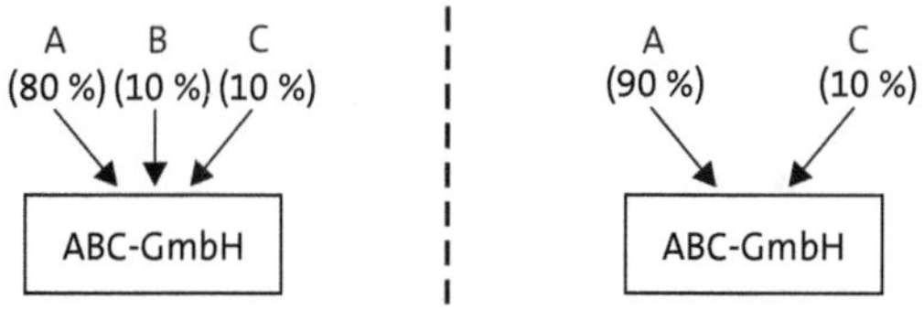

BEISPIEL 2: An der grundstücksbesitzenden G-GmbH ist die M-GmbH zu 90 % und X zu 10 % beteiligt. An der M-GmbH sind A und B jeweils zu 50 % beteiligt. A überträgt seinen Anteil auf B. Damit sind mindestens 90 % der Anteile der M-GmbH in der Hand des B vereinigt. Damit gelten die 90 % der M-GmbH an der G-GmbH als mittelbar in der Hand des B vereinigt. Diese mittelbare Anteilsvereinigung unterliegt der Grunderwerbsteuer nach § 1 Abs. 3 GrEStG.

1092 Vgl. Pahlke, GrEStG, § 1 Rz. 415.

1093 Vgl. BFH v. 26.2.1975 - II R 130/67, BStBl 1975 II S. 456.

1094 Vgl. Viskorf, GrEStG, § 1 Rz. 1068.

1095 Vgl. gleichlautender Ländererlass v. 5.3.2024 - Anwendung des § 1 Abs. 3 GrEStG, BStBl 2024 I S. 383, Tz. 1.

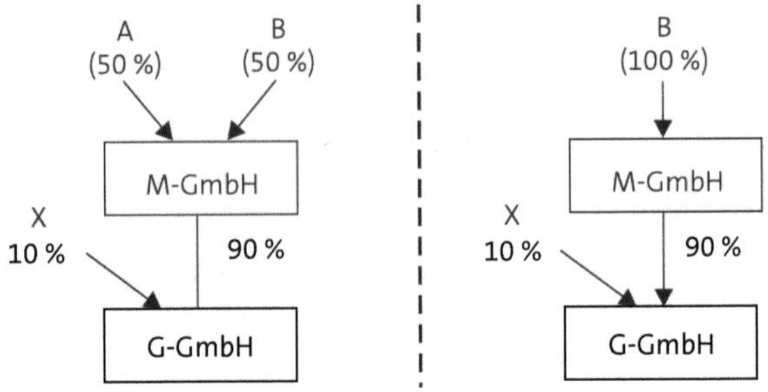

953 Bei der **mittelbaren Anteilsvereinigung** über eine **zwischengeschaltete Gesellschaft** wird die Beteiligung dieser dem Anteilserwerber in voller Höhe zugerechnet, wenn er mindestens zu 90 % an der Zwischengesellschaft beteiligt ist. Es erfolgt bei Kapitalgesellschaften keine anteilige Durchrechnung. Zur wirtschaftlichen Anteilsvereinigung nach § 1 Abs. 3a GrEStG vgl. Rz. 967 ff.

BEISPIEL 3: An der grundstücksbesitzenden G-GmbH sind A und die M-GmbH zu jeweils 50 % beteiligt. B hält 90 % und A 10 % der Anteile an der M-GmbH. A erwirbt weitere 80 % der Anteile an der M-GmbH von B. Damit vereinigen sich mindestens 90 % der Anteile der G-GmbH in der Hand von A (unmittelbar 50 % + mittelbar 50 %); der Vorgang unterliegt der Grunderwerbsteuer nach § 1 Abs. 3 GrEStG.

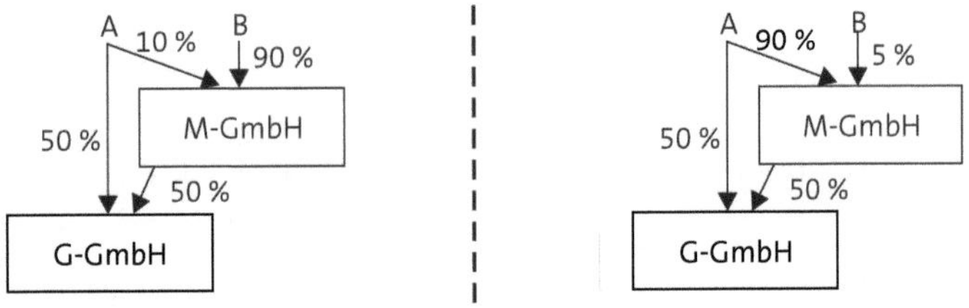

954 Liegt keine Beteiligung von mindestens 90 % vor, so wird der Anteil der Zwischengesellschaft dem Anteilserwerber nicht zugerechnet, auch nicht anteilig. Dies gilt auch für den Fall, dass beim Durchrechnen eine Beteiligungsquote von mindestens 90 % erfüllt ist.

BEISPIEL: An der grundstücksbesitzenden G-GmbH sind A und die M-GmbH zu jeweils 50 % beteiligt. B hält 100 % der Anteile an der M-GmbH. A erwirbt 80 % der Anteile an der M-GmbH.

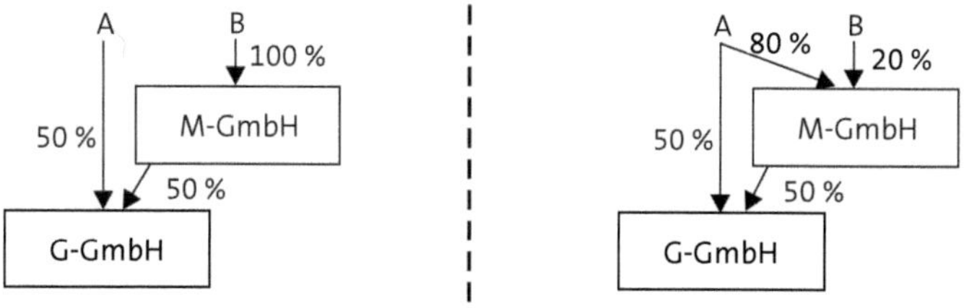

Es liegt keine Anteilsvereinigung vor, da A nur die unmittelbar an der G-GmbH gehaltenen Anteile i. H. v. 50 % grunderwerbsteuerrechtlich zugerechnet werden. Da die Beteiligung des A an der M-GmbH das erforderliche Quantum von 90 % nicht erreicht, werden ihm keine Anteile an der G-GmbH mittelbar zugerechnet. Der Erwerb unterliegt nicht der Grunderwerbsteuer nach § 1 Abs. 3 GrEStG. Dass A beim Durchrechnen auf eine Beteiligungsquote von 90 % kommt (unmittelbar 50 % + mittelbar 40 %), ist für den Tatbestand des § 1 Abs. 3 GrEStG unbeachtlich.

BERATUNGSHINWEIS:

Ist die Zwischengesellschaft eine Personengesellschaft, so hat es im Jahr 2017 eine Rechtsprechungsänderung gegeben.

Der BFH und die Finanzverwaltung vertraten früher die Auffassung, dass eine Anteilsvereinigung aufgrund der „Pro-Kopf-Betrachtung" bei Personengesellschaften nicht eintreten kann, da nicht auf die vermögensmäßige Beteiligung, sondern auf die gesamthänderische Mitberechtigung abzustellen ist. Selbst bei einer Personengesellschaft, bei der ein Gesellschafter ertragsteuerlich eine 95 % Beteiligung erlangt, liegt grunderwerbsteuerrechtlich eine gleichhohe Beteiligung (50/50) vor. Auch wenn sich alle Anteile der Personengesellschaft in der Hand eines Gesellschafters vereinen, kommt es nicht zu einer mittelbaren Anteilsvereinigung nach § 1 Abs. 3 GrEStG, da es zu einer Anwachsung des Vermögens der Personengesellschaft auf den Gesellschafter kommt und er dadurch eine unmittelbare Beteiligung an der grundstücksbesitzenden Kapitalgesellschaft erhält. An dieser unterschiedlichen Behandlung von zwischengeschalteten Personen- und Kapitalgesellschaften ist nach Ansicht der Finanzverwaltung und entgegen des BFH-Urteils v. 12.3.2014[1096] weiterhin festzuhalten.[1097]

Mit BFH-Urteil v. 27.9.2017[1098] kam es jedoch zu einer Rechtsprechungsänderung: Ein Anteilserwerb kann (auch) bei einer zwischengeschalteten Personengesellschaft zu einer mittelbaren Anteilsvereinigung (§ 1 Abs. 3 Nr. 1 und Nr. 2 GrEStG) führen, wenn dem Erwerber nach dem Anteilserwerb mindestens 95 % der Beteiligung am Gesellschaftskapital der Personengesellschaft zuzurechnen sind. Maßgebend ist – wie bei ei-

1096 BFH v. 12.3.2014 - II R 51/12, BStBl 2016 II S. 356.

1097 Vgl. gleichlautender Ländererlass v. 9.12.2015, GmbHR 2016 S. 671, zugleich Nichtanwendungserlass zu BFH v. 12.3.2014 - II R 51/12, BStBl 2016 II S. 356.

1098 BFH v. 27.9.2017 - II R 41/15, BStBl 2018 II S. 667.

ner zwischengeschalteten Kapitalgesellschaft – die Beteiligung am Gesellschaftskapital und nicht die sachenrechtliche Beteiligung am Gesamthandsvermögen.[1099] Die Finanzverwaltung hat sich der Rechtsprechung des BFH angeschlossen.[1100]

Allerdings werden unmittelbare Beteiligungen an grundbesitzenden Personen- und Kapitalgesellschaften weiterhin unterschiedlich behandelt: Bei unmittelbaren Beteiligungen an grundbesitzenden Personengesellschaften ist die sachenrechtliche Beteiligung am Gesamthandsvermögen und bei unmittelbaren Beteiligungen an grundbesitzenden Kapitalgesellschaften die Beteiligung am Gesellschaftskapital maßgebend. Zu beachten ist hier jedoch ein kürzliches Finanzgerichtsurteil: Eine Anteilsvereinigung im Sinne des § 1 Abs. 3 Nr. 1 GrEStG in Bezug auf die unmittelbare Beteiligung an einer grundbesitzenden Personengesellschaft ist nach Auffassung des FG Münster anhand der vermögensmäßigen Beteiligung am Gesellschaftskapital und nicht (mehr) anhand der gesamthänderischen Mitberechtigung am Gesellschaftsvermögen zu beurteilen (gemäß obiter dictum des BFH).[1101] Der Fall ist beim BFH anhängig, sodass in der Praxis betroffenen Fälle offen zu halten sind, bis der BFH seine endgültige Entscheidung getroffen hat.

dd) Anteilsübertragung

955 Sowohl die **Übertragung** von **mindestens 90 % der Anteile** einer grundstücksbesitzenden Gesellschaft, als auch der **Anspruch auf Übertragung** von mindestens 90 % der Anteile, unterliegt der Grunderwerbsteuer (§ 1 Abs. 3 Nr. 3 und 4 GrEStG). Die Übertragung muss auf einen Erwerber erfolgen, wobei Erwerber natürliche Personen, juristische Personen oder grunderwerbsteuerrechtlich eigenständige Personenvereinigungen (z. B. OHG, KG, GbR)[1102] sein können. Eine Übertragung auf mehrere Erwerber führt nur zu einer Grunderwerbsteuerpflicht, wenn diese Erwerber vom Gesetz als eine Hand angesehen werden. Nach dem Grunderwerbsteuergesetz werden als eine Hand angesehen:

- der grunderwerbsteuerrechtlich selbständige Rechtsträger,
- der Treuhänder,
- der Beauftragte oder
- die abhängigen Personen bzw. Unternehmen bei der grunderwerbsteuerlichen Organschaft.[1103]

1099 Ebenso BFH v. 27.5.2020 - II R 45/17, BStBl 2021 II S. 315.

1100 Vgl. gleichlautender Ländererlass v. 5.3.2024 - Anwendung des § 1 Abs. 3 GrEStG, BStBl 2024 I S. 383, Tz. 3.2.

1101 Vgl. FG Münster v. 16.1.2025 - 8 K 2751/21 F, anhängig BFH: II R 5/25.

1102 Vgl. Wilms/Jochum, ErbStG BewG GrEStG, § 1 GrEStG Rz. 345.

1103 Vgl. Pahlke, GrEStG, § 1 Rz. 470; Wilms/Jochum, ErbStG BewG GrEStG, § 1 GrEStG Rz. 345.

Im Zusammenhang mit der Begründung, Übertragung oder Rückgängigmachung von Treuhandverhältnissen kann es in folgenden Fällen zu einem grunderwerbsteuerbaren Vorgang kommen:[1104] 956

- Ein Gesellschafter überträgt mindestens 90 % der Anteile an einer Gesellschaft auf einen Treuhänder
- Der Treuhänder überträgt die Anteile auf den Treugeber zurück
- Der Treuhänder überträgt die ihm übertragenen mindestens 90 % der Anteile der Gesellschaft im Einvernehmen mit dem Treugeber auf einen Dritten; das Treuhandverhältnis erlischt
- Der Treugeber überträgt seine Rückübertragungsansprüche in Bezug auf die treuhänderisch gehaltenen mindestens 90 % der Anteile auf einen Dritten (Treugeberwechsel)
- Der Treuhänder überträgt die von ihm gehaltenen mindestens 90 % der Anteile auf einen anderen Treuhänder (Treuhänderwechsel)
- Ein Gesellschafter, der mindestens 90 % der Anteile einer Gesellschaft innehat, verschafft einem Treugeber einen auf diese Anteile bezogenen Übertragungsanspruch

Auch die Begründung, Übertragung oder Rückgängigmachung von Auftrags- bzw. Geschäftsbesorgungsverhältnissen können zu einem grunderwerbsteuerbaren Vorgang führen.[1105]

(Einstweilen frei) 957–960

ee) Grunderwerbsteuerliche Organschaft

Der Tatbestand der Anteilsvereinigung erfährt durch die Regelungen der grunderwerbsteuerlichen Organschaft nach § 1 Abs. 3 i. V. m. Abs. 4 GrEStG eine Erweiterung.[1106] Zu einer Anteilsvereinigung kommt es auch, wenn Anteile in der Hand von herrschenden und abhängigen Personen oder von abhängigen Unternehmen oder abhängigen Personen allein vereinigt werden.[1107] Die Vereinigung von Anteilen in der Hand von herrschenden und abhängigen Unternehmen stellt einen **besonders geregelten Fall der mittelbaren Anteilsver-** 961

1104 Vgl. gleichlautender Ländererlass v. 19.9.2018, BStBl 2018 I S. 1074, Tz. 1; BFH v. 10.4.2024 - II R 34/21, BStBl 2025 II S. 420.

1105 Vgl. gleichlautender Ländererlass v. 19.9.2018, BStBl 2018 I S. 1074, Tz. 2. und 3.

1106 Vgl. BFH v. 30.3.1988 - II R 81/85, BStBl 1988 II S. 682.

1107 Vgl. Pahlke, GrEStG, § 1 Rz. 432.

einigung dar.[1108] Die grunderwerbsteuerliche Organschaft erfasst auch ausländische Sachverhalte und ist damit nicht auf das Inland beschränkt.[1109]

962 Das Grunderwerbsteuergesetz enthält in § 1 Abs. 4 Nr. 2 eine eigenständige Definition für die abhängigen Personen und Unternehmen. Demnach gelten **natürliche Personen** als abhängig, soweit sie einzeln oder zusammengeschlossen einem Unternehmen so eingegliedert sind, dass sie den Weisungen des Unternehmers in Bezug auf die Anteile zu folgen verpflichtet sind (§ 1 Abs. 4 Nr. 2 Buchst. a GrEStG). **Juristische Personen** gelten als abhängig, wenn sie nach dem Gesamtbild der tatsächlichen Verhältnisse finanziell, wirtschaftlich und organisatorisch in ein Unternehmen eingegliedert sind (§ 1 Abs. 4 Nr. 2 Buchst. b GrEStG).

963 Die **finanzielle Eingliederung** setzt die Anteilsmehrheit voraus, also die Mehrheit der Stimmen; ein Anteilsbesitz von mindestens 90 % ist nicht erforderlich.[1110] Die **wirtschaftliche Eingliederung** liegt bei einer engen Verflechtung zwischen Mutter- und Tochtergesellschaft vor, bei der zugleich ein vernünftiger wirtschaftlicher Zusammenhang bestehen muss.[1111] Die **organisatorische Eingliederung** liegt vor, wenn die Muttergesellschaft ihren Willen in der Tochtergesellschaft durchsetzen kann, beispielsweise durch personelle Verflechtung der Geschäftsführung (Personalunion) oder einen Beherrschungsvertrag. Die Beherrschung der Tochtergesellschaft in der laufenden Geschäftsführung muss auch tatsächlich wahrgenommen werden; es darf keine abweichende Willensbildung der Tochtergesellschaft stattfinden.[1112] Zudem müssen der Organträger und die Organgesellschaft(en) **Unternehmer i. S. d. Umsatzsteuergesetzes** sein.[1113]

BERATUNGSHINWEIS:

Ist die Muttergesellschaft eine reine Holding-Gesellschaft, so ist sie keine taugliche Organträgerin, da nach Rechtsprechung des EuGH eine reine Holding-Gesellschaft kein Unternehmer i. S. d. UStG ist.[1114] Es kann folglich auch keine grunderwerbsteuerliche Organschaft zwischen der Holding-Gesellschaft und deren Tochtergesellschaften vorliegen.

1108 Vgl. BFH v. 8.8.2001 - VIII R 14/00, BStBl 2001 II S. 156.

1109 Vgl. Pahlke, GrEStG, § 1 Rz. 433.

1110 Vgl. BFH v. 14.12.1978 - V R 85/74, BStBl 1979 II S. 288; Pahlke/Franz, GrEStG, § 1 Rz. 439.

1111 Vgl. BFH v. 3.4.2003 - V R 63/01, BStBl 2004 II S. 434.

1112 Vgl. BFH v. 28.1.1999 - V R 32/98, BStBl 1999 II S. 258.

1113 § 1 Abs. 3 Nr. 1, Abs. 4 Nr. 2 GrEStG, § 2 Abs. 2 Nr. 2 Satz 1 UStG; Viskorf, GrEStG, § 1 Rz. 1212, 1213.

1114 Vgl. Viskorf, GrEStG, § 1 Rz. 1215; BFH v. 9.10.2002 - V R 64/99, BStBl 2003 II S. 375; BMF v. 26.1.2007, BStBl 2007 I S. 211; EuGH v. 20.6.1991 - C-60/90 „Polysar Investments Netherlands“, EuGHE 1991, I-3111.

Durch die grunderwerbsteuerliche Organschaft gelten die einen organkreisbil- 964
denden Gesellschaften als eine Hand i. S. d. § 1 Abs. 3 GrEStG.[1115] Die Beteiligungsquoten der durch die einzelnen Organgesellschaften gehaltenen Beteiligungen an der grundstücksbesitzenden Gesellschaft werden zusammengerechnet. Sobald die **Summe der durch die Organgesellschaften mittelbar und und/oder unmittelbar gehaltenen Beteiligungen** mindestens 90 % betragen, kommt es zu einer Anteilsvereinigung **in der Hand des Organkreises**. Die Anteilsvereinigung erfolgt in der Hand des Organkreises und nicht in der Hand des Organträgers. Damit sind die Gesellschaften des Organkreises Steuerschuldner (Gesamtschuldner) der Grunderwerbsteuer, die zusammen mindestens 90 % der Anteile der grundstücksbesitzenden Gesellschaft halten.[1116]

BEISPIEL:

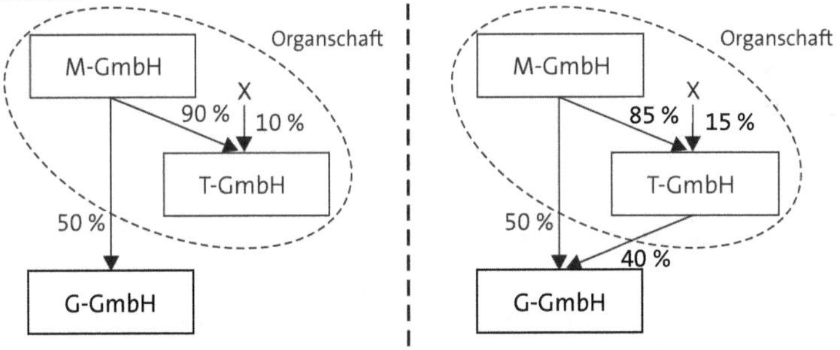

Anteilsvereinigung in der Hand der Organschaft

Die Regelungen der grunderwerbsteuerlichen Organschaft sind jedoch **subsidi-** 965
är zu der „regulären" mittelbaren oder unmittelbaren Anteilsvereinigung. Sind bereits mindestens 90 % der Anteile mittelbar oder unmittelbar in der Hand einer Organgesellschaft vereinigt, so kann es nicht (mehr) zu einer Anteilsvereinigung im Organkreis kommen.

1115 Vgl. Pahlke, GrEStG, § 1 Rz. 435.

1116 § 13 Nr. b Buchst. b GrEStG.

BEISPIEL:

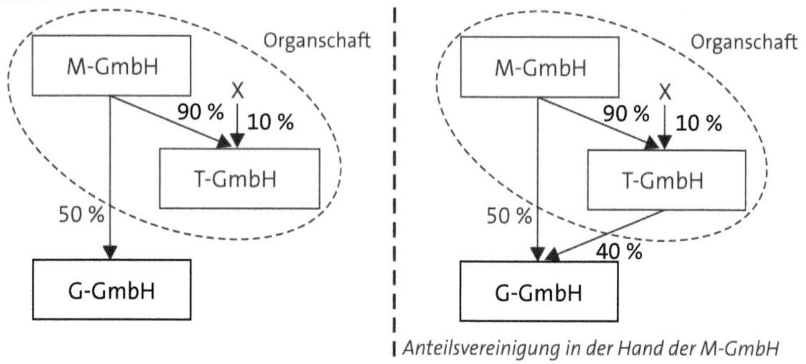

966 In der Praxis ist besonders die grunderwerbsteuerliche Organschaft unter juristischen Personen relevant. Die Finanzverwaltung hat einen ausführlichen Erlass zur grunderwerbsteuerlichen Organschaft veröffentlicht, in dem die verschiedenen Tatbestandsvoraussetzungen anhand zahlreicher Fälle veranschaulicht werden.[1117]

f) § 1 Abs. 3a GrEStG (wirtschaftliche Anteilsvereinigung)

967 Durch das Amtshilferichtlinie-Umsetzungsgesetz v. 26.6.2013 wurde mit § 1 Abs. 3a GrEStG ein eigenständiger **Fiktionstatbestand** eingeführt. Mit der Neuregelung sollen insbesondere Erwerbsvorgänge mit sog. Real Estate Transfer Tax Blocker-Strukturen (RETT-Blocker) der Besteuerung unterworfen werden. RETT-Blocker zielten darauf ab, bei einem Rechtsträgerwechsel die grunderwerbsteuerrechtliche Zuordnung eines inländischen Grundstücks durch Zwischenschaltung einer Gesellschaft, an der ein Fremder wirtschaftlich nicht oder nur geringfügig beteiligt ist, zu verhindern.[1118]

968 Nach § 1 Abs. 3a GrEStG gilt als grunderwerbsteuerpflichtige Anteilsvereinigung i. S. d. § 1 Abs. 3 GrEStG auch ein solcher Vorgang, aufgrund dessen ein Rechtsträger insgesamt eine wirtschaftliche **Beteiligung i. H. v. mindestens 90 %** an einer grundbesitzenden Gesellschaft innehat. § 1 Abs. 3a GrEStG ist erstmals auf Erwerbsvorgänge anzuwenden, die nach dem 6.6.2013 verwirklicht werden. Die Regelung gilt für Kapitalgesellschaften und Personengesellschaften gleichermaßen, da § 1 Abs. 3a GrEStG bei Personengesellschaften auf

1117 Vgl. koordinierter Ländererlass v. 19.9.2018 zur grunderwerbsteuerlichen Organschaft, BStBl 2018 I S. 1056.

1118 Vgl. gleichlautender Ländererlass v. 19.9.2018 – Anwendung des § 1 Abs. 3a GrEStG, BStBl 2018 I S. 1078, Tz. 1.

die vermögensmäßige Beteiligung abstellt.[1119] § 1 Abs. 3a GrEStG ist subsidiär zu § 1 Abs. 2a, Abs. 2b und Abs. 3 GrEStG, d. h. § 1 Abs. 3a GrEStG ist nur zu prüfen, wenn eine Besteuerung nach § 1 Abs. 2a, Abs. 2b und Abs. 3 GrEStG nicht in Betracht kommt.[1120]

BERATUNGSHINWEIS:

Folgt einem Erwerbsvorgang nach § 1 Abs. 3 GrEStG ein Rechtsvorgang, aufgrund dessen erstmals eine wirtschaftliche Anteilsvereinigung nach § 1 Abs. 3a GrEStG eintritt, so unterliegt dieser Vorgang nach Ansicht der Finanzverwaltung der Besteuerung nach § 1 Abs. 3a GrEStG auch dann, wenn dem Erwerber der Grundbesitz der Gesellschaft bereits aufgrund des vorangegangenen Erwerbs (§ 1 Abs. 3 GrEStG) grunderwerbsteuerrechtlich zuzurechnen ist.[1121] Es kann somit bei aufeinanderfolgenden Vorgängen zu einer doppelten Besteuerung mit Grunderwerbsteuer kommen. In diesen Fällen ist die Anrechnungsregelung des § 1 Abs. 6 GrEStG zu beachten.

Steuerbar gem. § 1 Abs. 3a GrEStG sind Rechtsvorgänge, die dazu führen, dass 969
ein Rechtsträger erstmalig eine **wirtschaftliche Beteiligung** i. H. v. **mindestens 90 % an einer grundbesitzenden Gesellschaft** innehat. Dabei ist es unerheblich, ob der Rechtsträger diese wirtschaftliche Beteiligung unmittelbar, mittelbar, teils unmittelbar oder teils mittelbar hält. § 1 Abs. 3a GrEStG ist wie § 1 Abs. 3 GrEStG stichtagsbezogen.

Mit der Einführung der **wirtschaftlichen Beteiligung** stellt die neue Regelung 970
auf die **unmittelbare und/oder mittelbare** Beteiligung am Kapital oder am Vermögen einer Gesellschaft ab (§ 1 Abs. 3a Satz 2 GrEStG). Damit gilt hier nicht die sachenrechtliche Betrachtungsweise. Vielmehr sind alle Beteiligungen am Kapital oder am Vermögen einer Gesellschaft **rechtsformneutral** anteilig zu berücksichtigen. Für die Ermittlung der mittelbaren Beteiligung am Kapital oder am Vermögen sind die **Prozentsätze zu multiplizieren**, d. h., es ist unabhängig von der Gesellschaftsform durch die verschiedenen Beteiligungsebenen „durchzurechnen". Die unmittelbaren und mittelbaren Beteiligungen eines Rechtsträgers an der Gesellschaft mit inländischem Grundstück werden für die Ermittlung der maßgeblichen wirtschaftlichen Beteiligung zusammengerechnet. Hat ein Rechtsträger insgesamt eine wirtschaftliche Beteiligung von mindestens 90 % erstmals inne, ist § 1 Abs. 3a GrEStG verwirklicht.

1119 Vgl. gleichlautender Ländererlass v. 19.9.2018 – Anwendung des § 1 Abs. 3a GrEStG, BStBl 2018 I S. 1078, Tz. 1.

1120 Vgl. gleichlautender Ländererlass v. 19.9.2018 – Anwendung des § 1 Abs. 3a GrEStG, BStBl 2018 I S. 1078, Tz. 3.

1121 Vgl. gleichlautender Ländererlass v. 19.9.2018 – Anwendung des § 1 Abs. 3a GrEStG, BStBl 2018 I S. 1078, Tz. 1.

BEISPIEL:

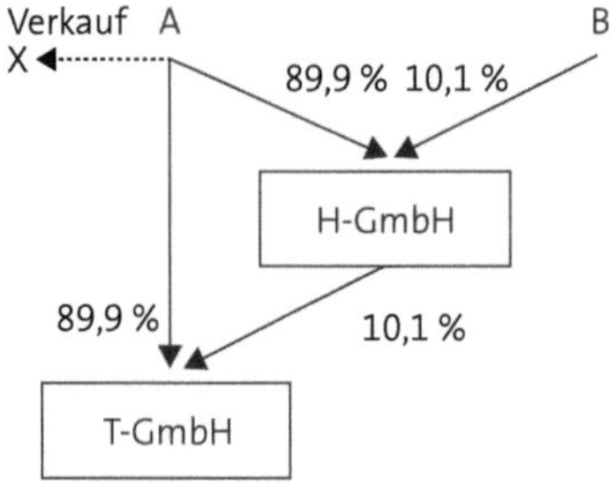

Durch den Verkauf der unmittelbaren Anteile an der T-GmbH (89,9 %) und der unmittelbaren Anteile an der H-GmbH (89,9 %) von A an X kommt es zu keiner Anteilsvereinigung i. S. d. § 1 Abs. 3 GrEStG hinsichtlich der grundbesitzenden T-GmbH in der Hand von X, weil A nur 89,9 % an der H-GmbH hält, so dass ihm für Zwecke des § 1 Abs. 3 GrEStG die von der H-GmbH gehaltenen Anteile i. H. v. 10,1 % an der T-GmbH grunderwerbsteuerlich nicht zugerechnet werden. Jedoch kommt es zu einer wirtschaftlichen Anteilsvereinigung nach § 1 Abs. 3a GrEStG, da A unmittelbar 89,9 % und mittelbar 9,08 % (89,9 % * 10,1 %) der Anteile der T-GmbH überträgt und sich damit insgesamt 98,98 % der Anteile der T-GmbH in der Hand von X vereinigen.

971 **Steuerschuldner** ist der Erwerber, in dessen Hand die wirtschaftliche Anteilsvereinigung von mindestens 90 % eintritt.[1122] Damit entspricht die Steuerschuldnerschaft des § 1 Abs. 3a GrEStG der des § 1 Abs. 3 GrEStG,[1123] im Gegensatz zur Steuerschuldnerschaft in den Fällen des § 1 Abs. 2a und Abs. 2b GrEStG,[1124] bei denen die grundbesitzende Gesellschaft selbst der Steuerschuldner ist (vgl. Rz. 911 und 941).

972 Die **Befreiungsvorschriften** der §§ 3, 6 und 6a GrEStG sind ebenfalls anzuwenden, wobei hinsichtlich der §§ 3 und 6 GrEStG die Grundsätze zur Anwendung in den Fällen des § 1 Abs. 3 GrEStG entsprechend gelten.[1125]

973–975 *(Einstweilen frei)*

3. Befreiungstatbestände

976 Das Grunderwerbsteuergesetz enthält in den §§ 3 und 4 GrEStG einen **abschließenden Katalog** von allgemeinen und besonderen Ausnahmen von der

1122 § 13 Nr. 7 GrEStG; § 13 Nr. 6 GrEStG. Vgl. gleichlautender Ländererlass v. 19.9.2018 – Anwendung des § 1 Abs. 3a GrEStG, BStBl 2018 I S. 1078, Tz. 8.

1123 § 13 Nr. 5 GrEStG.

1124 § 13 Nr. 6 GrEStG.

1125 Vgl. gleichlautender Ländererlass v. 19.9.2018 – Anwendung des § 1 Abs. 3a GrEStG, BStBl 2018 I S. 1078, Tz. 7.

Besteuerung, wie beispielsweise der Grundstückserwerb von Todes wegen und Grundstücksschenkungen unter Lebenden i. S. d. Erbschaft- und Schenkungsteuergesetzes. Ebenfalls enthalten § 1 Abs. 2a Satz 7[1126] und § 1 Abs. 6 GrEStG Befreiungen für den Fall aufeinanderfolgender grunderwerbsteuerbarer Vorgänge. Die §§ 5, 6 und 6a GrEStG enthalten dazu spezielle Befreiungsregelungen, die gerade bei Umstrukturierungen eine große Rolle spielen. Aufgrund des Wegfalls des Gesamthandsvermögens bei rechtsfähigen Personengesellschaften mit Wirkung zum 1.1.2024 aufgrund des MoPeG und der anschließenden Änderung des Grunderwerbsteuergesetzes sind die **Befreiungstatbestände der §§ 5, 6 GrEStG nur noch bis zum 31.12.2026 bei rechtsfähigen Personengesellschaften anwendbar** (§ 24 GrEStG). Dies betrifft in der Praxis insbesondere (GmbH & Co.) KGs und OHGs.

a) § 5 GrEStG (Übergang auf eine Gesamthand)

Wird ein Grundstück **von einem Alleineigentümer auf eine Gesamthand** über- 977
tragen, so entsteht insoweit keine Grunderwerbsteuer, als der übertragende Alleineigentümer am Vermögen der erwerbenden Gesamthand beteiligt ist (§ 5 Abs. 2 GrEStG). Gleiches gilt für die Übertragung eines Grundstücks, das im **Bruchteilseigentum** mehrerer Personen steht und auf eine Gesamthand übertragen wird. Hier wird die Grunderwerbsteuer insoweit nicht erhoben, als die übertragenden Bruchteilseigentümer am Vermögen der erwerbenden Gesamthand beteiligt sind (§ 5 Abs. 1 GrEStG). In beiden Fällen soll es somit nur insoweit zu einer Grunderwerbsteuerbelastung kommen, als das Grundstück erstmals einem oder mehreren Personen zugerechnet wird.

aa) Tatbestandsvoraussetzungen des § 5 Abs. 1 und 2 GrEStG

Als **Beteiligung am Vermögen der Gesamthand** ist, wie bei § 1 Abs. 2a GrEStG, 978
der wertmäßige Anteil am Vermögen der Gesellschaft zu verstehen.[1127] Dementsprechend bestimmt sich die Höhe der Steuerbegünstigung nach dem wertmäßigen Anteil des Übertragenden an dem Vermögen der übernehmenden Gesamthand.[1128]

BEISPIEL: Ein Grundstück steht jeweils im hälftigen Bruchteilseigentum A und B zu. A und B gründen zusammen mit C die ABC-OHG und erbringen als Sacheinlage das ihnen gehörende Grundstück. An der ABC-OHG sind die Gesellschafter jeweils zu 1/3

1126 Zuvor Satz 3, geändert durch das Steueränderungsgesetz 2015.

1127 Vgl. gleichlautender Ländererlass v. 5.3.2024 – Anwendung der §§ 5 und 6 GrEStG, BStBl 2024 I S. 410, Tz. 3.

1128 Vgl. Pahlke, GrEStG, § 5 Rz. 40.

beteiligt. Die Übertragung des Grundstücks auf die ABC-OHG ist ein grunderwerbsteuerbarer Vorgang. Die Grunderwerbsteuer entsteht jedoch nach § 5 Abs. 1 GrEStG nicht, soweit A und B an der ABC-OHG beteiligt sind, folglich zu 2/3. Nur soweit das Grundstück C zuzurechnen ist (zu 1/3), ist die Einbringung des Grundstücks in die ABC-OHG grunderwerbsteuerpflichtig.

979 Erwirbt ein Miteigentümer eines Grundstücks durch die Einbringung des Grundstücks in eine Gesamthand einen **höheren Anteil an dem Grundstück**, so entsteht Grunderwerbsteuer in der Höhe, in der seine Berechtigung am Grundstück gestiegen ist. Die Befreiung stellt somit auf die **Deckungsgleichheit** des hingegeben Bruchteils am Grundstück des Übertragenen und seines Anteils an dem Vermögen der erwerbenden Gesamthand ab.[1129]

BEISPIEL: A, B und C sind jeweils zu 1/3 Miteigentümer (Bruchteilseigentum) des Grundstücks. A, B und C bringen das Grundstück in die ABC-OHG ein, an der A und B jeweils zu 1/4 und C zu 1/2 beteiligt ist. Hinsichtlich A und B ist die Einbringung des Grundstücks jeweils zu 1/4 grunderwerbsteuerbefreit. C war zuvor nur zu 1/3 Miteigentümer des Grundstücks, so dass die Befreiung maximal i. H. v. 1/3 hinsichtlich C greift. Der von C hinzugewonnene Anteil von 1/6 (1/3 + 1/6 = 1/2) ist nicht nach § 5 Abs. 1 GrEStG befreit. Besteuert wird also die Verschiebung der Anteile am Grundstück von A und B auf C. Insgesamt ist die Einbringung des Grundstücks damit zu 5/6 (1/4 + 1/4 + 1/3) grunderwerbsteuerbefreit nach § 5 Abs. 1 GrEStG.

980 Mit- bzw. Alleineigentümer i. S. d. § 5 GrEStG können **natürliche und juristische Personen** sein. Für die Übertragung eines Grundstücks zwischen **Gesamthandsgemeinschaften** ist **ausschließlich § 6 Abs. 3 GrEStG** anwendbar.[1130]

981 Die Befreiung des § 5 GrEStG gilt nur für die Überführung von Grundvermögen aus dem Allein- oder Bruchteilseigentum auf eine Gesamthand (**GbR, OHG, KG**, Partnerschaftsgesellschaft, nichtrechtsfähiger Verein, Gütergemeinschaft

1129 Vgl. BFH v. 16.1.1991 - II R 38/87, BStBl 1991 II S. 374; Pahlke, GrEStG, § 5 Rz. 17.

1130 Vgl. BFH v. 4.4.2001 - II R 57/98, BStBl 2001 II S. 587; Pahlke, GrEStG, § 5 Rz. 17.

und Erbengemeinschaft).[1131] Aufgrund des Wegfalls des Gesamthandsvermögens bei rechtsfähigen Personengesellschaften mit Wirkung zum 1.1.2024 aufgrund des MoPeG und der anschließenden Änderung des Grunderwerbsteuergesetzes ist der **Befreiungstatbestand des § 5 GrEStG nur noch bis zum 31.12.2026 bei rechtsfähigen Personengesellschaften anwendbar** (§ 24 GrEStG). Dies betrifft in der Praxis insbesondere (GmbH & Co.) KGs und OHGs. Auf Übertragungen von Grundstücken auf eine **Kapitalgesellschaft** ist § 5 GrEStG nicht anwendbar, da diese keine Gesamthandsgemeinschaft darstellt. Folglich ist § 5 GrEStG auch nicht auf Fälle des § 1 Abs. 2b GrEStG anwendbar. Auf die Übertragung von Grundstücken auf eine Personengesellschaft, die nach § 1a KStG optiert hat (also wie eine Kapitalgesellschaft besteuert wird)[1132] ist § 5 GrEStG grundsätzlich nicht anwendbar, es sei denn, die Ausübung und Wirksamkeit der Option liegt länger als zehn Jahre zurück und die jeweilige Beteiligung am Vermögen der Gesamthand besteht länger als zehn Jahre.

Auf grunderwerbsteuerpflichtige **Vorgänge i. S. d. § 1 Abs. 2a GrESt** findet § 5 982
GrEStG keine Anwendung, da für eine Grunderwerbsteuerpflicht nach § 1 Abs. 2a GrEStG der Beitritt oder der Anteilserwerb von neuen Gesellschaftern erforderlich ist. Lediglich eine Befreiung nach § 6 Abs. 3 GrEStG kommt in Betracht.[1133]

Die Anteilsvereinigung nach § 1 Abs. 3 Nr. 1 und 2 GrEStG und die Anteilsüber- 983
tragung nach § 1 Abs. 3 Nr. 3 und 4 GrEStG fingieren einen Grundstücksübergang, so dass eine Anwendung des § 5 GrEStG grundsätzlich in Betracht kommt.[1134] Nach der Rechtsprechung des BFH sind die Vergünstigungen des § 5 Abs. 1 GrEStG jedoch auf **Anteilsvereinigungen nach § 1 Abs. 3 Nr. 1 und 2 GrEStG** nicht anwendbar.[1135] Auf grunderwerbsteuerbare **Anteilsübertragungen i. S. d. § 1 Abs. 3 Nr. 3 und 4 GrEStG** von mindestens 90 % auf eine Gesamthand kann die Steuervergünstigung des § 5 GrEStG gewährt werden.[1136]

BEISPIEL: A ist Alleingesellschafter der grundstückshaltenden A-GmbH. A ist ebenso 100%iger Kommanditist der A-GmbH & Co. KG. A bringt alle Anteile an der A-GmbH in die A GmbH & Co. KG ein. Die Einbringung stellt eine grunderwerbsteuerbare An-

---

1131 Vgl. Pahlke, GrEStG, § 5 Rz. 4.

1132 Vgl. Rz. 256, 293a ff. zur Option zur Körperschaftsteuer nach § 1a KStG.

1133 Vgl. Pahlke, GrEStG, § 5 Rz. 12.

1134 Vgl. gleichlautender Ländererlass v. 5.3.2024 – Anwendung der §§ 5 und 6 GrEStG, BStBl 2024 I S. 410, Tz. 4.1; Pahlke, GrEStG, § 5 Rz. 13 ff.

1135 Vgl. BFH v. 2.4.2008 - II R 53/06, BStBl 2009 II S. 544.

1136 Vgl. BFH v. 16.1.2002 - II R 52/00, BFH/NV 2002 S. 1053 = NWB YAAAA-68199; v. 19.4.1972 - II B 36/71, BStBl 1972 II S. 590; v. 2.4.2008 - II R 53/06, BStBl 2009 II S. 544.

teilsübertragung nach § 1 Abs. 3 Nr. 3 GrEStG dar. Es greift jedoch die Begünstigung des § 5 Abs. 2 GrEStG, so dass die Anteilsübertragung nicht besteuert wird.

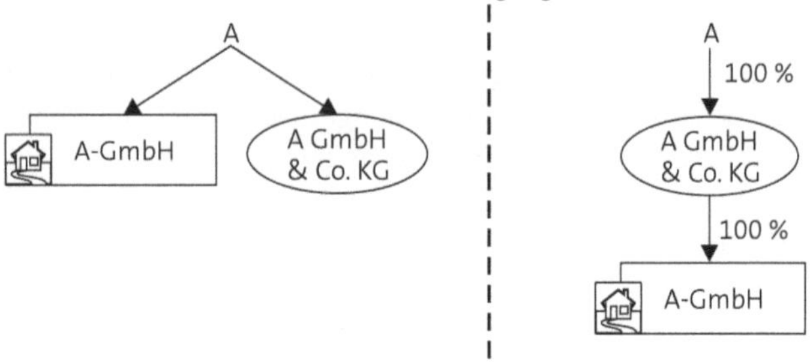

984 Ein nach § 5 Abs. 1 bzw. 2 GrEStG begünstigter Vorgang kann auch bei **Umwandlungen** vorliegen. So ist beispielsweise die Abspaltung i. S. d. § 123 Abs. 2 UmwG oder die Ausgliederung i. S. d. § 123 Abs. 3 UmwG von Vermögen einer Kapitalgesellschaft auf eine Personengesellschaft insoweit begünstigt, wie der spaltende Rechtsträger am Vermögen der übernehmenden Personengesellschaft beteiligt ist bzw. wird. Dies gilt auch für die Ausgliederung eines Grundstücks aus dem Vermögen eines Einzelkaufmanns auf eine Personengesellschaft.

bb) Versagung der Begünstigung (§ 5 Abs. 3 GrEStG)

985 **Vermindert sich innerhalb von zehn Jahren nach der Übertragung des Grundstücks** auf die Gesamthand die Beteiligung des Übertragenden an der Gesamthand, so wird insoweit die gewährte **Grunderwerbsteuerbefreiung versagt** (§ 5 Abs. 3 GrEStG). Dies kann durch reguläre Anteilsverkäufe, Einbringungen als auch durch Umwandlungsvorgänge herbeigeführt werden. Die Verminderung des Anteils des Übertragenden an der erwerbenden Gesamthand stellt ein **rückwirkendes Ereignis i. S. d. § 175 Abs. 2 AO** dar, so dass der ursprüngliche Steuerbescheid aufgehoben und geändert wird.[1137]

986 Die Steuervergünstigungen des § 5 Abs. 1 und 2 GrEStG können über § 5 Abs. 3 GrEStG nur versagt werden, wenn eine **Umgehungsmöglichkeit** tatsächlich besteht. Daher kommt eine Steuerpflicht nicht in Betracht, soweit ein der Verminderung des Anteils am Vermögen der Gesamthand entsprechender Grundstückserwerb nach den allgemeinen Vorschriften des § 3 GrEStG von der Steuer ausgenommen wäre.[1138]

1137 Vgl. gleichlautender Ländererlass v. 5.3.2024 – Anwendung der §§ 5 und 6 GrEStG, BStBl 2024 I S. 410, Tz. 9; BFH v. 25.9.2013 - II R 2/12, BStBl 2014 II S. 329.

1138 Vgl. Koordinierte Ländererlasse v. 14.2.2002 - 3 - S 4400/15, DStR 2002 S. 360, Tz. 3.

Erfolgt innerhalb von zehn Jahren nach der Übertragung des Grundstücks auf die Gesamthand ein **Formwechsel** in eine Kapitalgesellschaft, so ist die Begünstigung des § 5 Abs. 1 bzw. 2 GrEStG zu versagen.[1139] Wird eine Kapitalgesellschaft, die Gesellschafterin einer erwerbenden Gesamthand ist, innerhalb von zehn Jahren in eine Personengesellschaft formgewechselt, so bewirkt dies keine Versagung der Grunderwerbsteuerbefreiung nach § 5 Abs. 1 bzw. 2 GrEStG. 987

Bringt eine Kapitalgesellschaft ein Grundstück begünstigt nach § 5 Abs. 1 bzw. 2 GrEStG in eine Gesamthand ein, und wird die Kapitalgesellschaft innerhalb von zehn Jahren auf einen Dritten **verschmolzen**, so führt dies nach § 5 Abs. 3 GrEStG zu einer Versagung der Grunderwerbsteuerbefreiung.[1140] Wird eine Personengesellschaft, die ein nach § 5 GrEStG begünstigt erworbenes Grundstück besitzt, auf eine andere Personengesellschaft verschmolzen, so führt dies nicht nach § 5 Abs. 3 GrEStG zu einer Versagung der Begünstigung, soweit die Verschmelzung selbst der Grunderwerbsteuer unterliegt und deshalb eine Steuerumgehung objektiv ausscheidet.[1141] 988

§ 5 Abs. 3 GrEStG findet keine Anwendung, wenn auf Ebene der grundstückserwerbenden Gesamthand eine **Anteilsvereinigung** oder **Anteilsübertragung** nach § 1 Abs. 3 GrEStG eintritt.[1142] 989

(Einstweilen frei) 990–995

b) § 6 GrEStG (Übergang von einer Gesamthand)

§ 6 GrESt befreit die Überführung von Grundvermögen **aus dem Vermögen einer Gesamthand** in das **Miteigentum** eines Gesamthänders (§ 6 Abs. 1 GrEStG), das **Alleineigentum** eines Gesamthänders (§ 6 Abs. 2 GrEStG) oder das **Gesamthandsvermögen einer anderen Gesamthand** (§ 6 Abs. 3 GrEStG). Voraussetzung ist, dass der Gesamthänder nach der Überführung im gleichen Verhältnis am Grundstück beteiligt bleibt, wie er es in der überführenden Gesamthand war. Die Grunderwerbsteuer wird also nur insoweit erhoben, als der „alt" Gesamthänder durch die Überführung eine größere Beteiligung am Grundstück erhält, oder ein nicht „alt" Gesamthänder eine Beteiligung am 996

1139 Vgl. BFH v. 25.9.2013 - II R 2/12, BStBl 2014 II S. 329; Viskorf, GrEStG, § 5 Rz. 112.

1140 Vgl. BFH v. 25.6.2003 - II R 20/02, BStBl 2004 II S. 193; Pahlke, GrEStG, § 5 Rz. 116.

1141 Vgl. BFH v. 19.3.2003 - II B 96/02, BFH/NV 2003 S. 1090 = NWB YAAAA-70152; Pahlke, GrEStG, § 5 Rz. 115.

1142 Vgl. Wilms/Jochum, ErbStG BewG GrEStG, § 5 GrEStG Rz. 53, 54.

Grundstück erwirbt.[1143] Aufgrund des Wegfalls des Gesamthandsvermögens bei rechtsfähigen Personengesellschaften mit Wirkung zum 1.1.2024 aufgrund des MoPeG und der anschließenden Änderung des Grunderwerbsteuergesetzes ist der **Befreiungstatbestand des § 6 GrEStG nur noch bis zum 31.12.2026 bei rechtsfähigen Personengesellschaften anwendbar** (§ 24 GrEStG). Dies betrifft in der Praxis insbesondere (GmbH & Co.) KGs und OHGs.

aa) Übergang in das Mit- oder Alleineigentum eines Gesamthänders (§ 6 Abs. 1 und 2 GrEStG)

997 § 6 Abs. 1 und 2 GrEStG sind die **spiegelbildliche Vorschrift** zu § 5 Abs. 1 und 2 GrEStG. Soweit die Übertragung aus dem Allein- oder Miteigentum auf eine Gesamthand grunderwerbsteuerneutral erfolgen kann, muss auch die umgekehrte Richtung, also die Übertragung aus der Gesamthand in das Allein- oder Miteigentum, grunderwerbsteuerneutral erfolgen können. Es kann insoweit auf die Ausführungen zu § 5 Abs. 1 und 2 GrEStG verwiesen werden (vgl. Rz. 978 ff.).

998 Für die Begünstigung des § 6 Abs. 1 GrEStG, also die Überführung ins Miteigentum, ist es **nicht erforderlich, dass alle erwerbenden Miteigentümer an der übertragenden Gesamthand beteiligt sind.**[1144] Soweit ein nicht Gesamthänder Miteigentum an dem Grundstück erwirbt, kommt es zu einer Grunderwerbsteuerbelastung.

999 Nach § 6 Abs. 2 Satz 1 GrEStG ist auch die **Überführung eines Miteigentumsanteils** an einem Grundstück in das Alleineigentum in Höhe des Miteigentumsanteils von der Grunderwerbsteuer befreit.[1145]

1000 Geht ein Grundstück aus dem Gesamthandseigentum in das Alleineigentum eines Gesamthänders im Wege der **Anwachsung** nach § 738 BGB über, so ist dieser Vorgang nach § 6 Abs. 2 GrEStG in Höhe der ursprünglichen Beteiligungsquote des erwerbenden Gesamthänders grunderwerbsteuerbefreit.[1146]

1001 Die Begünstigung des § 6 Abs. 2 GrEStG ist auch beim **Übergang einer GmbH & Co. KG in eine Einmann-GmbH & Co. KG** entsprechend anwendbar, wenn beispielsweise der Alleingesellschafter der GmbH infolge Ausscheidens aller

1143 Vgl. Viskorf, GrEStG, § 6 Rz. 2; Pahlke, GrEStG, § 6 Rz. 1; Wilms/Jochum, ErbStG BewG GrEStG, § 6 GrEStG Rz. 2.

1144 Vgl. Wilms/Jochum, ErbStG BewG GrEStG, § 6 GrEStG Rz. 12.

1145 Vgl. Pahlke, GrEStG, § 6 Rz. 8; Wilms/Jochum, ErbStG BewG GrEStG, § 6 GrEStG Rz. 13.

1146 Vgl. BFH v. 19.1.1977 - II R 161/74, BStBl 1977 II S. 359; Pahlke, GrEStG, § 6 Rz. 24; Viskorf, GrEStG, § 6 Rz. 12.

übrigen Gesellschafter als einziger Kommanditist übrig bleibt. Hierdurch wachsen die Anteile der ausscheidenden Gesellschafter dem verbleibenden Gesellschafter zu (§ 738 BGB). Dieser Vorgang ist gem. § 1 Abs. 3 Nr. 1 und 2 GrEStG als Anteilsvereinigung anzusehen und grunderwerbsteuerpflichtig.[1147]

bb) Übergang auf eine andere Gesamthand (§ 6 Abs. 3 GrEStG)

Die Überführung eines Grundstücks von einer Gesamthand auf eine andere Gesamthand ist nach § 6 Abs. 3 Satz 1 GrEStG insoweit von der Grunderwerbsteuer befreit, als Beteiligungsidentität der Gesellschafter besteht. Es ist jedoch nicht erforderlich, dass vollständige Beteiligungsidentität besteht. Soweit die Berechtigung am Grundstück auf einen Gesamthänder übergeht, der an der übertragenden Gesamthand nicht beteiligt ist, greift die Befreiung nach § 6 Abs. 3 Satz 1 GrEStG insoweit nicht. 1002

BEISPIEL: A, B und C sind je zu 1/3 an der Grundbesitzenden ABC-OHG beteiligt. Das Grundstück wird auf die ABX-OHG übertragen, an der A, B und X je zu 1/3 beteiligt sind. Die Überführung des Grundstücks ist zu 2/3 grunderwerbsteuerfrei nach § 6 Abs. 3 GrEStG, da A und B sowohl an der ABC-OHG als auch an der ABX-OHG zu je 1/3 beteiligt sind. Soweit das Grundvermögen X zuzurechnen ist (1/3) liegt keine Begünstigung vor, da X nicht an der übertragenden ABC-OHG beteiligt ist.

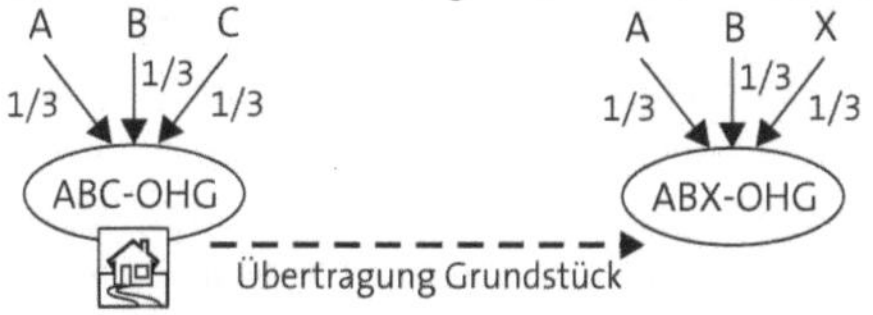

§ 6 Abs. 3 GrEStG stellt grundsätzlich auf die **unmittelbare Beteiligung** an der erwerbenden Gesamthand ab. Davon abweichend wird bei **doppelstöckigen Personengesellschaften** auf die rechnerische Beteiligung der an der letzteren Gesamthandsgemeinschaft beteiligten Gesamthänder abgestellt.[1148] Die Begünstigung tritt somit (nur) insoweit ein, wie die gesamthänderische Berechtigung der Beteiligten an beiden Gesamthandsgemeinschaften identisch ist und auch an der übernehmenden Gemeinschaft fortsetzt.[1149] 1003

BEISPIEL: An der M-KG sind A und B je hälftig beteiligt. Die M-KG ist zu 40 % an der grundstücksbesitzenden T-KG beteiligt. Das Grundstück der T-KG wird auf die M-KG übertragen. Die Übertragung ist in Höhe der mittelbaren Beteiligung von insgesamt

1147 Vgl. Viskorf, GrEStG, § 6 Rz. 10, Pahlke, GrEStG, § 6 Rz. 10.

1148 Vgl. Viskorf, GrEStG, § 6 Rz. 18; Pahlke, GrEStG, § 6 Rz. 40; Wilms/Jochum, ErbStG BewG GrEStG, § 6 GrEStG Rz. 22.

1149 Vgl. Pahlke, GrEStG, § 6 Rz. 40.

40 % (20 % für A und 20 % für B) von der Grunderwerbsteuer befreit. In Höhe des Anteils von X an der T-KG (60 %) entsteht eine Grunderwerbsteuerbelastung, da die Berechtigung von A und B an dem Grundstück sich jeweils um 30 % auf 50 % erhöht hat.

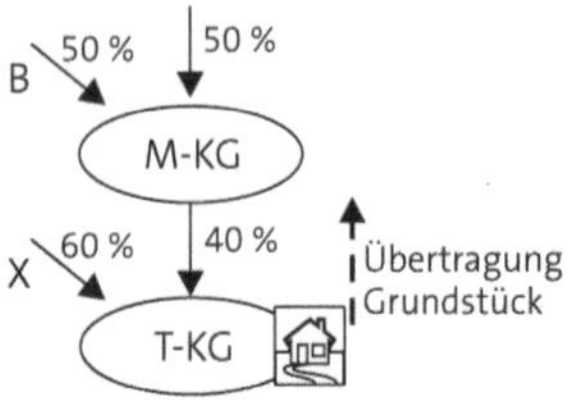

1004 Der **Formwechsel** von Gesellschaften löst grundsätzlich keine Grunderwerbsteuer aus, so dass eine Begünstigung nach § 6 GrEStG nicht in Betracht kommt. Auf **Verschmelzungen und Spaltungen von Kapitalgesellschaften** findet § 6 GrEStG keine Anwendung.[1150] Bei der **Verschmelzung von Personengesellschaften** ist der Übergang des Grundstücks im Wege der Gesamtrechtsnachfolge insoweit nach § 6 Abs. 3 Satz 1 GrEStG befreit, als dass Beteiligungsidentität bei der übertragenden und der übernehmenden Gesellschaft besteht.[1151] Es sind jedoch die Fristen des § 6 Abs. 3 Satz 2 GrEStG und des § 6 Abs. 4 GrEStG zu beachten. Bei der **Aufspaltung, Abspaltung und Ausgliederung** aus dem Vermögen einer **Personengesellschaft** auf andere Personengesellschaften ist der Grundstücksübergang ebenfalls insoweit begünstigt, als dass Beteiligungsidentität bei der übertragenden und der übernehmenden Gesellschaft besteht.[1152] Die Übertragung (Abspaltung) eines 100%igen Anteils an einer grundbesitzenden Personengesellschaft von einer Kapitalgesellschaft auf eine Schwesterpersonengesellschaft der Kapitalgesellschaft, an der der Alleingesellschafter der Kapitalgesellschaft auch alleiniger Kommanditist ist, stellt einen grunderwerbsteuerpflichtigen Vorgang gem. § 1 Abs. 2a GrEStG dar, auf den die Steuerbefreiung nach § 6 Abs. 3 i. V. m. Abs. 1 GrEStG jedoch nicht anwendbar ist, da Kapitalgesellschaften – anders als Personengesellschaften – im Rahmen der §§ 5 und 6 GrEStG nicht transparent sind.[1153]

cc) Sperrfristen

1005 Die Begünstigung des § 6 Abs. 3 Satz 1 GrEStG wird versagt, soweit sich innerhalb von **zehn Jahren** nach dem Übergang des Grundstücks von der einen auf

1150 Vgl. Pahlke, GrEStG, § 6 Rz. 92.
1151 Vgl. Pahlke, GrEStG, § 6 Rz. 93; Viskorf, GrEStG, § 6 Rz. 16.
1152 Vgl. Pahlke, GrEStG, § 6 Rz. 94 f.; Viskorf, GrEStG, § 6 Rz. 16.
1153 Vgl. BFH v. 3.6.2014 - II R 1/13, BStBl 2014 II S. 855.

die andere Gesamthand der Anteil des Gesamthänders am Vermögen der erwerbenden Gesamthand verringert (§ 6 Abs. 3 Satz 2 GrEStG). Dies kann durch reguläre Anteilsübertragungen, Aufnahme weiterer Gesellschafter oder durch Umwandlung der erwerbenden Gesamthand in eine Kapitalgesellschaft erfolgen, da beim Formwechsel in eine Kapitalgesellschaft die Gesamthänder ihre gesamthänderische Beteiligung an dem Grundstück verlieren.[1154] Für die Anwendung des § 6 Abs. 3 Satz 2 GrEStG bedarf es einer **Steuerumgehungsmöglichkeit**, so dass die Vorschrift dahingehend einzuschränkend auszulegen ist.[1155]

Eine Begünstigung nach § 6 Abs. 1 bis 3 GrEStG ist ausgeschlossen, soweit ein 1006
Gesamthänder – im Fall der Erbfolge sein Rechtsvorgänger – innerhalb von **zehn Jahren vor dem Erwerbsvorgang** seinen Anteil an der Gesamthand durch **Rechtsgeschäft unter Lebenden** erworben hat (§ 6 Abs. 4 Nr. 1 GrEStG). Die Begünstigung ist ebenfalls zu versagen, soweit eine vom Beteiligungsverhältnis **abweichende Auseinandersetzungsquote** innerhalb der letzten **zehn Jahre vor der Auflösung der Gesamthand** vereinbart worden ist (§ 6 Abs. 4 Nr. 2 GrEStG). Schlussendlich ist die Begünstigung auch ausgeschlossen, wenn bei einem Erwerbsvorgang i. S. d. § 1 Abs. 3 Nr. 1 oder Nr. 2 oder Abs. 3a GrEStG der Erwerber – im Fall der Erbfolge sein Rechtsvorgänger – innerhalb von 15 Jahren vor dem Erwerbsvorgang seinen Anteil am Vermögen der Personengesellschaft erstmals durch Rechtsgeschäft unter Lebenden erworben hat, es sei denn, einer der Erwerbe der Anteile am Gesellschaftsvermögen durch diesen Erwerber – im Fall der Erbfolge durch seinen Rechtsvorgänger – hat zu einem steuerpflichtigen Erwerbsvorgang i. S. d. § 1 Abs. 2a GrEStG geführt. Durch diese Sperrfristen sollen Steuerumgehungen unterbunden werden, obwohl eine Absicht zur Steuerumgehung nicht Tatbestandsvoraussetzung ist.[1156]

Für die Anwendung des § 6 Abs. 4 GrEStG bedarf es jedoch einer **Steuerumgehungsmöglichkeit**, so dass die Vorschrift dahingehend einzuschränkend 1007
auszulegen ist.[1157] Dies ist beispielsweise erforderlich, wenn die veräußernde **Gesamthand noch keine zehn Jahre besteht,** oder wenn bereits der Beitritt oder der Beteiligungserwerb eines Gesellschafters Grunderwerbsteuer ausgelöst hat, beispielsweise **in den Fällen des § 1 Abs. 2a GrEStG.**[1158]

1154 Vgl. Pahlke, GrEStG, § 6 Rz. 91.

1155 Vgl. dazu ausführlich gleichlautender Ländererlass v. 5.3.2024, BStBl 2024 I S. 410, Tz. 7.1.

1156 Vgl. BFH v. 14.6.1973 - II R 37/72, BStBl 1973 II S. 802; v. 4.4.2001 - II R 57/98, BStBl 2001 II S. 587; Wilms/Jochum, ErbStG BewG GrEStG, § 6 GrEStG Rz. 39; Pahlke, GrEStG, § 6 Rz. 63.

1157 Vgl. dazu ausführlich gleichlautender Ländererlass v. 5.3.2024, BStBl 2024 I S. 410, Tz. 7.1; Wilms/Jochum, ErbStG BewG GrEStG, § 6 GrEStG Rz. 46; Pahlke, GrEStG, § 6 Rz. 78.

1158 Vgl. BFH v. 25.8.2020 - II R 23/18, BStBl 2021 II S. 162; Pahlke, GrEStG, § 6 Rz. 80, 82.; Wilms/Jochum, ErbStG BewG GrEStG, § 6 GrEStG Rz. 46, 48.

1008–1015 *(Einstweilen frei)*

c) § 6a GrEStG (Steuervergünstigung bei Umstrukturierungen im Konzern)

1016 Mit dem Wachstumsbeschleunigungsgesetz wurde **zum 1.1.2010** der § 6a in das Grunderwerbsteuergesetz eingefügt. Durch diese die sog. **Konzernklausel** sollen notwendige konzerninterne Umstrukturierungen ermöglicht werden, ohne dass es dabei zu einer Belastung mit Grunderwerbsteuer kommt. Bis zur Einführung der Konzernklausel führten gerade Umstrukturierungen unter Kapitalgesellschaften zu einer Grunderwerbsteuerbelastung, da die Befreiungsvorschriften der §§ 5 und 6 GrEStG nur auf Gesamthandsgemeinschaften anwendbar sind.

Mit Beschluss v. 30.5.2017[1159] hat der BFH dem EuGH jedoch die Frage vorgelegt, ob die für die Grunderwerbsteuer geltende Steuervergünstigung bei Umstrukturierungen im Konzern nach § 6a GrEStG eine unionsrechtlich verbotene Beihilfe darstellt.[1160] Mit Urteil v. 19.12.2018[1161] hat der EuGH entschieden, dass § 6a GrEStG keine unionsrechtlich verbotene Beihilfe darstellt. Die grunderwerbsteuerliche Optimierung von Umstrukturierungen durch § 6a GrEStG ist somit seit der EuGH-Entscheidung wieder möglich.

BERATUNGSHINWEIS:

Da es sich beim einschlägigen EU-Recht um höherrangiges Recht handelt, wären die Auswirkungen bei Vorliegen einer unzulässigen Beihilfe sogar noch weitreichender gewesen: Für bereits auf Basis von § 6a GrEStG bestandskräftig veranlagte Grunderwerbsteuerfälle hätte eine Rückforderung der Beihilfe gedroht, also eine nachträgliche Erhebung der Grunderwerbsteuer während eines Rückwirkungszeitraums von zehn Jahren. Dafür hätten nach EU-Recht sogar Zinsen entstehen können. Die deutschen Vorschriften der Abgabenordung zur Verjährung und Bestandskraft hätten insoweit keinen Schutz für den Steuerpflichtigen geboten. Auch bereits erteilte verbindliche Auskünfte der Finanzverwaltung hätte ihre Bindungswirkung zu Gunsten des Steuerpflichtigen verloren. Der EuGH hatte in seinem Urteil nur deshalb keine unionsrechtlich verbotene Beihilfe festgestellt, weil § 6a GrEStG sich in das Gesamtkonzept des Grunderwerbsteuergesetzes schlüssig einfügt.[1162] Welche Auswirkungen die mit Wirkung zum 1.7.2021 erfolgten Änderungen der maßgeblichen Beteiligungsquoten in §§ 1 Abs. 2a, Abs. 3 und Abs. 3a GrEStG im Verhältnis zu § 6a GrEStG haben ist bislang noch nicht entschieden. In der Praxis sollte damit vor der Durchführung einer Umwandlung unter Anwen-

1159 BFH v. 30.5.2017 - II R 62/14, BStBl 2017 II S. 916.

1160 Vgl. zur Beihilfe grundlegend auch Linn/Pignot, StuB 2016 S. 573.

1161 EuGH v. 19.12.2018 - C-374/17, NWB 2019 S. 12, IStR 2019 S. 70 (m. Anm. Linn/Pignot).

1162 Vgl. Linn/Pignot, IStR 2019 S. 70: Anm. zum EuGH-Urteil v. 19.12.2018 - C-374/17, NWB YAAAH-05146.

dung des § 6a GrESt ein entsprechender Risikohinweis an den Steuerpflichtigen erfolgen.

aa) Begünstigte Rechtsvorgänge

Nach § 6a GrEStG wird die Grunderwerbsteuer nicht erhoben, wenn aufgrund einer übertragenden Umwandlung (**Verschmelzung, Spaltung oder Vermögensübertragung**) ein steuerbarer Erwerbsvorgang i. S. d. §§ 1 Abs. 1 Nr. 3, Abs. 2a, Abs. 2b, Abs. 3 oder Abs. 3a GrEStG verwirklicht wird. Der **Formwechsel** wird von § 6a GrEStG nicht erfasst, da er kein grunderwerbsteuerbarer Vorgang ist (vgl. Rz. 906). Durch das Amtshilferichtlinie-Umsetzungsgesetz v. 26.6.2013 wurde der Anwendungsbereich des § 6a GrEStG auch auf **Einbringungen und andere Erwerbsvorgänge auf gesellschaftsrechtlicher Grundlage** erweitert, die nach dem 6.6.2013 zu einem steuerbaren Erwerbsvorgang i. S. d. § 1 Abs. 1 Nr. 3, Abs. 2a, Abs. 2b oder Abs. 3 oder Abs. 3a GrEStG geführt haben.[1163] Ein Verkauf ist weiterhin kein begünstigter Übertragungsvorgang. 1017

Die Begünstigung des § 6a GrEStG tritt nur ein, wenn ein **Kausalzusammenhang** zwischen Umwandlung, Einbringung oder einem anderen Erwerbsvorgang auf gesellschaftsrechtlicher Grundlage und dem verwirklichten Rechtsvorgang vorliegt.[1164] Die Grunderwerbsteuer muss somit auf einen Umwandlungsvorgang, einer Einbringung oder einem anderen Erwerbsvorgang auf gesellschaftsrechtlicher Grundlage beruhen und darf nicht nur mittelbare Folge sein. 1018

bb) Herrschendes Unternehmen

Das Grunderwerbsteuergesetz definiert nicht näher das Merkmal des „**herrschenden Unternehmens**". Die Vorschrift gilt für alle Rechtsträger i. S. d. GrEStG, die wirtschaftlich tätig sind. Herrschendes Unternehmen können wirtschaftlich tätige natürliche und juristische Personen sowie Personengesellschaften sein.[1165] 1019

BERATUNGSHINWEIS 1:

Eine reine Holdinggesellschaft ist nach Rechtsprechung des EuGH[1166] kein Unternehmen i. S. d. UStG, so dass es bei der grunderwerbsteuerlichen Konzernklausel zweifelhaft war, ob diese ein herrschendes Unternehmen i. S. d. § 6a GrEStG sein kann.[1167] Der

1163 Vgl. gleichlautender Ländererlass v. 25.5.2023, BStBl 2023 I S. 995, Tz. 2.3.

1164 Pahlke, GrEStG, § 6a Rz. 51.

1165 Gleichlautender Ländererlass v. 25.5.2023, BStBl 2023 I S. 995, Tz. 3.1.

1166 EuGH v. 27.9.2001 - Rs. C-16/00, EuGHE 2001, I-6663.

1167 Vgl. Weilbach, GrEStG, § 6a Rz. 28.

BFH hat jedoch klargestellt, dass der Anwendungsbereich des § 6a nicht auf Unternehmer i. S. d. UStG beschränkt ist, sondern für alle Rechtsträger i. S. d. GrEStG gilt, die wirtschaftlich tätig sind.[1168] Unerheblich ist auch, ob das herrschende Unternehmen die Beteiligung an der abhängigen Gesellschaft im Privat- oder im Betriebsvermögen hält.[1169]

BERATUNGSHINWEIS 2:

Liegt eine mehrstufige Beteiligungskette vor, so ist das herrschende Unternehmen nicht stets der oberste Rechtsträger, der die Voraussetzungen des § 6a Satz 4 GrEStG erfüllt. Welches Unternehmen "herrschendes Unternehmen" und welche Gesellschaft "abhängige Gesellschaft" i. S. d. § 6a GrEStG ist, richtet sich nach dem jeweiligen Umwandlungsvorgang, für den die Steuer nach § 6a Satz 1 GrEStG nicht erhoben werden soll. Unerheblich ist, ob bei mehrstufigen Beteiligungsstrukturen das herrschende Unternehmen selbst von einem oder weiteren Unternehmen abhängig ist. Sind mehrere von einem herrschenden Unternehmen abhängige Gesellschaften am Umwandlungsvorgang beteiligt, ist ausgehend von dem Umwandlungsvorgang der in der Beteiligungskette am nächsten stehende (unterste) Rechtsträger, der die Voraussetzungen nach § 6a Satz 3 und 4 GrEStG erfüllt, das herrschende Unternehmen.[1170]

cc) Abhängige Gesellschaft

1020 Das Merkmal der abhängigen Gesellschaft ist in § 6a Satz 3 und 4 GrEStG definiert. Demnach muss ein Abhängigkeitsverhältnis zwischen dem herrschenden Unternehmen und der abhängigen Gesellschaft vorliegen, wobei eine **Beteiligung am Kapital der abhängigen Gesellschaft von mindestens 95 %** bestehen muss.

1021 Für die Bestimmung der 95 %-Grenze stellt § 6a Satz 4 GrEStG auf die Beteiligung am Kapital ab. Bei **Kapitalgesellschaften** bestimmt sich demnach die Beteiligung am Kapital nach dem **Anteil am Grundkapital (AG) bzw. Stammkapital (GmbH).**[1171] Bei **Personengesellschaften** ist die Beteiligung am Kapital als der **wertmäßige Anteil am Vermögen** der Personengesellschaft zu verstehen und nicht die dingliche Mitberechtigung („Pro-Kopf-Betrachtung").[1172] Auch nach Ansicht der Finanzverwaltung können Personengesellschaften abhängige Gesellschaften sein.[1173]

1168 BFH v. 21.8.2019 - II R 19/19 (II R 63/14), BStBl 2020 II S. 337; dem hat sich die Finanzverwaltung angeschlossen: gleichlautender Ländererlass v. 25.5.2023, BStBl 2023 I S. 995, Tz. 3.1.

1169 Vgl. gleichlautender Ländererlass v. 25.5.2023, BStBl 2023 I S. 995, Tz. 3.1.

1170 BFH v. 28.9.2022 - II R 13/20, BStBl 2023 II S. 666; nun auch Auffassung der Finanzverwaltung: vgl. gleichlautender Ländererlass v. 25.5.2023, BStBl 2023 I S. 995, Tz. 3.1.

1171 Vgl. Pahlke, GrEStG, § 6a Rz. 142.

1172 Vgl. gleichlautender Ländererlass v. 25.5.2023, BStBl 2023 I S. 995, Tz. 3.2.1.

1173 Vgl. gleichlautender Ländererlass v. 25.5.2023, BStBl 2023 I S. 995, Tz. 3.2.

Hinsichtlich der Berechnung der 95 %-Grenze ist es erforderlich, dass diese **auf jeder Beteiligungsebene** (teils oder ganz unmittelbar oder mittelbar) erreicht wird.[1174] Es erfolgt somit, wie bei der mittelbaren Anteilsvereinigung nach § 1 Abs. 3 GrEStG, keine Durchrechnung. 1022

BERATUNGSHINWEIS:

Aufgrund der in der Praxis häufig anzutreffenden 94 %-/6 %-Beteiligung bzw. seit 1.7.2021 89 %-/11 %-Beteiligung eines Gesellschafters zur Verhinderung der Grunderwerbsteuerentstehung in Fällen der §§ 1 Abs. 2a, Abs. 2b oder § 1 Abs. 3 GrEStG, dürfte grade im Mittelstand häufig kein Abhängigkeitsverhältnis i. S. d. § 6a Satz 4 GrEStG vorliegen und damit eine grunderwerbsteuerneutrale Umwandlung nach § 6a GrEStG ggf. nicht möglich sein.

dd) Vor- und Nachbehaltensfrist

Begünstigt sind nur solche **Gesellschaften**, die **fünf Jahre vor** dem Rechtsvorgang und **fünf Jahre nach** dem Rechtsvorgang noch zu mindestens 95 % im Anteilsbesitz des herrschenden Unternehmens stehen. 1023

Bei der **Verschmelzung** geht der übertragende Rechtsträger mit Wirksamwerden der Verschmelzung unter. Insoweit kann, streng auf den Wortlaut abgestellt, hinsichtlich des übertragenden Rechtsträgers die Fünf-Jahres-Nachbehaltensfrist nicht erfüllt werden, so dass die Verschmelzung einer grundstücksbesitzenden Gesellschaft nicht in den Anwendungsbereich des § 6a GrEStG fallen dürfte. Gleiches würde für **Umwandlungen zur Neugründung** gelten, bei denen die fünfjährige Vorbehaltensfrist nicht erfüllt werden kann, da der übernehmende Rechtsträger erst mit Wirksamwerden der Umwandlung entsteht. Es wird deshalb (u. E. richtiger Weise) eine **teleologische Reduktion** von der Literatur gefordert.[1175] Die Finanzverwaltung hat nunmehr klargestellt, dass bei einer Verschmelzung hinsichtlich der Nachbehaltensfrist nicht auf den übertragenden Rechtsträger abzustellen ist, sondern der aufnehmende Rechtsträger mindestens fünf Jahre fortbestehen muss.[1176] Hinsichtlich einer Umwandlung zur Neugründung[1177] ist nach Ansicht der Finanzverwaltung die Vorbehaltensfrist für abhängige Gesellschaften erfüllt, die durch bestimmte Umwandlungsvorgänge im Verbund entstanden sind.[1178] 1024

1174 Vgl. gleichlautender Ländererlass v. 25.5.2023, BStBl 2023 I S. 995, Tz. 3.2.1.

1175 Vgl. Pahlke, GrEStG, § 6a Rz. 144.

1176 Vgl. gleichlautender Ländererlass v. 25.5.2023, BStBl 2023 I S. 995, Tz. 3.2.2.2.

1177 Aufspaltung zur Neugründung (§ 123 Abs. 1 Nr. 2 UmwG), Abspaltung zur Neugründung (§ 123 Abs. 2 Nr. 2 UmwG), Ausgliederung zur Neugründung (§ 123 Abs. 3 Nr. 2 UmwG).

1178 Zu Details vgl. gleichlautender Ländererlass v. 22.9.2020, BStBl 2020 I S. 960, Tz. 3.2.2.1.

BERATUNGSHINWEIS:

Wird eine übernehmende Gesellschaft kurz vor dem Umwandlungsvorgang erworben (z. B. eine Vorrats-GmbH) und erfolgt die Umwandlung somit zur Aufnahme,[1179] so ist auch nach Ansicht des BFH die Vorbehaltensfrist nicht erfüllt.[1180] Aktuell ist jedoch ein Verfahren beim BFH anhängig, ob in Fällen der Ausgliederung zur Aufnahme eine teleologische Reduktion der Vorbehaltensfrist des § 6a Satz 4 GrEStG vorzunehmen ist, wenn die herrschende Gesellschaft innerhalb der 5-jährigen Vorbehaltensfrist die aufnehmende Gesellschaft selbst gründet und beginnend mit der Gründung bis zum Abschluss der Umstrukturierungsmaßnahme in beherrschendem Maße an der aufnehmenden Gesellschaft beteiligt ist.[1181]

1025 Wird die **Nachbehaltensfrist nicht erfüllt**, so stellt dies ein rückwirkendes **Ereignis i. S. d. § 175 Abs. 1 Satz 1 Nr. 2 AO** dar, so dass die Steuerbefreiung nachträglich wegfällt.[1182] Des Weiteren besteht eine Anzeigepflicht gegenüber dem zuständigen Finanzamt (§ 19 Abs. 2 Nr. 4a GrEStG).[1183]

1026–1035 *(Einstweilen frei)*

4. Anzeigepflicht

1036 Das Grunderwerbsteuergesetz sieht zahlreiche Anzeigepflichten für Rechtsvorgänge vor, die zu einer Grunderwerbsteuerpflicht führen können. Dabei obliegt in einigen Fällen die Anzeigepflicht den Gerichten, Behörden und Notaren (§ 18 GrEStG) und in zahlreichen Fällen auch den Beteiligten selbst (§ 19 GrEStG).

a) Anzeigepflichten für Gerichte, Behörden und Notare (§ 18 GrEStG)

1037 Umwandlungsrelevante Anzeigepflichten für Gerichte, Behörden und Notare bestehen insbesondere über

- Rechtsvorgänge, die sie beurkundet oder über die sie eine Urkunde entworfen und darauf eine Unterschrift beglaubigt haben, wenn die Rechtsvorgänge ein inländisches Grundstück betreffen (z. B. **Grundstückskaufverträge**; Anzeigepflicht Notar; § 18 Abs. 1 Nr. 1 GrEStG);

1179 Aufspaltung zur Aufnahme (§ 123 Abs. 1 Nr. 1 UmwG), Abspaltung zur Aufnahme (§ 123 Abs. 2 Nr. 1 UmwG), Ausgliederung zur Aufnahme (§ 123 Abs. 3 Nr. 1 UmwG).

1180 Vgl. BFH v. 25.9.2024 - II R 46/22, BStBl 2025 II S. 329; BFH v. 3.5.2023 - II B 27/22, BFH/NV 2024 S. 920 = NWB NAAAJ-67934.

1181 Anhängig unter BFH: II R 31/22.

1182 Vgl. gleichlautender Ländererlass v. 25.5.2023, BStBl 2023 I S. 995, Tz. 4.2.

1183 Vgl. gleichlautender Ländererlass v. 25.5.2023, BStBl 2023 I S. 995, Tz. 4.1.

- die **Eintragung einer Umwandlung (Verschmelzung, Spaltung)** in das Handels- bzw. Genossenschaftsregister, die einen Wechsel im Grundstückseigentum bewirkt (Anzeigepflicht Registergericht; § 18 Abs. 1 Nr. 3 Satz 2 GrEStG);
- Rechtsgeschäfte, die den **Anspruch auf Übertragung eines, mehrerer oder aller Anteile** an einer Kapitalgesellschaft, einer Personenhandelsgesellschaft oder einer Gesellschaft bürgerlichen Rechts begründen bzw. deren Übergang, soweit kein schuldrechtliches Geschäft vorangegangen ist, wenn zum Vermögen der Gesellschaft ein Grundstück gehört (Anzeigepflicht Notar; § 18 Abs. 2 Satz 2 GrEStG);[1184]
- **Anträge auf Berichtigung des Grundbuchs**, wenn der Antrag darauf gestützt wird, dass der Grundstückseigentümer gewechselt hat (§ 18 Abs. 1 Satz 1 Nr. 2 GrEStG).

Gerichte, Behörden und Notare sind nur anzeigepflichtig, wenn sie erkennen 1038
können, dass der von ihnen beurkundete Rechtsvorgang ein inländisches Grundstück betrifft; ihnen obliegt **keine besondere Nachforschungspflicht**.[1185]

b) Anzeigepflicht der Beteiligten (§ 19 GrEStG)

Umwandlungsrelevante **Anzeigepflichten für die Beteiligten** bestehen ins- 1039
besondere über

- unmittelbare und mittelbare **Änderungen des Gesellschafterbestandes einer Personengesellschaft**, die innerhalb von zehn Jahren zum Übergang **von mindestens 90 %** der Anteile am Gesellschaftsvermögen auf neue Gesellschafter geführt haben, wenn zum Vermögen der Personengesellschaft ein inländisches Grundstück gehört (§ 1 Abs. 2a GrEStG);
- unmittelbare und mittelbare Änderungen des Gesellschafterbestandes einer Kapitalgesellschaft, die innerhalb von zehn Jahren zum Übergang von mindestens 90 % der Anteile am Gesellschaftsvermögen auf neue Gesellschafter geführt haben, wenn zum Vermögen der Kapitalgesellschaft ein inländisches Grundstück gehört (§ 1 Abs. 2b GrEStG);
- die **Vereinigung** bzw. das schuldrechtliche Geschäft auf Vereinigung **von mindestens 90 % der Anteile einer Gesellschaft**, wenn zum Vermögen der Gesellschaft ein Grundstück gehört (§ 1 Abs. 3 Nr. 1 und 2 GrEStG);

1184 Die Anzeigepflicht besteht unabhängig davon, ob die Tatbestandsvoraussetzungen der § 1 Abs. 2a oder § 1 Abs. 3 GrEStG durch die Anteilsübertragung erfüllt werden. Vgl. Viskorf, GrEStG, § 18 Rz. 24.

1185 Vgl. Viskorf, GrEStG, § 18 Rz. 25.

- die **Übertragung** bzw. der Anspruch auf Übertragung **von mindestens 90 % der Anteile einer Gesellschaft**, wenn zum Vermögen der Gesellschaft ein Grundstück gehört (§ 1 Abs. 3 Nr. 3 und 4 GrEStG);
- **Änderungen im Gesellschafterbestand einer Gesamthand** bei Gewährung der Steuervergünstigung nach § 5 Abs. 1 und 2 GrEStG oder § 6 Abs. 3 i. V. m. § 6 Abs. 1 GrEStG (Übergang auf eine/von einer Gesamthand);
- **Änderungen von Beherrschungsverhältnissen** i. S. d. § 6a Satz 4 GrEStG (sog. Konzernklausel);
- die **wirtschaftliche Vereinigung von mindestens 90 % der Anteile an einer grundbesitzenden Gesellschaft** (§ 1 Abs. 3a GrEStG);
- Umwandlungen, wenn innerhalb des Rückwirkungszeitraums i. S. d. §§ 2, 20 Abs. 6 oder § 24 Abs. 4 UmwStG ein Erwerbsvorgang nach § 1 Abs. 1 Nr. 1 GrEStG verwirklicht wird und die Umwandlung ohne diesen Erwerbsvorgang eine Besteuerung nach § 1 Abs. 1 Nr. 3, Abs. 3 oder 3a GrEStG ausgelöst hätte (Ersatzbemessungsgrundlage für Grundstücksverkäufe im Rückwirkungszeitraum, § 8 Abs. 2 Satz 1 Nr. 4 GrEStG).

BERATUNGSHINWEIS:

Bei einer steuerbegünstigten Grundstückseinbringung nach §§ 5 und 6 GrEStG umfasst die grunderwerbsteuerrechtliche Anzeigepflicht nach § 19 Abs. 2 Nr. 4 GrEStG auch die Verringerung der Beteiligung eines grundstückseinbringenden Gesellschafters am Vermögen einer Gesamthand, selbst wenn sich dadurch der personelle Gesellschafterbestand der Gesamthand nicht ändert, es sich also um eine Verschiebung der Beteiligungsquote innerhalb der bestehenden Gesellschafter handelt (entgegen bisheriger Auffassung in der Literatur).[1186]

1040 Die Anzeige hat **innerhalb von zwei Wochen** zu erfolgen, nachdem die Anzeigepflichtigen (Beteiligten/Steuerschuldner) von dem anzeigepflichtigen Vorgang Kenntnis erhalten haben, und zwar **auch dann, wenn der Vorgang von der Besteuerung ausgenommen ist** (§ 19 Abs. 3 GrEStG). Die Pflicht der Beteiligten zur Anzeige der der Grunderwerbsteuer unterliegenden Vorgänge ist **objektiver Natur** und besteht **unabhängig von subjektiven Kenntnissen und Fähigkeiten** des zur Anzeige Verpflichteten. Daher ist die Anzeigepflicht der Beteiligten nicht davon abhängig, ob und inwieweit diese die Grunderwerbsteuerpflichtigkeit eines Rechtsvorgangs erkannt haben bzw. wussten, dass insoweit eine Anzeigepflicht bestand.[1187]

1186 BFH v. 15.1.2019 - II R 39/16, BFH/NV 2019 S. 765, NWB 2019 S. 1723.

1187 Vgl. BFH v. 12.6.1996 - II R 3/93, BStBl 1996 II S. 485; v. 20.1.2005 - II B 52/04, BStBl 2005 II S. 492.

Gemäß § 19 Abs. 5 Satz 1 GrEStG stellt die **Anzeige nach § 19 GrEStG eine Steuererklärung** i. S. d. §§ 149 ff. AO dar, so dass die Nichterfüllung dieser Anzeigepflicht die gleichen Konsequenzen nach sich zieht, wie beispielsweise 1041

- **Verspätungszuschläge** (§ 19 Abs. 6 GrEStG, § 152 AO);
- **Erzwingbarkeit** der Abgabe (§§ 328 ff. AO);
- **straf-** oder **bußgeldrechtliche Konsequenzen** bei Nichterfüllung der Anzeigepflicht oder Abgabe einer Anzeige mit unzutreffendem Inhalt (§§ 370, 378 AO).[1188]

BERATUNGSHINWEIS:

Unterbleibt die Anzeige eines der in § 1 Abs. 2, 2a und 3 GrEStG bezeichneten Erwerbsvorgänge, und wird anschließend dieser Rechtsvorgang innerhalb von zwei Jahren rückgängig gemacht, so greift aufgrund der unterlassenen Anzeige die Befreiung nach § 16 GrEStG nicht (§ 16 Abs. 5 GrEStG). Nach § 16 GrEStG wird unter bestimmten Voraussetzungen auf Antrag die Steuer nicht festgesetzt oder die Steuerfestsetzung aufgehoben, soweit innerhalb von zwei Jahren ein grunderwerbsteuerpflichtiger Vorgang vollständig rückgängig gemacht wird. Dies wurde erst kürzlich durch den BFH bestätigt: „Erfolgt die Anzeige eines Erwerbsvorgangs nicht innerhalb der gesetzlichen Zweiwochenfrist, führt dessen Rückgängigmachung nicht zur Nichtfestsetzung von Grunderwerbsteuer.[1189]

c) Inhalt der Anzeige (§ 20 GrEStG)

Die Anzeigen müssen enthalten: 1042

- Name, Vorname, Anschrift, Geburtsdatum sowie die Identifikationsnummer gemäß § 139b der Abgabenordnung des Veräußerers und des Erwerbers, den Namen desjenigen, der nach der vertraglichen Vereinbarung die Grunderwerbsteuer trägt sowie Name und Anschrift dessen gesetzlichen Vertreters und gegebenenfalls auch, ob und um welche begünstigte Person i. S. d. § 3 Nr. 3 bis 7 GrEStG es sich bei dem Erwerber handelt; bei nicht natürlichen Personen sind bis zur Einführung der Wirtschafts-Identifikationsnummer gemäß § 139c der Abgabenordnung die Register- und die für die Besteuerung nach dem Einkommen vergebene Steuernummer des Veräußerers und des Erwerbers anzugeben;
- die Bezeichnung des Grundstücks nach Grundbuch, Kataster, Straße und Hausnummer, den Anteil des Veräußerers und des Erwerbers am Grundstück und bei Wohnungs- und Teileigentum die genaue Bezeichnung des Wohnungs- und Teileigentums sowie den Miteigentumsanteil;

1188 Vgl. Weilbach, GrEStG, § 19 Rz. 5.

1189 BFH v. 25.11.2015 - II R 64/08, BFH/NV 2016 S. 420 = NWB JAAAF-46565.

- die Größe des Grundstücks und bei bebauten Grundstücken die Art der Bebauung;
- die Bezeichnung des anzeigepflichtigen Vorgangs, den Tag der Beurkundung und die Urkundennummer, bei einem Vorgang, der einer Genehmigung bedarf, auch die Bezeichnung desjenigen, dessen Genehmigung erforderlich ist, bei einem Vorgang unter einer Bedingung auch die Bezeichnung der Bedingung;
- den Kaufpreis oder die sonstige Gegenleistung (§ 9);
- den Namen und Anschrift der Urkundsperson.

1043 Die Anzeigen, die sich auf Anteile an einer Gesellschaft beziehen, müssen außerdem enthalten:

- die Firma und den Ort der Geschäftsleitung der Gesellschaft; bis zur Einführung der Wirtschafts-Identifikationsnummer gem. § 139c der Abgabenordnung ist die Register- und die für die Besteuerung nach dem Einkommen vergebene Steuernummer der Gesellschaft anzugeben
- die Bezeichnung des oder der Gesellschaftsanteile
- bei mehreren beteiligten Rechtsträgern eine Beteiligungsübersicht.

BERATUNGSHINWEIS:

Der in § 20 GrEStG vorgeschriebene Inhalt der Anzeige sollte vollständig dem zuständigen Finanzamt angezeigt werden. Eine nicht vollständige Anzeige oder nicht an das zuständige Finanzamt erfolgte Anzeige[1190] kann neben Zwangsmaßnahmen auch die Nichtgewährung einer Befreiungsvorschrift zur Folge haben (vgl. Rz. 1041).

1044–1100 *(Einstweilen frei)*

1190 Der Erwerbsvorgang ist bei dem Finanzamt anzuzeigen, das für die gesonderte Feststellung der Besteuerungsgrundlagen zuständig ist. Die Anzeige gegenüber den Belegenheitsfinanzämtern reicht zur Erfüllung der Anzeigepflicht nicht aus (BFH v. 22.5.2019 - II R 24/16, BStBl 2020 II S. 157).

IX. Musterverträge und Formulare

1. Verschmelzungen

a) Verschmelzung GmbH auf GmbH (Fusion)

aa) Ausgangskonstellation

1101

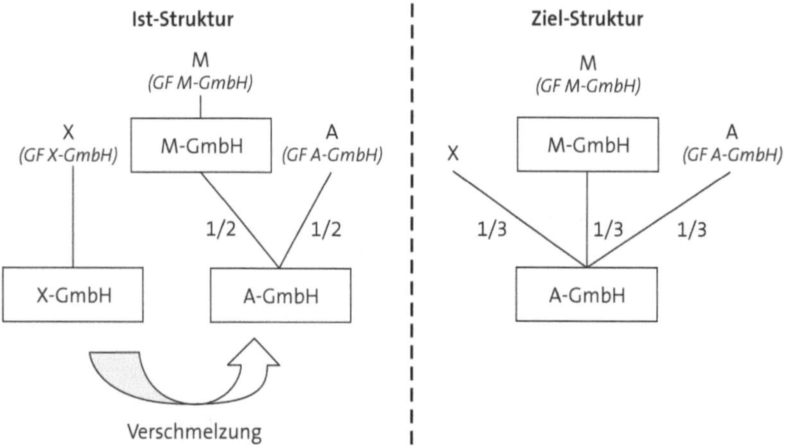

- Fusion zweier GmbHs durch Verschmelzung gem. §§ 2 ff. UmwG
- Nicht unternehmensintern
- Einmann-GmbH (X-GmbH) als übertragende Gesellschaft
- Übernehmende Gesellschaft (A-GmbH) mit natürlicher Person und (Kapital)-Gesellschaft als Gesellschafter
- Verschmelzung steuerlich zu Buchwerten nach §§ 11 ff. UmwStG

- Kapitalerhöhung bei der übernehmenden Gesellschaft zur Gewährung neuer Anteile *[Entbehrlich bei Verschmelzung von Schwester-Gesellschaften durch Verzicht der Gesellschafter nach § 54 Abs. 1 Satz 3 UmwG]*[1191]
- Betriebsräte vorhanden
- Verzicht auf Verschmelzungsprüfung und -bericht

bb) Fahrplan

1102 **Vorbereitungsphase**

- *[ggf. Zwischenbilanz der übertragenden Gesellschaft zum … erstellen, feststellen und prüfen]*
- *Wertgutachten* für die übertragende Gesellschaft und die übernehmende Gesellschaft zur Ermittlung des Umtauschverhältnisses
- Erstellen des Entwurfs des Verschmelzungsvertrags
- *[Zuleitung des Entwurfs des Verschmelzungsvertrages an die Betriebsräte inkl. Bestätigungsschreiben]*
- Entwurf des Arbeitnehmerinformationsschreibens
- Entwurf der Zustimmungsbeschlüsse inkl. Kapitalerhöhungsbeschluss
- Entwurf der Handelsregisteranmeldungen
- Vorbereitung der Gesellschafterversammlungen zur Beschlussfassung
- Zusendung des *[Entwurfs des]* Verschmelzungsvertrages an die Gesellschafter der beteiligten Gesellschaften (§ 47 UmwG)
- Ladung zur Gesellschafterversammlung nach Satzung/Gesetz *[ggf. Verzicht bei Vollversammlung und Einstimmigkeit]*

Beschlussphase

- Abschluss des Verschmelzungsvertrags
- Zustimmung der Gesellschafter in der Gesellschafterversammlung
- Beschluss der Kapitalerhöhung der übernehmenden Gesellschaft in der Gesellschafterversammlung

---

1191 Soweit an der übertragenden Gesellschaft sperrfristbehaftete Anteile i. S. d. § 22 UmwStG bestehen, führt jedoch eine Verschmelzung zu einer rückwirkenden Einbringungsgewinnbesteuerung innerhalb des Sieben-Jahres-Zeitraums. Die Finanzverwaltung sieht Umwandlungen als Veräußerungen an und die Bewilligung eines Billigkeitsantrags wird u. a davon abhängig gemacht, dass keine Statusverbesserung eintritt und eine Vergleichbarkeit mit den Fällen des § 22 Abs. 1 Satz 6 Nr. 2, 4 und 5 UmwStG vorliegt (vgl. Rz. 438 ff. sowie Tz. 22.23, insb. Bsp. 3 Abwandlung UmwStE). Eine Verschmelzung ohne Anteilsgewährung sollte nun einem Billigkeitsantrag nicht mehr entgegen stehen; anders noch nach UmwStE 2011.

- Anmeldung der Verschmelzung und der Kapitalerhöhung zur Eintragung in die Handelsregister

Vollzugsphase

- Anzeige und Übersendung des Verschmelzungsvertrags an Finanzämter der beteiligten Gesellschaften
- Eintragung der Verschmelzung in die Handelsregister der beteiligten Gesellschaften
- Nach Wirksamwerden der Verschmelzung: Erneute Einreichung der neuen Gesellschafterliste der aufnehmenden Gesellschaft durch den Notar in das Handelsregister (§ 40 Abs. 2 GmbHG)
- Antrag der übertragenden Gesellschaft auf Buchwertfortführung/Zwischenwertansatz bei ihrem Finanzamt
- Antrag der Gesellschafter der übertragenden Gesellschaft auf Buchwertfortführung für die erhaltenen Anteile an der übernehmenden Gesellschaft jeweils bei Ihrem Finanzamt
- Unterrichtung der Sozialversicherungsträger über den Übergang der Arbeitsverhältnisse
- Unterrichtung des Gewerbeaufsichtsamts über die Abmeldung der übertragenden Gesellschaft.
- Informationen der Vertragspartner über die Gesamtrechtsnachfolge
- Umstellung der Organisation, Buchführung, Lohn- und Gehaltsabrechnung auf neue Verhältnisse
- *[ggf. Berichtigung Grundbücher]*
- [ggf. Berichtigung Patentregister etc.]
- *[ggf. Berichtigung KFZ-Briefe]*

cc) Verschmelzungsvertrag

1103 URNr.

Verschmelzungsvertrag

Heute den …

Zweitausend…

- … -

ist vor mir,

…

Notar in …,

in den Amtsräumen in

…,

anwesend:

1. Herr X, geboren am …,

   wohnhaft …,

   ausgewiesen durch Vorlage seines amtlichen Lichtbildausweises,
   hier handelnd für die Firma

   X-GmbH

   mit dem Sitz in … als deren einzelvertretungsberechtigter Geschäftsführer.

2. Herr A, geboren am …,

   wohnhaft …,

   ausgewiesen durch Vorlage seines amtlichen Lichtbildausweises,
   hier handelnd für die Firma

   A-GmbH

   mit dem Sitz in … als deren einzelvertretungsberechtigter Geschäftsführer.

Aufgrund Einsicht in den mir vorliegenden Auszug aus dem elektronisch geführten Handelsregister des Amtsgerichts … vom … bescheinige ich hiermit, dass dort unter HRB … die Firma X-GmbH mit dem Sitz in … eingetragen und Herr X als Geschäftsführer einzeln zur Vertretung dieser GmbH berechtigt ist und unter HRB ... die Firma A-GmbH mit dem Sitz in ... eingetragen und Herr A als Geschäftsführer einzeln zur Vertretung dieser GmbH berechtigt ist.

Die Geschäftsführer, Herr X und Herr A, sind von den Beschränkungen des § 181 BGB befreit.

Auf Ansuchen der Erschienenen beurkunde ich ihre vor mir abgegebenen Erklärungen gemäß was folgt:

Mit diesem Vertrag wird die Firma X-GmbH auf die Firma A-GmbH verschmolzen. Alleiniger Gesellschafter der X-GmbH ist Herr X. Gesellschafter der A-GmbH jeweils mit einer Beteiligungsquote von 50 % sind die M-GmbH und Herr A.

Das Stammkapital der X-GmbH beträgt *[EUR 50.000]* und ist voll einbezahlt. Das Stammkapital der A-GmbH beträgt *[EUR 100.000]* und ist voll einbezahlt.

§ 1 Vermögensübertragung, Bilanzstichtag,
Verschmelzungsstichtagsteuerrechtliche Bilanzierung, Nachweise für steuerliche Zwecke

(1) Die Firma X-GmbH (im Folgenden: **übertragende Gesellschaft**) überträgt ihr Vermögen als Ganzes mit allen Rechten und Pflichten unter Ausschluss der Abwicklung gemäß §§ 2 ff. UmwG i. V. m. §§ 46 ff. UmwG auf die Firma A-GmbH (im Folgenden: **übernehmende Gesellschaft**) im Wege der Verschmelzung durch Aufnahme.

(2) Die Verschmelzung erfolgt zum 1.1. ... (Verschmelzungsstichtag)

(3) Die Übernahme des Vermögens der übertragenden Gesellschaft erfolgt im Innenverhältnis mit Wirkung zum Ablauf des 31.12. ... 24:00 Uhr. Vom 1.1. ... 0:00 Uhr an bis zum Zeitpunkt des Erlöschens der übertragenden Gesellschaft gemäß § 20 Abs. 1 Nr. 2 UmwG, gelten alle Handlungen und Geschäfte der übertragenden Gesellschaft als für Rechnung der übernehmenden Gesellschaft vorgenommen.

(4) Der Verschmelzung wird die mit dem uneingeschränkten Bestätigungsvermerk des Abschlussprüfers ... in ... versehene Bilanz der übertragenden Gesellschaft zum 31.12. ... als Schlussbilanz zugrunde gelegt.

(5) Die übertragende Gesellschaft ist verpflichtet, die steuerlichen Buchwerte in ihrer steuerlichen Schlussbilanz anzusetzen und die übernehmende Gesellschaft ist verpflichtet diese fortzuführen. Die Parteien verpflichten sich, alle hierzu erforderlichen Anträge (insbesondere Antrag auf Buchwertfortführung) zu stellen sowie die weiteren steuerlichen Pflichten zu erfüllen und an allen hierzu erforderlichen Maßnahmen zusammenzuwirken. Die

übertragene Gesellschaft stellt hiermit den Buchwertantrag gem. § 11 Abs. 2 Satz 1 UmwStG.

§ 2 Gegenleistung, Durchführung

(1) Die übernehmende Gesellschaft gewährt dem Gesellschafter der übertragenden Gesellschaft, Herrn X, als Gegenleistung für die Übertragung des Vermögens Geschäftsanteile an der übernehmenden Gesellschaft, und zwar der Firma A-GmbH einen Geschäftsanteil im Nennbetrag von *[EUR 50.000]* (Anteil Nr. *[51.001]*). Der Geschäftsanteil wird kostenfrei und mit Gewinnbezugsberechtigung ab 1. 1. ... gewährt.

(2) Zur Durchführung der Verschmelzung wird die übernehmende Gesellschaft ihr Stammkapital von bislang *[EUR 100.000]* um *[EUR 50.000]* auf *[EUR 150.000]* erhöhen, und zwar durch Bildung eines Geschäftsanteils im Nennbetrag von *[EUR 50.000]* (Anteil Nr. *[51.001]*).

§ 3 Keine besonderen Rechte und Vorteile

(1) Besondere Rechte i. S. v. § 5 Abs. 1 Nr. 7 UmwG bestanden nicht. Es werden besondere Rechte nicht gewährt. Der Gesellschafterin der übertragenden Gesellschaft werden deshalb auch im Rahmen der Verschmelzung keine besonderen Rechte gewährt.

(2) Keinem Mitglied der Vertretungsorgane und der Aufsichtsorgane der an der Verschmelzung beteiligten Gesellschaften, keinem geschäftsführenden Gesellschafter, keinem Abschlussprüfer oder Verschmelzungsprüfer werden besondere Vorteile gewährt (§ 5 Abs. 1 Nr. 8 UmwG).

§ 4 Folgen der Verschmelzung für Arbeitnehmer und ihre Vertretungen

(1) Die Verschmelzung führt zum Übergang sämtlicher Rechte und Ansprüche der Arbeitnehmer der übertragenden Gesellschaft im Wege der Gesamtrechtsnachfolge auf die übernehmende Gesellschaft. Auf den Übergang aufgrund der Verschmelzung findet § 613a Abs. 1, 4 bis 6 BGB Anwendung (§ 35a Abs. 2 UmwG). Individualarbeitsrechtliche Nachteile für die Arbeitnehmer der übertragenden Gesellschaft ergeben sich folglich nicht. Die Verschmelzung hat ebenfalls keine Folgen für die Arbeitnehmer der übernehmenden Gesellschaft. Da die übertragene Gesellschaft durch die Verschmelzung als Rechtsträger ohne Abwicklung aufgelöst wird und erlischt, haben die Arbeitnehmer kein Widerspruchsrecht gem. § 613a Abs. 6 BGB. Die Arbeitnehmer der übertragenen Gesellschaft sind vor dem Betriebsübergang in Textform über den Grund sowie den geplanten Zeitpunkt des Übergangs und die in diesem § 4 dargestellten Folgen und in Aussicht genommenen Maßnahmen zu informieren (§ 613a Abs. 5 BGB).

(2) [Durch die Verschmelzung ergeben sich keine tarifvertraglichen Änderungen für die Arbeitnehmer bei der übernehmenden und bei der übertragenden Gesellschaft.]

(3) [Bei der übertragenden Gesellschaft bestehen folgende Betriebsvereinbarungen:

– ... vom ... ;

– ... vom ....

Die vorstehenden Betriebsvereinbarungen sind der Urkunde zu Beweis- und Informationszwecken als Anlage ohne Verlesen beigefügt. Sie bleibt unverändert bestehen.]

(4) [Die Betriebsräte der übertragenden Gesellschaft und der übernehmenden Gesellschaft bestehen weiter. Der Wechsel des Rechtsträgers des Betriebs der übertragenden Gesellschaft hat keine Auswirkungen auf dessen Identität, so dass auch die Identität des Betriebsrats der übertragenden Gesellschaft unberührt bleibt. Der Betriebsrat der übertragenden Gesellschaft bleibt bei der übernehmenden Gesellschaft weiter im Amt. Es ist in der Folgezeit ein Gesamtbetriebsrat zu errichten, da aufgrund der Verschmelzung zukünftig mehrere Betriebe bei der übernehmenden Gesellschaft bestehen werden (§ 47 Abs. 1 BetrVG).]

(5) [Die Verschmelzung hat keine Auswirkungen auf die Mitbestimmung. Die übertragende Gesellschaft verfügt über weniger als 500 Arbeitnehmer, so dass sie auch bisher nicht der Mitbestimmung gemäß § 1 DrittelbG unterlag. Die Anzahl der Arbeitnehmer der übernehmenden Gesellschaft nach der Verschmelzung wird ebenfalls nicht mehr als 500 Arbeitnehmer betragen, so dass auch nach der Verschmelzung die Voraussetzungen für die Mitbestimmung gemäß § 1 DrittelbG nicht vorliegen werden.]

§ 5 Auswirkungen der Verschmelzung auf Grundbuchverhältnisse

Keine der beiden Gesellschaften verfügt über Grundbesitz.

§ 6 Weitere Regelungen

(1) Die Firma (§ ... der Satzung) der übernehmenden Gesellschaft wird geändert in:

... GmbH.

(2) § ... der Satzung der übernehmenden Gesellschaft wird wie folgt neu gefasst: ....

(3) Herr X wird zum weiteren Geschäftsführer der übernehmenden Gesellschaft bestellt. Er vertritt die übernehmende Gesellschaft allein und ist von der Beschränkung des § 181 Var. 2 BGB befreit.

§ 7 Kosten, Gebühren und Steuern

(1) Die Kosten dieses Vertrages und dessen Abwicklung, sowie sämtliche Gebühren und Steuern, einschließlich der Kosten der Zustimmungsbeschlüsse, trägt die übernehmende Gesellschaft.

(2) Sollte die Verschmelzung nicht durchgeführt werden, so tragen die Parteien die bis dahin entstandenen Kosten und Gebühren jeweils zur Hälfte.

§ 8 Hinweise

Der Notar hat die Beteiligten über den weiteren Verfahrensablauf bis zum Wirksamwerden der Verschmelzung, auf den Wirksamkeitszeitpunkt sowie die Rechtsfolgen der Verschmelzung hingewiesen, insbesondere auf Folgendes:

a) Der Verschmelzungsvertrag bedarf zu seiner Wirksamkeit der Zustimmung der Gesellschafterversammlungen beider beteiligter Rechtsträger in notarieller Form,

b) Gläubigern beider Rechtsträger ist auf Anmeldung und Glaubhaftmachung ihrer Forderung hin nach Maßgabe des § 22 UmwG Sicherheit zu leisten.

§ 9 Vollmacht

Die Beteiligten bevollmächtigen hiermit ... und ..., Notarangestellte, jeweils einzeln und befreit von § 181 BGB, sämtliche Erklärungen und Rechtshandlungen vorzunehmen, die im Zuge des Verschmelzungsvertrages erforderlich und zweckmäßig sind. Die Vollmacht ist jederzeit widerruflich. Dem Handelsregister gegenüber ist die Vollmacht unbeschränkt.

§ 10 Abschriften

Von dieser Urkunde erhalten:

BEGLAUBIGTE ABSCHRIFTEN

jeder Beteiligte

das Registergericht ... eine elektronisch beglaubigte

EINFACHE ABSCHRIFTEN

das Finanzamt – Körperschaftsteuerstelle –

Steuerberater

Vorgelesen vom Notar,

von dem Beteiligten genehmigt und

eigenhändig unterschrieben wie folgt

dd) Schreiben an die Betriebsräte

1104 **Schreiben an die Betriebsräte der A-GmbH und der X-GmbH**

An

1. Betriebsrat der A-GmbH
   Herr / Frau …
   Vorsitzende(r) des Betriebsrats
2. Betriebsrat der X-GmbH
   Herr / Frau …
   Vorsitzende(r) des Betriebsrats

[3. ggf. Gesamt- und/oder Konzernbetriebsrat]

jeweils gegen Empfangsbestätigung

Verschmelzung der X-GmbH als übertragende Gesellschaft auf die A-GmbH als übernehmende Gesellschaft

Sehr geehrte Damen und Herren,

es ist beabsichtigt die X-GmbH auf die A-GmbH zu verschmelzen. Es ist beabsichtigt, dem beigefügten Entwurf des Verschmelzungsvertrags zwischen der A-GmbH als aufnehmende Gesellschaft und der X-GmbH als übertragende Gesellschaft in den voraussichtlich am … stattfindenden Gesellschafterversammlungen der A-GmbH und der X-GmbH zuzustimmen und den Vertrag in notariell beurkundeter Form durch die Geschäftsführung der A-GmbH und X-GmbH abzuschließen.

Anbei übersenden wir Ihnen hiermit gemäß § 5 Abs. 3 UmwG den Entwurf des Verschmelzungsvertrags. Wir bitten Sie in diesem Zusammenhang hiermit,

1. den Erhalt dieses Schreibens und der Anlage auf den beigefügten Kopien dieses Schreibens zu bestätigen und
2. die unterschriebenen Kopien dieses Schreibens an die Geschäftsleitung der A-GmbH zurück zu schicken,
3. *[ggf.: auf die Einhaltung der Monatsfrist des § 5 Abs. 3 UmwG zu verzichten.]*[1192]

1192 Die direkte Aufnahme der Verzichtserklärung bezüglich der Monatsfrist in das Schreiben an die Betriebsräte sollte nur in den Fällen erfolgen, in denen die Monatsfrist bereits verstrichen ist, da sonst ggf. der Betriebsrat sich weigern könnte, dieses Schreiben zu unterzeichnen.

Dies dient als Nachweis für die der Handelsregisteranmeldungen der Verschmelzung beizufügenden Anlagen gemäß §§ 17 Abs. 1, 16 UmwG.

[Ort, Datum]

[Geschäftsführung A-GmbH]	[Geschäftsführung X-GmbH]

Hiermit bestätigen wir, als jeweilige(r) Vorsitzende(r) des Betriebsrats, den Erhalt dieses Schreibens sowie des als Anlage beigefügten Entwurfs des Verschmelzungsvertrags *[ggf.: und verzichten auf die Einhaltung der Monatsfrist des § 5 Abs. 3 UmwG]*.

[Ort, Datum]	[Ort, Datum]
[Vorsitzende(r) des Betriebsrats der A-GmbH]	[Vorsitzende(r) des Betriebsrats der X-GmbH]

ee) Verschmelzungsbeschluss

1105 URNr.

Ref.:

Protokoll über Gesellschafterversammlungen

Heute, den …

Zweitausend…

- … -

ist vor mir,

…

Notar in …,

in den Amtsräumen in …:

1. Herr X, geboren am …,
   wohnhaft …,
   ausgewiesen durch Vorlage seines amtlichen Lichtbildausweises,
   hier handelnd im eigenen Namen

2. Herr A, geboren am …,
   wohnhaft …,
   ausgewiesen durch Vorlage seines amtlichen Lichtbildausweises,
   hier handelnd im eigenen Namen

3. Herr M, geb. am …,
   wohnhaft …,
   ausgewiesen durch Vorlage eines amtlichen Lichtbildausweises,
   hier handelnd für die Firma
   M-GmbH
   mit dem Sitz in …,

wozu ich aufgrund Einsicht in den mir vorliegenden Auszug aus dem elektronisch geführten Handelsregister des Amtsgerichts … vom … bescheinige, dass dort unter HRB … die Firma M-GmbH eingetragen und Herr M als Geschäftsführer einzeln zur Vertretung dieser GmbH berechtigt ist.

Auf Ansuchen der Erschienenen beurkunde ich ihre vor mir abgegebenen Erklärungen gemäß was folgt:

A. Gesellschafterversammlung der X-GmbH

Herr X ist alleiniger Gesellschafter der Firma X-GmbH mit dem Sitz in ..., eingetragen im Handelsregister des Amtsgerichts ... – HRB ... -, deren Stammkapital *[EUR 50.000]* beträgt und voll einbezahlt ist.

Unter Verzicht auf alle durch Gesetz oder Gesellschaftsvertrag vorgeschriebenen Formen und Fristen halte ich hiermit eine Gesellschafterversammlung der X-GmbH ab und beschließe einstimmig mit allen Stimmen was folgt:

I. Zustimmung

(1) Dem Verschmelzungsvertrag vom ... zur Urkunde des amtierenden Notars URNr. ... zwischen der X-GmbH und der A-GmbH mit dem Sitz in ... wird hiermit zugestimmt.

(2) Eine Ausfertigung des Verschmelzungsvertrages ist dieser Niederschrift als Anlage beigefügt.

II. Verzichtserklärungen

(1) Auf die Klage gegen die Wirksamkeit des Verschmelzungsbeschlusses und des Verschmelzungsvertrages wird ausdrücklich verzichtet.

(2) Ebenso wird auf die Erstellung eines Verschmelzungsberichtes verzichtet.

(3) Eine Verschmelzungsprüfung gemäß § 48 UmwG wurde nicht verlangt. Vorsorglich wird auf die Prüfung der Verschmelzung sowie auf die Erstellung des Verschmelzungsprüfungsberichtes hiermit ausdrücklich verzichtet.

(4) Der Notar belehrte den Erschienenen über die Unwiderruflichkeit der Verzichtserklärungen und deren Wirkungen sowie darüber, dass durch diese Erklärungen die Ausübung von Gesellschafterrechten bei der bevorstehenden Verschmelzung beeinträchtigt werden kann.

III. Unterrichtung Betriebsrat[1193]

Dem Betriebsrat der X-GmbH wurde der Verschmelzungsvertrag zugeleitet. *[sofern Verzicht auf Einhaltung der Frist: Er hat auf die Einhaltung der gesetzlichen Monatsfrist (§ 5 Abs. 3 UmwG) durch schriftliche Erklärung verzichtet. Die Verzichtserklärung ist dieser Urkunde in Urschrift beigefügt.]*

1193 Nur erforderlich, soweit Betriebsrat vorhanden.

B. Gesellschafterversammlung der A-GmbH

Die Firma M-GmbH und Herr A sind die Gesellschafter der Firma A-GmbH mit dem Sitz in ..., eingetragen im Handelsregister des Amtsgerichts ... – HRB ... -, deren Stammkapital *[EUR 100.000]* beträgt und von den Gesellschaften je zur Hälfte übernommen wurde.

Die Stammeinlage ist voll einbezahlt.

Unter Verzicht auf alle durch Gesetz oder Gesellschaftsvertrag vorgeschriebenen Formen und Fristen halten wir hiermit eine Gesellschafterversammlung der A-GmbH ab und beschließen einstimmig mit allen Stimmen was folgt:

I. Zustimmung

Dem Verschmelzungsvertrag vom ... zur Urkunde des amtierenden Notars URNr. ... zwischen der Firma A-GmbH und der X-GmbH mit dem Sitz in ... wird hiermit zugestimmt

II. Kapitalerhöhung

(1) Zur Durchführung der Verschmelzung wird das Stammkapital der Gesellschaft von *[EUR 100.000]* um *[EUR 50.000]* auf *[EUR 150.000]* erhöht, und zwar durch Bildung eines neuen Geschäftsanteil im Nennbetrag von *[EUR 50.000]* (Anteil Nr. *[51.001]*).

(2) Der neue Geschäftsanteil ist gewinnberechtigt nach Maßgabe der §§ ... des Verschmelzungsvertrages. Er wird als Gegenleistung für die Übertragung des Vermögens der übertragenden Gesellschaft im Wege der Verschmelzung an den Gesellschafter der übertragenden Gesellschaft, Herrn X, ausgegeben, und zwar der Geschäftsanteil im Nennbetrag von *[EUR 50.000]* (Anteil Nr. *[3]*).

(3) § ... der Satzung der Gesellschaft wird wie folgt geändert: „Das Stammkapital der Gesellschaft beträgt *[EUR 150.000]* – i. W. *[einhundertfünfzigtausend]* Euro –."

III. Verzichtserklärungen

(1) Auf die Klageerhebung gegen die Wirksamkeit des Verschmelzungsbeschlusses und des Verschmelzungsvertrages sowie die weiteren heute gefassten Beschlüsse wird ausdrücklich verzichtet.

(2) Ebenso wird gemäß § 8 Abs. 3 Satz 1 UmwG auf die Erstellung eines Verschmelzungsberichtes verzichtet.

(3) Eine Verschmelzungsprüfung gemäß § 48 UmwG wurde nicht verlangt. Vorsorglich wird auf die Prüfung der Verschmelzung sowie auf die Erstel-

lung des Verschmelzungsprüfungsberichtes hiermit ausdrücklich verzichtet.

(4) Auf die Auslegung der Jahresabschlüsse und der Lageberichte der an der Verschmelzung beteiligten Gesellschaften der letzten drei Geschäftsjahre zur Einsicht durch die Gesellschafter wird verzichtet.

(5) Der Notar belehrte den Erschienenen über die Unwiderruflichkeit der Verzichtserklärungen und deren Wirkungen sowie darüber, dass durch diese Erklärungen die Ausübung von Gesellschafterrechten bei der bevorstehenden Verschmelzung beeinträchtigt werden kann.

IV. Unterrichtung Betriebsrat[1194]

Dem Betriebsrat der A-GmbH wurde der Verschmelzungsvertrag zugeleitet. *[sofern Verzicht auf Einhaltung der Frist: Er hat auf die Einhaltung der gesetzlichen Monatsfrist (§ 5 Abs. 3 UmwG) durch schriftliche Erklärung verzichtet. Die Verzichtserklärung ist dieser Urkunde in Urschrift beigefügt.]*

C. Vollmacht

Die Beteiligte bevollmächtigt hiermit ... und ..., Notarangestellte, jeweils einzeln, befreit von § 181 BGB, sämtliche Erklärungen und Rechtshandlungen vorzunehmen, die bei Vollzug der vorstehenden Beschlüsse erforderlich oder zweckmäßig sind. Die Vollmacht ist jederzeit widerruflich. Dem Handelsregister gegenüber ist die Vollmacht unbeschränkt.

D. Kosten, Abschriften

Die Kosten dieser Urkunde trägt ....

Von dieser Urkunde erhalten:
BEGLAUBIGTE ABSCHRIFTEN
die Beteiligten
das Registergericht ... eine elektronisch beglaubigte
EINFACHE ABSCHRIFTEN
das Finanzamt – Körperschaftsteuerstelle –
Steuerberater

Vorgelesen vom Notar,
von dem Beteiligten genehmigt und
eigenhändig unterschrieben wie folgt:

[-Unterschriften der Beteiligten-]

1194 Nur erforderlich, soweit Betriebsrat vorhanden.

ff) Handelsregisteranmeldung der übernehmenden Gesellschaft

1106 An das Amtsgericht …
– Handelsregister –

A-GmbH mit Sitz in …, HRB …

I. Zur Eintragung in das Handelsregister melde ich, Herr A alleinvertretungsberechtigter Geschäftsführer der A-GmbH mit Sitz in … an:

1. Die X-GmbH mit Sitz in … (Amtsgericht … HRB …) ist aufgrund des Verschmelzungsvertrags vom … (URNr. … des Notars …) und der Beschlüsse der Gesellschafterversammlungen der X-GmbH und der A-GmbH vom … (URNr. … des Notars …) mit der A-GmbH durch Aufnahme verschmolzen worden.
2. Das Stammkapital der Gesellschaft wurde im Zuge der Durchführung der Verschmelzung von *[EUR 100.000]* um *[EUR 50.000]* auf *[EUR 150.000]* erhöht. § … des Gesellschaftsvertrags wurde entsprechend geändert.
3. Auf die Klageerhebung gegen die Wirksamkeit des Verschmelzungsbeschlusses und des Verschmelzungsvertrages wurde in den Verschmelzungsbeschlüssen der übertragenden und der aufnehmenden Gesellschaft verzichtet (§ 16 Abs. 2 Satz 1 UmwG).
4. Die Firma der A-GmbH wurde geändert in: …GmbH.
5. § … der Satzung der A-GmbH wurde wie folgt neu gefasst: ….
6. Herr X wurde zum weiteren Geschäftsführer der A-GmbH bestellt. Er vertritt die A-GmbH allein und ist von der Beschränkung des § 181 Var. 2 BGB befreit.

II. Als Anlagen überreiche ich:

1. Notariell beglaubigte Abschrift des Verschmelzungsvertrags vom … (URNr. … des Notars …);
2. Notariell beglaubigte Abschrift der Niederschriften der Gesellschafterversammlungen nebst Anlagen vom … (URNr. … des Notars …) der A-GmbH und der X-GmbH;
3. Von den Anmeldenden unterschriebene Liste der Personen, welche die neuen Stammeinlagen übernommen haben (§ 57 Abs. 3 Nr. 2 GmbHG);
4. Berichtigte und unterschriebene Gesellschafterliste (§ 52 Abs. 2 UmwG);

5. Vollständiger Wortlaut des Gesellschaftsvertrags mit Bescheinigung eines Notars (§ 54 Abs. 1 Satz 2 GmbHG);

6. Gemeinsames Schreiben der Betriebsräte der A-GmbH und der X-GmbH über die rechtzeitige *[bzw. unter Verzicht auf die Rechtzeitigkeit]* Zuleitung des *[Entwurfs des]* Verschmelzungsvertrags an die Betriebsräte der A-GmbH und der X-GmbH (§ 17 Abs. 1 UmwG);

Ich bitte im Hinblick auf § 53 UmwG, zunächst nur die Kapitalerhöhung einzutragen. Ein beglaubigter Handelsregisterauszug der X-GmbH mit Sitz in ... (Amtsgericht ... HRB ...), aus dem sich die Eintragung der Verschmelzung in das Handelsregister der X-GmbH ergibt, wird nachgereicht.

Nach Vollzug der Eintragung der Kapitalerhöhung und nach Vollzug der Eintragung der Verschmelzung bitte ich jeweils um

- Eintragungsnachricht an die A-GmbH und an den beglaubigenden Notar sowie um
- Übermittlung von zwei beglaubigten Handelsregisterauszügen an die A-GmbH und
- eines beglaubigten Handelsregisterauszugs an den beglaubigenden Notar.

[Unterschrift Herr A (Geschäftsführer A-GmbH)]

[Beglaubigung Notar]

gg) Handelsregisteranmeldung der übertragenden Gesellschaft

1107 An das Amtsgericht …
– Handelsregister –

X-GmbH mit Sitz in …, HRB …

I. Gemäß § 16 Abs. 1 Satz 2 UmwG melde ich, Herr A, alleinvertretungsberechtigter Geschäftsführer der A-GmbH mit Sitz in … als Vertretungsorgan des übernehmenden Rechtsträgers die Verschmelzung der X-GmbH auf die A-GmbH zur Eintragung in das Register des Sitzes der X-GmbH als übertragender Rechtsträger an:

Die X-GmbH mit Sitz in … (Amtsgericht … HRB …) ist aufgrund des Verschmelzungsvertrags vom … (URNr. … des Notars …) und der Beschlüsse der Gesellschafterversammlungen der X-GmbH und der A-GmbH vom … (URNr. … des Notars …) mit der A-GmbH mit Sitz in … (Amtsgericht … HRB …) durch Aufnahme verschmolzen worden (§ 2 Nr. 1 UmwG).

Auf die Klageerhebung gegen die Wirksamkeit des Verschmelzungsbeschlusses und des Verschmelzungsvertrages wurde in den Verschmelzungsbeschlüssen der übertragenden und der aufnehmenden Gesellschaft verzichtet (§ 16 Abs. 2 Satz 1 UmwG).

II. Als Anlagen überreiche ich:

1. Notariell beglaubigte Abschrift des Verschmelzungsvertrags vom … (URNr. … des Notars …);
2. Notariell beglaubigte Abschrift der Niederschriften der Gesellschafterversammlungen nebst Anlagen vom … (URNr. … des Notars …) der A-GmbH und der X-GmbH;
3. Die von sämtlichen Geschäftsführern unterzeichnete Schlussbilanz der X-GmbH zum 31.12. … mit Anhang, versehen mit uneingeschränktem Bestätigungsvermerk der … Wirtschaftsprüfungsgesellschaft vom …;
4. Gemeinsames Schreiben der Betriebsräte der A-GmbH und der X-GmbH über die rechtzeitige *[bzw. unter Verzicht auf die Rechtzeitigkeit]* Zuleitung des *[Entwurfs des]* Verschmelzungsvertrags an die Betriebsräte der A-GmbH und der X-GmbH (§ 17 Abs. 1 UmwG);

Ein beglaubigter Handelsregisterauszug der A-GmbH mit Sitz in … (Amtsgericht … HRB …), aus dem sich die Eintragung der zur Durchführung der Verschmelzung beschlossenen Kapitalerhöhung der A-GmbH in das Handelsregister der A-GmbH ergibt, wird nachgereicht.

Nach Vollzug der Eintragung der Verschmelzung bitte ich jeweils um

Eintragungsnachricht an die A-GmbH und an den beglaubigenden Notar sowie um

Übermittlung je eines beglaubigten Handelsregisterauszugs an die A-GmbH und den beglaubigenden Notar.

[Unterschrift Herr A (Geschäftsführer A-GmbH)]

[Beglaubigung Notar]

hh) Liste der Übernehmer

1108 Liste der Übernehmer

der A-GmbH mit Sitz in … eingetragen im Handelsregister des Amtsgerichts … unter HRB … mit den Nennbeträgen der übernommenen Geschäftsanteile:

Nr. des Geschäftsanteils	Vor- u. Nachname/ Firma des Gesellschafters	Geburtsdatum	Wohnort/Sitz des Gesellschafters	Nennbetrag des Geschäftsanteils (EUR)
51.001	X			50.000

[Ort, Datum]

[Unterschrift Notar, Unterschrift Geschäftsführer]

ii) Liste der Gesellschafter

1109 Liste der Gesellschafter der A-GmbH

mit Sitz in …, eingetragen im Handelsregister des Amtsgerichts … unter HRB ….

Nr. des Geschäftsanteils	Vor- u. Nachname/Firma des Gesellschafters	Geburtsdatum	Wohnort/ Sitz des Gesellschafters	Nennbetrag des Geschäftsanteils (EUR)[1195]	Gesamtbeteiligung des Gesellschafters am Stammkapital in Prozent
1-50.000	A			je 1,00	33,33
50.001-51.000	M-GmbH			je 50,00	33,33
51.001	X			50.000	33,34
Stammkapital (EUR)				150.000	

[Ort, Datum]

[Unterschrift Notar, Unterschrift Geschäftsführer]

1195 Die Wahl verschieden hoher Nennbeträge soll lediglich verdeutlichen, dass die Höhe des Nennbetrages der Geschäftsanteile nicht einheitlich sein muss. Je nach Einzelfall kann eine verschieden hohe Stückelung der Nennbeträge vorteilhaft sein. Dies ist dann allerdings bei Satzungsregeln bspw. zum Stimmrecht zu beachten.

jj) Antrag Buchwertfortführung übertragende Gesellschaft

[Briefbogen A-GmbH] 1110

An das
[Finanzamt der X-GmbH]

Steuernummer ...
X-GmbH (AG ..., HRB ...)
Antrag auf Buchwertansatz gemäß § 11 Abs. 2 Satz 1 UmwStG i. Z. m. der Verschmelzung

Sehr geehrte Damen und Herren,

mit notarieller Urkunde vom ... (URNr ... des Notars ... in ...) und mit steuerlicher Wirkung zum 31.12. ... (steuerlicher Übertragungsstichtag) wurde die X-GmbH mit Sitz in ..., eingetragen im Handelsregister des Amtsgerichts ... unter HRB ... auf die A-GmbH mit Sitz in ..., eingetragen im Handelsregister des Amtsgerichts ... unter HRB ... gegen Gewährung von Gesellschaftsrechten durch Aufnahme verschmolzen (§ 2 Nr. 1 UmwG).

In Ausübung des entsprechenden Wahlrechts (§ 11 Abs. 2 Satz 1 UmwStG) werden die auf den aufnehmenden Rechtsträger übergehenden Wirtschaftsgüter in der steuerlichen Schlussbilanz des übertragenden Rechtsträgers (X-GmbH, Amtsgericht ..., HRB ...) einheitlich mit den bisherigen Buchwerten angesetzt.

Hiermit stellt die A-GmbH (Amtsgericht ..., HRB ...) als Rechtsnachfolgerin der X-GmbH (Amtsgericht ..., HRB ...) hinsichtlich der übertragenen Wirtschaftsgüter den

Antrag auf Fortführung der Buchwerte.

Die entsprechenden Bilanzen werden zusammen mit der Steuererklärung eingereicht.[1196]

Wir bestätigen zudem, dass

1. sichergestellt ist, dass die im Zuge der Verschmelzung übergegangenen Wirtschaftsgüter bei dem übernehmenden Rechtsträger (A-GmbH mit Sitz in ..., Amtsgericht ..., HRB ...), der Besteuerung mit Körperschaftsteuer unterliegt und

1196 Der Steuererklärung sollte als Anlage eine Erklärung beigefügt werden, dass die Steuerbilanz der steuerlichen Schlussbilanz i. S. d. § 11 UmwStG entspricht; vgl. Tz. 03.01, 11.02 UmwStE. Zur Frist für die Abgabe siehe §§ 11 Abs. 3, 3 Abs. 2a UmwStG. Das Verstreichenlassen der Abgabefrist führt zu keiner Verwirkung bzw. Verzicht auf den Buchwertantrag.

2. das Recht der Bundesrepublik Deutschland hinsichtlich der Besteuerung des Gewinns aus der Veräußerung der übertragenen Wirtschaftsgüter bei dem übernehmenden Rechtsträger (A-GmbH mit Sitz in …, Amtsgericht …, HRB …) weder ausgeschlossen noch beschränkt ist und

3. im Zuge der Verschmelzung eine Gegenleistung (nur) in Form von Gesellschaftsrechten gewährt wurde.

Wir bitten um zeitnahen Hinweis, wenn aus Ihrer Sicht weitere Erklärungen oder Informationen nötig oder sachdienlich sein sollten.

Wir bitten Sie um Bestätigung des Eingangs dieses Schreibens.

Mit freundlichen Grüßen

[Unterschrift Geschäftsführer A-GmbH]

kk) Antrag Buchwertfortführung Anteilseigner der übertragenden Gesellschaft

[Briefbogen X][1197] 1111

An das
[Finanzamt der M-GmbH]

Steuernummer …
X
Antrag auf Buchwertansatz/historische Anschaffungskosten gemäß § 13 Abs. 2 UmwStG i. Z. m. der Verschmelzung

Sehr geehrte Damen und Herren,

mit notarieller Urkunde vom … (URNr … des Notars … in …) und mit steuerlicher Wirkung zum 31.12. … (steuerlicher Übertragungsstichtag) wurde die X-GmbH mit Sitz in …, eingetragen im Handelsregister des Amtsgerichts … unter HRB … auf die A-GmbH mit Sitz in …, eingetragen im Handelsregister des Amtsgerichts … unter HRB … gegen Gewährung von Gesellschaftsrechten durch Aufnahme verschmolzen (§ 2 Nr. 1 UmwG). Ich (Einbringender) erhielt als Gegenleistung für die untergehenden Anteile an der X-GmbH Geschäftsanteile an der übernehmenden Gesellschaft in Höhe eines Anteils am Nennkapital von *[EUR 50.000]* (Geschäftsanteil Nr. *[51.001]*).

In Ausübung des entsprechenden Wahlrechts (§ 13 Abs. 2 UmwStG) werden die erhaltenen Anteile an der übernehmenden Körperschaft (A-GmbH, Amtsgericht … HRB …) einheitlich mit dem Buchwert/historischen Anschaffungskosten der Anteile an der übertragenden Körperschaft (X-GmbH, Amtsgericht … HRB …) angesetzt.

Hiermit stelle ich hinsichtlich der erhaltenen Anteile an der übernehmenden Körperschaft (A-GmbH mit Sitz in …, Amtsgericht … HRB …) den

1197 Der Antrag ist von jedem Gesellschafter der übertragenden Gesellschaft zu stellen, der Anteile an der übernehmenden Gesellschaft erhält. Das Wahlrecht muss nicht von allen Gesellschaftern einheitlich ausgeübt werden und kann unabhängig vom Wertansatz der übertragenden Gesellschaft ausgeübt werden. Der Antrag ist spätestens bis zur erstmaligen Abgabe der Steuererklärung bei dem für die Besteuerung des Anteilseigners zuständigen Finanzamt zu stellen (Tz. 11.12 UmwStE).

Antrag auf Fortführung der Buchwerte.

Ich bestätige zudem, dass das Recht der Bundesrepublik Deutschland hinsichtlich der Besteuerung des Gewinns aus der Veräußerung der Anteile an der übernehmenden Körperschaft (A-GmbH mit Sitz in …, Amtsgericht … HRB …) nicht ausgeschlossen oder beschränkt wird.

Mit freundlichen Grüßen

[Unterschrift X]

b) Verschmelzung Tochter-GmbH auf Mutter-GmbH (Up-Stream-Merger)[1198]

aa) Ausgangskonstellation

1112

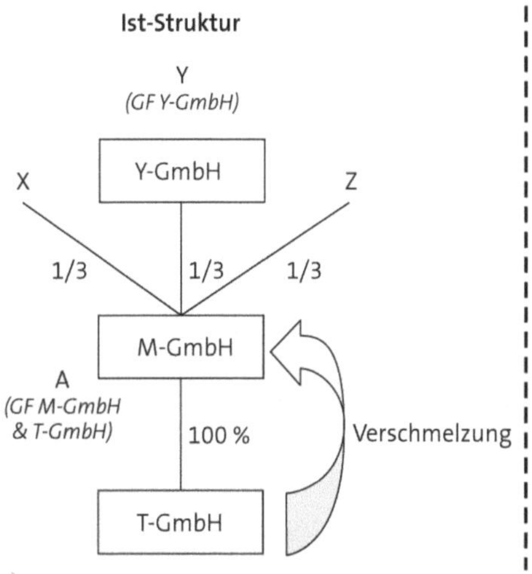

- Verschmelzung einer 100 %igen Tochterkapitalgesellschaft (T-GmbH) auf die Mutterkapitalgesellschaft (§§ 2 ff. UmwG)
- Unternehmensintern
- Übernehmende Gesellschaft (M-GmbH) mit natürlichen Personen und (Kapital)-Gesellschaft als Gesellschafter
- Verschmelzung steuerlich zu Buchwerten nach §§ 11 ff. UmwStG
- Keine Kapitalerhöhung (§ 54 Abs. 1 Satz 1 Nr. 1 UmwG)
- Betriebsräte vorhanden
- Verschmelzungsprüfung und -bericht nicht erforderlich

1198 Soweit der Up-Stream-Merger innerhalb von sieben Jahren nach einer zu Buchwerten erfolgten Ausgliederung der Tochtergesellschaft von der Muttergesellschaft nach § 20 UmwStG erfolgt ist, führt der Up-Stream-Merger (Rückumwandlung) zum Untergang der sperrfristbehafteten Anteile und damit zur rückwirkenden Einbringungsgewinnbesteuerung nach § 22 Abs. 1 UmwStG hinsichtlich der zuvor erfolgten Ausgliederung (vgl. Rz. 445 sowie explizit Tz. 22.23 Beispiel 3 UmwStE).

bb) Fahrplan

1113 **Vorbereitungsphase**

- *[ggf. Zwischenbilanz der übertragenden Gesellschaft zum ... erstellen, feststellen und prüfen]*
- Erstellen des Entwurfs des Verschmelzungsvertrags [und Zuleitung an die Betriebsräte]
- Entwurf des Arbeitnehmerinformationsschreibens
- Entwurf der Zustimmungsbeschlüsse
- Entwurf der Handelsregisteranmeldungen
- Vorbereitung der Gesellschafterversammlungen zur Beschlussfassung
- Zusendung des *[Entwurfs des]* Verschmelzungsvertrages an die Gesellschafter der beteiligten Gesellschaften (§ 47 UmwG)
- Ladung zur Gesellschafterversammlung nach Satzung/Gesetz *[ggf. Verzicht bei Vollversammlung und Einstimmigkeit]*

Beschlussphase

- Abschluss des Verschmelzungsvertrags
- Zustimmung der Gesellschafter in den Gesellschafterversammlungen
- Anmeldung der Verschmelzung zur Eintragung in die Handelsregister

Vollzugsphase

- Anzeige und Übersendung des Verschmelzungsvertrags an Finanzämter der beteiligten Gesellschaften
- Eintragung der Verschmelzung in die Handelsregister der beteiligten Gesellschaften
- Nach Wirksamwerden der Verschmelzung: Erneute Einreichung der neuen Gesellschafterliste der aufnehmenden Gesellschaft durch den Notar in das Handelsregister (§ 40 Abs. 2 GmbHG)
- Antrag der übertragenden Gesellschaft auf Buchwertfortführung/Zwischenwertansatz bei ihrem Finanzamt
- Unterrichtung der Sozialversicherungsträger über den Übergang der Arbeitsverhältnisse
- Unterrichtung des Gewerbeaufsichtsamts über die Abmeldung der übertragenden Gesellschaft
- Informationen der Vertragspartner über die Gesamtrechtsnachfolge

- Umstellung der Organisation, Buchführung, Lohn- und Gehaltsabrechnung auf neue Verhältnisse
- *[ggf. Berichtigung Grundbücher]*
- *[ggf. Berichtigung Patentregister etc.]*
- *[ggf. Berichtigung KFZ-Briefe]*

cc) Verschmelzungsvertrag

1114 URNr.

Verschmelzungsvertrag

Heute, den …
Zweitausend…

- … -

ist vor mir,

…

Notar in …,

in den Amtsräumen in …,

anwesend:

1. Herr A, geboren am …,

   wohnhaft …,

   ausgewiesen durch Vorlage seines amtlichen Lichtbildausweises,

   hier handelnd für die Firma

   T-GmbH

   mit dem Sitz in … als deren einzelvertretungsberechtigter Geschäftsführer,

   und für die Firma

   M-GmbH

   mit dem Sitz in … als deren einzelvertretungsberechtigter Geschäftsführer.

Aufgrund Einsicht in den mir vorliegenden Auszug aus dem elektronisch geführten Handelsregister des Amtsgerichts … vom … bescheinige ich hiermit, dass dort unter HRB … die Firma T-GmbH mit dem Sitz in … eingetragen und Herr A als Geschäftsführer einzeln zur Vertretung dieser GmbH berechtigt ist und unter HRB … die Firma M-GmbH mit dem Sitz in … eingetragen und Herr A als Geschäftsführer einzeln zur Vertretung dieser GmbH berechtigt ist.

Der Geschäftsführer ist von den Beschränkungen des § 181 BGB befreit.

Auf Ansuchen des Erschienenen beurkunde ich seine vor mir abgegebenen Erklärungen gemäß was folgt:

Präambel

Die M-GmbH mit Sitz in ... (Amtsgericht ... HRB ...) ist alleineige Gesellschafterin der T-GmbH mit Sitz in ... (Amtsgericht ... HRB ...) mit einem Stammkapital von EUR .... Das Stammkapital der T-GmbH beträgt *[EUR 50.000]* und ist voll einbezahlt. Das Stammkapital der M-GmbH beträgt *[EUR 1.000.000]* und ist voll einbezahlt.

Mit diesem Vertrag wird die Firma T-GmbH (übertragende Gesellschaft) auf die Firma M-GmbH (aufnehmende Gesellschaft) verschmolzen (Up-Stream-Merger).

§ 1 Vermögensübertragung, Bilanzstichtag, Verschmelzungsstichtag, steuerrechtliche Bilanzierung, Nachweise für steuerliche Zwecke

(1) Die T-GmbH mit Sitz in (Amtsgericht ... HRB ...) als übertragender Rechtsträger (im Folgenden: übertragende Gesellschaft) überträgt ihr Vermögen als Ganzes mit allen Rechten und Pflichten unter Auflösung ohne Abwicklung im Wege der Verschmelzung gemäß §§ 2 Nr. 1, 46 ff. UmwG auf die M-GmbH mit Sitz in ... (Amtsgericht ... HRB ...) als übernehmender Rechtsträger (im Folgenden: übernehmende Gesellschaft). Gesellschaftsrechte werden nicht gewährt (§ 54 Abs. 1 Satz 1 Nr. 1 UmwG).

(2) Die Verschmelzung erfolgt zum 1. 1. ... (handelsrechtlicher Verschmelzungsstichtag).

(3) Die Übernahme des Vermögens der übertragenden Gesellschaft erfolgt im Innenverhältnis mit Wirkung zum Ablauf des 31.12. ... 24:00 Uhr. Vom 1.1. ... 0:00 Uhr an bis zum Zeitpunkt des Erlöschens der übertragenden Gesellschaft gemäß § 20 Abs. 1 Nr. 2 UmwG, gelten alle Handlungen und Geschäfte der übertragenden Gesellschaft als für Rechnung der übernehmenden Gesellschaft vorgenommen.

(4) Der Verschmelzung wird die mit uneingeschränktem Bestätigungsvermerk des Wirtschaftsprüfers ... versehene Schlussbilanz des übertragenden Rechtsträgers zum 31.12. ... zugrunde gelegt.

(5) Die übertragende Gesellschaft ist verpflichtet, die steuerlichen Buchwerte in ihrer steuerlichen Schlussbilanz anzusetzen und die übernehmende Gesellschaft ist verpflichtet diese fortzuführen. Die Parteien verpflichten sich, alle hierzu erforderlichen Anträge (insbesondere Antrag auf Buchwertfortführung) zu stellen sowie die weiteren steuerlichen Pflichten zu erfüllen und an allen hierzu erforderlichen Maßnahmen zusammenzuwirken. Der übertragene Rechtsträger stellt hiermit einen Buchwertantrag gem. § 11 Abs. 2 Satz 1 UmwStG.

§ 2 Gesellschaftsrechte, Kapitalerhöhung

(1) Eine Kapitalerhöhung aufgrund der Verschmelzung ist gemäß § 54 Abs. 1 Satz 1 Nr. 1 UmwG bei der übernehmenden Gesellschaft nicht zulässig, da diese sämtliche Anteile an der übertragenen Gesellschaft hält. Die Verschmelzung erfolgt daher ohne Gegenleistung.

(2) Da sich alle Anteile der übertragenden Gesellschaft in der Hand der übernehmenden Gesellschaft befinden, entfallen die Angaben über den Umtausch der Anteile nach § 5 Abs. 1 Nr. 2 - 5 UmwG (§ 5 Abs. 2 UmwG).

§ 3 Sonderrechte und Vorteile

(1) Besondere Rechte i. S. v. § 5 Abs. 1 Nr. 7 UmwG bestanden nicht. Es werden besondere Rechte nicht gewährt. Der Gesellschafterin der übertragenden Gesellschaft werden deshalb auch im Rahmen der Verschmelzung keine besonderen Rechte gewährt.

(2) Keinem Mitglied der Vertretungsorgane und der Aufsichtsorgane der an der Verschmelzung beteiligten Gesellschaften, keinem geschäftsführenden Gesellschafter, keinem Abschlussprüfer oder Verschmelzungsprüfer werden besondere Vorteile gewährt (§ 5 Abs. 1 Nr. 8 UmwG).

§ 4 Folgen der Verschmelzung für Arbeitnehmer und ihre Vertretungen

(1) Die Verschmelzung führt zum Übergang sämtlicher Rechte und Ansprüche der Arbeitnehmer der übertragenden Gesellschaft im Wege der Gesamtrechtsnachfolge auf die übernehmende Gesellschaft. Auf den Übergang aufgrund der Verschmelzung findet § 613a Abs. 1, 4 bis 6 BGB Anwendung (§ 35a Abs. 2 UmwG). Die Kündigung eines Arbeitsverhältnisses wegen des Übergangs auf die M-GmbH ist unwirksam; das Recht zur Kündigung aus anderen Gründen bleibt unberührt. Individualarbeitsrechtliche Nachteile für die Arbeitnehmer der übertragenden Gesellschaft ergeben sich folglich nicht. Die Verschmelzung hat ebenfalls keine Folgen für die Arbeitnehmer der übernehmenden Gesellschaft.

(2) [Durch die Verschmelzung ergeben sich keine tarifvertraglichen Änderungen für die Arbeitnehmer bei der übernehmenden und bei der übertragenden Gesellschaft.]

(3) [Bei der übertragenden Gesellschaft bestehen folgende Betriebsvereinbarungen:

– ... vom ...;

– ... vom ....

Die vorstehenden Betriebsvereinbarungen sind der Urkunde zu Beweis- und Informationszwecken als Anlage ohne Verlesen beigefügt. Sie bleibt unverändert bestehen.]

(4) *[Die Betriebsräte der übertragenden Gesellschaft und der übernehmenden Gesellschaft bestehen weiter. Der Wechsel des Rechtsträgers des Betriebs der übertragenden Gesellschaft hat keine Auswirkungen auf dessen Identität, so dass auch die Identität des Betriebsrats der übertragenden Gesellschaft unberührt bleibt. Der Betriebsrat der übertragenden Gesellschaft bleibt bei der übernehmenden Gesellschaft weiter im Amt. Es ist in der Folgezeit ein Gesamtbetriebsrat zu errichten, da aufgrund der Verschmelzung zukünftig mehrere Betriebe bei der übernehmenden Gesellschaft bestehen werden (§ 47 Abs. 1 BetrVG).]*

(5) *[Die Verschmelzung hat keine Auswirkungen auf die Mitbestimmung. Die übertragende Gesellschaft verfügt über weniger als 500 Arbeitnehmer, so dass sie auch bisher nicht der Mitbestimmung gemäß § 1 DrittelbG unterlag. Die Anzahl der Arbeitnehmer der übernehmenden Gesellschaft nach der Verschmelzung wird ebenfalls nicht mehr als 500 Arbeitnehmer betragen, so dass auch nach der Verschmelzung die Voraussetzungen für die Mitbestimmung gemäß § 1 DrittelbG nicht vorliegen werden.]*

§ 5 Auswirkungen der Verschmelzung auf Grundbuchverhältnisse

Die übertragende Gesellschaft hat keinen Grundbesitz.

§ 6 Kosten, Gebühren und Steuern

Die Kosten dieses Vertrages und dessen Abwicklung, sowie sämtliche Gebühren und Steuern, einschließlich der Kosten der Zustimmungsbeschlüsse, trägt die übernehmende Gesellschaft.

§ 7 Hinweise

Der Notar hat die Beteiligten über den weiteren Verfahrensablauf bis zum Wirksamwerden der Verschmelzung, auf den Wirksamkeitszeitpunkt sowie die Rechtsfolgen der Verschmelzung hingewiesen, insbesondere auf Folgendes:

a) Der Verschmelzungsvertrag bedarf zu seiner Wirksamkeit der Zustimmung der Gesellschafterversammlungen beider beteiligter Rechtsträger in notarieller Form,

b) Gläubigern beider Rechtsträger ist auf Anmeldung und Glaubhaftmachung ihrer Forderung hin nach Maßgabe des § 22 UmwG Sicherheit zu leisten.

c) Der Notar hat unverzüglich nach Wirksamwerden der Verschmelzung eine neue Gesellschafterliste der aufnehmenden Gesellschaft beim Handelsregister einzureichen und diese ebenfalls der Gesellschaft zu übermitteln (§ 40 Abs. 2 GmbHG).

§ 8 Vollmacht

Die Beteiligten bevollmächtigen hiermit ... und ..., Notarangestellte, jeweils einzeln und befreit von § 181 BGB, sämtliche Erklärungen und Rechtshandlungen vorzunehmen, die im Zuge des Verschmelzungsvertrages erforderlich und zweckmäßig sind. Die Vollmacht ist jederzeit widerruflich. Dem Handelsregister gegenüber ist die Vollmacht unbeschränkt.

§ 9 Abschriften

Von dieser Urkunde erhalten:
BEGLAUBIGTE ABSCHRIFTEN
jeder Beteiligte
das Registergericht ... eine elektronisch beglaubigte
EINFACHE ABSCHRIFTEN
das Finanzamt – Körperschaftsteuerstelle –
Steuerberater

Vorgelesen vom Notar,
von dem Beteiligten genehmigt und
eigenhändig unterschrieben wie folgt

dd) Schreiben an die Betriebsräte

Schreiben an die Betriebsräte der M-GmbH und der T-GmbH 1115

An:

1. Betriebsrat der M-GmbH

   Herr / Frau ...

   Vorsitzende(r) des Betriebsrats

2. Betriebsrat der T-GmbH

   Herr / Frau ...

   Vorsitzende(r) des Betriebsrats

[3. ggf. Gesamt- und/oder Konzernbetriebsrat]

jeweils gegen Empfangsbestätigung

Verschmelzung der T-GmbH als übertragende Gesellschaft auf die M-GmbH als übernehmende Gesellschaft

Sehr geehrte Damen und Herren,

es ist beabsichtigt die T-GmbH auf die M-GmbH zu verschmelzen. Es ist beabsichtigt, dem beigefügten Entwurf des Verschmelzungsvertrags zwischen der M-GmbH als aufnehmende Gesellschaft und der T-GmbH als übertragende Gesellschaft in den voraussichtlich am ... stattfindenden Gesellschafterversammlungen der M-GmbH und der T-GmbH zuzustimmen und den Vertrag in notariell beurkundeter Form durch die Geschäftsführung der M-GmbH und T-GmbH abzuschließen.

Anbei übersenden wir Ihnen hiermit gemäß § 5 Abs. 3 UmwG den Entwurf des Verschmelzungsvertrags. Wir bitten Sie in diesem Zusammenhang hiermit,

1. auf die Einhaltung der Monatsfrist des § 5 Abs. 3 UmwG zu verzichten,[1199]
2. den Erhalt dieses Schreibens und der Anlage auf den beigefügten Kopien dieses Schreibens zu bestätigen und
3. die unterschriebenen Kopien dieses Schreibens an die Geschäftsleitung der A-GmbH zurück zu schicken.

1199 Nur aufnehmen, wenn Monatsfrist abgelaufen ist und damit der Verzicht relevant wird.

Dies dient als Nachweis für die der Handelsregisteranmeldungen der Verschmelzung beizufügenden Anlagen gemäß §§ 17 Abs. 1, 16 UmwG.

[Ort, Datum]

[Herr A - Geschäftsführung M-GmbH][Herr A - Geschäftsführung T-GmbH]

Hiermit bestätigen wir, als jeweilige(r) Vorsitzende(r) des Betriebsrats, den Erhalt dieses Schreibens sowie des als Anlage beigefügten Entwurfs des Verschmelzungsvertrags und verzichten auf die Einhaltung der Monatsfrist des § 5 Abs. 3 UmwG.

[Ort, Datum] [Ort, Datum]

[Vorsitzende(r) des Betriebsrats[Vorsitzende(r) des Betriebsrats
der M-GmbH] der T-GmbH]

ee) Verschmelzungsbeschluss

URNr. 1116

Ref.:

Protokoll über Gesellschafterversammlungen

Heute, den ...
Zweitausend...

-...-

erschien vor mir,

...

Notar in ...,

in den Amtsräumen in ...:

1. Herr A, geb. am ...,

   wohnhaft ...,

   ausgewiesen durch Vorlage eines amtlichen Lichtbildausweises,

   hier handelnd für die Firma

   M-GmbH

   mit dem Sitz in ...,

   wozu ich aufgrund Einsicht in den mir vorliegenden Auszug aus dem elektronisch geführten Handelsregister des Amtsgerichts ... vom ... bescheinige, dass dort unter HRB ... die Firma M-GmbH eingetragen und Herr A als Geschäftsführer einzeln zur Vertretung dieser GmbH berechtigt ist.

Auf Ansuchen des Erschienenen beurkunde ich seine vor mir abgegebenen Erklärungen gemäß was folgt:

A. Gesellschafterversammlung der T-GmbH

Die M-GmbH ist alleinige Gesellschafterin der Firma T-GmbH mit dem Sitz in ..., eingetragen im Handelsregister des Amtsgericht ... HRB ..., deren Stammkapital *[EUR 50.000]* beträgt und voll einbezahlt ist.

Unter Verzicht auf alle durch Gesetz oder Gesellschaftsvertrag vorgeschriebenen Formen und Fristen halten wir hiermit eine Gesellschafterversammlung der T-GmbH ab und beschließen einstimmig und mit allen Stimmen was folgt:

I. Zustimmung

(1) Dem Verschmelzungsvertrag vom ... zur Urkunde des amtierenden Notars URNr. ... zwischen der T-GmbH und der M-GmbH mit dem Sitz in ... wird hiermit zugestimmt.

(2) Eine Ausfertigung des Verschmelzungsvertrages ist dieser Niederschrift als Anlage beigefügt.

II. Verzichtserklärungen

(1) Auf die Klage gegen die Wirksamkeit des Verschmelzungsbeschlusses und des Verschmelzungsvertrages wird ausdrücklich verzichtet.

(2) Die Erstellung eines Verschmelzungsberichtes ist gemäß § 8 Abs. 3 Satz 1 UmwG nicht erforderlich. Eine Verschmelzungsprüfung ist gemäß § 9 Abs. 2 UmwG nicht erforderlich. Vorsorglich wird auf die Prüfung der Verschmelzung sowie auf die Erstellung des Verschmelzungsprüfungsberichtes hiermit ausdrücklich verzichtet.

(3) Auf die Auslegung der Jahresabschlüsse und der Lageberichte der an der Ver-schmelzung beteiligten Rechtsträger für die letzten drei Geschäftsjahre zur Ein-sicht durch die Gesellschafter in den Geschäftsräumen der Gesellschaften ab dem Zeitpunkt der Einberufung der Gesellschafterversammlung und in der heutigen Gesellschafterversammlung gem. § 49 UmwG wird verzichtet.

(4) Der Notar belehrte den Erschienenen über die Unwiderruflichkeit der Verzichtserklärungen und deren Wirkungen sowie darüber, dass durch diese Erklärungen die Ausübung von Gesellschafterrechten bei der bevorstehenden Verschmelzung beeinträchtigt werden kann.

III. Unterrichtung Betriebsrat[1200]

Dem Betriebsrat der T-GmbH wurde der Verschmelzungsvertrag zugeleitet. *[sofern Verzicht auf Einhaltung der Frist: Er hat auf die Einhaltung der gesetzlichen Monatsfrist (§ 5 Abs. 3 UmwG) durch schriftliche Erklärung verzichtet. Die Verzichtserklärung ist dieser Urkunde in Urschrift beigefügt.]*

B. Gesellschafterversammlung der M-GmbH

Herr X, die Firma Y-GmbH und Herr Z sind die Gesellschafter der Firma M-GmbH mit dem Sitz in ..., eingetragen im Handelsregister des Amts-

1200 Nur erforderlich, soweit Betriebsrat vorhanden.

gerichts ... – HRB ... -, deren Stammkapital *[EUR 1.000.000]* beträgt und von den Gesellschaften wie folgt übernommen wurde:

- Herr X mit [EUR 100.000]
- Y-GmbH mit [EUR 800.000]
- Herr Z mit [EUR 100.000]

Die Stammeinlagen sind voll einbezahlt.

Unter Verzicht auf alle durch Gesetz oder Gesellschaftsvertrag vorgeschriebenen Formen und Fristen halten wir hiermit eine Gesellschafterversammlung der M-GmbH ab und beschließen einstimmig was folgt:

I. Zustimmung

Dem Verschmelzungsvertrag vom ... zur Urkunde des amtierenden Notars URNr. ... zwischen der Firma M-GmbH und der T-GmbH mit dem Sitz in ... wird hiermit zugestimmt.

II. Verzichtserklärungen

(1) Auf die Klageerhebung gegen die Wirksamkeit des Verschmelzungsbeschlusses und des Verschmelzungsvertrages sowie die weiteren heute gefassten Beschlüsse wird ausdrücklich verzichtet.

(2) Die Erstellung eines Verschmelzungsberichtes ist gemäß § 8 Abs. 3 Satz 1 UmwG nicht erforderlich. Eine Verschmelzungsprüfung ist gemäß § 9 Abs. 2 UmwG nicht erforderlich. Vorsorglich wird auf die Prüfung der Verschmelzung sowie auf die Erstellung des Verschmelzungsprüfungsberichtes hiermit ausdrücklich verzichtet.

(3) Auf die Auslegung der Jahresabschlüsse und der Lageberichte der an der Verschmelzung beteiligten Rechtsträger für die letzten drei Geschäftsjahre zur Einsicht durch die Gesellschafter in den Geschäftsräumen der Gesellschaften ab dem Zeitpunkt der Einberufung der Gesellschafterversammlung und in der heutigen Gesellschafterversammlung gem. § 49 UmwG wird verzichtet.

(4) Der Notar belehrte den Erschienenen über die Unwiderruflichkeit der Verzichtserklärungen und deren Wirkungen sowie darüber, dass durch diese Erklärungen die Ausübung von Gesellschafterrechten bei der bevorstehenden Verschmelzung beeinträchtigt werden kann.

III. Unterrichtung Betriebsrat[1201]

Dem Betriebsrat der M-GmbH wurde der Verschmelzungsvertrag zugeleitet. *[sofern Verzicht auf Einhaltung der Frist: Er hat auf die Einhaltung der gesetzlichen Monatsfrist (§ 5 Abs. 3 UmwG) durch schriftliche Erklärung verzichtet. Die Verzichtserklärung ist dieser Urkunde in Urschrift beigefügt.]*

C. Vollmacht

Die Beteiligten bevollmächtigen hiermit ... und ..., Notarangestellte, jeweils einzeln, befreit von § 181 BGB, sämtliche Erklärungen und Rechtshandlungen vorzunehmen, die bei Vollzug der vorstehenden Beschlüsse erforderlich oder zweckmäßig sind. Die Vollmacht ist jederzeit widerruflich. Dem Handelsregister gegenüber ist die Vollmacht unbeschränkt.

D. Kosten, Abschriften

Die Kosten dieser Urkunde trägt ....

Von dieser Urkunde erhalten:
BEGLAUBIGTE ABSCHRIFTEN
die Beteiligten
das Registergericht ... eine elektronisch beglaubigte
EINFACHE ABSCHRIFTEN
das Finanzamt – Körperschaftsteuerstelle –
Steuerberater

Vorgelesen vom Notar,
von dem Beteiligten genehmigt und
eigenhändig unterschrieben wie folgt:

[-Unterschriften der Beteiligten-]

1201 Nur erforderlich, soweit Betriebsrat vorhanden.

ff) Handelsregisteranmeldung der übernehmenden Gesellschaft

An das Amtsgericht … 1117
– Handelsregister –

M-GmbH mit Sitz in …, HRB …

I. Zur Eintragung in das Handelsregister melde ich, Herr A alleinvertretungsberechtigter Geschäftsführer der M-GmbH mit Sitz in … an:

1. Die T-GmbH mit Sitz in … (Amtsgericht … HRB …) ist aufgrund des Verschmelzungsvertrags vom … (URNr. … des Notars …) und der Beschlüsse der Gesellschafterversammlungen der T-GmbH und der M-GmbH vom … (URNr. … des Notars …) mit der M-GmbH durch Aufnahme verschmolzen worden.

2. Das Stammkapital der Gesellschaft ist gemäß § 54 Abs. 1 Satz 1 Nr. 1 UmwG nicht im Zuge der Durchführung der Verschmelzung erhöht worden, da die Gesellschaft sämtliche Anteile an der übertragen Gesellschaft hält. Die Verschmelzung erfolgte daher ohne Gegenleistung.

3. Auf die Klageerhebung gegen die Wirksamkeit des Verschmelzungsbeschlusses und des Verschmelzungsvertrages wurde in den Verschmelzungsbeschlüssen der übertragenden und der aufnehmenden Gesellschaft verzichtet (§ 16 Abs. 2 Satz 1 UmwG).

4. Die Firma der M-GmbH wird unverändert fortgesetzt.

II. Als Anlagen überreiche ich:

1. Notariell beglaubigte Abschrift des Verschmelzungsvertrags vom … (URNr. … des Notars …);

2. Notariell beglaubigte Abschrift der Niederschriften der Gesellschafterversammlungen nebst Anlagen vom … (URNr. … des Notars …) der M-GmbH und der T-GmbH;

3. Beglaubigter Handelsregisterauszug der T-GmbH mit Sitz in … (Amtsgericht … HRB …), aus dem sich die Eintragung der Verschmelzung in das Handelsregister der T-GmbH ergibt;

4. Schreiben der Betriebsräte der M-GmbH und der T-GmbH über die rechtzeitige *[bzw. unter Verzicht auf die Rechtzeitigkeit]* Zuleitung des *[Entwurfs des]* Verschmelzungsvertrags an die Betriebsräte der M-GmbH und der T-GmbH (§ 17 Abs. 1 UmwG);

Als Anlagen sind entfallen:

1. Verschmelzungsbericht;
2. Bericht über die Prüfung der Verschmelzung:
3. Liste der Personen, welche die neuen Stammeinlagen übernommen haben und, von allen Geschäftsführern unterschriebene berichtigte Gesellschafterliste;
4. Durch die Verschmelzung wurde der bisherige Gesellschaftsvertrag nicht geändert.

Nach Vollzug der Eintragung der Verschmelzung bitte ich jeweils um

- Eintragungsnachricht an die M-GmbH und an den beglaubigenden Notar sowie um
- Übermittlung von zwei beglaubigten Handelsregisterauszügen an die M-GmbH und
- eines beglaubigten Handelsregisterauszugs an den beglaubigenden Notar.

[Unterschrift Herr A (Geschäftsführer M-GmbH)]

[Beglaubigung Notar]

gg) Handelsregisteranmeldung der übertragenden Gesellschaft

An das Amtsgericht … 1118
– Handelsregister –

T-GmbH mit Sitz in …, HRB …

I. Gemäß § 16 Abs. 1 Satz 2 UmwG melde ich, Herr A, alleinvertretungsberechtigter Geschäftsführer der M-GmbH mit Sitz in … als Vertretungsorgan des übernehmenden Rechtsträgers die Verschmelzung der T-GmbH auf die M-GmbH zur Eintragung in das Register des Sitzes der T-GmbH als übertragender Rechtsträger an:

Die T-GmbH mit Sitz in … (Amtsgericht … HRB …) ist aufgrund des Verschmelzungsvertrags vom … (URNr. … des Notars …) und der Beschlüsse der Gesellschafterversammlungen der T-GmbH und der M-GmbH vom … (URNr. … des Notars …) mit der M-GmbH mit Sitz in … (Amtsgericht … HRB …) durch Aufnahme verschmolzen worden (§ 2 Nr. 1 UmwG).

Auf die Klageerhebung gegen die Wirksamkeit des Verschmelzungsbeschlusses und des Verschmelzungsvertrages wurde in den Verschmelzungsbeschlüssen der übertragenden und der aufnehmenden Gesellschaft verzichtet (§ 16 Abs. 2 Satz 1 UmwG).

II. Als Anlagen überreiche ich:

1. Notariell beglaubigte Abschrift des Verschmelzungsvertrags vom … (URNr. … des Notars …);
2. Notariell beglaubigte Abschrift der Niederschriften der Gesellschafterversammlungen nebst Anlagen vom … (URNr. … des Notars …) der M-GmbH und der T-GmbH;
3. Die von sämtlichen Geschäftsführern unterzeichnete Schlussbilanz der T-GmbH zum 31. 12. … mit Anhang, versehen mit uneingeschränktem Bestätigungsvermerk der … Wirtschaftsprüfungsgesellschaft vom …;
4. Gemeinsames Schreiben der Betriebsräte der M-GmbH und der T-GmbH über die rechtzeitige *[bzw. unter Verzicht auf die Rechtzeitigkeit]* Zuleitung des *[Entwurfs des]* Verschmelzungsvertrags an die Betriebsräte der M-GmbH und der T-GmbH (§ 17 Abs. 1 UmwG).

Die M-GmbH ist alleinige Gesellschafterin der T-GmbH, so dass Gesellschaftsrechte nicht gewährt wurden (§ 54 Abs. 1 Satz 1 Nr. 1 UmwG).

Nach Vollzug der Eintragung der Verschmelzung bitte ich jeweils um

- Eintragungsnachricht an die M-GmbH und an den beglaubigenden Notar sowie um
- Übermittlung je eines beglaubigten Handelsregisterauszugs an die M-GmbH und den beglaubigenden Notar.

[Unterschrift Herr A (Geschäftsführer M-GmbH)]

[Beglaubigung Notar]

hh) Liste der Gesellschafter[1202]

Liste der Gesellschafter der M-GmbH 1119

mit Sitz in …, eingetragen im Handelsregister des Amtsgerichts … unter HRB ….

Nr. des Geschäftsanteils	Vor- u. Nachname / Firma des Gesellschafters	Geburtsdatum	Wohnort / Sitz des Gesellschafters	Nennbetrag des Geschäftsanteils (EUR)	Gesamtbeteiligung des Gesellschafters am Stammkapital in Prozent
1-100.000	X			je 1,00	10
100.001-900.000	Y-GmbH			je 1,00	80
900.001	Z			100.000	10
Stammkapital (EUR)				1.000.000	

[Ort, Datum]

[Unterschrift Notar, Unterschrift Geschäftsführer]

1202 Nur erforderlich, falls es eine Veränderung gab. Vorliegend wurden keine neuen Anteile ausgegeben, also hat sich die Gesellschafterliste auch nicht geändert.

ii) Antrag Buchwertfortführung[1203]

1120 *[Briefbogen M-GmbH]*

An das
[Finanzamt der T-GmbH]

Steuernummer ...
T-GmbH (AG ..., HRB ...)
Antrag auf Buchwertansatz gemäß § 11 Abs. 2 Satz 1 UmwStG i. Z. m. der Verschmelzung

Sehr geehrte Damen und Herren,

mit notarieller Urkunde vom ... (URNr ... des Notars ... in ...) und mit steuerlicher Wirkung zum 31.12. ... (steuerlicher Übertragungsstichtag) wurde die T-GmbH mit Sitz in ..., eingetragen im Handelsregister des Amtsgerichts ... unter HRB ... auf die M-GmbH mit Sitz in ..., eingetragen im Handelsregister des Amtsgerichts ... unter HRB ... durch Aufnahme verschmolzen (§ 2 Nr. 1 UmwG).

In Ausübung des entsprechenden Wahlrechts (§ 11 Abs. 2 Satz 1 UmwStG) werden die auf den aufnehmenden Rechtsträger übergehenden Wirtschaftsgüter in der steuerlichen Schlussbilanz des übertragenden Rechtsträgers (T-GmbH, Amtsgericht ..., HRB ...) einheitlich mit den bisherigen Buchwerten angesetzt.

Hiermit stellt die M-GmbH (Amtsgericht ..., HRB ...) als Rechtsnachfolgerin der T-GmbH (Amtsgericht ..., HRB ...) hinsichtlich der übertragenen Wirtschaftsgüter den

Antrag auf Fortführung der Buchwerte.

Die entsprechenden Bilanzen werden zusammen mit der Steuererklärung eingereicht.[1204]

Wir bestätigen zudem, dass

1203 Buchwertantrag gem. § 13 Abs. 2 UmwStG für Anteile an T-GmbH nicht möglich, da diese untergangene sind und keine neuen Anteile ausgegeben wurden; es kommt zur Besteuerung nach § 12 Abs. 2 UmwStG.

1204 Der Steuererklärung sollte als Anlage eine Erklärung beigefügt werden, dass die Steuerbilanz der steuerlichen Schlussbilanz i. S. d. § 11 UmwStG entspricht; vgl. Tz. 03.01, 11.02 UmwStE. Die Frist zur Abgabe der steuerlichen Schlussbilanz folgt aus §§ 11 Abs. 3, 3 Abs. 2a UmwStG. Das Verstreichenlassen der Frist führt zu keiner Verwirkung bzw. Verzicht auf den Buchwertantrag.

1. sichergestellt ist, dass die im Zuge der Verschmelzung übergegangenen Wirtschaftsgüter bei dem übernehmenden Rechtsträger (M-GmbH mit Sitz in ..., Amtsgericht ..., HRB ...), der Besteuerung mit Körperschaftsteuer unterliegt und
2. das Recht der Bundesrepublik Deutschland hinsichtlich der Besteuerung des Gewinns aus der Veräußerung der übertragenen Wirtschaftsgüter bei dem übernehmenden Rechtsträger (M-GmbH mit Sitz in ..., Amtsgericht ..., HRB ...) weder ausgeschlossen noch beschränkt ist und
3. im Zuge der Verschmelzung keine Gegenleistung gewährt wurde.

Mit freundlichen Grüßen

[Unterschrift Geschäftsführer M-GmbH]

c) Verschmelzung zweier Personengesellschaften (Fusion)

aa) Ausgangskonstellation

1121

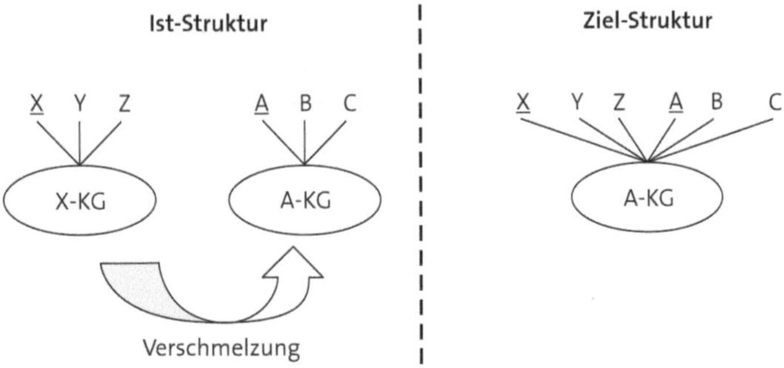

- Verschmelzung zweier Kommanditgesellschaften (§§ 2 ff. UmwG)
- Nicht unternehmensintern (Fusion)
- Komplementäre der Gesellschaften sind natürliche Personen (X und A)
- Verschmelzung steuerlich zu Buchwerten nach § 24 UmwStG
- Gewährung einer Komplementärstellung und zwei Kommanditistenstellungen bei der aufnehmenden KG
- Betriebsräte vorhanden
- Verzicht auf Verschmelzungsprüfung und -bericht

bb) Fahrplan

1122 **Vorbereitungsphase**

- [ggf. Zwischenbilanz der übertragenden Gesellschaft zum ... erstellen, feststellen und prüfen]
- Wertgutachten für die übertragende und die übernehmende Gesellschaft zur Ermittlung des Umtauschverhältnisses
- Erstellen des Entwurfs des Verschmelzungsvertrags
- Zuleitung *[des Entwurfs]* des Verschmelzungsvertrages *[und ggf. des Verschmelzungsberichtes (soweit kein Verzicht)]* an die Gesellschafter, die von der Geschäftsführung ausgeschlossen sind (§§ 42, 39b UmwG)
- *[Zuleitung des Entwurfs des Verschmelzungsvertrages an die Betriebsräte inkl. Bestätigungsschreiben]*
- Entwurf des Arbeitnehmerinformationsschreibens

- Entwurf der Zustimmungsbeschlüsse
- Entwurf der Handelsregisteranmeldungen
- Vorbereitung der Gesellschafterversammlungen zur Beschlussfassung
- Ladung zur Gesellschafterversammlung nach Satzung/Gesetz [*ggf. Verzicht bei Vollversammlung und Einstimmigkeit*]

Beschlussphase

- Abschluss des Verschmelzungsvertrags
- Zustimmung der Gesellschafter in der Gesellschafterversammlung
- Anmeldung der Verschmelzung zur Eintragung in die Handelsregister

Vollzugsphase

- Anzeige und Übersendung des Verschmelzungsvertrags an Finanzämter der beteiligten Gesellschaften
- Eintragung der Verschmelzung in die Handelsregister der beteiligten Gesellschaften
- Antrag der aufnehmenden Gesellschaft auf Buchwertfortführung/Zwischenwertansatz *[und ggf. Antrag auf steuerliche Rückwirkung der Verschmelzung (§§ 24 Abs. 4, 20 Abs. 5 und 6 UmwStG)]* bei ihrem Finanzamt
- Unterrichtung der Sozialversicherungsträger über den Übergang der Arbeitsverhältnisse
- Unterrichtung des Gewerbeaufsichtsamts über die Abmeldung der übertragenden Gesellschaft
- Informationen der Vertragspartner über die Gesamtrechtsnachfolge
- Umstellung der Organisation, Buchführung, Lohn- und Gehaltsabrechnung auf neue Verhältnisse
- *[ggf. 7-jährige Nachweispflicht nach §§ 24 Abs. 5, 22 Abs. 3 UmwStG, soweit Anteile an einer Körperschaft, Personenvereinigung oder Vermögensmasse mit der Verschmelzung auf die übernehmende Gesellschaft übergegangen sind]*
- *[ggf. Berichtigung Grundbücher]*
- *[ggf. Berichtigung Patentregister etc.]*
- *[ggf. Berichtigung KFZ-Briefe]*

cc) Verschmelzungsvertrag

1123 URNr.

Verschmelzungsvertrag

Heute, den …
Zweitausend…

- … -

ist vor mir,

…

Notar in …,

in den Amtsräumen in …,

anwesend:

1. Herr X, geboren am …,

   wohnhaft …,

   ausgewiesen durch Vorlage seines amtlichen Lichtbildausweises,

   hier handelnd für die Firma

   X-KG

   mit dem Sitz in … als deren einzelvertretungsberechtigten Komplementär.

2. Herr A, geboren am …,

   wohnhaft …,

   ausgewiesen durch Vorlage seines amtlichen Lichtbildausweises,

   hier handelnd für die Firma

   A-KG

   mit dem Sitz in … als deren einzelvertretungsberechtigten Komplementär.

Aufgrund Einsicht in den mir vorliegenden Auszug aus dem elektronisch geführten Handelsregister des Amtsgerichts … vom … bescheinige ich hiermit, dass dort unter HRA … die Firma X-KG mit dem Sitz in … eingetragen und Herr X als Komplementär einzeln zur Vertretung dieser KG berechtigt ist und unter HRA … die Firma A-KG mit dem Sitz in … eingetragen und Herr A als Komplementär einzeln zur Vertretung dieser KG berechtigt ist.

Auf Ansuchen der Erschienenen beurkunde ich ihre vor mir abgegebenen Erklärungen gemäß was folgt:

§ 1 Beteiligte Gesellschaften

(1) Mit diesem Vertrag wird die Firma X-KG mit Sitz in ... eingetragen im Handelsregister des Amtsgerichts ... unter HRA ... auf die Firma A-KG mit Sitz in ... eingetragen im Handelsregister des Amtsgerichts ... unter HRA ... verschmolzen.

(2) Gesellschafter der übertragenden X-KG sind:

- Als Komplementär Herr X

  mit einer Kapitaleinlage von EUR ...
- Als Kommanditist Herr Y

  mit einer Haftsumme von EUR ... und einer Pflichteinlage von EUR ...
- Als Kommanditist Herr Z

  mit einer Haftsumme von EUR ... und einer Pflichteinlage von EUR ....

(3) Gesellschafter der aufnehmenden A-KG sind:

- Als Komplementär Herr A

  mit einer Kapitaleinlage von EUR ...
- Als Kommanditist Herr B

  mit einer Haftsumme von EUR ... und einer Pflichteinlage von EUR ...
- Als Kommanditist Herr C

  mit einer Haftsumme von EUR ... und einer Pflichteinlage von EUR ....

§ 2 Vermögensübertragung, Bilanzstichtag, Verschmelzungsstichtag, steuerrechtliche Bilanzierung, Nachweise für steuerliche Zwecke

(1) Die Firma X-KG (im Folgenden: übertragende Gesellschaft) überträgt ihr Vermögen als Ganzes mit allen Rechten und Pflichten unter Ausschluss der Abwicklung gemäß §§ 4 ff. UmwG i. V. m. §§ 39 ff. UmwG auf die Firma A-KG (im Folgenden: übernehmende Gesellschaft) im Wege der Verschmelzung durch Aufnahme.

(2) Die Verschmelzung erfolgt zum 1.1. ... (handelsrechtlicher Verschmelzungsstichtag).

(3) Die Übernahme des Vermögens der übertragenden Gesellschaft erfolgt im Innenverhältnis mit Wirkung zum Ablauf des 31.12. ... 24:00 Uhr. Vom 1.1. ... 0:00 Uhr an bis zum Zeitpunkt des Erlöschens der übertragenden Gesellschaft gemäß § 20 Abs. 1 Nr. 2 UmwG, gelten alle Handlungen und Geschäfte der übertragenden Gesellschaft als für Rechnung der übernehmenden Gesellschaft vorgenommen.

(4) Der Verschmelzung wird die mit dem uneingeschränkten Bestätigungsvermerk des Abschlussprüfers ... in ... versehene Bilanz der übertragenden Gesellschaft zum 31.12. ... als Schlussbilanz zugrundegelegt.

(5) Die A-KG ist verpflichtet, die steuerlichen Buchwerte der X-KG fortzuführen. Die Parteien verpflichten sich, alle hierzu erforderlichen Anträge (insbesondere Antrag auf Buchwertfortführung) zu stellen sowie die weiteren steuerlichen Pflichten (Nachweispflichten nach § 22 Abs. 3 UmwStG im steuerlichen Überwachungszeitraum von sieben Jahren) zu erfüllen und an allen hierzu erforderlichen Maßnahmen zusammenzuwirken. Die A-KG stellt hiermit den Buchwertantrag gem. § 24 Abs. 2 Satz 2 UmwStG.

§ 3 Gegenleistung, Durchführung

(1) Die übernehmende Gesellschaft gewährt dem Komplementär der übertragenden Gesellschaft, Herrn X, als Gegenleistung für die Übertragung des Vermögens der übertragenden Gesellschaft eine Beteiligung an der übernehmenden Gesellschaft, und zwar als Komplementär mit einer Kapitaleinlage i. H. v. EUR .... Die Beteiligung wird kostenfrei und mit Gewinnbezugsberechtigung ab 1.1. ... gewährt.

(2) Die übernehmende Gesellschaft gewährt dem Kommanditisten der übertragenden Gesellschaft, Herrn Y, als Gegenleistung für die Übertragung des Vermögens der übertragenden Gesellschaft eine Kommanditbeteiligung an der übernehmenden Gesellschaft mit einer Haftsumme i. H. v. EUR ... und einer Pflichteinlage i. H. v. EUR ....[1205] Die Beteiligung wird kostenfrei und mit Gewinnbezugsberechtigung ab 1.1. ... gewährt.

(3) Die übernehmende Gesellschaft gewährt dem Kommanditisten der übertragenden Gesellschaft, Herrn Z, als Gegenleistung für die Übertragung des Vermögens der übertragenden Gesellschaft eine Kommanditbeteiligung an der übernehmenden Gesellschaft mit einer Haftsumme i. H. v. EUR ... und einer Pflichteinlage i. H. v. EUR .... Die Beteiligung wird kostenfrei und mit Gewinnbezugsberechtigung ab 1.1. ... gewährt.

(4) Nach Vollzug der Verschmelzung im Handelsregister werden die Gesellschafter an der übernehmenden Gesellschaft wie folgt beteiligt sein:

- Herr A als Komplementär mit einer Kapitaleinlage von EUR ....
- Herr X als Komplementär mit einer Kapitaleinlage von EUR ....

1205 Haft und Pflichteinlage werden meist in gleicher Höhe gewählt. Ein abweichender Betrag ist jedoch ebenfalls möglich.

- Herr B als Kommanditist mit einer Haftsumme von EUR ... und einer Pflichteinlage von EUR ...
- Herr C als Kommanditist mit einer Haftsumme von EUR ... und einer Pflichteinlage von EUR ...
- Herr Y als Kommanditist mit einer Haftsumme von EUR ... und einer Pflichteinlage von EUR ...
- Herr Z als Kommanditist mit einer Haftsumme von EUR ... und einer Pflichteinlage von EUR ...

§ 4 Keine besonderen Rechte und Vorteile

(1) Besondere Rechte i. S. v. § 5 Abs. 1 Nr. 7 UmwG bestanden nicht. Es werden besondere Rechte nicht gewährt. Den Gesellschaftern der übertragenden Gesellschaft werden deshalb auch im Rahmen der Verschmelzung keine besonderen Rechte gewährt.

(2) Keinem Mitglied der Vertretungsorgane und der Aufsichtsorgane der an der Verschmelzung beteiligten Gesellschaften, keinem geschäftsführenden Gesellschafter, keinem Abschlussprüfer oder Verschmelzungsprüfer werden besondere Vorteile gewährt (§ 5 Abs. 1 Nr. 8 UmwG).

§ 5 Folgen der Verschmelzung für Arbeitnehmer und ihre Vertretungen

(1) Die Verschmelzung führt zum Übergang sämtlicher Rechte und Ansprüche der Arbeitnehmer der übertragenden Gesellschaft im Wege der Gesamtrechtsnachfolge auf die übernehmende Gesellschaft. Auf den Übergang aufgrund der Verschmelzung findet § 613a Abs. 1, 4 bis 6 BGB Anwendung (§ 35a Abs. 2 UmwG). Die Kündigung eines Arbeitsverhältnisses wegen des Übergangs auf die A-KG ist unwirksam; das Recht zur Kündigung aus anderen Gründen bleibt unberührt. Individualarbeitsrechtliche Nachteile für die Arbeitnehmer der übertragenden Gesellschaft ergeben sich folglich nicht. Die Verschmelzung hat ebenfalls keine Folgen für die Arbeitnehmer der übernehmenden Gesellschaft.

(2) [Durch die Verschmelzung ergeben sich keine tarifvertraglichen Änderungen für die Arbeitnehmer bei der übernehmenden und bei der übertragenden Gesellschaft.]

(3) [Bei der übertragenden Gesellschaft bestehen folgende Betriebsvereinbarungen:

– ... vom ...;

– ... vom ....

Die vorstehenden Betriebsvereinbarungen sind der Urkunde zu Beweis- und Informationszwecken als Anlage ohne Verlesen beigefügt. Sie bleibt unverändert bestehen.]

(4) [Die Betriebsräte der übertragenden Gesellschaft und der übernehmenden Gesellschaft bestehen weiter. Der Wechsel des Rechtsträgers des Betriebs der übertragenden Gesellschaft hat keine Auswirkungen auf dessen Identität, so dass auch die Identität des Betriebsrats der übertragenden Gesellschaft unberührt bleibt. Der Betriebsrat der übertragenden Gesellschaft bleibt bei der übernehmenden Gesellschaft weiter im Amt. Es ist in der Folgezeit ein Gesamtbetriebsrat zu errichten, da aufgrund der Verschmelzung zukünftig mehrere Betriebe bei der übernehmenden Gesellschaft bestehen werden (§ 47 Abs. 1 BetrVG).]

(5) [Die Verschmelzung hat keine Auswirkungen auf die Mitbestimmung. Die übertragende Gesellschaft verfügt über weniger als 500 Arbeitnehmer, so dass sie auch bisher nicht der Mitbestimmung gemäß § 1 DrittelbG unterlag. Die Anzahl der Arbeitnehmer der übernehmenden Gesellschaft nach der Verschmelzung wird ebenfalls nicht mehr als 500 Arbeitnehmer betragen, so dass auch nach der Verschmelzung die Voraussetzungen für die Mitbestimmung gemäß § 1 DrittelbG nicht vorliegen werden.]

§ 6 Auswirkungen der Verschmelzung auf Grundbuchverhältnisse

Keine der beiden Gesellschaften verfügt über Grundbesitz.

[ggf.: § 7 Abfindungsangebot[1206]

(1) Bei der Verschmelzung eines Rechtsträgers im Wege der Aufnahme durch einen Rechtsträger anderer Rechtsform hat der übernehmende Rechtsträger jedem Anteilsinhaber, der gegen den Verschmelzungsbeschluss des übertragenden Rechtsträgers Widerspruch zur Niederschrift beim Notar erklärt, den Erwerb seiner Anteile oder Mitgliedschaften gegen eine angemessene Barabfindung anzubieten (§ 29 Abs. 1 Satz 1 UmwG). Das Gleiche gilt, wenn bei einer Verschmelzung von Rechtsträgern derselben Rechtsform die Beteiligungen an dem übernehmenden Gesellschaft Verfügungsbeschränkungen unterworfen sind (§ 29 Abs. 1 Satz 2 UmwG).]

(2) Die Beteiligungen an der übernehmenden Gesellschaft unterliegen [keinen] Verfügungsbeschränkungen, so dass ein Abfindungsangebot grundsätzlich

1206 Ein Abfindungsangebot ist nur erforderlich, wenn die beteiligten Gesellschaften unterschiedliche Rechtsformen haben, beispielsweise bei der Verschmelzung einer KG auf eine OHG oder wenn die Anteile am übernehmenden Rechtsträger Verfügungsbeschränkungen unterliegen.

[nicht] erforderlich ist. Die Vertragsparteien gehen jedoch aufgrund vorheriger Rücksprache mit den Gesellschaftern davon aus, dass alle Gesellschafter der Verschmelzung zustimmen und auf ein Abfindungsangebot verzichten.

§ 8 Kosten, Gebühren und Steuern

Die Kosten dieses Vertrages und dessen Abwicklung, sowie sämtliche Gebühren und Steuern, einschließlich der Kosten der Zustimmungsbeschlüsse, trägt die übernehmende Gesellschaft.

§ 9 Hinweise

Der Notar hat die Beteiligten über den weiteren Verfahrensablauf bis zum Wirksamwerden der Verschmelzung, auf den Wirksamkeitszeitpunkt sowie die Rechtsfolgen der Verschmelzung hingewiesen, insbesondere auf Folgendes:

a) Der Verschmelzungsvertrag bedarf zu seiner Wirksamkeit der Zustimmung der Gesellschafterversammlungen beider beteiligter Rechtsträger in notarieller Form.

b) Gläubigern beider Rechtsträger ist auf Anmeldung und Glaubhaftmachung ihrer Forderung hin nach Maßgabe des § 22 UmwG Sicherheit zu leisten.

c) Der Notar hat unverzüglich nach Wirksamwerden der Verschmelzung eine neue Gesellschafterliste der aufnehmenden Gesellschaft beim Handelsregister einzureichen und diese ebenfalls der Gesellschaft zu übermitteln (§ 40 Abs. 2 GmbHG).

§ 10 Vollmacht

Die Beteiligten bevollmächtigen hiermit ... und ..., Notarangestellte, jeweils einzeln und befreit von § 181 BGB, sämtliche Erklärungen und Rechtshandlungen vorzunehmen, die im Zuge des Verschmelzungsvertrages erforderlich und zweckmäßig sind. Die Vollmacht ist jederzeit widerruflich. Dem Handelsregister gegenüber ist die Vollmacht unbeschränkt.

§ 11 Abschriften

Von dieser Urkunde erhalten:
BEGLAUBIGTE ABSCHRIFTEN
jeder Beteiligte
jeder Gesellschafter
das Registergericht ... eine elektronisch beglaubigte

EINFACHE ABSCHRIFTEN
das Finanzamt – Körperschaftsteuerstelle –
Steuerberater

Vorgelesen vom Notar,
von dem Beteiligten genehmigt und
eigenhändig unterschrieben wie folgt

dd) Schreiben an die Betriebsräte

Schreiben an die Betriebsräte der A-KG und der X-KG 1124

An:

1. Betriebsrat der A-KG

   Herr / Frau ...

   Vorsitzende(r) des Betriebsrats

2. Betriebsrat der X-KG

   Herr / Frau ...

   Vorsitzende(r) des Betriebsrats

[3. ggf. Gesamt- und/oder Konzernbetriebsrat]

jeweils gegen Empfangsbestätigung

Verschmelzung der X-KG als übertragende Gesellschaft auf die A-KG als übernehmende Gesellschaft

Sehr geehrte Damen und Herren,

es ist beabsichtigt die X-KG auf die A-KG zu verschmelzen. Es ist beabsichtigt, dem beigefügten Entwurf des Verschmelzungsvertrags zwischen der A-KG als aufnehmende Gesellschaft und der X-KG als übertragende Gesellschaft in den voraussichtlich am ... stattfindenden Gesellschafterversammlungen der A-KG und der X-KG zuzustimmen und den Vertrag in notariell beurkundeter Form durch die geschäftsführenden Gesellschafter der A-KG und X-KG abzuschließen.

Anbei übersenden wir Ihnen hiermit gemäß § 5 Abs. 3 UmwG den Entwurf des Verschmelzungsvertrags. Wir bitten Sie in diesem Zusammenhang hiermit,

1. auf die Einhaltung der Monatsfrist des § 5 Abs. 3 UmwG zu verzichten,[1207]
2. den Erhalt dieses Schreibens und der Anlage auf den beigefügten Kopien dieses Schreibens zu bestätigen und
3. die unterschriebenen Kopien dieses Schreibens an die Geschäftsführung der A-KG zurück zu schicken.

1207 Nur aufnehmen, wenn Monatsfrist abgelaufen ist und damit der Verzicht relevant wird.

Dies dient als Nachweis für die der Handelsregisteranmeldungen der Verschmelzung beizufügenden Anlagen gemäß §§ 17 Abs. 1, 16 UmwG.

[Ort, Datum]

[Geschäftsführung A-KG][Geschäftsführung X-KG]

Hiermit bestätigen wir, als jeweilige(r) Vorsitzende(r) des Betriebsrats, den Erhalt dieses Schreibens sowie des als Anlage beigefügten Entwurfs des Verschmelzungsvertrags und verzichten auf die Einhaltung der Monatsfrist des § 5 Abs. 3 UmwG.

[Ort, Datum] [Ort, Datum]

[Vorsitzende(r) des Betriebsrats[Vorsitzende(r) des Betriebsrats
der A-KG] der X-KG]

ee) Verschmelzungsbeschluss

URNr. 1125

Ref.:

Protokoll über Gesellschafterversammlungen

Heute, den ...
Zweitausend...

-...-

erschien vor mir,

...

Notar in ...,

in den Amtsräumen in ...:

1. Herr A, geb. am ...,

   wohnhaft ...,

   ausgewiesen durch Vorlage eines amtlichen Lichtbildausweises,

   hier handelnd im eigenen Namen.

2. Herr B, geb. am ...,

   wohnhaft ...,

   ausgewiesen durch Vorlage eines amtlichen Lichtbildausweises,

   hier handelnd im eigenen Namen.

3. Herr C, geb. am ...,

   wohnhaft ...,

   ausgewiesen durch Vorlage eines amtlichen Lichtbildausweises,

   hier handelnd im eigenen Namen.

4. Herr X, geb. am ...,

   wohnhaft ...,

   ausgewiesen durch Vorlage eines amtlichen Lichtbildausweises,

   hier handelnd im eigenen Namen.

5. Herr Y, geb. am ...,

   wohnhaft ...,

ausgewiesen durch Vorlage eines amtlichen Lichtbildausweises,

hier handelnd im eigenen Namen.

6. Herr Z, geb. am ...,

   wohnhaft ...,

   ausgewiesen durch Vorlage eines amtlichen Lichtbildausweises,

   hier handelnd im eigenen Namen.

Auf Ansuchen der Erschienenen beurkunde ich ihre vor mir abgegebenen Erklärungen gemäß was folgt:

A. Gesellschafterversammlung der X-KG

Gesellschafter der X-KG mit Sitz in ... eingetragen im Handelsregister des Amtsgerichts ... unter HRA ... sind:

- als Komplementär Herr X.
- mit einer Kapitaleinlage von EUR ...
- als Kommanditist Herr Y
- mit einer Haftsumme von EUR ... und einer Pflichteinlage von EUR ...
- als Kommanditist Herr Z
- mit einer Haftsumme von EUR ... und einer Pflichteinlage von EUR ....

Unter Verzicht auf alle durch Gesetz oder Gesellschaftsvertrag vorgeschriebenen Formen und Fristen halten wir hiermit eine Gesellschafterversammlung der X-KG ab und beschließen einstimmig was folgt:

I. Zustimmung

(1) Dem Verschmelzungsvertrag vom ... zur Urkunde des amtierenden Notars URNr. ... zwischen der X-KG und der A-KG mit dem Sitz in ... wird hiermit zugestimmt.

(2) Eine Ausfertigung des Verschmelzungsvertrages ist dieser Niederschrift als Anlage beigefügt.

II. Verzichtserklärungen

(1) Auf die Klage gegen die Wirksamkeit des Verschmelzungsbeschlusses und des Verschmelzungsvertrages wird ausdrücklich verzichtet.

(2) Ebenso wird auf die Erstellung eines Verschmelzungsberichtes verzichtet.

(3) Eine Verschmelzungsprüfung wurde nicht verlangt. Vorsorglich wird auf die Prüfung der Verschmelzung sowie auf die Erstellung des Verschmelzungsprüfungsberichtes hiermit ausdrücklich verzichtet, sowie auf alle

sonstigen Förmlichkeiten, auf die von Gesetzes wegen verzichtet werden kann.

(4) *[ggf.: Auf die Abgabe eines Abfindungsangebots gemäß § 29 UmwG wird ausdrücklich verzichtet.]*[1208]

(5) Der Notar belehrte die Erschienenen über die Unwiderruflichkeit der Verzichtserklärungen und deren Wirkungen sowie darüber, dass durch diese Erklärungen die Ausübung von Gesellschafterrechten bei der bevorstehenden Verschmelzung beeinträchtigt werden kann.

III. Unterrichtung Betriebsrat[1209]

Dem Betriebsrat der X-KG wurde der Verschmelzungsvertrag zugeleitet. *[sofern Verzicht auf Einhaltung der Frist: Er hat auf die Einhaltung der gesetzlichen Monatsfrist (§ 5 Abs. 3 UmwG) durch schriftliche Erklärung verzichtet. Die Verzichtserklärung ist dieser Urkunde in Urschrift beigefügt.]*

B. Gesellschafterversammlung der A-KG

Gesellschafter der A-KG mit Sitz in ... eingetragen im Handelsregister des Amtsgerichts ... unter HRA ... sind:

- als Komplementär Herr A.
- mit einer Kapitaleinlage von EUR ...
- als Kommanditist Herr B
- mit einer Haftsumme von EUR ... und einer Pflichteinlage von EUR ...
- als Kommanditist Herr C
- mit einer Haftsumme von EUR ... und einer Pflichteinlage von EUR ....

Unter Verzicht auf alle durch Gesetz oder Gesellschaftsvertrag vorgeschriebenen Formen und Fristen halten wir hiermit eine Gesellschafterversammlung der A-KG ab und beschließen einstimmig was folgt:

I. Zustimmung

Dem Verschmelzungsvertrag vom ... zur Urkunde des amtierenden Notars URNr. ... zwischen der Firma A-KG und der X-KG mit dem Sitz in ... wird hiermit zugestimmt.

1208 Vgl. § 7 Verschmelzungsvertrag.

1209 Nur erforderlich, soweit Betriebsrat vorhanden.

II. Gewährung von Gesellschaftsrechten

(1) Dem Komplementär der übertragenden Gesellschaft, Herrn X, wird als Gegenleistung für die Übertragung des Vermögens der übertragenden Gesellschaft eine Beteiligung an der übernehmenden Gesellschaft, und zwar als Komplementär mit einer Kapitaleinlage i. H. v. EUR ... gewährt. Die Beteiligung wird kostenfrei und mit Gewinnbezugsberechtigung ab 1.1. ... gewährt.

(2) Dem Kommanditisten der übertragenden Gesellschaft, Herrn Y, wird als Gegenleistung für die Übertragung des Vermögens der übertragenden Gesellschaft eine Kommanditbeteiligung an der übernehmenden Gesellschaft mit einer Haftsumme i. H. v. EUR ... und einer Pflichteinlage i. H. v. EUR ... gewährt.[1210] Die Beteiligung wird kostenfrei und mit Gewinnbezugsberechtigung ab 1.1. ... gewährt.

(3) Dem Kommanditisten der übertragenden Gesellschaft, Herrn Z, wird als Gegenleistung für die Übertragung des Vermögens der übertragenden Gesellschaft eine Kommanditbeteiligung an der übernehmenden Gesellschaft mit einer Haftsumme i. H. v. EUR ... und einer Pflichteinlage i. H. v. EUR ... gewährt. Die Beteiligung wird kostenfrei und mit Gewinnbezugsberechtigung ab 1.1. ... gewährt.

III. Verzichtserklärungen

(1) Auf die Klageerhebung gegen die Wirksamkeit des Verschmelzungsbeschlusses und des Verschmelzungsvertrages sowie die weiteren heute gefassten Beschlüsse wird ausdrücklich verzichtet.

(2) Ebenso wird auf die Erstellung eines Verschmelzungsberichtes verzichtet.

(3) Eine Verschmelzungsprüfung wurde nicht verlangt. Vorsorglich wird auf die Prüfung der Verschmelzung sowie auf die Erstellung des Verschmelzungsprüfungsberichtes hiermit ausdrücklich verzichtet, sowie auf alle sonstigen Förmlichkeiten, auf die von Gesetzes wegen verzichtet werden kann.

(4) Der Notar belehrte die Erschienenen über die Unwiderruflichkeit der Verzichtserklärungen und deren Wirkungen sowie darüber, dass durch diese Erklärungen die Ausübung von Gesellschafterrechten bei der bevorstehenden Verschmelzung beeinträchtigt werden kann.

1210 Haftsumme und Pflichteinlage werden meist in gleicher Höhe gewählt. Ein abweichender Betrag ist jedoch ebenfalls möglich.

IV. Unterrichtung Betriebsrat[1211]

Dem Betriebsrat der A-KG wurde der Verschmelzungsvertrag zugeleitet. *[sofern Verzicht auf Einhaltung der Frist: Er hat auf die Einhaltung der gesetzlichen Monatsfrist (§ 5 Abs. 3 UmwG) durch schriftliche Erklärung verzichtet. Die Verzichtserklärung ist dieser Urkunde in Urschrift beigefügt.]*

C. Vollmacht

Die Beteiligte bevollmächtigt hiermit ... und ..., Notarangestellte, jeweils einzeln, befreit von § 181 BGB, sämtliche Erklärungen und Rechtshandlungen vorzunehmen, die bei Vollzug der vorstehenden Beschlüsse erforderlich oder zweckmäßig sind. Die Vollmacht ist jederzeit widerruflich. Dem Handelsregister gegenüber ist die Vollmacht unbeschränkt.

D. Kosten, Abschriften

Die Kosten dieser Urkunde trägt ....

Von dieser Urkunde erhalten:
BEGLAUBIGTE ABSCHRIFTEN
die Beteiligten
das Registergericht ... eine elektronisch beglaubigte
EINFACHE ABSCHRIFTEN
das Finanzamt – Körperschaftsteuerstelle –
Steuerberater

Vorgelesen vom Notar,
von dem Beteiligten genehmigt und
eigenhändig unterschrieben wie folgt:

[-Unterschriften der Beteiligten-]

1211 Nur erforderlich, soweit Betriebsrat vorhanden.

ff) Handelsregisteranmeldung der übernehmenden Gesellschaft

1126 An das Amtsgericht …
– Handelsregister –

A-KG mit Sitz in …, HRA …

I. Zur Eintragung in das Handelsregister melde ich, Herr A alleinvertretungsberechtigter geschäftsführender Gesellschafter (Komplementär) der A-KG mit Sitz in … an:

1. Die X-KG mit Sitz in … (Amtsgericht … HRA …) ist aufgrund des Verschmelzungsvertrags vom … (URNr. … des Notars …) und der Beschlüsse der Gesellschafterversammlungen der X-KG und der A-KG vom … (URNr. … des Notars …) mit der A-KG durch Aufnahme verschmolzen worden.

2. Im Zuge der Durchführung der Verschmelzung sind der Gesellschaft folgende Gesellschafter beigetreten:

   – als Komplementär Herr X (Name, Vorname, Geb.-Datum, Wohnort).

   – mit einer Kapitaleinlage von EUR …

   – als Kommanditist Herr Y (Name, Vorname, Geb.-Datum, Wohnort).

   – mit einer Haftsumme von EUR … und einer Pflichteinlage von EUR …

   – als Kommanditist Herr Z (Name, Vorname, Geb.-Datum, Wohnort).

   – mit einer Haftsumme von EUR … und einer Pflichteinlage von EUR ….

3. Auf die Klageerhebung gegen die Wirksamkeit des Verschmelzungsbeschlusses und des Verschmelzungsvertrages wurde in den Verschmelzungsbeschlüssen der übertragenden und der aufnehmenden Gesellschaft verzichtet (§ 16 Abs. 2 Satz 1 UmwG).

4. Die Firma der A-KG wird unverändert fortgesetzt.

II. Als Anlagen überreiche ich:

1. Notariell beglaubigte Abschrift des Verschmelzungsvertrags vom … (URNr. … des Notars …);

2. Notariell beglaubigte Abschrift der Niederschriften der Gesellschafterversammlungen nebst Anlagen vom … (URNr. … des Notars …) der A-KG und der X-KG;

3. Gemeinsames Schreiben der Betriebsräte der A-KG und der X-KG über die rechtzeitige *[bzw. unter Verzicht auf die Rechtzeitigkeit]* Zuleitung des *[Entwurfs des]* Verschmelzungsvertrags an die Betriebsräte der A-KG und der X-KG (§ 17 Abs. 1 UmwG).

Ein beglaubigter Handelsregisterauszug der X-KG mit Sitz in … (Amtsgericht … HRA …), aus dem sich die Eintragung der Verschmelzung in das Handelsregister der X-KG ergibt, wird nachgereicht.

Nach Vollzug der Eintragung der Verschmelzung bitte ich jeweils um

- Eintragungsnachricht an die A-KG und an den beglaubigenden Notar sowie um
- Übermittlung von zwei beglaubigten Handelsregisterauszügen an die A-KG und
- eines beglaubigten Handelsregisterauszugs an den beglaubigenden Notar.

[Unterschrift Herr A (geschäftsführender Gesellschafter A-KG)]

[Beglaubigung Notar]

gg) Handelsregisteranmeldung der übertragenden Gesellschaft

1127 An das Amtsgericht …
– Handelsregister –

X-KG mit Sitz in …, HRA …

I. Gemäß § 16 Abs. 1 Satz 2 UmwG melde ich, Herr A, alleinvertretungsberechtigter geschäftsführender Gesellschafter (Komplementär) der A-KG mit Sitz in … als Vertretungsorgan des übernehmenden Rechtsträgers die Verschmelzung der X-KG auf die A-KG zur Eintragung in das Register des Sitzes der X-KG als übertragender Rechtsträger an:

   Die X-KG mit Sitz in … (Amtsgericht … HRA …) ist aufgrund des Verschmelzungsvertrags vom … (URNr. … des Notars …) und der Beschlüsse der Gesellschafterversammlungen der X-KG und der A-KG vom … (URNr. … des Notars …) mit der A-KG mit Sitz in … (Amtsgericht … HRA …) durch Aufnahme verschmolzen worden (§ 2 Nr. 1 UmwG).

   Auf die Klageerhebung gegen die Wirksamkeit des Verschmelzungsbeschlusses und des Verschmelzungsvertrages wurde in den Verschmelzungsbeschlüssen der übertragenden und der aufnehmenden Gesellschaft verzichtet (§ 16 Abs. 2 Satz 1 UmwG).

II. Als Anlagen überreiche ich:

   1. Notariell beglaubigte Abschrift des Verschmelzungsvertrags vom … (URNr. … des Notars …);

   2. Notariell beglaubigte Abschrift der Niederschriften der Gesellschafterversammlungen nebst Anlagen vom … (URNr. … des Notars …) der A-KG und der X-KG;

   3. Die von sämtlichen geschäftsführenden Gesellschaftern unterzeichnete Schlussbilanz der X-KG zum 31.12. … mit Anhang, versehen mit uneingeschränktem Bestätigungsvermerk der … Wirtschaftsprüfungsgesellschaft vom …;

   4. Gemeinsames Schreiben der Betriebsräte der A-KG und der X-KG über die rechtzeitige *[bzw. unter Verzicht auf die Rechtzeitigkeit]* Zuleitung des *[Entwurfs des]* Verschmelzungsvertrags an die Betriebsräte der A-KG und der X-KG (§ 17 Abs. 1 UmwG).

Nach Vollzug der Eintragung der Verschmelzung bitte ich jeweils um

- Eintragungsnachricht an die A-KG und an den beglaubigenden Notar sowie um
- Übermittlung je eines beglaubigten Handelsregisterauszugs an die A-KG und den beglaubigenden Notar.

[Unterschrift Herr A (geschäftsführender Gesellschafter A-KG)]

[Beglaubigung Notar]

hh) Antrag Buchwertfortführung

1128 *[Briefbogen A-KG]*

An das
[Finanzamt der A-KG]

Steuernummer ...
A-KG (Amtsgericht ..., HRA ...)
Antrag auf Buchwertansatz gemäß § 24 Abs. 2 Satz 2 UmwStG i. Z. m. der Verschmelzung

[ggf.: Antrag auf steuerliche Rückwirkung der Verschmelzung gemäß §§ 24 Abs. 4, 20 Abs. 5 und 6 UmwStG]

Sehr geehrte Damen und Herren,

mit notarieller Urkunde vom ... (URNr ... des Notars ... in ...) und mit steuerlicher Wirkung zum 31.12. ... (steuerlicher Übertragungsstichtag) wurde die X-KG mit Sitz in ..., eingetragen im Handelsregister des Amtsgerichts ... unter HRA ... auf die A-KG mit Sitz in ..., eingetragen im Handelsregister des Amtsgerichts ... unter HRA ... durch Aufnahme verschmolzen (§ 2 Nr. 1 UmwG).

I.

In Ausübung des entsprechenden Wahlrechts (§ 24 Abs. 2 Satz 2 UmwStG) werden die auf den aufnehmenden Rechtsträger übergehenden Wirtschaftsgüter in der steuerlichen Schlussbilanz des übertragenden Rechtsträgers (X-KG, Amtsgericht ..., HRA ...) einheitlich mit den bisherigen Buchwerten angesetzt.

Hiermit stellt die A-KG (Amtsgericht ..., HRA ...) hinsichtlich der übertragenen Wirtschaftsgüter den

Antrag auf Fortführung der Buchwerte.

Die entsprechenden Bilanzen werden zusammen mit der Steuererklärung eingereicht.[1212]

Wir bestätigen zudem, dass sichergestellt ist, dass das Recht der Bundesrepublik Deutschland hinsichtlich der Besteuerung des eingebrachten Betriebsvermögens bei dem übernehmenden Rechtsträger (A-KG mit Sitz in ..., Amtsgericht ..., HRA ...) nicht ausgeschlossen oder beschränkt wird.

1212 Der Steuererklärung sollte als Anlage eine Erklärung beigefügt werden, dass die Steuerbilanz der steuerlichen Schlussbilanz i. S. d. § 24 UmwStG entspricht; vgl. Tz. 03.01, 03.29, 20.21, 24.03 UmwStE.

II.

Hiermit stellt die A-KG (Amtsgericht …, HRA …) den

Antrag auf steuerliche Rückwirkung

der Verschmelzung zum 31.12. … gemäß § 24 Abs. 4, § 20 Abs. 5 und 6 UmwStG.

Bitte bestätigen Sie uns den Erhalt dieses Schreibens.

Mit freundlichen Grüßen

[Unterschrift Geschäftsführung A-KG]

d) Verschmelzung GmbH & Co. KG auf GmbH (Side-Stream-Merger)

aa) Ausgangskonstellation

1129

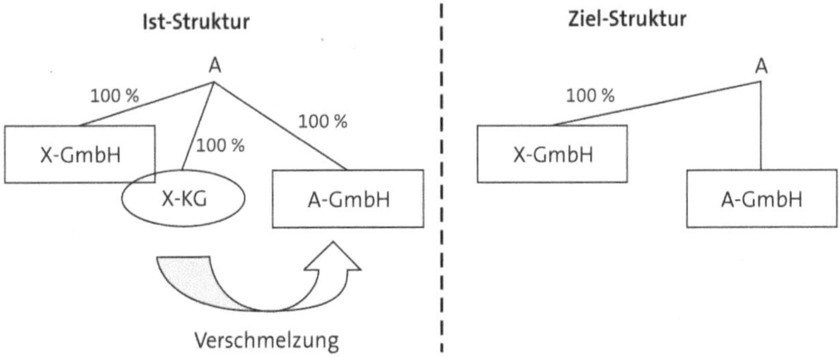

- Verschmelzung einer GmbH & Co. KG auf eine GmbH (§§ 2 ff. UmwG)[1213]
- Unternehmensintern
- Komplementär-GmbH ist nicht am Vermögen der KG beteiligt
- Anteil an Komplementär-GmbH ist keine wesentliche Betriebsgrundlage der GmbH & Co. KG (bspw. aufgrund eines eigenen unabhängigen Geschäftsbetriebs der Komplementär-GmbH)[1214]
- Kapitalerhöhung zur Gewährung neuer Anteile
- Komplementär-GmbH erhält Beteiligung an übernehmender Gesellschaft treuhänderisch für Herrn A (Treuhand-Lösung; vgl. Rz. 81 ff.)
- Betriebsräte vorhanden
- Verschmelzung steuerlich zu Buchwerten nach § 20 UmwStG
- Verzicht auf Verschmelzungsprüfung und -bericht

1213 Wirtschaftlich ähnliches Ergebnis durch erweiterte Anwachsung möglich, siehe Rz. 1201.

1214 Vgl. zu der Thematik der Eigenschaft des Anteils an der Komplementär-GmbH als wesentliche Betriebsgrundlage: BFH, Urteil v. 25.11.2009 - I R 72/08, BStBl 2010 II S. 471; OFD Frankfurt a. M., v. 12.12.2022 - S 2134 A-014-St 517, NWB HAAAJ-32204; Schmitt/Hörtnagl, UmwG UmwStG, § 20 UmwStG Rz. 35; Rödder/Herlinghaus/van Lishaut, UmwStG, § 20 Rz. 118.

bb) Fahrplan

Vorbereitungsphase 1130

- [ggf. Zwischenbilanz der übertragenden Gesellschaft zum ... erstellen, feststellen und prüfen]
- Wertgutachten für die übertragende und die übernehmende Gesellschaft zur Ermittlung des Umtauschverhältnisses
- Erstellen des Entwurfs des Verschmelzungsvertrags
- *[Zuleitung des Entwurfs des Verschmelzungsvertrages an die Betriebsräte inkl. Bestätigungsschreiben]*
- Entwurf des Arbeitnehmerinformationsschreibens
- Entwurf der Zustimmungsbeschlüsse inkl. Kapitalerhöhungsbeschluss
- Entwurf der Handelsregisteranmeldungen
- Vorbereitung der Gesellschafterversammlungen zur Beschlussfassung
- Zusendung des *[Entwurfs des]* Verschmelzungsvertrages an die Gesellschafter der beteiligten Gesellschaften
- Ladung zur Gesellschafterversammlung nach Satzung/Gesetz [*ggf. Verzicht bei Vollversammlung und Einstimmigkeit*]

Beschlussphase

- Abschluss des Verschmelzungsvertrags
- Zustimmung der Gesellschafter in der Gesellschafterversammlung
- Beschluss der Kapitalerhöhung der übernehmenden Gesellschaft in der Gesellschafterversammlung
- Anmeldung der Verschmelzung und der Kapitalerhöhung zur Eintragung in die Handelsregister

Vollzugsphase

- Anzeige und Übersendung des Verschmelzungsvertrags an Finanzämter der beteiligten Gesellschaften
- Eintragung der Verschmelzung in die Handelsregister der beteiligten Gesellschaften
- Nach Wirksamwerden der Verschmelzung: Erneute Einreichung der neuen Gesellschafterliste der aufnehmenden Gesellschaft durch den Notar in das Handelsregister (§ 40 Abs. 2 GmbHG)
- Antrag der übernehmenden Gesellschaft auf Buchwertfortführung *[und ggf. Antrag auf steuerliche Rückwirkung der Verschmelzung (§ 20 Abs. 5 und 6 UmwStG)]* bei ihrem Finanzamt

- Unterrichtung der Sozialversicherungsträger über den Übergang der Arbeitsverhältnisse
- Unterrichtung des Gewerbeaufsichtsamts über die Abmeldung der übertragenden Gesellschaft
- Informationen der Vertragspartner über die Gesamtrechtsnachfolge
- Umstellung der Organisation, Buchführung, Lohn- und Gehaltsabrechnung auf neue Verhältnisse
- 7-jährige Nachweispflicht gemäß § 22 UmwStG
- *[ggf. Berichtigung Grundbücher]*
- *[ggf. Berichtigung Patentregister etc.]*
- *[ggf. Berichtigung KFZ-Briefe]*

cc) Verschmelzungsvertrag

URNr. 1131

Verschmelzungsvertrag

Heute, den ...
Zweitausend...

- ... -

ist vor mir,

...

Notar in ...,

in den Amtsräumen in ...,

anwesend:

Herr A, geboren am ...,

wohnhaft ...,

ausgewiesen durch Vorlage seines amtlichen Lichtbildausweises,

a) hier handelnd für die Firma

   X-GmbH

   mit dem Sitz in ... eingetragen im Handelsregister des Amtsgerichts ... unter HRB ... als deren einzelvertretungsberechtigter Geschäftsführer und diese wiederum handelnd in ihrer Eigenschaft als Komplementärin der X-GmbH & Co. KG mit Sitz in ... eingetragen im Handelsregister des Amtsgerichts ... unter HRA ...;

b) hier ebenfalls handelnd für die Firma

   A-GmbH

   mit dem Sitz in ... als deren einzelvertretungsberechtigter Geschäftsführer.

Aufgrund Einsicht in den mir vorliegenden Auszug aus dem elektronisch geführten Handelsregister des Amtsgerichts ... vom ... bescheinige ich hiermit, dass dort

1. unter HRB ... die Firma X-GmbH mit dem Sitz in ... eingetragen und Herr A als Geschäftsführer einzeln zur Vertretung dieser GmbH berechtigt ist;

2. unter HRA ... die Firma X-GmbH & Co. KG mit dem Sitz in ... eingetragen und die X-GmbH als alleinige geschäftsführende Gesellschafterin (Komplementärin) eingetragen ist und
3. unter HRB ... die Firma A-GmbH mit dem Sitz in ... eingetragen und Herr A als Geschäftsführer einzeln zur Vertretung dieser GmbH berechtigt ist.

Der Geschäftsführer ist jeweils von den Beschränkungen des § 181 BGB befreit.

Auf Ansuchen des Erschienenen beurkunde ich seine vor mir abgegebenen Erklärungen gemäß was folgt:

§ 1 Beteiligte Gesellschaften

Mit diesem Vertrag wird die Firma X-GmbH & Co. KG auf die Firma A-GmbH verschmolzen. Gesellschafter der X-GmbH & Co. KG sind

- als Komplementär die X-GmbH.

Diese ist am Vermögen der Gesellschaft nicht beteiligt. *[alternativ: mit einer Kapitaleinlage von EUR ...]*

- als Kommanditist Herr A

mit einer Haftsumme von EUR ... und einer Pflichteinlage von EUR ....

Alleiniger Gesellschafter der A-GmbH ist Herr A.

Das Stammkapital der A-GmbH beträgt *[EUR 100.000]* und ist voll einbezahlt.

§ 2 Vermögensübertragung, Bilanzstichtag, Verschmelzungsstichtag, steuerrechtliche Bilanzierung, Nachweise für steuerliche Zwecke

(1) Die Firma X-GmbH & Co. KG (im Folgenden: übertragende Gesellschaft) überträgt ihr Vermögen als Ganzes mit allen Rechten und Pflichten unter Ausschluss der Abwicklung gemäß §§ 4 ff. UmwG i. V. m. §§ 39 ff., §§ 46 ff. UmwG auf die Firma A-GmbH (im Folgenden: übernehmende Gesellschaft) im Wege der Verschmelzung durch Aufnahme.

(2) Die Verschmelzung erfolgt zum 1.1. ... (handelsrechtlicher Verschmelzungsstichtag).

(3) Die Übernahme des Vermögens der übertragenden Gesellschaft erfolgt im Innenverhältnis mit Wirkung zum Ablauf des 31.12. ... 24:00 Uhr. Vom 1.1. ... 0:00 Uhr an bis zum Zeitpunkt des Erlöschens der übertragenden Gesellschaft gemäß § 20 Abs. 1 Nr. 2 UmwG, gelten alle Handlungen und Geschäfte der übertragenden Gesellschaft als für Rechnung der übernehmenden Gesellschaft vorgenommen.

(4) Der Verschmelzung wird die mit dem uneingeschränkten Bestätigungsvermerk des Abschlussprüfers ... in ... versehene Bilanz der übertragenden Gesellschaft zum 31. 12. ... als Schlussbilanz zugrundegelegt.

(5) Die A-GmbH ist verpflichtet, die steuerlichen Buchwerte der X-GmbH & Co. KG fortzuführen. Die Parteien verpflichten sich, alle hierzu erforderlichen Anträge (insbesondere Antrag auf Buchwertfortführung) zu stellen sowie die weiteren steuerlichen Pflichten (Nachweispflichten nach § 22 Abs. 3 UmwStG im steuerlichen Überwachungszeitraum von sieben Jahren) zu erfüllen und an allen hierzu erforderlichen Maßnahmen zusammenzuwirken. De A-GmbH stellt hiermit den Antrag auch Buchwertfortführung (§ 20 Abs. 2 Satz 2 UmwStG).

§ 3 Gegenleistung, Durchführung

(1) Die übernehmende Gesellschaft gewährt den Gesellschaftern der übertragenden Gesellschaft als Gegenleistung für die Übertragung des Vermögens Geschäftsanteile an der übernehmenden Gesellschaft, und zwar

- Herrn A 50.000 Geschäftsanteile im Nennbetrag von je *[EUR 1,00]* (Anteil Nr. *[100.001-150.000]*). Die Geschäftsanteile werden kostenfrei und mit Gewinnbezugsberechtigung ab 1. 1. ... gewährt.
- der Firma X-GmbH einen Geschäftsanteil im Nennbetrag von [EUR 100] (Anteil Nr. [150 001]) treuhänderisch für Herrn A. Der Geschäftsanteil wird kostenfrei und mit Gewinnbezugsberechtigung ab 1. 1. ... gewährt.]

(2) Zur Durchführung der Verschmelzung wird die übernehmende Gesellschaft ihr Stammkapital von bislang *[EUR 100.000]* um *[EUR 50.100]* auf *[EUR 150.100]* erhöhen, und zwar durch Bildung von 50.001 Geschäftsanteilen im Nennbetrag von insgesamt *[EUR 50.100]* (Anteil Nr. *[100.001-150.001]*).

§ 4 Keine besonderen Rechte und Vorteile

(1) Besondere Rechte i. S. v. § 5 Abs. 1 Nr. 7 UmwG bestanden nicht. Es werden besondere Rechte nicht gewährt. Den Gesellschaftern der übertragenden Gesellschaft werden deshalb auch im Rahmen der Verschmelzung keine besonderen Rechte gewährt.

(2) Keinem Mitglied der Vertretungsorgane und der Aufsichtsorgane der an der Verschmelzung beteiligten Gesellschaften, keinem geschäftsführenden Gesellschafter, keinem Geschäftsführer, keinem Abschlussprüfer oder Verschmelzungsprüfer werden besondere Vorteile gewährt (§ 5 Abs. 1 Nr. 8 UmwG).

§ 5 Folgen der Verschmelzung für Arbeitnehmer und ihre Vertretungen

(1) Die Verschmelzung führt zum Übergang sämtlicher Rechte und Ansprüche der Arbeitnehmer der übertragenden Gesellschaft im Wege der Gesamtrechtsnachfolge auf die übernehmende Gesellschaft. Auf den Übergang aufgrund der Verschmelzung findet § 613a Abs. 1, 4 bis 6 BGB Anwendung (§ 35a Abs. 2 UmwG). Die Kündigung eines Arbeitsverhältnisses wegen des Übergangs auf die A-GmbH ist unwirksam; das Recht zur Kündigung aus anderen Gründen bleibt unberührt. Individualarbeitsrechtliche Nachteile für die Arbeitnehmer der übertragenden Gesellschaft ergeben sich folglich nicht. Die Verschmelzung hat ebenfalls keine Folgen für die Arbeitnehmer der übernehmenden Gesellschaft.

(2) *[Durch die Verschmelzung ergeben sich keine tarifvertraglichen Änderungen für die Arbeitnehmer bei der übernehmenden und bei der übertragenden Gesellschaft.]*

(3) *[Bei der übertragenden Gesellschaft bestehen folgende Betriebsvereinbarungen:*

– ... vom ...;

– ... vom ....

Die vorstehenden Betriebsvereinbarungen sind der Urkunde zu Beweis- und Informationszwecken als Anlage ohne Verlesen beigefügt. Sie bleibt unverändert bestehen.]

(4) *[Die Betriebsräte der übertragenden Gesellschaft und der übernehmenden Gesellschaft bestehen weiter. Der Wechsel des Rechtsträgers des Betriebs der übertragenden Gesellschaft hat keine Auswirkungen auf dessen Identität, so dass auch die Identität des Betriebsrats der übertragenden Gesellschaft unberührt bleibt. Der Betriebsrat der übertragenden Gesellschaft bleibt bei der übernehmenden Gesellschaft weiter im Amt. Es ist in der Folgezeit ein Gesamtbetriebsrat zu errichten, da aufgrund der Verschmelzung zukünftig mehrere Betriebe bei der übernehmenden Gesellschaft bestehen werden (§ 47 Abs. 1 BetrVG).]*

(5) *[Die Verschmelzung hat keine Auswirkungen auf die Mitbestimmung. Die übertragende Gesellschaft verfügt über weniger als 500 Arbeitnehmer, so dass sie auch bisher nicht der Mitbestimmung gemäß § 1 DrittelbG unterlag. Die Anzahl der Arbeitnehmer der übernehmenden Gesellschaft nach der Verschmelzung wird ebenfalls nicht mehr als 500 Arbeitnehmer betragen, so dass auch nach der Verschmelzung die Voraussetzungen für die Mitbestimmung gemäß § 1 DrittelbG nicht vorliegen werden.]*

§ 6 Abfindungsangebot

(1) Bei der Verschmelzung eines Rechtsträgers im Wege der Aufnahme durch einen Rechtsträger anderer Rechtsform hat der übernehmende Rechtsträger jedem Anteilsinhaber, der gegen den Verschmelzungsbeschluss des übertragenden Rechtsträgers Widerspruch zur Niederschrift beim Notar erklärt, den Erwerb seiner Anteile oder Mitgliedschaften gegen eine angemessene Barabfindung anzubieten (§ 29 Abs. 1 Satz 1 UmwG). Das Gleiche gilt, wenn bei einer Verschmelzung von Rechtsträgern derselben Rechtsform die Beteiligungen an dem übernehmenden Gesellschaft Verfügungsbeschränkungen unterworfen sind (§ 29 Abs. 1 Satz 2 UmwG).

(2) Soweit ein Anteilsinhaber Widerspruch gegen den Verschmelzungsbeschluss erhebt, wird ihm folgendes Abfindungsangebot unterbreitet ....

§ 7 Auswirkungen der Verschmelzung auf Grundbuchverhältnisse

Keine der beiden Gesellschaften verfügt über Grundbesitz.

§ 8 Kosten, Gebühren und Steuern

Die Kosten dieses Vertrages und dessen Abwicklung, sowie sämtliche Gebühren und Steuern, einschließlich der Kosten der Zustimmungsbeschlüsse, trägt die übernehmende Gesellschaft.

§ 9 Hinweise

Der Notar hat die Beteiligten über den weiteren Verfahrensablauf bis zum Wirksamwerden der Verschmelzung, auf den Wirksamkeitszeitpunkt sowie die Rechtsfolgen der Verschmelzung hingewiesen, insbesondere auf Folgendes:

a) Der Verschmelzungsvertrag bedarf zu seiner Wirksamkeit der Zustimmung der Gesellschafterversammlungen beider beteiligter Rechtsträger in notarieller Form,

b) Gläubigern beider Rechtsträger ist auf Anmeldung und Glaubhaftmachung ihrer Forderung hin nach Maßgabe des § 22 UmwG Sicherheit zu leisten.

c) Der Notar hat unverzüglich nach Wirksamwerden der Verschmelzung eine neue Gesellschafterliste der aufnehmenden Gesellschaft beim Handelsregister einzureichen und diese ebenfalls der Gesellschaft zu übermitteln (§ 40 Abs. 2 GmbHG)

§ 10 Vollmacht

Die Beteiligten bevollmächtigen hiermit ... und ..., Notarangestellte, jeweils einzeln und befreit von § 181 BGB, sämtliche Erklärungen und Rechtshandlungen vorzunehmen, die im Zuge des Verschmelzungsvertrages erforderlich und zweckmäßig sind. Die Vollmacht ist jederzeit widerruflich. Dem Handelsregister gegenüber ist die Vollmacht unbeschränkt.

§ 11 Abschriften

Von dieser Urkunde erhalten:
BEGLAUBIGTE ABSCHRIFTEN
jeder Beteiligte
das Registergericht ... eine elektronisch beglaubigte
EINFACHE ABSCHRIFTEN
das Finanzamt – Körperschaftsteuerstelle –
Steuerberater

Vorgelesen vom Notar,
von dem Beteiligten genehmigt und
eigenhändig unterschrieben wie folgt

dd) Schreiben an die Betriebsräte

Schreiben an die Betriebsräte der A-GmbH und der X-GmbH & Co. KG 1132

An:

1. Betriebsrat der A-GmbH

   Herr / Frau ...

   Vorsitzende(r) des Betriebsrats

2. Betriebsrat der X-GmbH & Co. KG

   Herr / Frau ...

   Vorsitzende(r) des Betriebsrats

[3. ggf. Gesamt- und/oder Konzernbetriebsrat]

jeweils gegen Empfangsbestätigung

Verschmelzung der X-GmbH & Co. KG als übertragende Gesellschaft auf die A-GmbH als übernehmende Gesellschaft

Sehr geehrte Damen und Herren,

es ist beabsichtigt die X-GmbH & Co. KG auf die A-GmbH zu verschmelzen. Es ist beabsichtigt, dem beigefügten Entwurf des Verschmelzungsvertrags zwischen der A-GmbH als aufnehmende Gesellschaft und der X-GmbH & Co. KG als übertragende Gesellschaft in den voraussichtlich am ... stattfindenden Gesellschafterversammlungen der A-GmbH und der X-GmbH & Co. KG zuzustimmen und den Vertrag in notariell beurkundeter Form durch die Geschäftsführung der A-GmbH und X-GmbH & Co. KG abzuschließen.

Anbei übersenden wir Ihnen hiermit gemäß § 5 Abs. 3 UmwG den Entwurf des Verschmelzungsvertrags. Wir bitten Sie in diesem Zusammenhang hiermit,

1. auf die Einhaltung der Monatsfrist des § 5 Abs. 3 UmwG zu verzichten,
2. den Erhalt dieses Schreibens und der Anlage auf den beigefügten Kopien dieses Schreibens zu bestätigen und
3. die unterschriebenen Kopien dieses Schreibens an die Geschäftsleitung der A-GmbH zurück zu schicken.

Dies dient als Nachweis für die der Handelsregisteranmeldungen der Verschmelzung beizufügenden Anlagen gemäß §§ 17 Abs. 1, 16 UmwG.

[Ort, Datum]

[Geschäftsführung A-GmbH][Geschäftsführung X-GmbH & Co. KG]

Hiermit bestätigen wir, als jeweilige(r) Vorsitzende(r) des Betriebsrats, den Erhalt dieses Schreibens sowie des als Anlage beigefügten Entwurfs des Verschmelzungsvertrags und verzichten auf die Einhaltung der Monatsfrist des § 5 Abs. 3 UmwG.

[Ort, Datum] [Ort, Datum]

[Vorsitzende(r) des Betriebsrats[Vorsitzende(r) des Betriebsrats
der A-GmbH] der X-GmbH & Co. KG]

ee) Verschmelzungsbeschluss

URNr. 1133

Ref.:

Protokoll über Gesellschafterversammlungen

Heute, den ...
Zweitausend...

-...-

erschien vor mir,

...

Notar in ...,

in den Amtsräumen in ...:

Herr A, geb. am ...,

wohnhaft ...,

ausgewiesen durch Vorlage eines amtlichen Lichtbildausweises,

hier handelnd im eigenen Namen;

hier ebenfalls handelnd für die Firma

A-GmbH

mit dem Sitz in ...,

wozu ich aufgrund Einsicht in den mir vorliegenden Auszug aus dem elektronisch geführten Handelsregister des Amtsgerichts ... vom ... bescheinige, dass dort unter HRB ... die Firma A-GmbH eingetragen und Herr A als Geschäftsführer einzeln zur Vertretung dieser GmbH berechtigt ist;

hier ebenfalls handelnd für die Firma

X-GmbH

mit dem Sitz in ... in ihrer Eigenschaft als geschäftsführende Gesellschafterin der

X-GmbH & Co. KG

mit Sitz in ... eingetragen im Handelsregister des Amtsgerichts ... unter HRA ...,

wozu ich aufgrund Einsicht in den mir vorliegenden Auszug aus dem elektronisch geführten Handelsregister des Amtsgerichts ... vom ... bescheinige, dass dort unter HRB ... die Firma X-GmbH eingetragen und Herr A als Geschäftsführer einzeln zur Vertretung dieser GmbH berechtigt ist;

Auf Ansuchen des Erschienenen beurkunde ich seine vor mir abgegebenen Erklärungen gemäß was folgt:

A. Treuhandvereinbarung

(1) Im Rahmen der bevorstehenden Verschmelzung wird gemäß § 3 Abs. 1 des Verschmelzungsvertrages (URNr. ... des Notars ...) die X-GmbH einen Geschäftsanteil im Nennbetrag von *[EUR 100]* (Anteil Nr. *[150.001]*) erwerben. Zwischen der X-GmbH und Herrn A besteht Einigkeit, dass der von der X-GmbH übernommene Geschäftsanteil Nr. *[150.001]* von der X-GmbH treuhänderisch für Herrn A auf dessen Rechnung und für dessen Gefahr erworben wird.

(2) Die X-GmbH tritt hiermit den künftigen Geschäftsanteil Nr. *[150.001]* im Nennbetrag von *[EUR 100]* an Herrn A ab. Herr A nimmt die Abtretung an.

(3) Die Abtretung erfolgt unter der aufschiebenden Bedingung, dass die mit Verschmelzungsvertrag vom ... (URNr. ... des Notars ...) und der folgenden Zustimmungsbeschlüsse beschlossene Verschmelzung der X-GmbH & Co. KG und der A-GmbH im Handelsregister der A-GmbH eingetragen wird und die Abtretung eine Sekunde nach dieser Eintragung wirksam wird.

B. Gesellschafterversammlung der X-GmbH & Co. KG

Gesellschafter der X-GmbH & Co. KG mit Sitz in ... eingetragen im Handelsregister des Amtsgerichts ... unter HRA ... sind:

- als Komplementär die X-GmbH mit Sitz in ....
- Diese ist am Vermögen der Gesellschaft nicht beteiligt. *[alternativ: mit einer Kapitaleinlage von EUR ...]*
- als Kommanditist Herr A
- mit einer Haftsumme von EUR ... und einer Pflichteinlage von EUR ....

Unter Verzicht auf alle durch Gesetz oder Gesellschaftsvertrag vorgeschriebenen Formen und Fristen halten wir hiermit eine Gesellschafterversammlung der X-GmbH & Co. KG ab und beschließen einstimmig und mit allen Stimmen was folgt:

I. Zustimmung

(1) Dem Verschmelzungsvertrag vom ... zur Urkunde des amtierenden Notars URNr. ... zwischen der X-GmbH & Co. KG und der A-GmbH mit dem Sitz in ... wird hiermit zugestimmt.

(2) Eine Ausfertigung des Verschmelzungsvertrages ist dieser Niederschrift als Anlage beigefügt.

II. Verzichtserklärungen

(1) Auf die Klage gegen die Wirksamkeit des Verschmelzungsbeschlusses und des Verschmelzungsvertrages wird ausdrücklich verzichtet.

(2) Ebenso wird auf die Erstellung eines Verschmelzungsberichtes verzichtet.

(3) Eine Verschmelzungsprüfung wurde nicht verlangt. Vorsorglich wird auf die Prüfung der Verschmelzung sowie auf die Erstellung des Verschmelzungsprüfungsberichtes hiermit ausdrücklich verzichtet, sowie auf alle sonstigen Förmlichkeiten, auf die von Gesetzes wegen verzichtet werden kann.

(4) Der Notar belehrte den Erschienenen über die Unwiderruflichkeit der Verzichtserklärungen und deren Wirkungen sowie darüber, dass durch diese Erklärungen die Ausübung von Gesellschafterrechten bei der bevorstehenden Verschmelzung beeinträchtigt werden kann.

III. Unterrichtung Betriebsrat[1215]

Dem Betriebsrat der X-GmbH & Co. KG wurde der Verschmelzungsvertrag zugeleitet. *[sofern Verzicht auf Einhaltung der Frist: Er hat auf die Einhaltung der gesetzlichen Monatsfrist (§ 5 Abs. 3 UmwG) durch schriftliche Erklärung verzichtet. Die Verzichtserklärung ist dieser Urkunde in Urschrift beigefügt.]*

C. Gesellschafterversammlung der A-GmbH

Herr A ist alleiniger Gesellschafter der Firma A-GmbH mit dem Sitz in ..., eingetragen im Handelsregister des Amtsgerichts ... unter HRB ..., deren Stammkapital *[EUR 100.000]* beträgt. Die Stammeinlage ist voll einbezahlt.

Unter Verzicht auf alle durch Gesetz oder Gesellschaftsvertrag vorgeschriebenen Formen und Fristen halten wir hiermit eine Gesellschafterversammlung der A-GmbH ab und beschließen einstimmig und mit allen Stimmen was folgt:

I. Zustimmung

Dem Verschmelzungsvertrag vom ... zur Urkunde des amtierenden Notars URNr. ... zwischen der Firma A-GmbH und der X-GmbH & Co. KG mit dem Sitz in ... wird hiermit zugestimmt.

1215 Nur erforderlich, soweit Betriebsrat vorhanden.

II. Kapitalerhöhung

(1) Zur Durchführung der Verschmelzung wird das Stammkapital der Gesellschaft von *[EUR 100.000]* um *[EUR 50.100]* auf *[EUR 150.100]* erhöht, und zwar durch Bildung 50.000 neuer Geschäftsanteile im Nennbetrag von je *[EUR 1,00]* (Anteil Nr. *[100.001-150.000]*) und eines Geschäftsanteils im Nennbetrag von *[EUR 100]* (Anteil Nr. *[150.001]*).

(2) Die neuen Geschäftsanteile sind gewinnberechtigt nach Maßgabe des *[§ 3]* des Verschmelzungsvertrages. Sie werden als Gegenleistung für die Übertragung des Vermögens der übertragenden Gesellschaft im Wege der Verschmelzung an den Gesellschafter der übertragenden Gesellschaft, Herrn X, ausgegeben, und zwar die Geschäftsanteile im Nennbetrag von insgesamt *[EUR 50.100]* (Anteil Nr. *[100.001-150.001]*).

(3) § ... der Satzung der Gesellschaft wird wie folgt geändert:

„Das Stammkapital der Gesellschaft beträgt *[EUR 150.100]* - i. W. *[einhundertfünfzigtausendeinhundert]* Euro -."

III. Verzichtserklärungen

(1) Auf die Klageerhebung gegen die Wirksamkeit des Verschmelzungsbeschlusses und des Verschmelzungsvertrages sowie die weiteren heute gefassten Beschlüsse wird ausdrücklich verzichtet.

(2) Ebenso wird gemäß § 8 Abs. 3 Satz 1 UmwG auf die Erstellung eines Verschmelzungsberichtes verzichtet.

(3) Eine Verschmelzungsprüfung gemäß § 48 UmwG wurde nicht verlangt. Vorsorglich wird auf die Prüfung der Verschmelzung sowie auf die Erstellung des Verschmelzungsprüfungsberichtes hiermit ausdrücklich verzichtet, sowie auf alle sonstigen Förmlichkeiten, auf die von Gesetzes wegen verzichtet werden kann.

(4) Der Notar belehrte den Erschienenen über die Unwiderruflichkeit der Verzichtserklärungen und deren Wirkungen sowie darüber, dass durch diese Erklärungen die Ausübung von Gesellschafterrechten bei der bevorstehenden Verschmelzung beeinträchtigt werden kann.

IV. Unterrichtung Betriebsrat[1216]

Dem Betriebsrat der A-GmbH wurde der Verschmelzungsvertrag zugeleitet. *[sofern Verzicht auf Einhaltung der Frist: Er hat auf die Einhaltung der gesetzli-*

1216 Nur erforderlich, soweit Betriebsrat vorhanden.

chen Monatsfrist (§ 5 Abs. 3 UmwG) durch schriftliche Erklärung verzichtet. Die Verzichtserklärung ist dieser Urkunde in Urschrift beigefügt.]

D. Vollmacht

Die Beteiligte bevollmächtigt hiermit ... und ..., Notarangestellte, jeweils einzeln, befreit von § 181 BGB, sämtliche Erklärungen und Rechtshandlungen vorzunehmen, die bei Vollzug der vorstehenden Beschlüsse erforderlich oder zweckmäßig sind. Die Vollmacht ist jederzeit widerruflich. Dem Handelsregister gegenüber ist die Vollmacht unbeschränkt.

E. Kosten, Abschriften

Die Kosten dieser Urkunde trägt ....

Von dieser Urkunde erhalten:
BEGLAUBIGTE ABSCHRIFTEN
die Beteiligten
das Registergericht ... eine elektronisch beglaubigte
EINFACHE ABSCHRIFTEN
das Finanzamt – Körperschaftsteuerstelle –
Steuerberater

Vorgelesen vom Notar,
von dem Beteiligten genehmigt und
eigenhändig unterschrieben wie folgt:

[-Unterschriften der Beteiligten-]

ff) Handelsregisteranmeldung der übernehmenden Gesellschaft

1134 An das Amtsgericht …
– Handelsregister –

A-GmbH mit Sitz in …, HRB …

I. Zur Eintragung in das Handelsregister melde ich, Herr A, alleinvertretungsberechtigter Geschäftsführer der A-GmbH mit Sitz in … an:

1. Die X-GmbH & Co. KG mit Sitz in … (Amtsgericht … HRA …) ist aufgrund des Verschmelzungsvertrags vom … (URNr. … des Notars …) und der Beschlüsse der Gesellschafterversammlungen der X-GmbH & Co. KG und der A-GmbH vom … (URNr. … des Notars …) mit der A-GmbH durch Aufnahme verschmolzen worden.

2. Das Stammkapital der Gesellschaft wurde im Zuge der Durchführung der Verschmelzung von *[EUR 100.000]* um *[EUR 50.100]* auf *[EUR 150.100]* erhöht. § … des Gesellschaftsvertrags wurde entsprechend geändert.

3. Auf die Klageerhebung gegen die Wirksamkeit des Verschmelzungsbeschlusses und des Verschmelzungsvertrages wurde in den Verschmelzungsbeschlüssen der übertragenden und der aufnehmenden Gesellschaft verzichtet (§ 16 Abs. 2 Satz 1 UmwG).

4. Die Firma der A-GmbH wird unverändert fortgesetzt.

II. Als Anlagen überreiche ich:

1. Notariell beglaubigte Abschrift des Verschmelzungsvertrags vom … (URNr. … des Notars …);

2. Notariell beglaubigte Abschrift der Niederschriften der Gesellschafterversammlungen nebst Anlagen vom … (URNr. … des Notars …) der A-GmbH und der X-GmbH & Co. KG;

3. Von den Anmeldenden unterschriebene Liste der Personen, welche die neuen Stammeinlagen übernommen haben (§ 57 Abs. 3 Nr. 2 GmbHG);

4. Berichtigte und unterschriebene Gesellschafterliste (§ 52 Abs. 2 UmwG);

5. Vollständiger Wortlaut des Gesellschaftsvertrags mit Bescheinigung des Notars (§ 54 Abs. 1 Satz 2 GmbHG);

6. Gemeinsames Schreiben der Betriebsräte der A-GmbH und der X-GmbH & Co. KG über die rechtzeitige *[bzw. unter Verzicht auf die Rechtzeitig-*

keit] Zuleitung des *[Entwurfs des]* Verschmelzungsvertrags an die Betriebsräte der A-GmbH und der X-GmbH & Co. KG (§ 17 Abs. 1 UmwG).

Ich bitte im Hinblick auf § 53 UmwG, zunächst nur die Kapitalerhöhung einzutragen. Ein beglaubigter Handelsregisterauszug der X-GmbH & Co. KG mit Sitz in ... (Amtsgericht ... HRA ...), aus dem sich die Eintragung der Verschmelzung in das Handelsregister der X-GmbH & Co. KG ergibt, wird nachgereicht.

Nach Vollzug der Eintragung der Kapitalerhöhung und nach Vollzug der Eintragung der Verschmelzung bitte ich jeweils um

- Eintragungsnachricht an die A-GmbH und an den beglaubigenden Notar sowie um
- Übermittlung von zwei beglaubigten Handelsregisterauszügen an die A-GmbH und
- eines beglaubigten Handelsregisterauszugs an den beglaubigenden Notar.

[Unterschrift Herr A (Geschäftsführer A-GmbH)]

[Beglaubigung Notar]

gg) Handelsregisteranmeldung der übertragenden Gesellschaft

1135 An das Amtsgericht …
– Handelsregister –

X-GmbH & Co. KG mit Sitz in …, HRA …

I. Gemäß § 16 Abs. 1 Satz 2 UmwG melde ich, Herr A, alleinvertretungsberechtigter Geschäftsführer der A-GmbH mit Sitz in … als Vertretungsorgan des übernehmenden Rechtsträgers die Verschmelzung der X-GmbH & Co. KG auf die A-GmbH zur Eintragung in das Register des Sitzes der X-GmbH & Co. KG als übertragender Rechtsträger an:

Die X-GmbH & Co. KG mit Sitz in … (Amtsgericht … HRA …) ist aufgrund des Verschmelzungsvertrags vom … (URNr. … des Notars …) und der Beschlüsse der Gesellschafterversammlungen der X-GmbH & Co. KG und der A-GmbH vom … (URNr. … des Notars …) mit der A-GmbH mit Sitz in … (Amtsgericht … HRB …) durch Aufnahme verschmolzen worden (§ 2 Nr. 1 UmwG).

Auf die Klageerhebung gegen die Wirksamkeit des Verschmelzungsbeschlusses und des Verschmelzungsvertrages wurde in den Verschmelzungsbeschlüssen der übertragenden und der aufnehmenden Gesellschaft verzichtet (§ 16 Abs. 2 Satz 1 UmwG).

II. Als Anlagen überreiche ich:

1. Notariell beglaubigte Abschrift des Verschmelzungsvertrags vom … (URNr. … des Notars …);

2. Notariell beglaubigte Abschrift der Niederschriften der Gesellschafterversammlungen nebst Anlagen vom … (URNr. … des Notars …) der A-GmbH und der X-GmbH & Co. KG;

3. Die von sämtlichen geschäftsführenden Gesellschaftern unterzeichnete Schlussbilanz der X-GmbH & Co. KG zum 31. 12. … mit Anhang, versehen mit uneingeschränktem Bestätigungsvermerk der … Wirtschaftsprüfungsgesellschaft vom …;

4. Gemeinsames Schreiben der Betriebsräte der A-GmbH und der X-GmbH & Co. KG über die rechtzeitige *[bzw. unter Verzicht auf die Rechtzeitigkeit]* Zuleitung des *[Entwurfs des]* Verschmelzungsvertrags an die Betriebsräte der A-GmbH und der X-GmbH & Co. KG (§ 17 Abs. 1 UmwG).

Nach Vollzug der Eintragung der Verschmelzung bitte ich jeweils um

- Eintragungsnachricht an die A-GmbH und an den beglaubigenden Notar sowie um
- Übermittlung je eines beglaubigten Handelsregisterauszugs an die A-GmbH und den beglaubigenden Notar.

[Unterschrift Herr A (Geschäftsführer A-GmbH)]

[Beglaubigung Notar]

hh) Liste der Übernehmer

1136 Liste der Übernehmer

der A-GmbH mit Sitz in ... eingetragen im Handelsregister des Amtsgerichts ... unter HRB ... mit den Nennbeträgen der übernommenen Geschäftsanteile:

Nr. des Geschäftsanteils	Vor- u. Nachname / Firma des Gesellschafters	Geburtsdatum	Wohnort / Sitz des Gesellschafters	Nennbetrag des Geschäftsanteils (EUR)
100.001-150.000	A			je 1,00
150.001	X-GmbH			100

[Ort, Datum]

[Unterschrift Notar, Unterschrift Geschäftsführer]

ii) Liste der Gesellschafter

1137 Liste der Gesellschafter der A-GmbH

mit Sitz in ..., eingetragen im Handelsregister des Amtsgerichts ... unter HRB ....

Nr. des Geschäftsanteils	Vor- u. Nachname / Firma des Gesellschafters	Geburtsdatum	Wohnort / Sitz des Gesellschafters	Nennbetrag des Geschäftsanteils (EUR)	Gesamtbeteiligung des Gesellschafters am Stammkapital in Prozent
1-100.000	A			je 1,00	66,66
100.001-150.000	A			je 1,00	33,33
150.001	A			100	0,01
Stammkapital (EUR)				150 100	

[Ort, Datum]

[Unterschrift Notar, Unterschrift Geschäftsführer]

jj) Antrag Buchwertfortführung

[Briefbogen A-GmbH] 1138

An das
[Finanzamt der A-GmbH]

Steuernummer …
A-GmbH (Amtsgericht …, HRB …)
Antrag auf Buchwertansatz gemäß § 20 Abs. 2 Satz 2 UmwStG i. Z. m. der Verschmelzung

[ggf.: Antrag auf steuerliche Rückwirkung der Verschmelzung gemäß § 20 Abs. 5 und 6 UmwStG]

Sehr geehrte Damen und Herren,

mit notarieller Urkunde vom … (URNr. … des Notars … in …) und mit steuerlicher Wirkung zum 31.12. … (steuerlicher Übertragungsstichtag) wurde die X-GmbH & Co. KG mit Sitz in …, eingetragen im Handelsregister des Amtsgerichts … unter HRA … auf die A-GmbH mit Sitz in …, eingetragen im Handelsregister des Amtsgerichts … unter HRB … durch Aufnahme verschmolzen (§ 2 Nr. 1 UmwG).

I.

In Ausübung des entsprechenden Wahlrechts (§ 20 Abs. 2 Satz 2 UmwStG) werden die auf den aufnehmenden Rechtsträger übergehenden Wirtschaftsgüter in der steuerlichen Schlussbilanz des übertragenden Rechtsträgers (X-GmbH & Co. KG, Amtsgericht …, HRA …) einheitlich mit den bisherigen Buchwerten angesetzt.

Hiermit stellt die A-GmbH (Amtsgericht …, HRB …) hinsichtlich der übertragenen Wirtschaftsgüter den

Antrag auf Fortführung der Buchwerte.

Die entsprechenden Bilanzen werden zusammen mit der Steuererklärung eingereicht.[1217]

1217 Der Steuererklärung könnte höchstvorsorglich als Anlage eine Erklärung beigefügt werden, dass die Steuerbilanz der steuerlichen Schlussbilanz i. S. d. § 20 UmwStG entspricht; vgl. Tz. 03.01, 03.29, 20.21 UmwStE. Der Antrag auf Buch- oder Zwischenwertansatz ist von der übernehmenden Gesellschaft spätestens bis zur erstmaligen Abgabe ihrer steuerlichen Schlussbilanz, in der das übernommene Betriebsvermögen erstmals anzusetzen ist, bei dem für sie für die Besteuerung örtlich zuständigen Finanzamt zu stellen.

Wir bestätigen zudem, dass

1. sichergestellt ist, dass das eingebrachte Betriebsvermögen bei der übernehmenden Körperschaft (A-GmbH mit Sitz in …, Amtsgericht …, HRB …) der Besteuerung mit Körperschaftsteuer unterliegt,
2. die Passivposten des eingebrachten Betriebsvermögens die Aktivposten nicht übersteigen;
3. das Recht der Bundesrepublik Deutschland hinsichtlich der Besteuerung des Gewinns aus der Veräußerung des eingebrachten Betriebsvermögens bei der übernehmenden Gesellschaft (A-GmbH mit Sitz in …, Amtsgericht …, HRB …) nicht ausgeschlossen oder beschränkt wird.

II.

Hiermit stellt die A-GmbH (Amtsgericht …, HRB …) den

Antrag auf steuerliche Rückwirkung

der Verschmelzung zum 31.12. … gemäß § 20 Abs. 5 und 6 UmwStG.

Mit freundlichen Grüßen

[Unterschrift Geschäftsführung A-GmbH]

kk) Nachweis nach § 22 Abs. 3 UmwStG (Sieben-Jahres-Frist)

[Briefbogen Herr A] 1139

An das
[Finanzamt Herr A]

[Datum]

Steuernummer …
Herr A

Erfüllung der Meldepflicht nach § 22 Abs. 3, Abs. 1 UmwStG für sperrfristbehaftete Anteile zum Meldestichtag 31.5. …

Sehr geehrte Damen und Herren,

durch einen Vorgang i. S. d. § 20 UmwStG wurde die X-GmbH & Co. KG mit Sitz in … eingetragen im Handelsregister des Amtsgerichts … unter HRA …, Steuernummer … beim Finanzamt …, mit steuerlicher Wirkung zum 31.12. … auf die A-GmbH mit Sitz in … eingetragen im Handelsregister des Amtsgerichts … unter HRB …, Steuernummer … beim Finanzamt …, verschmolzen. Herr A (Einbringender) erhielt als Gegenleistung für die untergehende Beteiligung an der X-GmbH & Co. KG Geschäftsanteile an der übernehmenden Gesellschaft in Höhe eines Anteils am Nennkapital von insgesamt *[EUR 50.100]* (Geschäftsanteil Nr. *[100.001-150.001])*.

Nach § 22 Abs. 3 UmwStG hat der Einbringende in den dem Einbringungszeitpunkt folgenden sieben Jahren jährlich bis zum 31.5. den Nachweis darüber zu erbringen, wem mit Ablauf des Tages, der dem maßgeblichen Einbringungszeitpunkt entspricht, die ausschlussbefristeten Anteile zuzurechnen sind.

Die Meldepflicht wird mit diesem Schreiben auf den oben genannten Meldestichtag erfüllt:

Erklärung

Gemäß Tz. 22.30 UmwStE vom 2.1.2025, erkläre ich hiermit, dass die vorgenannten Anteile seit dem Einbringungszeitpunkt bis zum *[Datum des relevanten Jahrestages]* ununterbrochen mir als wirtschaftlichem Eigentümer zuzurechnen sind.

Entsprechend den weiteren Ausführungen des BMF-Schreibens ist in der Anlage eine Bestätigung der übernehmenden Gesellschaft (A-GmbH, Amtsgericht ..., HRB ...) über die Gesellschafterstellung beigefügt.[1218]

Mit freundlichen Grüßen

[Ort, Datum]

[Unterschrift Herr A]

Anlage zum Schreiben betreffend die Erfüllung der Meldepflicht nach § 22 Abs. 3 UmwStG des Herrn A vom *[Datum]*

Bestätigung

Durch einen Vorgang i. S. d. § 20 UmwStG wurde die X-GmbH & Co. KG mit Sitz in ... eingetragen im Handelsregister des Amtsgerichts ... unter HRA ..., Steuernummer ... beim Finanzamt ..., mit steuerlicher Wirkung zum 31.12. ... auf die A-GmbH mit Sitz in ... eingetragen im Handelsregister des Amtsgerichts ... unter HRB ..., Steuernummer ... beim Finanzamt ..., verschmolzen. Herr A (Einbringender) erhielt als Gegenleistung für die untergehende Beteiligung an der X-GmbH & Co. KG Geschäftsanteile an der übernehmenden Gesellschaft in Höhe eines Anteils am Nennkapital von insgesamt *[EUR 50.100]* (Geschäftsanteil Nr. *[100.001-150.001]*).

Die übernehmende Gesellschaft bestätigt hiermit das ununterbrochene Bestehen der vorgenannten Gesellschafterstellung seit dem Einbringungszeitpunkt bis zum *[Datum des relevanten Jahrestages]*.

[Ort, Datum]

[Unterschrift Geschäftsführer A-GmbH]

1218 Nachweis über Gesellschafterliste genauso möglich, Tz. 22.31 UmwStE.

2. Spaltungen

a) Abspaltung aus GmbH & Co. KG auf GmbH (Abspaltung zur Aufnahme)

aa) Ausgangskonstellation

1140

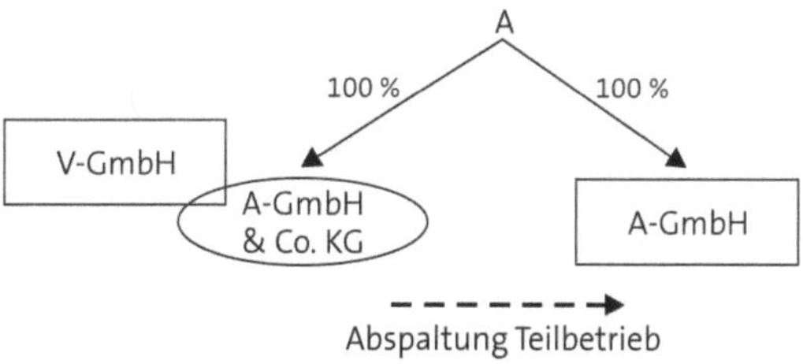

- Abspaltung eines Teilbetriebs aus einer Kommanditgesellschaft auf eine bestehende GmbH (Abspaltung zur Aufnahme nach § 123 Abs. 2 Nr. 1 UmwG)
- Unternehmensinterne Umstrukturierung
- Die A-GmbH & Co. KG ist eine Einheitsgesellschaft
- Natürliche Person hält 100 % der Anteile an der übertragenden und der übernehmenden Gesellschaft
- Übertragende und übernehmende Gesellschaft sind Schwestergesellschaften
- Kapitalerhöhung bei der aufnehmenden Gesellschaft zur Gewährung neuer Anteile
- Abspaltung erfolgt steuerlich zu Buchwerten (§ 20 UmwStG)
- Verzicht auf Abspaltungsprüfung und -bericht

bb) Fahrplan

Vorbereitungsphase 1141

- Entwurf des Abspaltungsvertrages
- Entwurf der Zustimmungsbeschlüsse
- Entwurf der Anträge auf Eintragung der Abspaltung
- Erstellen der Anlagen zum Abspaltungsvertrag (Auflistung der zu übertragenden Wirtschaftsgüter)
- Information der Arbeitnehmer

- *[ggf. Information der Betriebsräte]*
- Erstellen der Spaltungsbilanz der übertragenden Gesellschaft zum 31.12. ....
- Erstellen des Sachkapitalerhöhungsberichts (z. T. gefordert von Registergerichten; nach h. M. nicht erforderlich)[1219]
- Vorbereitung der Gesellschafterversammlungen in der die Zustimmungsbeschlüsse gefasst werden
- Ladung zur Gesellschafterversammlung nach Satzung/Gesetz [*ggf. Verzicht bei Vollversammlung und Einstimmigkeit*]

Beschlussphase

- Abschluss des Abspaltungsvertrages
- Zustimmung der Gesellschafterversammlungen durch Abspaltungsbeschluss
- Anmeldung der Abspaltung zum Handelsregister

Vollzugsphase

- Eintragung der Abspaltung im Handelsregister
- Übersendung des Abspaltungsvertrages an das Finanzamt
- Unterrichtung der Sozialversicherungsträger über den möglichen Übergang der Arbeitsverhältnisse
- Unterrichtung der Gewerbeaufsicht über die Umwandlung
- Antrag der übernehmenden Gesellschaft auf Buchwertfortführung *[und ggf. Antrag auf steuerliche Rückwirkung der Abspaltung (§ 20 Abs. 5 und 6 UmwStG)]* bei ihrem Finanzamt
- Information der Vertragspartner über die Abspaltung

1219 Vgl. Schmitt/Hörtnagl, UmwG UmwStG, § 138 UmwG Rz. 3; Widmann/Mayer, Umwandlungsrecht, § 138 UmwG Rz. 2.1; Kallmeyer, UmwG, § 138 Rz. 3; einige Registergerichte bestehen jedoch auf der Einreichung eines Sacherhöhungsberichts bei Spaltungen zur Aufnahme. **Beratungshinweis**: Nach BFH und Finanzverwaltung liegt aus gesellschaftsrechtlicher Sicht eine Bargründung bzw. -kapitalerhöhung vor, wenn die Kapitalerhöhung gegen Bareinlage erfolgt und die **Einbringung eines Betriebs, Teilbetriebs oder Mitunternehmeranteils als Agio** zu leisten ist, BFH v. 7.4.2010 - I R 55/09, BStBl 2010 II S. 1094; Tz. 01.44 am Ende UmwStE. Gleichwohl liegen nach Auffassung des BFH und der Finanzverwaltung die Voraussetzungen des § 20 UmwStG bei dieser Gestaltung vor.

- Umstellung der Organisation, Buchführung, Lohn- und Gehaltsabrechnung auf neue Verhältnisse
- Siebenjährige Nachweispflicht gemäß § 22 UmwStG
- *[ggf. Berichtigung Grundbücher]*
- *[ggf. Berichtigung Patentregister etc.]*
- *[ggf. Berichtigung KFZ-Briefe]*

cc) Abspaltungsvertrag

1142 URNr.

Abspaltungsvertrag

Heute, den …
Zweitausend…

- … -

ist vor mir,

…

Notar in …,

in den Amtsräumen in …,

anwesend:

1. Herr A, geboren am …,

   wohnhaft …,

   ausgewiesen durch Vorlage seines amtlichen Lichtbildausweises,

   hier handelnd für die Firma

   A-GmbH

   mit dem Sitz in … als deren einzelvertretungsberechtigter Geschäftsführer,

   und für die Firma

   V-GmbH

   mit dem Sitz in … als deren einzelvertretungsberechtigter Geschäftsführer und diese wiederum handelnd in ihrer Eigenschaft als Komplementärin der A-GmbH & Co. KG mit Sitz in … eingetragen im Handelsregister des Amtsgerichts … unter HRA …

Aufgrund Einsicht in die mir vorliegenden Auszüge aus dem elektronisch geführten Handelsregister des Amtsgerichts … vom … bescheinige ich hiermit, dass dort

1. unter HRB … die Firma A-GmbH mit dem Sitz in … eingetragen und Herr A als Geschäftsführer einzeln zur Vertretung dieser GmbH berechtigt ist;
2. unter HRA … die Firma A-GmbH & Co. KG mit dem Sitz in … eingetragen und die V-GmbH & Co. KG als alleinige vertretungsberechtigt Gesellschafterin (Komplementärin) eingetragen ist und

3. unter HRB … die Firma V-GmbH mit dem Sitz in … eingetragen und Herr A als Geschäftsführer einzeln zur Vertretung dieser GmbH berechtigt ist.

Der Geschäftsführer ist von den Beschränkungen des § 181 BGB befreit.

Auf Ansuchen des Erschienenen beurkunde ich seine vor mir abgegebenen Erklärungen gemäß was folgt:

Präambel

Das Stammkapital der Firma A-GmbH mit Sitz in … eingetragen im Handelsregister des Amtsgerichts … unter HRB … (nachfolgend „A-GmbH" genannt) beträgt [EUR 50.000]. Das Stammkapital ist vollständig eingezahlt. Herr A ist alleiniger Gesellschafter der A-GmbH mit einem Geschäftsanteil Nr. *[1]* mit einem Nennbetrag von *[EUR 50.000]*.

Gesellschafter der A-GmbH & Co. KG mit Sitz in … eingetragen im Handelsregister des Amtsgerichts … unter HRA … sind

- Als Komplementärin die V-GmbH mit Sitz in …

  Diese ist am Vermögen der Gesellschaft nicht beteiligt. *[alternativ: mit einer Kapitaleinlage von EUR …]*

- Als Kommanditist Herr A

  mit einer Haftsumme von *[EUR 50.000]* und einer Pflichteinlage von *[EUR 50.000]*.

Im Zuge umfassender Umstrukturierungsmaßnahmen beabsichtigt die A-GmbH & Co. KG zum Zwecke … *[Beschreibung]* ihren Teilbetrieb … *[Beschreibung]* auf die A-GmbH abzuspalten. Die Abspaltung soll im Wege der Abspaltung zur Aufnahme nach § 123 Abs. 2 Nr. 1 UmwG erfolgen.

Die Erschienenen ließen sodann folgenden

Abspaltungsvertrag

beurkunden und erklärten, handelnd wie angegeben:

§ 1 Beteiligte Rechtsträger, Abspaltung

(1) An der Abspaltung sind beteiligt die A-GmbH & Co. KG mit Sitz in … als übertragender Rechtsträger und die A-GmbH mit Sitz in … als übernehmender Rechtsträger.

(2) Die A-GmbH & Co. KG überträgt hiermit ihren Teilbetrieb … als Gesamtheit mit den nachfolgend in § 2 dieses Vertrages und in den dort genannten Anlagen bezeichneten Aktiva und Passiva auf die A-GmbH, und zwar im Wege der Abspaltung zur Aufnahme nach § 123 Abs. 2 Nr. 1 UmwG. Die

Übertragung erfolgt gegen Gewährung eines neuen Geschäftsanteils an der übernehmenden Gesellschaft an den Gesellschafter der übertragenden Gesellschaft.

§ 2 Vermögensübertragung

(1) Die A-GmbH & Co. KG überträgt den von ihr unterhaltenen Teilbetrieb ... auf die A-GmbH mit allen Aktiven und Passiven. Die Abspaltung erfolgt auf der Basis der festgestellten und vom zuständigen Abschlussprüfer testierten Spaltungsbilanz zum 31.12. .... Diese Spaltungsbilanz ist Bestandteil dieses Abspaltungsvertrages. Sie ist als **Anlage 1** dieser Urkunde als wesentlicher Bestandteil beigefügt, auf sie wird nach §§ 9, 14 Abs. 1 BeurkG verwiesen. Die Beteiligten haben auf das Vorlesen verzichtet. Stattdessen wurden ihnen die Anlage 1 zur Durchsicht vorgelegt, von ihnen genehmigt und unterschrieben.

(2) Im Einzelnen sind folgende Vermögensgegenstände Bestandteil des Teilbetriebes ... und werden im Rahmen der Abspaltung auf die A-GmbH übertragen. Von der Abspaltung werden sämtliche zum Abspaltungsstichtag vorhanden Vermögensgegenstände und Schulden des Teilbetriebes mit allen Rechten und Pflichten sowie die ausschließlich diesem Teilbetrieb zuzuordnenden Rechtsbeziehungen, insbesondere Vertragsverhältnisse, nach näherer Maßgabe der nachfolgenden Bestimmungen erfasst, gleich ob sie bilanziert sind oder nicht. Insbesondere handelt es sich um folgende Vermögensgegenstände und Schulden, die dem Teilbetrieb mit allen Rechten und Pflichten zuzuordnen sind:

a) Anlage- und Umlaufvermögen:

Sämtliche zum Anlage- und Umlaufvermögen gehörenden beweglichen Gegenstände des Teilbetriebs ..., also alle dem Teilbetrieb ... zuzurechnenden beweglichen Gegenstände, technischen Anlagen und Maschinen, Kfz-, Betriebs- und Geschäftsausstattung, geringwertige Wirtschaftsgüter, Zubehör und Ersatzteile, EDV-Hardware, Software, geleistete Anzahlungen und Anlagen im Bau, sowie sämtliche zum Teilbetrieb ... gehörenden Gegenstände des Umlaufvermögens. Soweit die A-GmbH & Co. KG Eigentum oder Miteigentum an diesen Gegenständen hat oder diese künftig erwirbt, wird das Eigentum oder Miteigentum übertragen; soweit die A-GmbH & Co. KG Anwartschaftsrechte auf Eigentumserwerb an dem ihr unter Eigentumsvorbehalt gelieferten beweglichen Vermögen hat, überträgt sie hiermit der A-GmbH diese Anwartschaftsrechte. Die wichtigsten beweglichen Vermögensgegenstände, insbesondere Software, Einrichtungen und geringwertige Wirtschaftsgüter sind in der **Anlage 2** aufgeführt, ohne jedoch auf die genannten Anlagen und Einrichtungen beschränkt zu sein.

b) Forderungen:

Sämtliche Forderungen, die dem Teilbetrieb ... zuzuordnen sind, insbesondere Forderungen aus Lieferung und Leistung und *[ggf. weitere Aufzählung]*. Die Forderungen sind in der **Anlage 3** aufgeführt. Soweit Forderungen in dieser Anlage nicht aufgeführt sind, werden sie dennoch übertragen, wenn und soweit sie dem Teilbetrieb ... zuzuordnen sind.

c) Bankguthaben:

Sämtliche dem Teilbetrieb zuzuordnen Bankguthaben bei allen Banken, Kreditinstituten und sonstigen Einrichtungen mit ihrem jeweiligen zum Stichtag ausgewiesenen Bestand. Die Kreditinstitute und Einrichtungen sowie die betroffenen Bankkonten und die jeweilige Höhe des Bankguthabens sind in **Anlage 4** aufgeführt.

d) Vertragsverhältnisse:

Alle dem Teilbetrieb zuzuordnenden Verträge, insbesondere Leasing-, Miet-, Kauf-, Dienst-, Werk-, Beratungs-, Darlehens-, Versorgungs-, Versicherungs-, Finanzierungsverträge, sowie Angebote und sonstige Rechtsstellungen zivilrechtlicher oder öffentlich-rechtlicher Art. Die Verträge sind in **Anlage 5** beschrieben. Soweit Verträge und Vertragsverhältnisse in dieser Anlage nicht aufgeführt sind, werden sie dennoch übertragen, wenn und soweit sie den Teilbetrieb betreffen oder ihm zuzuordnen sind.

e) Arbeitsverhältnisse:

Sämtliche dem Teilbetrieb ... zuzuordnenden Arbeitsverhältnisse einschließlich eventuell bestehender Verpflichtungen der betrieblichen Altersvorsorge um Zusage, Rückdeckungsversicherung im betrieblichen Versorgungsinteresse und sonstigen Zusagen mit Versorgungscharakter gehen nach § 613a BGB auf die aufnehmende Gesellschaft über. Die Arbeitnehmer werden bei der aufnehmenden Gesellschaft zu gleichen Konditionen beschäftigt. Sollten einzelne Arbeitnehmer dem Übergang ihres Arbeitsverhältnisses widersprechen, so ist die A-GmbH verpflichtet, der A-GmbH & Co. KG alle dadurch entstehenden Kosten zu ersetzen. Die A-GmbH wird außerdem die A-GmbH & Co. KG von allen Ansprüchen aus den Arbeitsverhältnissen und den damit zusammen verbundenen Zusagen der betrieblichen Altersvorsorge und Zusagen mit

Versorgungscharakter freistellen. Die übergehenden Arbeitsverhältnisse sind in **Anlage 6** zu diesem Vertrag aufgeführt.

f) Steuern:

Sämtliche dem Teilbetrieb ... zuzuordnenden Forderungen, Verbindlichkeiten und Rückstellungen gegenüber dem Finanzamt betreffend Körperschaftsteuer und Solidaritätszuschlag, Gewerbesteuer, Umsatzsteuer, Kfz-Steuer, Grundsteuer, Kapitalertragsteuer, Lohn- und Kirchensteuer, Zinsabschlagsteuer.

g) Verbindlichkeiten:

Sämtliche zum Teilbetrieb ... gehörenden und zuzuordnenden Verbindlichkeiten der A-GmbH & Co. KG, also sämtliche Schulden, Verbindlichkeiten, Rückstellungen sowie Verlustrisiko aus schwebenden Geschäften. Die Verbindlichkeiten sind in **Anlage 7** zu diesem Vertrag aufgeführt.

h) Sonstiges:

Sowie alle sonstigen in den als **Anlage 8** aufgeführten Vermögenspositionen.

(3) Für sämtliche unter Absatz 2 beschriebenen Aktiva und Passiva gilt, dass die Übertragung im Wege der Abspaltung alle Wirtschaftsgüter, Gegenstände, materiellen und immateriellen Rechte, Verbindlichkeiten, Rechtsbeziehungen erfasst, die dem Teilbetrieb ... dienen oder zu dienen bestimmt sind oder sonst den Teilbetrieb betreffen oder ihm wirtschaftlich zuzurechnen sind, unabhängig davon, ob die Vermögensposition bilanzierungsfähig ist oder nicht. Die Übertragung erfolgt auch unabhängig davon, ob der Vermögensgegenstand in den Anlagen 1 – 8 aufgeführt ist.

(4) Sollten die zu übertragenden Rechtspositionen des Aktiv- oder Passivvermögens bis zum Wirksamwerden der Abspaltung im regelmäßigen Geschäftsgang veräußert worden sein, so werden die an ihrer Stelle getretenen vorhandenen Surrogate übertragen. Übertragen werden auch die bis zum Wirksamwerden der Abspaltung erworbenen Gegenstände des Aktiv- oder Passivvermögens, soweit sie zum übertragenen Teilbetrieb gehören.

(5) Bei Zweifelsfällen, die auch durch Auslegung dieses Vertrages nicht zu klären sind, gilt, dass Vermögensgegenstände, Verbindlichkeiten, Verträge und Rechtspositionen, die nach obigen Regeln nicht zugeordnet werden können, bei der übertragenden Gesellschaft verbleiben. In diesen Fällen ist die A-GmbH & Co. KG berechtigt nach § 315 BGB eine Zuordnung nach ih-

rem Ermessen unter Berücksichtigung der wirtschaftlichen Zugehörigkeit vorzunehmen.

(6) Soweit bilanzierte und nicht bilanzierte Vermögensgegenstände und Schulden in die Rechtsbeziehungen, die dem Teilbetrieb ... wirtschaftlich zuzuordnen sind, nicht schon kraft Gesetzes mit der Eintragung der Abspaltung in das Handelsregister der übertragenden Gesellschaft auf die übernehmende Gesellschaft übergehen, wird die übertragende Gesellschaft diese Vermögensgegenstände oder Schulden sowie die Rechtsbeziehungen auf die übernehmende Gesellschaft übertragen. Ist die Übertragung im Außenverhältnis nicht oder nur mit unverhältnismäßigem Aufwand möglich oder unzweckmäßig, werden sich die beteiligten Gesellschaften im Innenverhältnis so stellen, wie sie stehen würden, wenn die Übertragung der Vermögensgegenstände und Passiva bzw. Rechtsbeziehungen auch im Außenverhältnis mit Wirkung zum Vollzug dabei erfolgt wäre. Wird die übertragende Gesellschaft aus Verbindlichkeiten in Anspruch genommen, die der aufnehmenden zuzuordnen sind, ist diese zur Freistellung verpflichtet oder hat Ausgleich zu leisten.

(7) Auf die Anlagen 1 – 8, die dieser Urkunde als wesentlicher Bestandteil beigefügt sind, wird gemäß § 14 Abs. 1 BeurkG verwiesen. Die Beteiligten haben auf das Vorlesen verzichtet, statt dessen wurden ihnen die Anlagen 1 – 8 zur Kenntnisnahme vorgelegt, sie wurden von ihnen genehmigt und nach § 14 BeurkG unterschrieben.

(8) Soweit für die Übertragung von bestimmten Gegenständen die Zustimmung eines Dritten, einer öffentlich-rechtlichen Genehmigung oder eine Registrierung erforderlich ist, werden sich die übertragende und die übernehmende Gesellschaft bemühen, die Zustimmung, Genehmigung oder Registrierung beizubringen. Falls dies nicht oder nur mit unverhältnismäßig hohem Aufwand möglich sein würde, werden sich die übertragende und die übernehmende Gesellschaft im Innenverhältnis so stellen, als wäre die Übertragung der Gegenstände des ausgegliederten Vermögens mit Wirkung zum Vollzugsdatum erfolgt.

(9) Die A-GmbH & Co. KG und die A-GmbH bewilligen die Abspaltung und beantragen die Eintragung in den Handelsregistern der beiden Gesellschaften.

§ 3 Gegenleistung

(1) Die A-GmbH gewährt dem Gesellschafter der A-GmbH & Co. KG als Gegenleistung einen Geschäftsanteil i. H. v. *[EUR 50.000]*.

(2) Zur Durchführung der Abspaltung wird die A-GmbH ihr derzeitiges Stammkapital von *[EUR 50.000]* um *[EUR 50.000]* auf *[EUR 100.000]* erhöhen, und zwar durch Bildung eines neuen Geschäftsanteils im Nennbetrag von *[EUR 50.000]* (Geschäftsanteil Nr. *[2]*).

(3) Der dem Gesellschafter der A-GmbH & Co. KG gewährte Geschäftsanteil ist ab dem Abspaltungsstichtag gewinnbezugsberechtigt. Er ist mit keinen Besonderheiten ausgestattet.

(4) Bare Zuzahlungen werden nicht geleistet.

(5) Soweit der Wert des übertragenen Nettovermögens den Nennbetrag der dafür gewährten Geschäftsanteile übersteigt, wird der Differenzbetrag in die Kapitalrücklage der aufnehmenden Gesellschaft eingestellt. Eine Vergütung für den Differenzbetrag wird nicht geschuldet. Die übernehmende Gesellschaft ist verpflichtet die steuerlichen Buchwerte der übertragenden Gesellschaft fortzuführen.

§ 4 Abspaltungsstichtag, Bilanz, steuerrechtliche Bilanzierung

(1) Die Spaltung erfolgt zum 1. 1. ... (Spaltungsstichtag).

(2) Die Übernahme des vorbezeichneten Vermögens der A-GmbH & Co. KG erfolgt im Innenverhältnis mit Wirkung zum Ablauf des 31.12. ... 24:00 Uhr. Vom 1.1. ... 0:00 Uhr an gelten alle Handlungen und Geschäfte der A-GmbH & Co. KG, die das übertragene Vermögen betreffen, als für Rechnung der A-GmbH vorgenommen.

(3) Der Abspaltung wird die festgestellte und mit dem uneingeschränkten Bestätigungsvermerk der ... Wirtschaftsprüfungsgesellschaft ... versehene Bilanz der übertragenden Gesellschaft zum 31.12. ... zu Grunde gelegt („Schlussbilanz“)

(4) Die A-GmbH ist verpflichtet, die steuerlichen Buchwerte der A-GmbH & Co. KG fortzuführen, soweit sie das auf sie übertragene Vermögen betreffen. Die Parteien verpflichten sich, alle hierzu erforderlichen Anträge (insbesondere Antrag auf Buchwertfortführung) zu stellen sowie die weiteren steuerlichen Pflichten (Nachweispflichten nach § 22 Abs. 3 UmwStG im steuerlichen Überwachungszeitraum von sieben Jahren) zu erfüllen und an allen hierzu erforderlichen Maßnahmen zusammenzuwirken. Die A-GmbH stellt hiermit den Antrag auf Buchwertfortführung (§ 20 Abs. 2 Satz 2 UmwStG).

§ 5 Besondere Rechte, besondere Vorteile

Besondere Rechte i. S. v. § 126 Abs. 1 Nr. 7 UmwG bestehen weder bei der A-GmbH & Co. KG noch bei der A-GmbH. Einzelnen Gesellschaftern werden im Rahmen der Abspaltung keine besonderen Rechte gewährt. Besondere Vorteile i. S. v. § 126 Abs. 1 Nr. 8 UmwG werden weder einem Mitglied eines Vertretungs- oder Aufsichtsorgans, noch dem Abschlussprüfer oder dem Abspaltungsprüfer gewährt.

§ 6 Folgen der Abspaltung für Arbeitnehmer und ihre Vertretungen

Durch die Abspaltung ergeben sich für die Arbeitnehmer und ihre Vertretungen die nachgenannten Folgen:

1. Die Arbeitsverhältnisse der in **Anlage 6** näher bezeichneten, dem Teilbetrieb ... zuzurechnenden Mitarbeiter der A-GmbH & Co. KG gehen gemäß § 613a BGB mit allen Rechten und Pflichten einschließlich etwaiger Versorgungspflichten auf die A-GmbH über. Die A-GmbH tritt in die Rechte und Pflichten der im Zeitpunkt des Übergangs bestehenden vorerwähnten Arbeitsverhältnisse ein. Für Ansprüche aus dem Arbeitsverhältnis, die vor Wirksamwerden der Abspaltung entstanden sind, haften die A-GmbH und die A-GmbH & Co. KG gegenüber den übergehenden Arbeitnehmern als Gesamtschuldner nach Maßgabe von § 133 UmwG. Auf die inhaltliche Ausgestaltung der Arbeitsverhältnisse hat die Abspaltung keine Auswirkungen.

2. Die kündigungsrechtliche Stellung eines Arbeitnehmers, der vor dem Wirksamwerden der Abspaltung des Geschäftsbereichs zu der A-GmbH & Co. KG in einem Arbeitsverhältnis steht, verschlechtert sich aufgrund der Abspaltung für die Dauer von zwei Jahren ab dem Zeitpunkt des Wirksamwerdens nicht.

3. Weder bei der A-GmbH & Co. KG noch bei der A-GmbH existieren ein Betriebsrat oder Betriebsvereinbarungen.

4. Weder bei der A-GmbH & Co. KG noch bei der A-GmbH gibt es einen mitbestimmenden Aufsichtsrat. Der Übergang des Teilbetrieb ... der A-GmbH & Co. KG begründet für die A-GmbH keine Verpflichtung, einen mitbestimmenden Aufsichtsrat einzurichten.

§ 7 Sonstige Vereinbarungen

(1) Sollten für die Übertragung der in § 2 genannten Sachen, Rechte, Vertragsverhältnisse und Verbindlichkeiten weitere Voraussetzungen geschaffen oder staatliche Genehmigungen eingeholt werden müssen, so verpflichten

sich die Vertragsbeteiligten alle erforderlichen Erklärungen abzugeben und Handlungen vorzunehmen.

(2) Sollte eine Übertragung der in § 2 genannten Sachen, Rechte, Vertragsverhältnisse und Verbindlichkeiten im Wege der Abspaltung auf die A-GmbH rechtlich nicht möglich sein, so verpflichten sich die Vertragsbeteiligten alle erforderlichen Erklärungen abzugeben und alle erforderlichen Handlungen vorzunehmen, die rechtlich zu dem beabsichtigten Vermögensübergang auf die A-GmbH in anderer Weise führen.

(3) Sollten einzelne Bestimmungen dieser Urkunde unwirksam oder nicht durchführbar sein, so soll dies die Gültigkeit dieses Vertrages im Übrigen nicht berühren. An die Stelle der unwirksamen oder undurchführbaren Vereinbarung soll eine solche treten, die dem wirtschaftlichen Ergebnis der unwirksamen oder undurchführbaren Klausel in zulässiger Weise am nächsten kommt

§ 8 Hinweise, Vollmacht

Der Notar hat auf folgendes hingewiesen:

- Die Abspaltung wird erst mit der Eintragung in das Handelsregister der übertragenden Gesellschaft wirksam.

Die Beteiligten beauftragen und ermächtigen den Notar die zum Vollzug notwendigen Genehmigungen und Zustimmungserklärungen einzuholen. Genehmigungen werden mit Eingang beim Notar wirksam. Dies gilt nicht für die Versagung von Genehmigungen oder deren Erteilung unter Bedingungen oder Auflagen.

- Nach § 133 UmwG haften für die vor dem Wirksamwerden der Abspaltung begründeten Verbindlichkeiten des übertragenden Rechtsträgers alle an der Abspaltung beteiligten Rechtsträger gesamtschuldnerisch; Gläubiger können für ihre Verbindlichkeiten Sicherheitsleistung nach §§ 125, 22 UmwG verlangen. Daneben können weitere Haftungsvorschriften anwendbar sein insbesondere die §§ 25 HGB, 75 AO.
- Bei nicht vollständig eingezahlten Stammeinlagen bestehen nach §§ 51 Abs. 1, 125 UmwG besondere Zustimmungspflichten.
- Werden durch die Abspaltung unmittelbar oder mittelbar Immobilien übertragen, so unterliegt dies der Grunderwerbsteuer (§ 1 Abs. 1 Nr. 3 GrEStG)

Die Beteiligten erteilen auch den Angestellten der Notarstelle ... in ... je einzeln und unter Befreiung von den Beschränkungen des § 181 BGB Vollmacht, alles zum Vollzug dieser Urkunde im Handelsregister Erforderliche zu tun, insbesondere die Beschlüsse dieser Urkunde einschließlich der neugefassten Bestimmungen der Satzung zu ändern und entsprechende Registeranmeldungen abzugeben, sofern das für die Eintragung der Beschlüsse dieser Urkunde erforderlich ist. Die Vollmacht erlischt mit der Eintragung aller eintragungspflichtigen Beschlüsse dieser Urkunde im Handelsregister. Die Vollmacht darf nur bei der Notarstelle ... ausgeübt werden.

§ 9 Kosten, Abschriften

Die durch diesen Vertrag und ihre Durchführung bei beiden Gesellschaften entstehenden Kosten trägt der aufnehmende Rechtsträger. Sollte die Abspaltung nicht wirksam werden, tragen die Kosten dieses Vertrages die Gesellschaften zu gleichen Teilen; alle übrigen Kosten trägt die jeweils betroffene Gesellschaft alleine.

§ 10 Abschriften

Von dieser Urkunde erhalten:
BEGLAUBIGTE ABSCHRIFTEN
jeder Beteiligte
das Registergericht ... eine elektronisch beglaubigte
EINFACHE ABSCHRIFTEN
das Finanzamt – Körperschaftsteuerstelle –
Steuerberater

Vorgelesen vom Notar,
von dem Beteiligten genehmigt und
eigenhändig unterschrieben wie folgt

dd) Abspaltungs- und Kapitalerhöhungsbeschluss

1143 URNr.

Ref.:

Protokoll über Gesellschafterversammlungen

Heute, den ...
Zweitausend...

-...-

erschien vor mir,

...

Notar in ...,

in den Amtsräumen in ...:

Herr A, geb. am ...,

wohnhaft ...,

ausgewiesen durch Vorlage eines amtlichen Lichtbildausweises,

hier handelnd im eigenen Namen

und für die Firma

V-GmbH

mit dem Sitz in ... als deren einzelvertretungsberechtigter Geschäftsführer.

Auf Ansuchen des Erschienenen beurkunde ich seine vor mir abgegebenen Erklärungen gemäß was folgt:

A. Gesellschafterversammlung der A-GmbH

Herr A ist alleiniger Gesellschafter der Firma A-GmbH mit dem Sitz in ..., eingetragen im Handelsregister des Amtsgerichts ... HRB ..., deren Stammkapital *[EUR 50.000]* beträgt und voll einbezahlt ist.

Unter Verzicht auf alle durch Gesetz oder Gesellschaftsvertrag vorgeschriebenen Formen und Fristen halte ich hiermit eine Gesellschafterversammlung der A-GmbH ab und beschließe einstimmig und mit allen Stimmen was folgt:

I. Zustimmung

(1) Dem Abspaltungsvertrag vom ... zur Urkunde des amtierenden Notars URNr. ... zwischen der A-GmbH und der A-GmbH & Co. KG mit dem Sitz in ... wird hiermit zugestimmt.

(2) Eine Ausfertigung des Abspaltungsvertrages ist dieser Niederschrift als Anlage beigefügt.

II. Kapitalerhöhung

(1) Zur Durchführung der Abspaltung wird das Stammkapital der A-GmbH von *[EUR 50.000]* um *[EUR 50.000]*[1220] auf *[EUR 100.000]* erhöht, und zwar durch Bildung eines neuen Geschäftsanteils im Nennbetrag von *[EUR 50.000]* (Anteil Nr. *[2]*).

(2) Der neue Geschäftsanteil ist gewinnberechtigt nach Maßgabe des § 3 Abs. 3 des Abspaltungsvertrages. Er wird als Gegenleistung für die Übertragung des Vermögens der übertragenden Gesellschaft im Wege der Abspaltung an den Gesellschafter der übertragenden Gesellschaft, Herrn A, ausgegeben, und zwar der Geschäftsanteil im Nennbetrag von *[EUR 50.000]* (Anteil Nr. *[2]*).

(3) § … der Satzung der Gesellschaft wird wie folgt geändert:

„Das Stammkapital der Gesellschaft beträgt *[EUR 100.000]* – i. W. *[einhunderttausend]* Euro –."

III. Verzichtserklärungen

(1) Auf die Klage gegen die Wirksamkeit des Abspaltungsbeschlusses wird ausdrücklich verzichtet, sowie auf alle sonstigen Förmlichkeiten, auf die von Gesetzes wegen verzichtet werden kann.

(2) Alle Gesellschafter verzichten (vorsorglich) auf eine Prüfung der Abspaltung und auf die Erstellung eines Abspaltungsberichtes und auf die Erstellung eines Abspaltungsprüfungsberichtes.

(3) Alle Gesellschafter erklären, dass ihnen der Abspaltungsvertrag spätestens zusammen mit der Einberufung der Gesellschafterversammlung übersandt wurde. Alle Gesellschafter verzichten ausdrücklich auf eine Anfechtung dieses Beschlusses.

(4) Der Notar belehrte den Erschienenen über die Unwiderruflichkeit der Verzichtserklärungen und deren Wirkungen sowie darüber, dass durch diese Erklärungen die Ausübung von Gesellschafterrechten bei der bevorstehenden Abspaltung beeinträchtigt werden kann.

1220 Eine Kapitalerhöhung i. H. v. 50.000 € zur Durchführung einer Spaltung ist relativ hoch und sollte in der Praxis nur gewählt werden, wenn der Nachweis über eine entsprechende Werthaltigkeit des einzubringenden (Teil-)Betriebs sicher gelingt.

B. Gesellschafterversammlung der A-GmbH & Co. KG

Herr A und die V-GmbH mit Sitz in ... eingetragen im Handelsregister des Amtsgerichts ... unter HRB ... sind die Gesellschafter der Firma A-GmbH & Co. KG mit dem Sitz in ..., eingetragen im Handelsregister des Amtsgerichts ... – HRA ... -. Die Gesellschafter sind an der Gesellschaft wie folgt beteiligt:

- Als Komplementärin die V-GmbH mit Sitz in ....

  Diese ist am Vermögen der Gesellschaft nicht beteiligt.

- Als Kommanditist Herr A

  mit einer Haftsumme von *[EUR 50.000]* und einer Pflichteinlage von *[EUR 50.000]*.

Unter Verzicht auf alle durch Gesetz oder Gesellschaftsvertrag vorgeschriebenen Formen und Fristen halten wir hiermit eine Gesellschafterversammlung der A-GmbH & Co. KG ab und beschließen einstimmig und mit allen Stimmen was folgt:

I. Zustimmung

Dem Abspaltungsvertrag vom ... zur Urkunde des amtierenden Notars URNr. ... zwischen der Firma A-GmbH & Co. KG und der A-GmbH mit dem Sitz in ... wird hiermit zugestimmt.

II. Verzichtserklärungen

(1) Auf die Klage gegen die Wirksamkeit des Abspaltungsbeschlusses wird ausdrücklich verzichtet, sowie auf alle sonstigen Förmlichkeiten, auf die von Gesetzes wegen verzichtet werden kann.

(2) Alle Gesellschafter verzichten (vorsorglich) auf eine Prüfung der Abspaltung und auf die Erstellung eines Abspaltungsberichtes und auf die Erstellung eines Abspaltungsprüfungsberichtes.

(3) Alle Gesellschafter erklären, dass ihnen der Abspaltungsvertrag spätestens zusammen mit der Einberufung der Gesellschafterversammlung übersandt wurde. Alle Gesellschafter verzichten ausdrücklich auf eine Anfechtung dieses Beschlusses.

(4) Der Notar belehrte den Erschienenen über die Unwiderruflichkeit der Verzichtserklärungen und deren Wirkungen sowie darüber, dass durch diese Erklärungen die Ausübung von Gesellschafterrechten bei der bevorstehenden Abspaltung beeinträchtigt werden kann.

C. Vollmacht

Die Beteiligten erteilen auch den Angestellten der Notarstelle ... in ... je einzeln und unter Befreiung von den Beschränkungen des § 181 BGB Vollmacht, alles zum Vollzug dieser Urkunde im Handelsregister Erforderliche zu tun, insbesondere die Beschlüsse dieser Urkunde einschließlich der neugefassten Bestimmungen der Satzung zu ändern und entsprechende Registeranmeldungen abzugeben, sofern das für die Eintragung der Beschlüsse dieser Urkunde erforderlich ist. Die Vollmacht erlischt mit der Eintragung aller eintragungspflichtigen Beschlüsse dieser Urkunde im Handelsregister. Die Vollmacht darf nur bei der Notarstelle ... ausgeübt werden.

D. Kosten, Abschriften

Die Kosten dieser Urkunde trägt ....

Von dieser Urkunde erhalten:
BEGLAUBIGTE ABSCHRIFTEN
die Beteiligten
das Registergericht ... eine elektronisch beglaubigte
EINFACHE ABSCHRIFTEN
das Finanzamt – Körperschaftsteuerstelle –
Steuerberater

Vorgelesen vom Notar,
von dem Beteiligten genehmigt und
eigenhändig unterschrieben wie folgt:

[-Unterschriften der Beteiligten-]

ee) Handelsregisteranmeldung der übernehmenden Gesellschaft

1144 An das Amtsgericht …
– Handelsregister –

A-GmbH mit Sitz in …, HRB …

I. Zur Eintragung in das Handelsregister melde ich, Herr A, alleinvertretungsberechtigter Geschäftsführer der A-GmbH mit Sitz in … an:

1. Die A-GmbH & Co. KG mit Sitz in … (Amtsgericht … HRA …) hat aufgrund des Abspaltungsvertrags vom … (URNr. … des Notars …) und der Beschlüsse der Gesellschafterversammlungen der A-GmbH mit Sitz in … (Amtsgericht … HRB …) und der A-GmbH & Co. KG vom … (URNr. … des Notars …) ihren Teilbetrieb … im Wege der Abspaltung zur Aufnahme nach § 123 Abs. 2 Nr. 1 UmwG auf die A-GmbH gegen Gewährung von Gesellschaftsrechten an die Gesellschafter der übertragenden Gesellschaft übertragen.

2. Das Stammkapital der A-GmbH wurde im Zuge der Durchführung der Abspaltung von *[EUR 50.000]* um *[EUR 50.000]* auf *[EUR 100.000]* erhöht. § … des Gesellschaftsvertrags wurde entsprechend geändert.

3. Die Firma der A-GmbH wird unverändert fortgesetzt.

II. Als Anlagen überreiche ich:

1. Notariell beglaubigte Abschrift des Abspaltungsvertrags vom … (URNr. … des Notars …);

2. Notariell beglaubigte Abschrift der Niederschriften der Gesellschafterversammlungen nebst Anlagen vom … (URNr. … des Notars …) der A-GmbH und der A-GmbH & Co. KG;

3. Die von sämtlichen Geschäftsführern unterzeichnete Spaltungsbilanz der A-GmbH & Co. KG zum 31. 12. … mit Anhang, versehen mit uneingeschränktem Bestätigungsvermerk der … Wirtschaftsprüfungsgesellschaft vom …;

4. Den Vollständigen Wortlaut des Gesellschaftsvertrages mit Satzungsbescheinigung des Notars nach § 54 Abs. 1 GmbHG;

5. Unterschriebene Gesellschafterliste (§§ 125, 52 Abs. 2 UmwG);

6. Von den Anmeldenden unterschriebene Liste der Personen, welche die neuen Stammeinlagen übernommen haben (§ 57 Abs. 3 Nr. 2 GmbHG);

Ich erkläre, dass die Abspaltungsbeschlüsse aller an der Abspaltung beteiligten Gesellschaften nicht angefochten worden sind und aufgrund der in allen Abspaltungsbeschlüssen enthaltenen Anfechtungsverzichtserklärungen sämtlicher Gesellschafter auch nicht angefochten werden können.

Nach Vollzug der Eintragung der Kapitalerhöhung und der Abspaltung bitte ich jeweils um

- Eintragungsnachricht an die A-GmbH und die A-GmbH & Co. KG und an den beglaubigenden Notar sowie um
- Übermittlung von jeweils eines beglaubigten Handelsregisterauszuges an die A-GmbH und die A-GmbH & Co. KG und den beglaubigenden Notar.

[Unterschrift Herr A (Geschäftsführer A-GmbH)]

[Beglaubigung Notar]

ff) Handelsregisteranmeldung der übertragenden Gesellschaft

1145 An das Amtsgericht ...
– Handelsregister –

A-GmbH & Co. KG mit Sitz in ..., HRA ...

I. Zur Eintragung in das Handelsregister melde ich, Herr A, alleinvertretungsberechtigter Geschäftsführer der Komplementärin der A-GmbH & Co. KG mit Sitz in ... an:

Die A-GmbH & Co. KG mit Sitz in ... (Amtsgericht ... HRA ...) hat aufgrund des Abspaltungsvertrages vom ... (URNr. ... des Notars ...) und der Beschlüsse der Gesellschafterversammlungen der A-GmbH mit Sitz in ... und der A-GmbH & Co. KG vom ... (URNr. ... des Notars ...) ihren Teilbetrieb ... im Wege der Abspaltung zur Aufnahme nach § 123 Abs. 2 Nr. 1 UmwG auf die A-GmbH gegen Gewährung von Gesellschaftsrechten an den Gesellschafter der übertragenden Gesellschaft übertragen. Zur Gewährung der als Gegenleistung zu gewährenden Gesellschaftsrechte hat die A-GmbH ihr Stammkapital von *[EUR 50.000]* um *[EUR 50.000]* auf *[EUR 100.000]* erhöht.

II. Als Anlagen überreiche ich:

1. Notariell beglaubigte Abschrift des Abspaltungsvertrags nebst Anlagen vom ... (URNr. ... des Notars ...);
2. Notariell beglaubigte Abschrift der Niederschriften der Gesellschafterversammlungen nebst Anlagen vom ... (URNr. ... des Notars ...) der A-GmbH und der A-GmbH & Co. KG;
3. Beglaubigter Handelsregisterauszug der A-GmbH mit Sitz in ... (Amtsgericht ... HRB ...), aus dem sich die Eintragung der Abspaltung in das Handelsregister der A-GmbH ergibt;
4. Die von sämtlichen Geschäftsführern unterzeichnete Schlussbilanz der A-GmbH & Co. KG zum 31. 12. ... mit Anhang, versehen mit uneingeschränktem Bestätigungsvermerk der ... Wirtschaftsprüfungsgesellschaft vom ...;

Ich erkläre, dass die Abspaltungsbeschlüsse aller an der Abspaltung beteiligten Gesellschaften nicht angefochten worden sind und aufgrund der in allen Abspaltungsbeschlüssen enthaltenen Anfechtungsverzichtserklärungen sämtlicher Gesellschafter auch nicht angefochten werden können.

Wir bitten zunächst die Kapitalerhöhung der aufnehmenden Gesellschaft nebst Satzungsänderung einzutragen (§§ 130, 125, 53 UmwG) und anschließend die Abspaltung im Register der aufnehmenden Gesellschaft mit dem Vermerk einzutragen, dass die Abspaltung erst mit Eintragung im Register der übertragenden Gesellschaft wirksam wird.

Nach Vollzug der Eintragung der Abspaltung bitte ich jeweils um

- Eintragungsnachricht an die A-GmbH & Co. KG und die A-GmbH und an den beglaubigenden Notar sowie um
- Übermittlung je eines beglaubigten Handelsregisterauszugs an die A-GmbH & Co. KG und die A-GmbH und den beglaubigenden Notar.

[Unterschrift Herr A (Geschäftsführer der V-GmbH als Komplementärin der A-GmbH & Co. KG)]

[Beglaubigung Notar]

gg) Liste der Übernehmer

1146 Liste der Übernehmer

der A-GmbH mit Sitz in … eingetragen im Handelsregister des Amtsgerichts … unter HRB … mit den Nennbeträgen der übernommenen Geschäftsanteile:

Nr. des Geschäftsanteils	Vor- u. Nachname / Firma des Gesellschafters	Geburtsdatum	Wohnort / Sitz des Gesellschafters	Nennbetrag des Geschäftsanteils (EUR)
2	A			50.000

[Ort, Datum]

[Unterschrift Notar, Unterschrift Geschäftsführer]

hh) Liste der Gesellschafter

1147 Liste der Gesellschafter der A-GmbH

mit Sitz in …, eingetragen im Handelsregister des Amtsgerichts … unter HRB … .

Nr. des Geschäftsanteils	Vor- u. Nachname / Firma des Gesellschafters	Geburtsdatum	Wohnort / Sitz des Gesellschafters	Nennbetrag des Geschäftsanteils (EUR)	Gesamtbeteiligung des Gesellschafters am Stammkapital in Prozent
1	A			50.000	50
2	A			50.000	50
Stammkapital (EUR)				100.000	

[Ort, Datum]

[Unterschrift Notar, Unterschrift Geschäftsführer]

ii) Sacherhöhungsbericht

Sacherhöhungsbericht 1148

Als Gesellschafter der übernehmenden A-GmbH habe ich, Herr A, für die Abspaltung des Teilbetriebs ... der A-GmbH & Co. KG auf die A-GmbH gestimmt. Über den Ablauf der Abspaltung berichte ich wie folgt:

1. Mit Abspaltungsvertrag vom ... (URNr. ... des Notars ...) und Abspaltungs- und Kapitalerhöhungsbeschluss vom ... (URNr. ... des Notars ...) wurde die Abspaltung beschlossen.

2. Das Stammkapital der Gesellschaft nach der Abspaltung beträgt *[EUR 100.000]*. Hieran ist beteiligt:

   Herr A

   - mit dem Geschäftsanteil Nr. *[1]* im Nennbetrag von *[EUR 50.000]* - ... Euro -.
   - mit dem Geschäftsanteil Nr. *[2]* im Nennbetrag von *[EUR 50.000]* - ... Euro -.
   - wobei der neue Geschäftsanteil Nr. *[2]* durch Sacheinlagen gemäß den Festsetzungen im Kapitalerhöhungsbeschluss wie folgt erbracht werden soll: Die Sacheinlage soll erbracht werden, indem der Teilbetrieb ... der A GmbH & Co. KG auf die A-GmbH abgespalten werden soll und das nach Abzug der Schulden verbleibende (freie) Vermögen des vorgenannten Teilbetriebs mindestens dem Nennbetrag des neu gewährten Geschäftsanteils Nr. *[2]* entspricht.
   - Zur Angemessenheit der Wertansätze für die vorstehend bezeichnete Sacheinlage sowie als Bericht über den bisherigen Geschäftsverlauf und die Lage des Teilbetriebs der A-GmbH & Co. KG weise ich auf Folgendes hin:

     a) In dem letzten Jahresabschluss (Bilanz und Gewinn- und Verlustrechnung) der A-GmbH & Co. KG zum ..., der als **Anlage 1** diesem Sachgründungsbericht beigefügt ist, sind folgende Beteiligungsanteile der Gesellschafter („feste Kapitalkonten") ausgewiesen:

     – Die V-GmbH als Komplementärin ohne eine Haftsumme,

     – Herr A mit einer Haftsumme von EUR ...,

     – In diesem Jahresabschluss sind folgende variable Kapitalanteile der Gesellschafter („Kapitalkonten II") ausgewiesen:

- Die V-GmbH mit einem Kapitalkonto II von EUR …,
- Herr A mit einem Kapitalkonto II von EUR …,
- Hierbei handelt es sich um die ordentliche nach den maßgeblichen handelsrechtlichen Vorschriften erstellte Jahresbilanz der A-GmbH & Co. KG. Die darin ausgewiesenen Buchwerte des Teilbetriebs … werden von der übernehmenden A-GmbH unverändert fortgeführt.

b) Die für die Erbringung des Stammkapitals zugrunde gelegten Buchwerte für die Aktiva des eingebrachten Teilbetriebs liegen aufgrund vorhandener stiller Reserven deutlich unter dem wirklichen Wert, so dass nach Abzug der Verbindlichkeiten der wirkliche Wert des Reinvermögens des Teilbetriebs … höher ist als das angenommene Stammkapital. Dies ergibt sich aus folgenden Umständen:

   aa) Die immateriellen Vermögensgegenstände (Geschäfts- und Firmenwerte usw.) des Teilbetriebs dürfen nach handelsrechtlichen Grundsätzen nicht bilanziert werden, sind aber aufgrund der Ertragslage von nicht unerheblicher Bedeutung.
   Der Teilbetrieb erwirtschaftet seit Jahren substanzielle Gewinne, so dass ich von einem erheblichen Firmenwert (Good Will) ausgehe. Da ich auch nach meiner Unternehmensplanung mit nachhaltigen, tendenziell steigenden Jahresüberschüssen rechne, würden ich für den Firmenwert (Good Will) insbesondere aufgrund konstanter Kundenbeziehungen mit meinen Abnehmern gedanklich einen Wert im [siebenstelligen] Bereich ansetzen.

   bb) Die Sachanlagen (Grundstücke, grundstücksgleiche Rechte, Bauten, technische Anlagen und Maschinen sowie maschinellen Anlagen usw.) des Teilbetriebs enthalten ebenfalls stille Reserven.

   cc) Das Umlaufvermögen (Vorräte, Forderungen, Wertpapiere usw.) des Teilbetriebs entspricht den bilanzierten Ansätzen.

c) Die bilanzierten Passivposten sind vollständig und ausreichend.

d) Der Abspaltung sind keine Rechtsgeschäfte vorangegangen, deren Zweck darauf gerichtet war, den Leistungsgegenstand zur Deckung der Sacheinlage bei der GmbH zu verwenden. Die Vermögensgegenstände, die die Sacheinlageleistung bei der GmbH darstellen, wurden im Rahmen des laufenden Geschäftsbetriebs der A-GmbH & Co. KG geschaffen oder erworben.

e) Als **Anlage 2** übergebe ich eine Aufstellung, aus der sich die Anschaffungs- und Herstellungskosten aller von der A-GmbH & Co. KG für den Teilbetrieb ... in den beiden letzten Jahren vor der Fassung des Umwandlungsbeschlusses angeschafften oder hergestellten Vermögensgegenstände ergeben.

f) Zum Nachweis der Betriebserträge der des Teilbetriebs ... der A-GmbH & Co. KG in den letzten beiden Geschäftsjahren übergebe ich als **Anlagen 3 und 4** die Jahresabschlüsse (Bilanz, Gewinn- und Verlustrechnung und Anhang) der A-GmbH & Co. KG für die Jahre ... in denen auch separate Rechnungen für die einzelnen Teilbetriebe der Gesellschaft enthalten sind. Daraus ergibt sich, dass in dem Geschäftsjahr ... nach Steuern ein Jahresüberschuss von EUR ... und in dem Geschäftsjahr ... nach Steuern ein Jahresüberschuss von EUR ... durch den Teilbetrieb erzielt wurde. *[Ein Verlustvortrag existiert nicht.]* Rückstellungen sind in dem erforderlichen Umfang gebildet worden.

g) Der in den vorgelegten Unterlagen dokumentierte positive Geschäftsverlauf kann auch für die Zukunft nachhaltig erwartet werden. Die in den vergangenen Jahren erzielte positive Geschäftsentwicklung setzte sich im Zeitraum ... bis heute fort. Die in der BWA ... ausgewiesenen Erlöse für den Zeitraum ... bis ... (... Monate) übertreffen die im Jah*resabschluss auf den ... ausgewiesenen Erlöse. Die BWA ... ist als **Anlage 5** beigefügt.*

Das Rohergebnis verbesserte sich von EUR ... im Jahresabschluss ... auf EUR ... in der vorliegenden BWA ....

Aufgrund einer unterproportionalen Steigerung der übrigen Kosten wird der Jahresüberschuss ... deutlich über dem Vorjahresüberschuss von EUR ... liegen. Für die Zukunft ist von einer weiterhin positiven Geschäftsentwicklung auszugehen. Aus der Relation zwischen den in der Vergangenheit erzielten Erträgen zum bilanzierten Eigenkapital, lässt sich – wie schon ausgeführt – ein erheblicher Geschäftswert beim Teilbetrieb ... ableiten.

h) Die Geschäftsentwicklung in der Zeit seit dem Stichtag des Jahresabschlusses zum ... bis zur Erstellung dieses Gründungsberichtes ist positiv. Hierzu beziehe ich mich auf die in Anlage 5 übergebene BWA ...

i) Aufgrund dieser Tatsachen stelle ich fest, dass der Wert des Reinvermögens (Überschuss der Aktiva über die Schulden) des Teilbetriebs … der A-GmbH & Co. KG dem Nennbetrag des neuen Geschäftsanteils Nr. *[2]*, der durch diesen Wert gedeckt werden soll, mindestens voll entspricht.

[Ort], den …

[Unterschrift der Gesellschafter]

jj) Antrag Buchwertfortführung

[Briefbogen A-GmbH] das 1149
[Finanzamt der A-GmbH]

Steuernummer …
A-GmbH (Amtsgericht …, HRB …)
Antrag auf Buchwertansatz gemäß § 20 Abs. 2 Satz 2 UmwStG i. Z. m. der Abspaltung

[ggf.: Antrag auf steuerliche Rückwirkung der Abspaltung gemäß § 20 Abs. 5 und 6 UmwStG]

Sehr geehrte Damen und Herren,

mit notarieller Urkunde vom … (URNr. … des Notars … in …) und mit steuerlicher Wirkung zum 31.12. … (steuerlicher Übertragungsstichtag) wurde der Teilbetrieb … der A-GmbH & Co. KG mit Sitz in …, eingetragen im Handelsregister des Amtsgerichts … unter HRA … auf die A-GmbH mit Sitz in …, eingetragen im Handelsregister des Amtsgerichts … unter HRB … abgespalten (§ 123 Abs. 2 Nr. 1 UmwG).

I.

In Ausübung des entsprechenden Wahlrechts (§ 20 Abs. 2 Satz 2 UmwStG) werden die auf den aufnehmenden Rechtsträger (A-GmbH, Amtsgericht …, HRB …) übergehenden Wirtschaftsgüter in der steuerlichen Abspaltungsbilanz des übertragenden Rechtsträgers (A-GmbH & Co. KG, Amtsgericht …, HRA …) einheitlich mit den bisherigen Buchwerten angesetzt.

Hiermit stellt die A-GmbH (Amtsgericht …, HRB …) hinsichtlich der übertragenen Wirtschaftsgüter den

Antrag auf Fortführung der Buchwerte.

Die entsprechenden Bilanzen werden zusammen mit der Steuererklärung eingereicht.[1221]

1221 Der Steuererklärung könnte höchstvorsorglich als Anlage eine Erklärung beigefügt werden, dass die Steuerbilanz der steuerlichen Schlussbilanz i. S. d. § 20 UmwStG entspricht; vgl. Tz. 03.01, 03.29, 20.21 UmwStE. Der Antrag auf Buch- oder Zwischenwertansatz ist von der übernehmenden Gesellschaft spätestens bis zur erstmaligen Abgabe ihrer steuerlichen Schlussbilanz, in der das übernommene Betriebsvermögen erstmals anzusetzen ist, bei dem für sie für die Besteuerung örtlich zuständigen Finanzamt zu stellen.

Wir bestätigen zudem, dass

1. sichergestellt ist, dass das übergehende Betriebsvermögen bei der übernehmenden Körperschaft (A-GmbH mit Sitz in …, Amtsgericht …, HRB …) der Besteuerung mit Körperschaftsteuer unterliegt,
2. die Passivposten des eingebrachten Betriebsvermögens die Aktivposten nicht übersteigen;
3. das Recht der Bundesrepublik Deutschland hinsichtlich der Besteuerung des Gewinns aus der Veräußerung des eingebrachten Betriebsvermögens bei der übernehmenden Gesellschaft (A-GmbH mit Sitz in …, Amtsgericht …, HRB …) nicht ausgeschlossen oder beschränkt wird.

II.

Hiermit stellt die A-GmbH (Amtsgericht …, HRB …) den

Antrag auf steuerliche Rückwirkung

der Abspaltung zum 31.12. … gemäß § 20 Abs. 5 und 6 UmwStG.

Mit freundlichen Grüßen

[Unterschrift Geschäftsführung A-GmbH]

kk) Nachweis nach § 22 Abs. 3 UmwStG (Sieben-Jahres-Frist)

[Briefbogen Herr A] 1150

An das
[Finanzamt Herr A]

[Datum]

Steuernummer …
Herr A
Erfüllung der Meldepflicht nach § 22 Abs. 3, Abs. 1 UmwStG für ausschlussbefristete Anteile zum Meldestichtag 31.5. …

Sehr geehrte Damen und Herren,

durch einen Vorgang i. S. d. § 20 UmwStG habe ich (Einbringender), Steuernummer … beim Finanzamt …, mit steuerlicher Wirkung zum 31.12. … Anteile an der A-GmbH mit Sitz in … eingetragen im Handelsregister des Amtsgerichts … unter HRB …, Steuernummer … beim Finanzamt …, in Höhe eines Anteils am Nennkapital von *[EUR 50.000]* (Geschäftsanteil Nr. *[2]*) erworben. Diese Anteile wurden mir als Gegenleistung für die Abspaltung des Teilbetriebs … der A-GmbH & Co. KG mit Sitz in … eingetragen im Handelsregister des Amtsgerichts … unter HRA … auf die A-GmbH mit Sitz in … gewährt.

Nach § 22 Abs. 3 UmwStG hat der Einbringende in den dem Einbringungszeitpunkt folgenden sieben Jahren jährlich bis zum 31.5. den Nachweis darüber zu erbringen, wem mit Ablauf des Tages, der dem maßgeblichen Einbringungszeitpunkt entspricht, die ausschlussbefristeten Anteile zuzurechnen sind.

Die Meldepflicht wird mit diesem Schreiben auf den oben genannten Meldestichtag erfüllt:

Erklärung

Gemäß Tz. 22.30 UmwStE vom 2.1.2025, erkläre ich hiermit, dass die vorgenannten Anteile seit dem Einbringungszeitpunkt bis zum *[Datum des relevanten Jahrestages]* ununterbrochen mir als wirtschaftlichem Eigentümer zuzurechnen sind.

Entsprechend den weiteren Ausführungen des BMF-Schreibens ist in der Anlage eine Bestätigung der übernehmenden Gesellschaft (A-GmbH, Amtsgericht ..., HRB ...) über die Gesellschafterstellung beigefügt.

Mit freundlichen Grüßen

[Ort, Datum]

[Unterschrift Herr A]

Anlage zum Schreiben betreffend die Erfüllung der Meldepflicht nach § 22 Abs. 3 UmwStG des Herrn A vom *[Datum]*

Bestätigung[1222]

Herr A, Steuernummer ... beim Finanzamt ..., hat durch einen Vorgang i. S. d. § 20 UmwStG mit steuerlicher Wirkung zum *31.12.* ... Anteile an der A-GmbH mit Sitz in ... eingetragen im Handelsregister des Amtsgerichts ... unter HRB ..., Steuernummer ... beim Finanzamt ..., in Höhe eines Anteils am Nennkapital von *[EUR 50.000]* (Geschäftsanteil Nr. *[2]*) erworben.

Die übernehmende Gesellschaft bestätigt hiermit das ununterbrochene Bestehen der vorgenannten Gesellschafterstellung seit dem Einbringungszeitpunkt bis zum *[Datum des relevanten Jahrestages]*.

[Ort, Datum]

[Unterschrift Geschäftsführer A-GmbH]

1222 Nachweis über aktuelle Gesellschafterliste genauso möglich, Tz. 22.30 am Ende UmwStE.

b) Aufspaltung einer GmbH auf zwei GmbHs (Aufspaltung zur Neugründung)

aa) Ausgangskonstellation

1151

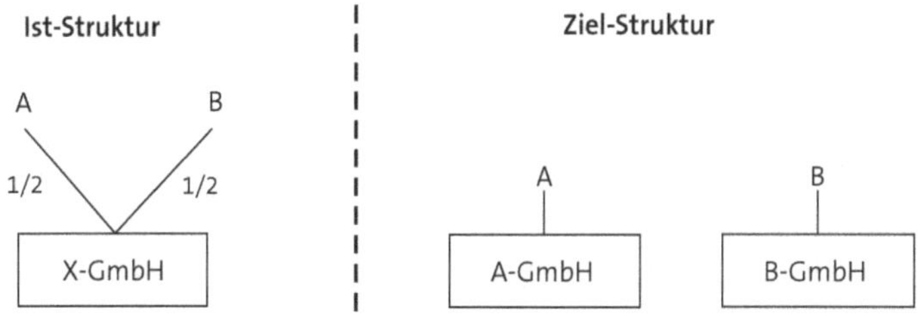

- Aufspaltung einer GmbH mit zwei Teilbetrieben auf zwei GmbHs zur Neugründung (Aufspaltung zur Neugründung nach § 123 Abs. 1 Nr. 2 UmwG)
- Aufspaltung erfolgt zur Trennung der unternehmerischen Zusammenarbeit der Gesellschafter
- Wirkung der Aufspaltung vergleichbar mit einer Realteilung einer Mitunternehmerschaft
- Übernehmende Gesellschaften sind jeweils im 100 %igen Anteilsbesitz eines Gesellschafters
- Aufspaltung erfolgt steuerlich zu Buchwerten (§§ 15, 11 UmwStG)
- Verzicht auf Aufspaltungsprüfung und -bericht
- Sachgründungsbericht aufgrund der Neugründung erforderlich[1223]

bb) Fahrplan

Vorbereitungsphase 1152

- Entwurf des Spaltungsplans
- Entwurf der Zustimmungsbeschlüsse
- Entwurf der Anträge auf Eintragung der Aufspaltung
- Erstellen der Anlagen zum Spaltungsplan (Auflistung der zu übertragenden Wirtschaftsgüter durch Aufspaltung)[1224]
- Information der Arbeitnehmer
- Information der Betriebsräte

1223 Schmitt/Hörtnagl, UmwG, § 138 Rz. 2; BeckOGK UmwG, § 138 Rz. 23.
1224 Zuordnung nach wirtschaftlichen Zusammenhängen erforderlich, Tz. 15.02, 15.09 UmwStE.

- Erstellen der Spaltungsbilanz der übertragenden Gesellschaft zum 31.12. ....
- Erstellen der Sachgründungsberichte i. S. d. § 5 Abs. 4 GmbHG (§ 138 UmwG)
- Vorbereitung der Gesellschafterversammlungen in der die Zustimmungsbeschlüsse gefasst werden
- Ladung zur Gesellschafterversammlung nach Satzung/Gesetz [*ggf. Verzicht bei Vollversammlung und Einstimmigkeit*]

Beschlussphase

- Unterzeichnung des Spaltungsplans
- Zustimmung der Gesellschafterversammlung der übertragenden Gesellschaft
- Anmeldung der Aufspaltung zum Handelsregister

Vollzugsphase

- Eintragung der Aufspaltung im Handelsregister
- Übersendung des Spaltungsplans an das Finanzamt
- Unterrichtung der Sozialversicherungsträger über den möglichen Übergang der Arbeitsverhältnisse
- Unterrichtung der Gewerbeaufsicht über die Umwandlung (Abmeldung und Neuanmeldung der zwei neuen GmbHs)
- Antrag der übertragenden Gesellschaft auf Buchwertfortführung bei ihrem Finanzamt (§§ 15 Abs. 1, 11 Abs. 2 UmwStG)
- Antrag der Gesellschafter der übertragenden Gesellschaft auf Buchwertansatz für die erhaltenen Anteile an der neuen GmbH (§§ 15 Abs. 1, 13 Abs. 2 UmwStG)
- Information der Vertragspartner über die Aufspaltung
- Umstellung der Organisation, Buchführung, Lohn- und Gehaltsabrechnung auf neue Verhältnisse
- *[ggf. Berichtigung Grundbücher]*
- *[ggf. Berichtigung Patentregister etc.]*
- *[ggf. Berichtigung KFZ-Briefe]*

cc) Spaltungsplan

URNr. 1153

Spaltungsplan

(Aufspaltung zur Neugründung)

Heute, den ...
Zweitausend...

- ... -

ist vor mir,

...

Notar in ...,

in den Amtsräumen in ...,

anwesend:

2. Herr A, geboren am ...,
2. wohnhaft ..., ausgewiesen durch Vorlage seines amtlichen Lichtbildausweises, hier handelnd im eigenen Namen.
3. Herr B, geboren am ...,
3. wohnhaft ..., ausgewiesen durch Vorlage seines amtlichen Lichtbildausweises, hier handelnd im eigenen Namen.

Auf Ansuchen der Erschienenen beurkunde ich Ihre vor mir abgegebenen Erklärungen gemäß was folgt:

Präambel

Das Stammkapital der Firma X-GmbH mit Sitz in ... eingetragen im Handelsregister des Amtsgerichts ... unter HRB ... (nachfolgend „X-GmbH" genannt) beträgt [EUR 100.000]. Das Stammkapital ist vollständig eingezahlt. Gesellschafter der X-GmbH sind

- Herr A

  mit einer Stammeinlage von nominal *[EUR 50.000]* (Geschäftsanteil Nr. *[1]*)
- Herr B

  mit einer Stammeinlage von nominal *[EUR 50.000]* (Geschäftsanteil Nr. *[2]*)

Im Zuge umfassender Umstrukturierungsmaßnahmen beabsichtigt die X-GmbH zum Zwecke ... *[Beschreibung]* ihr Vermögen in zwei Teile aufzuspalten und die Vermögensteile jeweils als Gesamtheit gleichzeitig auf zwei von ihr neu gegründete Gesellschaften gegen Gewährung von Anteilen dieser Gesellschaften an die Gesellschafter der X-GmbH zu übertragen (Aufspaltung zur Neugründung). Die Aufspaltung soll im Wege der Aufspaltung unter Auflösung ohne Abwicklung nach § 123 Abs. 1 Nr. 2 UmwG erfolgen.

Der Teilbetrieb „A" *[Beschreibung]* wird auf die neu gegründete A-GmbH, der bestehende Teilbetrieb „B" *[Beschreibung]* auf die neu gegründete B-GmbH übertragen. Im Zuge dieser Aufspaltung soll zugleich eine Trennung der unternehmerischen Zusammenarbeit der Gesellschafter der X-GmbH dergestalt stattfinden, dass Herr A die Gesellschaftsanteile an der A-GmbH und Herr B die Gesellschaftsanteile an der B-GmbH erhalten soll.

Die Erschienenen ließen sodann folgenden

Spaltungsplan

beurkunden und erklärten, handelnd wie angegeben:

§ 1 Aufspaltung

(1) Die X-GmbH überträgt hiermit ihr Vermögen unter Auflösung ohne Abwicklung durch gleichzeitige Übertragung der in § 2 und § 3 dieses Spaltungsplans bezeichneten Teilbetriebe jeweils als Gesamtheit gemäß § 123 Abs. 1 Nr. 2 auf die neu zu gründenden Gesellschaften A-GmbH und B-GmbH. Die Übertragung erfolgt gegen Gewährung der in § 6 näher bezeichneten Anteile der A-GmbH und B-GmbH an die Gesellschafter der übertragenden Gesellschaft (X-GmbH).

(2) Die übertragende Gesellschaft geht davon aus, dass ihre Gesellschafter im Rahmen des Spaltungsbeschlusses auf die Erstattung eines Spaltungsberichts sowie auf die Durchführung einer Spaltungsprüfung verzichten werden. Diese sind daher bisher nicht gefertigt bzw. in Auftrag gegeben worden.

§ 2 Vermögensübertragung auf A-GmbH

(1) Die X-GmbH überträgt den von ihr unterhaltenen Teilbetrieb „A" auf die A-GmbH mit allen Aktiven und Passiven. Die Übertragung erfolgt auf der Basis der festgestellten und vom zuständigen Abschlussprüfer testierten Spaltungsbilanz zum 31.12. .... . Diese Spaltungsbilanz ist Bestandteil dieses Spaltungsplans (§ 126 Abs. 2 Satz 3 UmwG). Sie ist als **Anlage 1** dieser Urkunde als wesentlicher Bestandteil beigefügt, auf sie wird nach §§ 9, 14 Abs. 1 BeurkG verwiesen. Die Beteiligten haben auf das Vorlesen verzichtet. Stattdessen wurden ihnen die Anlage 1 zur Durchsicht vorgelegt, von ihnen genehmigt und unterschrieben.

(2) Im Einzelnen sind folgende Vermögensgegenstände Bestandteil des Teilbetriebes „A“ und werden im Rahmen der Aufspaltung auf die A-GmbH übertragen. Von der Aufspaltung werden sämtliche zum Spaltungsstichtag vorhanden Vermögensgegenstände und Schulden des Teilbetriebes mit allen Rechten und Pflichten sowie die ausschließlich diesem Teilbetrieb zuzuordnenden Rechtsbeziehungen, insbesondere Vertragsverhältnisse, nach näherer Maßgabe der nachfolgenden Bestimmungen erfasst, gleich ob sie bilanziert sind oder nicht. Insbesondere handelt es sich um folgende Vermögensgegenstände und Schulden, die dem Teilbetrieb „A“ mit allen Rechten und Pflichten zuzuordnen sind:

a) Anlage- und Umlaufvermögen:

Sämtliche zum Anlage- und Umlaufvermögen gehörenden beweglichen Gegenstände des Teilbetriebs „A“, also alle dem Teilbetrieb „A“ zuzurechnenden beweglichen Gegenstände, technischen Anlagen und Maschinen, Kfz-, Betriebs- und Geschäftsausstattung, geringwertige Wirtschaftsgüter, Zubehör und Ersatzteile, EDV-Hardware, Software, geleistete Anzahlungen und Anlagen im Bau, sowie sämtliche zum Teilbetrieb „A“ gehörenden Gegenstände des Umlaufvermögens. Soweit die X-GmbH Eigentum oder Miteigentum an diesen Gegenständen hat oder diese künftig erwirbt, wird das Eigentum oder Miteigentum übertragen; soweit die X-GmbH Anwartschaftsrechte auf Eigentumserwerb an dem ihr unter Eigentumsvorbehalt gelieferten beweglichen Vermögen hat, überträgt sie hiermit der A-GmbH diese Anwartschaftsrechte. Die wichtigsten beweglichen Vermögensgegenstände, insbesondere Software, Einrichtungen und geringwertige Wirtschaftsgüter sind in der **Anlage 2** aufgeführt, ohne jedoch auf die genannten Anlagen und Einrichtungen beschränkt zu sein.

b) Forderungen:

Sämtliche Forderungen, die dem Teilbetrieb „A“ zuzuordnen sind, insbesondere Forderungen aus Lieferung und Leistung und *[ggf. weitere Aufzählung]*. Die Forderungen sind in der **Anlage 3** aufgeführt. Soweit Forderungen in dieser Anlage nicht aufgeführt sind, werden sie dennoch übertragen, wenn und soweit sie dem Teilbetrieb „A“ zuzuordnen sind.

c) Bankguthaben:

Sämtliche dem Teilbetrieb „A“ zuzuordnen Bankguthaben bei allen Banken, Kreditinstituten und sonstigen Einrichtungen mit ihrem jeweiligen zum Stichtag ausgewiesenen Bestand. Die Kreditinstitute und Einrichtungen sowie die betroffenen Bankkonten und die jeweilige Höhe des Bankguthabens sind in **Anlage 4** aufgeführt.

d) Vertragsverhältnisse:

Alle dem Teilbetrieb „A" zuzuordnenden Verträge, insbesondere Leasing-, Miet-, Kauf-, Dienst-, Werk-, Beratungs-, Darlehens-, Versorgungs-, Versicherungs-, Finanzierungsverträge, sowie Angebote und sonstige Rechtsstellungen zivilrechtlicher oder öffentlich-rechtlicher Art. Die Verträge sind in **Anlage 5** beschrieben. Soweit Verträge und Vertragsverhältnisse in dieser Anlage nicht aufgeführt sind, werden sie dennoch übertragen, wenn und soweit sie den Teilbetrieb „A" betreffen oder ihm zuzuordnen sind.

e) Arbeitsverhältnisse:

Sämtliche dem Teilbetrieb „A" zuzuordnenden Arbeitsverhältnisse einschließlich eventuell bestehender Verpflichtungen der betrieblichen Altersvorsorge um Zusage, Rückdeckungsversicherung im betrieblichen Versorgungsinteresse und sonstigen Zusagen mit Versorgungscharakter gehen nach § 613a BGB auf die aufnehmende Gesellschaft (A-GmbH) über. Die Arbeitnehmer werden bei der aufnehmenden Gesellschaft zu gleichen Konditionen beschäftigt. Sollten einzelne Arbeitnehmer dem Übergang ihres Arbeitsverhältnisses widersprechen, so ist die A-GmbH berechtigt das Arbeitsverhältnis außerordentlich zu kündigen, da die X-GmbH durch die Aufspaltung erlischt und eine Weiterbeschäftigung des Arbeitnehmers bei der X-GmbH somit nicht möglich ist. Die A-GmbH wird außerdem die B-GmbH von allen Ansprüchen aus den Arbeitsverhältnissen und den damit zusammen verbundenen Zusagen der betrieblichen Altersvorsorge und Zusagen mit Versorgungscharakter freistellen, soweit sie den Teilbetrieb „A" betreffen. Die übergehenden Arbeitsverhältnisse sind in **Anlage 6** zu diesem Vertrag aufgeführt.

f) Steuern:

Sämtliche dem Teilbetrieb „A" zuzuordnenden Forderungen, Verbindlichkeiten und Rückstellungen gegenüber dem Finanzamt betreffend Körperschaftsteuer und Solidaritätszuschlag, Gewerbesteuer, Umsatzsteuer, Kfz-Steuer, Grundsteuer, Kapitalertragsteuer, Lohn- und Kirchensteuer, Zinsabschlagsteuer.

g) Verbindlichkeiten:

Sämtliche zum Teilbetrieb „A" gehörenden und zuzuordnenden Verbindlichkeiten der X-GmbH, also sämtliche Schulden, Verbindlichkeiten,

Rückstellungen sowie Verlustrisiko aus schwebenden Geschäften. Die Verbindlichkeiten sind in **Anlage 7** zu diesem Vertrag aufgeführt.

h) Sonstiges:

Sowie alle sonstigen in den als **Anlage 8** aufgeführten Vermögenspositionen.

(3) Für sämtliche unter Absatz 2 beschriebenen Aktiva und Passiva gilt, dass die Übertragung im Wege der Aufspaltung alle Wirtschaftsgüter, Gegenstände, materiellen und immateriellen Rechte, Verbindlichkeiten, Rechtsbeziehungen erfasst, die dem Teilbetrieb „A" dienen oder zu dienen bestimmt sind oder sonst den Teilbetrieb „A" betreffen oder ihm wirtschaftlich zuzurechnen sind, unabhängig davon, ob die Vermögensposition bilanzierungsfähig ist oder nicht. Die Übertragung erfolgt auch unabhängig davon, ob der Vermögensgegenstand in den Anlagen 1 – 8 aufgeführt ist.

(4) Sollten die zu übertragenden Rechtspositionen des Aktiv- oder Passivvermögens bis zum Wirksamwerden der Spaltung im regelmäßigen Geschäftsgang veräußert worden sein, so werden die an ihrer Stelle getretenen vorhandenen Surrogate übertragen. Übertragen werden auch die bis zum Wirksamwerden der Spaltung erworbenen Gegenstände des Aktiv- oder Passivvermögens, soweit sie zum übertragenen Teilbetrieb „A" gehören.

(5) Bei Zweifelsfällen, die auch durch Auslegung dieses Vertrages nicht zu klären sind, gilt, dass Vermögensgegenstände, Verbindlichkeiten, Verträge und Rechtspositionen, die nach obigen Regeln nicht zugeordnet werden können, von den Gesellschaftern der X-GmbH gemäß § 315 BGB nach ihrem Ermessen unter Berücksichtigung der wirtschaftlichen Zugehörigkeit zuzuordnen sind.

(6) Soweit bilanzierte und nicht bilanzierte Vermögensgegenstände und Schulden in die Rechtsbeziehungen, die dem Teilbetrieb „A" wirtschaftlich zuzuordnen sind, nicht schon kraft Gesetzes mit der Eintragung der Ausgliederung in das Handelsregister der übertragenden Gesellschaft auf die aufnehmende Gesellschaft übergehen, wird die übertragende Gesellschaft diese Vermögensgegenstände oder Schulden sowie die Rechtsbeziehungen auf die A-GmbH übertragen. Ist die Übertragung im Außenverhältnis nicht oder nur mit unverhältnismäßigem Aufwand möglich oder unzweckmäßig, werden sich die beteiligten Gesellschaften im Innenverhältnis so stellen, wie sie stehen würden, wenn die Übertragung der Vermögensgegenstände

und Passiva bzw. Rechtsbeziehungen auch im Außenverhältnis mit Wirkung zum Vollzug dabei erfolgt wäre (wirtschaftliche Übertragung).

(7) Auf die Anlagen 1 – 8, die dieser Urkunde als wesentlicher Bestandteil beigefügt sind, wird gemäß § 14 Abs. 1 BeurkG verwiesen. Die Beteiligten haben auf das Vorlesen verzichtet, statt dessen wurden ihnen die Anlagen 1 – 8 zur Kenntnisnahme vorgelegt, sie wurden von ihnen genehmigt und nach § 14 BeurkG unterschrieben.

(8) Soweit für die Übertragung von bestimmten Gegenständen die Zustimmung eines Dritten an einer öffentlich-rechtlichen Genehmigung oder eine Registrierung erforderlich ist, werden sich die übertragende und die aufnehmende Gesellschaft bemühen, die Zustimmung, Genehmigung oder Registrierung beizubringen.

(9) Wird die A-GmbH als gesetzlicher Gesamtschuldner gemäß § 133 Abs. 1, Abs. 2 Satz 1 UmwG für Verbindlichkeiten, die sie nach diesem Vertrag nicht übernommen hat, in Anspruch genommen, kann sie von der B-GmbH unverzügliche Freistellung bzw. Erstattung verlangen.

§ 3 Vermögensübertragung auf B-GmbH

(1) Die X-GmbH überträgt den von ihr unterhaltenen Teilbetrieb „B" auf die B-GmbH mit allen Aktiven und Passiven. Die Übertragung erfolgt auf der Basis der festgestellten und vom zuständigen Abschlussprüfer testierten Spaltungsbilanz zum 31.12. .... . Diese Spaltungsbilanz ist Bestandteil dieses Spaltungsplans (§ 126 Abs. 2 Satz 3 UmwG). Sie ist als **Anlage 9** dieser Urkunde als wesentlicher Bestandteil beigefügt, auf sie wird nach §§ 9, 14 Abs. 1 BeurkG verwiesen. Die Beteiligten haben auf das Vorlesen verzichtet. Stattdessen wurden ihnen die Anlage 1 zur Durchsicht vorgelegt, von ihnen genehmigt und unterschrieben.

(2) Im Einzelnen sind folgende Vermögensgegenstände Bestandteil des Teilbetriebes „B" und werden im Rahmen der Aufspaltung auf die B-GmbH übertragen. Von der Aufspaltung werden sämtliche zum Spaltungsstichtag vorhanden Vermögensgegenstände und Schulden des Teilbetriebes mit allen Rechten und Pflichten sowie die ausschließlich diesem Teilbetrieb zuzuordnenden Rechtsbeziehungen, insbesondere Vertragsverhältnisse, nach näherer Maßgabe der nachfolgenden Bestimmungen erfasst, gleich ob sie bilanziert sind oder nicht. Insbesondere handelt es sich um folgende Vermögensgegenstände und Schulden, die dem Teilbetrieb „B" mit allen Rechten und Pflichten zuzuordnen sind:

a) Anlage- und Umlaufvermögen: Sämtliche zum Anlage- und Umlaufvermögen gehörenden beweglichen Gegenstände des Teilbetriebs „B“, also alle dem Teilbetrieb „B“ zuzurechnenden beweglichen Gegenstände, technischen Anlagen und Maschinen, Kfz-, Betriebs- und Geschäftsausstattung, geringwertige Wirtschaftsgüter, Zubehör und Ersatzteile, EDV-Hardware, Software, geleistete Anzahlungen und Anlagen im Bau, sowie sämtliche zum Teilbetrieb „B“ gehörenden Gegenstände des Umlaufvermögens. Soweit die X-GmbH Eigentum oder Miteigentum an diesen Gegenständen hat oder diese künftig erwirbt, wird das Eigentum oder Miteigentum übertragen; soweit die X-GmbH Anwartschaftsrechte auf Eigentumserwerb an dem ihr unter Eigentumsvorbehalt gelieferten beweglichen Vermögen hat, überträgt sie hiermit der B-GmbH diese Anwartschaftsrechte. Die wichtigsten beweglichen Vermögensgegenstände, insbesondere Software, Einrichtungen und geringwertige Wirtschaftsgüter sind in der **Anlage 10** aufgeführt, ohne jedoch auf die genannten Anlagen und Einrichtungen beschränkt zu sein.

b) Forderungen:

   Sämtliche Forderungen, die dem Teilbetrieb „B“ zuzuordnen sind, insbesondere Forderungen aus Lieferung und Leistung und *[ggf. weitere Aufzählung]*. Die Forderungen sind in der **Anlage 11** aufgeführt. Soweit Forderungen in dieser Anlage nicht aufgeführt sind, werden sie dennoch übertragen, wenn und soweit sie dem Teilbetrieb „B“ zuzuordnen sind.

c) Bankguthaben:

   Sämtliche dem Teilbetrieb „B“ zuzuordnen Bankguthaben bei allen Banken, Kreditinstituten und sonstigen Einrichtungen mit ihrem jeweiligen zum Stichtag ausgewiesenen Bestand. Die Kreditinstitute und Einrichtungen sowie die betroffenen Bankkonten und die jeweilige Höhe des Bankguthabens sind in **Anlage 12** aufgeführt.

d) Vertragsverhältnisse:

   Alle dem Teilbetrieb „B“ zuzuordnenden Verträge, insbesondere Leasing-, Miet-, Kauf-, Dienst-, Werk-, Beratungs-, Darlehens-, Versorgungs-, Versicherungs-, Finanzierungsverträge, sowie Angebote und sonstige Rechtsstellungen zivilrechtlicher oder öffentlich-rechtlicher Art. Die Verträge sind in **Anlage 13** beschrieben. Soweit Verträge und Vertragsverhältnisse in dieser Anlage nicht aufgeführt sind, werden sie dennoch übertragen, wenn und soweit sie den Teilbetrieb „B“ betreffen oder ihm zuzuordnen sind.

e) Arbeitsverhältnisse:

Sämtliche dem Teilbetrieb „B" zuzuordnenden Arbeitsverhältnisse einschließlich eventuell bestehender Verpflichtungen der betrieblichen Altersvorsorge um Zusage, Rückdeckungsversicherung im betrieblichen Versorgungsinteresse und sonstigen Zusagen mit Versorgungscharakter gehen nach § 613a BGB auf die aufnehmende Gesellschaft (B-GmbH) über. Die Arbeitnehmer werden bei der aufnehmenden Gesellschaft zu gleichen Konditionen beschäftigt. Sollten einzelne Arbeitnehmer dem Übergang ihres Arbeitsverhältnisses widersprechen, so ist die B-GmbH berechtigt das Arbeitsverhältnis außerordentlich zu kündigen, da die X-GmbH durch die Aufspaltung erlischt und eine Weiterbeschäftigung des Arbeitnehmers bei der X-GmbH somit nicht möglich ist. Die B-GmbH wird außerdem die A-GmbH von allen Ansprüchen aus den Arbeitsverhältnissen und den damit zusammen verbundenen Zusagen der betrieblichen Altersvorsorge und Zusagen mit Versorgungscharakter freistellen, soweit sie den Teilbetrieb „B" betreffen. Die übergehenden Arbeitsverhältnisse sind in **Anlage 14** zu diesem Vertrag aufgeführt.

f) Steuern:

Sämtliche dem Teilbetrieb „B" zuzuordnenden Forderungen, Verbindlichkeiten und Rückstellungen gegenüber dem Finanzamt betreffend Körperschaftsteuer und Solidaritätszuschlag, Gewerbesteuer, Umsatzsteuer, Kfz-Steuer, Grundsteuer, Kapitalertragsteuer, Lohn- und Kirchensteuer, Zinsabschlagsteuer.

g) Verbindlichkeiten:

Sämtliche zum Teilbetrieb „B" gehörenden und zuzuordnenden Verbindlichkeiten der X-GmbH, also sämtliche Schulden, Verbindlichkeiten, Rückstellungen sowie Verlustrisiko aus schwebenden Geschäften. Die Verbindlichkeiten sind in **Anlage 15** zu diesem Vertrag aufgeführt.

h) Sonstiges:

Sowie alle sonstigen in den als **Anlage 16** aufgeführten Vermögenspositionen.

(3) Für sämtliche unter Absatz 2 beschriebenen Aktiva und Passiva gilt, dass die Übertragung im Wege der Aufspaltung alle Wirtschaftsgüter, Gegenstände, materiellen und immateriellen Rechte, Verbindlichkeiten, Rechtsbeziehungen erfasst, die dem Teilbetrieb „B" dienen oder zu dienen bestimmt sind oder sonst den Teilbetrieb „B" betreffen oder ihm wirtschaftlich zuzurechnen sind, unabhängig davon, ob die Vermögensposition bilan-

zierungsfähig ist oder nicht. Die Übertragung erfolgt auch unabhängig davon, ob der Vermögensgegenstand in den Anlagen 9 – 16 aufgeführt ist.

(4) Sollten die zu übertragenden Rechtspositionen des Aktiv- oder Passivvermögens bis zum Wirksamwerden der Spaltung im regelmäßigen Geschäftsgang veräußert worden sein, so werden die an ihrer Stelle getretenen vorhandenen Surrogate übertragen. Übertragen werden auch die bis zum Wirksamwerden der Spaltung erworbenen Gegenstände des Aktiv- oder Passivvermögens, soweit sie zum übertragenen Teilbetrieb „B" gehören.

(5) Bei Zweifelsfällen, die auch durch Auslegung dieses Vertrages nicht zu klären sind, gilt, dass Vermögensgegenstände, Verbindlichkeiten, Verträge und Rechtspositionen, die nach obigen Regeln nicht zugeordnet werden können, von den Gesellschaftern der X-GmbH gemäß § 315 BGB nach ihrem Ermessen unter Berücksichtigung der wirtschaftlichen Zugehörigkeit zuzuordnen sind.

(6) Soweit bilanzierte und nicht bilanzierte Vermögensgegenstände und Schulden in die Rechtsbeziehungen, die dem Teilbetrieb „B" wirtschaftlich zuzuordnen sind, nicht schon kraft Gesetzes mit der Eintragung der Spaltung in das Handelsregister der übertragenden Gesellschaft auf die aufnehmende Gesellschaft übergehen, wird die übertragende Gesellschaft diese Vermögensgegenstände oder Schulden sowie die Rechtsbeziehungen auf die B-GmbH übertragen. Ist die Übertragung im Außenverhältnis nicht oder nur mit unverhältnismäßigem Aufwand möglich oder unzweckmäßig, werden sich die Beteiligten im Innenverhältnis so stellen, wie sie stehen würden, wenn die Übertragung der Vermögensgegenstände und Passiva bzw. Rechtsbeziehungen auch im Außenverhältnis mit Wirkung zum Vollzug dabei erfolgt wäre (wirtschaftliche Übertragung).

(7) Auf die Anlagen 9 – 16, die dieser Urkunde als wesentlicher Bestandteil beigefügt sind, wird gemäß § 14 Abs. 1 BeurkG verwiesen. Die Beteiligten haben auf das Vorlesen verzichtet, statt dessen wurden ihnen die Anlagen 9 – 16 zur Kenntnisnahme vorgelegt, sie wurden von ihnen genehmigt und nach § 14 BeurkG unterschrieben.

(8) Soweit für die Übertragung von bestimmten Gegenständen die Zustimmung eines Dritten an einer öffentlich-rechtlichen Genehmigung oder eine Registrierung erforderlich ist, werden sich die übertragende und die aufnehmende Gesellschaft bemühen, die Zustimmung, Genehmigung oder Registrierung beizubringen.

(9) Wird die B-GmbH als gesetzlicher Gesamtschuldner gemäß § 133 Abs. 1, Abs. 2 Satz 1 UmwG für Verbindlichkeiten, die sie nach diesem Vertrag nicht übernommen hat, in Anspruch genommen, kann sie von der A-GmbH unverzügliche Freistellung bzw. Erstattung verlangen.

§ 4 Spaltungsstichtag, Bilanz, steuerrechtliche Bilanzierung

(1) Die Spaltung erfolgt zum 1.1. … (Spaltungsstichtag).

(2) Die Übernahme des vorbezeichneten Vermögens der X-GmbH erfolgt im Innenverhältnis mit Wirkung zum Ablauf des 31.12. … 24:00 Uhr. Vom 1.1. … 0:00 Uhr an gelten alle Handlungen und Geschäfte der X-GmbH, die das übertragene Vermögen betreffen, als für Rechnung der den jeweiligen Vermögensteil übernehmenden Gesellschaft vorgenommen.

(3) Der Spaltung wird die mit dem uneingeschränkten Bestätigungsvermerk der . . . Wirtschaftsprüfungsgesellschaft mbH . . . versehene Bilanz der X-GmbH zum 31.12. … (Schlussbilanz) zugrundegelegt.

(4) Die übertragende Gesellschaft ist verpflichtet, die steuerlichen Buchwerte in ihrer steuerlichen Schlussbilanz anzusetzen und die übernehmenden Gesellschaften sind verpflichtet diese, soweit sie auf das auf sie übertragene Vermögen entfallen, fortzuführen. Die Parteien verpflichten sich, alle hierzu erforderlichen Anträge (insbesondere Antrag auf Buchwertfortführung) zu stellen sowie die weiteren steuerlichen Pflichten zu erfüllen und an allen hierzu erforderlichen Maßnahmen zusammenzuwirken. Die X-GmbH stellt hiermit einen Antrag auf Buchwertfortführung (§§ 15 Abs. 1, 11 Abs. 2 UmwStG).

§ 5 Gründung der A-GmbH und der B-GmbH

(1) Die X-GmbH errichtet hiermit die A-GmbH und stellt den als **Anlage 17** beigefügten Gesellschaftsvertrag der A-GmbH fest. Auf die Anlage 17, die dieser Urkunde als wesentlicher Bestandteil beigefügt ist, wird hiermit gemäß § 14 Abs. 1 BeurkG verwiesen. Die Beteiligten haben auf das Vorlesen verzichtet, stattdessen wurden ihnen die Anlage 17 zur Kenntnisnahme vorgelegt, sie wurde von ihnen genehmigt und nach § 14 BeurkG unterschrieben.

(2) Das Stammkapital der A-GmbH beträgt *[EUR 50.000]*.

(3) Herr A wird zum Geschäftsführer der A-GmbH bestellt. Er ist stets alleinvertretungsberechtigt und von den Beschränkungen des § 181 BGB befreit.

(4) Die A-GmbH ist nicht verpflichtet, einen den Nennwert der neuen Stammeinlagen übersteigenden Wert der erbrachten Einlagen zu vergüten. Der

übersteigende Betrag wird in die Kapitalrücklage gem. § 272 Abs. 2 Nr. 1 HGB eingestellt.

(5) Die X-GmbH errichtet hiermit ferner die B-GmbH und stellt den als **Anlage 18** beigefügten Gesellschaftsvertrag der B-GmbH fest. Auf die Anlage 18, die dieser Urkunde als wesentlicher Bestandteil beigefügt ist, wird hiermit gemäß § 14 Abs. 1 BeurkG verwiesen. Die Beteiligten haben auf das Vorlesen verzichtet, stattdessen wurden ihnen die Anlage 18 zur Kenntnisnahme vorgelegt, sie wurde von ihnen genehmigt und nach § 14 BeurkG unterschrieben.

(6) Das Stammkapital der B-GmbH beträgt *[EUR 50.000]*.

(7) Herr B wird zum Geschäftsführer der B-GmbH bestellt. Er ist stets alleinvertretungsberechtigt und von den Beschränkungen des § 181 BGB befreit.

(8) Die B GmbH ist nicht verpflichtet, einen den Nennwert der neuen Stammeinlagen übersteigenden Wert der erbrachten Einlagen zu vergüten. Der übersteigende Betrag wird in die Kapitalrücklage gem. § 272 Abs. 2 Nr. 1 HGB eingestellt.

(9) Die Geschäftsführung der X-GmbH wird die zur Wirksamkeit der GmbH-Gründungen und dieses Spaltungsplans erforderliche Beschlussfassung über die Zustimmung der Gesellschafter der X-GmbH schnellstmöglich herbeiführen. Jedem Gesellschafter ist unverzüglich eine Ausfertigung dieses Spaltungsplanes zu übermitteln.

§ 6 Gegenleistung, Gewährung von Anteilen

(1) Herrn A wird als Gegenleistung für die Übertragung des in § 2 näher bezeichneten Vermögens auf die neugegründete A-GmbH ein Geschäftsanteil an der A-GmbH i. H. v. nominal *[EUR 50.000]* (Geschäftsanteil Nr. *[1]*) gewährt.

(2) Herrn B wird als Gegenleistung für die Übertragung des in § 3 näher bezeichneten Vermögens auf die neugegründete B-GmbH ein Geschäftsanteil an der B-GmbH i. H. v. nominal *[EUR 50.000]* (Geschäftsanteil Nr. *[1]*) gewährt.

(3) Die Gewährung der Anteile an den übernehmenden Gesellschaften erfolgt verhältniswahrend entsprechend den Beteiligungen an der übertragenden Gesellschaft und unter Berücksichtigung der Werte der Teilbetriebe.

(4) Bare Zuzahlungen werden nicht geleistet.

(5) Die gewährten Anteile an der A-GmbH und der B-GmbH sind ab dem 1.1. ... am Gewinn der jeweiligen Gesellschaft beteiligt.

(6) Der Gesamtwert zu dem die jeweils erbrachte Sacheinlage von der jeweiligen aufnehmenden Gesellschaft übernommen wird, entspricht dem Buchwert des jeweiligen übertragenen Vermögens zum Spaltungsstichtag gemäß der Bilanz der übertragenden Gesellschaft nach § 4 Abs. 2 dieser Niederschrift. Soweit der Buchwert des übertragenen Nettovermögens den Nennbetrag der dafür gewährten Geschäftsanteile übersteigt, wird der Differenzbetrag in die Kapitalrücklage der jeweiligen aufnehmenden Gesellschaft eingestellt. Eine Vergütung für den Differenzbetrag wird nicht geschuldet. Die übernehmende Gesellschaft ist verpflichtet, die steuerlichen Buchwerte der übertragenden Gesellschaft fortzuführen.

Es wird hiermit beantragt, dass nach erfolgter Aufspaltung das Grundbuch am gesamten betroffenen Grundbesitz der X-GmbH auf die jeweilige übernehmende Gesellschaft berichtigt wird. Auf die Grunderwerbsteuerbarkeit wurde hingewiesen.

§ 8 Besondere Rechte, besondere Vorteile

Besondere Rechte i. S. v. § 126 Abs. 1 Nr. 7 UmwG bestehen bei der X-GmbH nicht. Einzelnen Gesellschaftern werden im Rahmen der Aufspaltung keine besonderen Rechte gewährt. Besondere Vorteile i. S. v. § 126 Abs. 1 Nr. 8 UmwG werden weder einem Mitglied eines Vertretungs- oder Aufsichtsorgans, noch dem Abschlussprüfer oder dem Spaltungsprüfer gewährt.

§ 9 Folgen der Aufspaltung für Arbeitnehmer und ihre Vertretungen

Durch die Spaltung ergeben sich für die Arbeitnehmer und ihre Vertretungen die nachgenannten Folgen:

1. Die Arbeitsverhältnisse der in **Anlage 6** und **Anlage 14** näher bezeichneten, dem jeweiligen Teilbetrieb zuzurechnenden Mitarbeiter der X-GmbH gehen gemäß § 613a BGB mit allen Rechten und Pflichten einschließlich etwaiger Versorgungspflichten auf die jeweils übernehmende Gesellschaft über. Die übernehmenden Gesellschaften treten in die Rechte und Pflichten der im Zeitpunkt des Übergangs bestehenden vorerwähnten Arbeitsverhältnisse ein, soweit sie den auf sie übertragenen Teilbetrieb betreffen.

2. Die kündigungsrechtliche Stellung eines Arbeitnehmers, der vor dem Wirksamwerden der Spaltung des Geschäftsbereichs zu der X-GmbH in einem Arbeitsverhältnis steht, verschlechtert sich aufgrund der Aufspaltung für die Dauer von zwei Jahren ab dem Zeitpunkt des Wirksamwerdens nicht.

3. Bei der X-GmbH existiert weder ein Betriebsrat noch Betriebsvereinbarungen
4. Bei der X-GmbH gibt es keinen mitbestimmenden Aufsichtsrat. Der Übergang der Teilbetriebe der X-GmbH begründet weder für die A-GmbH noch für die B-GmbH eine Verpflichtung, einen mitbestimmenden Aufsichtsrat einzurichten.

§ 10 Sonstige Vereinbarungen

(1) Sollten für die Übertragung der in § 2 und § 3 genannten Sachen, Rechte, Vertragsverhältnisse und Verbindlichkeiten weitere Voraussetzungen geschaffen oder staatliche Genehmigungen eingeholt werden müssen, so verpflichten sich die Vertragsbeteiligten alle erforderlichen Erklärungen abzugeben und Handlungen vorzunehmen.

(2) Sollte eine Übertragung der in § 2 und § 3 genannten Sachen, Rechte, Vertragsverhältnisse und Verbindlichkeiten im Wege der Aufspaltung auf die A-GmbH oder B-GmbH rechtlich nicht möglich sein, so verpflichten sich die Vertragsbeteiligten alle erforderlichen Erklärungen abzugeben und alle erforderlichen Handlungen vorzunehmen, die rechtlich zu dem beabsichtigten Vermögensübergang auf die A-GmbH oder B-GmbH in anderer Weise führen.

(3) Sollten einzelne Bestimmungen dieser Urkunde unwirksam oder nicht durchführbar sein, so soll dies die Gültigkeit dieses Vertrages im Übrigen nicht berühren. An die Stelle der unwirksamen oder undurchführbaren Vereinbarung soll eine solche treten, die dem wirtschaftlichen Ergebnis der unwirksamen oder undurchführbaren Klausel in zulässiger Weise am nächsten kommt.

§ 11 Hinweise, Vollmacht

Der Notar hat auf Folgendes hingewiesen:

- Der Spaltungsplan bedarf zu seiner Wirksamkeit der Zustimmung der Gesellschafter der X-GmbH.
- Die Aufspaltung wird erst mit der Eintragung in das Handelsregister der übertragenden Gesellschaft wirksam, wobei diese wiederum erst nach Eintragung der Errichtung der A-GmbH und der B-GmbH erfolgen kann. Für die Eintragung der neugegründeten Gesellschaften können behördliche Erlaubnisse erforderlich sein; diese sind von den jeweiligen Beteiligten selbst einzuholen.

- Die Beteiligten beauftragen und ermächtigen den Notar die zum Vollzug notwendigen Genehmigungen und Zustimmungserklärungen einzuholen. Genehmigungen werden mit Eingang beim Notar wirksam. Dies gilt nicht für die Versagung von Genehmigungen oder deren Erteilung unter Bedingungen oder Auflagen.
- Der übertragende Rechtsträger sowie seine Organe erlöschen mit Eintragung der Aufspaltung im Handelsregister der übertragenden Rechtsträgers.
- Mit Wirksamwerden der Spaltung geht das Vermögen der übertragenden Gesellschaft entsprechend der im Spaltungsplan festgelegten Aufteilung auf die übernehmenden Gesellschaften jeweils als Gesamtheit kraft Gesetzes über. Die Gesellschafter der übertragenden Gesellschaft werden entsprechend der im Spaltungs- und Übernahmevertrag festgelegten Aufteilung Gesellschafter der jeweiligen übernehmenden Gesellschaft.
- Nach § 133 UmwG haften für die vor dem Wirksamwerden der Aufspaltung begründeten Verbindlichkeiten des übertragenden Rechtsträgers alle an der Aufspaltung beteiligten Rechtsträger gesamtschuldnerisch auch wenn im Innenverhältnis abweichende Abreden bestehen; Gläubiger können für ihre Verbindlichkeiten Sicherheitsleistung nach §§ 125, 22 UmwG durch diejenige Gesellschaft, gegen die sich der Anspruch richtet, verlangen, wenn sie binnen sechs Monaten nach Bekanntmachung der Spaltung ihren Anspruch schriftlich anmelden und glaubhaft machen, dass die Erfüllung ihrer Forderung aufgrund der Spaltung gefährdet ist, sofern nicht bereits Befriedigung verlangt werden kann. Daneben können weitere Haftungsvorschriften anwendbar sein insbesondere die § 25 HGB, § 75 AO.
- Der Wert des übergehenden Gesellschaftsvermögens darf im Zeitpunkt der Handelsregistereintragung der neugegründeten Gesellschaften nicht niedriger sein als das ausgewiesene Stammkapital abzüglich des übernommenen Gründungsaufwandes; für etwaige Fehlbeträge haften die Gesellschafter und die übertragende Gesellschaft persönlich.
- Bei nicht vollständig eingezahlten Stammeinlagen bestehen nach §§ 51 Abs. 1, 125 UmwG besondere Zustimmungspflichten.
- Die Mitglieder des Vertretungsorgans und auch eines etwaigen Aufsichtsorgans sind nach § 25 UmwG als Gesamtschuldner zum Schadensersatz bei Verletzung ihrer Pflichten nach dem UmwG verpflichtet.

Die Beteiligten erteilen auch den Angestellten der Notarstelle ... in ... je einzeln und unter Befreiung von den Beschränkungen des § 181 BGB Vollmacht, alles zum Vollzug dieser Urkunde im Handelsregister Erforderliche zu tun, insbesondere die Beschlüsse dieser Urkunde einschließlich der neugefassten Bestimmungen der Satzung zu ändern und entsprechende Registeranmeldungen abzugeben, sofern das für die Eintragung der Beschlüsse dieser Urkunde erforderlich ist. Die Vollmacht erstreckt sich auch auf die Grundbuchberichtigung. Die Vollmacht erlischt mit der Eintragung aller eintragungspflichtigen Beschlüsse dieser Urkunde im Handelsregister und Berichtigung der Grundbücher. Die Vollmacht darf nur bei der Notarstelle ... ausgeübt werden.

§ 12 Kosten

Die durch diesen Vertrag und ihre Durchführung bei beiden Gesellschaften entstehenden Kosten tragen die aufnehmenden Rechtsträger nach dem Verhältnis des auf sie übergehenden Vermögens des übertragenden Rechtsträgers. Sollte die Aufspaltung nicht wirksam werden, tragen die Kosten dieses Vertrages die Gesellschaften zu gleichen Teilen; alle übrigen Kosten trägt die jeweils betroffene Partei alleine.

§ 13 Abschriften

Von dieser Urkunde erhalten:
BEGLAUBIGTE ABSCHRIFTEN
jeder Beteiligte
das Registergericht ... eine elektronisch beglaubigte
EINFACHE ABSCHRIFTEN
das Finanzamt – Körperschaftsteuerstelle –
Steuerberater

Vorgelesen vom Notar,
von dem Beteiligten genehmigt und
eigenhändig unterschrieben wie folgt

dd) Zustimmungsbeschluss der übertragenden Gesellschaft

1154 URNr.

Ref.:

Protokoll über Gesellschafterversammlungen

Heute, den …
Zweitausend…

-…-

erschien vor mir,

…

Notar in …,

in den Amtsräumen in …:

1. Herr A, geb. am …,

   wohnhaft …,

   ausgewiesen durch Vorlage eines amtlichen Lichtbildausweises,

   hier handelnd im eigenen Namen.

2. Herr B, geb. am …,

   wohnhaft …,

   ausgewiesen durch Vorlage eines amtlichen Lichtbildausweises,

   hier handelnd im eigenen Namen.

Auf Ansuchen der Erschienenen beurkunde ich ihre vor mir abgegebenen Erklärungen gemäß was folgt:

A. Gesellschafterversammlung der X-GmbH

Herr X und Herr Y sind die Gesellschafter der Firma X-GmbH mit dem Sitz in …, eingetragen im Handelsregister des Amtsgerichts … unter HRB …. Das Stammkapital der Gesellschaft beträgt *[EUR 100.000]* und wurde von den Gesellschaften je zur Hälfte übernommen. Die Stammeinlagen sind voll einbezahlt.

Unter Verzicht auf alle durch Gesetz oder Gesellschaftsvertrag vorgeschriebenen Formen und Fristen halten wir hiermit eine Gesellschafterversammlung der X-GmbH ab und beschließen einstimmig und mit allen Stimmen was folgt:

I. Zustimmung

Dem Spaltungsplan vom ... zur Urkunde des amtierenden Notars URNr. ... wird hiermit zugestimmt.

II. Verzichtserklärungen

(1) Alle Gesellschafter verzichten (vorsorglich) auf eine Prüfung der Aufspaltung und auf die Erstellung eines Aufspaltungsberichtes und auf die Erstellung eines Aufspaltungsprüfungsberichtes, sowie auf alle sonstigen Förmlichkeiten, auf die von Gesetzes wegen verzichtet werden kann.

(2) Alle Gesellschafter erklären, dass ihnen der Spaltungsplan spätestens zusammen mit der Einberufung der Gesellschafterversammlung übersandt wurde. Alle Gesellschafter verzichten ausdrücklich auf eine Anfechtung dieses Beschlusses.

(3) Auf die Auslegung der Jahresabschlüsse der X-GmbH für die letzten drei Geschäftsjahre zur Einsicht durch die Gesellschafter in den Geschäftsräumen der X-GmbH vom Zeitpunkt der Einberufung der Gesellschafterversammlungen gemäß § 49 Abs. 2 i. V. m. § 125 Satz 1 UmwG an wurde ebenfalls einvernehmlich verzichtet. Vorsorglich wird der Verzicht hiermit nochmals ausdrücklich bestätigt.

(4) Auf die Klage gegen die Wirksamkeit der vorstehenden Beschlüsse, insbesondere des Zustimmungsbeschlusses nach Ziffer I. wird ausdrücklich verzichtet.

(5) Der Notar belehrte den Erschienenen über die Unwiderruflichkeit der Verzichtserklärungen und deren Wirkungen sowie darüber, dass durch diese Erklärungen die Ausübung von Gesellschafterrechten bei der bevorstehenden Aufspaltung beeinträchtigt werden kann.

B. Vollmacht

Die Beteiligten erteilen auch den Angestellten der Notarstelle ... in ... je einzeln und unter Befreiung von den Beschränkungen des § 181 BGB Vollmacht, alles zum Vollzug dieser Urkunde im Handelsregister Erforderliche zu tun, sofern das für die Eintragung der Beschlüsse dieser Urkunde erforderlich ist. Die Vollmacht erlischt mit der Eintragung aller eintragungspflichtigen Beschlüsse dieser Urkunde im Handelsregister. Die Vollmacht darf nur bei der Notarstelle ... ausgeübt werden.

C. Kosten, Abschriften

Die Kosten dieser Urkunde trägt ....

Von dieser Urkunde erhalten:
BEGLAUBIGTE ABSCHRIFTEN
die Beteiligten
das Registergericht ... eine elektronisch beglaubigte
EINFACHE ABSCHRIFTEN
das Finanzamt – Körperschaftsteuerstelle –
Steuerberater

Vorgelesen vom Notar,
von dem Beteiligten genehmigt und
eigenhändig unterschrieben wie folgt:

[-Unterschriften der Beteiligten-]

ee) Handelsregisteranmeldung der übernehmenden Gesellschaft

[Hier exemplarisch nur für die A-GmbH] 1155

An das Amtsgericht …
– Handelsregister –

A-GmbH mit Sitz in …

I. Zur Eintragung in das Handelsregister melde ich, Herr A, alleinvertretungsberechtigter Geschäftsführer der A-GmbH mit Sitz in … die Gesellschaft und deren Geschäftsführer zur Eintragung in das Handelsregister an.

1. Die Geschäftsanschrift lautet: …

2. Die X-GmbH mit Sitz in … (Amtsgericht … HRB …) hat aufgrund des Spaltungsplans vom … (URNr. … des Notars …) und der Beschlüsse der Gesellschafterversammlung der X-GmbH vom … (URNr. … des Notars …) ihr Vermögen unter Auflösung ohne Abwicklung durch gleichzeitige Übertragung der im Spaltungsplan bezeichneten Vermögensteile jeweils als Gesamtheit gemäß § 123 Abs. 1 Nr. 2 UmwG auf die von der Gesellschaft neu gegründete A-GmbH mit dem Sitz in . . . sowie die von der Gesellschaft neu gegründete B-GmbH mit dem Sitz in . . . gegen Gewährung von Anteilen an diesen Gesellschaften übertragen (Aufspaltung zur Neugründung).

3. Hinsichtlich der abstrakten Vertretungsbefugnis gilt:
Ist nur ein Geschäftsführer bestellt, so vertritt er die Gesellschaft allein. Sind mehrere Geschäftsführer bestellt, so wird die Gesellschaft durch zwei Geschäfts-führer gemeinschaftlich oder durch einen Geschäftsführer und einen Prokuristen gemeinschaftlich vertreten.
Die Gesellschafterversammlung kann unabhängig von der Zahl der bestellten Geschäftsführer jederzeit einem, mehreren oder allen Geschäftsführern Einzelvertretungsbefugnis und Befreiung von den Beschränkungen des § 181 BGB erteilen.

4. Hinsichtlich der konkreten Vertretungsbefugnis gilt:
Herr A *[Anschrift, Geburtsdatum]* wurde zum alleinigen Geschäftsführer bestellt. Herr A ist berechtigt, die Gesellschaft allein zu vertreten und ist von den Beschränkungen des § 181 BGB befreit.
Es liegen keine Umstände vor, aufgrund derer ich nach § 6 Abs. 2 Satz 2 Nr. 2 u. 3 sowie Satz 3 GmbHG vom Amt eines Geschäftsführers ausgeschlossen wäre:

a) Ich versichere, dass ich während der letzten fünf Jahre weder wegen des Unterlassens der Stellung eines Antrags auf Eröffnung des Insolvenzverfahrens (Insolvenzverschleppung), nach §§ 283 bis 283d StGB (Insolvenzstraftaten), wegen falscher Angaben nach § 82 GmbHG oder § 399 AktG, wegen unrichtiger Darstellung nach § 400 AktG, § 331 HGB, § 313 UmwG oder § 17 PublG oder nach § 263 StGB (Betrug), § 263a (Computerbetrug), § 264 StGB (Subventionsbetrug), § 264a (Kapitalanlagebetrug), § 265b StGB (Kreditbetrug), nach §§ 265c bis 265e StGB (Sportwettbetrug), § 266 StGB (Untreue) oder § 266a StGB (Vorenthalten oder Veruntreuen von Arbeitsentgelt) verurteilt worden bin, noch mir durch gerichtliches Urteil oder durch vollziehbare Entscheidung einer Verwaltungsbehörde die Ausübung eines Berufes, Berufszweiges, Gewerbes oder Gewerbezweiges untersagt worden ist.

b) Auch im Ausland erfolgte keine Verurteilung wegen einer vergleichbaren Tat.

c) Ferner wurde ich auch nicht aufgrund einer behördlichen Anordnung in einer Anstalt verwahrt.

d) Ich stehe nicht unter Betreuung und unterliege bei der Besorgung meiner Vermögensangelegenheiten weder ganz noch teilweise einem Einwilligungsvorbehalt (§ 1825 BGB).

Ich wurde über meine unbeschränkte Auskunftspflicht gegenüber dem Gericht belehrt, ebenso wie über die Strafbarkeit einer falschen Versicherung; auf § 82 Abs. 1 Nr. 5 GmbHG wurde hingewiesen. Falsche Angaben zum Zweck der Errichtung der Gesellschaft können ferner Ersatzansprüche der Gesellschaft auslösen (§ 9a GmbHG).

Ich bekenne ferner vom unterschriftsbeglaubigenden Notar nach § 53 Abs. 2 des Gesetzes über das Zentralregister und das Erziehungsregister in der Fassung der Bekanntmachung vom 21. 9. 1984 belehrt worden zu sein. Herr A versichert schlussendlich, dass ab der Eintragung der Aufspaltung im Handelsregister der übertragenden Gesellschaft das Vermögen der durch die Aufspaltung entstehenden Gesellschaft sich endgültig in seiner freien Verfügung befinden wird.

II. Als Anlagen überreiche ich:

1. Notariell beglaubigte Abschrift des Spaltungsplans nebst Anlagen vom … (URNr. … des Notars …);

2. Notariell beglaubigte Abschrift der Niederschriften der Gesellschafterversammlung vom ... (URNr. ... des Notars ...) der X-GmbH;

3. Werthaltigkeitsnachweis der ... Wirtschaftsprüfungsgesellschaft ... vom ... hinsichtlich der im Wege der Aufspaltung eingebrachten Vermögensteile;

4. Die von sämtlichen Geschäftsführern unterzeichnete Spaltungsbilanz der X-GmbH zum 31. 12. ... mit Anhang, versehen mit uneingeschränktem Bestätigungsvermerk der ... Wirtschaftsprüfungsgesellschaft vom ...;

5. Sachgründungsbericht;

6. Unterschriebene Liste der Gesellschafter (§ 52 Abs. 2 UmwG);

7. Gesellschaftsvertrag der neuen GmbH.

III. Ich erkläre, dass der Aufspaltungsbeschluss und der Spaltungsplan der übertragenden Gesellschaft nicht angefochten wurden und aufgrund der im Aufspaltungsbeschluss enthaltenen Anfechtungsverzichtserklärungen sämtlicher Gesellschafter auch nicht angefochten werden können. Auf die Erstattung eines Spaltungsberichts und die Durchführung einer Spaltungsprüfung wurde ebenfalls verzichtet.

Nach Vollzug der Eintragung der Gesellschaft bitte ich jeweils um

- Eintragungsnachricht an die X-GmbH, die A-GmbH, die B-GmbH und an den beglaubigenden Notar sowie um
- Übermittlung eines beglaubigten Handelsregisterauszugs an die X-GmbH, die A-GmbH, die B-GmbH und den beglaubigenden Notar.

[Unterschrift Herr A (Geschäftsführer A-GmbH)]

[Beglaubigung Notar]

ff) Handelsregisteranmeldung der übertragenden Gesellschaft

1156 An das Amtsgericht …
– Handelsregister –

X-GmbH mit Sitz in …, HRB …

I. Zur Eintragung in das Handelsregister melde ich, Herr A, alleinvertretungsberechtigter Geschäftsführer der X-GmbH mit Sitz in … an:

1. Die X-GmbH mit Sitz in … (Amtsgericht … HRB …) hat aufgrund des Spaltungsplans vom … (URNr. … des Notars …) und der Beschlüsse der Gesellschafterversammlung der X-GmbH vom … (URNr. … des Notars …) ihr Vermögen unter Auflösung ohne Abwicklung durch gleichzeitige Übertragung der im Spaltungsplan bezeichneten Vermögensteile jeweils als Gesamtheit gemäß § 123 Abs. 1 Nr. 2 UmwG auf die von der Gesellschaft neu gegründete A GmbH mit dem Sitz in … sowie die von der Gesellschaft neu gegründete B GmbH mit dem Sitz in … gegen Gewährung von Anteilen an diesen Gesellschaften übertragen (Aufspaltung zur Neugründung).
2. Die X-GmbH mit Sitz in … als übertragender Rechtsträger ist damit erloschen.
3. Sämtliche Bücher in Schriften der Gesellschaft werden bei … verwahrt.

II. Als Anlagen überreiche ich:

1. Notariell beglaubigte Abschrift des Spaltungsplans nebst Anlagen vom … (URNr. … des Notars …);
2. Notariell beglaubigte Abschrift der Niederschriften der Gesellschafterversammlung vom … (URNr. … des Notars …) der X-GmbH;
3. Beglaubigter Handelsregisterauszug der A-GmbH mit Sitz in … (Amtsgericht … HRB …) und der B-GmbH mit Sitz in … (Amtsgericht … HRB …) aus denen sich die Eintragung der beiden neugegründeten Gesellschaften in das jeweilige Handelsregister ergibt;
4. Die von sämtlichen Geschäftsführern unterzeichnete Schlussbilanz der X-GmbH zum 31.12. … mit Anhang, versehen mit uneingeschränktem Bestätigungsvermerk der … Wirtschaftsprüfungsgesellschaft vom …;

III. Ich erkläre, dass der Aufspaltungsbeschluss und der Spaltungsplan der übertragenden Gesellschaft nicht angefochten wurden und aufgrund der im Spaltungsbeschluss enthaltenen Anfechtungsverzichtserklärungen sämtlicher Gesellschafter auch nicht angefochten werden können. Auf die

Erstattung eines Spaltungsberichts und die Durchführung einer Spaltungsprüfung wurde ebenfalls verzichtet.

Nach Vollzug der Eintragung der Verschmelzung bitte ich jeweils um

- Eintragungsnachricht an die X-GmbH, die A-GmbH, die B-GmbH und an den beglaubigenden Notar sowie um
- Übermittlung je eines beglaubigten Handelsregisterauszugs an die X-GmbH, die A-GmbH, die B-GmbH und den beglaubigenden Notar.

[Unterschrift Herr A (Geschäftsführer X-GmbH)]

[Beglaubigung Notar]

gg) Liste der Gesellschafter

1157 Liste der Gesellschafter der A-GmbH

mit Sitz in …, eingetragen im Handelsregister des Amtsgerichts … unter HRB ….

Nr. des Geschäftsanteils	Vor- u. Nachname / Firma des Gesellschafters	Geburtsdatum	Wohnort / Sitz des Gesellschafters	Nennbetrag des Geschäftsanteils (EUR)	Gesamtbeteiligung des Gesellschafters am Stammkapital in Prozent
1	A			50.000	100
Stammkapital (EUR)				50.000	

[Ort, Datum]

[Unterschrift Notar, Unterschrift Geschäftsführer]

hh) Liste der Gesellschafter

1158 Liste der Gesellschafter der B-GmbH

mit Sitz in …, eingetragen im Handelsregister des Amtsgerichts … unter HRB ….

Nr. des Geschäftsanteils	Vor- u. Nachname / Firma des Gesellschafters	Geburtsdatum	Wohnort / Sitz des Gesellschafters	Nennbetrag des Geschäftsanteils (EUR)	Gesamtbeteiligung des Gesellschafters am Stammkapital in Prozent
1	B			50.000	100
Stammkapital (EUR)				50.000	

[Ort, Datum]

[Unterschrift Notar, Unterschrift Geschäftsführer]

ii) Sachgründungsbericht

[Hier exemplarisch nur für die A-GmbH] 1159

Sachgründungsbericht

Als Gesellschafter der übernehmenden A-GmbH habe ich, Herr A, für die Aufspaltung der X-GmbH und die Übertragung des Teilbetriebs ... auf die A-GmbH gestimmt. Über den Ablauf der Aufspaltung berichte ich wie folgt:

1. Mit Spaltungsvertrag vom ... (URNr. ... des Notars ...) und Spaltungs- und Kapitalerhöhungsbeschluss vom ... (URNr. ... des Notars ...) wurde die Aufspaltung beschlossen.

2. Das Stammkapital der neugegründeten A-GmbH beträgt *[EUR 50.000]*. Hieran ist beteiligt:

   Herr A

   - mit dem Geschäftsanteil Nr. *[1]* im Nennbetrag von *[EUR 50.000]* - ... Euro -,
   - wobei der neue Geschäftsanteil Nr. *[1]* durch Sacheinlage gemäß den Festsetzungen im Gesellschaftsvertrag (§ ...) wie folgt erbracht werden soll: Die Sacheinlage soll erbracht werden, indem der Teilbetrieb ... der X-GmbH auf die A-GmbH aufgespalten werden soll und das nach Abzug der Schulden verbleibende (freie) Vermögen des vorgenannten Teilbetriebs mindestens dem Stammkapital der A-GmbH und dem Nennbetrag des neu gewährten Geschäftsanteils Nr. *[1]* entspricht.

3. Zur Angemessenheit der Wertansätze für die vorstehend bezeichnete Sacheinlage sowie als Bericht über den bisherigen Geschäftsverlauf und die Lage des Teilbetriebs der X-GmbH weise ich auf Folgendes hin:

   a) In dem letzten Jahresabschluss (Bilanz und Gewinn- und Verlustrechnung) der X-GmbH zum ..., der als **Anlage 1** diesem Sachgründungsbericht beigefügt ist, sind folgende Geschäftsanteile der Gesellschafter ausgewiesen:

   - Herr A

     mit einer Stammeinlage von nominal *[EUR 50.000]* (Geschäftsanteil Nr. *[1]*)

   - Herr B

     mit einer Stammeinlage von nominal *[EUR 50.000]* (Geschäftsanteil Nr. *[2]*)

In diesem Jahresabschluss sind folgende Kapitalrücklagen der Gesellschafter ausgewiesen:

- Herr A mit einer Kapitalrücklage von EUR …,
- Herr B mit einer Kapitalrücklage von EUR …,

Zudem besteht ein Gewinnvortrag i. H. v. EUR … sowie ein Jahresüberschuss i. H. v. EUR … . Hierbei handelt es sich um die ordentliche nach den maßgeblichen handelsrechtlichen Vorschriften erstellte Jahresbilanz der X-GmbH. Die darin ausgewiesenen Buchwerte des Teilbetriebs … werden von der übernehmenden A-GmbH unverändert fortgeführt.

b) Die für die Erbringung des Stammkapitals zugrunde gelegten Buchwerte für die Aktiva des eingebrachten Teilbetriebs … liegen aufgrund vorhandener stiller Reserven deutlich unter dem wirklichen Wert, so dass nach Abzug der Verbindlichkeiten der wirkliche Wert des Reinvermögens des Teilbetriebs … höher ist als das angenommene Stammkapital. Dies ergibt sich aus folgenden Umständen:

aa) Die immateriellen Vermögensgegenstände (Geschäfts- und Firmenwerte usw.) des Teilbetriebs dürfen nach handelsrechtlichen Grundsätzen nicht bilanziert werden, sind aber aufgrund der Ertragslage von nicht unerheblicher Bedeutung.

aa) Der Teilbetrieb erwirtschaftet seit Jahren substantielle Gewinne, so dass ich von einem erheblichen Firmenwert (Good Will) ausgehe. Da ich auch nach meiner Unternehmensplanung mit nachhaltigen, tendenziell steigenden Jahresüberschüssen rechne, würden ich für den Firmenwert (Good Will) insbesondere aufgrund konstanter Kundenbeziehungen mit meinen Abnehmern gedanklich einen Wert im *[siebenstelligen]* Bereich ansetzen.

bb) Die Sachanlagen (Grundstücke, grundstücksgleiche Rechte, Bauten, technische Anlagen und Maschinen sowie maschinellen Anlagen usw.) des Teilbetriebs enthalten ebenfalls stille Reserven.

cc) Das Umlaufvermögen (Vorräte, Forderungen, Wertpapiere usw.) des Teilbetriebs entspricht den bilanzierten Ansätzen.

c) Die bilanzierten Passivposten sind vollständig und ausreichend.

d) Der Abspaltung sind keine Rechtsgeschäfte vorangegangen, deren Zweck darauf gerichtet war, den Leistungsgegenstand zur Deckung der Sacheinlage bei der A-GmbH zu verwenden. Die Vermögensgegenstände, die die Sacheinlageleistung bei der A-GmbH darstellen, wurden im Rahmen des laufenden Geschäftsbetriebs der X-GmbH geschaffen oder erworben.

e) Als **Anlage 2** übergebe ich eine Aufstellung, aus der sich die Anschaffungs- und Herstellungskosten aller von der X-GmbH für den Teilbetrieb ... in den beiden letzten Jahren vor der Fassung des Umwandlungsbeschlusses angeschafften oder hergestellten Vermögensgegenstände ergeben.

f) Zum Nachweis der Betriebserträge des Teilbetriebs ... der X-GmbH in den letzten beiden Geschäftsjahren übergebe ich als **Anlagen 3 und 4** die Jahresabschlüsse (Bilanz, Gewinn- und Verlustrechnung und Anhang) der X-GmbH für die Jahre ... in denen auch separate Rechnungen für die einzelnen Teilbetriebe der Gesellschaft enthalten sind. Daraus ergibt sich, dass in dem Geschäftsjahr ... nach Steuern ein Jahresüberschuss von EUR ... und in dem Geschäftsjahr ... nach Steuern ein Jahresüberschuss von EUR ... durch den Teilbetrieb erzielt wurde. *[Ein Verlustvortrag existiert nicht.]* Rückstellungen sind in dem erforderlichen Umfang gebildet worden.

g) Der in den vorgelegten Unterlagen dokumentierte positive Geschäftsverlauf kann auch für die Zukunft nachhaltig erwartet werden. Die in den vergangenen Jahren erzielte positive Geschäftsentwicklung setzte sich im Zeitraum ... bis heute fort. Die in der BWA ... ausgewiesenen Erlöse für den Zeitraum ... bis ... (... Monate) übertreffen die im Jahresabschluss auf den ... ausgewiesenen Erlöse. Die BWA ... ist als **Anlage 5** beigefügt.

   Das Rohergebnis verbesserte sich von EUR ... im Jahresabschluss ... auf EUR ... in der vorliegenden BWA ... .

   Aufgrund einer unterproportionalen Steigerung der übrigen Kosten wird der Jahresüberschuss ... deutlich über dem Vorjahresüberschuss von EUR ... liegen. Für die Zukunft ist von einer weiterhin positiven Geschäftsentwicklung auszugehen. Aus der Relation zwischen den in der Vergangenheit erzielten Erträgen zum bilanzierten Eigenkapital, lässt sich – wie schon ausgeführt – ein erheblicher Geschäftswert beim Teilbetrieb ... ableiten.

h) Die Geschäftsentwicklung in der Zeit seit dem Stichtag des Jahresabschlusses zum ... bis zur Erstellung dieses Gründungsberichtes ist positiv. Hierzu beziehe ich mich auf die in Anlage 5 übergebene BWA ...

i) Aufgrund dieser Tatsachen stelle ich fest, dass der Wert des Reinvermögens (Überschuss der Aktiva über die Schulden) des Teilbetriebs ... der X-GmbH dem Stammkapital, das durch diesen Wert gedeckt werden soll, mindestens voll entspricht.

[Ort], den ...

[Unterschrift der Gesellschafter]

jj) Antrag Buchwertfortführung übertragende Gesellschaft

[Briefbogen X-GmbH] 1160

An das
[Finanzamt der X-GmbH]

Steuernummer …

X-GmbH (Amtsgericht …, HRB …)

Antrag auf Buchwertansatz gemäß § 15 Abs. 1, § 11 Abs. 2 UmwStG i. Z. m. der Aufspaltung

Sehr geehrte Damen und Herren,

mit notarieller Urkunde vom … (URNr. … des Notars … in …) und mit steuerlicher Wirkung zum 31.12. … (steuerlicher Übertragungsstichtag) wurde das Vermögen der X-GmbH mit Sitz in …, eingetragen im Handelsregister des Amtsgerichts … unter HRB … unter Auflösung ohne Abwicklung durch gleichzeitige Übertragung der im Spaltungsplan bezeichneten Vermögensteile jeweils als Gesamtheit gemäß § 123 Abs. 1 Nr. 2 UmwG auf die neu gegründete A-GmbH mit Sitz in …, eingetragen im Handelsregister des Amtsgerichts … unter HRB … sowie auf die neu gegründete B-GmbH mit Sitz in …, eingetragen im Handelsregister des Amtsgerichts … unter HRB … gegen Gewährung von Anteilen an diesen Gesellschaften übertragen (Aufspaltung zur Neugründung).

In Ausübung des entsprechenden Wahlrechts (§ 15 Abs. 1, § 11 Abs. 2 UmwStG) werden die auf die aufnehmenden Rechtsträger übergehenden Wirtschaftsgüter in der steuerlichen Spaltungsbilanz des übertragenden Rechtsträgers (X-GmbH mit Sitz in …, Amtsgericht …, HRB …) einheitlich mit den bisherigen Buchwerten angesetzt.

Hiermit stellen die A-GmbH und die B-GmbH als Rechtsnachfolgerin der übertragenden Gesellschaft hinsichtlich der übertragenen Wirtschaftsgüter den

Antrag auf Fortführung der Buchwerte.

Die entsprechenden Bilanzen werden zusammen mit der Steuererklärung eingereicht.[1225]

1225 Der Steuererklärung sollte als Anlage eine Erklärung beigefügt werden, dass die Steuerbilanz der steuerlichen Schlussbilanz i. S. d. § 15 UmwStG entspricht; vgl. Tz. 03.01, 11.02, 15.14 UmwStE.

Wir bestätigen zudem, dass

1. sichergestellt ist, dass die im Zuge der Aufspaltung übergegangenen Wirtschaftsgüter bei den übernehmenden Rechtsträgern (A-GmbH mit Sitz in …, Amtsgericht …, HRB …; B-GmbH mit Sitz in …, Amtsgericht …, HRB …), der Besteuerung mit Körperschaftsteuer unterliegt und
2. das Recht der Bundesrepublik Deutschland hinsichtlich der Besteuerung des Gewinns aus der Veräußerung der übertragenen Wirtschaftsgüter bei den übernehmenden Rechtsträgern (A-GmbH mit Sitz in … , Amtsgericht …, HRB …; B-GmbH mit Sitz in …, Amtsgericht …, HRB …) weder ausgeschlossen noch beschränkt ist und
3. im Zuge der Aufspaltung eine Gegenleistung (nur) in Form von Gesellschaftsrechten gewährt wurde.

Mit freundlichen Grüßen

[Unterschrift Geschäftsführung X-GmbH]

kk) Antrag Buchwertfortführung Gesellschafter der übertragenden Gesellschaft

[Briefbogen Herr A][1226] 1161

An das
[Finanzamt Herr A]

Steuernummer …

Herr A

Antrag auf Buchwertansatz gemäß § 15 Abs. 1, § 13 Abs. 2 UmwStG i. Z. m. der Aufspaltung

Sehr geehrte Damen und Herren,

mit notarieller Urkunde vom … (URNr. … des Notars … in …) und mit steuerlicher Wirkung zum 31. 12. … (steuerlicher Übertragungsstichtag) wurde der Teilbetrieb „A" der X-GmbH mit Sitz in …, eingetragen im Handelsregister des Amtsgerichts … unter HRB … auf die A-GmbH mit Sitz in …, eingetragen im Handelsregister des Amtsgerichts … unter HRB … aufgespalten (§ 123 Abs. 1 Nr. 2 UmwG). Herr A (Einbringender) erhielt als Gegenleistung für die untergehenden Anteile an der X-GmbH Geschäftsanteile an der übernehmenden Gesellschaft in Höhe eines Anteils am Nennkapital von *[EUR 50.000]* (Geschäftsanteil Nr. *[1]*).

In Ausübung des entsprechenden Wahlrechts (§ 15 Abs. 1, § 13 Abs. 2 UmwStG) wird der erhaltene Anteil an der übernehmenden Körperschaft (A-GmbH, Amtsgericht … HRB …) einheitlich mit dem Buchwert der Anteile an der übertragenden Körperschaft (X-GmbH, Amtsgericht … HRB …) angesetzt.

Hiermit stellte ich hinsichtlich des erhaltenen Anteiles an der übernehmenden Körperschaft (A-GmbH mit Sitz in …, Amtsgericht … HRB …) den

1226 Der Antrag ist von dem jeweiligen Anteilseigner zu stellen. Eine einheitliche Ausübung des Wahlrechts durch alle Gesellschafter ist nicht erforderlich. Ein Zwischenwertansatz ist jedoch nicht möglich. Das Wahlrecht kann unabhängig vom Wertansatz der übertragenden Gesellschaft erfolgen.

Antrag auf Fortführung der Buchwerte.

Wir bestätigen zudem, dass das Recht der Bundesrepublik Deutschland hinsichtlich der Besteuerung des Gewinns aus der Veräußerung der Anteile an der übernehmenden Körperschaft (A-GmbH mit Sitz in …, Amtsgericht …, HRB …) nicht ausgeschlossen oder beschränkt wird.

Mit freundlichen Grüßen

[Unterschrift Herr A]

c) Ausgliederung aus GmbH auf GmbH (Ausgliederung zur Aufnahme)

aa) Ausgangskonstellation

1162

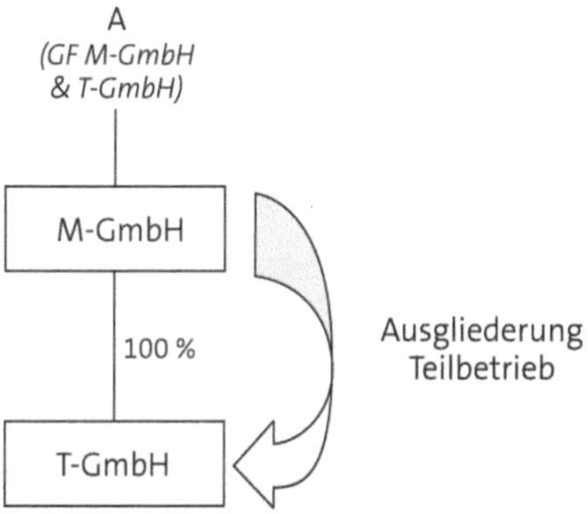

- Ausgliederung eines Teilbetriebs aus einer GmbH auf eine bestehende 100 % Tochter-GmbH (Ausgliederung zur Aufnahme nach § 123 Abs. 3 Nr. 1 UmwG)
- Unternehmensinterne Umstrukturierung
- Natürliche Person hält 100 % der Anteile an der übertragenden Gesellschaft
- Kapitalerhöhung bei der aufnehmenden Gesellschaft zur Gewährung neuer Anteile
- Ausgliederung erfolgt steuerlich zu Buchwerten (§ 20 UmwStG)
- Verzicht auf Ausgliederungsprüfung und -bericht

bb) Fahrplan

Vorbereitungsphase 1163

- Entwurf des Ausgliederungsvertrages, der Zustimmungsbeschlüsse bzw. Anträge auf Eintragung der Ausgliederung
- Erstellen der Anlagen zum Ausgliederungsvertrag (Auflistung der zu übertragenden Wirtschaftsgüter durch Ausgliederung)
- Information der Arbeitnehmer
- Information der Betriebsräte
- Erstellen der Ausgliederungsbilanz der übertragenden Gesellschaft zum 31.12. …

- Erstellen des Sachkapitalerhöhungsberichts (z. T. gefordert von Registergerichten; nach einer Literaturansicht nicht erforderlich)[1227]
- Vorbereitung der Gesellschafterversammlungen in der die Zustimmungsbeschlüsse gefasst werden
- Ladung zur Gesellschafterversammlung nach Satzung/Gesetz [*ggf. Verzicht bei Vollversammlung und Einstimmigkeit*]

Beschlussphase

- Abschluss des Ausgliederungsvertrages
- Zustimmung der Gesellschafterversammlung durch Ausgliederungsbeschluss
- Anmeldung der Ausgliederung zum Handelsregister

Vollzugsphase

- Eintragung der Ausgliederung im Handelsregister
- Übersendung des Ausgliederungsvertrages an das Finanzamt
- Unterrichtung der Sozialversicherungsträger über den möglichen Übergang der Arbeitsverhältnisse
- Unterrichtung der Gewerbeaufsicht über die Umwandlung
- Antrag der übernehmenden Gesellschaft auf Buchwertfortführung bei ihrem Finanzamt
- Information der Vertragspartner über die Ausgliederung
- Umstellung der Organisation, Buchführung, Lohn- und Gehaltsabrechnung auf neue Verhältnisse
- 7-jährige Nachweispflicht gemäß § 22 UmwStG
- *[ggf. Berichtigung Grundbücher]*
- *[ggf. Berichtigung Patentregister etc.]*
- *[ggf. Berichtigung KFZ-Briefe]*

1227 Vgl. OLG Celle Beschluss v. 13.6.2024 - 9 W 37/24, NWB FAAAJ-73912; Widmann/Mayer, Umwandlungsrecht, § 138 UmwG Rz. 2.1; Kallmeyer, UmwG, § 138 Rz. 3; einige Registergerichte bestehen jedoch auf der Einreichung eines Sacherhöhungsberichts bei Spaltungen zur Aufnahme. **Beratungshinweis:** Nach Entscheidung des BFH liegt aus gesellschaftsrechtlicher Sicht eine Bargründung bzw. -kapitalerhöhung vor, wenn die Kapitalerhöhung gegen Bareinlage erfolgt und die **Einbringung eines Betriebs, Teilbetriebs oder Mitunternehmeranteils als Agio** zu leisten ist, BFH v. 7.4.2010 - I R 55/09, BStBl 2010 II S. 1094. Gleichwohl liegen nach Auffassung des BFH die Voraussetzungen des § 20 UmwStG bei dieser Gestaltung vor.

cc) Ausgliederungsvertrag

URNr. 1164

Ausgliederungsvertrag

Heute, den …
Zweitausend…

- … -

ist vor mir,

…

Notar in …,

in den Amtsräumen in …,

anwesend:

Herr A, geboren am …,

wohnhaft …,

ausgewiesen durch Vorlage seines amtlichen Lichtbildausweises,

hier handelnd für die Firma

M-GmbH

mit dem Sitz in … als deren einzelvertretungsberechtigter Geschäftsführer,

und für die Firma

T-GmbH

mit dem Sitz in … als deren einzelvertretungsberechtigter Geschäftsführer.

Aufgrund Einsicht in den mir vorliegenden Auszug aus dem elektronisch geführten Handelsregister des Amtsgerichts … vom … bescheinige ich hiermit, dass dort unter HRB … die Firma M-GmbH mit dem Sitz in … eingetragen und Herr A als Geschäftsführer einzeln zur Vertretung dieser GmbH berechtigt ist und unter HRB … die Firma T-GmbH mit dem Sitz in … eingetragen und Herr A als Geschäftsführer einzeln zur Vertretung dieser GmbH berechtigt ist.

Der Geschäftsführer ist von den Beschränkungen des § 181 BGB befreit.

Auf Ansuchen des Erschienenen beurkunde ich seine vor mir abgegebenen Erklärungen gemäß was folgt:

Präambel

Das Stammkapital der Firma M-GmbH mit Sitz in ... eingetragen im Handelsregister des Amtsgerichts ... unter HRB ... (nachfolgend „M-GmbH“ genannt) beträgt [EUR 55.000]. Das Stammkapital ist vollständig eingezahlt.

Die M-GmbH ist die alleinige Gesellschafterin der T-GmbH mit Sitz in ... eingetragen im Handelsregister des Amtsgerichts ... unter HRB ... (nachfolgend „T-GmbH“ genannt).

Im Zuge umfassender Umstrukturierungsmaßnahmen beabsichtigt die M–GmbH zum Zwecke ... *[Beschreibung]* ihren Teilbetrieb ... *[Beschreibung]* auf die T-GmbH auszugliedern. Die Ausgliederung soll im Wege der Ausgliederung zur Aufnahme nach § 123 Abs. 3 Nr. 1 UmwG erfolgen.

Die Erschienenen ließen sodann folgenden

Ausgliederungsvertrag

beurkunden und erklärten, handelnd wie angegeben:

§ 1 Beteiligte Rechtsträger, Ausgliederung

(1) An der Ausgliederung sind beteiligt die M-GmbH als übertragender Rechtsträger und die T-GmbH als übernehmender Rechtsträger.

(2) Die M-GmbH überträgt hiermit ihren Teilbetrieb ... als Gesamtheit mit den nachfolgend in § 2 dieses Vertrages und in den dort genannten Anlagen bezeichneten Aktiva und Passiva auf die T-GmbH, und zwar im Wege der Ausgliederung zur Aufnahme nach § 123 Abs. 3 Nr. 1 UmwG unter partielle Gesamtrechtsnachfolge gemäß § 131 Abs. 1 Nr. 1 UmwG. Die Übertragung erfolgt gegen Gewährung eines neuen Geschäftsanteils an der übernehmenden Gesellschaft T-GmbH an die übertragende Gesellschaft M-GmbH.

§ 2 Vermögensübertragung

(1) Die M-GmbH überträgt den von ihr unterhaltenen Teilbetrieb ... auf die T-GmbH mit allen Aktiven und Passiven. Die Ausgliederung erfolgt auf der Basis der festgestellten und vom zuständigen Abschlussprüfer testierten Ausgliederungsbilanz zum 31.12. ... . Diese Ausgliederungsbilanz ist Bestandteil dieses Ausgliederungsvertrages. Sie ist als **Anlage 1** dieser Urkunde als wesentlicher Bestandteil beigefügt, auf sie wird nach §§ 9, 14 Abs. 1 BeurkG verwiesen (§ 126 Abs. 2 S. 3 UmwG). Die Beteiligten haben auf das Vorlesen verzichtet. Stattdessen wurden ihnen die Anlage 1 zur Durchsicht vorgelegt, von ihnen genehmigt und unterschrieben.

(2) Im Einzelnen sind folgende Vermögensgegenstände Bestandteil des Teilbetriebes … und werden im Rahmen der Ausgliederung auf die T-GmbH übertragen. Von der Ausgliederung werden sämtliche zum Ausgliederungsstichtag vorhanden Vermögensgegenstände und Schulden des Teilbetriebes mit allen Rechten und Pflichten sowie die ausschließlich diesem Teilbetrieb zuzuordnenden Rechtsbeziehungen, insbesondere Vertragsverhältnisse, nach näherer Maßgabe der nachfolgenden Bestimmungen erfasst, gleich ob sie bilanziert sind oder nicht. Insbesondere handelt es sich um folgende Vermögensgegenstände und Schulden, die dem Teilbetrieb mit allen Rechten und Pflichten zuzuordnen sind:

a) Anlage- und Umlaufvermögen:

Sämtliche zum Anlage- und Umlaufvermögen gehörenden beweglichen Gegenstände des Teilbetriebs …, also alle dem Teilbetrieb … zuzurechnenden beweglichen Gegenstände, technischen Anlagen und Maschinen, Kfz-, Betriebs- und Geschäftsausstattung, geringwertige Wirtschaftsgüter, Zubehör und Ersatzteile, EDV-Hardware, Software, geleistete Anzahlungen und Anlagen im Bau, sowie sämtliche zum Teilbetrieb … gehörenden Gegenstände des Umlaufvermögens. Soweit die M-GmbH Eigentum oder Miteigentum an diesen Gegenständen hat oder diese künftig erwirbt, wird das Eigentum oder Miteigentum übertragen; soweit die M-GmbH Anwartschaftsrechte auf Eigentumserwerb an dem ihr unter Eigentumsvorbehalt gelieferten beweglichen Vermögen hat, überträgt sie hiermit der T-GmbH diese Anwartschaftsrechte. Die wichtigsten beweglichen Vermögensgegenstände, insbesondere Software, Einrichtungen und geringwertige Wirtschaftsgüter sind in der **Anlage 2** aufgeführt, ohne jedoch auf die genannten Anlagen und Einrichtungen beschränkt zu sein.

b) Forderungen:

Sämtliche Forderungen, die dem Teilbetrieb … zuzuordnen sind, insbesondere Forderungen aus Lieferung und Leistung und *[ggf. weitere Aufzählung]*. Die Forderungen sind in der **Anlage 3** aufgeführt. Soweit Forderungen in dieser Anlage nicht aufgeführt sind, werden sie dennoch übertragen, wenn und soweit sie dem Teilbetrieb … zuzuordnen sind.

c) Bankguthaben:

Sämtliche dem Teilbetrieb zuzuordnen Bankguthaben bei allen Banken, Kreditinstituten und sonstigen Einrichtungen mit ihrem jeweiligen zum Stichtag ausgewiesenen Bestand. Die Kreditinstitute und Einrichtungen sowie die betroffenen Bankkonten und die jeweilige Höhe des Bankguthabens sind in **Anlage 4** aufgeführt.

d) Vertragsverhältnisse:

Alle dem Teilbetrieb zuzuordnenden Verträge, insbesondere Leasing-, Miet-, Kauf-, Dienst-, Werk-, Beratungs-, Darlehens-, Versorgungs-, Versicherungs-, Finanzierungsverträge, sowie Angebote und sonstige Rechtsstellungen zivilrechtlicher oder öffentlich-rechtlicher Art. Die Verträge sind in **Anlage 5** beschrieben. Soweit Verträge und Vertragsverhältnisse in dieser Anlage nicht aufgeführt sind, werden sie dennoch übertragen, wenn und soweit sie den Teilbetrieb betreffen oder ihm zuzuordnen sind.

e) Arbeitsverhältnisse:

Sämtliche dem Teilbetrieb ... zuzuordnenden Arbeitsverhältnisse einschließlich eventuell bestehender Verpflichtungen der betrieblichen Altersvorsorge um Zusage, Rückdeckungsversicherung im betrieblichen Versorgungsinteresse und sonstigen Zusagen mit Versorgungscharakter gehen nach § 613a BGB auf die aufnehmende Gesellschaft über. Die Arbeitnehmer werden bei der aufnehmenden Gesellschaft zu gleichen Konditionen beschäftigt. Sollten einzelne Arbeitnehmer dem Übergang ihres Arbeitsverhältnisses widersprechen, so ist die T-GmbH verpflichtet, der M-GmbH alle dadurch entstehenden Kosten zu ersetzen. Die T-GmbH wird außerdem die M-GmbH von allen Ansprüchen aus den Arbeitsverhältnissen und den damit zusammen verbundenen Zusagen der betrieblichen Altersvorsorge und Zusagen mit Versorgungscharakter freistellen. Die übergehenden Arbeitsverhältnisse sind in **Anlage 6** zu diesem Vertrag aufgeführt.

f) Steuern:

Sämtliche dem Teilbetrieb ... zuzuordnenden Forderungen, Verbindlichkeiten und Rückstellungen gegenüber dem Finanzamt betreffend Körperschaftsteuer und Solidaritätszuschlag, Gewerbesteuer, Umsatzsteuer, Kfz-Steuer, Grundsteuer, Kapitalertragsteuer, Lohn- und Kirchensteuer, Zinsabschlagsteuer.

g) Verbindlichkeiten:

Sämtliche zum Teilbetrieb ... gehörenden und zuzuordnenden Verbindlichkeiten der M-GmbH, also sämtliche Schulden, Verbindlichkeiten, Rückstellungen sowie Verlustrisiko aus schwebenden Geschäften. Die Verbindlichkeiten sind in **Anlage 7** zu diesem Vertrag aufgeführt.

h) Sonstiges:

Sowie alle sonstigen in den als **Anlage 8** aufgeführten Vermögenspositionen.

(3) Für sämtliche unter Absatz 2 beschriebenen Aktiva und Passiva gilt, dass die Übertragung im Wege der Ausgliederung alle Wirtschaftsgüter, Gegenstände, materiellen und immateriellen Rechte, Verbindlichkeiten, Rechtsbeziehungen erfasst, die dem Teilbetrieb ... dienen oder zu dienen bestimmt sind oder sonst den Teilbetrieb betreffen oder ihm wirtschaftlich zuzurechnen sind, unabhängig davon, ob die Vermögensposition bilanzierungsfähig ist oder nicht. Die Übertragung erfolgt auch unabhängig davon, ob der Vermögensgegenstand in den Anlagen 1 – 8 aufgeführt ist.

(4) Sollten die zu übertragenden Rechtspositionen des Aktiv- oder Passivvermögens bis zum Wirksamwerden der Ausgliederung im regelmäßigen Geschäftsgang veräußert worden sein, so werden die an ihrer Stelle getretenen vorhandenen Surrogate übertragen. Übertragen werden auch die bis zum Wirksamwerden der Ausgliederung erworbenen Gegenstände des Aktiv- oder Passivvermögens, soweit sie zum übertragenen Teilbetrieb gehören.

(5) Bei Zweifelsfällen, die auch durch Auslegung dieses Vertrages nicht zu klären sind, gilt, dass Vermögensgegenstände, Verbindlichkeiten, Verträge und Rechtspositionen, die nach obigen Regeln nicht zugeordnet werden können, bei der übertragenden Gesellschaft verbleiben. In diesen Fällen ist die M-GmbH berechtigt nach § 315 BGB eine Zuordnung nach ihrem Ermessen unter Berücksichtigung der wirtschaftlichen Zugehörigkeit vorzunehmen.

(6) Soweit bilanzierte und nicht bilanzierte Vermögensgegenstände und Schulden in die Rechtsbeziehungen, die dem Teilbetrieb ... wirtschaftlich zuzuordnen sind, nicht schon kraft Gesetzes mit der Eintragung der Ausgliederung in das Handelsregister der übertragenden Gesellschaft auf die aufnehmende Gesellschaft übergehen, wird die übertragende Gesellschaft diese Vermögensgegenstände oder Schulden sowie die Rechtsbeziehungen auf die T-GmbH übertragen. Ist die Übertragung im Außenverhältnis nicht oder nur mit unverhältnismäßigem Aufwand möglich oder unzweckmäßig, werden sich die beteiligten Gesellschaften im Innenverhältnis so stellen, wie sie stehen würden, wenn die Übertragung der Vermögensgegenstände und Passiva bzw. Rechtsbeziehungen auch im Außenverhältnis mit Wirkung zum Vollzug dabei erfolgt wäre. Wird die übertragende Gesellschaft aus Verbindlichkeiten in Anspruch genommen, die der aufnehmenden zu-

zuordnen sind, ist diese zur Freistellung verpflichtet oder hat Ausgleich zu leisten.

(7) Auf die Anlagen 1 – 8, die dieser Urkunde als wesentlicher Bestandteil beigefügt sind, wird gemäß § 14 Abs. 1 BeurkG verwiesen. Die Beteiligten haben auf das Vorlesen verzichtet, statt dessen wurden ihnen die Anlagen 1 – 8 zur Kenntnisnahme vorgelegt, sie wurden von ihnen genehmigt und nach § 14 BeurkG unterschrieben.

(8) Soweit für die Übertragung von bestimmten Gegenständen die Zustimmung eines Dritten an einer öffentlich-rechtlichen Genehmigung oder eine Registrierung erforderlich ist, werden sich die übertragende und die aufnehmende Gesellschaft bemühen, die Zustimmung, Genehmigung oder Registrierung beizubringen. Falls dies nicht oder nur mit unverhältnismäßig hohem Aufwand möglich sein würde, werden sich die übertragende und die aufnehmende Gesellschaft im Innenverhältnis so stellen, als wäre die Übertragung der Gegenstände des ausgegliederten Vermögens mit Wirkung zum Vollzugsdatum erfolgt.

(9) Die M-GmbH und die T-GmbH bewilligen die Ausgliederung und beantragen die Eintragung in den Handelsregistern der beiden Gesellschaften.

§ 3 Gegenleistung

(1) Die T-GmbH gewährt der M-GmbH als Gegenleistung einen Geschäftsanteil i. H. v. *[EUR 50 000]*.

(2) Zur Durchführung der Ausgliederung wird die T-GmbH ihr derzeitiges Stammkapital von *[EUR 150.000]* um *[EUR 50.000]* auf *[EUR 200.000]* erhöhen, und zwar durch Bildung eines neuen Geschäftsanteils im Nennbetrag von *[EUR 50.000]*[1228].

(3) Der der M-GmbH gewährte Geschäftsanteil ist ab dem Ausgliederungsstichtag gewinnbezugsberechtigt. Er ist mit keinen Besonderheiten ausgestattet.

(4) Bare Zuzahlungen werden nicht geleistet.

(5) Soweit der Wert des übertragenen Nettovermögens den Nennbetrag der dafür gewährten Geschäftsanteile übersteigt, wird der Differenzbetrag in die Kapitalrücklage der aufnehmenden Gesellschaft gem. § 272 Abs. 2 Nr. 1

1228 Es ist auch möglich mehrere Geschäftsanteile zu schaffen, z. B. 50.000 Anteile zum Wert von je 1,00 €.

HGB eingestellt. Eine Vergütung für den Differenzbetrag wird nicht geschuldet.

§ 4 Ausgliederungsstichtag, Bilanz, steuerrechtliche Bilanzierung

(1) Die Ausgliederung erfolgt zum 1. 1. ... (Ausgliederungsstichtag).

(2) Die Übernahme des vorbezeichneten Vermögens der M-GmbH erfolgt im Innenverhältnis mit Wirkung zum Ablauf des 31.12. ... 24:00 Uhr. Vom 1.1. ... 0:00 Uhr an gelten alle Handlungen und Geschäfte der M-GmbH, die das übertragene Vermögen betreffen, als für Rechnung der T-GmbH vorgenommen.

(3) Der Ausgliederung wird die festgestellte und mit dem uneingeschränkten Bestätigungsvermerk der ... Wirtschaftsprüfungsgesellschaft ... versehene Bilanz der übertragenden Gesellschaft zum 31.12. ... zu Grunde gelegt („Schlussbilanz“)

(4) Die T-GmbH ist verpflichtet, die steuerlichen Buchwerte der M-GmbH fortzuführen, soweit sie das auf sie übertragene Vermögen betreffen. Die Parteien verpflichten sich, alle hierzu erforderlichen Anträge (insbesondere Antrag auf Buchwertfortführung) zu stellen sowie die weiteren steuerlichen Pflichten (Nachweispflichten nach § 22 Abs. 3 UmwStG im steuerlichen Überwachungszeitraum von sieben Jahren) zu erfüllen und an allen hierzu erforderlichen Maßnahmen zusammenzuwirken. Die T-GmbH stellt hiermit einen Antrag auf Buchwertfortführung (§ 20 Abs. 2 Satz 2 UmwStG).

§ 5 Besondere Rechte, besondere Vorteile

Besondere Rechte i. S. v. § 126 Abs. 1 Nr. 7 UmwG bestehen bei der T-GmbH nicht. Einzelnen Gesellschaftern werden im Rahmen der Ausgliederung keine besonderen Rechte gewährt. Besondere Vorteile i. S. v. § 126 Abs. 1 Nr. 8 UmwG werden weder einem Mitglied eines Vertretungs- oder Aufsichtsorgans, noch dem Abschlussprüfer oder dem Ausgliederungsprüfer gewährt.

§ 6 Folgen der Ausgliederung für Arbeitnehmer und ihre Vertretungen

Durch die Ausgliederung ergeben sich für die Arbeitnehmer und ihre Vertretungen die nachgenannten Folgen:

1. Die Arbeitsverhältnisse der in **Anlage 6** näher bezeichneten, dem Teilbetrieb ... zuzurechnenden Mitarbeiter der M-GmbH gehen gemäß § 613a BGB mit allen Rechten und Pflichten einschließlich etwaiger Versorgungspflichten auf die T-GmbH über. Die T-GmbH tritt in die Rechte und Pflichten der im Zeitpunkt des Übergangs bestehenden vorerwähnten Arbeitsverhältnisse ein.

2. Die kündigungsrechtliche Stellung eines Arbeitnehmers, der vor dem Wirksamwerden der Ausgliederung des Geschäftsbereichs zu der M-GmbH in einem Arbeitsverhältnis steht, verschlechtert sich aufgrund der Ausgliederung für die Dauer von zwei Jahren ab dem Zeitpunkt des Wirksamwerdens nicht.

3. Bei der M-GmbH existieren weder ein Betriebsrat noch Betriebsvereinbarungen. Die T-GmbH verfügt über einen Betriebsrat. Dem Betriebsrat der T-GmbH ist der Entwurf des Ausgliederungsvertrages unter Verzicht auf die einmonatige Frist zugeleitet worden.

4. Weder bei der M-GmbH noch bei der T-GmbH gibt es einen mitbestimmenden Aufsichtsrat. Der Übergang des Teilbetrieb … der M-GmbH begründet für die T-GmbH keine Verpflichtung, einen mitbestimmenden Aufsichtsrat einzurichten.

§ 7 Sonstige Vereinbarungen

(1) Sollten für die Übertragung der in § 2 genannten Sachen, Rechte, Vertragsverhältnisse und Verbindlichkeiten weitere Voraussetzungen geschaffen oder staatliche Genehmigungen eingeholt werden müssen, so verpflichten sich die Vertragsbeteiligten alle erforderlichen Erklärungen abzugeben und Handlungen vorzunehmen.

(2) Sollte eine Übertragung der in § 2 genannten Sachen, Rechte, Vertragsverhältnisse und Verbindlichkeiten im Wege der Ausgliederung auf die T-GmbH rechtlich nicht möglich sein, so verpflichten sich die Vertragsbeteiligten alle erforderlichen Erklärungen abzugeben und alle erforderlichen Handlungen vorzunehmen, die rechtlich zu dem beabsichtigten Vermögensübergang auf die T-GmbH in anderer Weise führen.

(3) Sollten einzelne Bestimmungen dieser Urkunde unwirksam oder nicht durchführbar sein, so soll dies die Gültigkeit dieses Vertrages im Übrigen nicht berühren. An die Stelle der unwirksamen oder undurchführbaren Vereinbarung soll eine solche treten, die dem wirtschaftlichen Ergebnis der unwirksamen oder undurchführbaren Klausel in zulässiger Weise am nächsten kommt.

§ 8 Hinweise, Vollmacht

Der Notar hat auf Folgendes hingewiesen:

- Die Ausgliederung wird erst mit der Eintragung in das Handelsregister der übertragenden Gesellschaft wirksam.

Die Beteiligten beauftragen und ermächtigen den Notar die zum Vollzug notwendigen Genehmigungen und Zustimmungserklärungen einzuholen. Genehmigungen werden mit Eingang beim Notar wirksam. Dies gilt nicht für die Versagung von Genehmigungen oder deren Erteilung unter Bedingungen oder Auflagen.

- Nach § 133 UmwG haften für die vor dem Wirksamwerden der Ausgliederung begründeten Verbindlichkeiten des übertragenden Rechtsträgers alle an der Ausgliederung beteiligten Rechtsträger gesamtschuldnerisch; Gläubiger können für ihre Verbindlichkeiten Sicherheitsleistung nach §§ 125, 22 UmwG verlangen. Daneben können weitere Haftungsvorschriften anwendbar sein insbesondere die § 25 HGB, § 75 AO.
- Bei der Anmeldung der Ausgliederung hat der Geschäftsführer der übertragenden Gesellschaft zu erklären, dass die durch Gesetz und Satzung vorgesehenen Voraussetzungen für die Gründung dieser Gesellschaft auch unter Berücksichtigung der Ausgliederung im Zeitpunkt der Anmeldung vorliegen.
- Bei nicht vollständig eingezahlten Stammeinlagen bestehen nach § 51 Abs. 1, § 125 UmwG besondere Zustimmungspflichten.
- Die Mitglieder des Vertretungsorgans und auch eines etwaigen Aufsichtsorgans sind nach § 25 UmwG als Gesamtschuldner zum Schadensersatz bei Verletzung ihrer Pflichten nach dem UmwG verpflichtet.

Die Beteiligten erteilen auch den Angestellten der Notarstelle … in … je einzeln und unter Befreiung von den Beschränkungen des § 181 BGB Vollmacht, alles zum Vollzug dieser Urkunde im Handelsregister Erforderliche zu tun, insbesondere die Beschlüsse dieser Urkunde einschließlich der neugefassten Bestimmungen der Satzung zu ändern und entsprechende Registeranmeldungen abzugeben, sofern das für die Eintragung der Beschlüsse dieser Urkunde erforderlich ist. Die Vollmacht erlischt mit der Eintragung aller eintragungspflichtigen Beschlüsse dieser Urkunde im Handelsregister. Die Vollmacht darf nur bei der Notarstelle … ausgeübt werden.

§ 9 Kosten, Abschriften

Die durch diesen Vertrag und ihre Durchführung bei beiden Gesellschaften entstehenden Kosten trägt der aufnehmende Rechtsträger. Sollte die Ausgliederung nicht wirksam werden, tragen die Kosten dieses Vertrages die Gesellschaften zu gleichen Teilen; alle übrigen Kosten trägt die jeweils betroffene Gesellschaft alleine.

§ 10 Abschriften

Von dieser Urkunde erhalten:

BEGLAUBIGTE ABSCHRIFTEN
jeder Beteiligte
das Registergericht ... eine elektronisch beglaubigte
EINFACHE ABSCHRIFTEN
das Finanzamt – Körperschaftsteuerstelle –
Steuerberater

Vorgelesen vom Notar,
von dem Beteiligten genehmigt und
eigenhändig unterschrieben wie folgt

dd) Schreiben an die Betriebsräte

Schreiben an den Betriebsrat der T-GmbH 1165

An:
Betriebsrat der T-GmbH
Herr / Frau ...
Vorsitzende(r) des Betriebsrats

jeweils gegen Empfangsbestätigung

Ausgliederung des Teilbetriebs ... der M-GmbH als übertragende Gesellschaft auf die T-GmbH als übernehmende Gesellschaft

Sehr geehrte Damen und Herren,

es ist beabsichtigt den Teilbetrieb ... der M-GmbH auf die T-GmbH im Wege der Ausgliederung zur Aufnahme nach § 123 Abs. 3 Nr. 1 UmwG. Es ist beabsichtigt, dem beigefügten Entwurf des Ausgliederungsvertrags zwischen der T-GmbH als aufnehmende Gesellschaft und der M-GmbH als übertragende Gesellschaft in den voraussichtlich am ... stattfindenden Gesellschafterversammlungen der M-GmbH und der T-GmbH zuzustimmen und den Vertrag in notariell beurkundeter Form durch die Geschäftsführung der M-GmbH und T-GmbH abzuschließen.

Anbei übersenden wir Ihnen hiermit gemäß § 125, § 5 Abs. 3 UmwG den Entwurf des Ausgliederungsvertrags. Wir bitten Sie in diesem Zusammenhang hiermit,

1. den Erhalt dieses Schreibens und der Anlage auf den beigefügten Kopien dieses Schreibens zu bestätigen und
2. die unterschriebenen Kopien dieses Schreibens an die Geschäftsleitung der M-GmbH zurück zu schicken,
3. Auf die Einhaltung der Monatsfrist des § 126 Abs. 3 UmwG zu verzichten.[1229]

Dies dient als Nachweis für die der Handelsregisteranmeldungen der Ausgliederung beizufügenden Anlagen gemäß §§ 17 Abs. 1, 16 UmwG.

[Ort, Datum]

[Herr A - Geschäftsführung M-GmbH] [Herr A - Geschäftsführung T-GmbH]

1229 Der Entwurf des Ausgliederungsvertrages (§ 6 Abs. 3) geht davon aus, dass der Verzicht erklärt wurde.

Hiermit bestätigen wir, als jeweilige(r) Vorsitzende(r) des Betriebsrats, den Erhalt dieses Schreibens sowie des als Anlage beigefügten Entwurfs des Ausgliederungsvertrags und verzichten auf die Einhaltung der Monatsfrist des § 126 Abs. 3 UmwG.

[Ort, Datum][Ort, Datum]

[Vorsitzende(r) des Betriebsrats[Vorsitzende(r) des Betriebsrats
der M-GmbH] der T-GmbH]

ee) Ausgliederungs- und Kapitalerhöhungsbeschluss

URNr. 1166

Ref.:

Protokoll über Gesellschafterversammlungen

Heute, den ...
Zweitausend...

-...-

erschien vor mir,

...

Notar in ...,

in den Amtsräumen in ...:

Herr A, geb. am ...,

wohnhaft ...,

ausgewiesen durch Vorlage eines amtlichen Lichtbildausweises,

hier

a. Handelnd im eigenen Namen, und

b. handelnd für die Firma

M-GmbH

mit dem Sitz in ...,

wozu ich aufgrund Einsicht in den mir vorliegenden Auszug aus dem elektronisch geführten Handelsregister des Amtsgerichts ... vom ... bescheinige, dass dort unter HRB ... die Firma M-GmbH eingetragen und Herr A als Geschäftsführer einzeln zur Vertretung dieser GmbH berechtigt ist.

Auf Ansuchen der Erschienenen beurkunde ich ihre vor mir abgegebenen Erklärungen gemäß was folgt:

A. Gesellschafterversammlung der T-GmbH

Die M-GmbH ist alleinige Gesellschafterin der Firma T-GmbH mit dem Sitz in ..., eingetragen im Handelsregister des Amtsgerichts ... HRB ..., deren Stammkapital *[EUR 150.000]* beträgt und voll einbezahlt ist.

Unter Verzicht auf alle durch Gesetz oder Gesellschaftsvertrag vorgeschriebenen Formen und Fristen halten wir hiermit eine Gesellschafterversammlung der T-GmbH ab und beschließen einstimmig und mit allen Stimmen was folgt:

I. Zustimmung

(1) Dem Ausgliederungsvertrag vom ... zur Urkunde des amtierenden Notars URNr. ... zwischen der T-GmbH und der M-GmbH mit dem Sitz in ... wird hiermit zugestimmt.

(2) Eine Ausfertigung des Ausgliederungsvertrages ist dieser Niederschrift als Anlage beigefügt.

II. Kapitalerhöhung

(1) Zur Durchführung der Ausgliederung wird das Stammkapital der T-GmbH von *[EUR 150.000]* um *[EUR 50.000]* auf *[EUR 200 000]* erhöht, und zwar durch Bildung eines neuen Geschäftsanteils im Nennbetrag von *[EUR 50.000]* (Anteil Nr. *[2]*).

(2) Der neue Geschäftsanteil ist gewinnberechtigt nach Maßgabe der §§ ... des Ausgliederungsvertrages. Er wird als Gegenleistung für die Übertragung des Vermögens der übertragenden Gesellschaft im Wege der Ausgliederung an den Gesellschafter der übertragenden Gesellschaft, Herrn X, ausgegeben, und zwar der Geschäftsanteil im Nennbetrag von *[EUR 50.000]* (Anteil Nr. *[2]*).

(3) § ... der Satzung der Gesellschaft wird wie folgt geändert:

„Das Stammkapital der Gesellschaft beträgt *[EUR 200.000]* – i. W. *[zweihunderttausend]* Euro -."

III. Verzichtserklärungen

(1) Auf die Klage gegen die Wirksamkeit des Ausgliederungsbeschlusses i. S. d. § 14 UmwG wird ausdrücklich verzichtet.

(2) Alle Gesellschafter verzichten (vorsorglich) auf eine Prüfung der Ausgliederung und auf die Erstellung eines Ausgliederungsberichtes und auf die Erstellung eines Ausgliederungsprüfungsberichtes, sowie auf alle sonstigen Form- und Fristvorschriften auf die von Gesetzes wegen verzichtet werden kann.

(3) Alle Gesellschafter erklären, dass ihnen der Ausgliederungsvertrag spätestens zusammen mit der Einberufung der Gesellschafterversammlung übersandt wurde. Alle Gesellschafter verzichten ausdrücklich auf eine Anfechtung dieses Beschlusses.

(4) Der Notar belehrte den Erschienenen über die Unwiderruflichkeit der Verzichtserklärungen und deren Wirkungen sowie darüber, dass durch diese Erklärungen die Ausübung von Gesellschafterrechten bei der bevorstehenden Ausgliederung beeinträchtigt werden kann.

IV. Unterrichtung Betriebsrat[1230]

Dem Betriebsrat der T-GmbH wurde der Ausgliederungsvertrag zugeleitet. Er hat auf die Einhaltung der gesetzlichen Monatsfrist (§ 5 Abs. 3 UmwG) durch schriftliche Erklärung verzichtet. Die Verzichtserklärung ist dieser Urkunde in Urschrift beigefügt.

B. Gesellschafterversammlung der M-GmbH

Herr A ist der Gesellschafter der Firma M-GmbH mit dem Sitz in …, eingetragen im Handelsregister des Amtsgerichts … – HRB … –, deren Stammkapital *[EUR 55.000]* beträgt und von den Gesellschaften je zur Hälfte übernommen wurde. Die Stammeinlagen sind voll einbezahlt.

Unter Verzicht auf alle durch Gesetz oder Gesellschaftsvertrag vorgeschriebenen Formen und Fristen halten wir hiermit eine Gesellschafterversammlung der M-GmbH ab und beschließen einstimmig und mit allen Stimmen was folgt:

I. Zustimmung

Dem Ausgliederungsvertrag vom … zur Urkunde des amtierenden Notars URNr. … zwischen der Firma M-GmbH und der T-GmbH mit dem Sitz in … wird hiermit zugestimmt.

II. Verzichtserklärungen

(1) Auf die Klage gegen die Wirksamkeit des Ausgliederungsbeschlusses i. S. d. § 14 UmwG wird ausdrücklich verzichtet.

(2) Alle Gesellschafter verzichten (vorsorglich) auf eine Prüfung der Ausgliederung und auf die Erstellung eines Ausgliederungsberichtes und auf die Erstellung eines Ausgliederungsprüfungsberichtes, sowie auf alle sonstigen Form- und Fristvorschriften auf die von Gesetzes wegen verzichtet werden kann.

(3) Alle Gesellschafter erklären, dass ihnen der Ausgliederungsvertrag spätestens zusammen mit der Einberufung der Gesellschafterversammlung über-

1230 Nur erforderlich, soweit Betriebsrat vorhanden.

sandt wurde. Alle Gesellschafter verzichten ausdrücklich auf eine Anfechtung dieses Beschlusses.

(4) Der Notar belehrte den Erschienenen über die Unwiderruflichkeit der Verzichtserklärungen und deren Wirkungen sowie darüber, dass durch diese Erklärungen die Ausübung von Gesellschafterrechten bei der bevorstehenden Ausgliederung beeinträchtigt werden kann.

C. Vollmacht

Die Beteiligten erteilen auch den Angestellten der Notarstelle ... in ... je einzeln und unter Befreiung von den Beschränkungen des § 181 BGB Vollmacht, alles zum Vollzug dieser Urkunde im Handelsregister Erforderliche zu tun, insbesondere die Beschlüsse dieser Urkunde einschließlich der neugefassten Bestimmungen der Satzung zu ändern und entsprechende Registeranmeldungen abzugeben, sofern das für die Eintragung der Beschlüsse dieser Urkunde erforderlich ist. Die Vollmacht erlischt mit der Eintragung aller eintragungspflichtigen Beschlüsse dieser Urkunde im Handelsregister. Die Vollmacht darf nur bei der Notarstelle ... ausgeübt werden.

D. Kosten, Abschriften

Die Kosten dieser Urkunde trägt ....

Von dieser Urkunde erhalten:
BEGLAUBIGTE ABSCHRIFTEN
die Beteiligten
das Registergericht ... eine elektronisch beglaubigte
EINFACHE ABSCHRIFTEN
das Finanzamt – Körperschaftsteuerstelle –
Steuerberater

Vorgelesen vom Notar,
von dem Beteiligten genehmigt und
eigenhändig unterschrieben wie folgt:

[-Unterschriften der Beteiligten-]

ff) Handelsregisteranmeldung der übernehmenden Gesellschaft

An das Amtsgericht … 1167
– Handelsregister –

T-GmbH mit Sitz in …, HRB …

I. Zur Eintragung in das Handelsregister melde ich, Herr A, alleinvertretungsberechtigter Geschäftsführer der T-GmbH mit Sitz in … an:

1. Die M-GmbH mit Sitz in … (Amtsgericht … HRB …) hat aufgrund des Ausgliederungsvertrages vom … (URNr. … des Notars …) und der Beschlüsse der Gesellschafterversammlungen der T-GmbH und der M-GmbH vom … (URNr. … des Notars …) ihren Teilbetrieb … im Wege der Ausgliederung zur Aufnahme nach § 123 Abs. 3 Nr. 1 UmwG auf die T-GmbH gegen Gewährung von Gesellschaftsrechten übertragen.

2. Das Stammkapital der T-GmbH wurde im Zuge der Durchführung der Ausgliederung von *[EUR 150.000]* um *[EUR 50.000]* auf *[EUR 200.000]* erhöht. § … des Gesellschaftsvertrags wurde entsprechend geändert.

3. Die Firma der T-GmbH wird unverändert fortgesetzt.

II. Als Anlagen überreiche ich:

1. Notariell beglaubigte Abschrift des Ausgliederungsvertrags vom … (URNr. … des Notars …);

2. Notariell beglaubigte Abschrift der Niederschriften der Gesellschafterversammlungen nebst Anlagen vom … (URNr. … des Notars …) der T-GmbH und der M-GmbH;

3. Die von sämtlichen Geschäftsführern unterzeichnete Ausgliederungsbilanz der M-GmbH zum 31.12. … mit Anhang, versehen mit uneingeschränktem Bestätigungsvermerk der … Wirtschaftsprüfungsgesellschaft vom …;

4. Den vollständigen Wortlaut des Gesellschaftsvertrages mit Satzungsbescheinigung des Notars nach § 54 Abs. 1 GmbHG;

5. Unterschriebene Gesellschafterliste (§§ 125, 52 Abs. 2 UmwG);

6. Von den Anmeldenden unterschriebene Liste der Personen, welche die neuen Stammeinlagen übernommen haben (§ 57 Abs. 3 Nr. 2 GmbHG);

7. Schreiben der Betriebsräte der T-GmbH über die unter Verzicht auf die Rechtzeitigkeit Zuleitung des Entwurfs des Ausgliederungsvertrags an die Betriebsräte der T-GmbH (§ 126 Abs. 3 UmwG);

Ich erkläre, dass die Ausgliederungsbeschlüsse aller an der Ausgliederung beteiligten Gesellschaften nicht angefochten worden sind und aufgrund der in allen Ausgliederungsbeschlüssen enthaltenen Anfechtungsverzichtserklärungen sämtlicher Gesellschafter auch nicht angefochten werden können.

Wir bitten zunächst die Kapitalerhöhung der aufnehmenden Gesellschaft nebst Satzungsänderung einzutragen (§§ 130, 125, 53 UmwG) und anschließend die Ausgliederung im Register der aufnehmenden Gesellschaft mit dem Vermerk einzutragen, dass die Ausgliederung erst mit Eintragung im Register der übertragenden Gesellschaft wirksam wird.

Nach Vollzug der Eintragung der Kapitalerhöhung und der Ausgliederung bitte ich jeweils um

- Eintragungsnachricht an die T-GmbH und die M-GmbH und an den beglaubigenden Notar sowie um
- Übermittlung von zwei beglaubigten Handelsregisterauszügen an die T-GmbH und die M-GmbH und
- eines beglaubigten Handelsregisterauszugs an den beglaubigenden Notar.

[Unterschrift Herr A (Geschäftsführer T-GmbH)]

[Beglaubigung Notar]

gg) Handelsregisteranmeldung der übertragenden Gesellschaft

An das Amtsgericht … 1168
– Handelsregister –

M-GmbH mit Sitz in …, HRB …

I. Zur Eintragung in das Handelsregister melde ich, Herr A, alleinvertretungsberechtigter Geschäftsführer der M-GmbH mit Sitz in … an:

Die M-GmbH mit Sitz in … (Amtsgericht … HRB …) hat aufgrund des Ausgliederungsvertrages vom … (URNr. … des Notars …) und der Beschlüsse der Gesellschafterversammlungen der T-GmbH und der M-GmbH vom … (URNr. … des Notars …) ihren Teilbetrieb … im Wege der Ausgliederung zur Aufnahme nach § 123 Abs. 3 Nr. 1 UmwG auf die T-GmbH gegen Gewährung von Gesellschaftsrechten übertragen. Zur Gewährung der als Gegenleistung zu gewährenden Gesellschaftsrechte hat die T-GmbH ihr Stammkapital von *[EUR 150.000]* um *[EUR 50.000]* auf *[EUR 200.000]* erhöht.

II. Als Anlagen überreiche ich:

1. Notariell beglaubigte Abschrift des Ausgliederungsvertrags vom … (URNr. … des Notars …);

2. Notariell beglaubigte Abschrift der Niederschriften der Gesellschafterversammlungen nebst Anlagen vom … (URNr. … des Notars …) der M-GmbH und der T-GmbH;

3. Beglaubigter Handelsregisterauszug der T-GmbH mit Sitz in … (Amtsgericht … HRB …), aus dem sich die Eintragung der Ausgliederung und der Kapitalerhöhung in das Handelsregister der T-GmbH ergibt;

4. Die von sämtlichen Geschäftsführern unterzeichnete Schlussbilanz der M-GmbH zum 31.12. … mit Anhang, versehen mit uneingeschränktem Bestätigungsvermerk der … Wirtschaftsprüfungsgesellschaft vom …;

5. Gemeinsames Schreiben der Betriebsräte der T-GmbH über die unter Verzicht auf die Rechtzeitigkeit Zuleitung des[Entwurfs des Ausgliederungsvertrags an die Betriebsräte der M-GmbH und der T-GmbH (§ 126 Abs. 3 UmwG);

III. Ich erkläre, dass

1. die Ausgliederungsbeschlüsse aller an der Ausgliederung beteiligten Gesellschaften nicht angefochten worden sind und aufgrund der in allen

Ausgliederungsbeschlüssen enthaltenen Anfechtungsverzichtserklärungen sämtlicher Gesellschafter auch nicht angefochten werden können;

2. die durch Gesetz und Gesellschaftsvertrag vorgesehenen Voraussetzungen für die Gründung der übertragenden Gesellschaft – unter Berücksichtigung der Ausgliederung – im Zeitpunkt der Anmeldung vorliegen (§ 140 UmwG).

Nach Vollzug der Eintragung der Ausgliederung bitte ich jeweils um

- Eintragungsnachricht an die M-GmbH und die T-GmbH und an den beglaubigenden Notar sowie um
- Übermittlung je eines beglaubigten Handelsregisterauszugs an die M-GmbH und die T-GmbH und den beglaubigenden Notar.

[Unterschrift Herr A (Geschäftsführer M-GmbH)]

[Beglaubigung Notar]

hh) Liste der Übernehmer

Liste der Übernehmer 1169

der T-GmbH mit Sitz in ... eingetragen im Handelsregister des Amtsgerichts ... unter HRB ... mit den Nennbeträgen der übernommenen Geschäftsanteile:

Nr. des Geschäftsanteils	Vor- u. Nachname/ Firma des Gesellschafters	Geburtsdatum	Wohnort/Sitz des Gesellschafters	Nennbetrag des Geschäftsanteils (EUR)
2	M-GmbH			50.000

[Ort, Datum]

[Unterschrift Notar, Unterschrift Geschäftsführer]

ii) Liste der Gesellschafter

Liste der Gesellschafter der T-GmbH 1170

mit Sitz in ..., eingetragen im Handelsregister des Amtsgerichts ... unter HRB ....

Nr. des Geschäftsanteils	Vor- u. Nachname/ Firma des Gesellschafters	Geburtsdatum	Wohnort/ Sitz des Gesellschafters	Nennbetrag des Geschäftsanteils (EUR)	Gesamtbeteiligung des Gesellschafters am Stammkapital in Prozent
1	M-GmbH			150.000	100
2	M-GmbH			50.000	
Stammkapital (EUR)				200.000	

[Ort, Datum]

[Unterschrift Notar, Unterschrift Geschäftsführer]

jj) Antrag Buchwertfortführung

1171 *[Briefbogen T-GmbH]*

An das
[Finanzamt der T-GmbH]

Steuernummer …

T-GmbH (Amtsgericht …, HRB …)

Antrag auf Buchwertansatz gemäß § 20 Abs. 2 Satz 2 UmwStG i. Z. m. der Ausgliederung

[ggf.: Antrag auf steuerliche Rückwirkung der Ausgliederung gemäß § 20 Abs. 5 und 6 UmwStG]

Sehr geehrte Damen und Herren,

mit notarieller Urkunde vom … (URNr. … des Notars … in …) und mit steuerlicher Wirkung zum 31.12. … (steuerlicher Übertragungsstichtag) wurde der Teilbetrieb … der M-GmbH mit Sitz in …, eingetragen im Handelsregister des Amtsgerichts … unter HRB … auf die T-GmbH mit Sitz in …, eingetragen im Handelsregister des Amtsgerichts … unter HRB … ausgegliedert (§ 123 Abs. 3 Nr. 1 UmwG).

I.

In Ausübung des entsprechenden Wahlrechts (§ 20 Abs. 2 Satz 2 UmwStG) werden die auf den aufnehmenden Rechtsträger (T-GmbH, Amtsgericht …, HRB …) übergehenden Wirtschaftsgüter in der steuerlichen Ausgliederungsbilanz des übertragenden Rechtsträgers (M-GmbH, Amtsgericht …, HRB …) einheitlich mit den bisherigen Buchwerten angesetzt.

Hiermit stellt die T-GmbH (Amtsgericht …, HRB …) hinsichtlich der übertragenen Wirtschaftsgüter den

Antrag auf Fortführung der Buchwerte.

Die entsprechenden Bilanzen werden zusammen mit der Steuererklärung eingereicht.[1231]

1231 Der Steuererklärung könnte höchstvorsorglich als Anlage eine Erklärung beigefügt werden, dass die Steuerbilanz der steuerlichen Schlussbilanz i. S. d. § 20 UmwStG entspricht; vgl. Tz. 03.01, 03.29, 20.21 UmwStE. Der Antrag auf Buch- oder Zwischenwertansatz ist von der übernehmenden Gesellschaft spätestens bis zur erstmaligen Abgabe ihrer steuerlichen Schlussbilanz, in der das übernommene Betriebsvermögen erstmals anzusetzen ist, bei dem für sie für die Besteuerung örtlich zuständigen Finanzamt zu stellen.

Wir bestätigen zudem, dass

1. sichergestellt ist, dass das übergehende Betriebsvermögen bei der übernehmenden Körperschaft (T-GmbH mit Sitz in ..., Amtsgericht ..., HRB ...) der Besteuerung mit Körperschaftsteuer unterliegt,
2. die Passivposten des eingebrachten Betriebsvermögens die Aktivposten nicht übersteigen;
3. das Recht der Bundesrepublik Deutschland hinsichtlich der Besteuerung des Gewinns aus der Veräußerung des eingebrachten Betriebsvermögens bei der übernehmenden Gesellschaft (T-GmbH mit Sitz in ..., Amtsgericht ..., HRB ...) nicht ausgeschlossen oder beschränkt wird.

II.

Hiermit stellt die T-GmbH (Amtsgericht ..., HRB ...) den

Antrag auf steuerliche Rückwirkung

der Ausgliederung zum 31.12. ... gemäß § 20 Abs. 5 und 6 UmwStG.

Mit freundlichen Grüßen

[Unterschrift Geschäftsführung T-GmbH]

kk) Nachweis nach § 22 Abs. 3 UmwStG (Sieben-Jahres-Frist)

1172 *[Briefbogen M-GmbH]*

An das
[Finanzamt der M-GmbH]

[Datum]

Steuernummer …

M-GmbH

Erfüllung der Meldepflicht nach § 22 Abs. 3, 1 UmwStG für ausschlussbefristete Anteile zum Meldestichtag 31.5. …

Sehr geehrte Damen und Herren,

durch einen Vorgang i. S. d. § 20 UmwStG hat die M-GmbH mit Sitz in … eingetragen im Handelsregister des Amtsgerichts … unter HRB …, Steuernummer … beim Finanzamt … (Einbringender), mit steuerlicher Wirkung zum 31.12. … Anteile an der T-GmbH mit Sitz in … eingetragen im Handelsregister des Amtsgerichts … unter HRB …, Steuernummer … beim Finanzamt …, in Höhe eines Anteils am Nennkapital von *[EUR 50.000]* (Geschäftsanteil Nr. *[2]*) erworben.

Nach § 22 Abs. 3 UmwStG hat der Einbringende in den dem Einbringungszeitpunkt folgenden sieben Jahren jährlich bis zum 31.5. den Nachweis darüber zu erbringen, wem mit Ablauf des Tages, der dem maßgeblichen Einbringungszeitpunkt entspricht, die ausschlussbefristeten Anteile zuzurechnen sind.

Die Meldepflicht wird mit diesem Schreiben auf den oben genannten Meldestichtag erfüllt:

Erklärung

Gemäß Tz. 22.30 UmwStE vom 2.1.2025 erkläre ich hiermit, dass die vorgenannten Anteile seit dem Einbringungszeitpunkt bis zum *[Datum des relevanten Jahrestages]* ununterbrochen der M-GmbH als wirtschaftlichem Eigentümer zuzurechnen sind.

Entsprechend den weiteren Ausführungen des BMF-Schreibens ist in der Anlage eine Bestätigung der übernehmenden Gesellschaft (T-GmbH, Amtsgericht …, HRB …) über die Gesellschafterstellung beigefügt.

Mit freundlichen Grüßen

[Ort, Datum]

[Unterschrift Geschäftsführer M-GmbH]

Anlage zum Schreiben betreffend die Erfüllung der Meldepflicht nach § 22 Abs. 3 UmwStG der M-GmbH vom *[Datum]*

Bestätigung

Die M-GmbH mit Sitz in ... eingetragen im Handelsregister des Amtsgerichts ... unter HRB ..., Steuernummer ... beim Finanzamt ..., hat durch einen Vorgang i. S. d. § 20 UmwStG mit steuerlicher Wirkung zum *31.12.* ... Anteile an der T-GmbH mit Sitz in ... eingetragen im Handelsregister des Amtsgerichts ... unter HRB ..., Steuernummer ... beim Finanzamt ..., in Höhe eines Anteils am Nennkapital von *[EUR 50.000]* (Geschäftsanteil Nr. *[2]*) erworben.

Die übernehmende Gesellschaft bestätigt hiermit das ununterbrochene Bestehen der vorgenannten Gesellschafterstellung seit dem Einbringungszeitpunkt bis zum *[Datum des relevanten Jahrestages]*.[1232]

[Ort, Datum]

[Unterschrift Geschäftsführer T-GmbH]

1232 Anstatt Bestätigung der Gesellschaft kann auch aktuelle Gesellschafterliste vorgelegt werden, um Gesellschafterstellung nachzuweisen, vgl. Tz. 22.30 UmwStE.

3. Formwechsel

a) GmbH in GmbH & Co. KG

aa) Ausgangskonstellation

1173

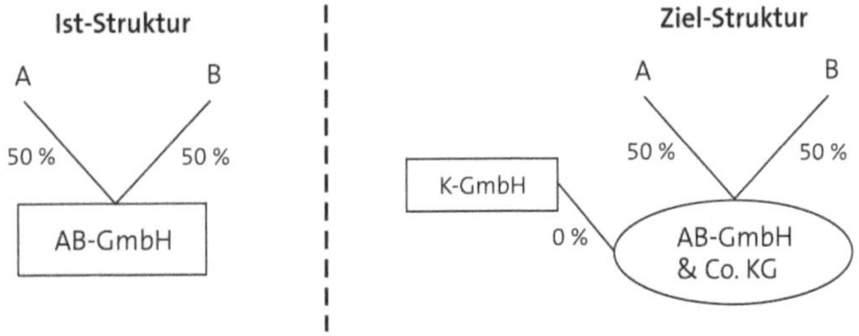

- Formwechsel einer Kapitalgesellschaft (GmbH) in eine Personengesellschaft (GmbH & Co. KG) nach §§ 190, 228 ff. UmwG
- Beitritt der Komplementär-GmbH im Zuge des Formwechsels (keine Treuhandlösung; vgl. Rz. 283 ff.)
- Gründung der Komplementär-GmbH im Formwechselbeschluss enthalten
- Beide Gesellschafter erhalten eine Kommanditistenstellung.
- Die Komplementär-GmbH wird am Vermögen der GmbH & Co. KG nicht beteiligt.
- Formwechsel erfolgt steuerlich zu Buchwerten (§§ 9, 3 UmwStG).
- Verzicht auf Umwandlungsbericht und Abfindungsangebot.

bb) Fahrplan

1174 **Vorbereitungsphase**

- Entwurf des Formwechselbeschlusses
- Entwurf des Gesellschaftsvertrages der GmbH & Co. KG
- Entwurf des Gesellschaftsvertrages der Komplementär-GmbH
- Entwurf der Handelsregisteranmeldungen
- Information der Arbeitnehmer (freiwillig; nicht nach § 613a BGB erforderlich)
- *[ggf. Information der Betriebsräte]*
- Erstellen der (steuerlichen) Schlussbilanz der GmbH zum 31.12. ...

- Vorbereitung der Gesellschafterversammlung in der der Formwechselbeschluss gefasst wird
- Abstimmung mit dem zuständigen Finanzamt über die Beibehaltung bzw. Neuerteilung der Steuernummer sowie mit dem Bundeszentralamt für Steuern über die Beibehaltung der USt-ID-Nr.
- Ladung zur Gesellschafterversammlung nach Satzung/Gesetz [*ggf. Verzicht bei Vollversammlung und Einstimmigkeit*]

Beschlussphase

- Errichtung der Komplementär-GmbH
- Formwechselbeschluss der Gesellschafterversammlung
- Anmeldung des Formwechsels zum Handelsregister
- Anmeldung der Errichtung der Komplementär GmbH zum Handelsregister

Vollzugsphase

- Eintragung der Komplementär-GmbH im Handelsregister
- Eintragung des Formwechsels im Handelsregister
- Übersendung des Formwechselbeschlusses an das Finanzamt
- Unterrichtung der Sozialversicherungsträger über den Formwechsel
- Unterrichtung der Gewerbeaufsicht über die Umwandlung
- Antrag der übertragenden Gesellschaft (GmbH) auf Buchwertfortführung bei ihrem Finanzamt
- Information der Vertragspartner über den Formwechsel
- Umstellung der Organisation, Buchführung, Lohn- und Gehaltsabrechnung auf neue Verhältnisse
- *[ggf. Berichtigung Grundbücher]*
- *[ggf. Berichtigung Patentregister etc.]*
- *[ggf. Berichtigung KFZ-Briefe]*

cc) Formwechselbeschluss

1175 URNr.

Ref.:

Protokoll über Gesellschafterversammlungen

Heute, den ...
Zweitausend...

-...-

erschien vor mir,

...

Notar in ...,

in den Amtsräumen in ...:

1. Herr A, geb. am ...,

   wohnhaft ...,

   ausgewiesen durch Vorlage eines amtlichen Lichtbildausweises,

   hier handelnd im eigenen Namen.

2. Herr B, geb. am ...,

   wohnhaft ...,

   ausgewiesen durch Vorlage eines amtlichen Lichtbildausweises,

   hier handelnd im eigenen Namen.

Auf Ansuchen der Erschienenen beurkunde ich ihre vor mir abgegebenen Erklärungen gemäß was folgt:

Gesellschafterversammlung der AB-GmbH

Präambel

Wir sind die sämtlichen Gesellschafter der Firma AB-GmbH mit dem Sitz in ..., eingetragen im Handelsregister des Amtsgerichts ... HRB ... (im Folgenden „Gesellschaft"). Wir sind nach Maßgabe des Gesellschaftsvertrages und ausweislich der am ... in das Handelsregister des Amtsgerichts ... aufgenommenen Gesellschafterliste an der vorgenannten Gesellschaft wie folgt beteiligt:

- Herr A

  mit einem Geschäftsanteil Nr. ... mit einem Nennbetrag von EUR ...

- Herr B

  mit einem Geschäftsanteil Nr. ... mit einem Nennbetrag von EUR ...

Das Stammkapital der Gesellschaft ist vollständig einbezahlt.

Die unter Bezug genommene Gesellschafterliste ist diesem Beschluss als Anlage beigefügt und stimmt nach Angabe der Geschäftsführung mit den tatsächlichen Verhältnissen überein.

Beide Gesellschafter sind alleinvertretungsberechtigte und von den Beschränkungen des § 181 BGB befreite Geschäftsführer der Gesellschaft

Die Gesellschaft verfügt über folgenden Grundbesitz:

- Grundstück *[Musterstr. 1]* in ... (Amtsgericht ..., Grundbuch ..., Band ..., Blatt ..., FlSt...)
- ...

Unter Verzicht auf alle durch Gesetz oder Gesellschaftsvertrag vorgeschriebenen Formen und Fristen, die Ankündigung des Formwechsels als Gegenstand der Beschlussfassung sowie der Übersendung des Umwandlungsberichtes (§ 230 UmwG) halten wir hiermit eine Gesellschafterversammlung der AB-GmbH ab und beschließen einstimmig und mit allen Stimmen was folgt:

§ 1 Gründung der Komplementär GmbH

(1) Die Gesellschafter der AB-GmbH errichten hiermit die K-GmbH und stellenden als **Anlage 1** beigefügten Gesellschaftsvertrag der K-GmbH fest. Auf die Anlage 1, die dieser Urkunde als wesentlicher Bestandteil beigefügt ist, wird hiermit gemäß § 14 Abs. 1 BeurkG verwiesen. Die Beteiligten haben auf das Vorlesen verzichtet, stattdessen wurde ihnen die Anlage 1 zur Kenntnisnahme vorgelegt, sie wurde von ihnen genehmigt und nach § 14 BeurkG unterschrieben.

(2) Das Stammkapital der K-GmbH beträgt *[EUR 25.000]*. Das Stammkapital wird wie folgt übernommen:

  - Herr A

    mit einem Geschäftsanteil Nr. 1 mit einem Nennbetrag von EUR 12.500

  - Herr B

    mit einem Geschäftsanteil Nr. 2 mit einem Nennbetrag von EUR 12.500

(3) Herr A und Herr B werden zu Geschäftsführern der K-GmbH bestellt. Sie sind stets alleinvertretungsberechtigt und von den Beschränkungen des § 181 BGB befreit. Sie sind bereits im Gründungsstadium der K-GmbH er-

mächtigt, innerhalb des Satzungsgegenstandes alle Geschäfte zu tätigen, die nach der Eintragung der K-GmbH im Handelsregister die Geschäftsführer nach § 35 GmbHG vornehmen dürfen. § 35 Abs. 2 GmbHG ist Dritten gegenüber anzuwenden.

§ 2 Formwechselbeschluss

(1) Die Gesellschaft mit beschränkter Haftung in Firma AB-GmbH mit dem Sitz in ..., eingetragen im Handelsregister des Amtsgerichts ... unter HRB ... wird formwechselnd gemäß §§ 190 ff. UmwG in eine Kommanditgesellschaft umgewandelt.

(2) Im Innenverhältnis unter den Gesellschaftern bzw. zwischen den Gesellschaftern und der Gesellschaft soll der Formwechsel zum ..., 24:00 Uhr als erfolgt gelten.

§ 3 Firma

Die Firma der Gesellschaft in der Rechtsform der Kommanditgesellschaft lautet:

„AB-GmbH & Co. KG"

(im Folgenden „Kommanditgesellschaft")

§ 4 Gesellschafter, Kapital- und Kommanditeinlage

(1) Komplementärin an der Kommanditgesellschaft ist die nach § 1 gegründete K-GmbH. Diese hält keinen Kapitalanteil an der Kommanditgesellschaft und ist am Vermögen der Gesellschaft nicht beteiligt.

(2) An der Kommanditgesellschaft sind künftig die bisherigen Gesellschafter der AB-GmbH, Herr A und Herr B, als Kommanditisten beteiligt:

1. Herr A

   mit einer Haftsumme von EUR ... und einer Pflichteinlage von EUR ...

2. Herr B

   mit einer Haftsumme von EUR ... und einer Pflichteinlage von EUR ...

(3) Mit dem Formwechsel treten diese Kommanditanteile an die Stelle der Geschäftsanteile des jeweiligen Gesellschafters an der AB-GmbH.

(4) Soweit das Eigenkapital der AB-GmbH die Summe der Kapitaleinlagen (Einlage der Komplementärin und der Kommanditeinlagen) übersteigt, wird der übersteigende Teil als Darlehensforderung des betreffenden Gesellschafters gegen die Gesellschaft behandelt und nach folgender Maßgabe dem Darlehenskonto des jeweiligen Gesellschafters gutgeschrieben:

1. Den Gesellschaftern wird das Eigenkapital der AB-GmbH entsprechend ihrem Beteiligungsverhältnis an der AB-GmbH zugerechnet.
2. Von dem ihnen danach zuzurechnenden Anteil wird ein Teil in Höhe des Nennbetrags ihrer Pflichteinlage dem Kapitalkonto I und der übersteigende Betrag dem Kapitalkonto II gutgeschrieben.[1233]

(5) Die Rechte der Gesellschafter im einzelnen sowie Art um Umfang der Beteiligung jedes Gesellschafters ergeben sich aus dem Gesellschaftsvertrag der Kommanditgesellschaft, der Bestandteil dieses Umwandlungsbeschlusses ist und ebenfalls verlesen wurde (Anlage 1). Besondere Rechte nach § 194 Abs. 1 Nr. 5 UmwG bestehen nicht und werden in der Kommanditgesellschaft auch nicht eingeräumt.

§ 5 Zustimmungs- und Verzichtserklärungen

(1) Soweit erforderlich, stimmen die beteiligten Gesellschafter dem Formwechsel zu.

(2) Die zukünftige K-GmbH stimmt der Übernahme der Komplementärstellung an der Kommanditgesellschaft zu.

(3) Auf die Klage gegen die Wirksamkeit des Umwandlungsbeschlusses wird ausdrücklich verzichtet (§ 16 Abs. 2 Satz 2 UmwG).

(4) Alle Gesellschafter verzichten (vorsorglich) auf die Erstellung eines Umwandlungsberichtes (§ 192 Abs. 2 UmwG), sowie auf alle sonstigen Form- und Fristvorschriften auf die von Gesetzes wegen verzichtet werden kann.

(5) Bei dem Formwechsel einer Kapitalgesellschaft in eine Personengesellschaft hat der übernehmende Rechtsträger jedem Anteilsinhaber, der gegen den Umwandlungsbeschluss des übertragenden Rechtsträgers Widerspruch zur Niederschrift beim Notar erklärt, den Erwerb seiner Anteile oder Mitgliedschaften gegen eine angemessene Barabfindung anzubieten (§ 207 UmwG). Alle Gesellschafter erklären, dass sie auf ein Abfindungsangebot (§ 207 UmwG) verzichten.

(6) Der Notar belehrte den Erschienenen über die Unwiderruflichkeit der Verzichtserklärungen und deren Wirkungen sowie darüber, dass durch diese Erklärungen die Ausübung von Gesellschafterrechten bei dem bevorstehenden Formwechsel beeinträchtigt werden kann.

1233 Kapitalkonto I und II sind als Eigenkapitalkonten auszugestalten. Die Höhe der Pflichteinlage entspricht dem Kapitalkonto I und dieses Konto ist entscheidend für Verteilung Gewinn/Verlust sowie Liquidationserlös.

§ 6 Geschäftsführung

(1) Zur Geschäftsführung ist jeder persönlich haftende Gesellschafter der Kommanditgesellschaft berechtigt und verpflichtet.

(2) Die Geschäftsführer werden jeweils mit steter Einzelvertretungsmacht und jeweils unter Befreiung von den Beschränkungen des § 181 BGB bestellt. Ihnen wird jeweils unentgeltlich umfassende Befreiung von allen gesetzlichen oder satzungsmäßigen Wettbewerbsverboten erteilt.

(3) Die beim formwechselnden Rechtsträger bestehenden Prokuren werden bei der Kommanditgesellschaft ebenfalls erteilt.

§ 7 Folgen für die Arbeitnehmer

(1) Für die Arbeitnehmer der Gesellschaft sind aufgrund der Umwandlung keine Maßnahmen vorgesehen. Die Haftung des Rechtsträgers beschränkt sich, vorbehaltlich der Nachhaftung der Gesellschafter, mit Wirksamkeit der Umwandlung auch im Verhältnis zu deren Arbeitnehmern auf das Gesellschaftsvermögen der Kommanditgesellschaft.

(2) Auf die Arbeitnehmer der Gesellschaft und ihre Vertretungen wirkt sich der Formwechsel wie folgt aus:

1. Die Rechte und Pflichten der Arbeitnehmer aus den bestehenden Arbeitsverträgen bleiben unberührt. Der Formwechsel stellt keinen Fall des Betriebsübergangs i. S. d. § 613a BGB dar.
2. Die Weisungsrechte des Arbeitgebers werden künftig durch die Herren A und B als Geschäftsführer der Komplementär-GmbH ausgeübt.
3. Etwa bestehende Betriebsvereinbarungen und Tarifverträge gelten unverändert fort.
4. Die Gesellschaft hat keinen Betriebsrat. *[Alt.: Die Betriebsverfassung nach dem Betriebsverfassungsgesetz bleibt unberührt. Der Betriebsrat und die sonstigen Institutionen nach dem Betriebsverfassungsgesetz bleiben bestehen.]*

§ 8 Grundbuchberichtigung

(1) Es wird hiermit beantragt, dass nach Vollzug der Umwandlung das Grundbuch am gesamten Grundbesitz der Gesellschaft auf die nach Formwechsel bestehende Gesellschaft berichtigt werden soll.

(2) Der Notar wird mit dem Vollzug der Grundbuchberichtigungen hiermit beauftragt. Dazu wird ihm eine Vollmacht erteilt, die sich auch darauf erstreckt, den zu berichtigenden Grundbesitz und die zu berichtigenden be-

schränkt dinglichen Rechte der Gesellschaft zu bezeichnen und mit der Berichtigung des Grundbuchs zusammenhängende Anträge und sonstige Erklärungen und erforderlichenfalls auch Bewilligungen abzugeben. Dem Notar werden die bekannten Grundbuchstellen mitgeteilt.

§ 9 Vollmacht

Die Beteiligten erteilen auch den Angestellten der Notarstelle ... in ... je einzeln und unter Befreiung von den Beschränkungen des § 181 BGB Vollmacht, alles zum Vollzug dieser Urkunde im Handelsregister Erforderliche zu tun, insbesondere die Beschlüsse dieser Urkunde einschließlich der neugefassten Bestimmungen der Satzung zu ändern und entsprechende Registeranmeldungen abzugeben, sofern das für die Eintragung der Beschlüsse dieser Urkunde erforderlich ist. Die Vollmacht erlischt mit der Eintragung aller eintragungspflichtigen Beschlüsse dieser Urkunde im Handelsregister. Die Vollmacht darf nur bei der Notarstelle ... ausgeübt werden.

§ 10 Hinweise des Notars

(1) Hinsichtlich der Errichtung der Komplementär-GmbH weist der Notar auf Folgendes hin:

1. Die Gesellschaft entsteht erst mit Eintragung in das Handelsregister.
2. Im Zeitraum zwischen der Unterzeichnung des Gesellschaftsvertrages und der Eintragung der Gesellschaft besteht eine Vorgesellschaft, für die bereits wirksam gehandelt werden kann. Das Vermögen der Vorgesellschaft sowie ihre Rechte und Pflichten aus dem Zeitraum vor der Eintragung getätigten Geschäften gehen von Rechtswegen auf die GmbH über. Die Handelnden Haften bis zur Eintragung der GmbH persönlich.
3. Gesellschafter einer GmbH können sowohl für den von ihnen selbst übernommenen Geschäftsanteil als auch für jeden Geschäftsanteil eines Mitgesellschafters in Anspruch genommen werden (§ 24 GmbHG).
4. Die Aufrechnung gegen eine Bareinlageverpflichtung ist unzulässig.
5. Der Erwerb von Waren oder Rechten von einem Gesellschafter oder einer ihm nahestehenden Person seitens der Gesellschaft mit Mitteln des Stammkapitals in engem zeitlichem Zusammenhang zur Gründung gilt als unzulässige verdeckte Sacheinlage. Werden bei der Gründung entsprechende Absprachen getroffen werden, so gelten die Geschäftsanteile insoweit nicht als zur freien Verfügung der Geschäftsführung befindlich.

6. Das Stammkapital der GmbH darf bis zum Eingang der Gründungsanmeldung der Gesellschaft beim Handelsregister nicht angetastet werden; dies gilt auch hinsichtlich der Eingehung von Verbindlichkeit. Die satzungsgemäße Übernahme von Gründungskosten ist davon abweichend zulässig. Soweit sich eine Unterdeckung des Stammkapitals der GmbH im Zeitpunkt der Eintragung in das Handelsregister ergibt, ist der Differenzbetrag von den Gesellschaftern zusätzlich zu entrichten. Eine Beschränkung der Zahlungsverpflichtung auf den Betrag der jeweils übernommenen Geschäftsanteile findet insoweit keine Anwendung. Eine Unterdeckung des Stammkapitals der GmbH gefährdet die Eintragung im Handelsregister.

7. Hinsichtlich des Schadens, der durch die Einlagen oder den Gründungsaufwand oder durch falsche Angaben eines Beteiligten bei der Errichtung der GmbH verursacht wird, haften die Gesellschafter und die Geschäftsführer der GmbH gesamtschuldnerisch.

(2) Hinsichtlich des Formwechsels weist der Notar auf Folgendes hin:

1. Der Formwechsel wird mit Eintragung in das Handelsregister wirksam. Die Fortführung der Firma der formwechselnden Gesellschaft bedarf der Prüfung durch das Registergericht.

2. Alle Aktiva und Passiva der AB-GmbH gehen mit Eintragung des Formwechsels in das Handelsregister auf die durch den Formwechsel entstehende AB-GmbH & Co. KG über.

3. Etwaige Rechte Dritter an den Geschäftsanteilen der Gesellschafter der AB-GmbH bestehen an den künftigen Beteiligungen an der AB-GmbH & Co. KG fort. Soweit in der AB-GmbH Sonderrechte zu Gunsten Dritter bestehen, sind den Dritten den bisherigen Sonderrechten vergleichbare Rechte in der AB-GmbH & Co. KG einzuräumen (§§ 204, 23 UmwG).

4. Des Weiteren wird das Registergericht die Eintragung des Formwechsels bekannt machen. Die Gläubiger der AB-GmbH werden in dieser Bekanntmachung auf folgendes hingewiesen: Die Gläubiger können Sicherheitsleistung verlangen, wenn sie innerhalb von sechs Monaten nach der Bekanntmachung des Formwechsels ihren Anspruch nach Grund und Höhe gegenüber der AB-GmbH & Co. KG schriftlich anmelden und glaubhaft machen, dass durch den Formwechsel die Erfüllung ihrer Forderung gefährdet wird und sie nicht schon die Befriedigung ihrer Forderung verlangen können.

5. Nach Wirksamkeit des Formwechsels sind auf die formwechselnde Gesellschaft lautende Rechtstitel, Grundbücher und sonstige Register zu berichtigen. Soweit die formwechselnde Gesellschaft in Verfahren (z. B. Rechtstreitigkeiten) beteiligt ist, ist der Formwechsel mitzuteilen. Offene Rücklagen der Gesellschafter gelten mit Vollzug des Formwechsels als ausgeschüttet und können zu einer Ertragsteuerbelastung führen (§ 7 UmwStG).

§ 11 Kosten, Abschriften

Die Kosten dieser Urkunde trägt die Gesellschaft.

Von dieser Urkunde erhalten:
BEGLAUBIGTE ABSCHRIFTEN
die Beteiligten
das Registergericht ... eine elektronisch beglaubigte
EINFACHE ABSCHRIFTEN
das Finanzamt – Körperschaftsteuerstelle –
Steuerberater

Vorgelesen vom Notar,
von den Beteiligten genehmigt und
eigenhändig unterschrieben wie folgt:

[-Unterschriften der Beteiligten-]

dd) Gesellschafterliste der Komplementär-GmbH

1176 Liste der Gesellschafter der K-GmbH

mit Sitz in …, eingetragen im Handelsregister des Amtsgerichts … unter HRB ….

Nr. des Geschäftsanteils	Vor- u. Nachname / Firma des Gesellschafters	Geburtsdatum	Wohnort / Sitz des Gesellschafters	Nennbetrag des Geschäftsanteils (EUR)	Gesamtbeteiligung des Gesellschafters am Stammkapital in Prozent
1	A			*[12.500]*	50
2	B			*[12.500]*	50
Stammkapital (EUR)				*[25.000]*	

[Ort, Datum]

[Unterschrift Notar, Unterschrift Geschäftsführer]

ee) Handelsregisteranmeldung der Komplementär-GmbH

An das Amtsgericht … 1177
– Handelsregister –

K-GmbH mit Sitz in …

Handelsregisteranmeldung
Neugründung einer GmbH

I. Zur Eintragung in das Handelsregister melden wir, alle unterzeichnenden Geschäftsführer der K-GmbH mit Sitz in … an:

1. Die K-GmbH mit Sitz in … wurde aufgrund des Gesellschafterbeschlusses vom … (URNr. … des Notars …) in der Rechtsform einer Gesellschaft mit beschränkter Haftung gegründet.
2. Die Firma der Gesellschaft lautet: K-GmbH
3. Die Geschäftsanschrift lautet …
4. Der Unternehmensgegenstand der Gesellschaft laut: …
5. Hinsichtlich der abstrakten Vertretungsbefugnis gilt:
   - Ist nur ein Geschäftsführer bestellt, so vertritt er die Gesellschaft allein. Sind mehrere Geschäftsführer bestellt, so wird die Gesellschaft durch zwei Geschäftsführer gemeinschaftlich oder durch einen Geschäftsführer und einen Prokuristen gemeinschaftlich vertreten.
   - Die Gesellschafterversammlung kann unabhängig von der Zahl der bestellten Geschäftsführer jederzeit einem, mehreren oder allen Geschäftsführern Einzelvertretungsbefugnis und Befreiung von den Beschränkungen des § 181 BGB erteilen.
6. Hinsichtlich der konkreten Vertretungsbefugnis gilt:
   - Herr A *[Anschrift, Geburtsdatum]* wurde zum Geschäftsführer bestellt. Herr A ist berechtigt, die Gesellschaft allein zu vertreten und ist von den Beschränkungen des § 181 BGB befreit.
   - Herr B *[Anschrift, Geburtsdatum]* wurde zum Geschäftsführer bestellt. Herr B ist berechtigt, die Gesellschaft allein zu vertreten und ist von den Beschränkungen des § 181 BGB befreit.
7. Jeder Geschäftsführer versichert weiter:

   Es liegen keine Umstände vor, aufgrund derer ich nach § 6 Abs. 2 Satz 2 Nr. 2 u. 3 sowie Satz 3 GmbHG vom Amt eines Geschäftsführers ausgeschlossen wäre:

a) Ich versichere, dass ich während der letzten fünf Jahre weder wegen des Unterlassens der Stellung eines Antrags auf Eröffnung des Insolvenzverfahrens (Insolvenzverschleppung), nach §§ 283 bis 283d StGB (Insolvenzstraftaten), wegen falscher Angaben nach § 82 GmbHG oder § 399 AktG, wegen unrichtiger Darstellung nach § 400 AktG, § 331 HGB, § 313 UmwG oder § 17 PublG oder nach § 263 StGB (Betrug), § 263a (Computerbetrug), § 264 StGB (Subventionsbetrug), § 264a (Kapitalanlagebetrug), § 265b StGB (Kreditbetrug), nach §§ 265c bis 265e StGB (Sportwettbetrug), § 266 StGB (Untreue) oder § 266a StGB (Vorenthalten oder Veruntreuen von Arbeitsentgelt) verurteilt worden bin, noch mir durch gerichtliches Urteil oder durch vollziehbare Entscheidung einer Verwaltungsbehörde die Ausübung eines Berufes, Berufszweiges, Gewerbes oder Gewerbezweiges untersagt worden ist.

b) Auch im Ausland erfolgte keine Verurteilung wegen einer vergleichbaren Tat.

c) Ferner wurde ich auch nicht aufgrund einer behördlichen Anordnung in einer Anstalt verwahrt.

d) Ich stehe nicht unter Betreuung und unterliege bei der Besorgung meiner Vermögensangelegenheiten weder ganz noch teilweise einem Einwilligungsvorbehalt (§ 1825 BGB).

Ich wurde über meine unbeschränkte Auskunftspflicht gegenüber dem Gericht belehrt, ebenso wie über die Strafbarkeit einer falschen Versicherung; auf § 82 Abs. 1 Nr. 5 GmbHG wurde hingewiesen. Falsche Angaben zum Zweck der Errichtung der Gesellschaft können ferner Ersatzansprüche der Gesellschaft auslösen (§ 9a GmbHG).

Ich bekenne ferner vom unterschriftsbeglaubigenden Notar nach § 53 Abs. 2 des Gesetzes über das Zentralregister und das Erziehungsregister in der Fassung der Bekanntmachung vom 21.9.1984 belehrt worden zu sein.

8. Wir versichern ferner, dass die im Gesellschaftsvertrag vereinbarten Leistungen auf die Geschäftsanteile in Bar bewirkt sind und dass diese sich endgültig in der freien Verfügung der Geschäftsführer befinden.

II. Als Anlagen überreichen wir:

1. Notariell beglaubigte Abschrift des Gesellschaftsbeschlusses vom … (URNr. … des Notars …);

2. Liste der Gesellschafter (§ 8 Abs. 1 Nr. 1 GmbHG)
3. Vollständiger Wortlaut des Gesellschaftsvertrages

Nach Vollzug der Eintragung des Formwechsels bitten wir jeweils um

- Eintragungsnachricht an die K-GmbH, das Registergericht Amtsgericht ... der AB-GmbH mit Sitz in ... (HRB ...) und an den beglaubigenden Notar sowie um
- Übermittlung von zwei beglaubigten Handelsregisterauszügen an die K-GmbH und
- eines beglaubigten Handelsregisterauszugs an den beglaubigenden Notar.

[Unterschrift Geschäftsführung]

[Beglaubigung Notar]

ff) Handelsregisteranmeldung Formwechsel

1178 An das Amtsgericht …
– Handelsregister –

AB-GmbH mit Sitz in …, HRB …

Formwechsel in eine GmbH & Co. KG

I. Zur Eintragung in das Handelsregister melden wir, die unterzeichnete Geschäftsführung, an:

1. Die AB-GmbH mit Sitz in … (Amtsgericht … HRB …) wurde aufgrund des Umwandlungsbeschlusses vom … (URNr. … des Notars …) nach §§ 190 ff. UmwG in die Rechtsform einer Kommanditgesellschaft formgewechselt.

2. Die Firma der Kommanditgesellschaft lautet „AB-GmbH & Co. KG". Um Genehmigung der Firmenfortführung gemäß dem Umwandlungsbeschluss durch das Registergericht wird hiermit ersucht.

3. Die Kommanditgesellschaft hat ihren Sitz in …

4. Die Geschäftsanschrift lautet: …

5. Wir versichern, dass gegen den Umwandlungsbeschluss keine Klage erhoben worden ist und alle Gesellschafter der formgewechselten Gesellschaft dem Umwandlungsbeschluss zugestimmt haben sowie auf ein Abfindungsangebot und die Erstellung eines Umwandlungsberichtes verzichtet haben.

6. Der Unternehmensgegenstand der Gesellschaft lautet: ….

7. Die Gesellschafter der AB-GmbH

   – Die K-GmbH mit Sitz in … eingetragen im Handelsregister des Amtsgerichts … unter HRB … als Komplementärin

     hält keinen Kapitalanteil an der Kommanditgesellschaft und ist am Vermögen der Gesellschaft nicht beteiligt;

   – Herr A (Name, Vorname, Geb.-Datum, Wohnort) als Kommanditist

     mit einer Haftsumme von EUR … und einer Pflichteinlage von EUR …;

   – Herr B (Name, Vorname, Geb.-Datum, Wohnort) als Kommanditist

     mit einer Haftsumme von EUR … und einer Pflichteinlage von EUR …;

werden ihre Kapital- bzw. Kommanditeinlagen dadurch erbringen, dass der formwechselnde Rechtsträger als Träger des Gesellschaftsvermögens in der durch den Umwandlungsbeschluss bestimmten Rechtsform weiter besteht. Das Vermögen des formwechselnden Rechtsträgers wird sich mit Wirksamkeit des Formwechsels endgültig in der freien Verfügung der Geschäftsführung befinden und nicht durch Schulden vorbelastet sein, ausgenommen der Gründungskosten bis zum Betrag von EUR ... und die vorhandenen Verbindlichkeiten, welche aber den Saldo von Aktivvermögen und Stammkapital nicht übersteigen.

8. Die Komplementärin vertritt die Gesellschaft stets allein und unter Befreiung von den Beschränkungen des § 181 BGB. Die Geschäftsführer der Komplementärin sind gegenüber der Kommanditgesellschaft ebenfalls von den Beschränkungen des § 181 BGB befreit.

9. Die bei der AB-GmbH eingetragenen Zweigniederlassungen, Prokuren und Unternehmensverträge *[einschließlich des Beherrschungs- und Gewinnabführungsvertrages]* bleiben bestehen.[1234]

II. Als Anlagen überreichen wir:

1. Notariell beglaubigte Abschrift des Umwandlungsbeschlusses vom ... (URNr. ... des Notars ...);

2. Unterlagen zur Werthaltigkeit des übergehenden Vermögens.

1234 Für die Anmeldung der neuen Rechtsform gelten grundsätzlich die Vorschriften für eine übliche Neuanmeldung, so dass auch Zweigniederlassungen, Prokuren und eingetragene Unternehmensverträge, die auch bei der neuen Rechtsform gelten sollen, angemeldet werden müssen, wobei ein Satz in der Anmeldung, wonach die bisher eingetragenen Zweigniederlassungen, Prokuren bzw. Unternehmensverträge bestehen bleiben, ausreichend ist; vgl. Krafka, Registerrecht, Rz. 1205.

Es wird gebeten, die Eintragung des Formwechsels erst durchzuführen, wenn die zeitgleich eingereichte Anmeldung zur Eintragung der neugegründeten Komplementär-GmbH im Handelsregister vollzogen ist. Nach Vollzug der Eintragung bitten wir jeweils um

- Eintragungsnachricht an die AB-GmbH & Co. KG und an den beglaubigenden Notar sowie um
- Übermittlung je eines beglaubigten Handelsregisterauszugs an die AB-GmbH & Co. KG und den beglaubigenden Notar.

[Unterschrift Geschäftsführung AB-GmbH]

[Unterschrift Geschäftsführung Komplementär-GmbH]

[Unterschrift aller Kommanditisten]

[Beglaubigung Notar]

gg) Antrag Buchwertfortführung

[Briefbogen AB-GmbH] 1179

An das
[Finanzamt der AB-GmbH]

Steuernummer …

AB-GmbH (Amtsgericht …, HRB …)

Antrag auf Buchwertansatz gemäß §§ 9, 3 Abs. 2 UmwStG i. Z. m. dem Formwechsel

Sehr geehrte Damen und Herren,

mit notarieller Urkunde vom … (URNr. … des Notars … in …) und mit steuerlicher Wirkung zum 31.12. … (steuerlicher Übertragungsstichtag) wurde die AB-GmbH mit Sitz in …, eingetragen im Handelsregister des Amtsgerichts … unter HRB … in die AB-GmbH & Co. KG mit Sitz in …, eingetragen im Handelsregister des Amtsgerichts … unter HRA … formgewechselt (§§ 190 ff., 228 ff. UmwG).

I.

In Ausübung des entsprechenden Wahlrechts (§§ 9, 3 Abs. 2 UmwStG) werden die auf den aufnehmenden Rechtsträger (AB-GmbH & Co. KG, Amtsgericht …, HRA …) übergehenden Wirtschaftsgüter in der steuerlichen Schlussbilanz des übertragenden Rechtsträgers (AB-GmbH, Amtsgericht …, HRB …) einheitlich mit den bisherigen Buchwerten angesetzt.

Hiermit stellt die AB-GmbH (Amtsgericht …, HRB …) hinsichtlich der übertragenen Wirtschaftsgüter den

Antrag auf Fortführung der Buchwerte.

Die entsprechenden Bilanzen werden zusammen mit der Steuererklärung eingereicht.[1235]

Wir bestätigen zudem, dass

1. die übergehenden Wirtschaftsgüter Betriebsvermögen der übernehmenden Personengesellschaft (AB-GmbH & Co. KG mit Sitz in …, Amtsgericht …, HRA …) werden und sichergestellt ist, dass sie später der Besteuerung mit Einkommensteuer oder Körperschaftsteuer unterliegen und

1235 Der Steuererklärung sollte als Anlage eine Erklärung beigefügt werden, dass die Steuerbilanz der steuerlichen Schlussbilanz i. S. d. § 9 UmwStG entspricht; vgl. Tz. 03.01, 09.01 f. UmwStE. Abgabefrist steuerliche Schlussbilanz siehe § 3 Abs. 2a UmwStG.

2. das Recht der Bundesrepublik Deutschland hinsichtlich der Besteuerung des Gewinns aus der Veräußerung der übertragenen Wirtschaftsgüter bei den Gesellschaftern der übernehmenden Personengesellschaft (AB-GmbH & Co. KG mit Sitz in …, Amtsgericht …, HRA …) nicht ausgeschlossen oder beschränkt wird und
3. eine Gegenleistung (nur) in Form von Gesellschaftsrechten gewährt wurde.

Mit freundlichen Grüßen

[Unterschrift Geschäftsführung AB-GmbH]

b) OHG in GmbH

aa) Ausgangskonstellation

1180

- Formwechsel einer Personengesellschaft in eine Kapitalgesellschaft nach §§ 190 ff., 214 ff. UmwG
- Beteiligungsstruktur bleibt unverändert
- Formwechsel erfolgt steuerlich zu Buchwerten (§ 25 UmwStG)
- Verzicht auf Umwandlungsbericht

bb) Fahrplan

Vorbereitungsphase 1181

- Entwurf des Formwechselbeschlusses
- Entwurf des Gesellschaftsvertrages der GmbH
- Entwurf der Handelsregisteranmeldungen
- Information der Arbeitnehmer
- Information der Betriebsräte
- Erstellen der (steuerlichen) Schlussbilanz der OHG zum 31.12. ...
- Erstellen eines Sachgründungsberichtes i. S. d. § 5 Abs. 4 GmbHG (§ 197 UmwG)
- Werthaltigkeitsnachweis durch Wirtschaftsprüfungsgesellschaft
- Überprüfung, ob es durch Ergänzungsbilanzen oder abweichende variable Kapitalkonten zu Wertverschiebungen unter den Gesellschaftern kommt (vgl. Rz. 404 f.)
- Abstimmung mit dem zuständigen Finanzamt über die Beibehaltung bzw. Neuerteilung der Steuernummer sowie mit dem Bundeszentralamt für Steuern über die Beibehaltung der USt-ID-Nr.

- Vorbereitung der Gesellschafterversammlung in der der Formwechselbeschluss gefasst wird
- Ladung zur Gesellschafterversammlung nach Satzung/Gesetz *[ggf. Verzicht bei Vollversammlung und Einstimmigkeit]*

Beschlussphase

- Formwechselbeschluss der Gesellschafterversammlung
- Anmeldung des Formwechsels zum Handelsregister

Vollzugsphase

- Eintragung des Formwechsels im Handelsregister
- Übersendung des Formwechselbeschlusses an das Finanzamt
- Unterrichtung der Sozialversicherungsträger über den Formwechsel
- Unterrichtung der Gewerbeaufsicht über die Umwandlung
- Antrag der übernehmenden Gesellschaft (GmbH) auf Buchwertfortführung bei ihrem Finanzamt
- Information der Vertragspartner über den Formwechsel
- Umstellung der Organisation, Buchführung, Lohn- und Gehaltsabrechnung auf neue Verhältnisse
- 7-jährige Nachweispflicht nach § 22 UmwStG
- *[ggf. Berichtigung Grundbücher]*
- *[ggf. Berichtigung Patentregister etc.]*
- *[ggf. Berichtigung KFZ-Briefe]*

cc) Formwechselbeschluss

URNr. 1182

Ref.:

Protokoll über Gesellschafterversammlungen

Heute, den ...
Zweitausend...

-...-

erschien vor mir,

...

Notar in ...,

in den Amtsräumen in ...:

1. Herr A, geb. am ...,

   wohnhaft ...,

   ausgewiesen durch Vorlage eines amtlichen Lichtbildausweises,

   hier handelnd im eigenen Namen.

2. Herr B, geb. am ...,

   wohnhaft ...,

   ausgewiesen durch Vorlage eines amtlichen Lichtbildausweises,

   hier handelnd im eigenen Namen.

Auf Ansuchen der Erschienenen beurkunde ich ihre vor mir abgegebenen Erklärungen gemäß was folgt:

Gesellschafterversammlung der AB-OHG

Präambel

Wir sind die sämtlichen Gesellschafter der Firma AB-OHG mit dem Sitz in ..., eingetragen im Handelsregister des Amtsgericht ... HRA ... . Wir sind nach Maßgabe des Gesellschaftsvertrages an der vorgenannten offenen Handelsgesellschaft je zur Hälfte mit nominalen Kapitalanteilen in Höhe von jeweils EUR ... - ... Euro- beteiligt. Eines Umwandlungsberichtes mit Vermögensaufstellung bedarf es nicht, da alle Gesellschafter zur Geschäftsführung berechtigt sind (§ 215 UmwG).

Die Gesellschaft verfügt über folgenden Grundbesitz:

- Grundstück *[Musterstr. 1]* in ... (Amtsgericht ..., Grundbuch ..., Band ..., Blatt ..., FlSt...)
- ...

Der Grundbesitz wurde nicht innerhalb der letzten zehn Jahre unter den Begünstigungen des § 5 Abs. 1 oder 2 GrEStG erworben.[1236]

Unter Verzicht auf alle durch Gesetz oder Gesellschaftsvertrag vorgeschriebenen Formen und Fristen und die Ankündigung des Formwechsels als Gegenstand der Beschlussfassung (§ 216 UmwG) halten wir hiermit eine Gesellschafterversammlung der AB-OHG ab und beschließen einstimmig und mit allen Stimmen was folgt:

§ 1 Formwechselbeschluss

(1) Die offene Handelsgesellschaft in Firma AB-OHG mit dem Sitz in ..., eingetragen im Handelsregister des Amtsgerichts ... unter HRA ... wird formwechselnd gemäß §§ 190 ff. UmwG in eine Gesellschaft mit beschränkter Haftung umgewandelt.

(2) Im Innenverhältnis unter den Gesellschaftern bzw. zwischen den Gesellschaftern und der Gesellschaft soll der Formwechsel zum ..., 24:00 Uhr als erfolgt gelten.

§ 2 Firma

Die Firma der Gesellschaft in der Rechtsform der GmbH lautet:

AB-GmbH

§ 3 Stammkapital, Geschäftsanteile

(1) Das Stammkapital der GmbH beträgt künftig *[EUR ...]*.

(2) An der GmbH sind künftig die bisherigen OHG-Gesellschafter A und B mit folgenden Geschäftsanteilen beteiligt:

1. Herr A

   mit dem Geschäftsanteil Nr. *[1]* im Nennbetrag von EUR ... - ... Euro -.

2. Herr B

   mit dem Geschäftsanteil Nr. *[2]* im Nennbetrag von EUR ... - ... Euro -.

1236 Die Übertragung eines Grundstücks von einem Gesellschafter auf die Personengesellschaft ist unter den Voraussetzungen des § 5 GrEStG von der Grunderwerbsteuer befreit; Norm nach aktueller Gesetzeslage bis 31.12.2026 anwendbar, § 24 GrEStG. Erfolgt innerhalb der folgenden zehn Jahre nach der Übertragung eine Umwandlung der Personengesellschaft in eine Kapitalgesellschaft, so entfällt die Grunderwerbsteuerbefreiung rückwirkend (§ 5 Abs. 3 GrEStG).

Damit wird das gesamte Stammkapital von den bisherigen OHG-Gesellschaftern übernommen.

(3) Mit dem Formwechsel treten diese Geschäftsanteile an die Stelle der geleisteten Einlagen bei der AB-OHG.

(4) Soweit das Eigenkapital des formwechselnden Rechtsträgers das Stammkapital des neuen Rechtsträgers übersteigt, ist dieser Betrag in die Kapitalrücklage der GmbH einzustellen. Soweit positive Darlehenskonten bestehen, werden diese als Darlehensforderung des betreffenden Gesellschafters gegen die Gesellschaft behandelt.[1237]

(5) Die Rechte der Gesellschafter im Einzelnen ergeben sich aus dem Gesellschaftsvertrag der GmbH, der Bestandteil dieses Umwandlungsbeschlusses ist und ebenfalls verlesen wurde (Anlage 1). Besondere Rechte nach § 194 Abs. 1 Nr. 5 UmwG bestehen nicht und werden in der GmbH auch nicht eingeräumt.

§ 4 Zustimmungs- und Verzichtserklärungen

(1) Soweit erforderlich, stimmen die beteiligten Gesellschafter dem Formwechsel zu.

(2) Auf die Klage gegen die Wirksamkeit des Umwandlungsbeschlusses wird ausdrücklich verzichtet (§ 16 Abs. 2 Satz 2 UmwG).

(3) Alle Gesellschafter verzichten (vorsorglich) auf die Erstellung eines Umwandlungsberichtes (§ 192 Abs. 2 UmwG), sowie auf alle sonstigen Form- und Fristvorschriften auf die von Gesetzes wegen verzichtet werden kann.

(4) Alle Gesellschafter erklären, dass sie auf ein Abfindungsangebot (§ 207 UmwG) verzichten.

(5) Der Notar belehrte den Erschienenen über die Unwiderruflichkeit der Verzichtserklärungen und deren Wirkungen sowie darüber, dass durch diese Erklärungen die Ausübung von Gesellschafterrechten bei dem bevorstehenden Formwechsel beeinträchtigt werden kann.

§ 5 Geschäftsführung

(1) Zu Geschäftsführern der AB-GmbH werden bestellt:

1. Herr A (Name, Vorname, Geb.-Datum, Wohnort)
2. Herr B (Name, Vorname, Geb.-Datum, Wohnort)

1237 Bestehende Darlehen gegen die Mitunternehmerschaft dürfen fortgeführt werden und sind keine schädliche Gegenleistung, Tz. 20.19a UmwStE.

3. …

(2) Die Geschäftsführer werden jeweils mit steter Einzelvertretungsmacht und jeweils unter Befreiung von den Beschränkungen des § 181 BGB bestellt. Ihnen wird jeweils unentgeltlich umfassende Befreiung von allen gesetzlichen oder satzungsmäßigen Wettbewerbsverboten erteilt.

(3) Die beim formwechselnden Rechtsträger bestehenden Prokuren werden bei der AB-GmbH ebenfalls erteilt.

§ 6 Folgen für die Arbeitnehmer

(1) Für die Arbeitnehmer der Gesellschaft sind aufgrund der Umwandlung keine Maßnahmen vorgesehen. Die Haftung des Rechtsträgers beschränkt sich, vorbehaltlich der Nachhaftung der Gesellschafter, mit Wirksamkeit der Umwandlung auch im Verhältnis zu deren Arbeitnehmern auf das Gesellschaftsvermögen der GmbH.

(2) Auf die Arbeitnehmer der offenen Handelsgesellschaft und ihre Vertretungen wirkt sich der Formwechsel wie folgt aus:

1. Die Rechte und Pflichten der Arbeitnehmer aus den bestehenden Arbeitsverträgen bleiben unberührt. Der Formwechsel stellt keinen Fall des Betriebsübergangs i. S. d. § 613a BGB dar.

2. Die Weisungsrechte des Arbeitgebers werden künftig durch die Herren A und B als Geschäftsführer der GmbH ausgeübt.

3. Etwa bestehende Betriebsvereinbarungen und Tarifverträge gelten unverändert fort.

4. Die Gesellschaft hat keinen Betriebsrat. *[Alt.: Die Betriebsverfassung nach dem Betriebsverfassungsgesetz bleibt unberührt. Der Betriebsrat und die sonstigen Institutionen nach dem Betriebsverfassungsgesetz bleiben bestehen.]*

§ 7 Grundbuchberichtigung

(1) Es wird hiermit beantragt, dass nach Vollzug der Umwandlung das Grundbuch am gesamten Grundbesitz der Gesellschaft auf die nach Formwechsel bestehende Gesellschaft berichtigt werden soll.

(2) Der Notar wird mit dem Vollzug der Grundbuchberichtigungen hiermit beauftragt. Dazu wird ihm eine Vollmacht erteilt, die sich auch darauf erstreckt, den zu berichtigenden Grundbesitz und die zu berichtigenden beschränkt dinglichen Rechte der Gesellschaft zu bezeichnen und mit der Berichtigung des Grundbuchs zusammenhängende Anträge und sonstige Er-

klärungen und erforderlichenfalls auch Bewilligungen abzugeben. Dem Notar werden die bekannten Grundbuchstellen mitgeteilt.

(3) Der Notar hat darauf hingewiesen, dass mit dem Formwechsel die gesamthänderischen Beteiligungen der bisherigen Gesellschafter untergehen. Sofern während der letzten zehn Jahre einer der Gesellschafter Grundbesitz in die Personenhandelsgesellschaft eingebracht hat und die Grunderwerbsteuer insoweit nicht erhoben wurde, weil er auch an der aufnehmenden Gesamthand beteiligt war, wird diese Grunderwerbsteuer nunmehr nacherhoben (§ 5 Abs., 3 GrEStG).

§ 8 Vollmacht

Die Beteiligten erteilen auch den Angestellten der Notarstelle ... in ... je einzeln und unter Befreiung von den Beschränkungen des § 181 BGB Vollmacht, alles zum Vollzug dieser Urkunde im Handelsregister Erforderliche zu tun, insbesondere die Beschlüsse dieser Urkunde einschließlich der neugefassten Bestimmungen der Satzung zu ändern und entsprechende Registeranmeldungen abzugeben, sofern das für die Eintragung der Beschlüsse dieser Urkunde erforderlich ist. Die Vollmacht erlischt mit der Eintragung aller eintragungspflichtigen Beschlüsse dieser Urkunde im Handelsregister. Die Vollmacht darf nur bei der Notarstelle ... ausgeübt werden.

§ 9 Kosten, Abschriften

Die Kosten dieser Urkunde trägt die Gesellschaft.

Von dieser erhalten:
BEGLAUBIGTE ABSCHRIFTEN
die Beteiligten
das Registergericht ... eine elektronisch beglaubigte
EINFACHE ABSCHRIFTEN
das Finanzamt – Körperschaftsteuerstelle –
Steuerberater

§ 10 Hinweise des Notars

(1) Der Formwechsel wird mit Eintragung in das Handelsregister wirksam. Die Fortführung der Firma der formwechselnden Gesellschaft bedarf der Prüfung durch das Registergericht.

(2) Wenn bei Eintragung der AB-GmbH im Handelsregister der Wert des Gesellschaftsvermögens zuzüglich des Aufwandes für den Formwechsel niedriger ist als das Stammkapital, ist jeder Gesellschafter zur Leistung eines insoweit bestehenden Fehlbetrages verpflichtet. Dabei haftet jeder Gesell-

schafter auch für die Vollwertigkeit der den anderen Gesellschaftern zugerechneten Geschäftsanteilen. Solange das Stammkapital nicht voll gedeckt ist, besteht ein Eintragungshindernis.

(3) Die geschäftsführungsbefugten Gesellschafter der AB-OHG sind bei Verletzung ihrer Sorgfaltspflicht gesamtschuldnerisch verpflichtet, der Gesellschaft, ihren Gesellschaftern und Gläubigern jeden Schaden zu ersetzen, den diese aufgrund des Formwechsels erleiden.

(4) Etwaige Rechte Dritter an den Beteiligungen der OHG-Gesellschafter an der AB-OHG bestehen an den künftigen Geschäftsanteilen an der AB-GmbH fort.

(5) Soweit in der AB-OHG Sonderrechte zu Gunsten Dritter bestehen, sind den Dritten den bisherigen Sonderrechten vergleichbare Rechte in der AB-GmbH einzuräumen.

(6) Alle Aktiva und Passiva der AB-OHG gehen mit Eintragung des Formwechsels in das Handelsregister auf die durch den Formwechsel entstehende AB-GmbH über. Hinsichtlich der bis zur Wirksamkeit des Formwechsels begründeten Verbindlichkeiten der AB-OHG besteht eine fünfjährige persönliche Nachhaftung der OHG-Gesellschafter.

(7) Des Weiteren wird das Registergericht die Eintragung des Formwechsels bekannt machen. Die Gläubiger der AB-OHG werden in dieser Bekanntmachung auf folgendes hingewiesen: Die Gläubiger können Sicherheitsleistung verlangen, wenn sie innerhalb von sechs Monaten nach der Bekanntmachung des Formwechsels ihren Anspruch nach Grund und Höhe gegenüber der AB-GmbH schriftlich anmelden und glaubhaft machen, dass durch den Formwechsel die Erfüllung ihrer Forderung gefährdet wird und sie nicht schon die Befriedigung ihrer Forderung verlangen können.

(8) Die Geschäftsführung der AB-GmbH hat eine Gesellschafterliste zu erstellen und beim Handelsregister einzureichen (§ 40 Abs. 1 GmbHG).

(9) Nach Wirksamkeit des Formwechsels sind auf die formwechselnde Gesellschaft lautende Rechtstitel, Grundbücher und sonstige Register zu berichtigen. Soweit die formwechselnde Gesellschaft in Verfahren (z. B. Rechtsstreitigkeiten) beteiligt ist, ist der Formwechsel mitzuteilen.

Vorgelesen vom Notar,
von den Beteiligten genehmigt und
eigenhändig unterschrieben wie folgt:

[-Unterschriften der Beteiligten-]

dd) Gesellschafterliste

Liste der Gesellschafter der AB-GmbH 1183

mit Sitz in …, eingetragen im Handelsregister des Amtsgerichts … unter HRB ….

Nr. des Geschäftsanteils	Vor- u. Nachname/Firma des Gesellschafters	Geburtsdatum	Wohnort/ Sitz des Gesellschafters	Nennbetrag des Geschäftsanteils (EUR)	Gesamtbeteiligung des Gesellschafters am Stammkapital in Prozent
1	A			*[25.000]*	50
2	B			*[25.000]*	50
Stammkapital (EUR)				*[50.000]*	

[Ort, Datum]

[Unterschrift Notar, Unterschrift Geschäftsführer]

ee) Sachgründungsbericht

1184 **Sachgründungsbericht**

Als Gesellschafter der AB-OHG haben wir, die Herren A und B, für den Wechsel der Rechtsform dieser OHG in die Form der GmbH gestimmt. Über den Ablauf des Formwechsels in eine Gesellschaft mit beschränkter Haftung in Firma AB-GmbH berichten wir wie folgt:

1. Mit notarieller Urkunde vom ... (URNr. ... des Notars ...) wurde der Formwechsel beschlossen und als Bestandteil des Umwandlungsbeschlusses der Gesellschaftsvertrag der AB–GmbH festgestellt.
2. Da wir für den Formwechsel gestimmt haben, gelten wir nach § 219 UmwG als Gründer der AB–GmbH.
3. Das Stammkapital der Gesellschaft beträgt *[EUR 50.000]*. Hieran sind beteiligt:
   - Herr A
   - mit dem Geschäftsanteil Nr. *[1]* im Nennbetrag von *[EUR 25.000]* - ... Euro -.
   - Herr B
   - mit dem Geschäftsanteil Nr. *[2]* im Nennbetrag von *[EUR 25.000]* - ... Euro -.

   jeweils durch Sacheinlagen gemäß den Festsetzungen in dem Gesellschaftsvertrag (§ ...). Danach werden die Sacheinlagen erbracht, indem die Gesellschafter des bisherigen Rechtsträgers, der AB-OHG mit Sitz in ..., diese Gesellschaft formwechselnd nach den §§ 190 ff. UmwG in die Rechtsform der Gesellschaft mit beschränkter Haftung umgewandelt haben und das nach Abzug der Schulden verbleibende (freie) Vermögen der vorgenannten OHG mindestens dem Stammkapital der GmbH sowie die von den Gesellschaftern übernommenen Geschäftsanteile jeweils ihren Beteiligungen am Vermögen der OHG entsprechen.
4. Zur Angemessenheit der Wertansätze für die vorstehend bezeichneten Sacheinlagen sowie als Bericht über den bisherigen Geschäftsverlauf und die Lage der formwechselnden OHG weisen wir auf Folgendes hin:
   a) In dem letzten Jahresabschluss (Bilanz und Gewinn- und Verlustrechnung) der OHG zum ..., der als **Anlage 1** diesem Sachgründungsbericht beigefügt ist, sind folgende Beteiligungsanteile der Gesellschafter („feste Kapitalkonten“) ausgewiesen:

– Herr A mit einer Haftsumme von EUR …,

– Herr B mit einer Haftsumme von EUR …,

In diesem Jahresabschluss sind folgende variable Kapitalanteile der Gesellschafter („Kapitalkonten II“) ausgewiesen:

– Herr A mit einem Kapitalkonto II von EUR …,

– Herr B mit einem Kapitalkonto II von EUR …,

Hierbei handelt es sich um die ordentliche nach den maßgeblichen handelsrechtlichen Vorschriften erstellte Jahresbilanz der OHG. Die darin ausgewiesenen Buchwerte werden von der umgewandelten GmbH unverändert fortgeführt.

b) Die für die Erbringung des Stammkapitals zugrunde gelegten Buchwerte für die Aktiva der umgewandelten Gesellschaft liegen aufgrund vorhandener stiller Reserven deutlich unter dem wirklichen Wert, so dass nach Abzug der Verbindlichkeiten der wirkliche Wert des Reinvermögens der OHG höher ist als das angenommene Stammkapital. Dies ergibt sich aus folgenden Umständen:

aa) Die immateriellen Vermögensgegenstände (Geschäfts- und Firmenwerte usw.) der Gesellschaft dürfen nach handelsrechtlichen Grundsätzen nicht bilanziert werden, sind aber aufgrund der Ertragslage von nicht unerheblicher Bedeutung.

bb) Die Gesellschaft erwirtschaftet seit Jahren substantielle Gewinne, so dass wir von einem erheblichen Firmenwert (Good Will) ausgehen. Da wir auch nach unserer Unternehmensplanung mit nachhaltigen, tendenziell steigenden Jahresüberschüssen rechnen, würden wir für den Firmenwert (Good Will) insbesondere aufgrund konstanter Kundenbeziehungen mit unseren Abnehmern gedanklich einen Wert im *[siebenstelligen]* Bereich ansetzen.

cc) Die Sachanlagen (Grundstücke, grundstücksgleiche Rechte, Bauten, technische Anlagen und Maschinen sowie maschinellen Anlagen usw.) der Gesellschaft enthalten ebenfalls stille Reserven.

dd) Das Umlaufvermögen (Vorräte, Forderungen, Wertpapiere usw.) der Gesellschaft entspricht den bilanzierten Ansätzen.

c) Die bilanzierten Passivposten sind vollständig und ausreichend.

d) Dem Formwechsel sind keine Rechtsgeschäfte vorangegangen, deren Zweck darauf gerichtet war, den Leistungsgegenstand zur Deckung der Sacheinlage bei der GmbH zu verwenden. Die Vermögensgegenstände, die die Sacheinlageleistung bei der GmbH darstellen, wurden im Rahmen des laufenden Geschäftsbetriebs der OHG geschaffen oder erworben.

e) Als **Anlage 2** übergeben wir eine Aufstellung, aus der sich die Anschaffungs- und Herstellungskosten aller von der OHG in den beiden letzten Jahren vor der Fassung des Umwandlungsbeschlusses angeschafften oder hergestellten Vermögensgegenstände ergeben.

f) Zum Nachweis der Betriebserträge der OHG in den letzten beiden Geschäftsjahren übergeben wir als **Anlagen 3 und 4** die Jahresabschlüsse (Bilanz, Gewinn- und Verlustrechnung und Anhang) der OHG für die Jahre .... Daraus ergibt sich, dass in dem Geschäftsjahr ... nach Steuern ein Jahresüberschuss von EUR ... und in dem Geschäftsjahr ... nach Steuern ein Jahresüberschuss von EUR ... erzielt wurde. *[Ein Verlustvortrag existiert nicht.]* Rückstellungen sind in dem erforderlichen Umfang gebildet worden.

g) Der in den vorgelegten Unterlagen dokumentierte positive Geschäftsverlauf kann auch für die Zukunft nachhaltig erwartet werden. Die in den vergangenen Jahren erzielte positive Geschäftsentwicklung setzte sich im Zeitraum ... bis heute fort. Die in der BWA ... ausgewiesenen Erlöse für den Zeitraum ... bis ... (... Monate) übertreffen die im Jahresabschluss auf den ... ausgewiesenen Erlös. Die BWA ... ist als **Anlage 5** beigefügt.

g) Das Rohergebnis verbesserte sich von EUR ... im Jahresabschluss ... auf EUR ... in der vorliegenden BWA ....

g) Aufgrund einer unterproportionalen Steigerung der übrigen Kosten wird der Jahresüberschuss ... deutlich über dem Vorjahresüberschuss von EUR ... liegen. Für die Zukunft ist von einer weiterhin positiven Geschäftsentwicklung auszugehen. Aus der Relation zwischen den in der Vergangenheit erzielten Erträgen zum bilanzierten Eigenkapital, lässt sich – wie schon ausgeführt – ein erheblicher Geschäftswert der OHG ableiten.

h) Die Geschäftsentwicklung in der Zeit seit dem Stichtag des Jahresabschlusses zum ... bis zur Erstellung dieses Gründungsberichtes ist positiv. Hierzu beziehen wir uns auf die in Anlage 5 übergebene BWA ...

i) Aufgrund dieser Tatsachen stellen wir fest, dass der Wert des Reinvermögens (Überschuss der Aktiva über die Schulden) der OHG dem Stammkapital der künftigen GmbH, das durch diesen Wert gedeckt werden soll, mindestens voll entspricht.

5. Die Gründer haben zum Abschlussprüfer für den ersten Jahresabschluss der umgewandelten GmbH die ... Wirtschaftsprüfungsgesellschaft in ... bestellt.

[Ort], den ...

[Unterschrift der Gesellschafter]

ff) Werthaltigkeitsnachweis

1185 *[Briefkopf Wirtschaftsprüfungsgesellschaft]*

Zur Vorlage beim
zuständigen Amtsgericht-Registergericht

[Ort], den …

Formwechselnde Umwandlung der AB-OHG mit Sitz in …, Amtsgericht …, HRA …

Sehr geehrte Damen und Herren,

zur Vorlage beim zuständigen Registergericht teilen wir in Bezug auf den Formwechsel der AB-OHG („**Gesellschaft**") in die Rechtsform einer GmbH (§§ 190 ff., 214 ff. UmwG) Folgendes mit:

1. Uns liegen die Bilanzen der Gesellschaft für die Wirtschaftsjahre …, … und … vor. Uns liegt des Weiteren die BWA der Gesellschaft zum … vor. Uns liegen schließlich ergänzende mündliche Auskünfte seitens der Geschäftsführung der Gesellschaft über das am … abgelaufene Geschäftsjahr sowie über die Planung des Geschäftsverlaufs der Gesellschaft für das laufende Geschäftsjahr und der Folgegeschäftsjahre vor.
2. Uns liegt der Sachgründungsbericht der Geschäftsführung der Gesellschaft hinsichtlich des Formwechsels vor, der uns ebenfalls von der Geschäftsführung eingehend mündlich erläutert wurde.
3. Die Gesellschaft hat in den letzten Geschäftsjahren folgende Jahresüberschüsse erzielt:

Geschäftsjahr …	Geschäftsjahr …	Geschäftsjahr …	Durchschnitt

4. Wir können bestätigen, dass aus unserer Sicht bzgl. der Wertansätze der Aktiva und Passiva der Gesellschaft in den uns vorliegenden Bilanzen/BWAs keine Über- oder Unterbewertung erkennbar ist. Aus unserer Sicht übersteigt der Wert des durch den Formwechsel eingebrachten Gesellschaftsvermögens der Gesellschaft insbesondere auch unter Ertragswertgesichtspunkten bei weitem das Stammkapital der durch den Formwechsel entstehenden GmbH.

[Unterschrift Wirtschaftsprüfungsgesellschaft]

gg) Handelsregisteranmeldung Formwechsel

An das Amtsgericht … 1186
– Handelsregister –

AB-OHG mit Sitz in …, HRA …

Handelsregisteranmeldung

Formwechsel der AB-OHG ein eine GmbH

I. Zur Eintragung in das Handelsregister melden wir, die Geschäftsführung der AB-GmbH mit Sitz in … an:

1. Die AB-OHG mit Sitz in … (Amtsgericht … HRA …) wurde aufgrund des Umwandlungsbeschlusses vom … (URNr. … des Notars …) nach §§ 190 ff. UmwG in die Rechtsform einer Gesellschaft mit beschränkter Haftung formgewechselt.
2. Die Geschäftsanschrift lautet: …
3. Die Gesellschaft hat ihren Sitz in …
4. Die Firma der Gesellschaft lautet „AB-GmbH". Um Genehmigung der Firmenfortführung gemäß dem Umwandlungsbeschluss durch das Registergericht wird hiermit ersucht (§ 200 Abs. 3 UmwG).
5. Wir erklären, dass der Umwandlungsbeschluss nicht angefochten wurde und aufgrund der im Umwandlungsbeschluss enthaltenen Anfechtungsverzichtserklärungen sämtlicher Gesellschafter auch nicht angefochten werden kann.
6. Das Stammkapital der Gesellschaft beträgt … .
7. Die Gesellschafter der AB-GmbH

   – Herr A (Name, Vorname, Geb.-Datum, Wohnort)

   – mit einem Geschäftsanteil i. H. v. EUR … (Geschäftsanteil-Nr. *[1]*)

   – Herr B (Name, Vorname, Geb.-Datum, Wohnort)

   – mit einem Geschäftsanteil i. H. v. EUR … (Geschäftsanteil-Nr. *[2]*)

   werden die von ihnen übernommenen Geschäftsanteile dadurch erbringen, dass der formwechselnde Rechtsträger als Träger des Gesellschaftsvermögens in der durch den Umwandlungsbeschluss bestimmten Rechtsform weiter besteht. Das Vermögen des formwechselnden Rechtsträgers wird sich mit Wirksamkeit des Formwechsels endgültig in der freien Verfügung der Geschäftsführung befinden und nicht durch

Schulden vorbelastet sein, ausgenommen der Gründungskosten bis zum Betrag von EUR ... und die vorhandenen Verbindlichkeiten, welche aber den Saldo von Aktivvermögen und Stammkapital nicht übersteigen.

8. Zu Geschäftsführern der AB-GmbH werden bestellt:

   1. Herr A (Name, Vorname, Geb.-Datum, Wohnort)
   2. Herr B (Name, Vorname, Geb.-Datum, Wohnort)
   3. ...

   Die Geschäftsführer werden jeweils mit steter Einzelvertretungsmacht und jeweils unter Befreiung von den Beschränkungen des § 181 BGB bestellt. Ihnen wird jeweils unentgeltlich umfassende Befreiung von allen gesetzlichen oder satzungsmäßigen Wettbewerbsverboten erteilt.

9. Die bei der AB-OHG eingetragenen Zweigniederlassungen, Prokuren und Unternehmensverträge *[einschließlich des Beherrschungs- und Gewinnabführungsvertrages]* bleiben bestehen.[1238]

10. Jeder Geschäftsführer versichert weiter:
   Es liegen keine Umstände vor, aufgrund derer ich nach § 6 Abs. 2 Satz 2 Nr. 2 u. 3 sowie Satz 3 GmbHG vom Amt eines Geschäftsführers ausgeschlossen wäre:

   a) Ich versichere, dass ich während der letzten fünf Jahre weder wegen des Unterlassens der Stellung eines Antrags auf Eröffnung des Insolvenzverfahrens (Insolvenzverschleppung), nach §§ 283 bis 283d StGB (Insolvenzstraftaten), wegen falscher Angaben nach § 82 GmbHG oder § 399 AktG, wegen unrichtiger Darstellung nach § 400 AktG, § 331 HGB, § 313 UmwG oder § 17 PublG oder nach § 263 StGB (Betrug), § 263a (Computerbetrug), § 264 StGB (Subventionsbetrug), § 264a (Kapitalanlagebetrug), § 265b StGB (Kreditbetrug), nach §§ 265c bis 265e StGB (Sportwettbetrug), § 266 StGB (Untreue) oder § 266a StGB (Vorenthalten oder Veruntreuen von Arbeitsentgelt) verurteilt worden bin, noch mir durch gerichtliches Urteil oder durch vollziehbare Entscheidung einer Verwaltungsbehörde die Aus-

1238 Für die Anmeldung der neuen Rechtsform gelten grundsätzlich die Vorschriften für eine übliche Neuanmeldung, so dass auch Zweigniederlassungen, Prokuren und eingetragene Unternehmensverträge, die auch bei der neuen Rechtsform gelten sollen, angemeldet werden müssen, wobei ein Satz in der Anmeldung, wonach die bisher eingetragenen Zweigniederlassungen, Prokuren bzw. Unternehmensverträge bestehen bleiben, ausreichend ist; vgl. Krafka, Registerrecht, Rz. 1205.

übung eines Berufes, Berufszweiges, Gewerbes oder Gewerbezweiges untersagt worden ist.

b) Auch im Ausland erfolgte keine Verurteilung wegen einer vergleichbaren Tat.

c) Ferner wurde ich auch nicht aufgrund einer behördlichen Anordnung in einer Anstalt verwahrt.

d) Ich stehe nicht unter Betreuung und unterliege bei der Besorgung meiner Vermögensangelegenheiten weder ganz noch teilweise einem Einwilligungsvorbehalt (§§ 1825, 1903 BGB).

– Ich wurde über meine unbeschränkte Auskunftspflicht gegenüber dem Gericht belehrt, ebenso wie über die Strafbarkeit einer falschen Versicherung; auf § 82 Abs. 1 Nr. 5 GmbHG wurde hingewiesen. Falsche Angaben zum Zweck der Errichtung der Gesellschaft können ferner Ersatzansprüche der Gesellschaft auslösen (§ 9a GmbHG).
– Ich bekenne ferner vom unterschriftsbeglaubigenden Notar nach § 53 Abs. 2 des Gesetzes über das Zentralregister und das Erziehungsregister in der Fassung der Bekanntmachung vom 21.9.1981 belehrt worden zu sein.

II. Als Anlagen überreichen wir:

1. Notariell beglaubigte Abschrift des Umwandlungsbeschlusses vom ... (URNr. ... des Notars ...);
2. Liste der Gesellschafter (§ 8 Abs. 1 Nr. 1 GmbHG);
3. Sachgründungsbericht;
4. Unterlagen zur Werthaltigkeit des übergehenden Vermögens;
5. Den Vollständigen Wortlaut des Gesellschaftsvertrages mit Satzungsbescheinigung des Notars (§ 8 Abs. 1 Nr. 1 GmbHG).

Nach Vollzug der Eintragung bitten wir jeweils um

- Eintragungsnachricht an die AB-GmbH und an den beglaubigenden Notar sowie um
- Übermittlung je eines beglaubigten Handelsregisterauszugs an die AB-GmbH und den beglaubigenden Notar.

[Unterschrift Geschäftsführung AB-GmbH]

[Beglaubigung Notar]

hh) Antrag Buchwertfortführung

1187 *[Briefbogen AB-GmbH]*

An das
[Finanzamt der AB-GmbH]

Steuernummer …

AB-GmbH (Amtsgericht …, HRB …)

Antrag auf Buchwertansatz gemäß §§ 25, 20 Abs. 2 Satz 2 UmwStG i. Z. m. dem Formwechsel

[ggf.: Antrag auf steuerliche Rückwirkung des Formwechsels gemäß § 20 Abs. 5 und 6 UmwStG]

Sehr geehrte Damen und Herren,

mit notarieller Urkunde vom … (URNr. … des Notars … in …) und mit steuerlicher Wirkung zum 31. 12. … (steuerlicher Übertragungsstichtag) wurde die AB-OHG mit Sitz in …, eingetragen im Handelsregister des Amtsgerichts … unter HRA … in die AB-GmbH mit Sitz in …, eingetragen im Handelsregister des Amtsgerichts … unter HRB … formgewechselt (§§ 190 ff., 214 ff. UmwG).

I.

In Ausübung des entsprechenden Wahlrechts (§§ 25, 20 Abs. 2 Satz 2 UmwStG) werden die auf den aufnehmenden Rechtsträger (AB-GmbH, Amtsgericht …, HRB …) übergehenden Wirtschaftsgüter in der steuerlichen Schlussbilanz des übertragenden Rechtsträgers (AB-OHG, Amtsgericht …, HRA …) einheitlich mit den bisherigen Buchwerten angesetzt.

Hiermit stellt die AB-GmbH (Amtsgericht …, HRB …) hinsichtlich der übertragenen Wirtschaftsgüter den

Antrag auf Fortführung der Buchwerte.

Die entsprechenden Bilanzen werden zusammen mit der Steuererklärung eingereicht.[1239]

1239 Der Steuererklärung könnte höchstvorsorglich als Anlage eine Erklärung beigefügt werden, dass die Steuerbilanz der steuerlichen Schlussbilanz i. S. d. §§ 25, 20 UmwStG entspricht; vgl. Tz. 03.01, 03.29, 20.21, 25.01 UmwStE. Der Antrag auf Buch- oder Zwischenwertansatz ist von der übernehmenden Gesellschaft spätestens bis zur erstmaligen Abgabe ihrer steuerlichen Schlussbilanz, in der das übernommene Betriebsvermögen erstmals anzusetzen ist, bei dem für sie für die Besteuerung örtlich zuständigen Finanzamt zu stellen.

Wir bestätigen zudem, dass

1. sichergestellt ist, dass das übergehende Betriebsvermögen bei der übernehmenden Körperschaft (AB-GmbH mit Sitz in ..., Amtsgericht ..., HRB ...) der Besteuerung mit Körperschaftsteuer unterliegt,
2. die Passivposten des eingebrachten Betriebsvermögens die Aktivposten nicht übersteigen;
3. das Recht der Bundesrepublik Deutschland hinsichtlich der Besteuerung des Gewinns aus der Veräußerung des eingebrachten Betriebsvermögens bei der übernehmenden Gesellschaft (AB-GmbH mit Sitz in ..., Amtsgericht ..., HRB ...) nicht ausgeschlossen oder beschränkt wird.

II.

Hiermit stellt die AB-GmbH (Amtsgericht ..., HRB ...) den

Antrag auf steuerliche Rückwirkung

des Formwechsels zum 31.12. ... gemäß §§ 25, 20 Abs. 5 und 6 UmwStG.

Bitte bestätigen Sie den Erhalt dieses Schreibens.

Mit freundlichen Grüßen

[Unterschrift Geschäftsführung AB-GmbH]

ii) Nachweis nach § 22 Abs. 3 UmwStG (Sieben-Jahres-Frist)

1188 *[Briefbogen Herr A]*[1240]

An das
[Finanzamt des Herrn A]

[Datum]

Steuernummer …

Herr A

Erfüllung der Meldepflicht nach § 22 Abs. 3 UmwStG für ausschlussbefristete Anteile zum Meldestichtag 31.5. …

Sehr geehrte Damen und Herren,

durch einen Vorgang i. S. d. § 25 UmwStG habe ich, Herr A (Einbringender), mit steuerlicher Wirkung zum 31.12. … Anteile an der AB-GmbH mit Sitz in … eingetragen im Handelsregister des Amtsgerichts … unter …, Steuernummer … beim Finanzamt …, in Höhe eines Anteils am Nennkapital von *[EUR 25.000]* (Geschäftsanteil Nr. *[1]*) erworben.

Nach § 22 Abs. 3 UmwStG hat der Einbringende in den dem Einbringungszeitpunkt folgenden sieben Jahren jährlich bis zum 31.5. den Nachweis darüber zu erbringen, wem mit Ablauf des Tages, der dem maßgeblichen Einbringungszeitpunkt entspricht, die ausschlussbefristeten Anteile zuzurechnen sind.

Die Meldepflicht wird mit diesem Schreiben auf den oben genannten Meldestichtag erfüllt:

Erklärung

Gemäß Tz. 22.30 UmwStE vom 2.1.2025 erkläre ich hiermit, dass die vorgenannten Anteile seit dem Einbringungszeitpunkt bis zum *[Datum des relevanten Jahrestages]* ununterbrochen mir als wirtschaftlichem Eigentümer zuzurechnen sind.

1240 Der Nachweis ist von jedem Gesellschafter zu erbringen.

Entsprechend den weiteren Ausführungen des BMF-Schreibens ist in der Anlage eine Bestätigung der übernehmenden Gesellschaft (AB-GmbH, Amtsgericht …, HRB …) über die Gesellschafterstellung beigefügt.

Mit freundlichen Grüßen

[Ort, Datum]

[Unterschrift Herr A]

Anlage zum Schreiben betreffend die Erfüllung der Meldepflicht nach § 22 Abs. 3 UmwStG des Herrn A vom *[Datum]*

Bestätigung

Herr A hat durch einen Vorgang i. S. d. § 25 UmwStG mit steuerlicher Wirkung zum *31.12.* … Anteile an der AB-GmbH mit Sitz in … eingetragen im Handelsregister des Amtsgerichts … unter HRB …, Steuernummer … beim Finanzamt …, in Höhe eines Anteils am Nennkapital von *[EUR 25.000]* (Geschäftsanteil Nr. *[1]*) erworben.

Die übernehmende Gesellschaft bestätigt hiermit das ununterbrochene Bestehen der vorgenannten Gesellschafterstellung seit dem Einbringungszeitpunkt bis zum *[Datum des relevanten Jahrestages]*.[1241]

[Ort, Datum]

[Unterschrift Geschäftsführer AB-GmbH]

1241 Bestätigung auch durch Gesellschafterliste möglich, Tz. 22.31 UmwStE.

c) eGbR in eine PartG mbB

aa) Ausgangskonstellation

1188/1
- 3 Rechtsanwälte
- Verbunden in GbR
- Wollen gewisse Haftungsbeschränkung erreichen

bb) Fahrplan

1188/2
- Entwurf Gesellschafterbeschluss
- Entwurf Handelsregister Anmeldung
- Beschlussfassung
- Abschluss neue Haftpflichtversicherung
- Handelsregister Anmeldung

cc) Gesellschafterbeschluss

1188/3 Sämtliche Unterzeichner sind die alleinigen Gesellschafter der … eGbR mit Sitz in …, eingetragen im Gesellschaftsregister des Amtsgerichts … unter HRA … (die „Gesellschaft"). Sie beschließen hiermit, unter Verzicht auf alle gesetzlichen oder gesellschaftsvertraglichen Form- oder Fristvorschriften über die Ladung oder das Abhalten von Gesellschafterversammlungen der Gesellschaft sowie unter ausdrücklicher Zustimmung zu dieser Art der Beschlussfassung, einstimmig und mit allen Stimmen was folgt:

1. Die Gesellschaft wird in eine Rechtsanwaltsgesellschaft mbB umgewandelt.
2. Die Gesellschaft führt künftig den Namen … Partner Rechtsanwaltsgesellschaft mbB. Sie hat ihren Sitz weiterhin in … und ihre Geschäftsadresse und Anschrift in … .
3. Der Gesellschaftsvertrag wird – wie aus der **Anlage** ersichtlich – komplett neu gefasst.

… (Unterschrift alle Gesellschafter)

dd) Handelsregisteranmeldung

An das 1188/4

Amtsgericht …

- Gesellschaftsregister -

… eGbR

GesRegNr. …

Zum Gesellschaftsregister wird angemeldet:

1. Die Rechtsform der Gesellschaft ist geändert in eine Partnerschaft mit beschränkter Berufshaftung (Statuswechsel).
2. Die Gesellschaft führt künftig den Namen … Partner Rechtsanwaltsgesellschaft mbB. Sie hat ihren Sitz weiterhin in … und ihre Geschäftsadresse und Anschrift in ….
3. Gegenstand der Gesellschaft ist die gemeinschaftliche Ausübung der freiberuflichen Tätigkeit als Rechtsanwälte. Berufsrechtliche Vorschriften stehen der Eintragung nicht entgegen.
4. Die Vertretung ist im Gesellschaftsvertrag allgemein wie folgt geregelt: „Jeder Partner vertritt die Gesellschaft einzeln".
   Alle Partner vertreten die Partnerschaft entsprechend der allgemeinen Vertretungsregelung.
5. Partner sind (Namen, Vorname, Geburtsdatum und Wohnort des Partners)

…,

…,

…,

Alle Partner üben in der Partnerschaft den freien Beruf des Rechtsanwalts aus. Jeder Partner erklärt, dass er diesem freien Beruf zugehört.

6. Für die Partnerschaft besteht als zuständige Berufskammer die ….
   Zum Nachweis der Eintragungsvoraussetzungen werden Zulassungsurkunden der Partner als Rechtsanwälte sowie Bestätigung der … über das Bestehen der nach § 8 Abs. 4 PartGG erforderlichen Haftpflichtversicherung vorgelegt.

…, den …

… (Unterschriften alle Gesellschafter)

… (Beglaubigungsvermerk)

4. Einbringungen

a) Einbringung Kommanditanteil in GmbH (Errichtung Holding)

aa) Ausgangskonstellation

1189

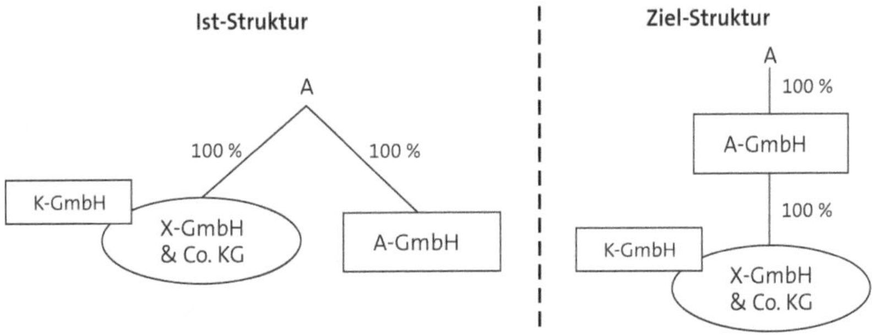

- Einbringung aller Kommanditanteile durch Einzelrechtsnachfolge in eine bestehende GmbH gegen Gewährung von Anteilen (Barkapitalerhöhung mit Sachagio)[1242]
- Übertragende und übernehmende Gesellschaft im Alleinbesitz eines Gesellschafters (aus Vereinfachungsgründen)
- X-GmbH & Co. KG ist eine sog. Einheitsgesellschaft
- Errichtung einer Holdingstruktur durch die Einbringung
- Kapitalerhöhung bei der übernehmenden Gesellschaft zur Gewährung von neuen Anteilen
- Einbringung erfolgt steuerlich zu Buchwerten (§ 20 UmwStG)

bb) Fahrplan

1190 **Vorbereitungsphase**

- Entwurf Kapitalerhöhungsbeschluss
- Entwurf Übernahmeerklärung
- Entwurf Einbringungsvertrag
- *[ggf.: Einholung des Zustimmungsbeschlusses]*

1242 Steuerrechtlich ist diese Form der Kapitalerhöhung zulässig, BFH v. 7.4.2010 - I R 55/09, BStBl 2010 II S. 1094.

- Ladung zur Gesellschafterversammlung nach Satzung/Gesetz [*ggf. Verzicht bei Vollversammlung und Einstimmigkeit*]

Beschlussphase

- Gesellschafterversammlung der übernehmenden Gesellschaft für Kapitalerhöhung
- Unterzeichnung und notarielle Beglaubigung der Übernahmeerklärung (§ 55 Abs. 1 GmbHG)
- Unterzeichnung des Einbringungsvertrages
- Anmeldung Kapitalerhöhung zum Handelsregister

Vollzugsphase

- Eintragung Kapitalerhöhung ins Handelsregister
- Anmeldung Änderung Gesellschafterbestand der X-GmbH & Co. KG zum Handelsregister
- Antrag der übernehmenden Gesellschaft auf Buchwertfortführung bei ihrem Finanzamt
- 7-jährige Nachweispflicht nach § 22 UmwStG

cc) Gesellschafterbeschluss (Barkapitalerhöhungsbeschluss)

1191 **Gesellschafterbeschluss der A-GmbH**

[-Notarieller Eingangsvermerk-]

Es erscheint:

Herr A

geschäftsansässig in …,

hier handelnd eigenen Namens.

Auf Ansuchen des Erschienenen beurkunde ich seinen Erklärungen gemäß was folgt:

I. Sachstand

(1) Herr A ist an der A-GmbH - nachstehend „Gesellschaft" genannt - mit dem Sitz in … (Stammkapital nominal *[EUR 50.000]*) mit einem Geschäftsanteil in Höhe von nominal *[EUR 50.000]* – in Worten: *[fünfzigtausend]* Euro – beteiligt. Dieser wurde erworben bei Gründung der Gesellschaft und ist voll einbezahlt. Er ist zugleich deren einziger Geschäftsführer. Das gesamte Stammkapital der Gesellschaft i. H. v. *[EUR 50.000]* ist somit vertreten.

(2) Herr A ist weiterhin als Kommanditist mit einer im Handelsregister eingetragenen Haftsumme (zugleich Kommanditeinlage, die nach Angabe vollständig geleistet ist) in Höhe von nominal EUR … an der Gesellschaft in Firma „X-GmbH & Co. KG" mit dem Sitz in … (Amtsgericht … HRA …) beteiligt.

[ggf. weitere Kommanditbeteiligungen]

(3) Die wirtschaftlichen Verhältnisse der vorgenannten Gesellschaft ergeben sich aus der dieser Urkunde als Anlagen beigefügten Bilanz der Firma A-GmbH zum … .

(4) Herr A beabsichtigt, seinen vorbezeichneten Kommanditanteil im Wege der Barkapitalerhöhung mit Sachagio in die unter (1) näher bezeichnete A-GmbH gegen Gewährung von Gesellschafterrechten einzubringen.

II. Beschlüsse

Unter Verzicht auf alle gesetzlichen und satzungsgemäßen Frist- und Formvorschriften hält der Gesellschafter eine Gesellschafterversammlung ab und beschließt einstimmig und mit allen Stimmen was folgt:

§ 1 Kapitalerhöhung

Das Stammkapital der Gesellschaft wird von *[EUR 50.000]* um *[EUR 5.000]* auf *[EUR 55.000]* erhöht.

§ 2 Gewinn- und Verlustbeteiligung

Der neue Geschäftsanteil nimmt am Gewinn und Verlust der Gesellschaft vom Anfang des laufenden Geschäftsjahres an teil.

§ 3 Übernahme des Gesellschaftsanteils

(1) Zur Übernahme des neuen Geschäftsanteils wird zugelassen: Herr A, der Erschienene.

(2) Herr A hat die Kapitalerhöhung in bar zu erbringen. Der neue Geschäftsanteil wird mit einem korporationsrechtlichen Aufgeld ausgegeben. Die Leistung auf das Aufgeld erfolgt nach näherer Maßgabe eines zwischen der A und A-GmbH abzuschließenden Einbringungsvertrags nicht in bar, sondern durch Übertragung der folgenden, von A gehaltenen Gesellschaftsanteile:
Kommanditbeteiligung mit einem Festkapitalanteil von ... EUR an der X-GmbH & Co. KG mit Sitz in ......, eingetragen im Handelsregister des Amtsgerichts ...... unter HRA ......
Das Aufgeld ist in die Kapitalrücklage der A-GmbH gem. § 272 Abs. 2 Nr. 1 HGB zu buchen.

(3) Sonderbetriebsvermögen I ist nicht vorhanden *[Alternativ z. B.: liegt in Form des der X-GmbH & Co. KG mit Vertrag vom ... zur Nutzung überlassenen Grundstücks Musterstr. 1 in ... (Amtsgericht ..., Grundbuch ..., Band ..., Blatt ..., FlSt...)].*

(4) Die Einbringung erfolgt unter Fortführung der Buchwerte der X-GmbH & Co. KG zum 31.12. ... . Der Einbringung wird die Bilanz der X-GmbH & Co. KG zum 31.12. ... zu Grunde gelegt (Einbringungsbilanz). Der Buchwert des einzubringenden Kommanditanteils gemäß der Bilanz der X-GmbH & Co. KG zum 31.12. ... beträgt EUR ....

(5) Die Einbringung erfolgt mit schuldrechtlicher Wirkung zum 1.1. .... Herr A hat seine Kommanditanteile mit Gewinnbezugsrecht ab dem 1.1. ... zu gesonderter Erklärung vom heutigen Tage, die dieser Urkunde zu Beweiszwecken beigefügt ist, in die GmbH eingebracht und an sie abgetreten.

§ 4 Anpassung Gesellschaftsvertrag

§ ... des Gesellschaftsvertrages (...) wird wie folgt neu gefasst:

„§ ...

(...)

Das Stammkapital der Gesellschaft beträgt *[EUR 55.000]* -in Worten: *[fünfundfünfzigtausend]* Euro-."

III. Hinweise

Herr A erklärt die Gesellschafterversammlung damit für beendet. Der Notar weist Herrn A insbesondere auf Folgendes hin:

Die Satzungsänderungen werden erst mit Eintragung im Handelsregister wirksam Des Weiteren ist eine notariell zu beglaubigende Übernahmeerklärung hinsichtlich der erworbenen weiteren Stammeinlage an der A-GmbH erforderlich.

Der Notar weist Herr A weiter darauf hin, dass die Einbringung des Kommanditanteils zum Wiederaufleben der Haftung gemäß § 171 HGB führen kann.

Der Notar weist auf die mögliche Grunderwerbsteuerpflicht und die mögliche Notwendigkeit der Berichtigung vorhandener Grundbucheinträge hin. Diesbezüglich erklärt Herr A: *[Die Gesellschaft verfügt über keinen Grundbesitz]*.

IV. Schlussbestimmungen

Die Kosten dieser Urkunde trägt die Gesellschaft.

Von dieser Urkunde erhalten

Ausfertigungen:

- die Gesellschaft,
- der Gesellschafter.

beglaubigte Abschriften:

- das zuständige Finanzamt (Körperschaftsteuerstelle)
- das Registergericht

einfache Abschriften:

- Steuerberater ...

[-notarielle Schlussformel-]

[-Unterschriften der Beteiligten-]

dd) Übernahmeerklärung

Übernahmeerklärung gemäß § 55 Abs. 1 GmbHG zur Einbringung 1192

I.

(1) Die Gesellschafter der A-GmbH mit dem Sitz in ..., eingetragen im Handelsregister des Amtsgerichts ... unter HRB ..., haben durch Gesellschafterbeschluss vom . . . (URNr. . . . des Notars . . . in . . .) beschlossen, das Stammkapital der A-GmbH von *[EUR 50.000]* um *[EUR 5.000]* auf *[EUR 55.000]* durch Barkapitalerhöhung zu erhöhen.

(2) Zur Übernahme des neuen Geschäftsanteils wurde zugelassen: Herr A.

II.

Dies vorausgeschickt, erklärt Herr A:

Ich übernehme auf das erhöhte Stammkapital die neu ausgegebene Stammeinlage zu *[EUR 5.000]* zu den vorstehend genannten Bedingungen des Kapitalerhöhungsbeschlusses der A-GmbH vom .... Die erhöhte Stammeinlage ist durch Bareinlage zu leisten.

Die Kosten trage ich.

[-Unterschrift Herr A-]

[-notarielle Unterschriftsbeglaubigung-]

ee) Einbringungsvertrag

1193 **Einbringungsvertrag**

Privatschriftlicher Einbringungsvertrag

zwischen

Herr A

und der

A-GmbH,

vertreten durch Herrn A als alleinvertretungsberechtigten und von § 181 BGB befreiten Geschäftsführer:

Präambel

(1) Die Gesellschafter der A-GmbH mit dem Sitz in … haben durch Gesellschafterbeschluss vom … (URNr . . . des Notars . . . in . . .) unter anderem beschlossen, das Stammkapital der A-GmbH von *[EUR 50.000]* um *[5.000 EUR]* auf *[55.000 EUR]* durch Erbringung von Sacheinlagen zu erhöhen. Zur Übernahme des neuen Geschäftsanteils wurde Herr A zugelassen.

(2) Gemäß dem Kapitalerhöhungsbeschluss wird der neue Geschäftsanteil mit einem korporationsrechtlichen Aufgeld ausgegeben. Zur Übernahme des neuen Geschäftsanteils wurde A zugelassen. Die Leistung auf das Aufgeld soll nicht in bar, sondern durch Einbringung der von S gehaltenen Kommanditbeteiligung an der X-GmbH & Co. KG“ mit Sitz in …, eingetragen im Handelsregister des Amtsgerichts … unter HRA …, zu nominal EUR … einschließlich seiner sämtlichen Gesellschafterkonten und seines Anteils an den Gewinnrücklagen (X-KG) erfolgen.

A hat durch Übernahmeerklärung die Übernahme des neuen Geschäftsanteils erklärt (Übernahmeerklärung). Die Parteien beabsichtigen, die im Kapitalerhöhungsbeschluss und der Übernahmeerklärung festgesetzte Leistung des Aufgelds mittels dieses Einbringungsvertrags (Vertrag) näher zu regeln und umzusetzen.

(3) Zur näheren Bezeichnung der Verpflichtung wird auf den genannten Beschluss Bezug genommen, der den Beteiligten bekannt ist.

(5) Zur Erfüllung des korporationsrechtlichen Aufgeldes vereinbaren daher Herr A als Veräußerer und die A-GmbH als Erwerber:

§ 1 Abtretung

(1) Zum Zwecke der Erfüllung seiner Aufgeldverpflichtung tritt hiermit Herr A den vorstehend näher beschriebenen Kommanditanteil an die A-GmbH ab. Die A-GmbH nimmt die Abtretung entgegen und an.

(2) Die Abtretung erfolgt mit schuldrechtlicher Wirkung zum 1.1. ... unter Zugrundelegung der zum 31.12. ... aufgestellten Schlussbilanz der X-GmbH & Co. KG.

§ 2 Wertansatz, Gegenleistung, Gewinn- und Verlustbeteiligung

(1) Die Übernahme des Kommanditanteils erfolgt zu Buchwerten.

(2) Die A-GmbH wird die eingebrachten Kommanditanteile gem. § 272 Abs. 2 Nr. 1 HGB als Aufgeld verbuchen.

[ggf.: § 3 Genehmigungs- und Zustimmungserfordernisse

Der Zustimmungsbeschluss[1243] *der Gesellschafterversammlung der X-GmbH & Co. KG vom ... ist dieser Urkunde als Anlage beigefügt.]*

§ 4 Aufschiebende Bedingung

Da die Kapitalerhöhung erst mit der Eintragung im Handelsregister wirksam wird, erfolgt auch die dingliche Wirkung der Abtretung des Kommanditanteils aufschiebend bedingt auf diese Eintragung.

§ 5 Haftung und Versicherungen

(1) Herr A haftet dafür, dass der abgetretene Kommanditanteil rechtswirksam begründet, voll einbezahlt, durch Verluste oder Entnahmen nicht gemindert ist und lastenfrei auf die A-GmbH übergeht. Herr A versichert, dass die Kommanditeinlage vollständig geleistet wurde und keine Rückzahlungen erfolgt sind.

(2) Herr A versichert, dass er hinsichtlich des Kommanditanteils unbeschränkt verfügungsbefugt ist. Insbesondere, dass der Kommanditanteil weder ganz oder teilweise ge- oder verpfändet ist und auch sonst keine Rechte Dritter (bspw. Nießbrauchsrechte oder Unterbeteiligungen) an diesem Anteil bestehen, ferner weder durch den Abschluss des heutigen Vertrags noch durch die Abtretung des Kommanditanteils Dritte in irgendeiner Weise an

1243 Gesellschaftsverträge mittelständischer Unternehmen, insbesondere von Familienunternehmen, sehen häufig ein Zustimmungserfordernis der übrigen Gesellschafter vor, wenn die Gesellschaftsbeteiligungen auf nicht Familienangehörige übertragen werden sollen. Auch eine 100 %ige GmbH eines Familienangehörigen ist als juristische Person nicht als Familienangehöriger anzusehen, so dass eine Zustimmung erforderlich sein kann.

diesem Kommanditanteil berechtigt werden noch irgendwelche Ansprüche auf Zahlung von Entschädigungen, Vergütungen oder dergleichen gegenüber der A-GmbH erhalten.

§ 6 Kosten

Etwa entstehende Kosten und Steuern der Übernahme trägt die A-GmbH.

[-Unterschriften der Beteiligten-]

ff) Handelsregisteranmeldung übernehmende Gesellschaft

An das Amtsgericht … 1194
– Handelsregister –

A-GmbH mit Sitz in …, HRB …

I. Zur Eintragung in das Handelsregister melde ich, Herr A alleinvertretungsberechtigter Geschäftsführer der A-GmbH mit Sitz in … an:

   1. Die Gesellschafter der A-GmbH mit dem Sitz in … haben durch Gesellschafterbeschluss vom … (URNr … des Notars … in …) unter anderem beschlossen, das Stammkapital der A-GmbH von [EUR 50.000] um [EUR 5.000] auf [EUR 55.000] durch Erbringung von Bareinlagen zu erhöhen. Zur Übernahme des neuen Geschäftsanteils wurde Herr A zugelassen.

   2. Ich, der alleinige Geschäftsführer, versichere, dass alle Geldeinlagen für die Zwecke der Gesellschaft voll eingezahlt und nicht an die Einleger zurückgezahlt sind und der Gegenstand aller auf die neuen Geschäftsanteile erbrachten Leistungen sich endgültig zu meiner freien Verfügung befindet.

   3. Die Firma der A-GmbH wird unverändert fortgesetzt.

II. Als Anlagen überreiche ich:

   1. Notariell beglaubigte Abschrift der Niederschrift der Gesellschafterversammlung vom … (URNr. … des Notars …) der A-GmbH;

   2. Notariell beglaubigte Abschrift der Übernahmeerklärung i. S. d. § 55 GmbHG vom … (URNr. … des Notars …);

   3. Beglaubigte Kopie des Abtretungsvertrags vom … über die Abtretung des Kommanditgesellschaftsanteils einschließlich sämtlicher Gesellschafterkonten an der A-GmbH & Co. KG an die Gesellschaft;

   4. Unterschriebene Liste der Personen, welche die neuen Stammeinlagen übernommen haben (§ 57 Abs. 3 Nr. 2 GmbHG);

   5. Berichtigte und unterschriebene Gesellschafterliste;

   6. Vollständiger Wortlaut des Gesellschaftsvertrags mit Bescheinigung eines Notars (§ 54 Abs. 1 Satz 2 GmbHG);

   7. Bilanzen der Gesellschaft und der X-GmbH & Co. KG zum 31.12. …

Nach Vollzug der Eintragung der Kapitalerhöhung bitte ich jeweils um

- Eintragungsnachricht an die A-GmbH und an den beglaubigenden Notar sowie um
- Übermittlung von zwei beglaubigten Handelsregisterauszügen an die A-GmbH und
- eines beglaubigten Handelsregisterauszugs an den beglaubigenden Notar.

[Unterschrift Geschäftsführer A-GmbH]

[Beglaubigung Notar]

gg) Handelsregisteranmeldung Änderung Gesellschafterbestand

An das Amtsgericht … 1195
– Registergericht –

X-GmbH & Co. KG mit Sitz in …, HRA …

Zur Eintragung in das Handelsregister wird hiermit angemeldet:

I. Änderung im Gesellschafterbestand der X-GmbH & Co. KG

(1) Mit Einbringungsvertrag vom … zwischen Herrn A und der A-GmbH mit Sitz in … hat Herr A seinen gesamten Kommanditanteil zu nominal EUR … an der X-GmbH & Co. KG mit Sitz in … in die A-GmbH mit Sitz in … eingetragen im Handelsregister des Amtsgerichts … unter HRB … eingebracht.

(2) Herr A scheidet damit als Gesellschafter der X-GmbH & Co. KG aus.

(3) Neuer Gesellschafter der X-GmbH & Co. KG mit Sitz in … ist mit einem Kommanditanteil von nominal EUR … die A-GmbH mit Sitz in … eingetragen im Handelsregister des Amtsgerichts … unter HRB …

II. Als Anlage wird hiermit überreicht:

- Privatschriftlicher Einbringungsvertrag zwischen Herrn A und der A-GmbH mit Sitz in … (Amtsgericht … HRB …) vom … .

Nach Vollzug der Eintragungen bitten wir um

- Eintragungsnachricht an Herrn A und die X-GmbH & Co. KG
- Übermittlung von zwei beglaubigten Handelsregisterauszügen an Herrn A und die X-GmbH & Co. KG

[Unterschrift aller Gesellschafter der X-GmbH & Co. KG]

[Beglaubigung Notar]

hh) Liste der Übernehmer

1196 Liste der Übernehmer

der A-GmbH mit Sitz in ... eingetragen im Handelsregister des Amtsgerichts ... unter HRB ... mit den Nennbeträgen der übernommenen Geschäftsanteile:

Nr. des Geschäftsanteils	Vor- u. Nachname/ Firma des Gesellschafters	Geburtsdatum	Wohnort/ Sitz des Gesellschafters	Nennbetrag des Geschäftsanteils (EUR)
2	A			*[5.000]*

[Ort, Datum]

[Unterschrift Notar, Unterschrift Geschäftsführer]

ii) Liste der Gesellschafter

1197 Liste der Gesellschafter der A-GmbH

mit Sitz in ..., eingetragen im Handelsregister des Amtsgerichts ... unter HRB ....

Nr. des Geschäftsanteils	Vor- u. Nachname/Firma des Gesellschafters	Geburtsdatum	Wohnort/ Sitz des Gesellschafters	Nennbetrag des Geschäftsanteils (EUR)	Gesamtbeteiligung des Gesellschafters am Stammkapital in Prozent
1	A			*[50.000]*	100
2	A			*[5.000]*	
Stammkapital (EUR)				*[55.000]*	

[Ort, Datum]

[Unterschrift Notar, Unterschrift Geschäftsführer]

jj) Entfall Sachkapitalerhöhungsbericht

Der Registerrichter hat zu prüfen, ob die Bareinlage wirksam erbracht wurde 1198 (§ 56a, § 7 Abs. 2 GmbHG). Hinsichtlich der Gegenstände des Sachagios bestehen keine Prüfungspflicht und auch kein Prüfungsrecht. Damit entfällt eine Prüfung, ob die Gegenstände des Sachagios nicht unwesentlich überbewertet sind; § 9c Abs. 1 GmbHG ist nicht analog anzuwenden. Gleichermaßen sind ein Sacherhöhungsbericht oder andere Wertnachweisunterlagen (Einbringungsbilanz mit Bestätigung eines Wirtschaftsprüfers/Steuerberaters) nicht zum Handelsregister einzureichen.

kk) Antrag Buchwertfortführung

1199 *[Briefbogen A-GmbH]*

An das
[Finanzamt der A-GmbH]

Steuernummer …

A-GmbH (AG …, HRB …)

Antrag auf Buchwertansatz gemäß § 20 Abs. 2 Satz 2 UmwStG i. Z. m. der Einbringung

[ggf.: Antrag auf steuerliche Rückwirkung der Einbringung gemäß § 20 Abs. 5 und 6 UmwStG]

Sehr geehrte Damen und Herren,

mit notarieller Urkunde vom … (URNr … des Notars … in …) und mit steuerlicher Wirkung zum 31.12. … (steuerlicher Übertragungsstichtag) wurde der Kommanditanteil des Herrn A an der X-GmbH & Co. KG mit Sitz in …, eingetragen im Handelsregister des Amtsgerichts … unter HRA … in die A-GmbH mit Sitz in …, eingetragen im Handelsregister des Amtsgerichts … unter HRB … gegen Gewährung von Gesellschaftsrechten eingebracht.

I.

In Ausübung des entsprechenden Wahlrechts (§ 20 Abs. 2 Satz 2 UmwStG) wird der auf den aufnehmenden Rechtsträger übergehende Kommanditanteil mit dem steuerlichen Buchwert zum 31.12. … angesetzt.

Hiermit stellt die A-GmbH (Amtsgericht …, HRB …) als übernehmender Rechtsträger hinsichtlich des übertragenen Kommanditanteils an der X-GmbH & Co. KG den

Antrag auf Fortführung der Buchwerte.

Die entsprechenden Bilanzen werden zusammen mit der Steuererklärung eingereicht.[1244]

1244 Der Steuererklärung könnte höchstvorsorglich als Anlage eine Erklärung beigefügt werden, dass die Steuerbilanz der steuerlichen Schlussbilanz i. S. d. § 20 UmwStG entspricht; vgl. Tz. 03.01, 03.29, 20.21 UmwStE.

Wir bestätigen zudem, dass

1. sichergestellt ist, dass das übertragene Betriebsvermögen bei dem übernehmenden Rechtsträger (A-GmbH mit Sitz in ..., Amtsgericht ..., HRB ...), der Besteuerung mit Körperschaftsteuer unterliegt und
2. das Recht der Bundesrepublik Deutschland hinsichtlich der Besteuerung des Gewinns aus der Veräußerung des übertragenen Betriebsvermögens bei dem übernehmenden Rechtsträger (A-GmbH mit Sitz in ..., Amtsgericht ..., HRB ...) weder ausgeschlossen noch beschränkt ist und
3. die Passivposten des eingebrachten Betriebsvermögens die Aktivposten nicht übersteigen.

II.

Hiermit stellt die A-GmbH (Amtsgericht ..., HRB ...) den

Antrag auf steuerliche Rückwirkung

der Einbringung zum 31.12. ... gemäß § 20 Abs. 5 und 6 UmwStG.

Mit freundlichen Grüßen

[Unterschrift Geschäftsführer A-GmbH]

II) Nachweis nach § 22 Abs. 3 UmwStG (Sieben-Jahres-Frist)

1200 *[Briefbogen Herr A]*

An das
[Finanzamt des Herrn A]

Steuernummer …

Herr A

Erfüllung der Meldepflicht nach § 22 Abs. 3 UmwStG für ausschlussbefristete Anteile zum Meldestichtag 31.5. …

Sehr geehrte Damen und Herren,

durch einen Vorgang i. S. d. § 20 UmwStG habe ich, Herr A (Einbringender), mit steuerlicher Wirkung zum 31.12. … Anteile an der A-GmbH mit Sitz in … eingetragen im Handelsregister des Amtsgerichts … unter …, Steuernummer … beim Finanzamt …, in Höhe eines Anteils am Nennkapital von *[EUR 5.000]* (Geschäftsanteil Nr. *[2]*) erworben.

Nach § 22 Abs. 3 UmwStG hat der Einbringende in den dem Einbringungszeitpunkt folgenden sieben Jahren jährlich bis zum 31.5. den Nachweis darüber zu erbringen, wem mit Ablauf des Tages, der dem maßgeblichen Einbringungszeitpunkt entspricht, die ausschlussbefristeten Anteile zuzurechnen sind.

Die Meldepflicht wird mit diesem Schreiben auf den oben genannten Meldestichtag erfüllt:

Erklärung

Gemäß Tz. 22.30 UmwStE vom 2.1.2025, erkläre ich hiermit, dass die vorgenannten Anteile seit dem Einbringungszeitpunkt bis zum *[Datum des relevanten Jahrestages]* ununterbrochen mir als wirtschaftlichem Eigentümer zuzurechnen sind.

Entsprechend den weiteren Ausführungen des BMF-Schreibens ist in der Anlage eine Bestätigung der übernehmenden Gesellschaft über die Gesellschafterstellung beigefügt.

Mit freundlichen Grüßen

[Ort, Datum]

[Unterschrift Herr A]

Anlage zum Schreiben betreffend die Erfüllung der Meldepflicht nach § 22 Abs. 3 UmwStG des Herrn A vom *[Datum]*

Bestätigung

Herr A hat durch einen Vorgang i. S. d. § 20 UmwStG mit steuerlicher Wirkung zum *31.12.* … Anteile an der A-GmbH mit Sitz in … eingetragen im Handelsregister des Amtsgerichts … unter …, Steuernummer … beim Finanzamt …, in Höhe eines Anteils am Nennkapital von *[EUR 5 000]* (Geschäftsanteil Nr. *[2]*) erworben.

Die übernehmende Gesellschaft bestätigt hiermit das ununterbrochene Bestehen der vorgenannten Gesellschafterstellung seit dem Einbringungszeitpunkt bis zum *[Datum des relevanten Jahrestages]*.[1245]

[Ort, Datum]

[Unterschrift Geschäftsführer A-GmbH]

1245 Nachweis durch Gesellschafterliste auch möglich, Tz. 22.31. UmwStE.

b) „Formwechsel" GmbH & Co. KG in GmbH (Erweiterte Anwachsung)

aa) Ausgangskonstellation

1201

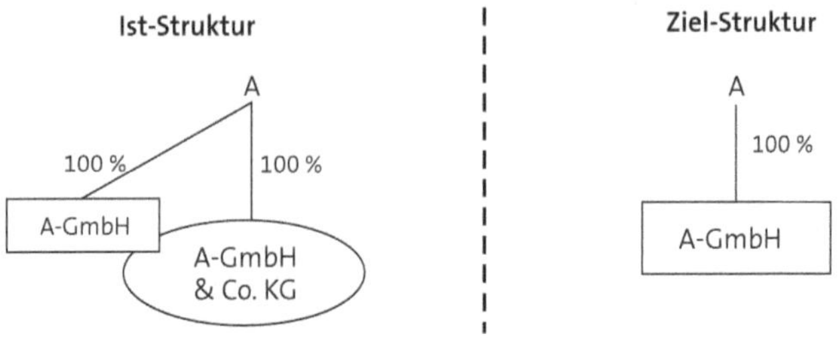

- Einbringung aller Kommanditanteile an einer GmbH & Co. KG in die Komplementär-GmbH gegen Gewährung von Anteilen
- Anwachsung des Vermögens der GmbH & Co. KG auf die Komplementär-GmbH gem. § 712a BGB
- Unternehmensinterne Umstrukturierung
- Anteil an Komplementär-GmbH ist keine wesentliche Betriebsgrundlage der GmbH & Co. KG (bspw. aufgrund eines eigenen unabhängigen Geschäftsbetriebs der Komplementär-GmbH)[1246]
- Kapitalerhöhung bei der Komplementär-GmbH zur Gewährung neuer Anteile
- Übertragung der Kommanditanteile und Anwachsung erfolgt steuerneutral zu Buchwerten
- GmbH & Co. KG erlischt

1246 Vgl. zu der Thematik der Eigenschaft des Anteils an der Komplementär-GmbH als wesentliche Betriebsgrundlage: Rz. 562 u. 386; BFH, Urteile v. 25.11.2009 - I R 72/08, BStBl 2010 II S. 471; v. 16.12.2009 - I R 97/08, BStBl 2010 II S. 808; v. 16.2.1996 - I R 183/94, BStBl 1996 II S. 342; OFD Frankfurt a. M., Vfg. v. 12.12.2022 - S 2134 A - 014 - St 517, NWB HAAAJ-32204; Schmitt/Hörtnagl, UmwG UmwStG, § 20 UmwStG Rz. 35; Rödder/Herlinghaus/van Lishaut, UmwStG, § 20 Rz. 118; Eine funktionale Wesentlichkeit könne daraus abgeleitet werden, dass die Beteiligung an der Komplementär-GmbH im konkreten Einzelfall die Stellung des Mitunternehmers im Rahmen der Mitunternehmerschaft nachhaltig stärkt. Dies wäre dann der Fall, wenn die Beteiligung den Einfluss des Mitunternehmers auf die Geschäftsführung der Mitunternehmerschaft grundlegend erweitert.

bb) Fahrplan

Vorbereitungsphase 1202

- Entwurf Kapitalerhöhungsbeschluss der Komplementär-GmbH
- Entwurf Übernahmeerklärung
- Entwurf Einbringungsvertrag
- Werthaltigkeitsnachweis für die Sacheinlage
- Entwurf Sachkapitalerhöhungsbericht[1247]
- *[ggf. Anpassung des Gesellschaftsvertrags der Komplementär-GmbH erforderlich; Änderung erfolgt durch Gesellschafterbeschluss]*
- *Ladung* zur Gesellschafterversammlung nach Satzung/Gesetz [*ggf. Verzicht bei Vollversammlung und Einstimmigkeit*]

Beschlussphase

- Gesellschafterversammlung der Komplementär-GmbH für Kapitalerhöhung
- Unterzeichnung und notarielle Beglaubigung der Übernahmeerklärung (§ 55 Abs. 1 GmbHG)
- Unterzeichnung des Einbringungsvertrages
- Anmeldung Kapitalerhöhung zum Handelsregister
- Anmeldung Auflösung GmbH & Co. KG zum Handelsregister

Vollzugsphase

- Eintragung Kapitalerhöhung ins Handelsregister
- Übersendung des Kapitalerhöhungsbeschluss, der Übernahmeerklärung und des Einbringungsvertrages an das Finanzamt
- Unterrichtung der Sozialversicherungsträger über die Umwandlung
- Unterrichtung der Gewerbeaufsicht über die Umwandlung
- Antrag der übernehmenden Gesellschaft (GmbH) auf Buchwertfortführung *[und ggf. Antrag auf steuerliche Rückwirkung der Umwandlung (§ 20 Abs. 5 und 6 UmwStG)]* bei ihrem Finanzamt
- Information der Vertragspartner über die Umwandlung

1247 **Beratungshinweis**: Nach Entscheidung des BFH liegt aus gesellschaftsrechtlicher Sicht eine Bargründung bzw. -kapitalerhöhung vor, wenn die Kapitalerhöhung gegen Bareinlage erfolgt und die **Einbringung eines Betriebs, Teilbetriebs oder Mitunternehmeranteils als Agio** zu leisten ist, BFH v. 7.4.2010 - I R 55/09, BStBl 2010 II S. 1094. Gleichwohl liegen nach Auffassung des BFH die Voraussetzungen des § 20 UmwStG bei dieser Gestaltung vor.

- Umstellung der Organisation, Buchführung, Lohn- und Gehaltsabrechnung auf neue Verhältnisse
- 7-jährige Nachweispflicht nach § 22 UmwStG
- *[ggf. Berichtigung Grundbücher]*
- *[ggf. Berichtigung Patentregister etc.]*
- *[ggf. Berichtigung KFZ-Briefe]*

cc) Gesellschafterbeschluss (Sachkapitalerhöhungsbeschluss)

Gesellschafterbeschluss der A-GmbH 1203

[-Notarieller Eingangsvermerk-]

Es erscheint:

Herr A

geschäftsansässig in ...,

hier handelnd eigenen Namens.

Auf Ansuchen des Erschienenen beurkunde ich seinen Erklärungen gemäß was folgt:

I. Sachstand

(1) Herr A ist an der A-GmbH - nachstehend „Gesellschaft" genannt - mit dem Sitz in ... (Stammkapital nominal *[EUR 25.000]*) mit einem Geschäftsanteil in Höhe von nominal *[EUR 25.000]* -in Worten: *[fünfundzwanzigtausend]* Euro- beteiligt. Dieser wurde erworben bei Gründung der Gesellschaft und ist voll einbezahlt. Er ist zugleich deren einziger Geschäftsführer. Das gesamte Stammkapital der Gesellschaft i. H. v. *[EUR 25.000]* ist somit vertreten.

(2) Die A-GmbH ist alleinige persönlich haftende Gesellschafterin (Komplementärin) der A-GmbH & Co. KG mit Sitz in... eingetragen im Handelsregister des Amtsgerichts ... unter HRA ... unter der Firma „A-GmbH & Co. KG"; die Komplementärin hat keine Einlage geleistet und ist am Gewinn und Verlust nicht beteiligt. Herr A ist als Kommanditist mit einer im Handelsregister eingetragenen Haftsumme (zugleich Kommanditeinlage, die nach Angabe vollständig geleistet ist) in Höhe von nominal EUR ... an der A-GmbH & Co. KG mit dem Sitz in ... (Amtsgericht ... HRA ...) beteiligt.

(3) Die wirtschaftlichen Verhältnisse der vorgenannten Gesellschaft ergeben sich aus der dieser Urkunde als Anlagen beigefügten Bilanz der Firma A-GmbH zum ....

(4) Herr A beabsichtigt, seinen vorbezeichneten Kommanditanteil im Wege der Sachkapitalerhöhung in die in Absatz 1 näher bezeichnete A-GmbH gegen Gewährung von Gesellschafterrechten einzubringen.

II. Beschlüsse

Unter Verzicht auf alle gesetzlichen und satzungsgemäßen Frist- und Formvorschriften hält der Gesellschafter eine Gesellschafterversammlung ab und beschließt einstimmig und mit allen Stimmen was folgt:

§ 1 Kapitalerhöhung

Das Stammkapital der Gesellschaft wird von *[EUR 25.000]* um *[EUR 225.000]* auf *[EUR 250.000]* durch Ausgabe von neun Geschäftsanteilen mit einem Nennwert von jeweils *[EUR 25.000]* erhöht.

§ 2 Gewinn- und Verlustbeteiligung

Die neuen Geschäftsanteile nehmen am Gewinn und Verlust der Gesellschaft vom Anfang des laufenden Geschäftsjahres an teil.

§ 3 Übernahme des Gesellschaftsanteils

(1) Zur Übernahme des neuen Geschäftsanteils wird zugelassen: Herr A, der Erschienene.

(2) Herr A hat als Sacheinlage den vorstehend unter „I. (2)" näher beschriebenen Kommanditanteil an der A-GmbH & Co. KG mit Sitz in … in die Gesellschaft einzubringen.

(3) Dieser Kommanditanteil repräsentiert die gesamte Beteiligung am Vermögen sowie am Gewinn und Verlust der A-GmbH & Co. KG. Durch die Abtretung geht deren gesamtes Vermögen im Wege der Anwachsung auf die A-GmbH über.

(4) Sonderbetriebsvermögen I ist nicht vorhanden *[Alternativ z. B.: liegt in Form des der A-GmbH & Co. KG mit Vertrag vom … zur Nutzung überlassenen Grundstücks Musterstr. 1 in … (Amtsgericht …, Grundbuch …, Band …, Blatt …, FlSt…)]*; Sonderbetriebsvermögen II lediglich in Gestalt des Anteils an der Komplementär-GmbH (A-GmbH) der A-GmbH & Co. KG. Der Anteil an der Komplementär-GmbH soll nicht übertragen werden.

(5) Die Einbringung erfolgt unter Fortführung der steuerlichen Buchwerte der A-GmbH & Co. KG zum 31.12. … . Der Einbringung wird die Bilanz der A-GmbH & Co. KG zum 31.12. … zu Grunde gelegt (Einbringungsbilanz). Die aufnehmende A-GmbH wird deren Buchwerte steuerlich fortführen. Die A-GmbH stellt hiermit den Antrag auf Buchwertfortführung (§ 20 Abs. 2 Satz 2 UmwStG).

(6) Die Einbringung erfolgt mit schuldrechtlicher Wirkung zum 1.1. … . Herr A hat seinen Kommanditanteil mit Gewinnbezugsrecht ab dem 1.1. … zu ge-

sonderter Erklärung vom heutigen Tage, die dieser Urkunde zu Beweiszwecken beigefügt ist, in die A-GmbH eingebracht und an sie abgetreten.

(7) Die Einlage von Herr A wird in Höhe von *[EUR 225.000]* auf den Ausgabebetrag der von ihm anlässlich der Kapitalerhöhung zu übernehmenden Stammeinlage angerechnet. Soweit der Einbringungswert diesen Betrag von *[EUR 225.000]* überschreitet, ist er *[zinsfrei]* in die Kapitalrücklage gem. § 272 Abs. 2 Nr. 1 HGB einzustellen.

(8) Ist der tatsächlich Wert der Sacheinlage geringer als EUR ..., hat Herr A die Differenz in bar zu erbringen.

(9) Ändert sich ein Wertansatz in der Einbringungsbilanz nachträglich durch rechtskräftige Feststellung aufgrund einer steuerlichen Außenprüfung, ist ein etwaiges Mehrvermögen ebenfalls *[zinsfrei]* in die Kapitalrücklage einzustellen, ein etwaiges Mindervermögen durch Herrn A gegenüber der A-GmbH auszugleichen.

§ 4 Anpassung Gesellschaftsvertrag

§ ... des Gesellschaftsvertrages (...) wird wie folgt neu gefasst:

„§ ...

(...)

Das Stammkapital der Gesellschaft beträgt *[EUR 250.000]* -in Worten: *[zweihundertundfünfzigtausend]* Euro-.

Das Stammkapital ist in folgende Geschäftsanteile eingeteilt, die wie folgt von den Gesellschaftern gehalten werden:

- Herr A
- Mit Geschäftsanteilen von *[EUR 250.000]* (Geschäftsanteil Nr. *[1-10]*)“

§ 5 Umfirmierung

(1) Die Firma der Gesellschaft wird in „...-GmbH“ geändert.

(2) Der Gesellschaftsvertrag wird in § ... (Firma) wie folgt neu gefasst:

„Die Firma der Gesellschaft lautet „ ...-GmbH““

III. Hinweise

Herr A erklärt die Gesellschafterversammlung damit für beendet. Der Notar weist Herrn A insbesondere auf Folgendes hin:

1. Die Satzungsänderungen und die Kapitalerhöhung werden erst mit Eintragung im Handelsregister wirksam. Die Anmeldung kann hinsichtlich der

Kapitalerhöhung erst erfolgen, wenn die Einbringung der Sacheinlage vollzogen ist.

2. Des Weiteren ist eine notariell zu beglaubigende Übernahmeerklärung hinsichtlich der erworbenen weiteren Stammeinlage an der A-GmbH erforderlich.
3. Sollte der objektive Wert der Einlage nicht den Betrag der Kapitalerhöhung erreichen, so besteht eine Nachschusspflicht des Herrn A gegenüber der A-GmbH.

Der Notar weist Herr A weiter darauf hin, dass die Einbringung des Kommanditanteils zum Wiederaufleben der Haftung gemäß § 171 HGB führen kann.

Der Notar weist auf die mögliche Grunderwerbsteuerpflicht und die mögliche Notwendigkeit der Berichtigung vorhandener Grundbucheinträge hin. Diesbezüglich erklärt Herr A: *[Die Gesellschaft verfügt über keinen Grundbesitz].*

IV. Schlussbestimmungen

Die Kosten dieser Urkunde trägt die Gesellschaft.

Von dieser Urkunde erhalten

Ausfertigungen:

- die Gesellschaft,
- der Gesellschafter.

beglaubigte Abschriften:

- das zuständige Finanzamt (Körperschaftsteuerstelle)
- das Registergericht

einfache Abschriften:

- Steuerberater ...

[-notarielle Schlussformel-]

[-Unterschriften der Beteiligten-]

dd) Übernahmeerklärung

Übernahmeerklärung gemäß § 55 Abs. 1 GmbHG zur Einbringung 1204

I.

(1) Die Gesellschafter der A-GmbH mit dem Sitz in ..., eingetragen im Handelsregister des Amtsgerichts ... unter HRB ..., haben durch Gesellschafterbeschluss vom . . . (URNr . . . des Notars . . . in . . .) beschlossen, das Stammkapital der A-GmbH von *[EUR 25.000]* um *[EUR 225.000]* auf *[EUR 250.000]* durch Erbringung von Sacheinlagen zu erhöhen.

(2) Zur Übernahme des neuen Geschäftsanteils wurde zugelassen: Herr A.

(3) Herr A hat als Sacheinlage in die Gesellschaft einzubringen:

Seinen Kommanditanteil an der „A-GmbH & Co. KG“ mit Sitz in ..., eingetragen im Handelsregister des Amtsgerichts ... unter HRA ..., zu nominal EUR ... einschließlich seiner sämtlichen Gesellschafterkonten und seines Anteils an den Gewinnrücklagen;

(4) Die Einbringung erfolgt unter Fortführung der steuerlichen Buchwerte der A-GmbH & Co. KG zum 31. 12. .... . Der Einbringung wird die Bilanz der A-GmbH & Co. KG zum 31. 12. ... zu Grunde gelegt.

(5) Die Einbringung erfolgt mit schuldrechtlicher Wirkung zum 1. 1. .... .

(6) Die Einlage von Herrn A wird in Höhe von *[EUR 225.000]* auf den Ausgabebetrag der von ihm aufgrund der Kapitalerhöhung zu übernehmenden Stammeinlage angerechnet. Soweit der Einbringungswert diesen Betrag von *[EUR 225.000]* überschreitet wird er *[zinsfrei]* in die Kapitalrücklage gem. § 272 Abs. 2 Nr. 1 HGB eingestellt, soweit er geringer als *[EUR 225.000]* ist, so ist die Differenz in bar zu erbringen. Ändert sich ein Wertansatz in der Einbringungsbilanz nachträglich durch rechtskräftige Feststellung aufgrund einer steuerlichen Außenprüfung, ist ein etwaiges Mehrvermögen ebenfalls *[zinsfrei]* in die Kapitalrücklage einzustellen, ein etwaiges Mindervermögen durch Herrn A gegenüber der A-GmbH auszugleichen.

II.

Dies vorausgeschickt, erklärt Herr A:

Ich übernehme auf das erhöhte Stammkapital die neu ausgegebene Stammeinlage zu *[EUR 225.000]* zu den vorstehend genannten Bedingungen des Kapitalerhöhungsbeschlusses der A-GmbH vom .... Die erhöhte Stammeinlage ist durch Sacheinlage wie ausgeführt zu leisten. Die Einbringung des Kommanditanteils erfolgt mit schuldrechtlicher und steuerrechtlicher Wirkung zum 1.1. … . Die erhöhte Stammeinlage nimmt ab dem 1.1. … am Gewinn der A-GmbH teil.

Die Kosten trage ich.

[-Unterschrift Herr A-]

[-notarielle Unterschriftsbeglaubigung-]

ee) Einbringungsvertrag

Einbringungsvertrag 1205

Privatschriftlicher Einbringungsvertrag

Zwischen

Herr A

und der

A-GmbH,

vertreten durch Herrn A als alleinvertretungsberechtigten und von § 181 BGB befreiten Geschäftsführer:

Präambel

(1) Die Gesellschafter der A-GmbH mit dem Sitz in ... haben durch Gesellschafterbeschluss vom ... (URNr. . . . des Notars . . . in . . .) unter anderem beschlossen, das Stammkapital der A-GmbH von *[EUR 25.000]* um *[EUR 225.000]* auf *[EUR 250.000]* durch Erbringung von Sacheinlagen zu erhöhen. Zur Übernahme des neuen Stammkapitals wurde Herr A zugelassen.

(2) Herr A hat als Sacheinlage in die Gesellschaft einzubringen:

Seinen Kommanditanteil an der A-GmbH & Co. KG mit Sitz in ..., eingetragen im Handelsregister des Amtsgerichts ... unter HRA ..., zu nominal EUR ... einschließlich seiner sämtlichen Gesellschafterkonten und seines Anteils an den Gewinnrücklagen; dieser Kommanditanteil repräsentiert die gesamte Beteiligung am Vermögen sowie am Gewinn und Verlust der A-GmbH & Co. KG.

(3) Zur näheren Bezeichnung der Einbringungsverpflichtung wird auf den genannten Beschluss Bezug genommen, der den Beteiligten bekannt ist.

(4) Herr A hat durch Erklärung vom . . ., beglaubigt durch den Notar . . . in . . . (URNr. . . .), die Übernahme der Erhöhungsstammeinlage zu den genannten Bedingungen erklärt. Diese Erklärung ist der Gesellschaft zugegangen und damit wirksam geworden.

(5) Zur Erfüllung der übernommenen Einlageverpflichtung vereinbaren daher Herr A als Veräußerer und die A-GmbH als Erwerber:

§ 1 Abtretung

(1) Zum Zwecke der Erfüllung ihrer Einlageverpflichtung tritt hiermit Herr A den vorstehend näher beschriebenen Kommanditanteil an der A-GmbH &

Co. KG an die A-GmbH ab. Die A-GmbH nimmt die Abtretung entgegen und an.

(2) Die Abtretung erfolgt mit sofortiger dinglicher Wirkung und mit schuldrechtlicher Wirkung zum 1.1. ... unter Zugrundelegung der zum 31.12. ... aufgestellten Schlussbilanz der A-GmbH & Co. KG.

§ 2 Wertansatz, Gegenleistung, Gewinn- und Verlustbeteiligung

(1) Die Übernahme des Kommanditanteils erfolgt zu Buchwerten.

(2) Als Gegenleistung für die Kommanditanteilsabtretung erhält Herr A Geschäftsanteile im Nennbetrag von *[EUR 225.000]* (Geschäftsanteil Nr. *[2-10]* im Wege der Nennkapitalerhöhung.

(3) Soweit der Buchwert des eingebrachten Kommanditanteils *[EUR 225.000]* übersteigt, wird der übersteigende Betrag *[zinslos]* in die Kapitalrücklage von Herrn A eingestellt. Sollte der Wert des Kommanditanteils *[EUR 225.000]* unterschreiten, so ist die Differenz von Herrn A in bar zu erbringen.

(4) Die neue Stammeinlage nimmt ab 1.1. ... am Gewinn und Verlust teil.

§ 3 Aufschiebende Bedingung

Da die Kapitalerhöhung erst mit der Eintragung im Handelsregister wirksam wird, erfolgt auch die dingliche Wirkung der Abtretung des Kommanditanteils aufschiebend bedingt auf diese Eintragung.

§ 4 Haftung und Versicherungen

(1) Herr A haftet dafür, dass der abgetretene Kommanditanteil rechtswirksam begründet, voll einbezahlt, durch Verluste oder Entnahmen nicht gemindert ist und lastenfrei auf die A-GmbH übergeht.

(2) Herr A versichert, dass er hinsichtlich des Kommanditanteils unbeschränkt verfügungsbefugt ist. Insbesondere, dass der Kommanditanteil weder ganz oder teilweise ge- oder verpfändet ist und auch sonst keine Rechte Dritter (bspw. Nießbrauchsrechte oder Unterbeteiligungen) an diesem Anteil bestehen, ferner weder durch den Abschluss des heutigen Vertrags noch durch die Abtretung des Kommanditanteils Dritte in irgendeiner Weise an diesem Kommanditanteil berechtigt werden noch irgendwelche Ansprüche auf Zahlung von Entschädigungen, Vergütungen oder dergleichen gegenüber der A-GmbH erhalten.

(3) Im Übrigen übernimmt Herr A lediglich die Differenzhaftung zur vollwertigen Erbringung des Sachkapitalerhöhungsbetrages nach Maßgabe des Erhöhungsbeschlusses.

§ 5 Kosten

Etwa entstehende Kosten und Steuern der Übernahme trägt die A-GmbH.

[-Unterschriften der Beteiligten-]

[Beglaubigung Notar]

ff) Handelsregisteranmeldung übernehmende Gesellschaft

1206 An das Amtsgericht …
– Handelsregister –

A-GmbH mit Sitz in …, HRB …

I. Zur Eintragung in das Handelsregister melde ich, Herr A alleinvertretungsberechtigter Geschäftsführer der A-GmbH mit Sitz in … an:

1. Die Gesellschafter der A-GmbH mit dem Sitz in … haben durch Gesellschafterbeschluss vom … (URNr … des Notars … in …) unter anderem beschlossen, das Stammkapital der A-GmbH von *[EUR 25.000]* um *[EUR 225.000]* auf *[EUR 250.000]* durch Erbringung von Sacheinlagen zu erhöhen. Zur Übernahme des neuen Stammkapitals (Geschäftsanteile Nr. *[2-10]* zum Wert von jeweils *[EUR 25.000]*) wurde Herr A zugelassen.

2. Herr A hat als Sacheinlage in die Gesellschaft eingebracht:

   Seinen Kommanditanteil an der A-GmbH & Co. KG mit Sitz in …, eingetragen im Handelsregister des Amtsgerichts … unter HRA …, zu nominal EUR … einschließlich seiner sämtlichen Gesellschafterkonten und seines Anteils an den Gewinnrücklagen; dieser Kommanditanteil repräsentiert die gesamte Beteiligung am Vermögen sowie am Gewinn und Verlust der A-GmbH & Co. KG.

3. Es wird versichert, dass die Einlagen auf das neue Stammkapital nach § 7 Abs. 2 Satz 1 und Abs. 3 GmbHG bewirkt sind und dass der eingebrachte Kommanditanteil sich endgültig in der freien Verfügung der Geschäftsführer befindet.

4. Die Firma der A-GmbH wurde in „…-GmbH" geändert. Es wird versichert, dass sämtliche Gesellschafter der A-GmbH & Co. KG die Einwilligung zur Fortführung der Firma … in der nunmehrigen Firma „…-GmbH" erteilt haben.

II. Als Anlagen überreiche ich:

1. Notariell beglaubigte Abschrift der Niederschriften der Gesellschafterversammlung vom … (URNr. … des Notars …) der A-GmbH;

2. Notariell beglaubigte Abschrift der Übernahmeerklärung i. S. d. § 55 GmbHG vom … (URNr. … des Notars …);

3. Beglaubigte Kopie des Abtretungsvertrags vom … über die Abtretung sämtlicher Kommanditgesellschaftsanteile einschließlich aller Gesell-

schafterkonten (Kapitalkonten) an der A-GmbH & Co. KG an die Gesellschaft;

4. Unterschriebene Liste der Personen, welche die neuen Stammeinlagen übernommen haben (§ 57 Abs. 3 Nr. 2 GmbHG);
5. Vollständiger Wortlaut des Gesellschaftsvertrags mit Bescheinigung eines Notars (§ 54 Abs. 1 Satz 2 GmbHG);
6. Bilanz der A-GmbH & Co. KG zum 31.12. ... mit Wertbescheinigung der ... Wirtschaftsprüfungsgesellschaft ... vom ...;
7. Sacherhöhungsbericht der Gesellschafter.

Nach Vollzug der Eintragung der Kapitalerhöhung bitte ich jeweils um

- Eintragungsnachricht an die A-GmbH und an den beglaubigenden Notar sowie um
- Übermittlung von zwei beglaubigten Handelsregisterauszügen an die A-GmbH und
- eines beglaubigten Handelsregisterauszugs an den beglaubigenden Notar.

[Unterschrift Geschäftsführer A-GmbH]

[Beglaubigung Notar]

gg) Handelsregisteranmeldung der Abtretung

1207 An das Amtsgericht …
– Registergericht –

A-GmbH & Co. KG mit Sitz in …, HRA …

Zur Eintragung in das Handelsregister wird hiermit angemeldet:

Änderung im Gesellschafterbestand der A-GmbH & Co. KG

(1) Mit Einbringungsvertrag vom … zwischen Herrn A und der A-GmbH mit Sitz in … eingetragen im Handelsregister des Amtsgerichts … unter HRB … hat Herr A seinen gesamten Kommanditanteil zu nominal EUR … an der A-GmbH & Co. KG mit Sitz in … in die A-GmbH mit Sitz in … eingetragen im Handelsregister des Amtsgerichts … unter HRB … eingebracht; dieser Kommanditanteil repräsentiert die gesamte Beteiligung am Vermögen sowie am Gewinn und Verlust der A-GmbH & Co. KG.

(2) Die A-GmbH & Co. KG ist damit beendet und ohne Liquidation aufgelöst und deren gesamtes Vermögen im Wege der Anwachsung auf die Komplementär-GmbH, die A-GmbH, übergegangen.

(3) Die A-GmbH mit Sitz in … führt als verbleibende Gesellschafterin das Geschäft der Gesellschaft ohne Liquidation mit allen Aktiven und Passiven fort.

(4) Die Gesellschaft ist damit aufgelöst.

Als Anlage wird hiermit überreicht:

- Privatschriftlicher Einbringungsvertrag zwischen Herrn A und der A-GmbH mit Sitz in … (Amtsgericht … HRB …) vom ….

Nach Vollzug der Eintragungen bitten wir um

- Eintragungsnachricht an Herrn A und die A-GmbH & Co. KG
- Übermittlung von zwei beglaubigten Handelsregisterauszügen an Herrn A und die A-GmbH & Co. KG

[Unterschrift aller Gesellschafter der A GmbH & Co. KG]

[Beglaubigung Notar]

hh) Liste der Übernehmer

Liste der Übernehmer 1208

der A-GmbH mit Sitz in ... eingetragen im Handelsregister des Amtsgerichts ... unter HRB ... mit den Nennbeträgen der übernommenen Geschäftsanteile:

Nr. des Geschäftsanteils	Vor- u. Nachname/ Firma des Gesellschafters	Geburtsdatum	Wohnort/Sitz des Gesellschafters	Nennbetrag des Geschäftsanteils (EUR)
2-10	A			*je [25.000]*

[Ort, Datum]

[Unterschrift Notar, Unterschrift Geschäftsführer]

ii) Liste der Gesellschafter

Liste der Gesellschafter der A-GmbH 1209

mit Sitz in ..., eingetragen im Handelsregister des Amtsgerichts ... unter HRB ....

Nr. des Geschäftsanteils	Vor- u. Nachname/Firma des Gesellschafters	Geburtsdatum	Wohnort/ Sitz des Gesellschafters	Nennbetrag des Geschäftsanteils (EUR)	Gesamtbeteiligung des Gesellschafters am Stammkapital in Prozent
1-	A			*[25.000]*	100
2-10	A			*je [25.000]*	
Stammkapital (EUR)				*[250.000]*	

[Ort, Datum]

[Unterschrift Notar, Unterschrift Geschäftsführer]

jj) Sacherhöhungsbericht

1210 Als alleiniger Gesellschafter der A-GmbH mit Sitz in … eingetragen im Handelsregister des Amtsgerichts … unter HRB … (im Folgenden „Gesellschaft“) erstatte ich zur Angemessenheit der Leistungen für die im Kapitalerhöhungsbeschluss vom … (URNr. … des Notars …) festgelegten Sacheinlagen folgenden Bericht:

(1) Das Vermögen der A-GmbH & Co. KG mit Sitz in … eingetragen im Handelsregister des Amtsgerichts … unter HRA … wurde mit allen Aktiven und Passiven in die Gesellschaft eingebracht. Die Einbringung erfolgte durch Abtretung aller Kommanditanteile und sämtlicher Gesellschafterkonten entsprechend der Einbringungsbilanz zum 31.12. ….

(2) Die durch die Einbringung eingetretene Netto-Betriebsvermögensmehrung der Gesellschaft ergibt sich aus der Summe der in der Einbringungsbilanz der A-GmbH & Co. KG zum 31.12. … ausgewiesenen Kapitalkonten von insgesamt EUR … und überschreitet damit den Gesamtbetrag der Kapitalerhöhung von EUR … um EUR ….

(3) Bei den in der Einbringungsbilanz der A-GmbH & Co. KG zum 31.12. … angegebenen Kapitalkonten handelt es sich um Buchwerte. Die Verkehrswerte übersteigen jedoch die ausgewiesenen Buchwerte, was sich insbesondere aus folgenden Tatsachen ergibt: ….

(4) Die A-GmbH & Co. KG erwirtschaftete in der Zeit nach dem Stichtag der Einbringungsbilanz der A-GmbH & Co. KG zum 31.12. … ein positives Geschäftsergebnis. Dies ergibt sich aus der folgenden kurzfristigen Erfolgsrechnung: …

(5) Entnahmen, welche das Geschäftsergebnis der A-GmbH & Co. KG in der Zeit nach dem Stichtag der Einbringungsbilanz der A-GmbH & Co. KG übersteigen würden, wurden nicht getätigt. Der Wert des eingebrachten Vermögens in der Zeit seit dem Stichtag der Einbringungsbilanz hat sich somit nicht vermindert. Die Jahresergebnisse der A-GmbH & Co. KG für die beiden letzten Geschäftsjahre … und … betrugen ….

(6) Es wird somit festgestellt, dass der Wert des eingebrachten Betriebsvermögens (mindestens) den Nennbetrag der übernommenen Geschäftsanteile Nr. *[2-10]* von insgesamt EUR *[225 000]* erreicht, auf die sich diese Sacheinlage bezieht.

[Unterschrift aller Gesellschafter der A-GmbH]

kk) Antrag Buchwertfortführung

[Briefbogen A-GmbH] 1211

An das
[Finanzamt der A-GmbH]

Steuernummer …

A-GmbH (AG …, HRB …)

Antrag auf Buchwertansatz gemäß § 20 Abs. 2 Satz 2 UmwStG i. Z. m. der Einbringung

[ggf.: Antrag auf steuerliche Rückwirkung der Einbringung gemäß § 20 Abs. 5 und 6 UmwStG]

Sehr geehrte Damen und Herren,

mit notarieller Urkunde vom … (URNr. … des Notars … in …) und mit steuerlicher Wirkung zum 31. 12. … (steuerlicher Übertragungsstichtag) wurde der Kommanditanteil des Herrn A an der A-GmbH & Co. KG mit Sitz in …, eingetragen im Handelsregister des Amtsgerichts … unter HRA … in die A-GmbH mit Sitz in …, eingetragen im Handelsregister des Amtsgerichts … unter HRB … gegen Gewährung von Gesellschaftsrechten eingebracht.

I.

In Ausübung des entsprechenden Wahlrechts (§ 20 Abs. 2 Satz 2 UmwStG) wird der auf den aufnehmenden Rechtsträger übergehende Kommanditanteil mit dem steuerlichen Buchwert zum 31.12. … angesetzt.

Hiermit stellt die A-GmbH (Amtsgericht …, HRB …) als übernehmender Rechtsträger hinsichtlich des übertragenen Kommanditanteils an der A-GmbH & Co. KG den

Antrag auf Fortführung der Buchwerte.

Die entsprechenden Bilanzen werden zusammen mit der Steuererklärung eingereicht.[1248]

1248 Der Steuererklärung könnte höchstvorsorglich als Anlage eine Erklärung beigefügt werden, dass die Steuerbilanz der steuerlichen Schlussbilanz i. S. d. § 20 UmwStG entspricht; vgl. Tz. 03.01, 03.29, 20.21 UmwStE.

Wir bestätigen zudem, dass

1. sichergestellt ist, dass das übertragene Betriebsvermögen bei dem übernehmenden Rechtsträger (A-GmbH mit Sitz in …, Amtsgericht …, HRB …), der Besteuerung mit Körperschaftsteuer unterliegt und
2. das Recht der Bundesrepublik Deutschland hinsichtlich der Besteuerung des Gewinns aus der Veräußerung des übertragenen Betriebsvermögens bei dem übernehmenden Rechtsträger (A-GmbH mit Sitz in …, Amtsgericht …, HRB …) weder ausgeschlossen noch beschränkt ist und
3. die Passivposten des eingebrachten Betriebsvermögens die Aktivposten nicht übersteigen.

II.

Hiermit stellt die A-GmbH (Amtsgericht …, HRB …) den

Antrag auf steuerliche Rückwirkung

der Einbringung zum 31.12. … gemäß § 20 Abs. 5 und 6 UmwStG.

Mit freundlichen Grüßen

[Unterschrift Geschäftsführer A-GmbH]

II) Nachweis nach § 22 Abs. 3 UmwStG (Sieben-Jahres-Frist)

[Briefbogen Herr A] 1212

An das
[Finanzamt des Herrn A]

Steuernummer …

Herr A

Erfüllung der Meldepflicht nach § 22 Abs. 3 UmwStG für ausschlussbefristete Anteile zum Meldestichtag 31.5. …

Sehr geehrte Damen und Herren,

durch einen Vorgang i. S. d. § 20 UmwStG habe ich, Herr A (Einbringender), mit steuerlicher Wirkung zum 31.12. … Anteile an der A-GmbH mit Sitz in … eingetragen im Handelsregister des Amtsgerichts … unter …, Steuernummer … beim Finanzamt …, in Höhe eines Anteils am Nennkapital von *[EUR 225.000]* (Geschäftsanteile Nr. *[2-10]*) erworben.

Nach § 22 Abs. 3 UmwStG hat der Einbringende in den dem Einbringungszeitpunkt folgenden sieben Jahren jährlich bis zum 31.5. den Nachweis darüber zu erbringen, wem mit Ablauf des Tages, der dem maßgeblichen Einbringungszeitpunkt entspricht, die ausschlussbefristeten Anteile zuzurechnen sind.

Die Meldepflicht wird mit diesem Schreiben auf den oben genannten Meldestichtag erfüllt:

Erklärung

Gemäß Tz. 22.30 UmwStE vom 2.1.2025 erkläre ich hiermit, dass die vorgenannten Anteile seit dem Einbringungszeitpunkt bis zum *[Datum des relevanten Jahrestages]* ununterbrochen mir als wirtschaftlichem Eigentümer zuzurechnen sind.

Entsprechend den weiteren Ausführungen des BMF-Schreibens ist in der Anlage eine Bestätigung der übernehmenden Gesellschaft über die Gesellschafterstellung beigefügt.

Mit freundlichen Grüßen

[Ort, Datum]

[Unterschrift Herr A]

Anlage zum Schreiben betreffend die Erfüllung der Meldepflicht nach § 22 Abs. 3 UmwStG des Herrn A vom *[Datum]*

Bestätigung

Herr A hat durch einen Vorgang i. S. d. § 20 UmwStG mit steuerlicher Wirkung zum 31.12. … Anteile an der A-GmbH mit Sitz in … eingetragen im Handelsregister des Amtsgerichts … unter …, Steuernummer … beim Finanzamt …, in Höhe eines Anteils am Nennkapital von *[EUR 225.000]* (Geschäftsanteile Nr. *[2-10]*) erworben.

Die übernehmende Gesellschaft bestätigt hiermit das ununterbrochene Bestehen der vorgenannten Gesellschafterstellung seit dem Einbringungszeitpunkt bis zum *[Datum des relevanten Jahrestages]*.[1249]

[Ort, Datum]

[Unterschrift Geschäftsführer A-GmbH]

1249 Nachweis durch Gesellschafterliste genauso möglich, Tz. 22.31 UmwStE.

5. Realteilung

a) Ausgangskonstellation

1213

- Auflösung einer Personengesellschaft (OHG) im Wege der Realteilung
- Trennung der unternehmerischen Zusammenarbeit der Gesellschafter
- Personengesellschaft erlischt durch Realteilung
- Es liegen zwei Teilbetriebe vor
- Fortführung der Teilbetriebe jeweils durch einen Gesellschafter als Einzelunternehmen
- Realteilung erfolgt steuerlich zwingend zu Buchwerten (§ 16 Abs. 3 Satz 2 2. Halbsatz EStG)

b) Fahrplan

Vorbereitungsphase 1214

- Schlussbilanz der AB-OHG zum ... erstellen, feststellen *[und prüfen]*
- Erstellen des Entwurfs des Auseinandersetzungsvertrags
- Entwurf des Arbeitnehmerinformationsschreibens
- Entwurf der Handelsregisteranmeldungen
- Vorbereitung der Gesellschafterversammlung zur Beschlussfassung
- Ladung zur Gesellschafterversammlung nach Satzung/Gesetz [*ggf. Verzicht bei Vollversammlung und Einstimmigkeit*]

Beschlussphase

- Abschluss des Auseinandersetzungsvertrags
- Anmeldung der Beendigung und Realteilung der AB-OHG und Errichtung der Firma ... und Firma ... zur Eintragung in das Handelsregister

Vollzugsphase

- Anzeige und Übersendung des Auseinandersetzungsvertrags an das Finanzamt
- Eintragung der Beendigung und Realteilung der AB-OHG und Errichtung der Firma ... und Firma ....
- Unterrichtung der Sozialversicherungsträger über den Übergang der Arbeitsverhältnisse
- Unterrichtung des Gewerbeaufsichtsamts über die Abmeldung der AB-OHG
- Anmeldung der Firma ... und der Firma ... beim Gewerbeaufsichtsamt
- Informationen der Vertragspartner über Beendigung und Realteilung
- Umstellung der Organisation, Buchführung, Lohn- und Gehaltsabrechnung auf neue Verhältnisse
- *[ggf. Berichtigung Grundbücher]*
- *[ggf. Berichtigung Patentregister etc.]*
- *[ggf. Berichtigung KFZ-Briefe]*

c) Auseinandersetzungsvertrag

Auseinandersetzungsvertrag 1215

Privatschriftlicher Auseinandersetzungsvertrag

zwischen

Herr A

geschäftsansässig in ...,

und

Herr B

geschäftsansässig in ...,

I. Sachstand

Gesellschafter der AB-OHG mit dem Sitz in ..., eingetragen im Handelsregister des Amtsgerichts ... unter HRA ... sind

- Herr A mit einer vollständig einbezahlten Kapitaleinlage von EUR 100.000 und
- Herr B mit einer vollständig einbezahlten Kapitaleinlage von EUR 100.000.

II. Beschlüsse

Die Gesellschafter der AB-OHG mit dem Sitz in ..., eingetragen im Handelsregister des Amtsgerichts ... unter HRA ... halten unter Verzicht auf alle gesetzlichen und satzungsgemäßen Frist- und Formvorschriften hiermit eine Gesellschafterversammlung ab und beschließt einstimmig und mit allen Stimmen was folgt:

§ 1 Beendigung, Auseinandersetzung

(1) Die unter der Firma „AB-OHG“ bestehende offene Handelsgesellschaft wird zum 31. 12. ... beendet (Stichtag). Die Auseinandersetzung erfolgt abweichend von §§ 143 ff. HGB bzw. §§ 729 ff. BGB im Wege der Realteilung.

(2) Herr A übernimmt den Teilbetrieb 1 ... *[Beschreibung]*, Herr B den Teilbetrieb 2 ... *[Beschreibung]*, mit den jeweils zugehörigen Forderungen, Verbindlichkeiten und Vertragsverhältnissen einschließlich schwebender Geschäfte und halbfertiger Arbeiten im Innenverhältnis ab 1.1. ....

§ 2 Schlussbilanz, Buchwertansatz, Privatkonten

(1) Der Realteilung wird die nach kaufmännischen Grundsätzen ordnungsgemäßer Buchführung und unter Beachtung der gesetzlichen Vorschriften aufzustellende Schlussbilanz der AB-OHG zum 31.12. ... zugrunde gelegt.

(2) Etwaige stille Reserven sind nicht aufzudecken und auch der Ausweis eines Firmenwerts entfällt (Buchwertansatz). Die Vermögensgegenstände und Schulden der AB-OHG werden zu den in der Schlussbilanz der AB-OHG ausgewiesenen Buchwerten auf die Teilbetriebe 1 … und 2 … aufgeteilt.

(3) Zur Sicherstellung der steuerlichen Buchwertfortführung wird vereinbart, dass die in den Fortführungs-Eröffnungs(bzw. Einbringungs-)bilanzen der Realteiler notwendigen Kapitalkontenanpassungen schon in der Schlussbilanz durchgeführt werden und die festen Kapitalkonten der beiden Gesellschafter erfolgsneutral an die Summe der Nettobuchwerte (Aktiva abzgl. Verbindlichkeiten) der von jedem Gesellschafter übernommenen Teilbetriebe anzupassen sind.

Die zum 31.12. … auf den Privatkonten der Gesellschafter ausgewiesenen Beträge können von den Gesellschaftern entnommen werden.

§ 3 Fortführungsverpflichtung

(1) Die Gesellschafter sind nach § 16 Abs. 3 Satz 2 ff. EStG verpflichtet, die auf sie zu übertragenden Teilbetriebe jeweils als gewerbliche Einzelunternehmen fortzuführen und zwar auch hinsichtlich den in der Schlussbilanz der AB-OHG einschließlich der steuerlichen Ergänzungsbilanzen auf die betreffenden Teilbetriebe entfallenden Nettobuchwerten.

(2) Die Gesellschafter verpflichten sich jeweils, alle Rechtsgeschäfte oder sonstige Handlungen zu unterlassen, welche die Steuerneutralität (§ 16 Abs. 3 Satz 2 EStG) der Realteilung (rückwirkend) entfallen lassen. Insbesondere verpflichten sich die Gesellschafter, die gesetzlichen Behaltefristen von § 16 Abs. 3 Sätze 3 und 4 EStG (vorsorglich) für den Fall einzuhalten, dass die Finanzverwaltung von der Übertragung von Einzelwirtschaftsgütern ausgehen sollte. Soweit es durch das Verhalten eines Gesellschafters, zu einem Anfallen von Steuern (Einkommen-, Gewerbesteuer) in Bezug auf die hier vereinbarte Realteilung bei dem anderen Gesellschafter kommt, stellt dieser Gesellschafter den anderen von den anfallenden Steuern frei.

§ 4 Ausgleichszahlungen

(1) Ausgleichszahlungen zwischen den Gesellschaftern sind nicht zu leisten, da die Parteien von der Gleichwertigkeit der beiden Teilbetriebe ausgehen.

(2) Ausgleichszahlungen werden auch insoweit ausgeschlossen, als stille Reserven in unterschiedlichem Umfang auf die einzelnen Gesellschafter übergehen.

(3) Ausgleichszahlungen sind ebenfalls ausgeschlossen, soweit durch eine steuerliche Außenprüfung es zu einer Änderung der in der Schlussbilanz der AB-OHG auszuweisenden Werte kommt, so dass sich die Nettobuchwerte ändern und es zu einer abweichenden Angleichung der Kapitalkonten kommt. In diesem Fall verpflichten sich die Gesellschafter die aufgrund der Betriebsprüfung geänderten Buchwerte gemäß § 175 Nr. 2 AO und dem vorstehenden § 2 fortzuführen.

§ 5 Vermögensübertragung

Das Gesellschaftsvermögen der AB-OHG wird hiermit zur Durchführung der beschlossenen Beendigung und Realteilung entsprechend den Aufstellungen der Anlagen 1 und 2 übertragen. In den Anlagen werden sämtliche zu übertragenden materiellen und immateriellen Vermögensgegenstände, Verbindlichkeiten, Vertragsverhältnisse, schwebenden Geschäfte und halbfertigen Arbeiten usw. aufgeführt und den betreffenden Teilbetrieben zugeordnet. Die Beteiligten vereinbaren wie folgt:

1. Die AB-OHG überträgt hiermit an Herrn A sämtliche in der Anlage 1 aufgeführten dem Teilbetrieb 1 ... zugeordneten Vermögensgegenstände (Aktiva und Passiva) und Vertragsverhältnisse. Herr A nimmt diese Übertragungen hiermit an.

2. Die AB-OHG überträgt an Herrn B sämtliche in der Anlage 2 aufgeführten und dem Teilbetrieb 2 ... zugeordneten Vermögensgegenstände (Aktiva und Passiva) und Vertragsverhältnisse auf Herrn B. Herr B nimmt diese Übertragungen hiermit an.

3. Die Gesellschafter werden sich unverzüglich nach besten Kräften darum bemühen, dass die jeweiligen Vertragspartner der Übernahme gemäß der obenstehenden Ziffern 1 und 2 zustimmen. Solange die Zustimmung nicht erteilt wird, werden die Gesellschafter sich im Innenverhältnis so behandeln, als sei die Zustimmung zum 1. 1. ... erfolgt. Auf Verlangen eines Vertragspartners werden die Vertragspartner zu diesem Zweck entsprechende Vereinbarungen abschließen. Falls es nicht möglich oder nach den Bestimmungen des zu übernehmenden Vertrages nicht zulässig ist, die Vorteile und Lasten aus einem Vertrag dergestalt auf den entsprechenden Gesellschafter überzuleiten, und die Zustimmung des jeweiligen Vertragspartners nicht innerhalb von drei Monaten nach dem 1.1. ... erteilt wird, werden die Gesellschafter den Vertrag auf Verlangen zum nächstmöglichen Zeitpunkt beenden. Die Kosten dieser Beendigung trägt ... . Die Gesellschafter stellen sich auf erste Anforderung gegenseitig von der Haftung für bisher gemeinschaftliche Gesellschaftsverbindlichkeiten frei.

4. Vermögensgegenstände, Verbindlichkeiten, Vertragsbeziehungen, schwebende Geschäfte und halbfertige Arbeiten etc., die in den Anlagen nicht aufgeführt sind, gehen auf den Teilbetrieb über, dem diese Vermögensgegenstände wirtschaftlich zuzuordnen sind. Neutrale Vermögensgegenstände etc., die keinem der Teilbetriebe wirtschaftlich zuzuordnen sind, stehen den Gesellschaftern je zur Hälfte zu.

§ 6 Folgen für Arbeitnehmer, Betriebsübergang

(1) Herr A und Herr B treten jeweils gemäß § 613a BGB in alle Rechte und Pflichten aus den am Stichtag bestehenden Arbeitsverhältnissen mit der AB-OHG ein, soweit diese dem von ihnen jeweils fortzuführenden Teilbetrieb zuzuordnen sind und die Arbeitnehmer nicht gemäß § 613a Abs. 6 BGB dem Übergang des Arbeitsverhältnisses widersprechen.

(2) Die Gesellschafter haben die Arbeitnehmer über den Betriebsübergang mittels der als Anlage 3 beigefügten Erklärung unterrichtet. Die Gesellschafter werden sich nach besten Kräften darum bemühen, dass die Arbeitnehmer dem Übergang ihrer Arbeitsverhältnisse nicht widersprechen. Insbesondere werden die Gesellschafter in der Zeit zwischen dem Abschluss dieses Vertrages und dem Ablauf der Widerspruchsfrist keine Maßnahmen (beispielsweise Restrukturierungen oder Entlassungsmaßnahmen) vorbereiten oder ankündigen, die vernünftigerweise Arbeitnehmer zu einem Widerspruch veranlassen können.

(3) Die übergehenden Arbeitsverhältnisse sind in Anlage 4 zu diesem Vertrag aufgeführt.

§ 7 Kooperationspflichten

(1) Die Gesellschafter werden sich gegenseitig unterstützen und insbesondere alle maßgeblichen, die AB-OHG und die jeweiligen Teilbetriebe betreffenden Unterlagen und Informationen zur Verfügung stellen, soweit dies im Zusammenhang mit Verfahren vor Behörden und Gerichten oder Steuererklärungen und Steuerprüfungen erforderlich ist.

(2) Jeder Gesellschafter wird die in seinem Besitz befindlichen Bücher und Unterlagen, die sich auf den übernommenen Teilbetrieb beziehen, einschließlich der für steuerliche Zwecke relevanten Unterlagen, innerhalb der gesetzlichen Aufbewahrungsfristen aufbewahren.

§ 8 Steuern, Gebühren, Kosten

Alle im Zusammenhang mit diesem Vertrag und seiner Durchführung entstehenden Verkehrssteuern, Gebühren und sonstigen Kosten (einschließlich Kosten der Beratung, der Aufstellung der Schlussbilanz, der Anmeldung zum Handelsregister) trägt die AB-OHG. Die Kosten sind in der Schlussbilanz der AB-OHG zum Stichtag auszuweisen und im Rahmen der Gewinnverteilung für das letzte Geschäftsjahr (...) als Aufwand entsprechend dem bisherigen Gewinnverteilungsschlüssel zu behandeln.

§ 9 Schlussbestimmungen

(1) Änderungen dieses Vertrages sowie ein Verzicht auf ein Recht aus diesem Vertrag bedürfen zu ihrer Wirksamkeit der Schriftform und der ausdrücklichen Bezugnahme auf diesen Vertrag, soweit nicht eine strengere Form gesetzlich vorgeschrieben ist. Dies gilt auch für den Verzicht auf das Schriftformerfordernis.

(2) Dieser Vertrag gibt die Vereinbarungen zwischen den Vertragspartnern hinsichtlich des Vertragsgegenstands vollständig wieder; Nebenabreden sind nicht getroffen.

(3) Dieser Vertrag unterliegt dem Recht der Bundesrepublik Deutschland.

(4) Die Überschriften der einzelnen Bestimmungen dieses Vertrages sind für seine Auslegung ohne Bedeutung. Die Anlagen dieses Vertrages sind integraler Bestandteil und jede Bezugnahme auf diesen Vertrag schließt seine Anlagen ein. Für Zwecke dieses Vertrages ist ein Bankarbeitstag jeder Tag, an dem die Banken in Frankfurt am Main für den allgemeinen Geschäftsverkehr geöffnet sind.

(5) Sollte eine Bestimmung dieses Vertrages ganz oder teilweise unwirksam oder undurchführbar sein oder werden, so wird dadurch die Gültigkeit der übrigen Bestimmungen dieses Vertrages nicht berührt. Das gleiche gilt, wenn und soweit sich in diesem Vertrag eine Lücke herausstellen sollte. Anstelle der unwirksamen oder undurchführbaren Bestimmung oder zur Ausfüllung der Lücke soll eine angemessene Regelung gelten, die, soweit rechtlich möglich, dem an nächsten kommt, was die Vertragsparteien wirtschaftlich gewollt haben oder nach dem Sinn und Zweck dieses Vertrages gewollt hätten, sofern sie bei Abschluss dieses Vertrages oder der späteren Aufnahme der Bestimmung diesen Punkt bedacht hätten. Dies gilt auch dann, wenn die Unwirksamkeit einer Bestimmung etwa auf einem in diesem Vertrag vorgesehenen Umfang der Leistung oder Zeit (Frist oder Termin) beruht. In solchen Fällen tritt ein dem Gewollten wirtschaftlich möglichst nahekommendes rechtlich zulässiges Maß der Leistung oder Zeit (Frist oder Termin) an die Stelle des Vereinbarten.

d) Handelsregisteranmeldung

1216 **Handelsregisteranmeldung**

An das Amtsgericht ...
– Registergericht –

AB-OHG-GmbH mit Sitz in ..., HRA ...

Zur Eintragung in das Handelsregister wird hiermit angemeldet:

I. Auseinandersetzung und Beendigung der AB-OHG

(1) Die AB-OHG ist aufgrund des Auseinandersetzungsvertrages der Gesellschafter der AB-OHG vom ... aufgelöst und mit Wirkung zum Ablauf des 31.12. ... beendet. Das Vermögen der AB-OHG wurde durch Auseinandersetzung im Wege der Realteilung von den Gesellschaftern wie folgt übernommen:

1. Herr A übernimmt den Teilbetrieb 1 ... mit allen Aktiva und Passiva.
2. Herr B übernimmt den Teilbetrieb 2 ... mit allen Aktiva und Passiva.

(2) Die Gesellschafter melden hiermit die Beendigung der AB-OHG zur Eintragung in das Handelsregister an.

II. Anmeldung der Firma ...

(1) Herr A erhält als Abfindung den ihm zugewiesenen Teilbetrieb 1 ... *[Beschreibung]* und führt diesen mit Wirkung vom 1.1. ... an als Einzelunternehmen unter der Firma ... weiter.

(2) Herr A meldet hiermit diese Firma zur Eintragung in das Handelsregister an. Sitz der Firma ist .... Die Geschäftsadresse lautet ....

III. Anmeldung der Firma ...

(1) Herr B erhält als Abfindung den ihm zugewiesenen Teilbetrieb 2 ... *[Beschreibung]* und führt diesen mit Wirkung vom 1.1. ... an als Einzelunternehmen unter der Firma ... weiter.

(2) Herr B meldet hiermit diese Firma zur Eintragung in das Handelsregister an. Sitz der Firma ist .... Die Geschäftsadresse lautet ....

Als Anlage wird hiermit überreicht:

Privatschriftlicher Auseinandersetzungsvertrag der Gesellschafter der AB-OHG vom ...

Nach Vollzug der Eintragungen bitten wir jeweils um

Eintragungsnachricht an Herrn A und Herrn B

Übermittlung von zwei beglaubigten Handelsregisterauszügen an Herrn A und Herrn B

[Unterschrift Herr A][Unterschrift Herr B]

[Beglaubigung Notar]

6. Einfache Anwachsung

a) Ausgangskonstellation

1217

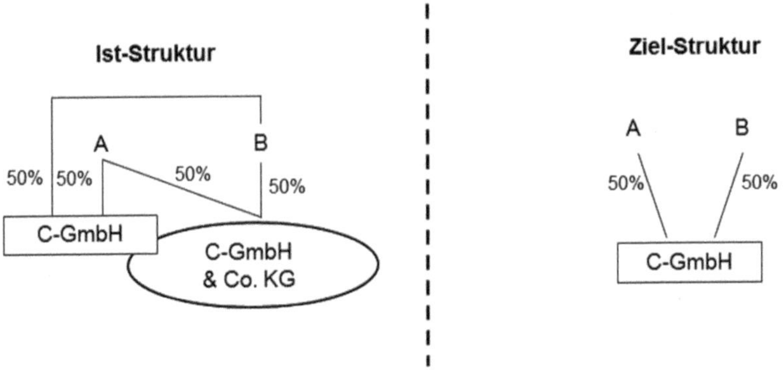

- Überführung einer Personengesellschaft (GmbH & Co. KG) auf ihre Komplementär-GmbH im Wege der einfachen Anwachsung ohne Abfindungszahlungen gem. § 712a BGB
- Änderung der Rechtsform der Gesellschaft als Ziel und Folge der Gestaltung
- Personengesellschaft erlischt durch Anwachsung
- Fortführung des Unternehmens der Personengesellschaft durch die ehemalige Komplementär-GmbH in gesellschaftsrechtlicher Gesamtrechtsnachfolge
- Einfache Anwachsung auf eine Kapitalgesellschaft erfolgt steuerlich zwingend zu gemeinen Werten (keine Anwendung von § 6 Abs. 3 EStG in dieser Konstellation, da es sich um eine verdeckte Einlage in die GmbH und damit einen tauschähnlichen Vorgang handelt, § 6 Abs. 6 Satz 2 EStG); § 20 UmwStG ist nicht anwendbar, da keine neuen Anteile gewährt werden.
- Sinnvoll, wenn keine (nennenswerten) stillen Reserven in der Personengesellschaft vorhanden (weil einfach und formlos)

b) Fahrplan

Vorbereitungsphase 1218

- Schlussbilanz der C-GmbH & Co. KG zum ... erstellen, feststellen [und prüfen]
- Erstellen des Entwurfs des Anwachsungsbeschlusses
- Entwurf des Arbeitnehmerinformationsschreibens
- Entwurf der Handelsregisteranmeldung
- Vorbereitung der Gesellschafterversammlung zur Beschlussfassung
- Ladung zur Gesellschafterversammlung nach Gesellschaftsvertrag/Gesetz [ggf. Verzicht bei Vollversammlung und Einstimmigkeit]

Beschlussphase

- Fassen des Anwachsungsbeschlusses
- Anmeldung der Beendigung der C-GmbH & Co. KG und Eintragung in das Handelsregister

Vollzugsphase

- Anzeige und Übersendung des Anwachsungsbeschlusses an das Finanzamt
- Eintragung der Beendigung der C-GmbH & Co. KG
- Unterrichtung der Sozialversicherungsträger über den Übergang der Arbeitsverhältnisse
- Unterrichtung des Gewerbeaufsichtsamts über die Abmeldung der C-GmbH & Co. KG
- Anmeldung der C-GmbH beim Gewerbeaufsichtsamt
- Informationen der Vertragspartner über die erfolgte Anwachsung
- Umstellung der Organisation, Buchführung, Lohn- und Gehaltsabrechnung auf neue Verhältnisse
- [ggf. Berichtigung Grundbücher]
- [ggf. Berichtigung Patentregister etc.]
- [ggf. Berichtigung Kfz-Briefe]

c) Anwachsungsbeschluss

1219 Gesellschafterversammlung der C-GmbH & Co. KG vom ...

I. Sachstand

Alleinige Gesellschafter der C-GmbH & Co. KG mit dem Sitz in ..., eingetragen im Handelsregister des Amtsgerichts ... unter HRA . . . (nachfolgend „Gesellschaft" genannt) sind

- Herr A als Kommanditist mit einer festen Kommanditeinlage i. H. v. . . . EUR (entspricht 50 %);
- Herr B als Kommanditist mit einer festen Kommanditeinlage i. H. v. ... EUR (entspricht 50 %);
- die C-GmbH als persönlich haftende Gesellschafterin (Komplementärin) ohne Einlage und ohne Beteiligung am Vermögen oder Ergebnis der Gesellschaft.

II. Beschlüsse

Die Gesellschafter der Gesellschaft halten unter Verzicht auf alle gesetzlichen und satzungsgemäßen Frist- und Formvorschriften hiermit eine Gesellschafterversammlung ab und beschließen einstimmig und mit allen Stimmen was folgt:

(1) Herr A und Herr B scheiden jeweils mit Wirkung zum ..., 24:00 Uhr aus der Gesellschaft aus.

(2) Mit dem Ausscheiden der beiden alleinigen Kommanditisten ist die Gesellschaft aufgelöst.

(3) Die C-GmbH als letztverbleibende Gesellschafterin übernimmt im Wege der Anwachsung das von der Gesellschaft betriebene Unternehmen (Handelsgeschäft) mit allen Aktiva und Passiva ohne Liquidation zum ..., 00:00 Uhr. Sie führt das Unternehmen der Gesellschaft fort. Herr A und Herr B stimmen dem ausdrücklich unter jeglichen Aspekten zu.

(4) Eine Abfindung an die ausscheidenden Kommanditisten wird nicht gezahlt. Herr A und Herr B verzichten ausdrücklich auf die Zahlung einer Abfindung.

(5) Die Kosten der Anmeldung zum Handelsregister trägt die Gesellschaft.

[Unterschriften der Beteiligten]

d) Handelsregisteranmeldung

An das Amtsgericht … 1220
– Registergericht –

C-GmbH & Co. KG mit Sitz in …, HRA …

Zur Eintragung in das Handelsregister wird hiermit unter Beifügung des Gesellschafterbeschlusses vom … angemeldet:

(1) Die Kommanditisten der Gesellschaft, Herr A und Herr B, sind mit Ablauf des …, 24:00 Uhr aus der Gesellschaft ausgeschieden.

(2) Die Gesellschaft ist aufgelöst.

(3) Die C-GmbH hat mit Wirkung zum …, 00:00 Uhr das Handelsgeschäft der Gesellschaft mit Aktiven und Passiven ohne Liquidation im Wege der Anwachsung übernommen. Die C-GmbH führt die Firma der aufgelösten Gesellschaft mit Zustimmung von Herrn A und Herrn B fort.

[Unterschriften der Beteiligten]

[Beglaubigungsformel des Notars]

STICHWORTVERZEICHNIS

Die Ziffern verweisen auf die Randziffern.

A

B

T

U

V